中国平板显示年鉴
2014

中国光学光电子行业协会液晶分会　编

電子工業出版社
Publishing House of Electronics Industry
北京·BEIJING

图书在版编目（CIP）数据

中国平板显示年鉴. 2014/中国光学光电子行业协会液晶分会编. —北京：电子工业出版社，2015.10
ISBN 978-7-121-27292-9

Ⅰ. ①中… Ⅱ. ①中… Ⅲ. ①平板显示器件—电子工业—中国—2014—年鉴 Ⅳ. ①F426.63-54

中国版本图书馆 CIP 数据核字（2015）第 227728 号

责任编辑：李　敏
特约编辑：刘广钦
印　　刷：涿州市京南印刷厂
装　　订：涿州市京南印刷厂
出版发行：电子工业出版社
北京市海淀区万寿路 173 信箱　邮编 100036
开　　本：880×1 230　1/16　印　　张：29.75　字　　数：880 千字
版　　次：2015 年 10 月第 1 版
印　　次：2015 年 10 月第 1 次印刷
定　　价：980.00 元

凡所购买电子工业出版社图书有缺损问题，请向购买书店调换。若书店售缺，请与本社发行部联系，联系及邮购电话：（010）88254888。
质量投诉请发邮件至 zlts@phei.com.cn，盗版侵权举报请发邮件至 dbqq@phei.com.cn。
服务热线：（010）88258888。

《中国平板显示年鉴 2014》编辑委员会

李　超　中国光学光电子行业协会液晶分会副理事长

深圳晶华显示器材有限公司总经理

李绍宗　中国光学光电子行业协会液晶分会常务副理事长

深圳莱宝高科技股份有限公司总经理

李　军　中国光学光电子行业协会液晶分会常务副理事长

北京清华液晶技术工程研究中心主任

邱　勇　清华大学教授

北京维信诺科技有限公司首席科学家

昆山维信诺显示技术有限公司首席科学家

陈向真　中国光学光电子行业协会液晶分会副理事长

中国电子科技集团公司第55研究所平板显示工程研究中心主任

欧阳钟灿　中科院院士

中科院理论物理所原所长

柯汉奇　中国光学光电子行业协会液晶分会副理事长

中国南玻集团股份有限公司副总裁

高鸿锦　中国光学光电子行业协会液晶分会名誉理事长

清华大学教授

贾英杰　中国光学光电子行业协会液晶分会副理事长

河北冀雅电子有限公司董事长

彭红兵　中华人民共和国工业和信息化部电子信息司副司长

梁新清　中国光学光电子行业协会液晶分会秘书长

董友梅　京东方科技集团股份有限公司高级执行副总裁

董绪旺　中国光学光电子行业协会液晶分会名誉理事长

《中国平板显示年鉴 2014》编辑部

主　编：高鸿锦

副主编：张建立

编　委：陈颖路　张肖霞　姚　红　胡春明　靳　洵

编 辑 说 明

平板显示是世界显示行业发展的趋势，平板显示行业近年来无论在东亚还是在中国都得到突飞猛进的发展。编辑出版一部全面展示中国平板显示产业发展全貌的年鉴具有十分重要的意义。《中国平板显示年鉴》是由中国光学光电子行业协会液晶分会主办、北京迪斯泰信息咨询有限公司具体组织编纂的一部每年正式印刷发行的综合性出版物。

北京清华液晶技术工程研究中心从 2000 年开始编纂中国光学光电子行业协会液晶分会年鉴，先后出版了 14 期。2013 年 1 月开始，《中国平板显示年鉴》编纂工作从北京清华液晶技术工程研究中心剥离出来，由北京迪斯泰信息咨询有限公司承担。2014 版《中国平板显示年鉴》全面、客观地反映了我国 2013 年平板显示产业各领域的发展现状；集中展示了产业年度成就的全貌和发展趋势；全面介绍了政府主管领导、专家学者对我国平板显示产业发展的思考和建议；介绍了国家新近出台的政策法规；提供了行业和相关市场的最新信息，为国家宏观调控和企业经营管理决策提供客观依据。我们将不遗余力，不断改进编纂工作，使其真正成为一部具有权威性和指导性的大型工具书。

2014 版《中国平板显示年鉴》内容包括各省市产业发展状况、专家论文（专题研究）、国家及省/市产业政策法规汇编、企业名录等方面。平板显示技术一般涵盖液晶显示（LCD）、有机电致发光显示（OLED/PLED）、发光二极管显示（LED）、投影显示等。年鉴不仅涉及平板显示器件，还尽可能涵盖所有相关材料和设备，以及为它们配套服务的相关产业。2014 版《中国平板显示年鉴》受各种条件限制，还未能覆盖平板显示技术的所有领域，这需要我们在今后的年鉴编纂工作中力争做得更加完善、全面。

本年鉴中所列的中国数据，除特别说明外，均指中国大陆地区数据，不含中国港、澳、台地区数据。

2014 版《中国平板显示年鉴》在编辑过程中，得到了国家工业和信息化部电子信息司和许多省（市）产业主管部门领导，以及行业专家们的大力支持，在此一并表示感谢。

由于我们水平有限，年鉴中一定存在不少错误和不足之处，所以诚恳欢迎广大读者提出宝贵意见和建议，以利改进，使《中国平板显示年鉴》越办越好。

如有任何意见及建议请与我们联系：
《中国平板显示年鉴》编辑部
地址：北京清华大学东门同方大厦 A 座 6 层　　邮编：100084
联系电话：010-62771794　62785753
传真：010-62788710
E-mail：chinafpd@163.com

《中国平板显示年鉴》编辑部

目　录

第1章

综述

2013 年中国新型显示产业发展概况

中国光学光电子行业协会液晶分会　胡春明 高鸿锦

一、发展概况

（一）从产值看 2013 年全球显示产业发展的特点

2013 年全球显示面板产值累计达到了 1291.5 亿美元，同比上涨了 2.8%。在全球产值中，中小尺寸显示面板的产值约 439.5 亿美元，占比 34.0%，同比增加 25.2%；大尺寸显示面板的产值为 852.0 亿美元，占比 66.0%，同比下降 1.4%。从表 1 可以看出，虽然到目前为止，中小尺寸显示面板的产值占比刚到三分之一，但其增长速度相当可观，已经成为全球显示产值增长的主力。相对而言，大尺寸显示面板的产值已经开始出现负增长。

表 1　2011—2015 年全球显示产值情况　（单位：亿美元）

	2011 年	2012 年	2013 年	2014 年	2015 年
TFT-LCD	994.0	1129.8	1138.4	1201.9	1292.8
AMOLED	35.4	68.6	110.4	149.0	182.0
PDP	43.5	35.2	25.1	12.9	4.3
PM-LCD	12.5	8.3	7.1	6.1	5.4
PMOLED	3.4	3.2	3.6	4.0	4.1
AM-EPD	9.7	3.7	2.4	3.2	3.4
CRT	7.1	3.9	1.9	0.8	0.1
Others	4.3	3.8	2.7	2.5	2.4
Total	1109.7	1256.5	1291.5	1380.3	1494.6

如以技术类别来说，TFT-LCD 产值仍然在全球显示中占有主要地位，2013 年 TFT-LCD 产值继 2012 年后再次突破 1000 亿美元，达到 1138.4 亿美元，同比增长了 0.7%，渗透率则为 88.1%，基本与 2012 年持平。预计到 2015 年前，TFT-LCD 的产值渗透率将会在 85%以上。

除 TFT-LCD 技术之外，AMOLED 技术 2013 年的产值已经超过了 100 亿美元，达到 110.4 亿美元，同比增长了 60.9%。超过了 PDP 成为全球第二大显示技术。虽然 2012 年 AMOLED 技术在整个显示技术中的产值渗透率只接近 6%，但其成长前景还是为业界所看好。而作为真空技术的代表 CRT，其 2013 年的产值降到了 2 亿美元以下，基本上退出了显示市场。

（二）全球液晶显示面板出货量未来仍保持一定的市场增长，但大尺寸整体市场从出货规模来看呈现整体下行趋势

根据协会掌握的数据显示（见图 1），2013 年全球五大应用的显示面板的出货量为 28.0 亿片，同比增长 3.3%。其中，中小尺寸面板（主要为手机、平板电脑应用）的出货量为 22.2 亿片，同比增长 7.2%，且未来仍然保持一定的市场增长，主要来自智能手机和平板电脑的需求推动。

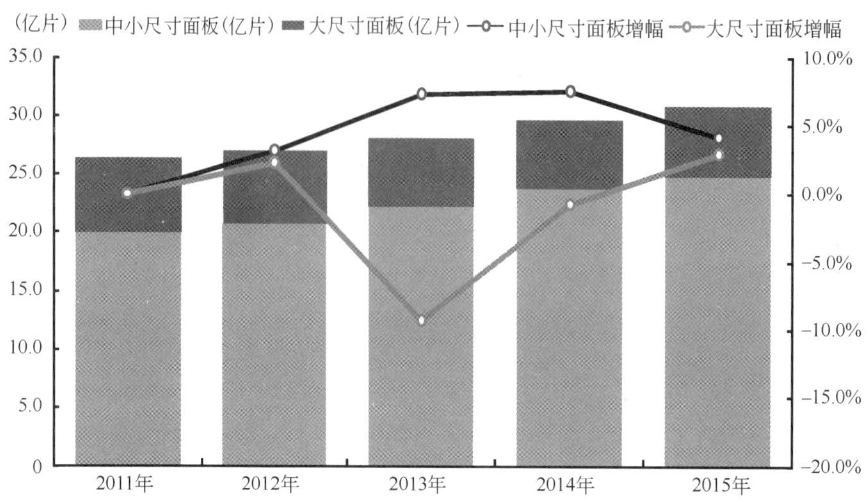

图 1　2011—2015 年全球显示面板出货规模走势

全球大尺寸面板（主要为笔记本、显示器、TV 应用）的出货量为 5.8 亿片， 环比呈现衰退趋势，主要受下游市场需求疲软所致，且随着智能手机、平板电脑的大尺寸化趋势，很多大尺寸的终端消费群体选择转移，使得未来大尺寸整体市场从出货规模呈现整体下行趋势。

从全球 TFT-LCD 面板出货面积走势图看（见图 2），2013 年全球 TFT-LCD 面板出货面积为 1.3 亿平方米，同比增长 3.2%，较 2012 年市场增幅有所放缓，分析原因主要为下游中小尺寸应用（具体为智能手机、平板电脑）虽然保持高速增长，但毕竟对 TFT-LCD 面板厂的产能消耗较小。

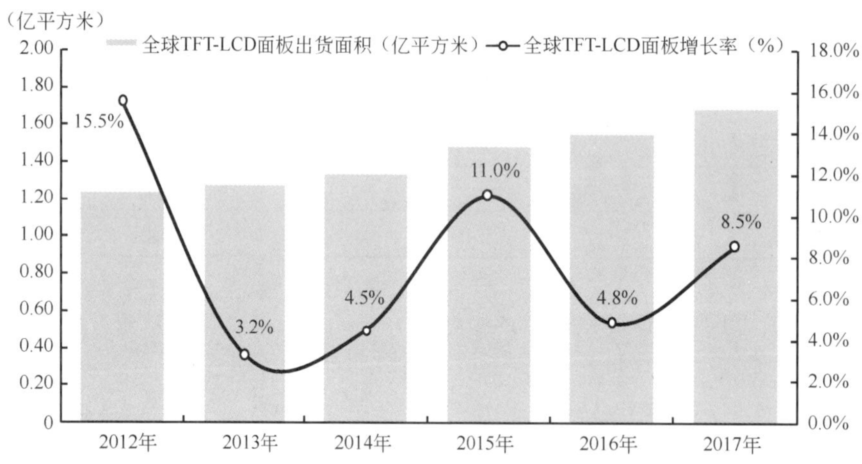

图 2　2012—2017 年全球 TFT-LCD 面板出货面积走势

大尺寸应用市场中，全球笔记本电脑、显示器市场依旧需求疲软，以及受中国 TV 市场的“节能惠民”政策退出的翘尾因素影响，TV 面板的出货量也整体放缓所致。预计未来 2～3 年中小尺寸面板的出货面积仍将保持 20%以上的高速增长，而大尺寸面板随着基数的放大，其市场的同比增幅将保持在 10%以内。

（三）从全球 TFT-LCD 面板的竞争格局来看，随着中国大陆 TFT-LCD 产业的崛起，目前韩国、中国台湾、中国大陆、日本是全球主要 TFT-LCD 的生产地，其中韩国仍然占据产业半壁江山

根据协会掌握的数据显示，2013 年全球中大尺寸 TFT-LCD 面板（7 寸及以上面板）的出货量为 7.8 亿片。其中，韩国厂商占据到全球的 52.0%；中国台湾厂商的市场份额为 34.8%；中国大陆在相关产业政策的积极推动下，市场份额逐步提升到 9.6%；而日本厂商随着其产业转移策略，以掌握附加值高的 TFT-LCD

上游核心技术及关键材料见长，逐渐降低其TFT-LCD面板的出货，其面板出货市场份额维持低位。

二、中国新型显示产业发展概况

（一）2013年中国平板显示市场

1. LCD市场

（1） 液晶电视。

2013年，我国彩电行业在国际市场持续低迷、国内刺激政策退出市场的双重压力下，企业积极采取应对措施，加快产品结构调整和营销模式创新，产业运行保持平稳较快发展，产业进入加速转型提升、多元化发展的新阶段。

2013年，我国共生产彩电12776.1万台，同比下降0.4%。其中，液晶电视占比96%，共生产12290.3万台，比2012年提高7.2个百分点；PDP电视占比1.6%，共生产198.2万台；CRT电视占比2.4%，共生产287.6万台。据海关统计，2013年我国彩色电视机出口5959.42万台，同比下降3.1%；出口额110.5亿美元，同比下降8.7%。其中，液晶电视出口5456.5万台，同比下降0.9%；出口额106.5亿美元，同比下降8.6%。液晶电视出口量及出口额占彩电比重分别达91.5%和96.4%，液晶电视出口单价从209.6美元/台降至195.1美元/台，下降6.9%，液晶电视出口单价的大幅下滑是造成彩电出口下滑的主要原因（见图3）。

2013年，中国彩电市场零售总量为4781万台，同比增长13%，内销总额1722亿元，同比增长17%。其中，液晶电视销量4554万台，同比增长16%；液晶电视销额1634亿元，同比增长21%。从细分市场来看：传统渠道城市市场零售总量达2165万台，占比49.9%；农村市场零售总量2174万台，占比50.1%。

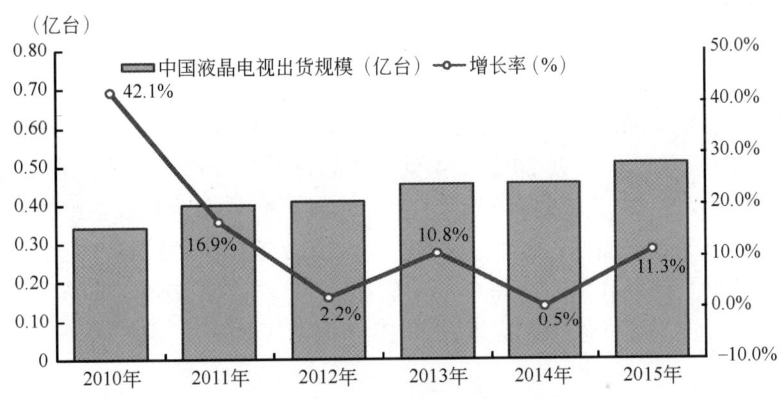

图3 2010—2015年中国液晶电视出货规模走势

2013年，乐视在北京正式推出60英寸X60，首家推出自有电视品牌的互联网公司，标志着互联网模式正式杀入电视领域，2013年成为“互联网跨界成为元年”，随之而来的是以联想、小米等为代表的互联网企业进入彩电领域。彩电行业面临着网络化的巨大变革，我国彩电业正经历着电视制造和互联网服务的相互渗透。

2013年，我国彩电行业已经基本完成平板电视对CRT电视的替代，随着智能、大屏、UHD、曲面、高色域、OLED等应用技术对彩电终端结构升级的带动，我国彩电行业呈现出了显著的多元化发展趋势。彩电产品结构主要呈现出以下特点。①电视尺寸的提升加剧。据零售市场数据显示，2013年我国液晶电视46英寸以上占比达27.8%，比2012年提高9.7个百分点，其中50英寸以上占比达9.6%，比2012年提高4个百分点；60英寸以上占比达1.9%，比2012年提高1个百分点。②高端电视市场渗透率逐步提高。2013年，我国智能电视、3D电视和超高清电视（UHD）在平板电视中的渗透率分别达到 45%、41%和 2%，比 2012 年有不同程度提高。

（2）微型计算机。

2013 年，受海外市场需求不振、国内经济增长放缓等因素影响，我国电子计算机行业整体保持低速增长。由于智能手机的井喷式增长，对电子计算机行业带来较大冲击，市场竞争更加激烈，技术变革将改变原有市场格局，传统 PC 将向更便携、更具移动化趋势转变，产业结构面临着深层次变革。

2013 年，我国笔记本电脑的销量增速下滑十分明显，全年销量 3345 万台，同比增长 12.4%。与 2012 年仅 10.3%的增长速度相比，2013 年中国笔记本电脑的增长速度略有提高，但还远低于 2010 年和 2011 年高达 38.2%和 27.7%的增长速度（见图 4）。

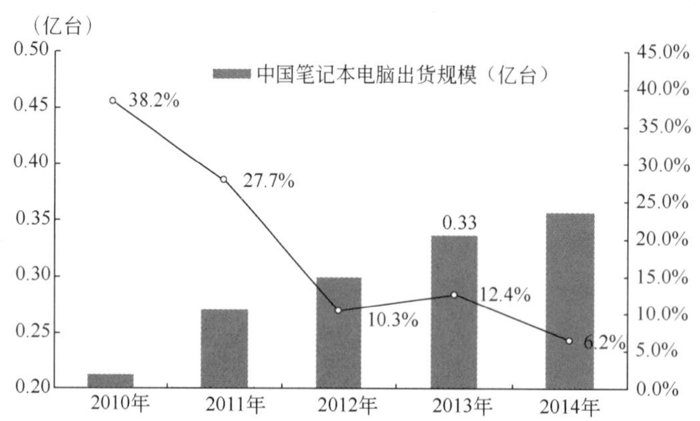

图 4　2010—2014 年中国笔记本电脑市场规模走势

数据来源：　赛迪顾问

2013 年中国笔记本电脑在全球的市场份额为 18.6%，比 2012 年增加了近 4 个百分点。

从产品尺寸分布上来看，13 和 14 英寸依然是笔记本电脑的主流尺寸（见图 5）。2013 年 13 英寸和 14 英寸两种规格的产品在所有规格中的占比达到 71.1%，比 2012 年略降 0.3 个百分点。13 英寸产品相比 2012 年略有增长，2013 年已经接近 20%。14 英寸产品在所有规格中的占比在 2012 年和 2013 年都超过了 50%，但 2013 年相比 2012 年略有下降。13 英寸以下产品在所有规格中的占比 2013 年略有提升。2012 年 11 英寸和 12 英寸产品的占比均在 4%以上，2013 年这两种规格产品的占比都提升到 6%左右。与此相反，14 英寸以上产品在所有规格中的占比 2013 年均持平或略有下降。2013 年只有 16 英寸产品与 2012 年持平，其他 14 英寸以上产品均比 2012 年略有下降。

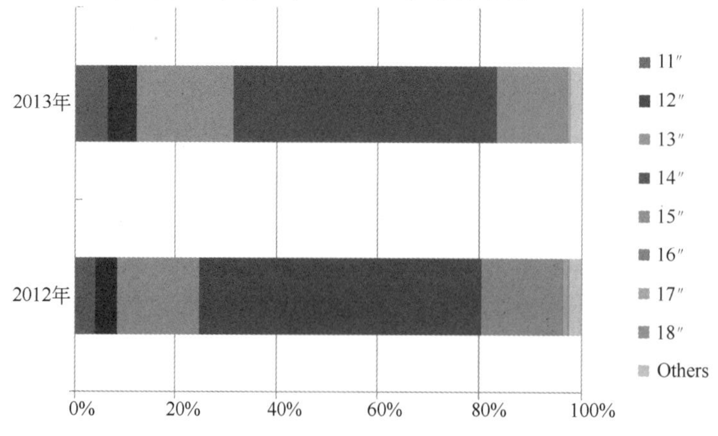

图 5　2012—2013 年中国笔记本电脑市场产品尺寸销量结构

数据来源：　赛迪顾问

根据工业和信息化部发布的数据，2013 年中国共生产微型计算机 3.37 亿台，同比下降 4.9%。其中笔记本电脑的产量为 2.73 亿台，同比增长 7.9%。

2013 年中国液晶显示器市场呈现负增长，总体销售规模下滑到 2968.7 万台，同比下降 9.8%（见图 6）。

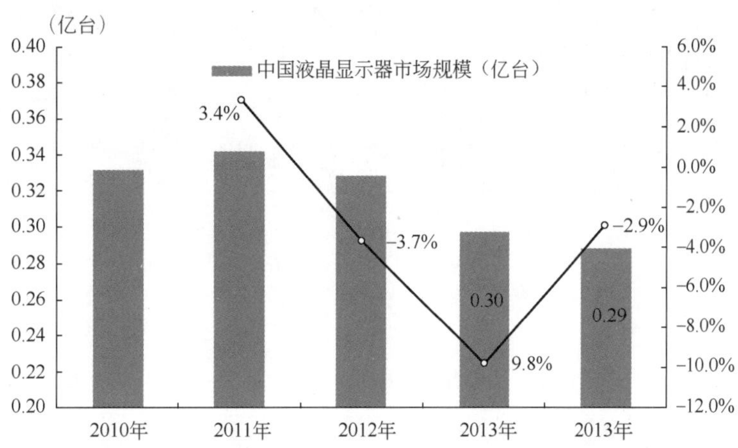

图 6　2010—2014 年中国液晶显示器市场规模走势

数据来源：赛迪顾问

从 2010 年开始，中国液晶显示器市场自有品牌和 OEM 产品的占比基本呈两分态势。在 2013 年中国液晶显示器市场不到 3000 万台的销量中，自有品牌产品的销量 1460.3 万台，同比下降了 10.5%。而 OEM 的销量为 1508.4 万台，同比下降了 9.1%（见图 7）。

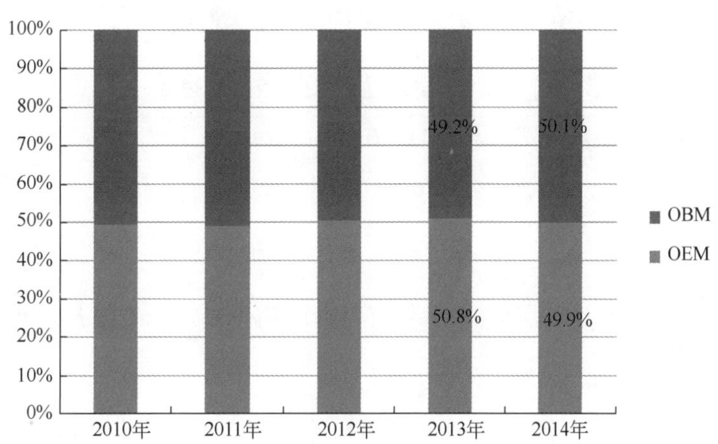

图 7　2010—2014 年中国液晶显示器市场品牌出货走势

数据来源：　赛迪顾问

根据工信部的统计数据，2013 年中国共生产液晶显示器约 1.33 亿台，同比增长 4.4%。根据之前的数据我们可以推导出，2013 年全球约有 85%的液晶显示器产自中国。这个比例相比 2012 年增长了 6.2 个百分点。尽管产量上近几年中国总体起伏不定，但从 2010 年开始，产自中国的液晶显示器比例逐年升高（见图 8）。

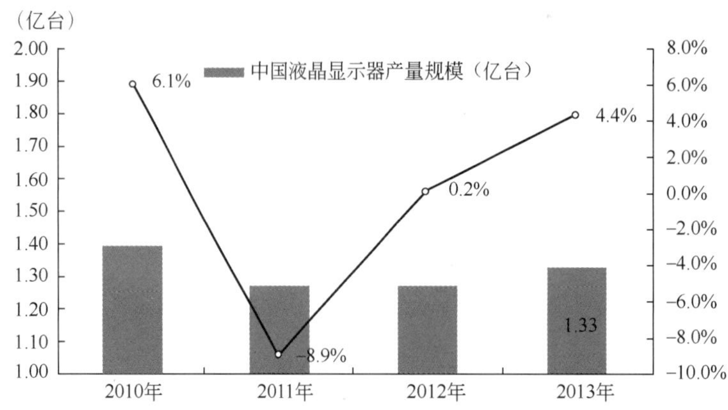

图 8 2010—2013 年中国液晶显示器产量规模走势

数据来源：工信部

中国液晶显示器市场在尺寸结构的变化趋势上近年来十分显著。主要特点是以 19 英寸产品为界，19 英寸以下的产品占有率呈逐年降低的趋势，而 19 英寸以上的产品占有率则呈逐年升高的趋势。

2013 年，17 英寸以下的液晶显示器占有率从去年的 0.7%降到了 0.4%，17～19 英寸的液晶显示器占有率从 2012 年的 45.1%降到了 31.4%，19 英寸以上的液晶显示器则从 2012 年的 54.2%升高到 68.3%（见图 9）。

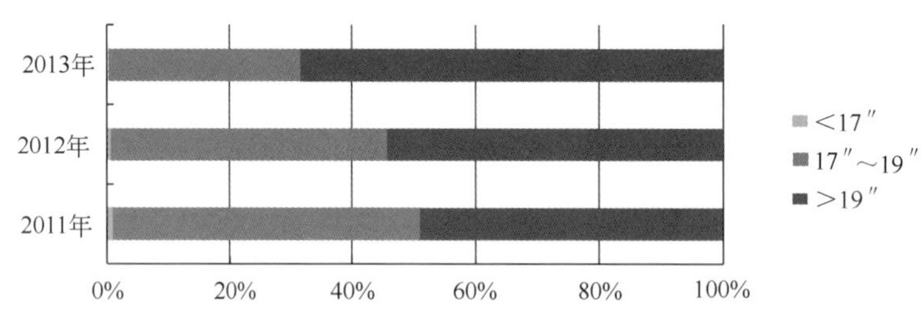

图 9 2010—2013 年中国液晶显示器市场尺寸结构变化趋势

数据来源： 赛迪顾问

2013 年，中国平板电脑市场的销量近 1300 万台，同比增长 45%，中国的市场销量仅在全球占有不到 6%的比例（见图 10）。

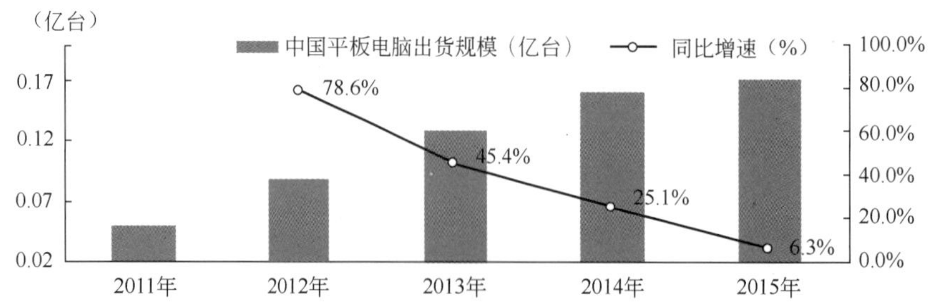

图 10 2011—2015 年中国平板电脑市场规模走势

数据来源： 工信部/CODA

对于中国平板电脑的产量数据，各相关调研机构和政府部门均没有详实的数据对外公布。根据我们的不完全统计，2013 年中国平板电脑的产量接近 1 亿台，其中白牌平板电脑的产量约在 8000～9000

万台之间，品牌平板电脑的产量约 600 万台。因此我们可以得出这样的推论：2013 年，全球约 40%左右的平板电脑在中国生产。中国生产的白牌平板电脑基本以出口为主，出口产品主要发往欧洲、中东、东南亚和南美。

在品牌分布上，2013 年中国平板电脑市场虽然海外品牌依然占据着约六成左右的市场份额，但以联想领军的本土品牌正逐渐拉近与海外品牌的差距。在有关机构公布的 2013 年中国平板电脑品牌关注度排名榜上，联想、台电、蓝魔等 5 家本土品牌厂商均入围前十，反映出本土品牌的市场竞争力正逐渐提升（见图 11）。

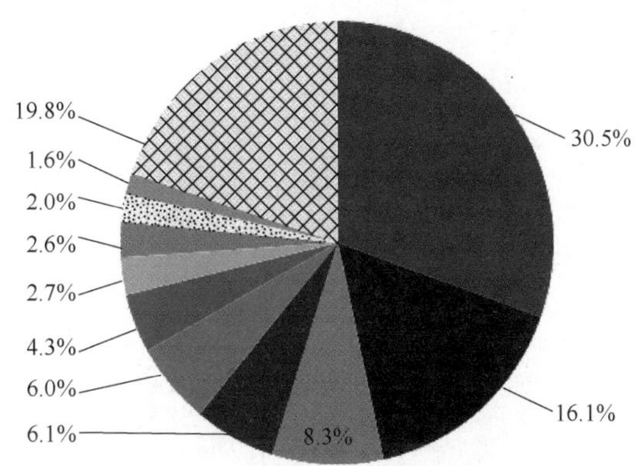

图 11　2013 年中国平板电脑市场品牌关注度分布

数据来源：触控技术网

本土品牌的兴起也让消费者在产品价格方面有了更大的选择空间，目前，中国平板电脑市场的产品价格正逐渐趋于大众化。根据《2011—2017 年全球平板电脑平均价格走势》，随着价格战的加剧，2014 年中国平板电脑的产品均价预计还会下滑近 26%，达到 211 美元/台。

在尺寸规格的分布上，中国平板电脑市场 2013 年仍以 8 英寸以上产品为主，占比接近 55%。这点与全球市场以 8 英寸以下产品为主的分布特点不同（见图 12）。预计中国平板电脑市场尺寸分布的趋势将在 2014 年逐渐与全球趋同。

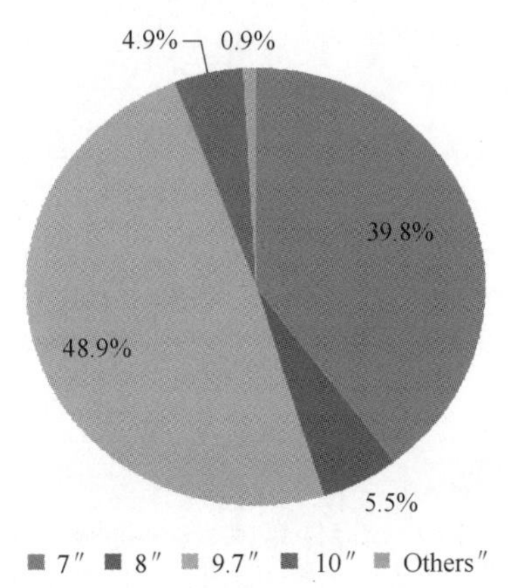

图 12　2013 年中国平板电脑市场尺寸分布

数据来源：赛迪顾问

（3）手机。

我国不仅是全球手机的主要生产大国，而且也是全球手机的主要消费大国。根据工业和信息化部发布的数据，2013 年中国手机的产量 14.6 亿部，这意味着 2013 年全球出货的所有手机中有近 81%都产自中国（见图 13）。从海关发布的统计数据来看，在我国生产的 14 多亿部手机中，出口占 75%，创汇约 950 亿美元；内销占 25%，约 3.8 亿部。我国出口的手机平均单价不足 83 美元，由此可以推断出我国生产出口的手机基本都是附加值不高的功能手机。

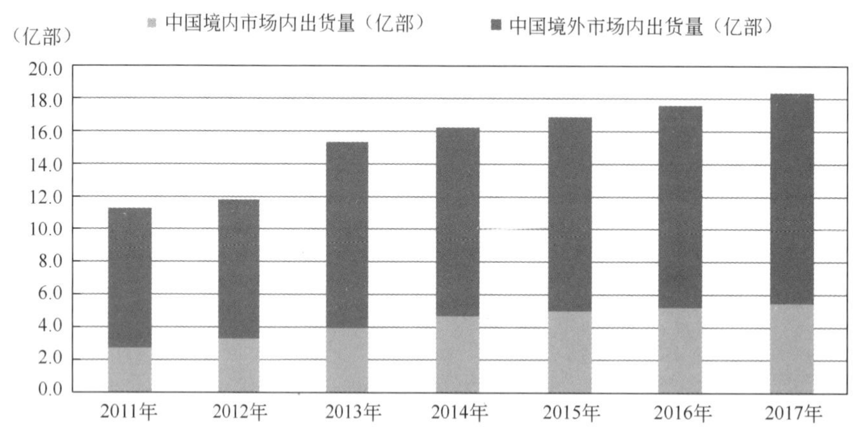

图 13　2011—2017 年我国手机市场规模走势

数据来源：工信部、CODA

2013 年我国进口的手机约 800 万部，金额接近 15.5 亿美元，平均单价约 194 美元，由此可以推断进口的基本都是智能手机。进口的主要地区是中国台湾，数量占比近 58%，金额占比更高，超过 70%。

我国手机市场的规模在 2013 年还没有超过 4 亿部，但在全球市场的占比首次突破了 20%，基本与我国人口在全球人口总数的占比持平。

2013 年我国智能手机的出货规模约 3.3 亿部，同比增长近一倍；功能手机的出货只有不足 0.6 亿部，同比下降超过 60%（见图 14 和图 15）。

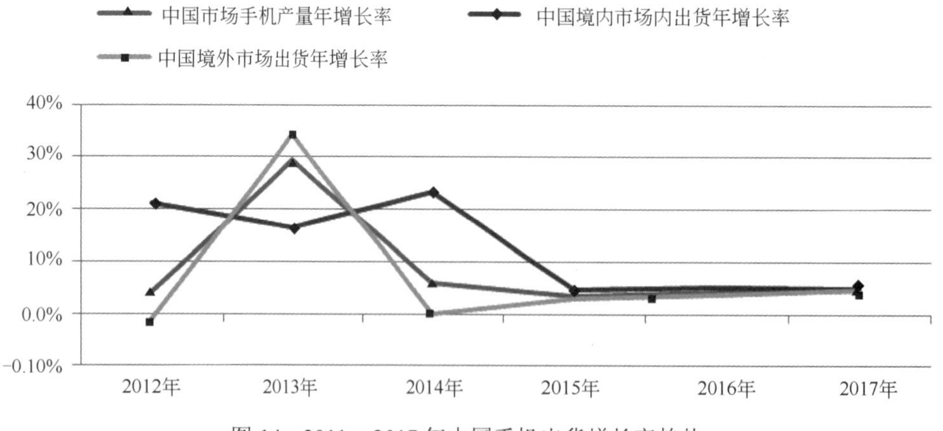

图 14　2011—2017 年中国手机出货增长率趋势

数据来源：CODA

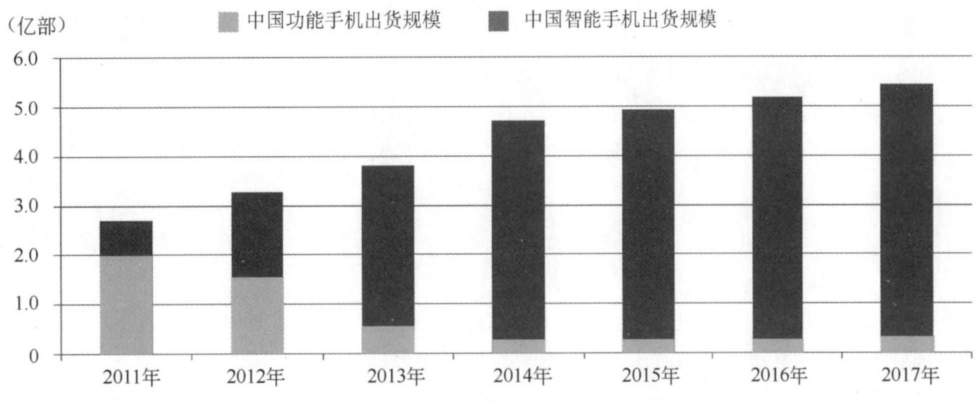

图 15　2011—2017 年中国手机市场出货规模趋势

数据来源：　群智咨询/CODA

2013 年，我国市场智能手机的渗透率超过了 85%（见图 16）。

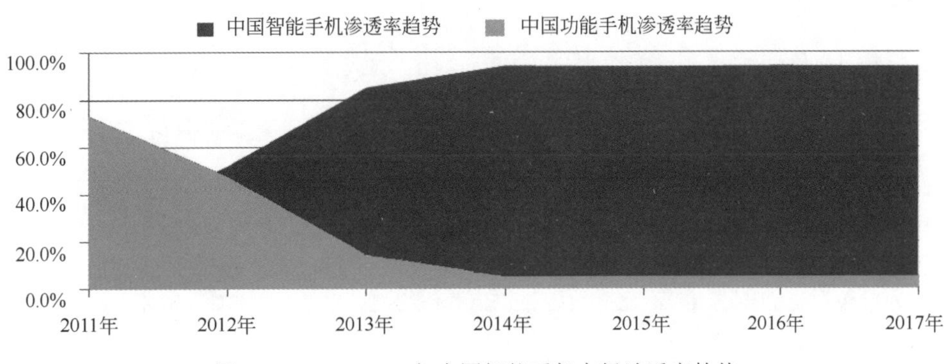

图 16　2011—2017 年中国智能手机市场渗透率趋势

数据来源：　群智咨询/CODA

从品牌分布上看，我国智能手机市场与全球市场有很大不同。虽然三星仍然位居品牌市场占有率第一的位置，但与全球市场接近三分之一的占有率相比，三星在我国市场 2013 年的占有率仅有 21%，同比上升不到 3 个百分点。苹果虽然在全球市场仅次于三星位列第二，但在中国市场，苹果品牌的占有率近 3 年却呈逐年下降的趋势，2011 年苹果的市场占有率还接近 7%，到 2013 年已经下滑到了不到 6%（见图 17）。

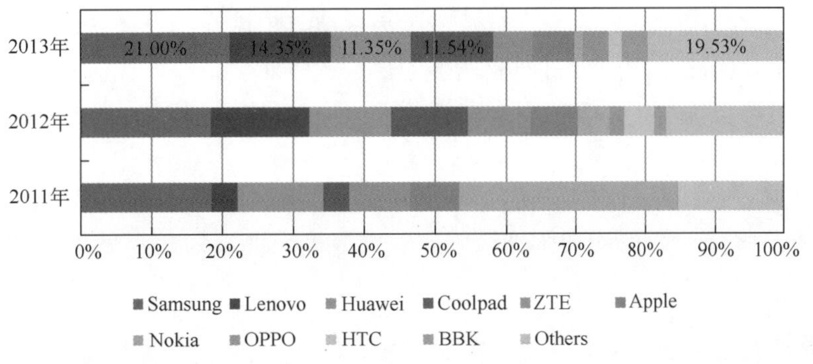

图 17　2011—2013 年中国智能手机市场品牌分布

数据来源：　群智咨询

在我国市场前十大手机品牌中，包括三星、苹果、诺基亚、HTC在内的外资品牌有4个，市场占有率累计约30%，而国内品牌共有6个，其市场占有率累计超过了50%。但与全球市场不同的是，国内品牌中，联想和酷派在我国市场的占有率超过了华为和中兴分别位列第一位和第三位。在我国市场，小品牌和白牌手机的市场占有率最近3年呈逐年扩大的趋势，已经从2011年的不到13%增长到2013年的接近20%。

由上看出，我国智能手机市场与全球市场相比所表现出的特点是：品牌集中度不是很高，国内品牌具有相对优势。

在价格分布上，从GFK发布的数据上可以看出：2013年我国手机市场基本呈现不同价位手机平均分布的特点（见图18）。单价在1500元以上的手机占比略高，接近三分之一；从最近三年的实际情况来看，高价位手机在市场中的占比呈逐年下降的趋势，已经从2011年的56%下滑到了2013年的32%，平均每年下滑8个百分点。单价在1000～1499元的手机同样如此，2011年市场占比32%，到2013年市场占比下滑到21%，平均每年下滑3.7个百分点。与之相反的是，单价在1000元以下的手机在2013年增长迅猛，市场占比已经接近50%。而2011年，1000元以下的手机在我国市场中的占比仅12%。我国手机企业过度集中于1000元以下机型的细分市场，单纯依靠“价格战”作为主要竞争手段的战略在当前全球市场竞争中长期来看并不利于产业持续健康发展。

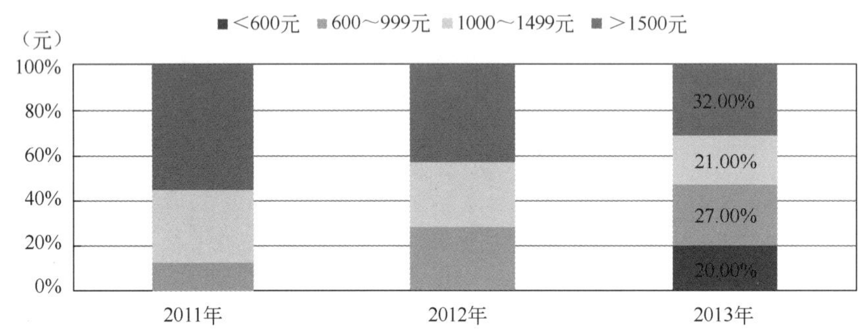

图18 2011—2013年中国手机市场价格分布

数据来源：GFK

目前，我国手机企业在发展过程当中都有一个明显的共性特点就是企业缺乏做强、做大的长远规划，忽视手机品牌的建设。由于众多手机消费者在购买手机时越来越理性，因此手机品牌对其购买决策影响非常大。国内众多手机消费者之所以选择国外品牌手机，正是看中了其品牌这一关键元素。

另外，在智能手机的毛利率上也可以看出这种迹象：苹果的毛利率超过50%，三星、HTC约在30%左右，而国产品牌的毛利率不足20%。

近年来，印度、越南等国家采取各种优惠政策大力扶植手机产业，已经开始逐步抢占我国在全球手机市场的份额。其中，印度是我国手机产业发展的最大竞争对手。印度凭借其低廉的劳动力成本、发达的软件产业基础及语言优势，不断吸引众多国际顶级通信设备厂商，一举成为全球手机生产增长最快的国家之一。

对我国手机企业来说，面对日趋激烈的市场竞争，增加硬件和软件上的研发资金投入、提高核心技术竞争力、重视品牌建设、主动加强“做强、做大”等长远规划是今后保持产业持续健康发展的关键。

2. LED显示屏市场

据高工LED产业研究所（GLII）统计数据显示，2013年中国LED行业总产值达2638亿元，同比增长28%。其中，LED上游外延芯片、中游封装、下游应用产值分别为84亿元、473亿元、2081亿元，同比分别增长 17%、19%、31%。

2013 年，LED 显示屏进入了竞争淘汰期，倒闭企业增加。2013 年 LED 显示屏产值 264 亿元，增长幅度仅有 9.6%，低于预期。整个行业的集中度上升，主流 LED 显示屏企业平均增长速度快于整个行业的增长速度。

3. OLED 显示市场

苹果 iPhone 带动了大尺寸智能手机的普及，也使 OLED 屏幕进入了市场。尤其是对有源矩阵 OLED (AMOLED) 来说，目前主要的市场推动力基本都是来自高阶手机及较大尺寸应用市场。AMOLED 的发展使其出货额继 2009 年首次超越 PMOLED 后继续增长。市场正随着技术的推动和应用产品的不断升级而不断成长壮大。

2013 年，全球 OLED 市场的产值为 114 亿美元，其中，AMOLED 的产值为 110.4 亿美元，占比 97%；PMOLED 产值仅有 3.6 亿美元，占比 3%。

目前，AMOLED 市场是单一的、封闭的市场，占市场统治地位的产品只有三星生产的 Galaxy 系列智能手机。其单一性不仅表现在产品上，也表现在市场竞争者上。之所以说它是封闭的市场，是因为韩国企业无论是三星也好，还是 LGD 也好，都采取了各自建立供应链堡垒以防技术外泄的政策。

单一的、封闭的市场是很难发展壮大的，只有多元的、相对开放的市场才能最终形成规模。回顾 OLED 发展历史，友达、索尼、三星都曾经历过这样的局面，即推出的产品由于其单一性和封闭性而不被市场所接受。当前加载 AMOLED 面板的智能手机成功被市场接受，有 OLED 技术本身优越的原因，更多的则依靠三星这个企业自身所具有的全产业链和品牌优势。

中国 AMOLED 产业要想率先打破当前的单一、封闭市场并后来居上，首先要解决“缺乏市场应用”的问题。中国的智能手机企业近年来增长很快，但其增长模式基本依靠成本竞争和低端市场，盈利能力十分有限，面临毛利率为正、净利却为负的尴尬局面，手机整机企业没有使用 AMOLED 面板的积极性。只有电视市场基本为国内企业所掌握，因此电视面板可能会有机会使用 AMOLED 面板。但以 55 英寸电视面板为例，AMOLED 面板的成本约在 2000 美元，而同样尺寸的 LCD 面板售价则不到 500 美元，价差高达 4 倍。如此高的成本，国内的电视整机企业毛利率水平也十分有限，很难单独消化。因此解决市场应用的问题就跟降低成本联系了起来，而要降低成本，就要解决产业链配套问题，积极取得关键技术突破，不断培养优秀人才。所以说，中国产业面临的“四个缺乏”问题实际上是整体的，不能单个解决，有必要制定一体化的解决方案。

4. 大屏幕投影机市场

2013 年中国投影机市场仍是活跃的，在各方面持续健康发展。技术、产品性能、市场细分、产业链磨合都逐步得以完善。不过，受到大环境影响，2013 年国内投影机市场并未像预期那样发展，根据 IDC 数据，2013 年中国投影机市场整体出货量达到 200 万台，比 2012 年上涨 7.0%。由于短焦投影机在教育行业的广泛应用，投影机市场的平均价格轻微上升，2013 年中国投影机市场的销售额比 2012 年上涨了 9.2%。

从市场细分来看，教育市场增长明显，商务市场稳步提升，家用市场则出现环比下滑，工程市场同步小幅增长，但受政府政策影响，政府自用市场、舞台演出市场等受到抑制。

从用户分类来看，教育市场依旧占行业大头，其中，中小学占据 48.2%，大学及教学培训机构，各占到 3.1%和 3.0%。而在商务投影机市场，中小企业占主导地位，达到了 23.6%，大型企业则下降至 7.6%，与 2012 年相比有明显下降。

从显示技术数据来看，SVGA 市场 DLP 份额占据主导地位，达到了 87.8%，LCD 则仅有 12.2%份额。由此可见，DLP 在低端机器中依然具有很强的性价比优势。而 XGA 市场，LCD 则赶超 DLP 显示技术，达到了 74.0%份额，这也主要得益于 2013 年 LCD XGA 商教投影机价格的大幅下降，抢占了 DLP

市场份额。WXGA 也就是宽屏市场，由于还处于新兴市场，价格均处在高位，两者基本各占一半。

720P 市场则完全被 DLP 所垄断，1080P 市场同样也被 DLP 占据大部分份额，这与 2013 年以中国台湾生产的系列品牌为主的 DLP 阵营厂商主推的万元级以下全高清 3D 家用投影机不无关系，日系品牌的高价格依旧难以与 DLP 阵营相抗衡。

另外，从亮度规格来看，2500～2999 流明投影机成为了市场畅销机器，涨幅不仅全年最高，而且环比 2012 年第三季度，也有了不小的增长。其次是 3000～3999 流明投影机，市场增长迅猛，用户需求明显提升。预计 2014 年中国投影机市场销量将达到 210 万台，增长率达 12.8%；2015 年中国投影机市场销量有望增长到 230 万台，增长率达 9.9%。

（二）2013 年中国显示产业发展现状

1. LCD 产业发展现状

2013 年，在政策引导和企业自身努力因素共同作用下，我国显示产业发展形势持续向好，产业规模稳步提升，企业经营状况显著改善，贸易逆差进一步缩小，产业链及产业集聚逐步形成。

（1）产业规模持续快速增长，产业链及产业集聚逐步形成。

2013 年我国显示产业规模达 1071 亿元，同比增长 44.6%。全球市场占有率由 2010 年的 3.9%提升到 13.2%，本土液晶电视面板的自给率超过 30%（见表 2）。

表 2　2008—2013 年中国新型显示产业产值分类统计

项目/年份	2008 年	2009 年	2010 年	2011 年	2012 年	2013 年
TFT-LCD 器件	158.73	151.30	275.00	331.60	470.00	608.00
TN/STN 器件	60.68	57.39	55.00	50.00	40.00	50.00
液晶显示模组	-	130.00	60.00	70.00	70.00	-
器件小计	219.41	208.69	330.00	381.60	510.00	658.00
液晶材料	12.50	16.02	20.00	18.00	17.00	20.00
基板玻璃	0.50	0.49	-	11.00	19.00	30.00
ITO 导电玻璃	12.30	10.50	14.00	28.00	30.00	40.00
彩膜	6.00	2.49	3.00	5.00	6.00	6.00
偏光片	2.57	5.97	10.00	12.00	15.00	35.00
背光模组	24.00	25.00	36.00	42.00	50.00	73.00
触摸屏	7.50	7.50	15.00	20.00	23.00	77.00
其他材料	5.00	-	11.50	30.00	40.00	82.00
上游材料小计	70.30	67.97	111.30	166.00	200.00	363.00
装备	-	-	20.00	25.00	30.00	50.00
总计	299.72	298.27	461.30	572.60	740.00	1071.00

其中，显示面板的产值为 658 亿元，占比 61%，同比增加 29%。2013 年，我国已建成投产的显示面板产线共计 16 条，其中，4.5 代产线 4 条，5 代产线 4 条，5.5 代产线 2 条，6 代产线 2 条，8.5 代产线 4 条，总计年产能为 4228.1 万平方米。正在建设中的产线有 9 条，其中，4.5 代 AMOLED 产线 2 条，5.5 代 AMOLED 面板产线 1 条，6 代 LTPS 面板产线 2 条，8.5 代面板产线 4 条（见表 3）。

截至 2013 年年底，我国在显示面板产线的投资已达 300 亿美元，在全球总投资中的占比约 15%。

表 3　2013 年中国 4.5 代以上显示面板产线分布情况

公司	产地	生产线规格	技术规格	基板规格	2013 年产能（万片）	2013 年产能（万平方米）
天马	上海	4.5	a-Si	730*920	46	30.9
天马	成都	4.5	a-Si	730*920	46	30.9
天马	武汉	4.5	a-Si	730*920	46	30.9
京东方	成都	4.5	a-Si	730*920	54	36.3
小计					**192**	**128.9**
天马	上海	5	a-Si/AMOLED	1100*1300	114	163.0
京东方	北京	5	a-Si	1100*1300	96	137.3
龙腾	昆山	5	a-Si/Oxide	1100*1300	145.2	207.6
深超	深圳	5	a-Si /LTPS	1100*1300	132	205.9
小计					**487.2**	**713.9**
京东方	鄂尔多斯	5.5	LTPS/AMOLED	1300*1500	18	35.1
天马	厦门	5.5	LTPS/AMOLED	1300*1500	18	35.1
小计					**36**	**70.2**
中电熊猫	南京	6	a-Si	1500*1850	96	266.4
京东方	合肥	6	a-Si/Oxide	1500*1850	111.6	309.7
小计					**207.6**	**576.1**
京东方	北京	8.5	a-Si	2200*2500	144	792.0
华星	深圳	8.5	a-Si	2200*2500	156	858.0
京东方	合肥	8.5	a-Si/Oxide	2200*2500	108	594.0
三星	苏州	8.5	a-Si	2200*2500	90	495.0
小计					**498**	**2739.0**
总计						**4228.1**

据不完全统计，2013 年我国显示产业上游材料的销售规模约为 363 亿元，占比约 34%，同比增加 82%；装备的销售规模约为 50 亿元，占比不足 5%，同比增加 67%。

如今，我国液晶配套产业已经起步，但是仍然存在三大问题制约其快速发展。解决好核心技术问题、规模问题、发展环境问题，中国配套产业才能得到长足发展。

首先，核心技术受制于人、原材料、元器件和专用设备等本地配套能力不足，存在核心技术缺失的现实问题。

这些年我们在平板玻璃、液晶材料、偏光片、彩色滤色膜、光学膜等一系列材料的国产化过程中，做得那么辛苦，几乎都遇到同样的问题，技术储备不足，核心技术受制于人。不少企业长期以来未能从根本上摆脱专利困扰，只能在国际大企业的夹缝中求生存。造成国内许多新产品以低端为主，技术附加值低，市场竞争力和价格竞争力弱，经济效益相对较低。

其次，企业规模过小，生存压力过大，企业缺少积累。

上游配套企业基本上都属于中小企业，多数企业恐怕连中型企业都算不上。这两年可喜地看到有些上市公司涉入，但数量也太少。这些企业一般历史很短，企业规模过小，技术与资产的沉淀都不够，在与实力雄厚、历史悠久的国际大企业的竞争中没有多少优势。而在国内众多同行中，又往往为了生存竞争过度，竞相杀价,两败俱伤，其结果是企业勉强维持简单再生产，缺少积累，更谈不上长远的技术研发投入。

第三，发展环境不尽人意。企业生存环境现在遇到两方面的问题：一是企业是否能处于合理的、公平的环境中竞争，二是产业链上游企业面临融资难的困境。

过去国际大公司不重视中国市场，重要的原材料、关键技术往往采取限制、封锁的办法加以应对。但这不是唯一的困境，由于监督不力，国外产品大量倾销也不少见。例如，国外的偏光片生产厂家将边角料、B 级品等偏光片垃圾大量倾销到中国，价格不到国内正规偏光片的三分之一，严重冲击国内的偏光片市场。这种问题直到今天依然存在。

现在不同了，中国市场强大起来了，那些原材料国际大公司坐不住了，他们纷纷要在中国建厂。这势必给刚刚起步的内资企业造成压力。对外资企业进来我们一向欢迎，但要营造中外企业都公平的竞争环境。

另外，我国企业发展历程较短，缺乏足够的市场融资能力，无法在研发和产业化上大量投入，资金短缺成为业内企业存在的普遍问题。

（2）我国显示企业经营状况显著改善。

随着新增产能陆续达到满产状态，我国显示企业的盈利能力普遍改善。

京东方 2013 年的出货量稳居全球第五位，全年实现营业收入 338 亿元，同比增长 31%，实现税后净利润 30 亿元。

华星光电受惠于面板产业整体环境的好转及企业自身生产和经营能力的快速提升，2013 年全年实现营收 155 亿元，净利润 22.62 亿元。

天马凭借其强大的技术研发能力、丰富的客户资源和广泛的营销渠道，以及先进的工艺制造和管理能力，2013 年实现营收 45 亿元，净利润 2.86 亿元。

（3）我国液晶面板的进出口贸易逆差进一步缩小。

随着国产面板产能的持续扩大尤其是国产电视面板自给率的不断提升，我国液晶面板的进出口贸易逆差进一步收窄。2013 年，我国共进口液晶面板 34 亿片，进口金额为 495.8 亿美元；出口液晶面板 32.7 亿片，出口金额为 358.6 亿美元；进出口逆差为 137.2 亿美元。相比 2012 年 140.5 亿美元的逆差同比缩减了 2%。

2. OLED 显示产业发展现状

（1）我国的 AMOLED 面板产线投资步伐加快。

我国的 AMOLED 产业近三年给全球业界的第一个印象是“面板产线投资步伐加快”。截至 2013 年，中国已经在建了 7 条 AMOLED 面板产线，其中，4.5 代 2 条，5.5 代 2 条，累计投资约合 85 亿美元。

国内投资时间最早的产线是 2010 年 8 月由上海天马改造的 4.5 代 TFT 产线，投资金额为 4.92 亿元，目前改造已经完成，已具备了量产能力，先期产能为 1K/月。另外一条 4.5 代新建产线，是 2013 年宣布投建的上海和辉。上海和辉的投资额为 60 亿元，设计产能为 15K/月。两条 5.5 代线为新建产线，先后于 2011 年和 2012 年宣布投建。京东方鄂尔多斯项目于 2011 年 8 月宣布投建，因设计产能为 54K/月，故投资额高达 220 亿元。另外，两条 5.5 代线都将将兼容 LTPS-LCD 背板，故具体产能的分配还将依据市场情况而定。由维信诺和龙腾合作建设的昆山国显 5.5 代线是宣布投建时间最晚的产线，2012 年 12 月才最终宣布，因设计产能只有 4K/月，其投资额仅有 24 亿元。以上 AMOLED 产线除上海天马外，基本都是 2011 年以后开始投资的，预计都会在 2014 年后陆续量产。

另外，我国在大尺寸 AMOLED 面板产线的布局也已开始规划，近期宣布的京东方合肥和重庆的 8.5 代项目，以及华星在深圳的 8.5 代线项目都在准备兼容 AMOLED 面板，其中京东方合肥 8.5 代线项目已确定产能为每月 2K。

（2）我国 AMOLED 产业的发展受到了中央政府的高度重视。

早在 2005 年国务院公布的《国家中长期科学和技术发展规划纲要（2006—2020 年）》就提出要发展 OLED 显示技术。随着产业化进程的加速，2010 年国家发改委联合工业和信息化部发布了《2010—2012 年平板显示产业发展规划》，开始推进我国 OLED 技术的产业化。2010 年国务院公布的《国务院关于加快培育和发展战略性新兴产业的决定》将 OLED 产业上升至国家战略性新兴产业范畴。2012 年 2 月工业和信息化部发布的《电子信息制造业"十二五"发展规划》明确将推进中小尺寸 OLED 技术的开发和产业化应用，研究大尺寸 OLED 相关技术和工艺集成。2012 年 7 月，国务院发布了《"十二五"国家战略性新兴产业发展规划》将新型平板显示工程列为重大工程之一，提出攻克 OLED 有机成膜、器件封装等关键工艺技术，加强关键材料及设备的国产化配套。

为配合上述战略性指导意见的落实，中央政府同时加大了资金扶持的力度。财政部 2009 年至 2012 年先后出台了有关 OLED 产业发展税收优惠政策。例如，工信部电子信息产业发展基金连续设立 AMOLED 关键技术招标项目；发改委设立"彩电产业战略转型"专项，支持新型平板显示配套材料的技术研发和公共测试服务平台建设；科技部在关键技术方面大力支持科研院所和大专院校攻关；国资委在国有资本经营预算中也安排资金支持相关企业参与新型平板显示产业发展。

（3）中国各地方政府大力推动 OLED 产业化进程。

在中央政府的战略指导下，各地方政府也在积极大力推动 OLED 产业化进程。广东在 2009 年和 2012 年的《珠三角发展规划纲要》和《广东省"十二五"规划》"中就明确提出了要将 OLED 尽快产业化的目标，要求形成规模生产能力并重点打造广州、佛山、汕尾和东莞等产业基地。在技术研发上广东省组织了华南理工大学、中山大学、东莞宏威数码、东莞彩显等单位联合建立了"广东有机发光显示产业技术研究院"，相继开展了有机材料合成、ITO 大尺寸靶材、自动化生产设备等研发项目，配合广东的面板产线。四川主要围绕成都国家高新区，依托园区良好的平板显示产业基础，推进 OLED 产业。目前已经建立了以四川虹视为依托单位的"OLED 工艺技术国家地方联合工程实验室"，包括 24 家会员单位，开展了多项联合研究并建成了共性及技术材料测试验证平台。江苏依托新成立的 OLED 产业联盟显示与照明同时推进产业化。

通过上面的介绍，我们不难发现：尽管上到中央、下到地方都对发展 OLED 产业做了很多工作，但介入的方式总体来说还比较单一，程度也不够深，今后还需要在技术研发和产业链配套上做更多深入的工作。

（4）国内企业产业化技术取得一定突破。

从目前的产业化技术发展方向上看，全球正处于多种路线并行发展、各有千秋的局面。我国的各企业也在对不同的技术路线分别投入，并取得了一定的成绩。各主要企业的技术研发都取得一定突破。

京东方：现有 TFT-LCD 面板产线 4 条，在建、拟建产线 3 条，全部将兼容 AMOLED 面板。继 2012 年初发布首款氧化物 TFT 液晶显示屏后，9 月先后发布了两款 17 英寸 AMOLED 样品面板，一款使用的是氧化物 TFT 背板技术+喷墨打印技术，另一款使用的是氧化物背板彩膜一体化设计+小分子真空蒸镀技术。同时还发布了一款 4 英寸的 AMOLED 面板，使用的是 LTPS-TFT 背板+小分子真空蒸镀技术。另外，京东方首条兼容 LTPS 和 AMOLED 技术的 5.5 代鄂尔多斯项目厂房已实现封顶，设备采购基本完成。

天马：现有 TFT-LCD 面板产线 4 条，在建 1 条。其中，1 条 4.5 代线已完成 AMOLED 改造，在建 1 条 5.5 代线兼容 LTPS 和 AMOLED。天马于 2009 年 6 月启动的首条 AMOLED 中试线，2012 年已完成建设，正在进行量产准备，为提升量产化技术，天马在产品设计、工艺改善和材料寿命三个方面做了大量的工作。产品设计方面，天马对像素补偿电路及周边驱动电路重新进行了优化设计；工艺改善方面，天马调整了 LTPS 工艺，掌握了点源和线源两种蒸发源技术以及传统和 Frit 两种封装技术，并都达到了量产要求；材料寿命方面，采用与日本材料和中国台湾材料厂商合作开发的模式。

维信诺：是基于清华大学 OLED 技术成立的企业，目前已建立完整的 OLED 产业化体系。2012 年维信诺发布了 12 英寸分辨率为 1280*800 的 AMOLED 电视机，并于 2012 年 11 月作为技术支持方加入了昆山国显 5.5 代 AMOLED 面板产线项目。

彩虹：计划分成两个阶段建设两条 AMOLED 面板产线，第一条 4.5 代线正在建设中，目前厂房建设已完成，技术方案准备完毕。2012 年彩虹建成了一条中试线并开始进行材料和器件评估，掌握了显示器件设计技术和 IC 设计技术。目前已完成 3.2 英寸 AMOLED 样品制作，正在研发 4 英寸以上产品。材料方面，彩虹完成了对日韩等数个厂家提供的有机材料认证，可以支撑量产需求。另外，彩虹（南方）研究院已获国家发改委批准建设“国家地方联合工程实验室”。

虹视：由四川长虹投资组建，目前在 PMOLED 基础上研发 AMOLED。该公司目前已完成了 4 英寸氧化物 TFT 背板 AMOLED 样品和 4.3 英寸裸眼 3D AMOLED 样品研发，另外完成了 10 英寸 AMOLED 技术开发，同时确定 4.5 代 AMOLED 面板量产线项目建设一揽子方案。

TCL 工研院：是 TCL 集团前沿性技术创新机构，已在 OLED 显示和材料方面开始初步布局。TCL 工研院 2012 年申请有关 OLED 的专利 20 多件。正在建设的 4.5 代 AMOLED 试验线于 2012 年 10 月已完成所有设备文件流程，目前进入十余台 AMOLED 专项设备采购程序，2013 年已开始相关实验工作。

（5）我国和国外一线厂商相比专利和标准仍有差距。

根据韩国知识产权局（KIPO）截至 2013 年 4 月的统计，三星和 LG 的 OLED 专利申请数量已经占到全部 OLED 专利申请数量的 54.2%，其中，三星一马当先，占全部 OLED 专利申请数量的 32.7%，紧随其后的是 LG，占全部 OLED 专利申请数量 21.5%。另外，根据统计，精工爱普生株式会社、半导体能源研究所和三洋分别位居第三、第四和第五位。2008—2012 年，三星和 LG 专利的年平均成功率分别为 87.1%和 83.4%。KIPO 审查部主管表示，和 PDP、LCD 专利由美国和日本厂商霸占不同，OLED 专利已经被韩国公司抢占。

根据国家知识产权局的数据，截至 2012 年 3 月，我国所拥有的 OLED 专利数量为 5789 项，约占全球总量的 6%。从专利类型上看，中国 OLED 领域的专利多以实用新型专利为主；从申请人构成来看，中国的申请人多为科研院所，企业申请人的占比仅为 28%；重要专利均以国外申请人为主。从专利数量上来看，中国的专利呈“一超多强”格局，三星具有绝对优势，LG、出光兴产、友达和清华大学（含维信诺）则处于第二梯队。以上情况都说明中国 OLED 产业在技术上还处于基础研发阶段，以成品为特征的应用研发还有待提高。专利布局的滞后，提高了今后大规模产业化过程中的侵权风险和准入难度。

此外，技术和产品的标准化是产业发展、技术提升的重要基础工作，“标准之争”已成为产业发展和市场竞争的先导和主角。中国为顺应形势发展，专门成立了平板显示技术标准工作组，负责制定符合大陆产业发展状况并具有自主知识产权的国家标准，同时参与国际相关标准的制定。目前，中国受国际电工委员会（IEC）的委托，承担制定和修订的国际标准各有两项。

（6）国内 AMOLED 产业链配套初具成效。

材料方面。随着包括清华大学、华南理工、北京大学、吉林大学、上海大学、香港大学、中科院长春光机所和长春应化所等科研院所，以及阿格蕾雅、奥来德、苏州纳凯、西安瑞联等企业的双重推动，我国 OLED 材料取得了飞速发展，与国外先进水平的差距相对较小。例如，奥来德开发的 OLED 材料已经批量供货给韩国企业并通过了日本企业的认证；西安瑞联 OLED 中间体和终端材料的销售已占公司总销售额的 20%以上；阿格蕾雅的 4 种高纯材料在 2012 年已进入中国 3 条生产线试用。

装备方面。中国目前的 OLED 设备基本依赖进口，关键设备及整套设备的系统化技术基本掌握在日本、欧、美企业手中，这种局面严重影响了中国 OLED 产业化的发展。中国目前从事 OLED 设备生产的企业只能实现部分物流传送系统、光学检测设备和金属掩膜版的本土化配套，几乎没有涉及蒸镀、封装等关键设备领域。例如，深圳清溢的 4.5 代掩膜版已达到小批量生产水平，目前已经进入 5.5 代光掩膜版的基础研究阶段。

2013 年中国液晶行业发展概况

中国光学光电子行业协会液晶分会　胡春明 高鸿锦

一、2013 年行业总体情况

2013 年，在政策引导和企业自身努力因素共同作用下，我国显示产业发展形势持续向好，产业规模稳步提升，企业经营状况显著改善，贸易逆差进一步缩小，产业链及产业集聚逐步形成。

（一）产业规模持续快速增长，产业链及产业集聚逐步形成

2013 年我国显示产业规模达 1071 亿元，同比增长 44.6%。全球市场占有率由 2010 年的 3.9%提升到 13.2%，本土液晶电视面板的自给率超过 30%（见表 1）。

表 1　2008—2013 年中国新型显示产业产值分类统计

项目/年份	2008 年	2009 年	2010 年	2011 年	2012 年	2013 年
TFT-LCD 器件	158.73	151.30	275.00	331.60	470.00	608.00
TN/STN 器件	60.68	57.39	55.00	50.00	40.00	50.00
液晶显示模组	-	130.00	60.00	70.00	70.00	-
器件小计	219.41	208.69	330.00	381.60	510.00	658.00
液晶材料	12.50	16.02	20.00	18.00	17.00	20.00
基板玻璃	0.50	0.49	-	11.00	19.00	30.00
ITO 导电玻璃	12.30	10.50	14.00	28.00	30.00	40.00
彩膜	6.00	2.49	3.00	5.00	6.00	6.00
偏光片	2.57	5.97	10.00	12.00	15.00	35.00
背光模组	24.00	25.00	36.00	42.00	50.00	73.00
触摸屏	7.50	7.50	15.00	20.00	23.00	77.00
其他材料	5.00	-	11.50	30.00	40.00	82.00
上游材料小计	70.30	67.97	111.30	166.00	200.00	363.00
装备	-	-	20.00	25.00	30.00	50.00
总计	299.72	298.27	461.30	572.60	740.00	1071.00

据不完全统计，2013 年我国显示产业显示面板的产值为 658 亿元，占比 61%，同比增加 29%；上游材料的销售规模约为 363 亿元，占比约 34%，同比增加 82%；装备的销售规模约为 50 亿元，占比不足 5%，同比增加 67%。

如今，我国液晶配套产业已经起步，但是仍然存在三大问题制约其快速发展。解决好核心技术问题、规模问题、发展环境问题，中国配套产业才能得到长足发展。

首先，核心技术受制于人、原材料、元器件和专用设备等本地配套能力不足，存在核心技术缺失的现实问题。

这些年我们在平板玻璃、液晶材料、偏光片、彩色滤色膜、光学膜等一系列材料的国产化过程中，做得那么辛苦，几乎都遇到同样的问题，技术储备不足，核心技术受制于人。不少企业长期以来未能从根本上摆脱专利困扰，只能在国际大企业的夹缝中求生存。造成国内许多新产品存在以低端为主、技术附加值低、市场竞争力和价格竞争力弱、经济效益相对较低等问题。

其次，企业规模过小，生存压力过大，企业缺少积累。

上游配套企业基本上都属于中小企业，多数企业恐怕连中型企业都算不上。这两年可喜地看到有些上市公司涉入，但数量也太少。这些企业一般历史很短，企业规模过小，技术与资产的沉淀都不够，在与实力雄厚、历史悠久的国际大企业的竞争中没有多少优势。而在国内众多同行中，又往往为了生存竞争过度，竞相杀价,两败俱伤，其结果是企业勉强维持简单再生产，缺少积累，更谈不上长远的技术研发的投入。

第三，发展环境不尽人意。企业生存环境现在遇到两方面的问题：一是企业是否能处于合理的、公平的环境中竞争，二是产业链上游企业面临融资难的困境。

过去国际大公司不重视中国市场，重要的原材料、关键技术往往采取限制、封锁的办法加以应对。但这不是唯一的难题，由于监督不力，国外产品大量倾销也不少见。例如，国外的偏光片生产厂家将边角料、B 级品等偏光片垃圾大量倾销到中国，价格不到国内正规偏光片的三分之一，严重冲击国内的偏光片市场。这种问题直到今天依然存在。

现在不同了，中国市场强大起来了，那些原材料国际大公司坐不住了，他们纷纷要在中国建厂。这势必给刚刚起步的内资企业造成压力。对外资企业进来我们一向欢迎，但要营造中外企业都公平的竞争环境。

另外，我国企业发展历程较短，缺乏足够的市场融资能力，无法在研发和产业化上大量投入，资金短缺成为业内企业存在的普遍问题。

（二）我国显示企业经营状况显著改善

随着新增产能陆续达到满产状态，我国显示企业的盈利能力普遍改善。

京东方 2013 年的出货量稳居全球第五位，全年实现营业收入 338 亿元，同比增长 31%，实现税后净利润 30 亿元。

华星光电受惠于面板产业整体环境的好转及企业自身生产和经营能力的快速提升，2013 年全年实现营收 155 亿元，净利润 22.62 亿元。

天马凭借其强大的技术研发能力、丰富的客户资源和广泛的营销渠道，以及先进的工艺制造和管理能力，2013 年实现营收 45 亿元，净利润 2.86 亿元。

（三）我国液晶面板的进出口贸易逆差进一步缩小

随着国产面板产能的持续扩大，尤其是国产电视面板自给率的不断提升，我国液晶面板的进出口贸易逆差进一步收窄。2013 年，我国共进口液晶面板 34 亿片，进口金额为 495.8 亿美元；出口液晶面板 32.7 亿片，出口金额为 358.6 亿美元；进出口逆差为 137.2 亿美元，相比 2012 年 140.5 亿美元的逆差同比缩减了 2%。

二、各主要部分的情况

（一）器件

据不完全统计，2013 年我国 LCD 器件产值为 658 亿元，同比增长 29%。其中，TFT-LCD 器件产值为 608 亿元，同比增长 29%；TN/STN 器件产值为 50 亿元，同比增长 25%。

2013 年，我国已建成投产的显示面板产线共计 16 条，其中，4.5 代产线 4 条，5 代产线 4 条，5.5 代产线 2 条，6 代产线 2 条，8.5 代产线 4 条，总计年产能为 4228.1 万平方米。正在建设中的产线有 9

条，其中，4.5 代 AMOLED 产线 2 条，5.5 代 AMOLED 面板产线 1 条，6 代 LTPS 面板产线 2 条，8.5 代面板产线 4 条。截至 2013 年年底，我国在显示面板产线的投资已达 300 亿美元，在全球总投资中的占比约 15%（见表 2）。

表 2　2013 年国内 4.5 代以上显示面板产线分布情况

公司	产地	生产线规格	技术规格	基板规格	2013 年产能（万片）	2013 年产能（万平方米）
天马	上海	4.5	a-Si	730*920	46	30.9
天马	成都	4.5	a-Si	730*920	46	30.9
天马	武汉	4.5	a-Si	730*920	46	30.9
京东方	成都	4.5	a-Si	730*920	54	36.3
小计					192	128.9
天马	上海	5	a-Si/AMOLED	1100*1300	114	163.0
京东方	北京	5	a-Si	1100*1300	96	137.3
龙腾	昆山	5	a-Si/Oxide	1100*1300	145.2	207.6
深超	深圳	5	a-Si /LTPS	1100*1300	132	205.9
小计					487.2	713.9
京东方	鄂尔多斯	5.5	LTPS/AMOLED	1300*1500	18	35.1
天马	厦门	5.5	LTPS/AMOLED	1300*1500	18	35.1
小计					36	70.2
中电熊猫	南京	6	a-Si	1500*1850	96	266.4
京东方	合肥	6	a-Si/Oxide	1500*1850	111.6	309.7
小计					207.6	576.1
京东方	北京	8.5	a-Si	2200*2500	144	792.0
华星	深圳	8.5	a-Si	2200*2500	156	858.0
京东方	合肥	8.5	a-Si/Oxide	2200*2500	108	594.0
三星	苏州	8.5	a-Si	2200*2500	90	495.0
小计					498	2739.0
总计						4228.1

（二）相关材料及装备

据不完全统计，2013 年我国液晶行业上游材料的销售规模约为 363 亿元，同比增长近 82%；装备的销售规模约为 50 亿元，同比增长近 67%。

经过几年的快速发展，我国新型显示产业整体进入了高速、良性的发展态势。到 2013 年，我国的产业规模已超千亿元，各骨干企业实现满产满销，经济效益明显好转。

如果从京东方在北京建 5 代线算起，我国新型显示产业发展至今已经 10 年。10 年间，我们几乎从零开始建立起了一个规模宏大的 TFT-LCD 产业，产品涵盖手机、平板电脑、笔记本、台式计算机、电视机等各类显示终端的显示屏，所产生的直接或间接的年产值达到数千亿元。

如此巨大的投资，必将极大地拉动产业链上游的巨大需求，带动基板玻璃、液晶材料、偏光片、彩色滤光片、光学薄膜、触摸屏、背光源等相关原材料、元器件及相关设备等上游产业的发展。据测算，2016 年之后，我国 TFT-LCD 产业每年至少需要液晶材料 250 吨、1.0 亿平方米基板玻璃（含彩膜用玻璃）、1.0 亿平方米偏光片、5000 万平方米彩色滤光片、十几亿平方米光学薄膜、几亿背光源组件以及数以亿计驱动 IC 等等，其总价值也将接近千亿元。

整体而言，我国液晶上游配套产业的起步更要晚一些。至今我们还没能建立起一个完整的上游配套产业。从某种意义上讲，建立一个完整的上游配套工业体系要比建设几条高世代器件产线更艰巨、更复杂。我们现在还只是刚刚起步。

1. 国产基板玻璃工业已站稳脚跟

基板玻璃是构成液晶显示器件的一个基本部件，虽然只占液晶面板总成本的 17%左右，由于性质的特殊性，它是平板显示产业的关键基础材料之一。

TFT-LCD 基板玻璃的生产比较复杂，生产技术长期被美国康宁、日本旭硝子、电气硝子、AvanStrate（原日本板硝子 NHT）少数几个公司所垄断，他们三、四家的销量占全球市场的 95%以上。我国基板玻璃过去长期几乎全部依赖进口。所以，打破垄断格局，建立自己的基板玻璃工业刻不容缓。

我国基板玻璃的生产是从 2007 年 12 月 28 日彩红集团 TFT-LCD 基板玻璃一期工程点火之后开始的。尽管至今尚处于起步阶段，但发展的速度却是令人耳目一新。表 3 给出了我国近年已建或在建基板玻璃生产线分布情况。此外，应当指出的是河南洛玻集团，在实现我国液晶产业 TN、STN 基片玻璃国产化进程中，起到了重要的作用。这两年，随着触摸屏的快速普及，也催生了高强铝硅酸盐薄板玻璃产业的发展。

表 3　我国已建和在建的基板玻璃生产线

厂家	地址	生产线代数	条数	年产能	项目状况
彩虹集团	咸阳	G5	1	$75m^2$/52 万片	2007.1 开工，2007.12 窑炉点火，2008.9 投产
	咸阳	G5 兼 G5.5	3	$221m^2$，约 154.2 万片	2009.5 开工，2011.5 投产
	张家港	G5 兼 G5.5	3	154.2 万片	2009.9 动工，2010 年 9 月窑炉点火，首条 2011.5 投产
	合肥	G5	2	102.8 万片	2009.12 动工，2011 年下半年首条投产
	合肥	G6	4	135.2 万片	2009.12 动工，2010 年 10 月点火
东旭集团	郑州	G5	1	80 万片	2009.6 动工，2010 年 8 月投产
	郑州	G5	3	240 万片	2011.8 动工，2012 年首条投产
	石家庄	G5	3	240 万片	2010.9 首条动工，2011 年 8 月点火
	营口	G5-G6	1（规划 2）	240 万片	2011.4 签约，2011.6 首条动工，1 条在建，2 条规划
	芜湖	G6-G8.5	4（在建 6）	650 万片	2011.7 签约，2011.8 首条动工
成都中光电	成都	G4.5	1（计划 3）	300 万片	2009.8 奠基，2010 年 8 月点火，2010.12 量产
美国康宁	北京	G5	1	120 万片	2008.3 开业，基板玻璃后段加工
	北京	G8.5	1	240 万片	2011 开工建设，2013.2 投产
日本旭硝子	昆山	G5	5	480 万片	6 条研磨切割生产线，4 座熔炉（熔炉未建或会取消）
	深圳	G8.5	4	144 万片	2011.6 开工建设，2012 投产，后段
	昆山	G8.5	4	600 万片	2011.6 生产，后段

彩虹、东旭两家公司为 TFT-LCD 基板玻璃的国产化开了个很好的头，不仅成功地生产出合格的 G5、G6 基板玻璃，而且开始了批量供货。国内两大企业都开始形成一定的生产规模，摆脱了初期盲目扩张、抢占地盘的现象。现在的问题是进一步提高产品质量、提高成品率、降低成本、使产品更具竞争性。

尽管我国基板玻璃产业已迈出了异常艰难、却是十分关键的第一步，但前面的路还很长。我们的玻璃企业要成为健康成长的强大企业还需要继续努力，并将面临诸多挑战。从技术上讲，0.4mm 甚至 0.3mm 超薄玻璃、下一代显示器件（如 LTPS、氧化物 TFT、AMOLED）用高应变点玻璃，乃至更具前瞻性的柔性化、可弯曲基板玻璃等产品都将提到日程上来。

根据中国光学光电子协会液晶分会的不完全统计，2013 年我国基板玻璃企业的销售规模约 30 亿元，同比增长 58%。

2. 液晶材料国产化出现转机

液晶是既具液体的流动性、又有晶体各向异性的一类有机化合物。正是有了液晶才有液晶显示器，因此尽管液晶材料只占液晶面板总成本的大约 3%，它也是关键的、不可替代的。

在显示器中使用的液晶材料通常都是混合物，一般由十几种，乃至几十种单体组成。液晶单体的生产过程往往需要几十步合成步骤，生产工艺要求很高。由于显示器件对液晶材料的物理化学性能有极为严格的要求。液晶材料厂商要能生产出稳定的、性能优良的液晶产品难度比较大，尤其是提纯要求更高、难度更大，存在比较高的技术壁垒。

目前，国际上主要有三家液晶材料公司，它们分别是德国默克（Merck）、日本智索（Chisso）、大日本油墨（DIC），TFT 液晶市场则由他们垄断，市场份额分别为 50%、40%、6%。

中国液晶材料的生产早于 1987 年 4 月在清华大学化学系与河北石家庄郊区共同投资的液晶材料厂就开始了。其间历时 20 多年，通过大小十几家材料企业的共同努力，取得了明显成效。可以说，在黑白显示器时期，液晶材料是所有原材料中国产化做得最好的，解决了一系列问题。但是到了 TFT-LCD 时期则是步履维艰，困难重重。这两年在国家出台一系列推动材料国产化政策的指引下，TFT 液晶材料国产化开始出现转机，也许从此有了好开端。

我国现有不下 10 家液晶材料公司，按最终产品，大体上可分为两类：混合液晶和单体液晶。单体和中间体除满足国内需求外，还能大量出口。这已成为这个行业的一个特色，这种现象对于单个企业无可厚非，但对整个行业未必有利。大量廉价单体和中间体的出口无疑加强了国际大公司的竞争力，而把污染留在国内。国内主要 10 家液晶材料公司的情况，如表 4 所示。

表 4　2013 年国内主要液晶材料公司情况

公司名称	成立日期	投资额	2013 年销售额	产品
诚志永华（石家庄）	1987 年	4 亿元	2.6 亿元	混合液晶（TFT、STN、TN 等）
江苏和成	2005 年	1 亿元	1.8 亿元	混合液晶（TFT、STN、TN 等）
烟台显华	2003 年	1.6 亿元	1.4 亿元	混合液晶（STN、TN）、单体出口
北京八亿时空	2004 年	1 亿元	8000 万元	混合液晶（STN、TN 等）
西安瑞联	2001 年	4 亿元	4.5 亿元	大量液晶及 OLED 单体出口
烟台万润	1992 年	1.5 亿元	9.65 亿元	液晶单体与中间体
上海康鹏	1996 年	2.5 亿元	12 亿元	生产含氟中间体
浙江永太	1999 年	2.4 亿元	2.18 亿	液晶化学品
石家庄迈尔斯通	2006 年	5000 万元	2300 万元	混合液晶（STN、TN）
石家庄科润	2001 年	2500 万元	1200 万元	混合液晶（STN、TN）

我国液晶材料产业总体的生产规模和技术实力与器件产业的发展不相称，更与国际先进水平有不小距离。目前的问题是生产混合液晶的企业生产规模本来就不大，投资力量又过于分散，形不成有效竞争力；长期处于过分竞争的环境中，生存压力过大，企业缺少积累；科研投资不足，人才缺乏。

根据中国光学光电子协会液晶分会的不完全统计，2013 年我国液晶材料企业的销售规模约 20 亿元，同比增长 18%。

3. TFT-LCD 宽幅偏光片值得期待

偏光片是液晶显示器重要材料之一。它是将聚乙烯醇（PVA）拉伸膜和醋酸纤维素膜（TAC）等经多次复合、拉伸、涂布等工艺制成的一种复合材料。偏光片约占 TFT-LCD 面板成本的百分之十几。

目前，全球主要偏光片企业超过 15 家，生产线约有 80 多条，主要集中在日本、韩国和我国台湾地区，包括：日本的日东电工、住友化学、三立化工；韩国的 LG 化学以；我国台湾的力特光电等。其中，日本企业占有率超过 50%。

偏光片是多层膜的结构。TAC 膜和 PVA 膜是最重要的原材料，两者合计约占偏光片成本的 75%左右。富士写真和柯尼卡美能达两家生产的 TAC 膜几乎占据全球市场 80%的份额。中国的乐凯也生产 TAC 膜，但产量很小。近年，四川普什醋酸纤维素公司建成，年产可达 1.5 万吨高性能 TAC 电子薄膜，填补了我国在该领域的生产空白。日本企业 KUARARY 则占据了全球 65%的 PVA 膜市场。偏光片的其他原材料，日本也居于垄断地位。

中国偏光片产业的起步是很艰难的。成立于 1995 年的盛波光电，从美国引进全套生产设备，但几经折腾硬是生产不出合格的产品；经过长期攻关突破，盛波光电最终依靠自己的力量闯关成功，成为国内首家偏光片专业制造商。后来又相继出现纬达光电、温州侨业、三利谱等企业（见表 5）。所有这些企业大都只能批量供应中低端 TN-LCD 用偏光片和部分 STN-LCD 用偏光片，主要用于中小尺寸的显示器。2012 年前后，盛波光电和三利谱两家企业分别建成了幅宽 1490mm、用于 TFT-LCD 的偏光片生产线，从此结束了我国不能生产高档偏光片的历史。2014 年，国内企业预计可生产 1280 万平方米偏光片，但国内偏光片的需求量达 5720 万平方米，仍无法完全满足国内需求，所以真正实现偏光片国产化还有不少困难要克服。不过留给内资企业的时间已经不多了，搞不好还有可能被长驱直入的跨国公司所冲垮。

表 5　中国偏光片企业情况

企业名称	地址	尺寸（mm）	产能（万平方米/年）	投资总额（万元）	投产日期	产品类别	备注
盛波光电	1 号线 深圳	500	40	3000	1998.3	TN/STN	
	2 号线 深圳	500	70	2000	2006.7	TN/STN	
	3 号线 深圳	500	80	4000	2009	TN/STN	
	4 号线 深圳	1490	600	85000	2012.4	TFT	
	5 号线 深圳	650	150	7000	2013	TFT	
三利谱	L1 号线 深圳松岗	1330	240	600	2007.4	TN/STN/TFT	中、后工序
	L2 号线福建莆田	500	130	2000	2009.11	TN/STN/TFT	全制程
	L3 号线深圳光明	1490	600	28000	2011.8	TFT	全制程
	L4 合肥 新线	1490	1000	33000	2015.12	TFT	全制程
	L5 合肥 新线	1330	600	33000	2015.12	TFT	全制程
	L6 合肥 新线	2300	1400	40000	2017.12	TFT	全制程

续表

企业名称	地址	尺寸（mm）	产能（万平方米/年）	投资总额（万元）	投产日期	产品类别	备注
佛山纬达	1 号线 佛山三水	500	120	6000	2005	TN/STN	
	2 号线 佛山三水	650	150	4000	2011	TN/STN	
温州侨业	温州	600	150	4000	2002.3	TN/STN	
日东电工	深圳光明新区	1490	4200 万片/年	60000	2008.6	TFT	后工序。总投资约 20 亿元，分三期建设
LG 化学	1 号线 江苏南京	2300	900	8100 万美元	2013.2	TFT	
	2 号线 江苏南京	1500	900	3900 万美元	2014.1	TFT	
奇美化学	1 号线 江苏昆山	1490	1200	30000 万美元	2015.12	TFT	
	2 号线 江苏昆山	1490			2015.12	TFT	

数据来源：深圳三利谱光电公司

我国的偏光片生产一直很弱，偏光片供应长期主要靠进口。现在我们建设了生产高档偏光片的生产线，站到了一个新的起跑线上。在解决了有无问题之后，除了继续提高质量、扩大市场占有率外，还需要大力开发新技术，满足市场对新技术的要求。当前液晶显示器总体是朝着轻、薄、高分辨、节能环保等方向发展，对偏光片提出更高、更苛刻的要求。例如，要在保证高偏振度的情况下，提高透过率，增加亮度，减少厚度；采用补偿膜提高对比度等。

偏光片国产化是很复杂的系统工程，产业链很长。如果不解决偏光片所用的 TAC、PVA 等基础材料，新上的偏光片还是会被“卡脖子”。这方面虽然有了很好的开端，但远未能满足要求。

根据中国光学光电子协会液晶分会的不完全统计，2013 年我国偏光片企业的销售规模约 35 亿元，同比增长 133%。

4. 彩色滤光膜供求关系保持平衡

彩色滤光膜作为 LCD 实现彩色显示的关键零部件，占面板材料成本的 20%以上，其性能直接影响到液晶面板的色彩还原性、亮度、对比度。彩色滤光膜的实现方式有印刷法、染色法、颜料分散法、电沉积法、喷墨法等。但目前主流的量产方式为颜料分散法。

全球彩色滤光膜生产线配制有内置型和外销型两种方式。日本的凸版印刷、大日本油墨（DNP）、东丽公司（TORAY）是全球大尺寸 TFT 液晶彩色滤光膜制造的三巨头。他们的产品占外销市场的三分之二。韩国、我国台湾也有很好的彩色滤光膜制造商。6 代线以上 TFT-LCD 企业几乎都采用内置方式配制彩色滤光膜生产线。

中国的彩色滤光膜是从 2003 年深圳莱宝从日本 MICRO 引进一条 2.5 代旧线开始的。当初几条线几乎都是为 CSTN 配套而建的，现在随着 CSTN 产业的衰弱而先后退出或改作其他用途。表 6 列出了国内彩色滤光膜各生产线的生产能力。其中，TFT-LCD 用彩色滤光膜部分只列入 2008 年产线，后来建设的生产线基本上都属于内置型，包含 G4.5、G5、G5.5、G6 和 G8.5 的生产线，与面板线建在一起。国内所有 TFT-LCD 用彩色滤光膜生产技术都从国外引进。

目前，国内所有 TFT-LCD 用彩色滤光膜供求关系基本保持平衡，所生产的彩色滤光膜尽管企业间也有少量调剂，但很少进入市场，所以基本上不存在价格过分竞争等问题。但是生产彩色滤光膜的主要原材料，如光刻胶仍然依靠国外进口。光刻胶的国产化进展不大，这应当给予足够重视。

表 6 国内彩色滤光膜片生产能力

厂商名称	基板尺寸（mm×mm）	代数	年产能	量产时间	技术来源	应用范围	备注
深圳莱宝	400×500	2.5 代	100 万片	2003Q1	日本 MICRO	CSTN-LCD	外售
深圳南玻	400×500	2.5 代	84 万片	2005Q4	日本 ANDES		外售
深圳比亚迪	370×470	2 代	24 万片	2006Q1	日本 ABLE		全部自用
湖南金果	400×500	2.5 代	36 万片	2007Q4 小批量生产，	日本 ABLE		转产用作 TP
深圳莱宝	400×500	2.5 代	36 万片	2008Q3	深圳莱宝	TFT-LCD	自用为主
上海剑腾	1100×1300	5 代	24 万片	2008Q1	台湾达虹		转产用作 TP
上广电富士	1100×1300	5 代	36 万片	2008Q4	日本富士		供应中航光电等
深超光电	1100×1300	5 代	36 万片	2008Q4	台湾群创		全部自用

数据来源：莱宝公司资料室

根据中国光学光电子协会液晶分会的不完全统计，2013 年我国彩色滤光膜企业的销售规模约 6 亿元，与 2012 年水平相当一致。

5. 光学薄膜尚处于起步阶段

液晶显示行业的薄膜材料主要用于背光模块和偏光片中。背光用光学膜主要有反射膜、扩散膜、增亮膜、导光板等几种。背光模块光学膜片约占液晶面板总成本的 15%。此外，广泛用于各类显示器件的保护膜的数量也不少。

光学膜全球 80%以上的产能由三菱树脂、东丽、帝人、杜邦、可隆、SKC、东洋纺几大巨头所垄断。扩散膜、反射膜、导光板卷入企业众多，竞争激烈；增亮膜则长期由 3M 垄断，但近年有所松动。

前些年，我国光学膜生产主要是中国台湾地区企业在中国大陆设立薄膜拉伸成型厂，原料基膜则从国外进口。近年来，随着化学膜需求的急剧增加，膜加工企业大量涌现，表 7 列出了部分企业信息，比较主要的有合肥乐凯、张家港康得新、北京康特荣宝、宁波激智等。

中国很少涉足基膜生产。唯一见到的基膜生产企业是由中国最大的聚酯生产公司仪征化纤和日本东丽合资建立的仪化东丽，2011 年 7 月开始生产扩散膜、增光膜及棱镜膜上使用的光学基膜，年产 6600 吨。

我国光学膜产业总体而言尚处于起步阶段。进入的企业不少，但大多集中于薄膜拉伸成型加工，一些包装材料转型的企业能否顺利生产出合格的化学膜，还有待观察。整体供求关系一时也难以判断，但膜产量多半取决于基膜的供应。上游原材料如 PMMA、PC、PET、PE 等这类光学级化学品仍大量依靠国外进口。

表 7 国内新型显示用光学膜企业状况

厂商	厂址	产能	投资额	投产日期	类别	备注
乐凯	合肥	5 万吨光学膜，5000 万平米功能膜		2008 年 12 月	增亮膜、硬化膜、扩散膜、保护膜、反射膜	
康得新	张家港	1.4 亿平方米	30 亿元	2011 年	增亮膜、3D 膜、硬化膜、反光膜、扩散膜、复合膜等	
多能薄膜	佛山				扩散膜	
激智	宁波			2008 年	扩散膜、增光膜和反射膜	
康特荣宝	北京	90 万片/月			导光膜	
仪化东丽	仪征			2011 年 7 月		
菲斯特科技	成都			1999 年	微透镜膜、增亮膜、扩散膜	
华威新材料	常州	1500 万平米	800 万美元		棱镜片、复合膜	
布雷德	天台			2009 年	上下增光膜、复合膜	
泓能光电	绍兴			2012 年	增亮膜、扩散膜、反光膜	
乐凯锦富	昆山				扩散膜	
锦富	苏州		1 亿元	2011 年年底	反射片、棱镜片、扩散片	一期项目于 2011 年年底投产，涂布生产线的年生产能力为 1100 万平方米
兰埔成	南京				反射膜	
东旭成化学	慈溪		2 亿元		扩散膜、反射膜、增亮膜、光学膜基材	
金正光学	太原	1200 万平方米	1.5 亿元		增光膜、扩散膜、复合膜	
宇皓	平遥		5.6 亿元	2012 年 7 月	挤压板、激光导光板	
特弘众普	鄂尔多斯			2011 年 6 月	导光板	
丰盛	常州				导光板、扩散板	
凯盛众普	蚌埠	240 万片/年	2.3 亿元		导光板	
冠鑫	南京				导光板	

6. 发展触摸屏产业要有特色

触摸屏现在几乎是所有小尺寸显示器的标配，这几年呈爆发式增长。2013 年虽受到高端智能手机面临市场日趋饱和、平板电脑同质化等各种问题的困扰，然而触控面板市场依然保持成长动能。据 Displaybank 测算，2013 年中小尺寸电容式触控面板出货量约为 10.6 亿片，同比增长 35.4%；大尺寸电容式触控屏出货量约为 2130 万片，同比增长 6.5 倍。除了外挂式的投射式电容触摸屏外，内嵌式的 On-Cell 触摸屏得益于三星在其 Galaxy 系列手机的导入；而 In-Cell 触摸屏很明显受益于 Apple iPhone 5。2012 年开始，触摸屏产业正在经历两个重要变化，一是传感器结构的演进，二是传感器线路的新一代

ITO 取代材料。现在呼声较高的替代物有碳纳米管、石墨烯、金属网格、有机导电聚合物等。

目前国内生产触摸屏大大小小几十家，与之配套的企业更多。表 8 给出了目前国内主要触摸屏企业状况，主要企业有欧菲光、宇顺电子、莱宝高科、超声电子、长信科技等。华芯富创专注 10 英寸以上大中尺寸触摸屏，全球首个碳纳米管触摸屏于 2012 年在天津富纳源创公司产业化。他们产量都不大，但是有自己的特色。

触摸屏新技术层出不穷、市场变化快。触摸屏企业要么要具有有足够大的规模，要么要具有自己鲜明的特色，否则难有立足之地。

表 8　国内主要触摸屏企业状况

序号	厂商	厂址	产能	投资额	投产时间	类别	备注
1	欧菲光	深圳/南昌/苏州	30KK	注册资本 4.6 亿元	2001 年	触摸屏	摄像模组，电阻屏、电容屏、OGS
2	信利半导体	广东省汕尾市	10KK	注册资本 4.9 亿元	2000 年	触摸屏/液晶	电阻屏、电容屏、OGS、摄像模组
3	深越光电	深圳	5KK	注册资本 1 亿元	2006 年	触摸屏	电阻式、声波式和电容触摸屏
4	业际光电	深圳	5KK	1.05 亿元	2008 年	触摸屏	电阻屏、电容屏
5	合力泰科技	江西泰和、深圳	5KK	1.5 亿元	2009 年	电容屏	平板显示器件、触摸屏、摄像头及其周边衍生产品
6	汕头超声	汕头	5KK	2.05 亿元	1997 年	触摸屏	无损检测仪器、印制电路板、液晶显示和触控器件、覆铜板等
7	莱宝高科	深圳	5KK	超过 4 亿元	2007 年	触摸屏	液晶显示器用 ITO 导电玻璃、彩色滤光片（CF）、TFT-LCD 面板和电容式触摸屏
8	帝晶	深圳	3KK	7500 万元	2004 年	触摸屏	液晶显示模组（LCM）、电容式触摸屏（CTP）、全贴合触控显示一体化模组（TDM）、LCD 减薄
9	联创	江西	5KK		2006 年	触摸屏	电阻屏、电容屏、液晶、摄像模组
10	德普特	深圳	4KK	3.3 亿元	2004 年	触摸屏	电阻屏、电容屏
11	宇顺电子	深圳	3KK	1.6 亿元	2004 年	触摸屏	电阻屏、电容屏、OGS、LCD 等
12	长信科技	安徽芜湖	3KK	注册资本 4.9 亿元	2010 上市	触摸屏	电容屏、OGS、液晶显示器（LCD）用 ITO 透明导电玻璃、触摸屏（Touch Panel）用 ITO 透明导电玻璃、触控玻璃、减薄玻璃
13	方兴科技	安徽蚌埠	3KK	3～4 亿元	2012 年	触摸屏	电容触摸屏、OGS、浮法玻璃、在线镀膜玻璃、ITO 导电膜玻璃
14	华睿川	南京	5KK/月	1800 万美元	2002 年	触摸屏	电阻屏、电容屏
15	点面光电	南京	2KK/月	6000 多万元	2007 年	触摸屏	电阻屏、电容屏
16	骏达	深圳	3KK		2008 年	触摸屏	电阻屏、电容屏
17	伯恩光学	深圳	2KK		2008 年	触摸屏	电阻屏、电容屏、盖板
18	旭顶	东莞	2KK	5000 万元	2010 年	触摸屏	电阻屏、电容屏
19	华兴达	深圳	1KK	3000 万元	2011 年	触摸屏	电阻屏、电容屏
20	维达利	深圳	1KK	2000 万元	2011 年	触摸屏	电阻屏、电容屏

数据来源：南京点面光电

7. 装备发展空间巨大

液晶显示面板关键装备有曝光机、等离子增强气相沉积设备、磁控溅射镀膜机、干刻设备、真空成盒设备等，以上关键装备厂商集中在美国、日本，中国尚不能生产。

除上述关键装备外，国内可生产的装备有自动光学检查系统、玻璃拆包机、取向膜印刷前清洗机等 19 种装备。随着国内面板生产线的不断投资建设，国外装备厂商也加紧了向中国大陆转移的速度。根据对以上装备厂商的不完全统计，2013 年，国内装备的市场规模约 50 亿元，比 2012 年增长约 67%。

2013 年彩电行业发展回顾及展望

工业和信息化部运行监测协调局

2013 年，我国彩电行业在国际市场持续低迷、国内刺激政策退出市场的双重压力下，企业积极采取应对措施，加快产品结构调整和营销模式创新，产业运行保持平稳较快发展，产业进入加速转型提升、多元化发展的新阶段。

一、基本情况

（一）全年呈现先扬后抑走势

2013 年上半年，受国内节能惠民政策末班车效应影响，彩电市场呈现高速增长态势，年中达到增速最高值；2013 年下半年，政策全面退出的效应逐步显现，产业增速呈现快速下滑。分季度来看，2013 年前四个季度分别完成销售产值 1407 亿元、1665 亿元、1645 亿元和 1871 亿元，增长 14.0%、16.2%、3.3%和 2.4%，如图 1 所示。

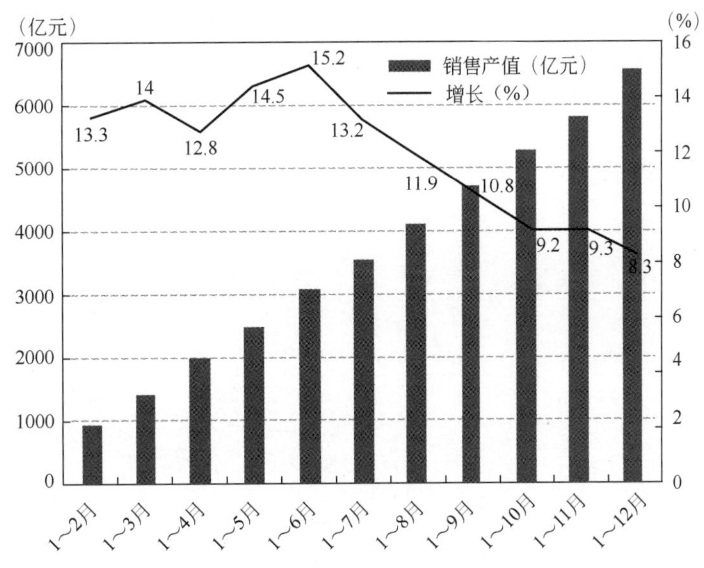

图 1　2013 年我国家用视听行业实现销售产值情况

（二）产量增速波动较大，出口量、价齐跌

2013 年，我国共生产彩色电视机 12776.1 万台，同比下降 0.4%，从月度产量完成情况来看，前 5 个月产量增速波动较大，6 月开始呈震荡下滑态势。其中，CRT 电视产量增速连续超过 36 个月负增长，2014 年以来，产量增速降幅均超过 50%；液晶电视产量增速有 7 个月出现负增长；等离子电视自 7 月以来，连续 6 个月负增长，如图 2 所示。

据海关统计，2013 年我国彩色电视机出口 5959.42 万台，同比下降 3.1%；出口额 110.5 亿美元，同比下降 8.7%；其中，液晶电视出口 5456.5 万台，同比下降 0.9%；出口额 106.5 亿美元，同比下降 8.6%。液晶电视出口量及出口额占彩色电视机比重分别达 91.5%和 96.4%，液晶电视出口单价从

209.6 美元/台降至 195.1 美元/台，下降 6.9%，液晶电视出口单价的大幅下滑是造成彩色电视机出口下滑的主要原因。

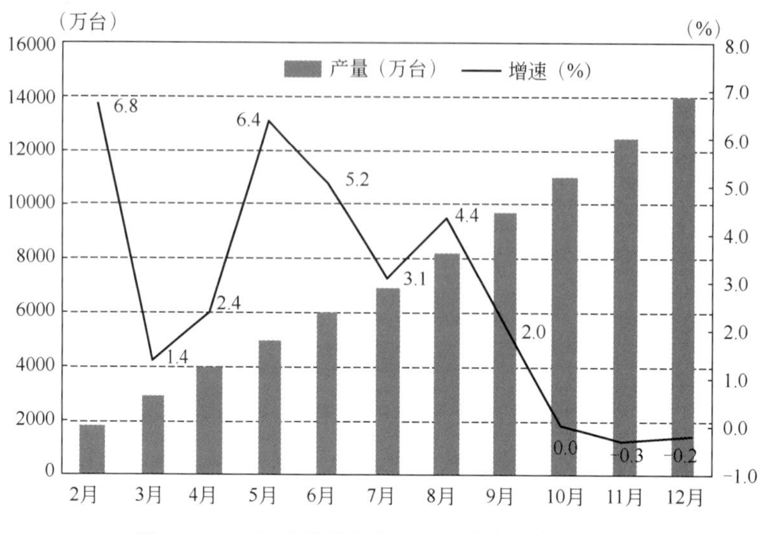

图 2　2013 年我国彩色电视机月度产量完成情况

（三）经济效益不容乐观

2013 年，我国家用视听行业实现主营业务收入 6738 亿元，同比增长 6.7%，低于 2012 年同期 0.5 个百分点；利润 214 亿元，增长 3.5%，低于 2012 年同期 11.4 个百分点。行业实现利润率 3.18%，低于 2012 年同期 0.22 个百分点，低于电子信息制造业平均水平 1.27 个百分点。2013 年，家用视听行业共有亏损企业 207 家，亏损面达 22.2%，高出行业平均水平 3.8 个百分点，亏损企业亏损额同比增长 30.6%，如图 3 所示。

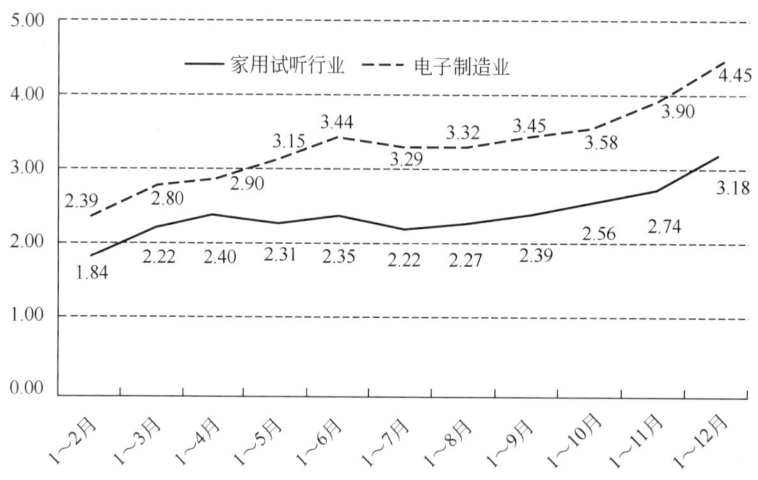

图 3　2013 年家用视听行业与电子信息制造业利润率对比

（四）投资增速震荡上扬

2013 年，我国家用视听行业累计完成固定资产投资 210 亿元，同比增长 23.5%，高出电子信息制造业平均水平 10.6 个百分点。从逐月走势来看，上半年呈现快速增长，6～9 月出现震荡回落趋势，进入第四季度小幅上扬。2013 年，家用视听行业完成投资额占全行业比重的 1.94%，比 2012 年同期提高 0.17 个百分点，如图 4 所示。

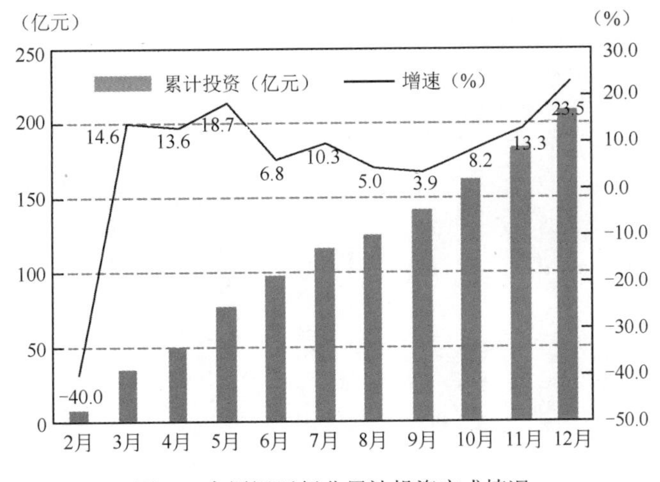

图 4　家用视听行业累计投资完成情况

二、运行特点

（一）内外销市场冰火两重天

2013 年，我国家用视听行业内销市场经历了产业结构加速转型、消费结构加剧升级的阶段，高效节能、绿色环保、智能化、一体化、4K 等高新技术引领行业发展。

2013 年，我国家用视听行业内销市场呈现较快的增长，全年内销增速始终保持在 20%以上，其中，前 5 个月内销增速超过 30%，快于全行业内销平均水平 8～10 个百分点。相反，出口持续低迷。自 2012 年以来，在海外市场需求减少，以及国内制造成本上升导致部分订单转移到东南亚等地区因素的综合作用下，我国彩电出口形势不容乐观，全年连续 10 个月出口增速呈现负增长态势。分季度来看，前四个季度出口降幅分别为-0.7%、-7.2%、-9.5%和-12.3%，出口降幅日趋加大，如图 5 所示。

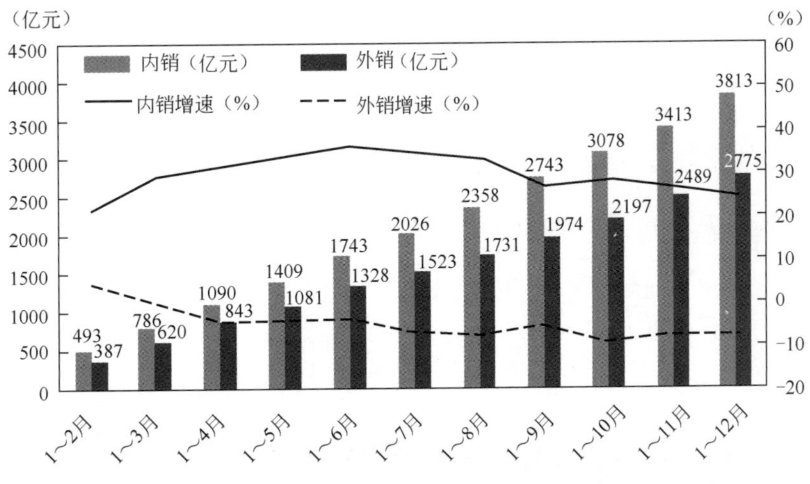

图 5　2013 年家用视听行业内外销对比

内、外销比重发生反转。据 2013 年度数据显示，2013 年我国家用视听行业内销比重首次超过外销，且 2011—2013 年内销比重逐年攀升，截至 2013 年年底，家用视听行业内、外销产值比达 58∶42，内销比重比 2011 年提高 6 个百分点，如图 6 所示。

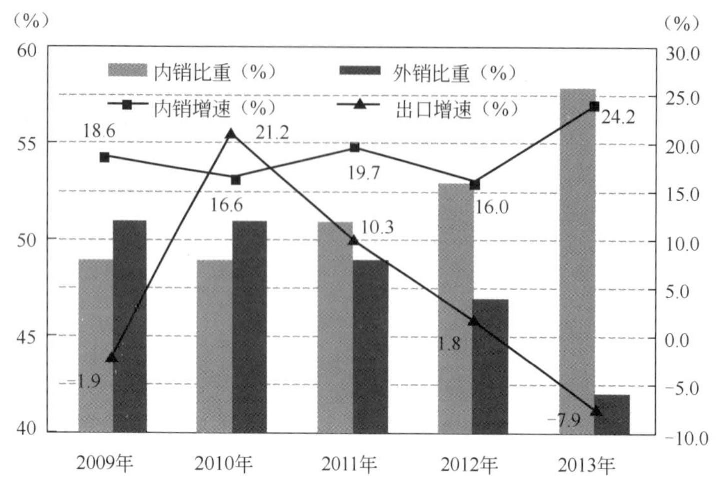

图 6　2009—2013 年家用视听行业内、外销比重及增速情况

（二）互联网企业跨界进入彩电行业

2013 年，乐视在北京正式推出 60 英寸彩色电视机，这是首家推出自有电视品牌的互联网公司，标志着互联网模式正式杀入电视领域，2013 年成为“互联网跨界元年”，随之而来的是以联想、小米等为代表的互联网企业进入彩电领域。彩电行业面临着网络化的巨大变革，我国彩电业正经历着电视制造和互联网服务的相互渗透。

互联网企业的介入对彩电行业的定价体系和营销方式产生了较大冲击。这种近乎“颠覆性的创新”充分刺激了传统彩电企业的变革，给未来彩电业来带了新生机。

（三）线上品牌成为彩电业新亮点

2013 年，电子商务的迅猛发展为彩电行业的快速增长奠定了良好的基础。从 2012 年下半年开始的网购热潮在 2013 年呈进一步扩大化趋势，线上渠道销售在总体销售中的占比逐级提升。据研究机构预测，仅 2013 年 11 月，彩电线上销售占比达 16.1%。据彩电企业反映，2013 年电商销售收入同比增长超过 700%，线上销售占比超过 8%。

国内各大品牌彩电企业提前布局线上渠道。康佳、海信、TCL、创维、长虹等主流彩电品牌纷纷推出自己的线上品牌。2013 年 9 月，康佳推出了首个线上品牌“KKTV”；创维也正式发布了其线上品牌“酷开”。这些线上品牌充分体现了传统制造精神与互联网精神的相互渗透。

（四）新产品不断涌现，产品结构加速升级

2013 年，我国彩电行业已经基本完成平板电视对 CRT 电视的替代；未来几年将是平板电视内部格局调整变化的时代。2013 年，全国生产液晶电视 12290.3 万台，占彩电总生产比重达到 96.2%，比 2012 年提高 7.2 个百分点；生产等离子电视 198.2 万台，占彩电总生产比重不足 2%，比 2012 年下降 0.1 个百分点。

2013 年，随着智能、大屏、UHD、曲面、高色域、OLED 等应用显示技术对彩电终端结构升级的带动，我国彩电行业呈现出显著的多元化发展趋势。彩电产品结构主要呈现出以下特点。①电视尺寸的提升加剧。据零售市场数据显示，2013 年我国液晶电视 46 英寸以上占比达 27.8%，比 2012 年提高 9.7 个百分点。其中，50 英寸以上占比达 9.6%，比 2012 年提高 4 个百分点；60 英寸以上占比达 1.9%，比 2012 年提高 1 个百分点。②高端电视市场渗透率逐步提高。2013 年，我国智能电视、3D 电视和超高清电视（UHD）在平板电视中的渗透率分别达到 45%、41%和 2%，比 2012 年有不同程度的提高。

（五）家电市场将迎来新一轮的“洗牌”

自 2013 年 10 月 1 日以来，平板电视正式启动新能效标准，即液晶电视 1～3 级的能效指数分别由原来的 1.4、1.0 和 0.6 提升为 2.7、2.0 和 1.3；等离子电视能效 1～3 级的能效指数分别由原来的 1.2、1.0 和 0.6 提升为 2.0、1.6 和 1.2。这意味着，平板电视能效要求比原标准提高了 20%。随着能效标准的全面实施，家电市场将面临重新洗牌。

（六）消费理念发生变革

伴随着彩电智能时代的到来，消费者的购买从“屏幕选择”单一考量因素扩展到了平台、硬件、软件、服务全方位的考量，厂商将不再靠硬件赚钱，后期服务的竞争将在未来竞争中占据主要地位。

三、存在的问题

（一）生产成本居高不下，企业经营压力加大

彩电企业属于传统劳动密集型企业，平均每个彩电企业的直接员工为 3 万～4 万人，加上下游产业链，整个彩电行业直接影响的就业人数在数百万左右，据国内彩电企业反映，一线普通工人工资连同保险支出在 4000～5000 元/月，且用工成本在不断增加。

（二）电子商务对企业经营模式提出新挑战

电子商务模式的快速发展，给彩电企业带来了新的增长动力，但与此同时，电商企业为了扩张规模，产品定价明显低于线下，在损害了厂商毛利的同时破坏了产品原本的定价体系，进而对传统销售模式造成负面影响，因此对彩电企业如何构建线上渠道、如何权衡线上和线下产品比重，以及如何确保产品物流配送及售后服务等方面提出了新的挑战。

（三）彩电市场整体需求不足

一方面，受到全球经济不振及代工转移东南亚趋势等因素的影响，彩电海外需求在逐步缩小；另一方面，由于国内城市市场已趋于饱和、农村消费能力有限，加上刺激政策退市等多方面因素影响，彩电内需市场呈现明显回落。

（四）行业毛利率进一步下滑

2013 年以来，互联网 IT 企业进军彩电行业，虽然在终端零售量对彩电企业未构成太大冲击，但对彩电行业的定价体系产生了较大冲击。互联网 IT 企业发布的新机型普遍采取了高配低价的定价策略，直接导致消费者降低了对彩电产品的价格预期，不仅对整机终端企业利率进行冲击，甚至对整个产业链带来强大影响。

四、趋势预测

（一）国际市场

全球制造业呈现强劲复苏态势。从亚洲到欧洲，再到美国，对世界各地工厂的调查发现，企业互动和就业双双强劲增长，经营环境保持景气，这预示着 2014 年有望成为全球经济在金融危机过后恢复健康的一年。全球最大经济体美国，制造业活动继续快速扩张，美国制造商正在以自 2011 年 6 月以来最快的速度聘用工人，新订单飙升至 2010 年以来未见的水平；欧元区也显示出复苏的迹象，工业活动

出现自2011年以来最快速度的上升。

据研究机构预测，2014年我国国产品牌电视全球市场占有率有望进一步提升至27%～28%；日系品牌成长薄弱，市场占有率为18%～19%；韩系两大品牌依旧独占鳌头，市场占有率继续保持在36%左右。

（二）国内市场

2014年仍将是我国彩电行业继续深化产品结构调整和产业转型升级的关键年头，市场增长的机会将主要集中在技术升级、线上市场和农村市场的增长。同时智能电视偏低的保有量加上巨大的更新需求，为智能电视的普及提供了有利条件。考虑到我国宏观经济放缓、银行钱荒、股市低迷、房地产增速放缓等不确定因素的存在，未来我国彩电业前景不容乐观。

（三）产品趋势

产品尺寸方面。2014年将呈现由中小尺寸向大尺寸升级的趋势。2014年50英寸及以上的液晶电视渗透率将由2013年的12%上升至16%左右；40～49英寸的渗透率将由2013年的18%上升至23%左右；而主流32英寸及以下由2013年的48%下降至42%。

产品技术方面。①UHD电视呈现爆发式增长。UHD电视的渗透率从2013年年初的不足1%迅速攀升至2013年年末的5%左右。鉴于国内外面板厂商在各自重点领域主推UHD面板，面板价格将持续走低，同时，整机企业将扩大对UHD的市场投入，产品形态呈多元化发展，产业链不断完善，2014年有望出现UHD低端机。②曲面电视成为新亮点。曲面电视因新颖的造型，让消费者直接体验到强烈的科技感。此外，曲面电视包围式弧形设计、修正视距、宽阔的全音影像效果及更好的屏幕边缘表现，使其吸引消费者眼球。③高色域技术将在大尺寸普及。高色域电视在DCI下色域可达到107%，比普通色域提升35%，可有效弥补因色域而导致的失真、偏色等缺陷，使色彩更鲜活。目前，此类技术主要集中在中国台湾的面板厂家，随着技术和工艺的进步，高色域在大尺寸上的表现效果将更加明显，有望成为大尺寸电视标配。

2013 年电子信息产业固定资产投资情况

工业和信息化部运行监测协调局

2013 年，电子信息产业固定资产投资整体仍处于低迷态势，但增速缓慢回升，其中，集成电路、通信设备等行业投资持续快速增长，中西部地区投资加快，内资企业投资稳定增长，主要特点如下。

一、完成投资和新增固定资产缓慢增长

2013 年，电子信息产业（500 万元以上项目）完成固定资产投资额 10828 亿元，同比增长 12.9%，增速比 2012 年提高 7.2 个百分点，但低于同期工业 4.9 个百分点，比 1～11 月回落 0.3 个百分点。2013 年新增固定资产 6749 亿元，同比增长 1.3%，增速比 2012 年下降 11.7 个百分点，如图 1 所示。

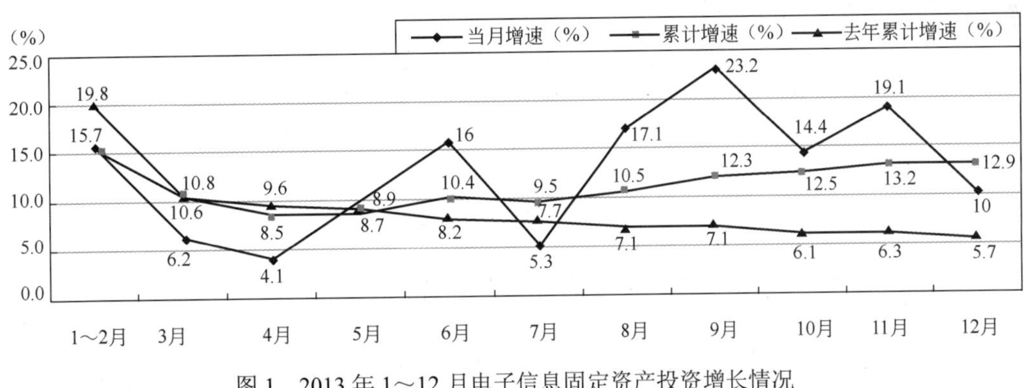

图 1　2013 年 1～12 月电子信息固定资产投资增长情况

二、新开工项目增长缓慢

2013 年，全行业新开工项目 7949 个，同比增长 5%，增速比 2012 年下降 3.3 个百分点。其中，广播电视、计算机、集成电路、光伏、信息材料等领域新开工项目数量持续下滑，但光纤光缆领域新开工项目增长超过 30%，如图 2 所示。

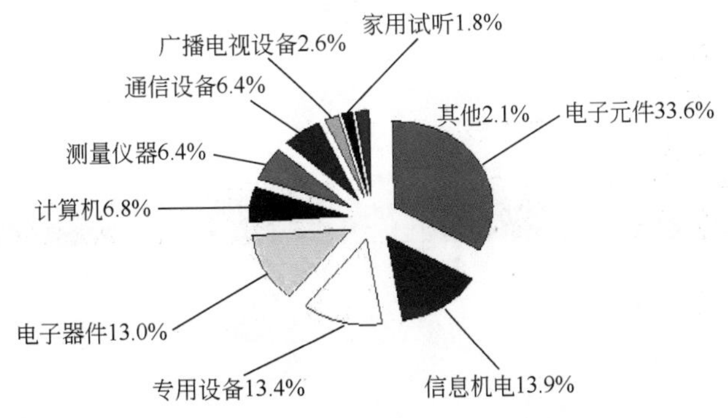

图 2　2013 年 1～12 月投资新开工项目分布情况

三、集成电路等领域在产业政策引导下投资活跃

2013 年，鼓励集成电路发展的政策密集出台，使本领域投资持续加速，完成投资 578 亿元，同比增长 68.2%，增速居全行业首位，扭转 2012 年下滑 10.2%的局面；受 4G 建设加快推动影响，通信设备行业完成投资 897 亿元，同比增长 37%，增速高于 2012 年 16 个百分点；其他投资增长较快的领域还包括导航及医疗用电子仪器、激光及电子垃圾处理专用设备、光纤光缆等。计算机、光伏及信息材料行业连续两年投资下滑，2013 年分别完成投资 824 亿元、774 亿元、267 亿元，同比增长 1.8%、-11.3%、-41.4%。电子元件行业投资较稳定，完成投资 2239 亿元，同比增长 16.2%。家用视听行业投资逐步回升，同比增长 23.5%，增速比 2013 年上半年提高 16.7 个百分点，如图 3 所示。

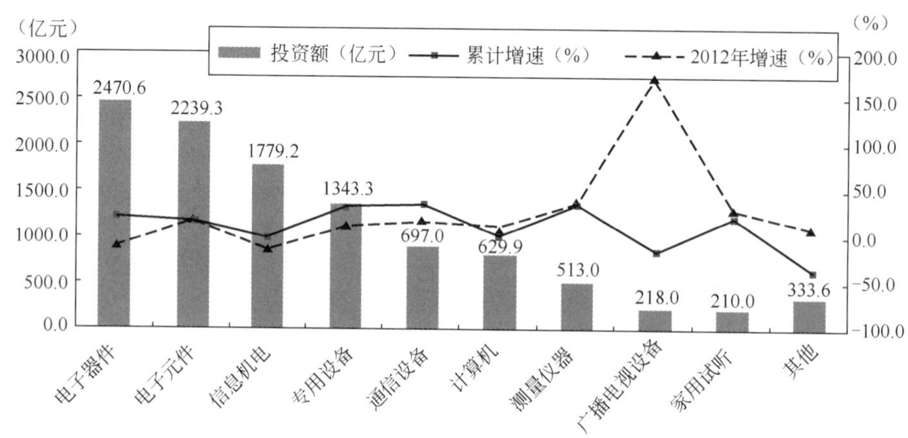

图 3　2013 年 1～12 月分行业固定资产投资情况

四、产业向内地转移趋势逐步从中部向西部扩展

2013 年，电子信息产业固定资产投资分布，呈现出与 2012 年明显不同的趋势。一是西部地区投资加速，完成投资 1650 亿元，同比增长 29.2%，增速高出 2012 年 24.1 个百分点，占比提高 1.9 个百分点；二是中部及东北地区投资有所放缓，分别完成投资 3386 亿元和 472 亿元，同比增长 18.8%和 9.2%，增速低于 2012 年 10.3 个和 13.1 个百分点，中部占比提高 1.6 个百分点；三是东部地区投资低迷中有所回升，完成投资 5320 亿元，同比增长 5.7%，增速比 2012 年（-5.1%）提高 10.8 个百分点，占比下降 3.4 个百分点，如图 4 和图 5 所示。

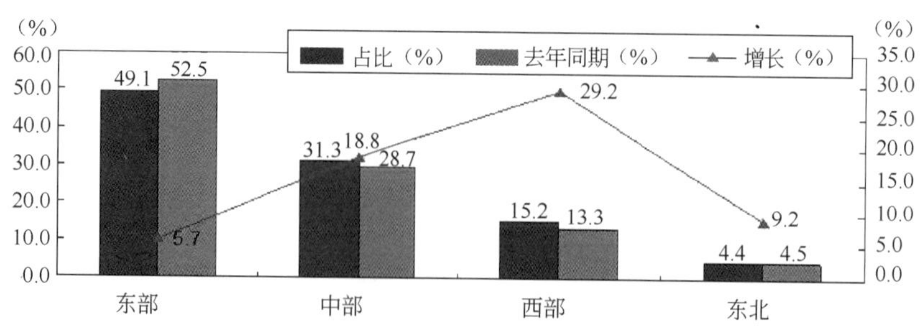

图 4　2013 年 1～12 月电子信息产业投资分区域增长情况

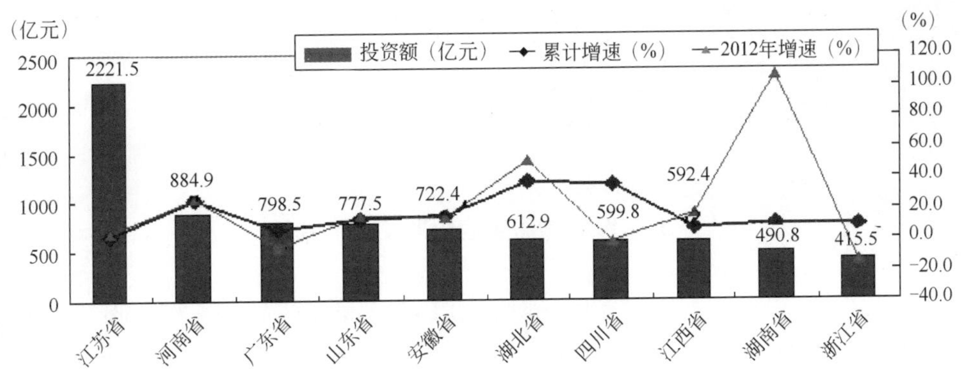

图 5　2013 年 1～12 月前十位省市固定资产投资情况

五、外商投资在回升过程中波动明显

2013 年，外商企业投资呈倒“U”型结构，从年初负增长逐步回升，10 月当月投资增长 49.2%，但 11 月、12 月明显下滑，12 月当月投资下滑幅度达 35.4%。内资企业全年相对稳定，完成投资 8772 亿元，同比增长 16.1%，增速比 2012 年提高 5.2 个百分点，其中私营有限责任公司投资增长突出，增速达 50.9%。中国港澳台企业投资持续下滑，完成投资 830 亿元，同比下降 5.9%，如图 6 所示。

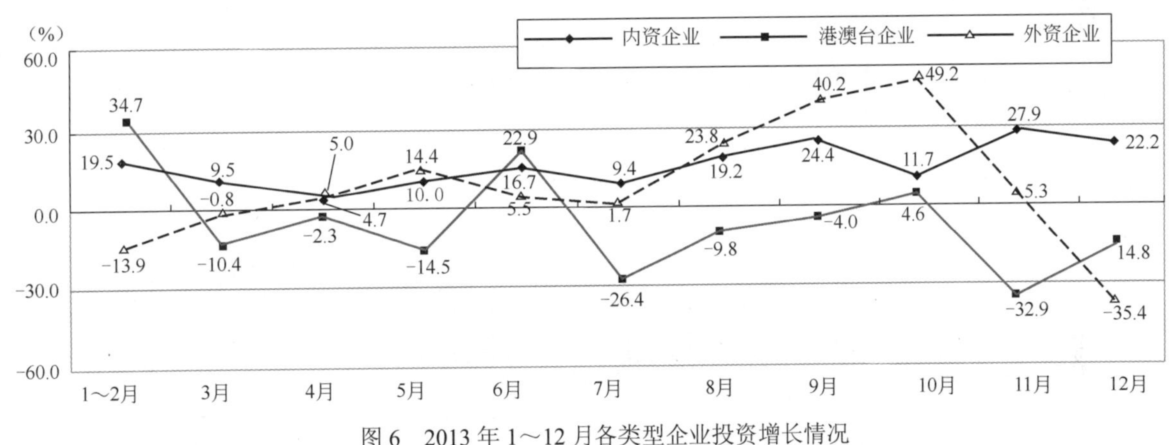

图 6　2013 年 1～12 月各类型企业投资增长情况

六、投资资金到位慢，且自筹比重远高于全国平均水平

2013 年，全行业投资到位资金 11228 亿元，同比增长 8.7%，低于投资增速 4.2 个百分点。其中，自筹资金占比达到 85%，高于全国平均水平 17.5 个百分点；其他所有外来资金，如国家预算内资金、国内贷款、利用外资等全部下滑 20%以上，占全行业资金来源比重不足 15%，如图 7 所示。

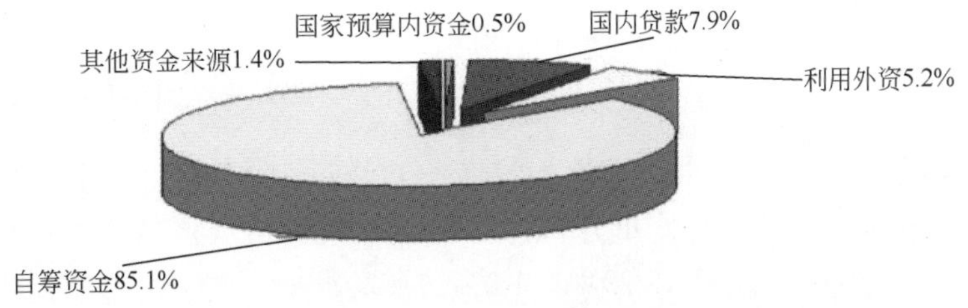

图 7　2013 年 1～12 月电子信息产业投资分资金来源情况

（注：文中所用数据来源于国家统计局）

2013 年电子信息产业统计公报

工业和信息化部运行监测协调局

2013 年，面对错综复杂的国内外政治经济形势，我国电子信息产业各级主管部门认真贯彻党中央、国务院“稳中求进”的经济工作总基调，坚持统筹稳增长、调结构与促改革之间的关系，加大政策预调、微调力度，积极培育信息消费等热点领域，产业内骨干企业加快转变发展方式，不断优化产品与市场结构，全面深化转型升级，使得产业整体运行呈现平稳态势，生产保持较快增长，效益规模稳步提升，结构调整不断加快，为提高社会信息化发展水平和促进“两化”深度融合发挥了积极作用，在国民经济中的重要性持续提高。

一、综合

（一）产业规模稳步扩大

2013 年，我国电子信息产业销售收入总规模达到 12.4 万亿元，同比增长 12.7%；其中，规模以上电子信息制造业实现主营业务收入 9.3 万亿元，同比增长 10.4%；软件和信息技术服务业实现软件业务收入 3.1 万亿元（快报数据），同比增长 24.6%，如图 1 所示。

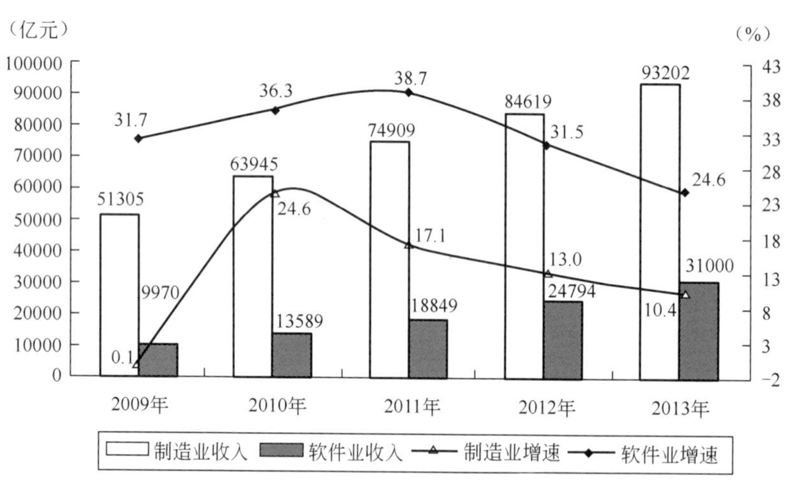

图 1　2009—2013 年我国电子信息产业收入规模

（二）产业增速保持领先

2013 年，我国规模以上电子信息制造业增加值增长 11.3%，高于同期工业平均水平 1.6 个百分点；行业收入、利润总额和税金占工业总体比重分别达到 9.1%、6.6%和 4.0%，其中利润总额和税金增速分别达到 21.1%和 19.1%，明显高于工业 12.2%和 11.0%的平均水平，电子信息制造业在工业经济中保持领先地位，支撑作用不断增强，如图 2 所示。

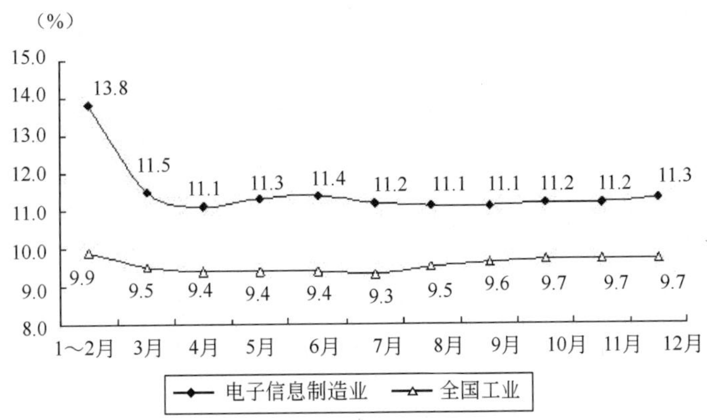

图 2　2013 年电子信息制造业与全国工业增加值累计增速对比

（三）国际地位日趋稳固

2013 年，我国电子信息产业销售收入 12.4 万亿元，折美元计算，占同期全球 IT 支出比重超过 50%。在硬件产品制造方面，我国手机、计算机和彩电等产品产量分别达到 14.6 亿部、3.4 亿台和 1.3 亿台，占全球出货量比重均在半数以上。在软件产品开发方面，我国软件业务收入同比增长 24.6%，明显高于全球 5.7%的平均水平，占全球市场份额进一步提高。

二、投资

（一）产业投资缓慢增长

2013 年，我国电子信息产业 500 万元以上项目完成固定资产投资额 10828 亿元，同比增长 12.9%，增速比 2012 年提高 7.2 个百分点，但仍低于同期工业投资增速 4.9 个百分点。2013 年全年，新增固定资产投资 6749 亿元，同比增长 1.3%，增速比 2012 年回落 11.7 个百分点；新开工项目 7949 个，同比增长 5.0%，增速比 2012 年回落 3.3 个百分点，如图 3 所示。

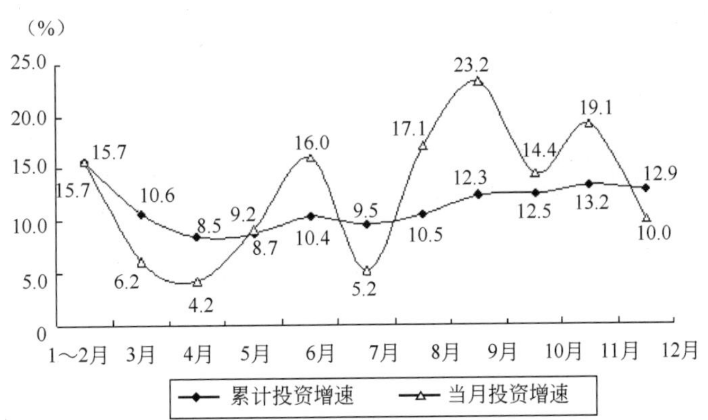

图 3　2013 年电子信息产业固定资产投资增速

（二）投资结构加快转变

分行业来看，在政策引导下，集成电路行业投资活跃，完成投资额 578 亿元，同比增长 68.2%，增速居各行业首位；在 4G 建设加快拉动下，通信设备行业完成投资 897 亿元，同比增长 37%，明显高于全行业平均水平；分地区来看，西部地区投资加速，完成投资 1650 亿元，同比增长 29.2%，比 2012 年提高 24.1 个百分点，高于平均水平 11.2 个百分点，比重提高 1.9 个百分点；从投资主体来看，内资企业完成投资 8772 亿元，同比增长 16.1%，增速高于平均水平 3.2 个百分点，比重达到 81.0%，比 2012 年提高 2.2 个百分点。

三、进出口

（一）外贸增速高位趋稳

2013 年，我国电子信息产品进出口总额达 13302 亿美元，同比增长 12.1%，增速高于同期全国外贸进出口总额水平 4.5 个百分点。其中，出口 7807 亿美元，同比增长 11.9%，高于全国外贸出口增速 4.0 个百分点，占全国外贸出口比重达到 35.3%，比 2012 年提高 1.2 个百分点，对全国外贸出口增长的贡献率为 51.1%。进口 5495 亿美元，同比增长 12.4%，高于全国外贸进口增速 5.1 个百分点，占全国外贸进口比重达到 28.2%，比 2012 年提高 1.3 个百分点，对全国外贸进口增长的贡献率为 45.7%。从全年进出口走势来看，呈逐步趋稳态势，如图 4 所示。

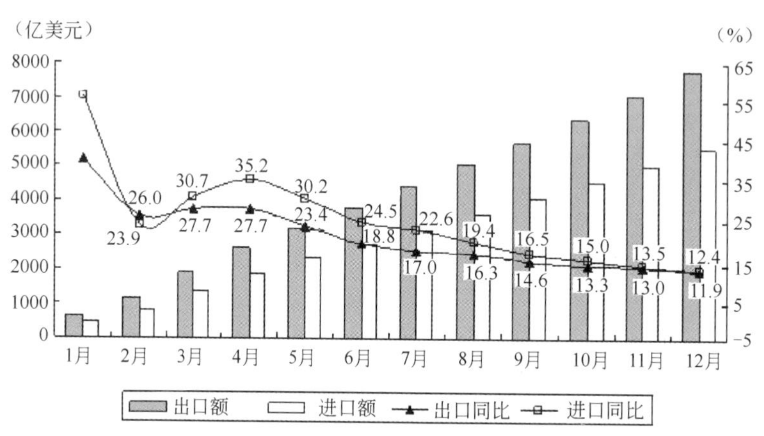

图 4　2013 年我国电子信息产品累计进出口额及增速

（二）外贸结构持续优化

在贸易方式上，一般贸易比重继续提升，出口额为 1514 亿美元，增长 23.2%，增速高于平均水平 11.3 个百分点，比重（19.4%）较 2012 年提高 1.8 个百分点，此外，保税区仓储转口货物、保税仓库进出境货物及边境小额贸易等贸易方式出口增势突出，出口额达到 1138 亿美元、105 亿美元和 16 亿美元，分别增长 64.3%、41.5%和 88.4%，贸易方式多元化趋势更加明显；在贸易主体结构上，内资企业出口 1958 亿美元，同比增长 38.4%，增速高于平均水平 26.5 个百分点，比重（27.5%）较 2012 年提高 5.3 个百分点；在贸易伙伴结构上，新兴市场成为新的增长点，对越南、南非和阿根廷等国出口增速分别达到 78.5%、34.1%和 23.5%。在区域结构上，中西部地区成为新的增长极，如陕西、山西、重庆和安徽等省市出口增速分别达到 86.5%、65.9%、64.9%和 53.1%。

四、经济效益

（一）效益规模继续扩张

2013 年，我国规模以上电子信息制造业主要效益指标稳步增长，实现销售收入 93202 亿元，同比增长 10.4%，利润总额 4152 亿元，同比增长 21.1%，税金总额 1845 亿元，同比增长 19.1%，如图 5 所示。

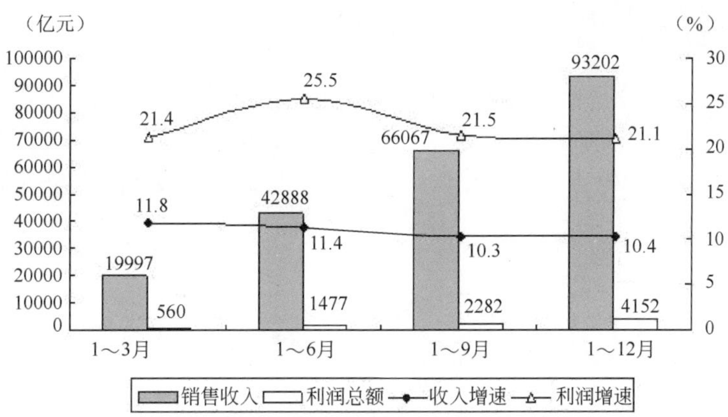

图5　2013年我国规模以上电子信息制造业收入及利润情况

（二）效益水平有待提升

从效益水平来看，2013年，我国规模以上电子信息制造业销售利润率为4.5%，比2012年提高0.4个百分点，但低于工业平均水平1.6个百分点。2013年全年，规模以上电子信息制造业每百元主营业务收入中成本为88.6元，比工业平均水平高3.3元，企业生产经营的成本压力较大，盈利水平偏低。

五、产业结构调整

（一）融合化趋势日益凸显

一是软硬比例趋于协调。2013年，我国电子信息产业中，软件业收入比重达到25.0%，比2012年提高2.3个百分点，比“十一五”末提高6.8个百分点。二是软硬件融合步伐加快。随着产业发展层次的不断提高，纯粹的硬件设备越来越少见，绝大多数硬件都含有嵌入式软件、平台软件或应用软件，硬件设备的价值越来越多地取决于其中软件产品的价值技术含量。以彩电为例，创维、海信、长虹等主要厂商通过组织力量研发配套软件，或与软件企业开展合作，以提升产品的附加值。同时，软件企业及互联网企业也开始涉足硬件制造领域，例如，乐视网推出电视产品，奇虎360推出随身WiFi设备等。

（二）内销市场地位提高

2013年，我国规模以上电子信息制造业实现内销产值45373亿元，同比增长18.4%，高于平均水平7.4个百分点；完成出口交货值48519亿元，同比增长4.9%，低于行业平均水平；从全年来看，内销产值增速始终领先于外销产值增速，所占比重达到48.3%，比2012年提高3.3个百分点，如图6所示。

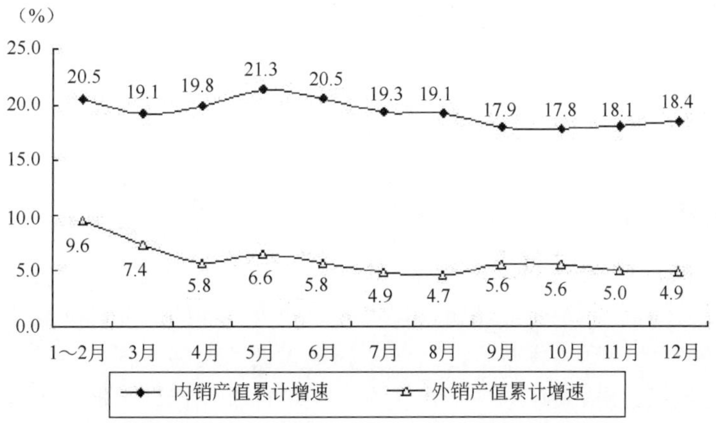

图6　2013年电子信息制造业内外销产值累计增速对比

（三）内资企业实力提升

2013 年，我国规模以上电子信息制造业中，内资企业实现销售产值 30975 亿元，同比增长 18.5%，高于行业平均水平 7.5 个百分点；三资企业实现销售产值 62917 亿元，同比增长 7.7%，增速低于平均水平 3.3 个百分点；内资企业销售产值比重达到 33.0%，比 2012 年提高 2.1 个百分点，如图 7 所示。

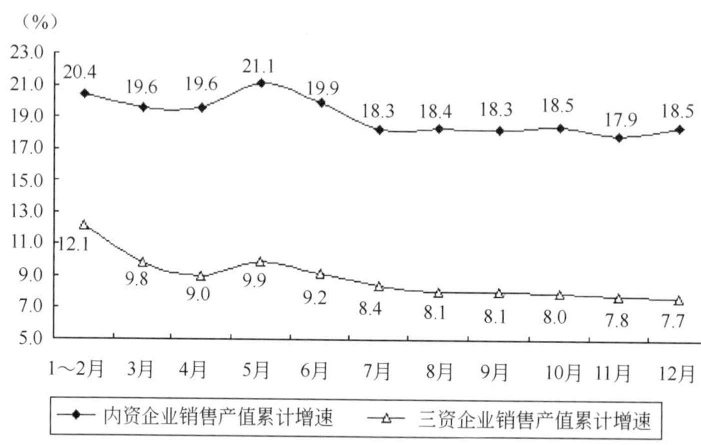

图 7　2013 年电子信息制造业不同性质企业销售产值累计增速对比

（四）产业转移有序推进

2013 年，我国规模以上电子信息制造业中，中部地区和西部地区分别实现销售产值 10208 亿元和 7659 亿元，同比增长 28.0%和 28.9%，增速高于平均水平 17.0 个百分点和 17.9 个百分点；中西部地区销售产值比重达到 19.0%，比 2012 年提高 2.5 个百分点，如图 8 所示。

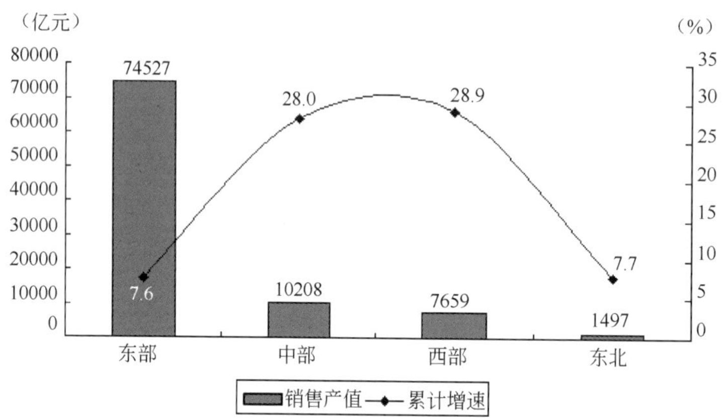

图 8　2013 年东、中、西、东北部电子信息制造业发展态势对比

六、科研创新

（一）创新环境不断完善

2013 年以来，电子信息产业各级主管部门下大力度优化企业创新政策环境，落实促进企业创新的财税政策。开展国家技术创新示范企业认定，建设以企业为主导的产业创新联盟；培育发展战略性新兴产业及信息消费等新兴业态和市场热点；组织实施重大创新发展工程和应用示范工程，加强关键核心和共性技术攻关，推进科技成果产业化；加快重点领域标准制修订，提升国际标准制定话语权；为我国电子信息产业自主科研创新营造了良好的政策环境，提供了有力的政策支持。

（二）重点领域不断取得技术突破

在电子材料领域，石墨烯科研成果迅速转化，国内第一条世界领先的石墨烯生产线已开工在建，标志着我国在该领域跻身世界前列；在集成电路领域，国内第一款具有自主知识产权的 55 纳米相变存储技术产品发布，打破了国外芯片存储核心技术长期垄断的局面；我国完全自主知识产权的大功率 IGBT 芯片通过专家鉴定并投入批量生产，终结了高端 IGBT 芯片完全依赖进口的历史，为我国轨道交通、电力系统等相关行业的发展提供强劲支撑；在卫星导航领域，我国北斗导航手持机和芯片亮相 2013 年世界雷达博览会；在超级计算机领域，我国研制的“天河二号”荣登全球超计算机 500 强排行榜榜首；在液晶显示领域，国内首颗 AMLOED 驱动芯片研制成功，具有重要的里程碑意义。

七、社会贡献

（一）经济贡献日益增强

2013 年，我国规模以上电子信息制造业收入、利润总额和税金占工业总体比重分别达到 9.1%、6.6% 和 4.0%；电子信息产品进出口总额达 13302 亿美元，占全国外贸进出口总额的 32.0%，比 2012 年提高 1.3 个百分点；电子信息产业对国民经济增长的支撑作用不断增强。

（二）助推社会信息化建设

2013 年，我国电信固定资产投资完成额达到 3755 亿元，全年新建光缆线路 265.8 万千米，总长度达到 1745.1 万千米，同比增长 17.9%。截至 2013 年 12 月末，使用 4Mbps 及以上高速率宽带接入用户占整个国内互联网接入用户数的 78.8%，比 2012 年提高 14.3 个百分点；我国网络国际出口带宽达到 341 万 Mbps，同比增长 79.3%，比 2012 年提高 42.6 个百分点。移动电话普及率达到 90.8 部/百人，比 2012 年提高 8.3 部/百人；互联网宽带接入用户数和移动互联网用户数分别达到 1.9 亿户和 8.1 亿户，比 2012 年年末增加 1906 万户和 4319 万户。同时，3G 网络已经覆盖到全国所有乡镇，3G 用户总规模突破 4 亿户，渗透率达到 32.7%，比 2012 年同期提高 11.8 个百分点。城镇居民的彩电、计算机拥有率继续提高。同时，信息技术的渗透带动作用日益增强，推动生产制造业、交通物流业、出口贸易业等各行业的智能化和自动化改造，传统行业企业通过广泛应用信息技术加快转型升级，逐步占据价值链高端。此外，电子信息技术在国防和国家重点工程领域也发挥了重要作用。2013 年 12 月 15 日，嫦娥三号着陆器、巡视器顺利完成互拍成像，标志着我国探月工程二期取得圆满成功。在这其中，以中国电科为代表的一批电子信息企业功不可没。

2014 年是全面贯彻落实党的十八大和十八届三中全会精神、全面深化改革的开局之年，也是电子信息产业转型升级发展的关键一年。目前，我国电子信息产业发展的基本面仍较为良好，但也面临着较多的不确定性和挑战性因素，长期结构性问题与短期困难相互交织，形势较为复杂，提升产业发展质量和效益的任务仍较为艰巨。下一阶段，需要认真贯彻落实十八届三中全会和中央经济工作会议精神，坚持稳中求进，改革创新，把改革贯穿于产业发展各个领域各个环节，科学监测、密切关注，做好形势预判并及时采取应对措施，推进电子信息产业持续健康发展。

预计，2014 年我国规模以上电子信息制造业增加值将增长 10%左右，软件业增速将在 20%以上。

附表：

表 1　2013 年电子信息产业主要指标完成情况

	单位	数额	增速（%）
一、规模以上电子信息制造业			
工业增加值增速	%		11.3
主营业务收入	亿元	93202	10.4
利润总额	亿元	4152	21.1
税金总额	亿元	1845	19.1
销售产值	亿元	93891	11.0
出口交易值	亿元	45819	4.9
固定资产投资	亿元	10828	12.9
电子信息产品进出口总额	亿美元	13302	12.1
其中：出口额	亿美元	7807	11.9
进口额	亿美元	5495	12.4
二、软件业			
软件业收入（快报数据）	万亿元	3.1	24.6
三、主要产品产量			
手机	万部	145561	23.2
微型计算机	万台	33661	-4.9
彩色电视机	万台	12776	-0.4
集成电路	亿块	867	5.3
程控交换机	万线	3116	10.2

2013年1～12月电子信息产业固定资产投资分省市完成情况

工业和信息化部运行监测协调局

（500万元以上项目）

单位：亿元

项目	2013年累计完成投资			2013年新增固定资产		
	2013年累计	2012年同期	增减（%）	2013年累计	2012年同期	增减（%）
合计	10827.8	9591.5	12.9	6749.4	6664.4	1.3
北京市	76.3	84.5	-9.8	278.0	60.7	358.0
天津市	211.2	175.3	20.5	189.6	123.7	53.4
河北省	265.7	274.3	-3.1	193.3	171.6	12.6
山西省	82.7	68.7	20.3	40.2	39.7	1.1
内蒙古自治区	136.7	72.9	87.6	55.2	44.6	23.6
辽宁省	308.5	287.3	7.4	199.4	193.5	3.1
吉林省	109.7	93.0	17.9	59.1	72.2	-18.1
黑龙江省	53.6	51.9	3.3	43.3	33.9	27.8
上海市	206.2	199.6	3.3	72.7	112.5	-35.4
江苏省	2221.5	2185.1	1.7	1658.5	1824.8	-9.1
浙江省	415.5	383.6	8.3	251.1	238.5	5.3
安徽省	722.4	628.9	14.9	366.0	309.7	18.2
福建省	314.8	258.0	22.0	173.3	150.4	15.3
江西省	592.4	555.3	6.7	369.1	477.7	-22.7
山东省	777.5	688.4	13.0	491.2	414.6	18.5
河南省	884.9	704.8	25.6	460.4	452.5	1.7
湖北省	612.9	447.6	37.0	242.6	219.4	10.6
湖南省	490.8	445.5	10.2	298.6	269.5	10.8
广东省	798.5	753.2	6.0	584.8	745.0	-21.5
广西壮族自治区	153.8	123.3	24.8	123.7	89.7	37.8
海南省	33.13	29.55	12.1	20.6	12.8	60.8
重庆市	260.6	255.6	2.0	136.7	125.2	9.2
四川省	599.8	445.1	34.8	273.4	299.0	-8.6
贵州省	26.5	40.9	-35.2	24.9	13.8	80.4
云南省	19.1	15.7	21.7	4.0	12.9	-69.1
西藏自治区	1.2	0.5	138.8	0.7	0.5	52.1
陕西省	345.8	232.6	48.7	79.6	111.8	-28.8

续表

项目	2013 年累计完成投资			2013 年新增固定资产		
	2013 年累计	2012 年同期	增减（%）	2013 年累计	2012 年同期	增减（%）
甘肃省	31.9	34.1	-6.6	15.9	18.0	-11.9
青海省	32.1	17.8	81.0	17.8	2.2	718.9
宁夏回族自治区	11.9	8.1	47.2	5.6	1.6	242.6
新疆维吾尔自治区	30.2	30.8	-1.8	20.5	22.5	-8.9

（注：数据来源为国家统计局。）

2013 年 1～12 月电子信息产业固定资产投资分行业完成情况

工业和信息化部运行监测协调局

（500 万元以上项目）

单位：亿元

项目	2013 年累计完成投资			2013 年新增固定资产		
	2013 年累计	2012 年同期	增减（%）	2013 年累计	2012 年同期	增减（%）
合计	10827.8	9591.5	12.9	6749.4	6664.4	1.3
其中：通信设备制造	897.0	654.4	37.1	502.0	398.2	26.1
广播电视设备制造	218.1	259.5	-16.0	154.7	207.5	-25.5
电子计算机制造	823.9	809.5	1.8	492.1	587.4	-16.2
家用视听设备制造	210.0	170.1	23.5	147.6	124.8	18.3
电子器件制造	2470.6	2027.0	21.9	1455.1	1457.4	-0.2
电子元件制造	2239.3	1926.6	16.2	1493.1	1353.3	10.3
测量仪器行业	513.0	375.5	36.6	333.7	265.5	25.7
电子工业专用设备	1343.3	1014.4	32.4	798.5	672.1	18.8
电子信息机电行业	1779.2	1804.4	-1.4	1152.1	1196.6	-3.7
其他电子信息行业	333.6	550.1	-39.4	220.5	401.7	-45.1
其中：内资企业	8772.3	7556.1	16.1	5486.8	5018.5	9.3
三资企业	2055.6	2035.4	1.0	1262.6	1645.9	-23.3

（注：数据来源为国家统计局。）

2013年手机行业发展情况回顾与展望

工业和信息化部运行监测协调局

2013年，世界经济延续缓慢复苏态势，全球消费电子市场保持小幅增长，手机市场形势好于2012年。市场研究机构IDC称，2013年全球手机出货量达到18亿部，同比增长7.3%，增速比2012年明显提高；智能手机的快速增长是带动手机市场成长的主要动力。IDC称，2013年全球智能手机出货量首次突破10亿部，达到10.04亿部，同比增长38.4%，占手机整体出货量份额达到55%。与手机市场规模扩张相伴的是行业竞争进一步加剧，手机产业竞争由原先的单纯产品竞争演变为硬件、软件与服务的全方位竞争。面对市场与竞争结构的不断变化，我国手机企业积极应对，加快产品革新，提升服务质量，行业整体平稳运行，产量规模继续扩张，外贸出口稳步增长，效益质量持续提升，对我国电子制造业、软件业及通信业的发展起到了积极的支撑作用。

一、基本情况

（一）产量保持较高增速

2013年全年，我国手机产量达到14.6亿部，增长23.2%，增速比2012年提高18.9个百分点。据IDC发布的2013年全球手机18亿部的出货量测算，我国产量占全球出货量份额达到81.1%，比2012年提高10个百分点以上，我国全球手机生产制造基地的位置得到进一步稳固。从全年产量走势来看，呈平稳较快增长态势，除3月、4月份累计产量增速相对较低以外，其余各月累计产量增速均在20%以上，如图1所示。

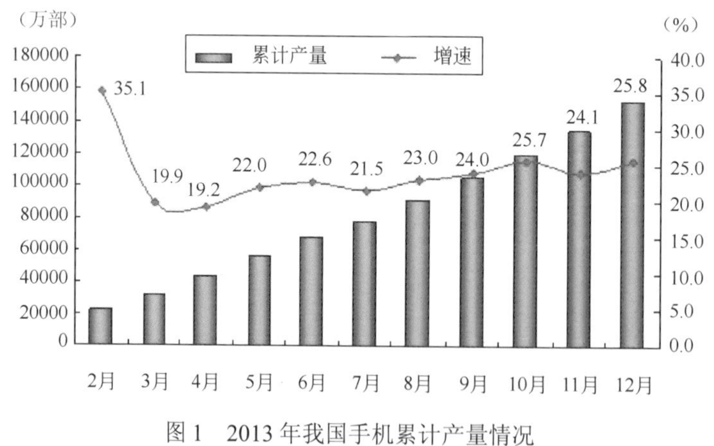

图1　2013年我国手机累计产量情况

（二）出口量额稳步提升

2013年以来，在全球手机市场规模持续扩张与结构变化加快带动下，我国手机出口呈现较快增长态势。据海关统计，1～12月，我国手机出口11.9亿部，同比增长16.9%，增速比2012年提高1.0个百分点；出口额为951亿美元，同比增长17.4%，增速高于电子信息产品平均水平5.5个百分点。从全年各季度累计出口额增速来看，波动较为明显，3月末、6月末、9月末和12月末，增速分别为6.5%、16.0%、21.5%和17.4%，呈逐步走高后又逐渐趋稳态势，如图2所示。

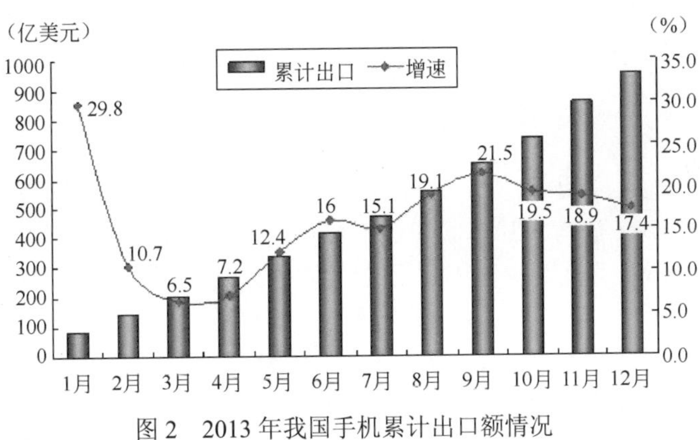

图 2 2013 年我国手机累计出口额情况

（三）效益规模较快增长

2013 年以来，在市场需求快速增长拉动下，我国通信终端设备制造业经济效益保持较快增长。1～12 月，行业共实现主营业务收入 10233 亿元，同比增长 30.4%；实现利润总额 355 亿元，同比增长 20.5%；行业收入增速高于电子制造业平均水平 20 个百分点；行业平均利润率达到 3.5%，低于电子制造业平均水平 1 个百分点，效益质量还有待提升，如图 3 所示。

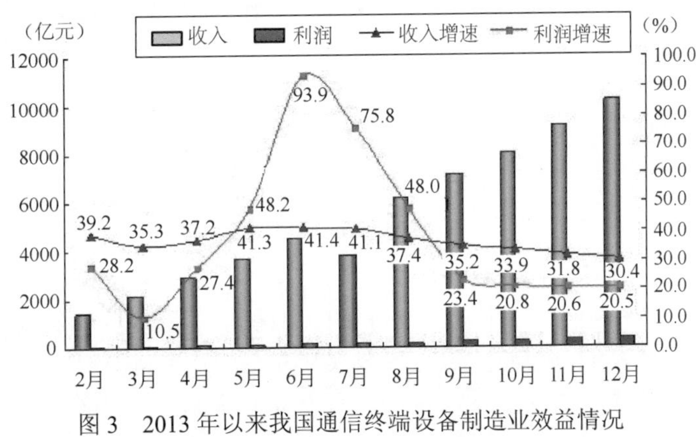

图 3 2013 年以来我国通信终端设备制造业效益情况

（四）行业投资高位运行

2013 年，通信终端设备制造业 500 万元以上项目完成固定资产投资 434 亿元，同比增长 38.8%，增速比 2012 年提高 20 个百分点以上，高于电子制造业平均水平 25.9 个百分点。从投资走势来看，上半年增速波动较为明显，全年总体保持在 30%以上的较高水平。从投资领域来看，企业的投资重点从生产环节向上下游转移，主要包括上游的芯片、设计和软件开发，以及下游的增值服务等领域，如图 4 所示。

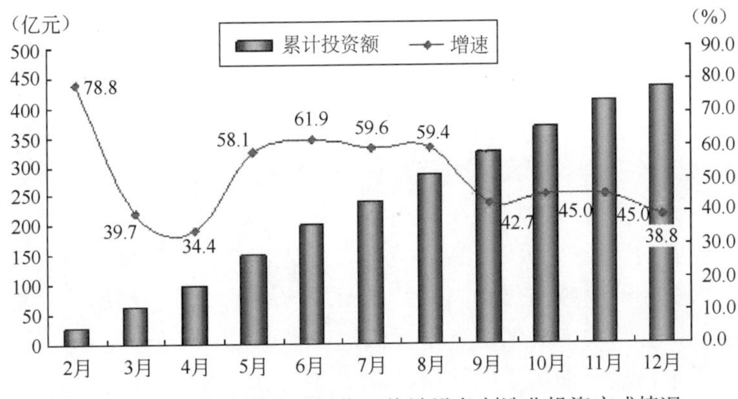

图 4 2013 年以来我国移动通信及终端设备制造业投资完成情况

二、运行特点

（一）整体出货情况

2013 年，国内手机市场累积出货量为 5.79 亿部，同比增长 24.1%。其中，2G 手机出货量为 1.7 亿部，3G 手机出货量达到 4.08 亿部。其中，智能手机出货量为 4.23 亿部，同比增长 64.1%，市场占有率达到 73.1%；其中 Android 手机出货量 3.98 亿部，占同期智能手机出货量的 94.0%。

（二）新品上市情况

2013 年，国内上市手机新机型 2861 款，同比下降 26.7%。其中，2G 手机新机型 786 款，3G 手机新机型 2055 款，TD-LTE 手机新机型 20 款。其中，上市智能手机新机型 2288 款，同比增长 3.0%，占同期新机型总数的 80.0%；其中有 2217 款采用 Android 操作系统，占同期智能手机新机型数的 96.9%。

（三）国产品牌发展情况

2013 年，国产品牌手机出货量 4.61 亿部，同比增长 24.9%，占手机总出货量的 79.7%；上市新机型 2691 款，同比下降 27.2%，占手机上市新机型总量的 94.1%。3G 手机中，国产品牌出货量份额分别为：TD-SCDMA 手机 89.0%、WCDMA 手机 52.2%、CDMA2000 手机 75.5%；TD-LTE 手机中，国产品牌占比 54.0%。

三、值得关注的问题

（一）缺乏核心竞争力

近两年，国产手机企业快速崛起，已从贴牌生产进入核心技术研发层面，在技术开发方面和世界先进水平的距离正在缩短，但由于国内手机生产企业技术积累不足，与众多的外资手机企业先比，总体技术水平仍远落后于外资企业，核心技术几乎全部掌握在外资手机厂商中。在硬件方面，我国手机企业缺乏芯片和射频元器件等关键核心技术。一方面，直接导致我国国产手机缺乏高端产品，市场竞争力弱，利润少；另一方面，导致国产手机产品的同质化现象越来越严重，直接制约了我国手机产业的健康发展。在软件方面，智能手机风靡全球，逐步取代传统功能型手机，而国产手机在智能化领域的拓展明显落后。国产手机操作系统大多基于 Android 及定制业务进行市场开发，真正具有特色的独创性应用很少，国产手机操作系统普遍存在版本升级缓慢，操作系统“补漏”、“增效”的速度明显滞后等问题。从全球智能手机的毛利率来看，苹果超过 50%，三星、HTC 维持在 30%左右，而国产品牌的毛利率不到 20%。

（二）品牌建设力度不足

在进入移动互联网时代后，智能手机市场迅猛发展，为国产手机带来了全新的发展机遇，以“中华酷联”为代表的国产手机开始掌握国内手机市场的主导权，利用千元智能机站稳脚跟，夺取更为庞大的市场份额。但是，国产手机企业发展中存在一个共性问题：企业缺乏做强、做大的长远规划，忽视企业品牌的建设。由于众多手机消费者在购买手机时越来越理性，手机品牌对其购买决策影响非常大。国内众多手机消费者之所以选择国外品牌手机，正是看中了其品牌这一关键元素。由于缺乏关键核心技术，我国国产手机制造商被迫放弃高端产品市场转战低端产品市场，并将主战场定位于千元以下的机型，引发价格战，并给国内外消费者留下低端产品印象。此外，国内一些手机制造商为满足市场对新款手机样式的需求，极力缩短手机从研发制造到上市的时间，导致部分产品质量不稳定，返修率较高，用户关于手机质量投诉不断提高。我国国产手机品牌建设之路非常漫长，没有品牌支撑的国产手机在国际竞争中的弱势也将更加暴露无遗。

（三）国际竞争趋于激烈

近年来，印度、越南等发展中国家采取各种优惠政策大力扶植本国产业的发展。由于这些国家拥有非常丰富的廉价劳动力，以及产业链条配套设施日趋完善，手机类电子产品的订单向这些国家的转移趋势越来越明显，正逐步抢占国际手机市场中原本属于我国的订单份额。以三星投资越南为例，自 2008 年开始，三星首次投资 6.7 亿美元在越南北宁省建造了第一家手机工厂；2012 年，三星又投资 7 亿美元在越南北部太原省建立了第二家手机工厂；2013 年，三星再次加码越南投资，拟斥资 20 亿美元在越南建立第三家生产基地，用于制造手机、相机和笔记本电脑。据初步测算，2013 年三星旗下越南工厂的智能手机出货量将达到 2.4 亿部，占其总产量的半数以上，占同期全球智能手机出货量的份额达到 20%左右。可见，我国手机产业发展面临着激烈的国际竞争，更多的发展中国家利用廉价资源、劳动力优势加入手机制造的行业，导致国际竞争不断加大。

四、发展趋势

（一）全球手机市场规模扩张将放缓

据 IDC 数据显示，2013 年，全球手机出货量达到 18 亿部，同比增长 7.3%，增速比 2012 年提高 6.1 个百分点；智能手机的快速增长是带动手机市场成长的主要动力，2013 年全球智能手机出货量首次突破 10 亿部，同比增长 38.4%。针对 2013 年全球手机市场的快速增长，摩根大通对 2014 年全球手机市场形势做出预测，其报告显示，2014 年全球智能手机的出货量增速将比 2013 年有较为明显的回落。造成这一趋势的主要原因是高端智能手机市场正逐渐饱和，首次购机用户减少；加之现有手机的功能已经足以满足多数用户的需求，对手机的升级需求也在减少。在市场需求逐渐饱和的背景下，手机产品的技术竞争将愈发激烈，多模 4G 芯片、2K 高清屏幕、光学防抖拍摄、NFC（近距离无线通信）、可弯曲柔性屏幕和电池，以及双操作系统搭载等几种技术将成为发展趋势。

（二）4G 布局拉动国内手机市场增长

2013 年年末，中国政府向国内移动运营商颁发 4G 牌照，在 4G 网络上线后，我国 4G 智能手机的出货量预计会在 2014 年达到 1.2 亿部才能满足用户对网络接入的庞大需求。目前，4G 牌照即将发放的产业推动和宽带战略部署政策的实施，正促使着 4G 通信业务快速发展。并且，从用户发展和营收来看，4G 发展速度将远高于 3G 网络部署之初的记录，未来 3 年国内 4G 市场将呈现爆炸式增长态势，而非 3G 初期的渐进式增长。

综合上述因素，预计 2014 年，我国手机行业在国内积极因素支撑和带动下，产销规模仍将保持一定幅度增长，但受全球市场需求趋于饱和，以及行业竞争不断加剧等不利因素影响，产销增速与 2013 年相比将略有放缓。

2013 年我国电子信息产品进出口情况

工业和信息化部运行监测协调局

2013 年以来，我国电子信息产品对外贸易克服错综复杂的国内外经济形势，总体保持较快增长，为支撑全国外贸增长发挥了积极作用。2013 年全年，电子信息产品进出口总额达 13302 亿美元，同比增长 12.1%，增速高于同期全国外贸进出口总额水平 4.5 个百分点。其中，出口 7807 亿美元，同比增长 11.9%，高于全国外贸出口增速 4.0 个百分点，占全国外贸出口比重达到 35.3%，比 2012 年提高 1.2 个百分点，对全国外贸出口增长的贡献率为 51.1%。进口 5495 亿美元，同比增长 12.4%，高于全国外贸进口增速 5.1 个百分点，占全国外贸进口比重达到 28.2%，比 2012 年提高 1.3 个百分点，对全国外贸进口增长的贡献率为 45.7%。

一、各行业进出口增速分化明显

出口方面，电子器件类产品增速居于首位，出口额为 1605 亿美元，增长 80.1%，增速高于全行业平均水平 68.2 个百分点；通信设备与家用电子电器行业保持相对较快的增长，出口额分别为 1773 亿美元和 1027 亿美元，增长 18.7%和 19.9%，增速高于平均水平 6.8 个百分点和 8.0 个百分点；电子仪器设备和电子材料增势平缓，出口额为 305 亿美元和 59 亿美元，分别增长 9.4%和 10.7%，增速略低于全行业平均水平；计算机、电子元件和广播电视设备出口呈下降态势，出口额分别为 2245 亿美元、719 亿美元和 74 亿美元，同比下降 5.7%、20.6%和 38.4%。出口额前 5 位的产品分别是：笔记本电脑（1108 亿美元，-2.6%）、手机（951 亿美元，17.4%）、集成电路（877 亿美元，64.1%）、液晶显示板（359 亿美元，-1.1%）和手持式无线电话用零件（355 亿美元，23.7%）。

进口方面，电子器件、通信设备、电子仪器设备和家电行业呈增长态势，进口额分别为 3105 亿美元、488 亿美元、434 亿美元和 228 亿美元，增长 41.8%、21.1%、12.9%和 117.7%；计算机、电子元件、电子材料和广播电视设备进口同比下降，进口额分别为 599 亿美元、521 亿美元、76 亿美元和 45 亿美元，同比分别下降 9.9%、44.7%、16.2%和 59.3%。进口额前 5 位的产品分别是：集成电路（2313 亿美元，20.5%）、液晶显示板（496 亿美元，-1.4%）、手持式无线电话用零件（337 亿美元，26.6%）、硬盘驱动器（161 亿美元，-27.5%）和印刷电路（136 亿美元，-5.7%）。

二、进出口贸易方式趋于多元化

出口方面，一般贸易出口额 1514 亿美元，增长 23.2%，增速高于平均水平 11.3 个百分点，所占比重达到 19.4%，比 2012 年同期提高 1.8 个百分点；加工贸易出口 5017 亿美元，同比小幅增长 1.0%，增速低于平均水平 10.9 个百分点，其中，进料加工贸易出口 4682 亿美元，同比增长 2.6%；来料加工贸易出口 334 亿美元，同比下降 16.5%。保税区仓储转口货物、保税仓库进出境货物及边境小额贸易等贸易方式出口增势突出，出口额分别达到 1138 亿美元、105 亿美元和 16 亿美元，增长 64.3%、41.5%和 88.4%。

进口方面，一般贸易进口额为 1216 亿美元，同比增长 17.6%，增速高于平均水平 5.2 个百分点；加工贸易进口 2660 亿美元，增长 3.1%，增速低于平均水平 9.3 个百分点；其中，进料加工贸易进口 2323 亿美元，增长 4.5%；来料加工贸易进口 336 亿美元，同比下降 5.5%。保税区仓储转口货物和保税仓库进出境货物等贸易方式进口增长较快，进口额为 1375 亿美元和 193 亿美元，分别增长 28.9%和 26.2%。

三、民营企业进出口增速保持领先

出口方面，内资企业出口 1958 亿美元，同比增长 38.4%，增速高于平均水平 26.5 个百分点，所占比重达到 27.5%，比 2012 年同期提高 5.3 个百分点，其中，民营企业出口增势突出，出口额为 1592 亿美元，增长 55.4%，增速高于平均水平 43.5 个百分点，对电子信息产品整体出口增长贡献率达到 68.6%。三资企业出口 5662 亿美元，增长 4.3%，增速低于平均水平 7.6 个百分点。其中，外商独资企业出口 4225 亿美元，增长 1.5%；中外合资企业出口 1374 亿美元，增长 13.7%；中外合作企业出口 63 亿美元，增长 7.3%。

进口方面，内资企业进口 1687 亿美元，增长 43.3%。其中，民营企业进口增速居于首位，进口额 1311 亿美元，增长 61.9%，增速高于平均水平 49.5 个百分点。三资企业进口 3808 亿美元，增长 2.6%。其中，外商独资企业进口额 2788 亿美元，下降 1.3%；中外合资企业进口 1010 亿美元，增长 15.1%；中外合作企业进口 10 亿美元，增长 10.5%。

四、对主要贸易伙伴进出口增速差异较大

出口方面，对前五大贸易对象分化明显。具体来看，对中国香港出口 2401 亿美元，增长 25.7%；对美国出口 1386 亿美元，增长 6.0%；对日本出口 497 亿美元，增长 6.2%；对韩国出口 394 亿美元，增长 14.0%；对荷兰出口 346 亿美元，小幅增长 0.7%。对部分新兴市场出口保持较快增长，如对越南、南非和阿根廷等国，增速分别达到 78.5%、34.1%和 23.5%。对欧洲出口整体呈下降态势，出口额为 1275 亿美元，下降 1.4%，从主要国家看，对德国、法国和意大利，分别下降 8.4%、10.5%和 11.0%。

进口方面，复进口仍居首位，进口额 1290 亿美元，增长 12.6%，其后 5 位国家和地区分别是中国台湾地区（1097 亿美元，27.1%）、韩国（1022 亿美元，15.8%）、日本（546 亿美元，-3.1%）、马来西亚（386 亿美元，3.1%）和美国（265 亿美元，46.2%）。

五、主要省市进出口增长态势不一

出口方面，广东、江苏、上海、浙江和重庆 5 省市居前 5 位，出口额分别为 3433 亿美元、1410 亿美元、943 亿美元、253 亿美元和 250 亿美元，同比增长 17.9%、-0.5%、-1.7%、4.5%和 64.9%。陕西、山西和安徽等中西部省份出口增长较快，增速分别达到 86.5%、65.9%和 53.1%。

进口方面，广东、江苏、上海、天津和北京 5 省市居前 5 位，进口额分别为 2391 亿美元、936 亿美元、721 亿美元、224 亿美元和 175 亿美元，同比增长 19.4%、3.5%、-5.1%、19.8%和 4.0%。

图 1 所示为 2013 年以来我国电子信息产品累计进出口额。

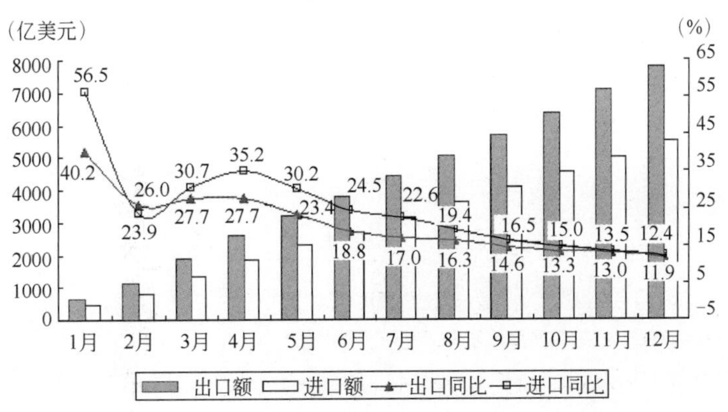

图 1 2013 年以来我国电子信息产品累计进出口额

图 2 所示为 2013 年全年电子信息产品各主要行业出口情况对比。

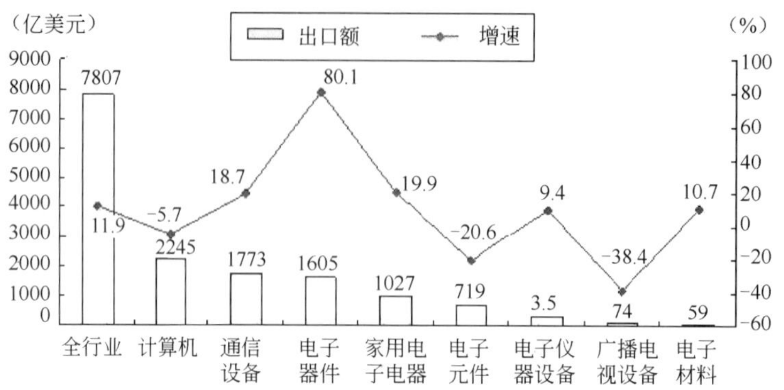

图 2　2013 年全年电子信息产品各主要行业出口情况对比

图 3 所示为 2013 年与 2012 年电子信息产品出口贸易方式结构对比。

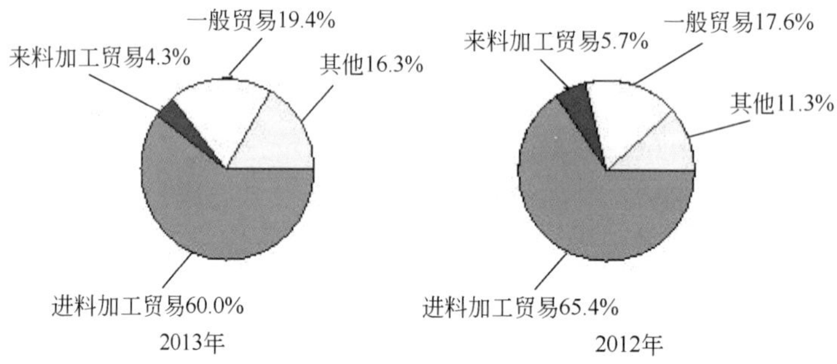

图 3　2013 年与 2012 年全年电子信息产品出口贸易方式结构对比

第2章

产业概况

2013 年 OLED 显示产业发展概况

中国 OLED 产业联盟 耿 怡

2013 年全球 OLED 显示产业化进程进一步加快，智能手机市场爆发式增长带动中小尺寸 AMOLED 显示的普及，三星、LG 分别推出了 55 英寸 OLED 电视，标志着 AMOLED 显示开始向大尺寸应用方面迈进。曲面显示、可穿戴设备的快速发展拓展了 AMOLED 应用范围，为市场发展带来新的增长点，全球 OLED 显示产业整体进入加速发展阶段。我国多条 AMOLED 面板生产线建设取得突破，产业逐步由技术研发向规模化生产过渡，技术水平不断提升，配套体系逐步形成，产业进入良性发展轨道。

一、2013 年全球 OLED 产业发展状况

（一）产业规模稳步增长

受智能手机爆发式增长的拉动，近年来全球 OLED 显示产业规模保持了持续增长态势，2013 年全球 OLED 面板市场规模达到 103 亿美元，同比增长 49%，其中手机用 OLED 面板市场规模达到 99 亿美元，在整体 OLED 市场中占比高达 97%，AMOLED 手机面板超过 2 亿片，同比增长 50%。截至 2013 年，全球 AMOLED 面板累积出货量达到 5 亿片，其中三星占比超过 95%。

据 HIS DisplaySearch 预测，到 2020 年 AMOLED 显示市场规模将增长至 266 亿美元，年复合增长率（CAGR）为 25%。电视、平板电脑，以及可穿戴设备用 OLED 显示面板占比将逐渐提升，2020 年将达到整体市场的 30%以上。OLED 柔性显示市场将产生爆发式增长，预计 2020 年市场规模有望达到 200 亿美元，复合增长率高达 151%。

图 1 所示为 2011—2020 年全球 AMOLEO 显示面板产值预期。

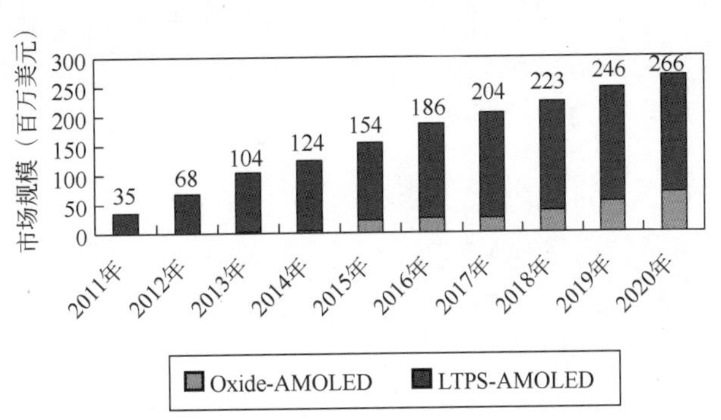

图 1 2011—2020 年全球 AMOLED 显示面板产值预期

数据来源：DisplaySearch，2014.3

（二）技术优势逐渐显现

OLED 显示具有全固态、主动发光、高对比度、超薄、低功耗、无视角限制、响应速度快、工作温度范围宽，易实现柔性显示和透明显示等诸多优点，被视为最有发展前景的新型显示技术之一。其中，柔性是 OLED 区别于液晶显示的技术特点和优势，随着智能移动终端快速增长和电视屏幕大尺寸化，可弯曲、超轻薄，以及个性化设计成为 OLED 技术快速发展和产业化最主要的驱动力。

2013 年，三星和 LG 均加快了柔性显示面板的量产进程，三星显示的产线规模为 5.5 代（1300mm×1500mm），LG 的产线规模则为 4.5 代（730mm×920mm），两家公司的面产产能总和在 2013 年达到 185 万片。生产的面板主要供应三星和 LG 自家的手机使用，三星在 2013 年 10 月推出全球首款曲面屏手机 Galaxy Round，LG 则于 2013 年 11 月发布了曲面屏手机 LG G Flex，如图 2 所示。曲面成为人机交互功能的新载体，当手机处于待机状态时，可通过倾斜手机机身激活手机，点亮屏幕，显示出时间、电量、来电和短信信息等。

（a）Galaxy Round　　（b）LG G Flex

图 2　三星和 LG 生产的曲面手机

为抢占下一代手机竞争制高点，苹果公司始终紧密关注 OLED 面板在消费电子产品上的应用进展。2013 年 12 月，美国专利商标局（USPTO）通过了苹果提出的一项曲面屏幕专利。该专利名称是“可弯式触控感应装置”，专利内容则是制作曲面屏幕的相关技术，让屏幕在弯曲时不容易受损，还能保持高灵敏度，专利范围涵盖所有可应用曲面屏幕的装置，包括鼠标和触摸板等。在产品应用方面，苹果正在将柔性可弯曲 OLED 面板应用于其最新产品 iWatch 的设计中，该产品有望在未来两年内正式上市销售。

（三）全尺寸应用加速覆盖

三星公司将 AMOLED 显示技术应用于智能手机，带动了 AMOLED 面板在小尺寸应用的快速增长。然而，受技术水平和良率等因素的限制，AMOLED 在大尺寸方面的应用始终差强人意。2013 年，随着三星和 LG 先后宣布开卖 55 寸全高清 OLED 电视，AMOLED 在大尺寸方面的应用再次成为热点。LG 在 2013 年共推出了曲面和非曲面两款 OLED 电视，售价分别为 1500 万韩元（约 1.35 万美元）和 1100 万韩元（约 1 万美元），两种电视具有高色彩饱和度，厚度仅为 4mm，重量小于 10kg，虽然和液晶电视相比，OLED 电视在良率和售价方面仍然难具竞争力，但是在高度同质化的电视市场，OLED 电视依然成为各大电视机企业竞相尝试的创新产品。

（四）韩国企业一枝独秀

目前，全球 AMOLED 显示市场基本由韩国企业垄断，2013 年，三星以超过 95%的市场占有率雄踞榜首，LGD 凭借在 OLED 电视的优势独占了大屏 OLED 面板市场。韩国企业将 OLED 技术视为下一代显示的主流技术，持续加大在 OLED 面板方面的投资，LGD 率先投资 7063 亿韩元（约 40.6 亿元人民币）建设 8.5 代 WRGB OLED 电视面板生产线，三星则在 OLED 方面同比增加 40%的投入。

图 3 所示为 2011—2014 年三星和 LGD AMOLED 面板产能。

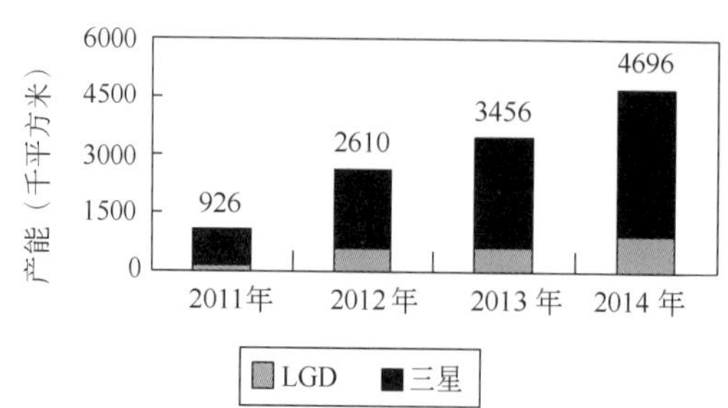

图 3　2011—2014 年三星和 LGD AMOLED 面板产能

数据来源：DIGITIMES Research，2013.12

OLED 设备在开发过程中难度较大，要根据材料的特性定制并研发蒸镀、印刷、真空密封等关键设备。韩国产业界以面板为核心，带动设备产业发展。三星、LGD 通过积极投资韩国的设备厂商，在产业链上下游配合下开展制程与设备的共同开发，提高本土 AMOLED 设备企业的专业化和大型化；同时在 OLED 发光材料本土化方面，韩国也进行了持续的努力，达到了非常显著的成效，2013 年，三星以 2.6 亿欧元（约 3.47 亿美元）的价格收购了德国 OLED 企业 Novaled，这是三星继 2011 年对 Novaled 股权投资后的又一次大规模投资，其目的在于进一步完善三星在 OLED 领域的专利布局。

二、2013 年中国 OLED 显示产业发展状况

（一）产线建设取得突破

2013 年，我国 AMOLED 产线建设取得突破性进展，京东方鄂尔多斯 5.5 代线建成投产，产线总投资 220 亿元，建筑面积约 46.7 万平方米，设计产能为 5.4 万片玻璃基板/月，产品定位主要为中小尺寸 LTPS 及 AMOLED 高端显示器件。该项目是中国首条、全球第二条 5.5 代 AMOLED 生产线。项目投产后仍需要经过一段时间的产能爬坡期，方可达到各项预定指标。此外，京东方合肥、上海天马、昆山国显、上海和辉光电等产线建设进展顺利，我国 OLED 产业已逐步由技术研发向规模化生产过渡，如表 1 所示。

表 1　我国大陆在建新型面板产线建设情况

企业	世代	背板尺寸（mm×mm）	地点	产品类别	建设阶段
京东方	5.5G	1300×1500	鄂尔多斯	LTPS-AMOLED	爬坡期
	8.5G	2200×2500	合肥	Oxide-AMOLED	爬坡期
国显光电	5.5G	1300×1500	昆山	LTPS-AMOLED	建设中
天马	4.5G	650×750	上海	LTPS-AMOLED	建设中
和辉光电	4.5G	730×920	上海	LTPS-AMOLED	建设中

数据来源：赛迪智库，2015.3

（二）技术水平稳步提升

2013 年，国内 AMOLED 技术创新不断进步，加快了追赶国际先进的步伐。大尺寸方面，京东方研制成功 30 英寸全高清 AMOLED 显示屏，该显示屏采用氧化物背板技术和溶液支撑 OLED 器件制作技术，荣获 2014 年 CITE 创新产品和应用金奖。

柔性显示方面，维信诺公司在 2013 年发布了 3.5 英寸 LTPS 柔性 AMOLED 全彩显示屏，显示屏应用了具有自主知识产权的透明阴极和 OLED 器件技术，厚度为 22 微米，重量不足 0.2 克，弯曲半径小于 5 毫米。

产业链建设方面，OLED 掩膜板、驱动芯片、光学膜等关键技术取得新进展。2013 年 9 月，在电子发展基金项目的支持下，维信诺与晶门科技联手研发成功可实现 qHD 分辨率的 AMOLED 驱动芯片。并在 4.6 英寸高分辨率全彩 AMOLED 显示屏上成功验证通过。功能膜公司康得新将水汽阻隔膜、微结构增亮膜并列入研发生产计划。

设备方面，2013 年 8 月，上海微电子装备有限公司研制出拥有自主知识产权的 2.5 代投影光刻机，该设备用于 AMOLED 显示屏 TFT 电路制造，现已通过出厂验收，交付客户上线试用，下一步上海微

电子将重点提高 4.5 代及后续 5.5 代光刻机的研制水平和质量，加快产品开发的速度。

（三）市场需求增长迅猛

智能手机的快速发展为 AMOLED 面板应用提供了广阔的下游市场，据捷孚凯（GfK 中国）统计，2013 年我国手机市场延续高速增长态势，零售量达到 4.08 亿部，其中智能手机零售量达到 3.5 亿部，同比增长 84%，在整体手机市场中的份额达 87%。GfK 预计，2013 年中国智能手机零售量占全球份额的 35%左右。值得关注的是，2013 年 OPPO、小米、魅族、华为、TCL、中兴等国内品牌加速向高端市场冲刺，不断缩小与国际品牌的差距，AMOLED 作为高端品牌手机的关键零组件，国产品牌在高端手机市场占有率的提升将会为国内 AMOLED 面板企业提供重要的下游出海口。

（四）产业集群基本形成

当前，我国显示行业已形成北京、长三角、珠三角及成渝鄂 4 个集聚区，初步形成以大型显示器件企业为核心，较为完整的上游配套产业和相对完善的整机应用产业及服务体系的产业集群。OLED 显示技术与 TFT-LCD 技术具有相通性和延展性，我国 OLED 显示产业也正在依托上述 4 个集聚区快速发展。其中，广东、江苏和上海等省市在 OLED 显示产业方面已初具规模。

广东省通过科学规划，积极扶持 OLED 产业发展，先后出台《珠江三角洲地区改革发展规划纲要（2008—2020 年）》、《广东省高端新型电子信息产业发展“十二五”规划》等政策，提出加快发展 OLED 显示产业，形成规模生产能力，并重点打造广州、惠州、佛山、汕尾、东莞等 OLED 产业基地。2013 年，《广东省信息化发展规划纲要（2013—2020 年）》中再次提出大力推进信息技术创新与产业发展，构建信息技术产业体系，促进新型显示产业加快发展，重点推动 OLED 快速发展。

江苏省通过整合省内产业资源，积极引进产业龙头企业，促进产业发展，现已初步形成 OLED 产业聚集。2013 年，南京开发区平板显示产业总产值达到 1455 亿元，集聚了中电熊猫、夏普、LG 等骨干企业，拥有了 OLED 发光材料、金属掩膜板、靶材等企业，成立了由 20 家企业、高校和科研机构共同发起的“江苏 OLED 产业联盟”。合作平台的建立为江苏省在 OLED 研发和产业化方面推动方面提供了重要抓手，通过成立区域产业联盟，集合省内的 OLED 产业资源，进一步推动江苏省 OLED 产业化进程。

2013 年，上海市在建的 OLED 生产线有两条，一条是上海天马微电子有限公司 4.5 代 AMOLED 中试线项目，该项目于 2012 年 10 月启动，总投资 14 亿元，建成后将月产 2.0～3.5 英寸 AMOLED 显示面板 15 万片，该项目被列为“上海市高新技术重大项目”。另一条是和辉光电 4.5 代低温多晶硅（LTPS）AMOLED 项目，由上海联和投资与上海金联投资共同投资，该项目于 2012 年 12 月启动，总投资 60 亿元，项目主要产品为智能移动终端用中小尺寸显示屏及模组，设计 AMOLED 投片量 1.5 万片/月，年产 AMOLED 显示模组 1059 万片。

三、发展展望

一是面板产能呈现快速增长态势。受在建面板生产线逐渐满产影响，未来几年全球 OLED 现实面板产能将呈现快速增长。随着全球 LCD 行业区域成熟，发展速度放缓，显示企业纷纷将 OLED 作为投资重点，相继有多条 AMOLED 现实面板生产线开工建设，这些生产线将在未来两年逐渐量产，届时全球 OLED 面板将出现增长高潮。按照面积计算，2015 年全球 OLED 面板产能预计将增长至 1520 万平方米，年复合增长率超过 90%。

二是提高分辨率成为 OLED 技术普及的重要条件。个性化需求对移动终端产品的性能提出了更高、更多的要求，随着技术不断进步，高分辨率逐渐成为平板显示的主流导向之一。2013 年，多款智能手机显示屏分辨率超过 400PPI，JDI、夏普、友达等公司更是先后推出分辨率超过 600PPI 的液晶显示屏。OLED 技术要想与液晶面板竞争，就必须达到可以与液晶技术相媲美的显示精细度，才能在高分辨智能终端显示面板市场站稳脚跟。

三是可穿戴设备将驱动 OLED 面板需求增长。可穿戴设备是下一代有机会成长的新兴应用产品，应用覆盖了人体全身（头盔、眼镜、首饰、手表、手环、服装等），对可穿戴设备显示器件的要求与现有主流显示面板技术具有较大差异，轻薄、可柔性，设计个性，环境友好是可穿戴设备显示器件必须达到的指标。就目前显示技术而言，OLED 显示技术的特点最为满足这些要求。据我国台湾地区光电协进会（PIDA）统计，2013 年全球穿戴式显示相关产品之出货量约为 1400 万台，年成长率为 100%。预估 2014 年出货量将会再进一步成长到 3300 万台，年成长率达 135%。到了 2018 年出货量则有望达到 1.68 亿台。随着可穿戴设备显示屏市场的逐渐扩大，将对 OLED 显示面板产生正面刺激作用，成为未来市场增长点。

作者简介：

耿怡，女，博士，高级工程师，中国 OLED 产业联盟副秘书长，中国电子信息产业发展研究院电子信息产业研究所研究员，E-mail：beijinggengyi@163.com。

2013 年中国 LED 显示应用行业发展报告

中国光学光电子行业协会 LED 显示应用分会

关积珍　姚太平　计 辉　张 璐

摘　要：本文对 2013 年度中国 LED 显示应用行业的发展情况进行了综合分析，从总体情况、产业布局、产品构成、市场发展、企业发展、技术创新、典型项目、主要问题、发展趋势等方面进行了系统说明，比较全面地展示了中国 LED 显示应用行业的总体状况。

关键词：LED 显示应用　行业发展　年度报告

一、综述

2012 年，全国 LED 显示应用行业发展整体规模保持了稳定的增长，行业年度市场销售总额达到 253 亿元，比 2011 年的 220 亿元增长了 15%。2013 年，全国 LED 显示应用行业总体规模持续提升，全行业年度市场销售总额达到 270 亿元，比 2012 年度的 253 亿元增长了 7%，总体增长幅度与 2012 年相比有较大回落。主要企业的规模均有一定的增长，小企业下降幅度较大，另外，全行业的总体利润水平较之往年也有下降，增收不增益的情况比较明显。

2013 年，显示应用行业产品销售额超过亿元的规模企业有 50 家左右，其中销售额超过 2 亿元的 20 余家，销售额 5 亿元以上的企业 8 家，规模企业的销售额占全行业的 60%以上。2013 年，以 LED 显示应用为主营业务的直接或间接上市企业数 9 家。华南地区的深圳市，集中了我国 LED 显示屏主要的规模企业和出口企业，也是上市企业的主要集中地区。上市企业在 2013 年度利用资本市场的优势积极拓展新产品、新市场，培育新的业务方向和增长点。

小点间距、高密度 LED 显示屏发展应用是 2013 年度 LED 显示应用市场的热点。2013 年度高密度室内外 LED 显示屏在市场受到普遍青睐，在部分场景开始替代投影拼墙等传统室内大屏幕显示产品。随着 LED 显示应用技术的发展成熟和产品的标准化，LED 显示应用市场竞争也变得愈加剧烈，协同创新、合作共赢，打造健康发展的 LED 产业链成为业界近年的热门话题。

二、总体情况

中国光学光电子行业协会 LED 显示应用分会 2014 年年初对近 150 家会员单位 2013 年度的生产经营情况进行了例行的年度统计。所统计调查的企业涵盖了行业内的骨干企业和主要代表性企业，这些企业以 LED 显示屏为主导业务产品，同时从事其他 LED 显示应用产品的生产经营业务。

2013 年度进行统计的会员单位有 145 家，所统计的销售总额为 172 亿元，据此测算 2013 年度全国 LED 显示屏市场销售总额为 270 亿元，比 2012 年增长了 7%。

表 1 是近 5 年全国 LED 显示应用产业的总体变化情况。

表 1　近 5 年全国 LED 显示应用产业总体情况（单位：亿元）

	2009 年		2010 年		2011 年		2012 年		2013 年	
	协会	全国	协会	全国	协会	全国	协会	全国	协会	全国
销售总额	94.6	140	112	190	145	220	157	253	172	270
其中：出口额	16.28		20.2		26		28.5		31	
其他 LED 显示应用产品	13.5		19.5		23		24.6		28	

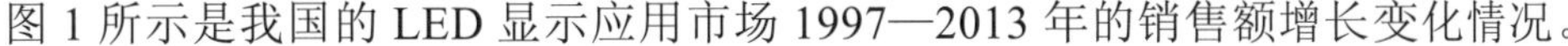

图 1 所示是我国的 LED 显示应用市场 1997—2013 年的销售额增长变化情况。

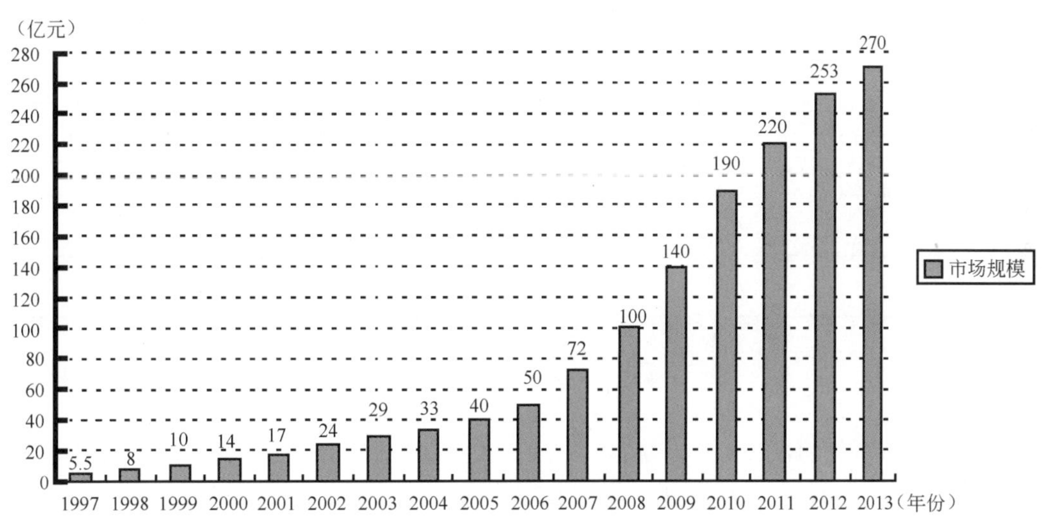

图 1　1997－2013 年全国 LED 显示屏市场规模增长变化

三、产业布局

统计表明，我国 LED 显示应用产业在华东和华南地区，这两个区域的产值占到全国总量的 75%以上，华南地区的深圳继续保持我国 LED 显示应用产业主要基地的地位，2013 年度统计企业的产值达到 71 亿元，占到全国的 40%以上。华北地区所占比重近两年都有所增加，东北地区所占比重持续降低。表 2 所示为近 5 年行业协会统计的 LED 显示应用产业产值按地区分布情况。

表 2　近 5 年 LED 显示应用产业产值按地区分布情况（不完全统计）

年度	地　　区	东北	西南、西北、华中	华北	华东	华南
2009 年	产值（亿元）	3.2	8.3	15	31.5	36.6
	占全国比例	3.4%	8.8%	15.9%	33.3%	38.7%
2010 年	产值（亿元）	2.7	11.1	16.3	36.8	45.1
	占全国比例	2.4%	9.9%	14.6%	32.9%	40.2%
2011 年	产值（亿元）	4.3	15.6	16.5	49.6	61
	占全国比例	2.9%	10.6%	11.2%	33.7%	41.6%

续表

年度	地 区	东北	西南、西北、华中	华北	华东	华南
2012 年	产值（亿元）	3.1	9.9	22.8	55.7	65.5
	占全国比例	2.0%	6.3%	14.5%	35.5%	41.7%
2013 年	产值（亿元）	3.2	13	26.8	58	71
	占全国比例	1.9%	7.5%	15.6%	33.7%	41.3%

2013 年度 LED 显示应用行业协会所统计的 145 家企业地域分布如表 3 所示。可以看出，华南和华东是 LED 显示应用企业的主要集中区域，尤其是深圳市，集中了我国 LED 显示屏主要的规模企业和出口企业，也是 LED 显示应用上市企业最集中地区。

表 3　2013 年度参加行业协会统计的 LED 显示应用企业地区分布情况

地 区	东北	西南、西北、华中	华北	华东	华南	合计
企业数量	7	21	28	49	40	145
销售额（亿元）	3.2	13	26.8	58	71	172

四、产品构成

根据 145 家会员单位的统计资料，2013 年度的 172 亿元销售总额中，显示屏产品的销售为 137.5 亿元，占全部销售额的 80%；LED 照明及其他 LED 显示应用产品销售额为 34.5 亿元，占全部销售额的 20%。这个格局，同往年情况基本一致，无大的变化。

LED 显示屏仍然是行业的主导产品，随着发展，户外 LED 显示屏的比重有所提升，超过显示屏总销售额的 50%以上。根据行业协会 2013 年度对 145 家企业的统计，全部销售额中户外显示屏所占比重超过了室内显示屏的销售，总体上户外显示屏销售额所占比重为 60%左右，室内显示屏的销售额所占比重为 40%左右。

表 4 所示是 2013 年度主要地区 LED 显示屏销售总额中户外、户内显示屏的构成情况。

表 4　2013 年度行业协会统计的 LED 显示屏销售构成

类别		东北	西南、西北、华中	华北	华东	华南	合计
户外	销售额（亿元）	1.25	4	12.6	29.5	37	84.3
	所占比例	51%	57%	60%	61.5%	63%	61.3%
户内	销售额（亿元）	1.22	3	8.4	18.5	22	53.2
	所占比例	49%	43%	40%	38.5%	37%	38.7%
总额	户内＋户外（亿元）	2.47	7	21	48	59	137.5

2013 年度，在统计的 145 家企业中，LED 显示应用产品的出口额为 32.3 亿元，占全部销售额的 18.8%左右。出口产品中 LED 显示屏占 70%左右，其他显示应用产品占 30%。估算全国 2013 年度的 LED 显示屏出口总额应该在 45 亿元左右。其中，显示屏出口额为 32 亿元左右。LED 显示屏出口企业在华东、华南地区，华南地区深圳市比较集中。

五、市场发展

在保持传统 LED 大屏幕显示应用领域和市场的同时，2013 年度 LED 显示新技术、新产品发展迅速，开创了 LED 显示应用新兴行业市场。行业内企业优势互补，协同拓展市场，推动了市场应用领域的扩展。

（一）室内外小点间距 LED 显示产品发展迅速

室内小间距 LED 显示屏市场快速增长，2013 年度的市场份额较 2012 年有数倍的增长。随着产品技术的提升和成本的下降，室内小间距 LED 显示屏呈现出从 P2.5 到 P1.9 再到 P1.6 直至间距更小的发展趋势，其市场应用面也随之快速扩大，已逐步应用于广电、交通指挥、公安监控、电力系统、军事、城市管理各行业。2013 年，室内小间距 LED 显示屏已开始进入包括 CCTV 在内的诸多国家级、省市级电视台演播室，利亚德制造的小间距 LED 显示屏还进入了美国主流电视机构 NBC 电视台演播室，成为欧美广播电视市场上首次采用小间距广电级 LED 显示屏，标志着由中国制造的 LED 小间距产品走入国际高端传媒领域。

室外小间距 LED 显示屏的发展为 LED 显示行业带来全新的应用市场。LED 显示屏在诸如社区、步行街、站台、商业橱窗、信息亭等的应用要面对近距离、小面积、高密度等特殊的要求，随着 LED 封装技术的进步，户外 LED 显示屏的间距可以从 P8、P6 发展到 P4 甚至以下，满足这些市场需求的产品进展良好。上海三思科技发展有限公司在吴江市各街道、社区安装的 205 块户外 P5 小间距 LED 表贴三合一显示屏，所有显示屏均无玻璃防护，应用效果良好。

（二）创意显示市场不断提升和扩大

近年地产企业纷纷进军商业地产、文化地产、旅游地产等市场，城市商业综合体、标志性建筑等不断涌现，广泛采用 LED 创意显示以提升其商业价值，成为 LED 显示、量化、照明等新兴的应用市场。此类市场需求有别于传统的 LED 显示。LED 创意显示运用 LED 的点、线、面等显示单元，结合建筑或景观的特色，将科技与艺术相结合，建造出最佳视觉效果的显示艺术作品。从艺术和美学的角度，使 LED 显示与建筑完美融合，凸显商业价值，提升城市形象。由于建筑或景观的形态各不相同，LED 创意显示在材料运用、结构方式、控制表现、施工维护等多方面均和传统 LED 显示屏要求不同。业内逐步形成了一批创意 LED 显示应用市场的专业企业。2013 年，深圳立翔慧科光电科技有限公司在珠海华发购物城完成的国内/外首例异形 LED 天幕项目，为目前全国最大的 LED 天幕。深圳大族元亨光电股份有限公司在上海徐家汇美罗城完成的大型玻璃球型建筑内安装光栅屏，显示面积达到 3000 平方米。

（三）广告传媒市场持续走强

LED 显示作为新兴的传媒手段，发展势头良好，引发资本的关注。2013 年，我国户外 LED 大屏广告市场规模近 20 亿元。几年前，航美传媒开启了 LED 广告传媒规模化的资本时代。2013 年下半年，多家上市公司掀起了对户外 LED 广告行业的“圈地运动”。2013 年 10 月，粤传媒以 4.5 亿元的交易对价收购香榭丽传媒 100%的股份，进军户外 LED 显示屏媒体领域。2013 年 11 月，博瑞传播以 1.12 亿元收购杭州瑞奥 60%的股权、盛世之光 51%的股权，加快公司在长三角和珠三角地区的户外广告业务拓展。LED 显示应用行业的上市企业也开始布局向下游户外传媒行业发展，雷曼光电与中超足球联赛的合作，昭示了其向传媒领域发展的经营布局。2013 年 11 月，联建光电以 8.6 亿元的交易对价收购分时传媒 100%的股权，通过收购分时传媒这一国内领先的户外大牌广告企业，以强化其户外广告服务能力，打造一条全国性广告设备生产研发到广告投放传播全产业链服务体系。

（四）海外市场积极拓展，自主品牌有待进一步提升

中国制造的 LED 显示产品在显示效果、工艺、结构、可靠性、安全性、服务等方面与国际品牌的差距近年显著缩小，在国际重大赛事和活动中频频亮相，取得了不错的业绩，奥托电子、雷曼光电等厂家以自主品牌出口海外逐步形成了一定的规模和市场影响力。2013 年，部分企业成功实施了一系列海外项目，如利亚德光电股份有限公司在美国完成的 1913 平方米超高清 LED 显示屏、深圳市艾比森光电股份有限公司在俄罗斯完成的 400 平方米显示屏、洲明科技完成的喀山大运会项目等。目前，我国 LED 显示应用行业出口到海外的产品中，以自主品牌出现的数量还不尽如人意，多数仍然处于贴牌、OEM 等形式为国外企业代工。

（五）行业协同创新为市场用户提供优质服务

大型 LED 显示系统和工程，单个企业的承接和实施能力都会受到挑战。行业内企业发挥专业优势、联合承接大型工程项目，在 2008 年北京奥运会、国庆 60 周年等重大活动中都有体现。2013 年投入使用的全球最大单体建筑（150 万平方米）成都环球中心 LED 显示系统，是行业优势资源整合、协同创建优质工程的范例。为了保证该项目的高标准、高质量，协会整合了 LED 显示行业内的优质资源。在协会的推荐下，华灿光电、雷曼光电、洲明科技 3 家上市公司，以及诺瓦科技、四川科维、立翔慧科、扬州建工等实力企业共同参与了项目的建设。各家协同作战，各施所长，以 LED 显示行业内最新的技术、优质的产品、可靠的工程，最终打造出了令用户满意、让各界瞩目的精品工程，最大化保障了业主的投资利益。

六、技术创新、标准化和知识产权

（一）技术创新

LED 芯片技术不断发展，LED 器件性能不断提升，小点间距室内外 LED 显示器件的成熟，推动了小点间距 LED 显示屏产品的发展。显示屏控制技术幅面，逐点校正、色彩还原、智能控制技术不断发展完善，对于超宽幅面显示应用需求，专业化控制系统在大画面、高保真等技术水平都有新的提升。在传统开关电源不断改进的同时，为提高电源可靠性，大型显示屏系统中采用通信电源供电技术，实现了显示屏系统供电的集成监测与管理，有效提升了显示屏系统供电的可靠性。驱动 IC 方面，国产驱动 IC 器件在行业得到了广泛应用。可靠性、节能等技术也是行业关注的重点。LED 显示 3D 技术是 2013 年度行业关注的技术热点，行业内多个厂家在 3D 显示方面都开展了积极的工作，郑州中显研制的多视点裸眼三维显示 LED 产品开始走向市场，利亚德公司推出了 110 英寸裸眼 3D LED 电视。创意 LED 显示应用创新活跃，天幕、球形、弧形、环形、S 形、圆形、椭圆形乃至全方位立体显示等产品形态不断推陈出新。

（二）行业信息和技术交流

2013 年 3 月，由深圳三升高科技股份有限公司承办的“中国光学光电子行业协会 LED 显示应用分会第五届第二次常务理事会”在湖南常德召开。会议总结了协会 2012 年度工作，就 LED 显示

行业面临的问题进行了深入交流和探讨。针对 LED 显示市场同质化程度太高、恶性竞争严重、价格混乱、产品质量/工程质量/服务质量良莠不齐等共性问题，强调应加强行业标准的推行、加大检测、监督的力度争取逐步改善无序竞争的市场现状；坚持自主创新、寻求差异化，提高产品附加值，促进企业、行业继续发展；在坚持行业自律，共同构建、维护 LED 显示产业发展的良好生态环境，实现企业良性发展，提高经济效益。

2013 年 9 月在湖南长沙召开了“2013 全国 LED 显示应用技术信息研讨会暨分会五届二次理事会”，会议对 LED 显示产业发展进行了研讨，行业专家代表对 LED 显示技术问题进行了报告交流，同期召开了分会五届二次理事会。

（三）标准化及知识产权

2013 年，LED 显示应用分会技术组和标准组积极开展工作，《LED 显示屏通用规范》、《LED 显示屏检测方法》两项标准的修订工作持续进行。相关部门和地方正在就《LED 显示屏干扰光评价规范》、《LED 显示屏干扰光现场测量方法》、《LED 显示屏图像质量主观评价方法》、《LED 显示屏能效限定值及能效等级标准》、《LED 广告屏应用技术规范》等相关标准和规范开展工作。业内许多企业还积极参加了 LED 器件、半导体照明，以及其他行业标准的制定工作。

增强知识产权保护意识，以知识产权为基础提高创新能力和打造自主品牌，是行业内正在形成的共识。2013 年 LED 显示应用行业协会调查统计的 145 家企业共申请发明、外观和实用新型专利 855 项，取得软件著作权登记 77 项，新取得授权商标 47 个。

截至 2013 年年底，所统计的 145 家会员单位累计取得的发明专利、实用新型和外观专利授权达到 2671 项，其中，外观专利 585 项、实用新型专利 1766 项、发明专利数 320 项；取得的软件著作权达到 490 项；取得的授权商标数近 500 项。

七、企业发展

（一）规模企业

2013 年，全行业有 49 家 LED 显示应用企业的销售额超过亿元，比 2012 年的 43 家增加了 6 家。在 2012 年度销售额上亿元的 49 家企业中，有 28 家企业的销售额超过 2 亿元，其中销售额在 5 亿元左右的企业有 8 家。

统计资料表明，LED 显示行业内骨干企业的主导地位在不断提升。根据协会统计，2013 年度销售额上亿元的 49 家企业的销售额合计达到 127 亿元，占协会所统计的 145 家企业总销售额 172 亿元的 74%，也占全国 2013 年度 LED 市场总销售额的 47%。

规模型骨干企业的分布主要集中在华南区域，华东地区这两年的发展提升速度比较快。表 5 所示是 2013 年度行业协会统计的销售额亿元以上骨干规模企业在各地区的分布情况。

表 5 全国 LED 显示应用行业 2013 年度亿元级以上企业分布情况

<table>
<tr><td rowspan="7">华北区域 7 家</td><td>利亚德光电股份有限公司</td></tr>
<tr><td>北京澄通光电股份有限公司</td></tr>
<tr><td>北京金立翔艺彩科技股份有限公司</td></tr>
<tr><td>北京天马辉电子技术有限责任公司</td></tr>
<tr><td>北京平安力合科技发展股份有限公司</td></tr>
<tr><td>北京神州科鹰技术有限公司</td></tr>
<tr><td>石家庄京华电子实业有限公司</td></tr>
</table>

续表

东北区域 1 家	大连世纪长城光电科技有限公司
华东区域 9 家	上海三思科技发展有限公司
	富顺光电科技股份有限公司
	海峡彩亮（漳州）光电有限公司
	厦门强力巨彩光电科技有限公司
	南京洛普股份有限公司
	南京汉德森科技股份有限公司
	江苏生泽国际集团有限公司
	福建华杰光电有限公司
	安徽皖投新辉光电科技有限公司
华南区域 28 家	深圳市联建光电股份有限公司
	深圳雷曼光电股份有限公司
	深圳市洲明科技股份有限公司
	深圳市奥拓电子股份有限公司
	深圳市锐拓显示技术有限公司
	深圳艾比森光电股份有限公司
	深圳大族元亨光电股份有限公司
	深圳市易事达电子股份有限公司
	深圳三升高科技股份有限公司
	深圳联合聚创科技发展有限公司
	深圳联诚发科技有限公司
	深圳市齐普光电子有限公司
	深圳市耕创电子有限公司
	深圳市立翔慧科光电科技有限公司
	深圳市蓝普科技有限公司
	深圳市联腾科技有限公司
	深圳市明微电子股份有限公司
	深圳市德彩光电有限公司
	深圳市电明科技有限责任公司
	深圳市丽晶光电科技股份有限公司
	深圳市康佳视讯系统工程有限公司
	深圳市明微电子股份有限公司
	深圳视觉光旭电子有限公司
	深圳市九洲光电科技有限公司
	深圳市科伦特科技有限公司
	桂林海威科技有限公司
	惠州市兆光光电科技有限公司
	惠州市德赛智能科技有限公司

续表

西南、西北、华中区域 4 家	西安青松科技股份有限公司
	湖南新亚胜科技发展有限公司
	湖南明和光电设备有限公司
	四川九洲光电科技股份有限公司

5 亿元级的企业数目在不断增加，2013 年度销售额超过或在 5 亿元左右的企业，其销售额合计 52 亿元，占 49 家亿元企业销售额的 40%，在统计的 145 家企业销售额中占 30%，占全国销售额的 20%。2013 年度销售规模 5 亿元以上的企业有利亚德光电股份有限公司、上海三思科技发展有限公司、海峡彩亮（漳州）光电有限公司、南京洛普股份有限公司、深圳市联建光电股份有限公司、深圳市锐拓显示技术有限公司、深圳市洲明科技股份有限公司、四川九洲光电科技股份有限公司。

表 6 所示是近 5 年行业协会统计的全国销售额亿元以上企业数量及其地区分布。

表 6　近 5 年全国销售额亿元以上企业数量及其地区分布

年　度		全国	华南地区	华东地区	华北地区	西南、西北、华中地区	东北地区
2009 年	亿元级企业总数	27	13	5	4	3	2
	其中：2 亿元以上	11	2	5	3	1	0
2010 年	亿元级企业总数	33	18	7	5	2	1
	其中： 2 亿元以上	16	8	5	2	1	0
2011 年	亿元级企业总数	40	19	10	6	4	1
	其中：2 亿元以上	24	13	7	2	1	1
2012 年	亿元级企业总数	43	22	8	7	4	2
	其中：2 亿元以上	26	14	8	2	1	1
2013 年	亿元级企业总数	49	28	9	7	4	1
	其中：2 亿元以上	28	19	6	3	0	0

（二）多层次资本市场

2013 年，LED 显示应用行业继续受到资本市场的关注。与 LED 显示应用相关的国内上市企业群体逐步扩大，形成 LED 显示应用在多层次资本市场分布的格局。

截至 2013 年年底，行业内拥有联建光电（300269）、洲明科技（300232）、利亚德（300296）、奥拓电子（002587）、雷曼光电（300162）5 家直接上市的企业，另有处于产业链上游的 LED 外延和芯片企业华灿光电（300323）、士兰微（600460）子公司士兰明芯等上市企业，此外还有被德豪润达（002005）收购的显示屏企业锐拓等，相对于一个专业的细分市场行业，应该说算拥有较多上市企业了。

2013 年，LED 显示屏行业发生了 4 起比较突出的并购案例，分别为江门科恒（300340）收购联腾科技 51%的股权，福日电子（600203）收购迈锐光电 93%的股权，香港上市公司无缝绿色（08150.HK）购买深圳三升高科 51%的股权，江西联创光电（600363）科技股份有限公司持有上海信茂 51%股权。资本市场持续青睐显示应用行业，不断强势切入。

截至 2014 年 1 月 24 日，全国中小企业股份转让系统（俗称“新三板”）迎来了一场规模空前的“盛宴”——266 家企业将齐聚在新三板挂牌。至此，新三板的挂牌公司将一举达到 621 家，增加 74.93%，超过创业板，与中小板旗鼓相当。新三板的挂牌公司中与 LED 显示应用产业相关的企业有 3 家，分别是易事达、元亨光电、齐普光电。

（三）上市企业发展

2013 年度国内外整体经济环境欠佳，LED 显示屏市场需求增长速度放慢，行业慢慢进入整合期。数据表明，5 家上市企业不约而同采取积极进取的竞争策略，以上市为有利契机，高举市场开拓与加大研发投入两大利器，以期在日趋激烈的竞争环境中能很好地生存下去，进而取得长足进步，成为行业整合者。

LED 显示应用行业内的激烈竞争已经成为一种常态，曾经的快速增长，以及较高的利润空间较难重现。2013 年，5 家上市企业除奥拓电子营业收入略有下降以外，其他企业营收均有不同程度的增加，但利润方面则有升有降。相对来说，利亚德业绩表现比较突出，其主要原因是 LED 小间距产品增长，2013 年的确认收入 2.54 亿元，较 2012 年同期增长 66%，占公司营业收入的比重逐年提高，从 2012 年的 27.26%提高到 2013 年的 33.88%，成为其主营业务收入主力，且 LED 小间距产品毛利率较高，2013 年为 37.7%，也是公司净利润的主要贡献业务板块。

从各家公司年报的财务数据，可以对 LED 显示屏主要上市企业 2013 年度的发展状态有大致的了解，从各家年报详细分类数据可以知晓，2013 年外销是利润的主要来源之一。以下为 LED 显示屏行业主要上市公司 2013 年报的相关财务数据。

利亚德（300296），2013 年得益于“小间距”不断取得进步，实现营业收入 7.78 亿元，同比增长 36.76%；归属于上市公司股东的净利润 8022.52 万元，同比增长 37.81%。年度研发投入 4840.25 万元，占营业收入的 6.22%，较 2012 年同期增加 43.45%

奥拓电子（002587），2013 年公司实现营业收入 2.8 亿元，同比下降 7.98%；归属于上市公司股东的净利润 4812.74 万元，同比下降 7.19%。年度研发投入 2924.43 万元，占营业收入的 10.44%，较 2012 年同期增加 25.81%。

洲明科技（300232），2013 年公司实现营业收入 7.89 亿元，同比增长 29.81%；实现净利润 3995.01 万元，同比增长 37.95%，其中归属于上市公司股东的净利润 3297.16 万元，同比增长 45.26%。年度研发投入 2796.86 万元，占营业收入的 3.54%，较 2012 年同期下降 20.50%。

联建光电（300269），2013 年公司实现营业收入 58560.82 万元，较 2012 年同期增长 9.63%，实现归属于上市公司普通股股东的净利润 1626.69 万元，较 2012 年同期下降 39.52%（其中母公司实现营业收入 63364.05 万元，较 2012 年同期增长 18.30%，子公司净利润 4519.94 万元，较 2012 年同期增长 48.24%）。公司 2013 年度研发投入 2354.15 万元，占收入的 4.02%，较 2012 年同期比增长 21.63%。

雷曼光电（300162），2013 年公司实现主营业务收入 35043.93 万元，较 2012 年同期增长 10.78%；实现利润总额 2086.20 万元，较 2012 年同期下降 16.12%；其中归属于上市公司股东的净利润 1743.09 万元，较 2012 年下降了 23.04%。公司研发投入总计 2662.60 万元，占营业收入的比例的 7.6%，较 2012 年同期增长 57.89%。

（四）企业并购与重组

盘点 2013 年 LED 显示屏行业发展，以上市公司为主体进行的行业并购与重组、整合成为行业 2013 年度发展中的亮点。

联建“跨界”并购，收购分时传媒。深圳市联建光电股份有限公司于 2013 年 12 月发布重组方案，拟以现金及发行股份的方式共计 8.6 亿元收购分时传媒 100%的股权，加码户外广告业务。本次交易，旨在提高联建公司的户外广告服务能力，从而使原有的 LED 生产制造及广告运营业务链条得以进一步完善。随着交易的成功，公司的主营业务结构将从以 LED 生产制造为主转为 LED 生产制造与户外媒体运营并重，从而实现产业结构由第二产业向第三产业延伸。

利亚德动作频频，两日内两起收购。2013 年 11 月 20 日，利亚德公告宣布拟以 4083 万元收购北京互联亿达科技有限公司 100%的股权。利亚德表示，收购互联亿达是为了迅速扩大公司在广电领域的市场销售份额，进一步推进公司 LED 大尺寸小间距电视产品向专业化、行业化方向的纵深发展。互联亿达的客户资源将对公司小间距 LED 显示屏的拓展起到积极作用。次日即 21 日晚间，利亚德公告称，拟以“定增+现金”方式，作价 2 亿元收购深圳市金达照明股份有限公司全部股权。金达照明为综合照明解决方案提供商，主营业务为建筑物和道路的照明方案设计、照明工程施工及配套灯具的设计、安装、销售。本次并购有利于利亚德借助金达照明的技术优势、项目经验、渠道资源及客户资源加快公司 LED 照明业务板块的拓展。

洲明科技参股上海翰源，进军 LED 照明电商领域。2013 年 9 月 11 日，洲明科技发布公告称公司签订了“上海翰源照明工程技术有限公司股权转让及增资协议”，以自有现金 484 万元对翰源进行增资，增资完成后将获得翰源 20.59%的股权，同时双方将在技术研发、产品生产、市场销售、品牌推广等多方面进行深度战略合作，共同拓展 LED 照明市场。翰源公司是国内 LED 照明电商领域中的领先者，2012 年获得京东商城 LED 灯饰销量冠军，洲明科技正是看中了翰源在电商方面的领先优势及经验。

八、典型工程项目

2013 年度，LED 显示应用行业以优良的技术和产品，完成了许许多多优秀的 LED 显示应用工程项目，下面介绍几个主要的代表性项目。

（一）成都环球中心海洋乐园巨型 LED 显示屏项目（见图 2）

该项目由四川科维实业有限责任公司整体负责实施，在协会的支持下，科维联合了华灿光电、雷曼光电、洲明科技 3 家上市公司，以及诺瓦科技、四川科维、立翔慧科、扬州建工等实力企业共同参与了项目的建设。该项目是目前全球最大的室内高清全彩 LED 显示屏，净宽 136m、净高 30m、总面积 4080m^2，是由 2125 个 1.2m×1.6m 单元箱体矩阵式安装而成，略带弧形。整屏分辨率 5440×1200，使用高品质 LED 发光二极管器件数量达 1956 万只，采用 PH25mm 点间距的全彩色 LED 像素实现，每个像素中每种颜色具有几万个灰度级别。屏幕每平方米能耗≤350W/h，亮度却能保持在 6000cd/m^2。

图 2　成都环球中心海洋乐园 LED 显示屏

（二）喀山大运会 LED 显示系统项目（见图 3）

由深圳市洲明科技股份有限公司完成的喀山大运会 LED 显示系统项目几乎覆盖了第 27 届世界大学生夏季运动会喀山主体育馆的全部外墙，3700m^2 的面积刷新了世界大赛的用屏纪录。项目采用洲明 Umesh25 楼宇屏，外形上为镂空设计，具有高透光率，播放效果通透闪亮。全铝框型设计，保证了超轻、透光，能实现快速拆装。同时，该项目的抗低温设计，使其能在低至-40℃的环境下工作，保证了在大运会期间实时转播会场内的画面。

图 3 喀山大运会 LED 显示系统项目

（三）深圳证券交易所新大厦证券 LED 显示屏工程（见图 4）

深圳雷曼光电科技股份有限公司承接实施的深圳证券交易所新大厦证券 LED 显示屏项目，包括户外 7 层裙楼 P20-LED 全彩屏和户内 P6-LED 全彩屏。前者长度约为 160m，距地面高度 36m，超轻超薄，具有特殊的前维护性结构，各项指标优异。后者单元模组设计为独立像素，由红色、绿色、蓝色各一颗形成，模组的像素直径为 6mm，像素间距为 6mm，模组尺寸为 0.192m×0.192m，像素点为 32 点×32 点；屏幕刷新率最高可达 4000Hz，亮度、色度可逐点校正，摄像机拍摄无闪烁、无干扰波纹，视觉效果极佳。

图 4 深圳证券交易所新大厦证券 LED 显示屏

（四）珠海华发商都天幕项目（见图 5）

深圳市立翔慧科光电科技有限公司 2013 年完成的目前全球最大的创意型 LED 天幕，面积达到 8000m^2，显示亮度超过 1350cd/m^2；也是国际首例以异形空间呈现的 LED 显示项目，以天然叶片造型贯穿于华发商都上空，已成为珠海市的地标。项目安装位置为 23m 高的建筑物顶部，施工难度大，对显示屏的使用寿命和使用稳定性均有较高的要求，和传统箱体屏相比较，其使用的亮幕具有能耗低、防护性好、重量轻、维护方便等优势。

图 5 珠海华发购物城 8000m^2 异形 LED 天幕

（五）上海美罗城球形 LED 格栅屏工程（见图 6）

深圳市大族元亨光电股份有限公司实施的上海美罗城球形 LED 格栅屏工程项目，为世界首例在大型玻璃球型建筑内安装的广告光栅屏，面积达 2700m^2。项目解决了巨大球体屏显示面临的密度分布均匀性、色彩一致性、画面完整性等一系列技术难题；考虑到球型玻璃建筑体内高温高湿的环境，按照户外显示屏的最高防护标准来设计，防护等级达到 IP67，以确保其运行安全稳定；镂空设计在最大限度上保留了原有建筑的设计美感；透光率达 90%以上，对室内采光及视线基本没有影响。

图 6 上海美罗城 3000m^2 玻璃球光栅屏

（六）中央电视台中文国际频道新闻演播室 LED 主背景屏

该项目是由利亚德公司与中央电视台技术部门历经一年多的共同研发和适应性改造、打造出的我国第一款完全满足广电演播室要求的 LED 显示屏，已于 2013 年 10 月正式投入中央电视台新闻演播室使用。项目具有屏幕表面低反射率、大视角、能有效抑制在摄像机中画面生成“摩尔纹”、超薄屏体、小尺寸 LED 单元体、无风扇热传导、低温升、超低亮度、高灰阶、画面色彩还原度高、低故障率和超低运维成本等特点，深受相关部门的好评。

（七）高速铁路车站 LED 显示系统

上海三思科技发展有限公司基于多年的行业经验和综合实力，在高速铁路领域实施了多个车站 LED 显示屏系统工程，为室内全彩 LED 显示屏在高铁行业信息发布应用提供了经典工程案例。2013 年完成的西安北站高铁室内全彩 LED 显示屏信息发布系统采用了 P10 规格，LED 显示屏面积 $80m^2$，为西安北站高铁信息发布提供了便利，如图 7 所示。高铁厦门站室内全彩 LED 显示屏显示系统采用了 P8 规格，LED 显示屏面积 $20.64m^2$，如图 8 所示。

图 7　西安北站高铁室内全彩 LED 显示屏

图 8　高铁厦门站室内全彩 LED 显示屏

（八）上海环贸 APM 商场户外全彩 LED 显示屏（见图 9）

青松科技实施完成的新鸿基上海环贸 APM 商场户外全彩 LED 显示屏项目，采用了 P20 规格，LED 显示屏面积多达 $732m^2$。它与商场内部安装的青松全彩 LED 玻璃屏交相辉映，能够充分满足上海环贸 APM 商场广告信息发布的需要，是户外全彩 LED 显示屏在商厦广告应用的一个经典工程案例。

图 9　上海环贸 APM 商场户外全彩 LED 显示屏

（九）吉林省博物院创意隧道 LED 显示屏（见图 10）

锐拓显示实施的吉林省博物院创意隧道 LED 显示屏，内弧形时光隧道屏采用锐拓为其量身定制的 1024mm×256mm 的非标准箱体和内弧拱形钢结构，屏体共分 5 段，4mm 点间距，总面积达 $266m^2$。层与层之间相隔 10cm，并逐层缩小半径。弧度也逐渐变化，对屏幕的拼接平整度有着极大的挑战。时光隧道项目的成功实施，反映了锐拓显示对异型 LED 显示屏的综合处理能力。

图 10　吉林省博物院创意屏隧道 LED 显示屏大屏幕

（十）四川成都欢乐颂购物中心户外 LED 显示屏（见图 11）

由联建光电打造的 339 欢乐颂购物中心大型户外 LED 显示屏，居于成都最繁华、最具活力的春熙路商圈，安装于此的大型 LED 户外广告屏也拥有巨大的媒体价值，吸纳了诸多知名品牌入驻，成为集商业价值与形象提升于一体的新名片。显示屏面积 648.8m^2，装饰于建筑物左侧、电视塔下方，由于建筑物独特的造型，给屏幕安装带来了一定的难度，既要做到整屏平整无缝，又要不破坏建筑物的整体美观，使屏幕完美契合建筑物造型。超大面积、清晰逼真的画质给人以强烈的视觉震撼感。

图 11　四川成都欢乐颂购物中心户外 LED 显示屏

九、主要问题

（一）产能增加，销售利润率下降

实际上，从行业总体的生产产品数量规模来看，2013 年度生产的增长幅度大体上也保持在 15%以上，只是由于价格等因素的影响，市场销售收入规模的增幅偏小，仅为 7%。与此相对应的是行业的盈利水平总体上有所下降。增产不增收、增产不增利的特征比较明显。

（二）企业规模普遍偏小，产业聚集度亟待提高

行业内多数企业的年销售额在 5000 万元至 1 亿元规模徘徊多年，9 家上市企业的年度销售额也基本都在 10 亿元内。近年上市公司通过并购重组、资源整合等，推动了行业内的资源聚集，尚没有形成大规模的聚集效应。

（三）品牌影响力在市场上的作用不够突出

国内市场竞争中，大型工程项目和行业应用需求，开始比较注重企业综合实力、专业能力和品牌

认知度，但一般常规产品的销售，价格因素在多数情况下仍然起着主导作用，恶性竞争时有发生。在国际市场方面，提供 OEM 产品、渠道销售等占有较大的比例，自有品牌走向国际市场任重道远。

（四）上下游协同创新亟待加强

LED 产业链的专业化分工比较明确，随着 LED 显示应用产品的生产、技术开发、服务等环节的精细化和专业化，对 LED 器件和显示屏生产设备、材料技术工艺等方面提出许多新的要求，迫切需要加强 LED 产业链上下游间的技术合作互动。近年迅速发展的高密度 LED 显示产品，是 LED 芯片、封装、材料、工艺、控制等多技术领域高度集成的创新产品，需要产业链各个环节的协同创新，才能促进产业化水平的提升。

（五）科技创新的投入应持续加强

一方面，企业的创新研发投入较少，LED 显示应用行业内的上市公司年度研发投入一般占其销售收入的 5%左右，属于一般水平，众多未上市企业的创新研发投入比例更低。另一方面，目前国家相关的科技计划项目，以及工信部电子信息发展基金，重点支持仍然在芯片材料和装备等方向，对显示应用方向的支持强度不高。

十、发展趋势

（一）行业发展进入市场相对稳定、资源整合明显的阶段

2013 年度 LED 显示应用市场总量有所上升，但行业的总体增长速度不高，增幅不到 10%，是近年增长幅度较小的年度。从宏观上来说，经济运行调整尚未到位，经济转型、结构调整尚在逐步落实和推进，也反映出 LED 显示应用市场相对稳定，传统市场应用领域和城市景观、广告宣传新媒体等新的应用领域发展基本成熟，LED 显示屏市场需求进入总体相对比较平稳的时期。从统计数据分析，产业布局也基本维持在相对固定的格局。

2013 年，LED 显示应用行业整合案例较多，产业向规模较大的企业聚集趋势比较明显。行业整合与并购重组，在近年可能会成为 LED 显示应用行业的常态。产业为本，金融为器，资本市场作为现代市场经济要素中最为活跃的因素之一，在引导行业资源流向、提高市场效率、优化行业结构方面将发挥积极的作用。

一方面，上市企业有发展的诉求和压力，传统的 LED 显示屏公司普遍面临行业发展空间有限、产业链短、窄等“瓶颈”问题，规模实力和抗风险能力相对较弱。上市企业将其产业链“加长、加宽”成为必然需求。上市企业存在通过并购横向扩大产业规模或延伸上下游扩展业务范围的主观需求，多元化发展的要求也会催生新的并购。另一方面，LED 显示应用行业很多企业业务以项目工程为主，面临着资金周转时间长、应收账款多、融资困难等问题。随着盈利能力下降，应收账款上涨、库存增加等因素叠加，将导致现金流无法保证，导致企业无法发展甚至生存困难。被上市企业收购后，将在资金支持、营销战略、企业管理、研发能力，以及企业战略等方面得到更多的资源，并购产生的协同效应比较明显。

LED 显示应用行业步入整合期，预示未来几年行业内被动或主动并购整合将是大势所趋，竞争优势将进一步向具备技术优势、渠道优势、规模优势的企业倾斜。对于行业中的龙头企业来说，整合有助于其提升综合竞争力，从而快速达到做大做强的目的。

（二）重视品牌建设将成为企业核心竞争力的重要内容

基于品牌建设方面积极开展的工作，行业内的骨干企业的品牌效应逐步显现，国内市场营销中，

品牌的作用带来市场模式在悄然发生转变。国际市场上，中国 LED 显示屏的品牌尚不突出，更多时候是“中国制造”概念的市场营销。我国 LED 显示屏企业在规模上与国际一线品牌还存在着巨大的差距。我国 2013 年度行业内销售额 5 亿元以上的企业仅 8 家，其销售额合计 52 亿元。2013 年巴可公布的销售额为 11.58 亿欧元（人民币超过 99.6 亿元），2013 年达科公布的销售额为 5.18 亿美元（人民币超过 32 亿元）。

打造国产品牌是提升我国 LED 显示屏产品全球竞争力的长远目标。未来，我国 LED 显示屏企业要想在世界舞台上提升综合竞争力，最为重要的就是品牌建设和价值的提升。树立和提升属于中国企业的国际 LED 品牌，才是保持在海外赢得市场和利益的长远之道。

（三）专业技术创持续强化和深入

专业技术创新是我国 LED 显示应用行业发展的重要特点，未来专业技术创新将继续在高性能、高可靠性、低成本、低功耗方面不断深化和提升。智能化、高密度、高清显示的室内外 LED 显示屏拓展了新的市场领域，同时也在技术方面提出许多新的挑战。LED 显示应用行业的整体技术创新方向主要集中在大屏幕智能化控制、高密度显示新产品开发、特殊异性 LED 显示应用工程设计、LED 显示应用拓展产品，以及产品可靠性、节能等方面。随着 LED 芯片材料的相对成熟和稳定，显示应用产业将注重基于市场需求的应用创新。

新的应用需求对 LED 芯片材料在波长一致性、抗静电能力等方面不断提出新的要求，同时，在驱动芯片、LED 封装工艺等方面的要求也不断提高。小点间距高密度 LED 显示屏在室内外应用市场规模在不断扩大，特别是室内高密度小点间距 LED 显示屏，随着 P1.0 系列产品的出现，在会议演示屏幕、室内信息显示等应用场合颇受青睐，已开始替代部分传统室内显示产品，这些应用，对系统的总体可靠性和稳定性提出了更高的要求。另外，对于目前有巨大保有量的安防、监控和指挥调度中心等应用，室内高密度小点间距产品要替代传统的 DLP 或 LCD 产品，还需要解决低亮度下的高灰阶控制、极低的像素失控率、像素点的高可靠性、视频图像处理与播放的智能化、超大像素画面组合与显示等一系列问题。

（四）规模型骨干企业积极推进业务转型和拓展

随着 LED 显示屏技术的不断发展，其显示和传播效果不断提升，市场需求快速增长，从而吸引了大量企业加入该行业。随着行业产能快速增大，行业内企业之间尤其是中小型厂商之间开始出现同质化竞争，产品价格呈下滑趋势，企业利润空间日渐狭小。从行业发展的生命周期来看，行业内的激烈竞争可能成为一种常态，曾经的快速增长和较高的利润空间较难重现。因此，单一的 LED 显示屏业务已经难以满足上市公司、规模企业保持长期稳定增长的要求，寻求新的业务增长点成为的必然选择。

LED 照明应用是众多企业业务拓展的重要方向，同时，广告传媒等领域也成为 LED 显示应用行业骨干企业业务拓展的选择。以联建光电为例，较早就开始布局向下游户外传媒行业发展路径，依托公司传统业务实力，在 LED 广告屏制造方面建立技术优势，形成向下游扩张的技术储备。公司专门成立了联动文化（北京）有限公司开展户外广告运营领域，逐步实现全国范围内的媒体资源初步布局。以此为基础，通过并购优秀广告代理商的方式，迅速提升公司的媒体销售能力。联建光电与分时传媒的合作，实现了其已有 LED 媒体资源与分时传媒户外媒体销售能力的对接，公司积极打造联建光电“全国城市地标户外 LED 广告联播网”，以形成具有全国影响力和行业领先优势的新媒体运营商。联建光电并购分时传媒，主营业务结构将从以 LED 生产制造为主业转为 LED 生产制造与户外媒体运营并重，从而完成了产业结构由第二产业向第三产业的延伸，达到用现代服务业提升制造业，实现产业链上下游的良好互动和协同，公司长期发展的想象空间巨大。此次并购得到了资本市场的高度认同，股价从复牌 17 元多一度冲高超过 40 元。

（五）集成应用，协同创新，合作共赢

显示系统工程要求多技术、多系统集成的专业化解决方案，与行业需求紧密结合的集成应用将是未来的发展方向。面向日趋复杂的系统应用需求，显示应用产业将从单一产品提供向显示系统工程建设发展。针对行业应用、行业需求的服务和技术保障的专业化显示系统解决方案提供将成为行业的重要发展方向。

全彩色、高清显示，智能化和网络化控制是 LED 显示应用技术的重要发展方向。室内显示屏主要向全彩色、小点间距和高密度方向发展，有望在更大范围内不断替代传统显示产品。室外显示屏主要向大面积、高清晰化、异形产品和工程化设计发展，将更大程度地满足各种户外显示应用的需求。

基础技术标准化，应用需求多样化，产品设计个性化。专业化分工逐步明确，产业链协同创新，多行业协同推进。企业更加关注差异化产品，细分市场聚焦，塑造品牌内涵，提升核心竞争力。基于专业化分工与协作，行业内的协同、产业链的协同会日益受到重视，并成为未来行业发展和创新的重要模式。

作者简介：

1．关积珍（1965－），男，甘肃，1987 年北方交通大学研究生毕业，中国光学光电子行业协会副理事长、LED 显示应用分会理事长，E-mail：gjz@leds.org.cn。

2．姚太平（1965－），男，湖南南县，1987 年毕业于上海同济大学工业自动化专业，深圳市联建光电股份有限公司董事，E-mail：yaotp@lcjh.com。

2013 年中国大屏幕投影显示产业现状与发展

中国电子视像行业协会大屏幕投影显示设备分会

2013 年是我国大屏幕投影显示行业机遇与挑战并存的关键一年，从大屏幕投影机市场销售来看是继续增长的一年。根据有关调查公司统计的数据和我们了解的情况，2013 年大屏幕投影机销量约 200 万台，比 2012 年增长 7%，销售额约 141 亿元，比 2012 年增长 9.2%；但大屏幕投影拼接显示屏市场销售下降，如投影拼接单元销量为 2.42 万台，比 2012 年同比下降 21.8%，销售额为 25.2 亿元，与 2012 年同比下降 14.8%。下面对投影机与拼接投影单元市场销售的详细情况进行介绍。

一、投影机

（一）2013 年中国投影机销量与销售额各项变化情况

（1）2011—2013 年中国投影机销量变化情况如图 1 所示。2013 年中国投影机销量约 200 万台，比 2012 年增长 7%，传统投影机作为接近成熟的产品，从高速增长走向稳定增长。

（2）2011—2013 年中国投影机销售额变化情况如图 2 所示。2013 年中国投影机销售额约 141 亿元，比 2012 年增长 9.2%。

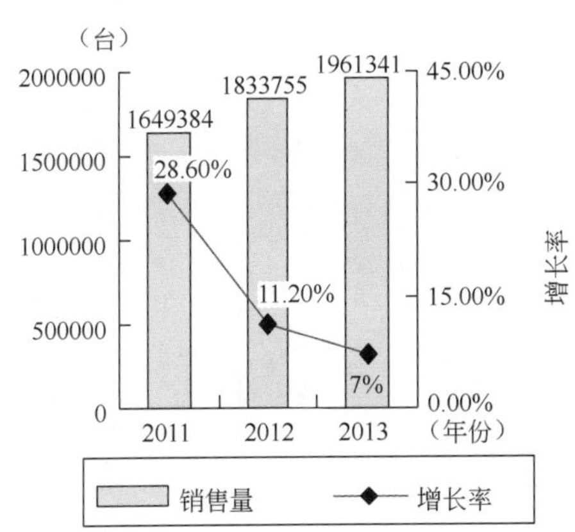

图 1 2011—2013 年中国投影机销量变化情况

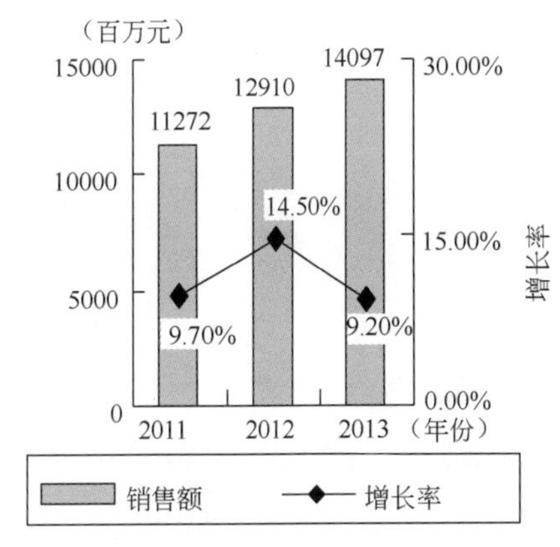

图 2 2011—2013 年中国投影机机销售额变化情况

（二）不同技术投影机销量和销售额比例变化情况

（1）2011—2013 年不同技术投影机销量比例变化情况如图 3 所示。由图 3 可知，用 LCD 微显示器的投影机仍比用 DLP 微显示器的投影机高出 20.1%。

（2）2011—2013 年不同技术投影机销售额比例变化情况如图 4 所示。从图 4 中可以看出，用 LCD 微显示器的投影机销售额仍比用 DLP 微显示器的投影机高出 33.1%。

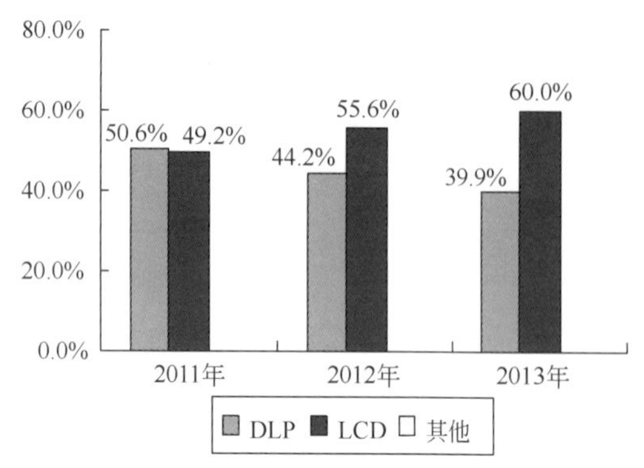

图 3 2011—2013 年不同技术投影机销量比例变化情况

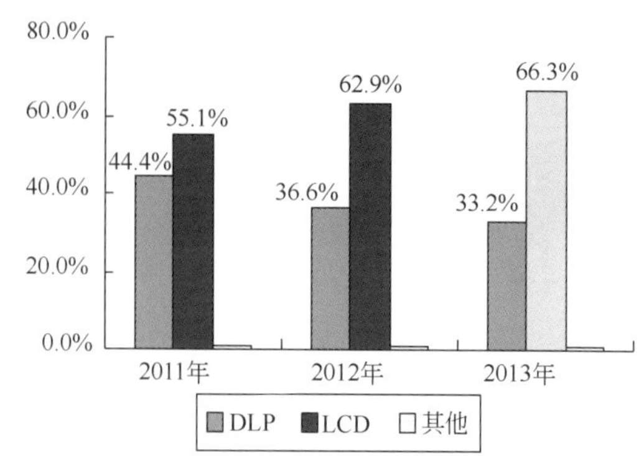

图 4 2011—2013 年不同技术投影机销售额比例变化情况

（三）2011—2013 年不同亮度（用流明数表示）投影机销量情况变化（见图 5）

从图 5 中可以看出，2500～2999 流明的投影机销量逐年递减，而 3000～3499 流明的投影机销量逐年递增，2011 年为 31.0%，2012 年为 35.5%，2013 年为 36.9%。

（四）2011—2013 年不同重量投影机销量变化（见图 6）

从图 6 中可以看出，市场销售的投影机重量由重向轻的方向发展，如 2.00～2.49kg 的投影机 2011 年为 21.%，2012 年为 27.1%，2013 年为 27.3%，但变化较慢。

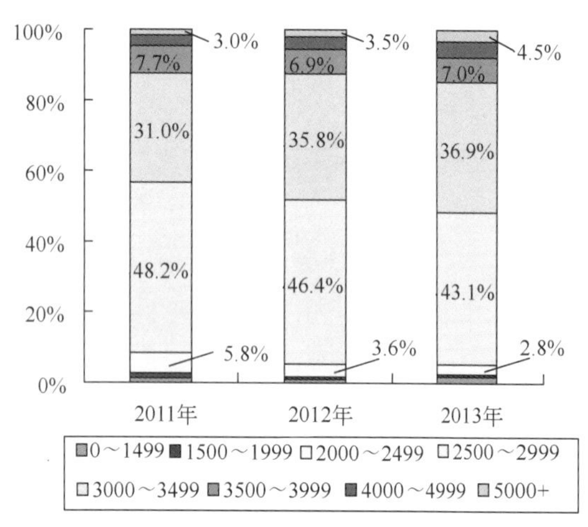

图 5 2011—2013 年不同流明数的投影机销量变化

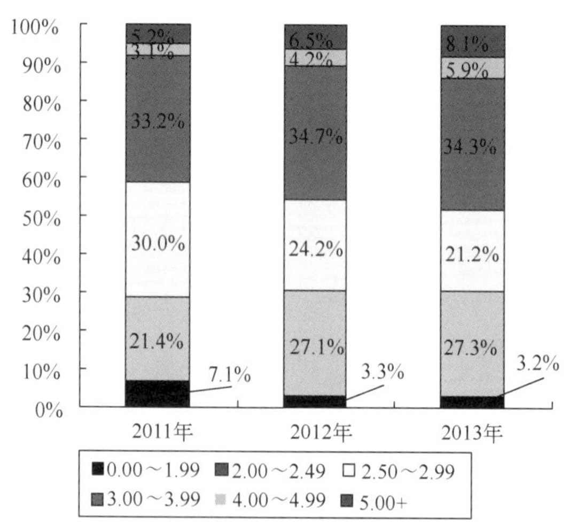

图 6 2011—2013 年不同重量投影机销量变化

（五）不同分辨率的投影机与不同亮度（流明数）的投影机销售价格的变化情况

（1）2011—2013 年不同分辨率的投影机销量变化情况如图 7 所示。从图 7 中可以看出，XGA 分辨率的投影机销量仍占主流，其次为 SVGA。

（2）2011—2013 年不同价格的投影机销量变化情况如图 8 所示。从图 8 中可以看出，价格在每台 4999 元以下的投影机仍占多数，其次为每台 5000～9999 元的投影机，高价投影机销量较少。

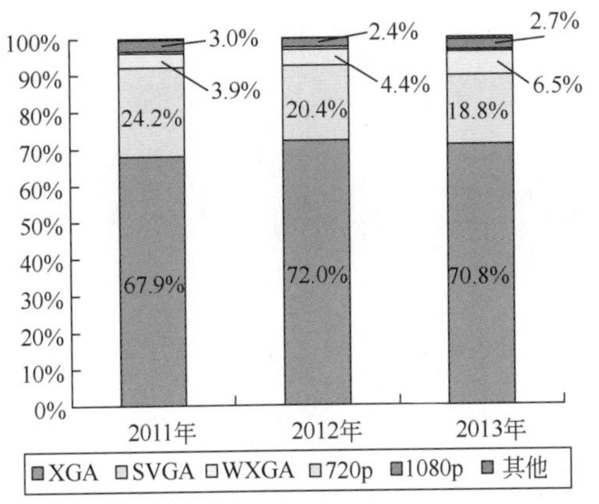

图 7　2011—2013 年不同分辨率投影机销量的变化

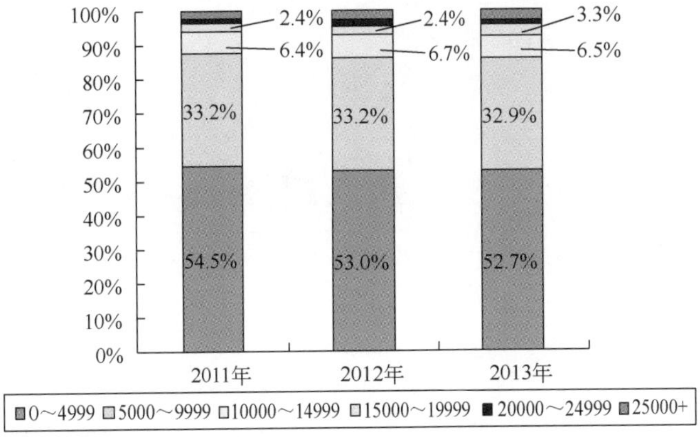

图 8　2011—2013 年不同价格投影机销量变化情况

（六）2013 年家用投影机市场销售情况

（1）2011—2013 年不同分辨率的家用投影机销量变化情况如图 9 所示。从图 9 中可以看出，市场销售的家用投影机以 HD（1920×1080）为主。

（2）2011—2013 年不同亮度（流明数）的家用投影机销量变化如图 10 所示。从图 10 中可以看出，家用投影机亮度以 2000～2499 流明为主流，其次为 1499～1999 流明的投影机。

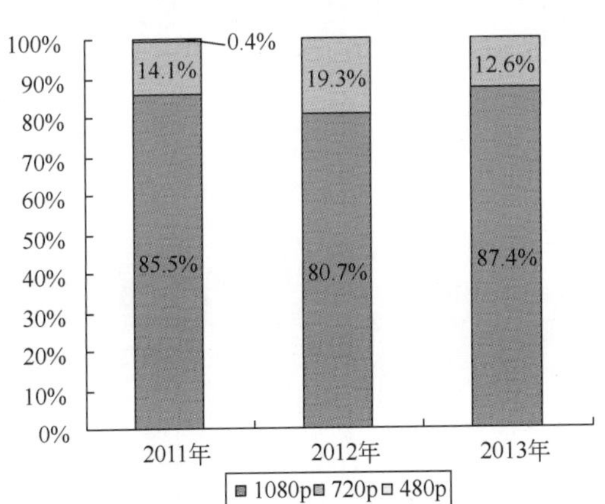

图 9　2011—2013 年不同分辨率的家用投影机销量变化

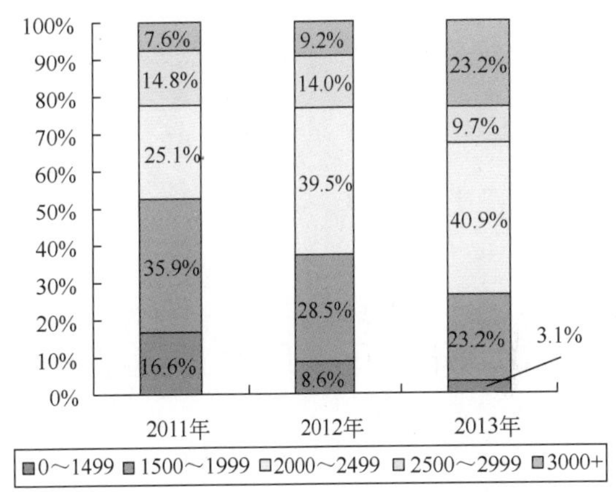

图 10　2011—2013 年不同亮度（流明数）的家用投影机销量变化

（七）2011—2018 年投影机销量与销售额预估情况

（1）2011—2018 年投影机销量预估变化如图 11 所示。从图 11 中可以看出，2011—2018 年投影机销量继续增长，但增长率有所放缓。由于激光投影机进入家庭，使投影机销售量会继续增加，但由于中国经济发展步入新常态，增长速度会有所放缓。

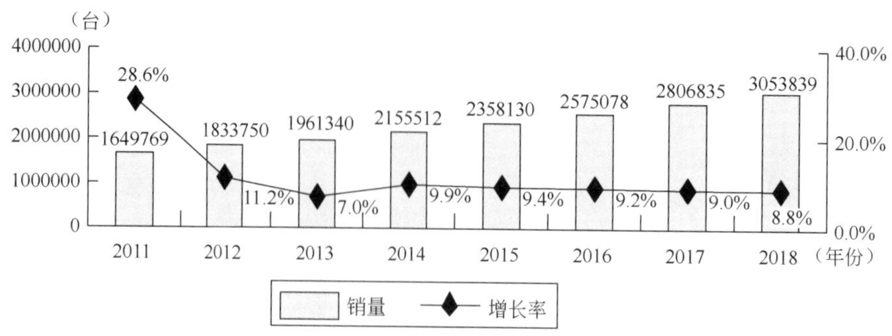

图 11　2011—2018 年投影机销量预估变化

（2）2011—2018 年投影机销售额预估变化情况如图 12 所示。从图 12 中可以看出，由于传统投影机销售量增长速度放缓，销售额增长也有所放缓，但随之激光投影机销售量增大，未来销售额会增长更快一点。

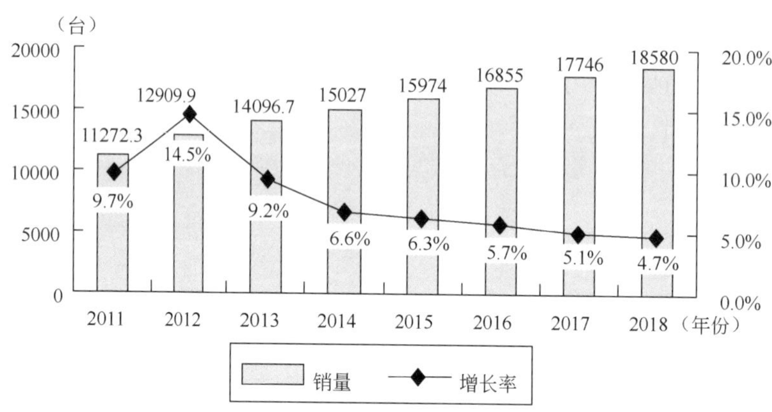

图 12　2011—2018 年投影机销售额预估变化

二、2013 年中国大屏幕拼接显示屏市场

（一）2013 年中国大屏幕拼接显示屏市场销售总体情况

2013 年中国大屏幕拼接显示屏市场总销量达到 20.12 万台，增长了 13. 8%，销售额达到 56.4 亿元，增长了 1.2%，增速明显放缓，如图 13 和图 14 所示。

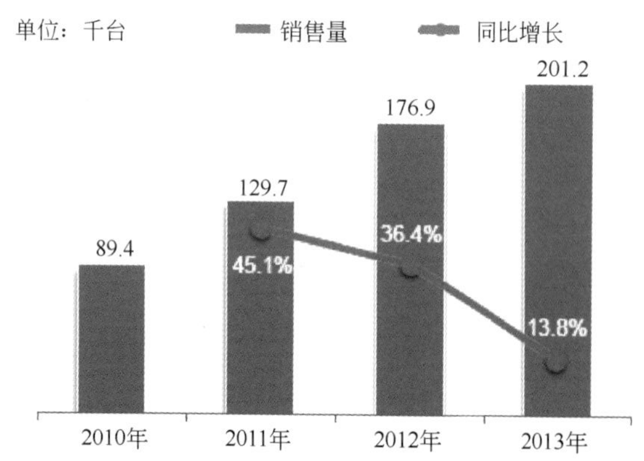

图 13　2010—2013 年大屏幕拼接市场销量与增长率

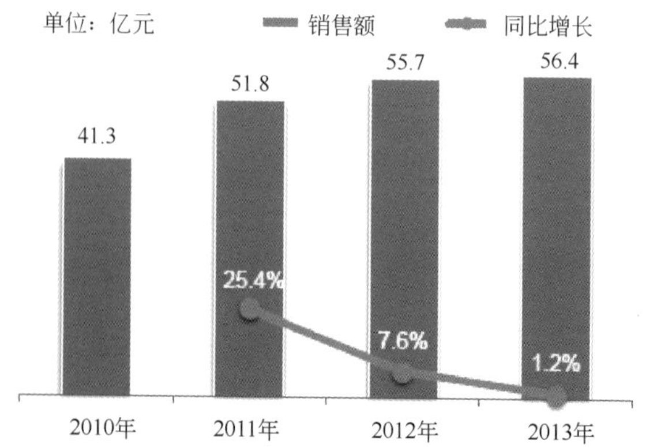

图 14　2010—2013 年大屏幕拼接市场销售额与增长率

（二）2012—2013 年分显示技术销量与销售额情况

2013 年，受国家宏观经济环境影响，投影拼接市场总体规模大幅下降，销量下降了 21.8%，销售额下降了 14.8%。受平安城市等对视频监控市场的拉动，LCD 拼接市场保持了增长的态势，但增速有些放缓，销量增长 20.1%，销售额增长 19.8%。PDP 拼接显示屏有所增加，销量增长了 44.4%，销售额增长了 4.4%，如图 15 和图 16 所示。

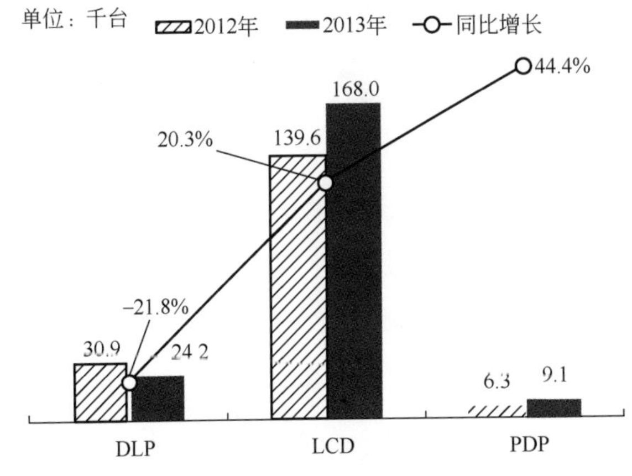

图 15　2012—2013 年分显示技术销量与增长率

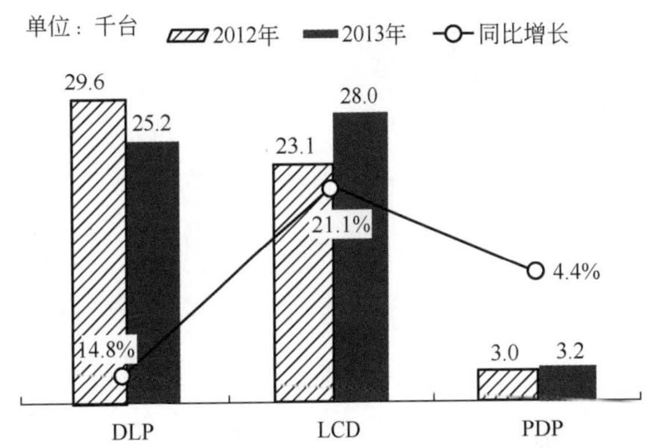

图 16　2012—2013 年分显示技术销售额与增长率

（三）大屏幕拼接产品分显示技术市场销售趋势

2013 年 LCD 拼接产品销量份额有所提高，占 83%，销售额份额增长到 50%，销售额的占比已经超过了投影拼接产品，如图 17 所示。

2013 年投影拼接销量占比下降了 12%，销售额下降了 45%。2013 年 PDP 拼接产品的销量份额略有增长，达到 5%，销售额占比达到 6%，如图 18 所示。

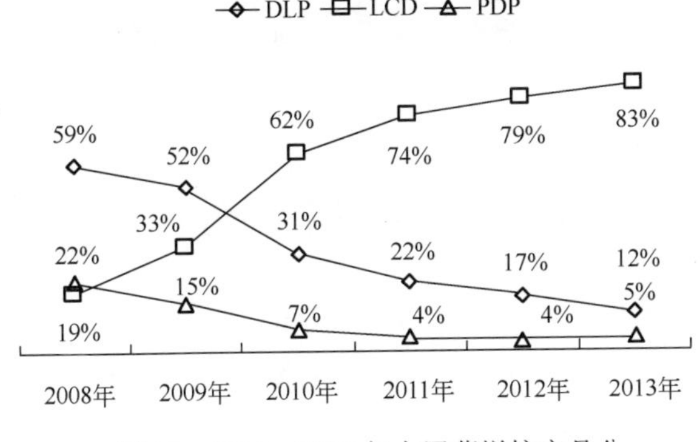

图 17　2008—2013 年大屏幕拼接产品分显示技术销量结构趋势

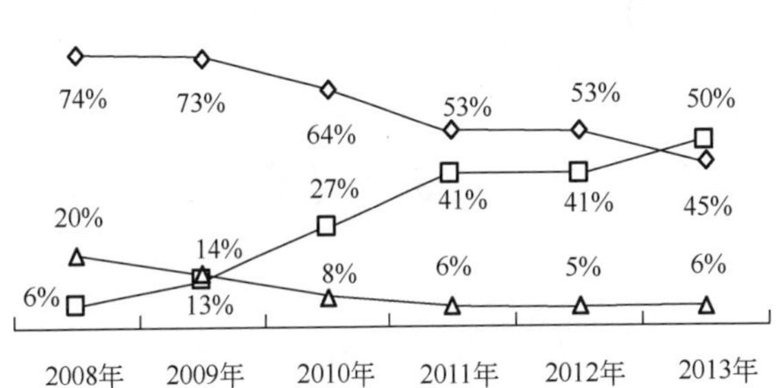

图 18　2008—2013 年大屏幕拼接产品分显示技术销售额结构趋势

（四）投影拼接产品按显示单元屏幕尺寸分销售情况（见图 19）

投影拼接单元屏幕尺寸在 70 英寸以上销量比重有所增加，已占到近 20%。

目前主流仍是 60 英寸、67 英寸，占 60%～70%的销量，而 50 英寸单元与 2012 年相比有所下降。

70 英寸的背投拼接产品销量 2013 年没有出现大幅增长，市场占有率较低。

（五）投影拼接单元按光源技术分销售情况（见图 20）

LED 光源份额不断提高，由 2011 年的 45%提高到 62%。

激光光源（含激光混合光源）投影拼接显示屏开始投入市场，受到用户欢迎。

超高压汞灯（UHP）光源投影拼接显示屏将逐步下降。

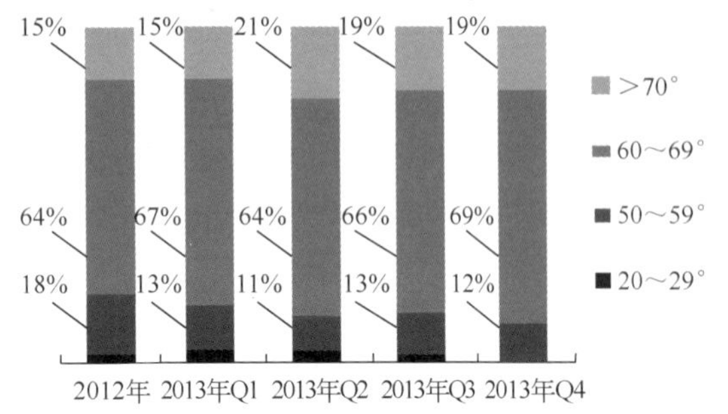

图 19　2012—2013 年投影拼接单元按屏幕尺寸分市场销量情况

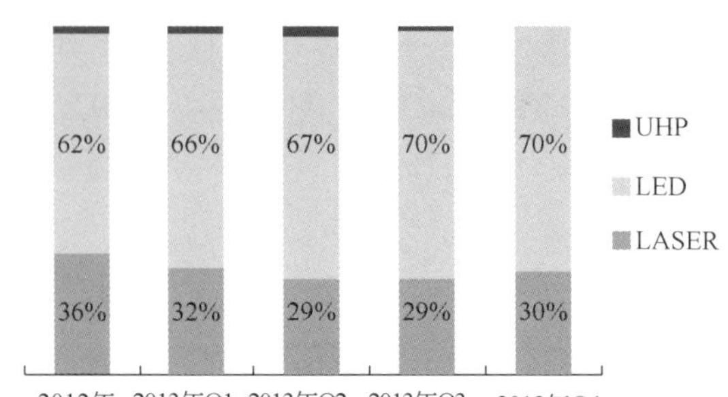

图 20　2012—2013 年投影拉拼接单元按光源技术分销量情况

（六）大屏幕拼接显示产品未来市场销售规模预测（见图 21 和图 22）

预估未来 5 年，大屏幕拼接显示屏市场在能源、交通、数字告示、政府等行业的建设与发展拉动下，仍能保持持续增长，但总体市场增长率将呈下降趋势。

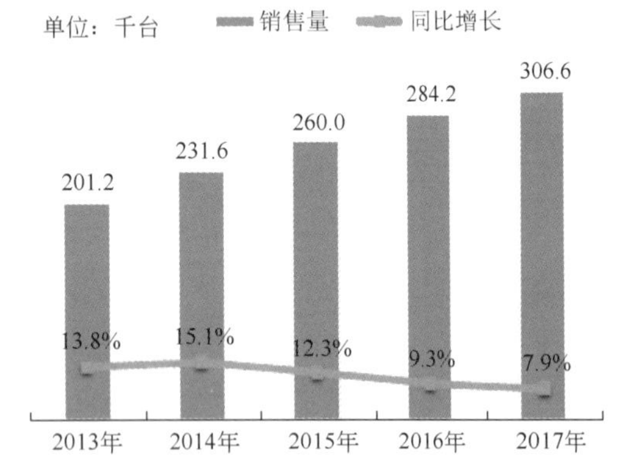

图 21　2013—2017 年大屏幕拼接显示屏市场销量预测变化

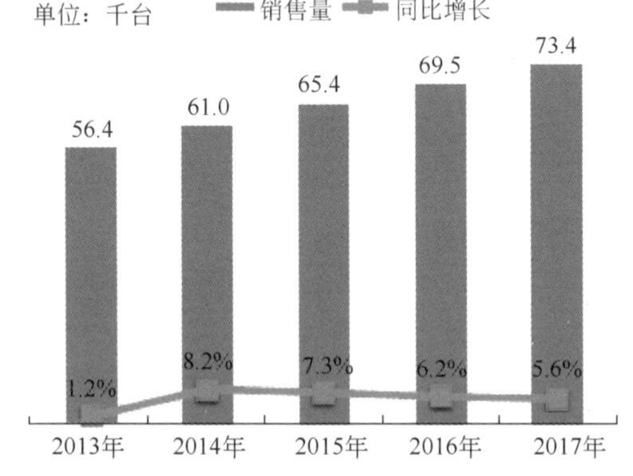

图 22　2013—2017 年大屏幕拼接显示屏市场销售额预测变化

三、在我国经济进入新常态时，大屏幕投影显示行业的机遇和挑战

大屏幕投影显示行业发展和国家经济发展有着密不可分的关系，因为政府和国企的大屏幕显示项目是大屏幕显示行业价值最高的项目。首先，项目规模大；其次，这类项目多数代表了行业最高技术水平；再次，这类项目往往也是效益较高的代表；最后，这类项目也是行业内最有实力企业依靠的项目。

当我国经济从高速增长转入中低速增长，也就是经济发展转入新常态，大屏幕显示行业也不能再像前几年那样继续维持高速增长，特别是大屏幕拼接市场。2013 年进入低速增长阶段，具体表现在：行业重要市场业务增长率下降，利润降低，项目运营成本增加，用户的需求开始调整。遇到这种变化，大屏幕显示行业中一些企业不适应。

面对我国经济发展进入新常态，大屏幕显示行业各企业态度各不一样；有的企业“倒闭了”，有的企业改变方向，但是有些企业认为是挑战和机遇，我们认为后一种是积极态度。因为经济转入新常态，不是经济不发展，而是为了经济高质量的发展。实现高质量发展，信息技术和信息产业将发挥很大作用。我国将信息化列为实现四个现代化之一，随着我国信息化的高速发展，使得信息技术的应用日益普及，作为信息技术的终端，必然造成大屏幕显示应用市场的扩大，如智慧城市、安防、交通指挥、监控、国防信息化及各行各业信息化等，规模都是巨大的，因此，大屏幕显示行业前途是光明的。特别是大数据技术与显示技术向 4K、8K 高分辨率发展，需要大屏幕显示设备。

尽管大屏幕显示行业有这样好的机遇，但是要适应这种形势，必须加速产业结构调整和加大技术创新力度，特别是大屏幕投影显示企业，应改变气体光源的寿命短、亮度低、维护困难等缺点，改善大屏幕显示行业在多元显示竞争中处于劣势的状态。

四、投影机新的应用

（一）投影技术结合弹性触控，改变传统交互方式

虽然触控技术在过去几年中不断发展，但平面玻璃显示屏始终缺乏触觉反馈。最近国外展示一款叫“Obake 投影机”的原型机，采用一个带弹力的触控板，显示内容通过投影机将画面投射在其表面。不同于传统触控屏，Obake 能通过距离传感摄像机来探测推拉或塑形，以匹配用户的手势。

（二）交互大屏盛世中隐忧犹存，投影机新逆袭机会渐显

最近 3 年交互大屏的爆发式增长引人注目。不过如今在学校中“爱买不爱用”的现象——液晶屏幕亮度高的优势，在近距离交互使用中都可能带来不适。此外，液晶大屏技术门槛低，山寨品牌林立，品质保障是问题，维修成本高昂，对交互大屏的进一步发展产生影响，而投影机经过不断优化交互特性，加之超短焦和固态光源技术结合，可让使用体验更上一层楼，有可能发动对交互大屏幕的逆袭。

（三）投影机进入厨房，创意显示无处不在

利用现有的交互显示器、平板电脑或手机就能在厨房里浏览信息、上网冲浪，不过当你满手沾上汤汤水水的时候总会对操作电子设备多有不便，而投影机就没有这个问题，惠而浦公司展示了未来厨房模样，利用投影技术的互动式岛台成为未来厨房的核心所在，不仅可以用感应方式加热烹煮食物，用手在厨房台面上滑动就能完成刷微博、看菜谱和读新闻等各种操作。

（四）固态光源投影机打造可以触碰的桌面“橱窗”

最近，一家美国公司打出了一套名为 PERCH 交互式广告桌，采用一台激光/LED 混合固态光源的投影机，在桌面上投影广告展示内容，顾客还可以点击画面内容或移动桌面上摆放的商品来与之互动，从而了解更多商品的细节信息。

（五）在玻璃上投影，MIT 开发全透明投影屏幕

美国麻省理工学院（MIT）开发出了一种可以让投影机在透明的玻璃上进行投影的技术。这种技术利用激光投影机投影彩色影像，玻璃上涂覆特殊的反射材质，它们只反射很窄波段的蓝光、绿光或红光，对应激光三原色波长，这样既可以让玻璃看上去仍然是全透明的，又可以把投影投射的图像加以反射。

（六）未来感十足的智能投影机器人

Keecker 是一款极具创意智能的投影机机器人，它圆润的外形非常讨人喜欢，下面是投影口，顶部有摄像头，内置扬声器，内容存储高达 1TB，底部两道履带可以自行移动，它运行 Android 系统，可以通过手机连接控制音、视频的播放投射，还可以直接下载 Android 应用到 Keecker 上，然后将在线播放的视频投射到幕布上。

（七）梦幻般 3D 全息投影，让医生模拟操刀

以色列一家公司和飞利浦公司合作开发出一种梦幻般的医用 3D 全息投影。这一技术让医生可以用 3D 全息投影进行模拟操刀练习，使用者会漂浮着一个心脏 3D 全息投影。目光聚焦在一个瓣膜上，随后切开一个刀口，就像是为病人手术一样，3D 全息投影能制造出真实影像，从 360° 的任何角度能观看影像不同侧面，而且医生不需要佩戴特制的眼镜。

（八）DLP 投影技术让 3D 打印机效率倍增

来自阿根廷布宜诺斯艾利斯的 Trimakker 公司专门从事 3D 打印业务，它们最近推出了一款基于 DLP 技术的 3D 打印机 T-Black，将光敏聚合物用 DLP 投影机进行照射，逐层硬化，打印速度大幅提高。T-Black DLP 打印机不用移动激光照射器即可一次硬化整层，而且这种技术可以使用户更好地控制精度和色彩，还能按一定比例添加染料来准确地改变颜色。

五、激光投影显示设备投放市场将使大屏幕投影显示产业实现革命性发展

激光显示是前瞻性显示技术，它具有高亮度、高分辨率、宽色域、实现高保真的图像，使人们实现视觉革命的显示技术，它还具有长寿命、高稳定性、节能、环保等优势。

亮度是决定显示设备能否用在超高端应用领域的重要指标之一，随着激光投影显示设备投入市场，一些主要投影显示企业生产出亮度越来越高的投影机用于工程机和电影放映机，正在进入室外显示市场，还可能催生更多更新颖的应用市场。如亮度解决，能让目前流行的 3D 显示效果更加出色，原来在 3D 播放时亮度会降低一半，效果就有折扣，但是目前的激光投影机可以通过增减激光器数量来控制光源亮度，令 3D 效果更好，相信 3D 技术也将因此而迎来新曙光。

传统的显示技术，都是从国外引进的，在核心技术上受控于国外，自从激光投影显示自主研发成功，特别是激光投影机投放市场后，激光显示成为国家大力扶持的重点发展产业。

近年来，激光显示技术自主研发成功后，我们抓产业化工作，现在全国从事整机与关键配套件企业已有 30 多家，已有多个全激光与混合激光的激光投影设备投放市场，售价与成本都在大幅度下降，估计不久，性价比更优的激光投影显示设备投放市场后，会有更多的用户了解激光显示优越性，激光显示应用也会越来越广泛。

六、结束语

投影显示技术，从皮影戏到阴极射线管投影显示，再到微显示投影显示，现在又进入激光投影显示。可以说，投影显示既是古老的显示技术，又是与时俱进的显示技术，也是未来的显示技术。由于近几年投影显示产业更新换代缓慢，投影显示产品从大屏幕显示唯我独尊，到多元显示产品竞争中败下阵来，主要表现在大屏幕投影拼接显示屏方面，高端与低端两类产品在性价比竞争中处于劣势，加之环境影响，市场销量与销售额连续下降。从事投影生产与营销的企业有的改行，有的转型，有的在彷徨。因此，我们共同来分析一下市场对显示产品未来的需求。随着信息化的推进，“互联网+”深入到许多行业，大数据、云计算、互联网得到广泛应用，需要的视频显示终端、屏幕尺寸越来越大，例如，宽带“提速”，用户需要在智能电视上在线观看视频越来越清晰，但高清晰度的电视/视屏必须匹配大尺寸的电视屏幕，因此，随着宽带普及，市场需求大屏幕电视/视屏越来越多。

激光投影显示在多元大屏幕显示设备竞争中具有优势，无论从亮度、色彩、寿命、节能、环保、运输、安装、价格都有明显优势；我们相信，投影显示设备将会进入许多寻常百姓家庭，而微型投影

机及含微投影的穿戴式设备将会成为许多人随身携带的产品。因此，投影显示产业是朝阳产业，是大有前途的产业。

激光投影显示技术是新型显示技术，是我国自主研发的技术，它不再走 CRT 与平板显示一次又一次重复引进的道路，因此，我国从事大屏幕显示产业的企业应坚定信心，努力奋斗，为我国大屏幕投影产业发展积极做出贡献，为我国大屏幕显示实现跨越式发展、实现我国大屏幕显示产业又大又强而努力！

2013 年电子纸显示产业发展研究

广州奥翼电子科技有限公司

2013 年电子纸显示器产业没有太大突破，市场需求与 2012 年同比保持平稳增长。但技术研究、产品功能和市场应用领域取得了很大的进步。

技术方面。电子纸显示技术未有突破性发展，但显示技术的发展方向——柔性、彩色化、视频显示一直处于不断研发阶段和并持续进行技术改善，实现了研发样品试制，有些甚至小批量生产。特别是柔性电子纸显示技术，国家高技术研究“863”立项了《柔性电子纸关键技术材料与制备技术》项目。同时，显示技术的几个问题：响应慢、残影严重、柔性便携、无触摸、黑暗无法阅读等，都取得了长足的进步，特别是在高清、触摸和前光功能上产品实现量产和销售。

市场方面。电子书阅读器的新兴市场需求潜力仍被看好，但北美已趋缓，整体来看，销量平稳增长，市场表现平平。但工业显示的电子价格标签市场快速增长，需求强劲，显示出巨大的应用市场需求。

目前，电子纸已开始快速渗入各行各业的应用，除了电子书阅读器外，现已扩展到手机、穿戴式电子设备（如手表）、电子教育产品（如电子书包）、智能卡、价格牌、广告等领域。显然，巨大的商机正在推动着电子纸技术更快速的发展。

本文从电子纸技术发展、市场前景、发展趋势等方面进行阐述，希望能够体现 2013 年电子纸显示产业发展的状况，让更多人了解、关注电子纸行业的发展前景。

一、电子纸显示技术发展

（一）电子纸技术

电子纸技术是具有类似纸张印刷显示效果的新型平板显示技术的一种统称，主要有以下几种技术方案：电泳显示技术（EPD）、胆固醇液晶显示技术（Ch-LCD）、双稳态向列项液晶技术、电润湿显示技术（EWD）、电流体显示技术（EFD）、干涉调制技术（iMod）。其中，微胶囊电泳显示技术（EPD）最具代表性，已量产多年，工艺成熟、成本低、性能高，与传统纸张的形态最为接近。

目前，全球能够批量生产电泳电子纸产品的厂商仅有美国 E-INK（1999 年被我国台湾元太 PVI 兼并）和中国广州奥翼电子科技有限公司两家，技术路线都是微胶囊电泳显示技术。

（二）电子纸显示技术特点

一是省电节能。电子纸具有双稳态性，只有在驱动（写）的时候才消耗极小的电流，显示静态图形不消耗电流，也不需要背光。

二是光学类纸性。电子纸靠反射光线显示内容，可在户外和阳光下阅读，视角可以达到 180°，人眼的阅读感受与传统纸张十分接近，不闪烁，眼睛不易疲劳。

三是超薄，可弯曲。电泳显示电子纸薄膜的厚度接近纸张，可以选择柔性基材的背板，制作超薄和柔性显示屏，具有良好的可携带性和抗撞击能力。

（三）技术发展

2013 年彩色及柔性电子纸阅读器还未量产，主流产品还是黑白显示，但阅读器产品在用户体验、性能及增加功能方面有了全面提升，实现了高清、触摸和前光功能。

柔性、彩色的电子纸显示技术是未来电子纸技术发展的方向，未来电子纸显示的需求是柔性彩色的。采用柔性基板材料制造出来的柔性电子纸，能够像纸张一样轻薄、可卷绕或折叠以便于携带。目前，柔性电子纸可采用塑料、薄型金属和超薄玻璃基板等。电子纸目前的市场定位虽不是要取代液晶显示器，但随着高分辨率、柔性、高响应速度的全彩色电子纸技术的发展，其应用将会扩展到各行各业的显示产品领域。预计 3 年后新型电子纸显示产品全部是柔性和彩色的。

（四）柔性电子纸技术

柔性电子是将有机/无机材料电子器件制作在柔性/可延性塑料或薄金属基板上的新兴电子技术。柔性电子纸的一个好处是容易携带且不易摔破，产品耐冲击性可大幅提升。电子纸独特的环保特性将催生更多创新性的便携式电子应用产品，柔性电子纸分辨率可高清显示 1024×768，是未来取代纸张应用的热门显示技术，而柔性电子纸的量产更将引爆下一波的阅读革命。

（五）彩色电子纸技术

电子纸技术中能够量产的是微胶囊电泳电子纸技术，而国际上仍无可量产的彩色电子纸技术。彩色电泳电子纸存在相当大的技术瓶颈需要突破。目前能够展现较好的彩色微胶囊电泳电子纸样品的是 E-INK 公司，该样品是基于彩色滤光片的微胶囊电泳电子纸彩色化技术，但该技术由于需要外加一层滤光片，其显示对比度、色泽均不够理想。中国的研究机构目前主要工作集中在单色或双色电泳粒子研制、微胶囊制备技术研究。由于单/双色电子纸技术应用范围有限，为了扩大其应用市场，需要发展具备彩色显示的电子纸技术。

红绿蓝三基色的纳米显示材料是彩色电子纸的关键显示材料，其关键技术如下。

（1）红绿蓝三基色纳米显示粒子稳定性和高迁移率问题，实现高性能纳米显示粒子的制备技术。

（2）微胶囊小尺寸、囊壁高韧性、尺寸均匀性问题，实现高性能红绿蓝三基色显示材料制备技术。

（3）红绿蓝三基色纳米显示粒子的显示色域问题，实现宽色域的显示性能。

（4）显示材料精密定位制备工艺和控制问题，实现彩色薄膜制备技术。

（六）电子纸的技术难题

（1）响应速度慢：因为电子纸技术依赖于粒子的运动，用于显示的控制时间比较长，长达 200～300 毫秒，这个速度对视频应用是不够的。用于电泳显示的使控制时间达到几十毫秒的更快的材料正在开发之中。

（2）转换速度慢：显示的双稳态，以及转换速度慢，也影响了其连续显示色彩的性能。 一些电泳显示器在两种色彩之间切换，彩色显示还需要一个彩色滤光片。该技术的驱动器正因双稳定性问题而面临挑战，双稳定性对显示有利，但它也带来了挑战。

（3）制造工艺复杂：化学墨水、墨水涂布制造工艺复杂，特别是彩色墨水，对材料要求高，良率低，成本较高。

二、电子纸显示市场前景

（1）由于电子纸具备图像双稳态性、轻薄、省电、适于各种环境阅读等优点，非常适合要求低功耗、便携性、非视频显示、户外显示的应用场合，使得其具有非常广泛的用途。它的应用包括电子书阅读器、电子价格牌、智能卡、手表、移动通信手持设备显示屏（手机、PDA 屏幕）、手机键盘、电子贺卡、电子广告屏、动态平面广告屏等。

（2）据统计，2008 年全球电子书阅读器出货为 100 万台左右。2009 全年全球电子书阅读器出货约 380 万台，年增长约 2.8 倍，其中，中国市场约为 38 万台。2010 年全球的电子纸显示屏出货量达到 1200 万～1300 万片，电子纸电子书的出货量将达到 1000 万台，中国电子书市场销量达 103.49 万部，年增 171%。2013 年全年全球电子书阅读器出货约 1800 万台，其中中国市场约为 80 万台；全球 ESL（电子货架标签）销量达到 1500 万个；可穿戴设备市场规模 14 亿美元，其中智能手表和智能手环总出货量约为 370 万只。

（3）估计未来全球电子纸产值将会超过 200 亿美元，带动相关产业产值将会超过 500 亿美元。其中：未来全球电子书产量将会超过 3 千万台，每台电子书的电子纸屏约为 50 美元，产值将达到 15 亿美元；带电子纸显示屏的手机将会超过 1 亿台，每台手机的电子纸屏约为 30 美元，产值将超过 30 亿美元；电子书包产品将会达到 1 亿台，每台电子书包的电子纸屏约为 200 美元，产值将到达 200 亿美元；其他如价格牌、智能卡、穿戴式电子设备、广告牌等方面的电子纸显示屏总产值将会超过 50 亿美元。因此，电子纸技术的市场应用发展潜力巨大。

（4）电子纸手机兴起。最近，由俄罗斯领导人普京作为国礼送给中国领导人的 Yota 电子纸手机（见图 1）就是一款带有电子纸屏的双屏手机，电子墨水屏作为该手机最大的亮点引起了全世界人民的关注与热捧，掀起了全球电子纸手机热潮。

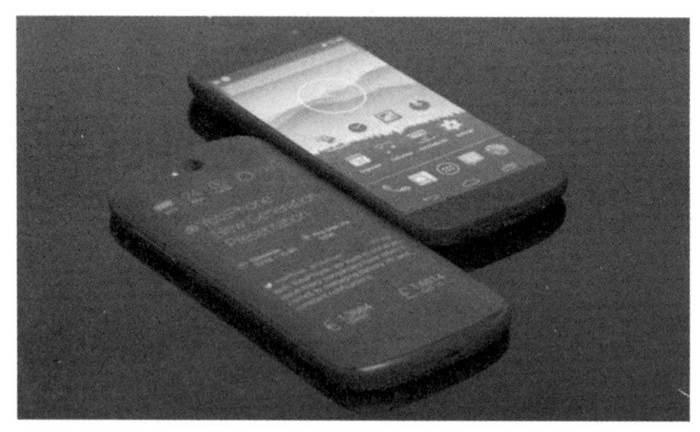

图 1　Yota 电子纸手机

（5）2013 年全球 ESL_S（电子价格标签系统）市场快速发展。电子价格标签是一种放置于商场、超市等零售店的货架上，用于显示商品价格的电子显示装置。电子价格标签一般由显示器、控制电路，以及无线传输模块组成。电子价格标签与无线收发器、中央服务器一起构成商场的电子价格标签系统。每一个“ESL”通过无线网络与商场计算机数据库相连，并将最新的商品价格通过 ESL 显示出来，成功地将货架纳入了计算机程序，摆脱了手动更换价格标签的状况，实现了收银台与货架之间的价格一致性。

目前，市场上大部分电子价格标签采用成熟的 LCD 显示技术。虽然该技术具备成本低廉的优点，但是与电子纸相比，其对比度不高、数字不易阅读、无法显示高精度的图案（如条码）。电子价格标签使商家能够快捷、准确地进行动态定价，实现总部控制分店的价格，便于实施价格策略，为商超减少顾客投诉及人工成本的同时提升店铺形象。该产品可能将会在未来不远的时间内完全取代液晶显示价格标签。目前电子价格标签市场还处于导入期，市场渗透率仅为 1%，主要的目标仍是取代传统的纸质标签，因此，电子纸电子价格标签应用发展前景非常广阔。

全球 ESLs 使用推广情况如表 1 所示。

表 1　全球 ESLs 使用推广情况

应用背景	在使用纸质价签的情况下，频繁的商品信息更改，消耗大量人工且出错率高（人工更换一个价签至少两分钟）
	纸质标签丢失率为 2%，错误率在 0.01%～0.05%
	在使用纸质价签的情况下，变价效率导致商品价签和收银系统价格不统一造成价格“欺诈”
	纸质价签涉及的纸张、油墨、打印等人工成本
	国内人工成本的提高迫使零售业寻找新的销售增长点
优势	变价快速及时：可以在很短的时间内完成几万个价签的变价，同时完成与收银系统的对接
	可增加变价促销频率，据数据显示麦德龙使用电子价签后增加了 3%的销售额
	变价错误率为 0.00001%
	单个电子价签可一次使用 6 年左右
	经济效益良好，目前液晶屏电子价格标签的单价，最便宜的为 20～30 元/个（电子纸屏幕会更贵），如果一个门店需要使用 20000 个标签，单店投资在 50 万左右（包含网络设备、布线、软件等），相比于卖场每年 10 万～15 万元的标签更换费用，3 年多时间企业可以收回成本
使用情况	1993 年第一个电子货架标签诞生
	1999 年法国家乐福在本土大规模使用
	2011 年全球有 50 多个国家、24000 多家超市使用，主要使用国家分布在欧美、澳大利亚、中东的土耳其、亚洲的日本和韩国
	海外：麦德龙、家乐福、7-11、沃尔玛等大型企业均已采用 ESLs
	国内：乐城未来超市是国内首家全面普及使用电子标签的超市，北京物美超市、苏宁乐购仕生活广场、广州家乐福、成都伊藤洋华堂、杭州西湖龙井店等地都在使用
主要厂家	Pricer：瑞典，ESLs 全球最大供应商，产品主要应用于区域欧美、东南亚国家
	SES：法国，产品主要应用于法国本土区域及欧美地区
	寺冈：日本，主营衡器设备，产品应用于乐城未来超市
	中瑞思创：中国，产品应用于苏宁乐购士广场店、杭州西湖龙井店等
	汉朔：中国，研发实力比较雄厚，产品应用于物美、京客隆等
	汉朗：中国，北京物美、山东易捷便利店
	特赢：中国 TChips 中国区总代理
市场规模	从全球市场来看，ESLs 空间巨大，按照《屏显时代》数据，全球对 ESLs 标签可能的现实需求达 20 亿个，市场规模 1000 亿美元左右，但整体推进速度较慢
	全球市场渗透率在 10%以上，主要是欧美市场
	目前即便是在 ESLs 渗透率最高的法国，其大型超市 ESLs 的安装率也只有 30%左右，由此看来，全球 ESLs 市场还有非常大的发展空间

三、电子纸显示发展趋势

（一）电子纸显示技术发展趋势

现阶段电子纸市场定位为代替纸张、印刷品，不与多媒体竞争，并非取代 LCD 等显示器，但未来的研究趋势必然朝着低成本、高速响应、全彩色化、柔性等多个方向发展。

（1）低成本：电泳显示技术尤其是微胶囊显示技术由于制作工艺简单和卷到卷的涂布方式类似于

纸张生产，良率可望逐年提升。随着产量和良率同步提高，必将使电子纸成本逐年降低。电子书阅读器的价格走势必将与其他消费类电子产品一样逐年降低。3 年之内可望降至 400 元，使之成为一种大众化产品得到普及。在 5 年内电子书阅读器可望成为所有读书看书人的必备。

（2）高速响应：因为电子纸技术依赖于粒子的运动，用于显示的开关时间较长，长达 300 毫秒，这个速度对视频应用是不够的。电子纸技术研究的公司都在推进高速响应的技术研发。

（3）全彩色化：目前彩色电泳显示电子纸可以通过两种方式实现，一种采用彩色滤光片加黑白电子纸，另一种采用彩色粒子或染料，并已制做出样品。由于依赖反射光来成像，电子纸屏看起来有些暗淡，与液晶屏的亮度和色彩准确度相比还有差距。目前，电子纸技术研究的公司都在推进全彩色化的技术研发，Qualcomm 的 iMoD 已研制出效果较好的样品，但需要工艺方面的突破才可改善良率，才能实现批量生产。

（4）柔性：正如一般的读者并不期望把书卷起来，采用柔性电子纸显示屏的主要目的不是为了可以卷起来，而是为了便携和耐冲击。柔性电子纸显示屏可选择塑料基板作为背板。采用塑料基板的电子纸重量较玻璃材质减轻 80%左右，厚度也仅 0.3mm，十分符合轻薄、耐冲击等需求。然而，塑料基板需要克服的最大难题在于材料的耐热及耐化性，需要持续改良基板材料。

（二）电子纸市场应用发展趋势

1. ESL（电子价格标签）市场大规模应用

到目前为止，ESL 投入实际使用的主要分布在欧美国家、澳大利亚、中东的土耳其、亚洲的日本和韩国等国外市场；许多著名的零售商已相继引入了 ESL 系统，例如，麦德龙、米格罗斯、7-11 等。高昂的安装费用以前一直是主要的市场阻力，随着 ESL 价格的降低， ESL 销售情况呈迅速上升的趋势，市场前景被一致看好。中国市场 ESL 在国内的零售业界的应用正处于起步阶段，其中的原因有 3 个：①与发达国家相比，国内廉价的劳动力成本使得纸标签的维护费用占有很少的商场总运营成本份额；②以前的 ESL 制造商都在国外；③ESL 的安装费用和使用价值一直是众多商家争论的焦点。 这样的平衡随着中国零售市场的日益国际化和 ESL 本身的发展将逐渐被打破。各大零售业巨头的进入在带来先进的技术和管理经验的同时，采用新技术提高竞争力将成为商家的必然选择。

低成本将是各个 ESL 制造商未来始终追求的目标，各个制造商之间的竞争主要表现在核心技术方面的竞争，突破成本底线的公司将在未来的 ESL 市场占有最大优势。ESL 市场巨大，据估计，在欧洲和美国的潜在需求量就达到 20 亿个。尽管目前 ESL 已经接近其成本底线，但随着应用的普及、相关技术和工艺的发展，ESL 的成本有望进一步下降，预计在大规模生产背景下未来 5 年内每个 ESL 价格将达到 3 美元左右。

2. 柔性电子纸双屏智能手机

日前，俄罗斯总统普京向中国国家主席习近平赠送俄产双屏智能手机 YotaPhone-2，YotaPhone 正反面双屏，机背屏幕采用了电子纸技术，该屏幕上能进行阅读、回信息、电话和通知等操作。采用久看不伤眼、阳光下可视及静止时不耗电等特性的电子纸显示器作为屏幕的手机，将有巨大的市场需求。

3. 可穿戴设备

电子纸供应商正将触角延伸至可穿戴市场。携带轻薄、低功耗与日照下可视等优势特性，电子纸技术应用版图已开始由电子书阅读器（E-reader）、电子标签等领域，扩大至可穿戴设备市场，利用电子纸可挠式特性打造的薄型腕表、搭载电子纸显示器的手表、运用电子纸进行密码显示的信用卡、内建电子纸显示屏幕的手提式蓝牙等，可望为相关显示器供应商开创新的蓝海商机。据估计，2013 年市场规模达到 14 亿美元，其中智能手表和智能手环总出货量约为 370 万只。2016 年，全球穿戴式智能设备市场的规模将达到 40 亿美元。

2013 年国内外液晶基板玻璃市场综述

彩虹集团　张　莉
西安特种设备检验检测院　李　翔

显示器件用电子玻璃包括液晶基板玻璃、盖板玻璃等，是平板显示器件制造过程中的重要基础原材料，对下游产业链有着重要影响。近几年来，我国的液晶基板玻璃产业在艰难中起步，在磨砺中成长，取得了令人瞩目的成就。然而，面对中国面板产业快速发展的行业形势，本土的基板玻璃产业今后所面临的发展空间和行业挑战都很巨大。

一、国际液晶基板玻璃的发展现状与趋势

（一）市场概述

2013 年，全球 TFT-LCD 基板玻璃出货面积为 3.82 亿平方米，其中 98%的产量由康宁等 4 家海外巨头垄断。主要厂家中，康宁（含三星康宁）以 50%的全球份额继续领跑（见图 1）。

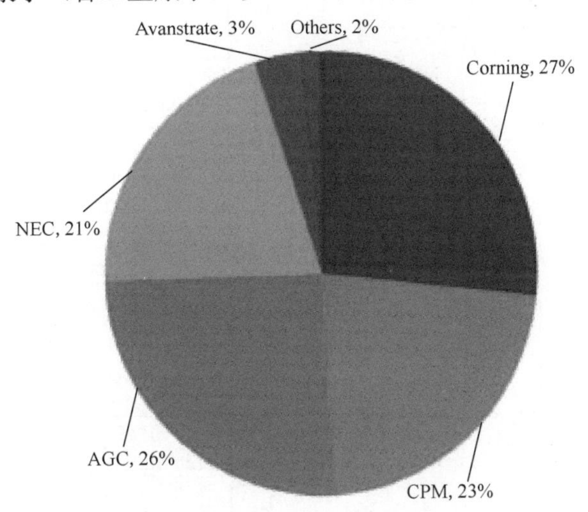

图 1　全球基板玻璃厂家的市场份额

产线分布方面，截至 2013 年年底，全球共有 150 条 TFT-LCD 基板玻璃生产线（仅指前段窑炉，不含单纯的后段裁切或研磨生产线），其中，康宁拥有 74 条线，AGC 有 18 条线，NEG 有 36 条线，日本 Avanstrate 有 13 条线，中国大陆则拥有 8 条线（见表 1）。

表 1　全球液晶基板玻璃窑炉分布

供货商	国家和地区	Q1'13	Q2'13	Q3'13	Q4'13	Q1'14	Q2'14	Q3'14	Q4'14	Q1'15	Q2'15	Q3'15	Q4'15	Q1'16
AGC	日本	7	7	7	7	7	7	7	7	7	7	7	7	7
AGC	中国台湾	6	6	6	6	6	6	6	6	6	6	6	6	6
AGC	韩国	5	5	5	5	5	5	5	5	5	5	5	5	5

续表

供货商	国家和地区	Q1'13	Q2'13	Q3'13	Q4'13	Q1'14	Q2'14	Q3'14	Q4'14	Q1'15	Q2'15	Q3'15	Q4'15	Q1'16
AGC	中国大陆											1	1	1
AGC	共计	17	18	18	18	18	18	18	18	18	18	18	18	18
Corning	美国													
Corning	日本	8	8	8	8	8	8	8	8	8	8	8	8	8
Corning	韩国	48	48	44	44	45	45	46	46	46	46	46	46	46
Corning	中国台湾	17	17	19	20	20	20	20	20	20	21	22	22	22
Corning	中国大陆	2	2	2	2	2	2	2	2	2	3	4	5	5
Corning	共计	75	75	73	74	75	75	76	76	76	78	80	81	81
NEG	日本	41	39	33	33	33	33	33	33	32	31	31	29	28
NEG	韩国		1	2	3	3	4	6	6	6	6	6	6	6
NEG	中国大陆									1	2	3	4	4
NEG	共计	41	40	35	36	36	37	39	39	38	37	37	35	34
AvanStrate	日本	3	3	3	3	3	3							
AvanStrate	新加坡	4	4											
AvanStrate	中国台湾	5	5	5	5	5	5	5	5	5	5	5	5	5
AvanStrate	中国大陆	5	5	5	5	5	5	5	5	5	5	5	5	5
AvanStrate	共计	17	17	13	13	13	13	10	10	10	10	10	10	10
IRICO	中国大陆	4	4	4	4	5	5	5	5	5	5	6	6	6
Xufei	中国大陆	2	2	2	2	3	3	3	4	4	4	5	5	5
CNBM	中国大陆	2	2	2	2	2	2	2	2	2	2	2	2	2
LGC	韩国	1	1	1	1	1	1	1	2	2	2	2	2	2
共计		159	159	148	150	153	154	154	156	155	156	160	159	158

（二）运行态势

以金融危机为分水岭，其后全球经济总体上复苏乏力，电脑等 IT 产品更新换代市场不旺，同时电视机市场也增速放缓，导致面板的有效需求相对不足，进而影响了基板玻璃市场。所以，金融危机后全球基板玻璃市场一直呈低速徘徊态势。基板玻璃价格也自 2011 年下半年后出现了较大幅度的下跌，基板玻璃厂家利润率比前几年出现骤降。

在此背景下，一些厂家在 2011 年下半年后开始主动控制新产能开发速度，甚至对部分已经运行的窑炉提前冷修或转作其他电子玻璃，如盖板玻璃，以降低市场预期，稳定产品价格。与此同时，基板玻璃需求仍在持续增长，尤其是中国大陆仅在 2013 年就先后有三星苏州 8.5 代线、京东方鄂尔多斯 5.5 代线投入运行。

在供应有所减缓、需求继续增长两方面因素作用下，2013 年全球液晶基板玻璃的供需关系回归到大致均衡状态。2013 年全年基板玻璃供应量为 3.82 亿平方米，产品需求量为 3.83 亿平方米，基本上扭转了 2009—2011 年全球基板玻璃需求相对不足的局面。所以，进入 2013 年后，基板玻璃产品价格跌幅有一定的减缓趋势（见图 2）。

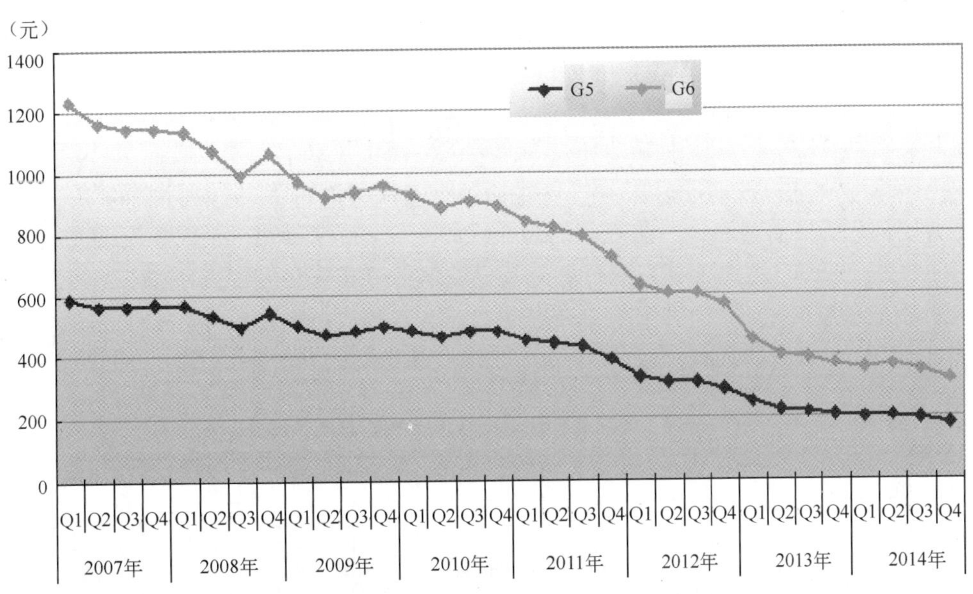

图 2　2007—2014 年液晶基板玻璃价格走势

（三）趋势展望

展望未来，今后全球基板玻璃产业将呈现以下发展趋势。

第一，市场需求增速继续放缓。经过了十余年的高速增长，再加上金融危机的负面影响，近几年来全球液晶基板玻璃出货面积增速基本上保持个位数水平，虽然近两三年中国的液晶面板投资明显增加，但就全球看，市场基数已经很大，像金融危机前那种年度平均高达两位数的增速将难以再现。与之相应，因产品价格下跌，销售金额也将在 80～90 亿美元左右徘徊。

第二，新产品、新规格成为厂家竞逐焦点。为强化竞逐优势，主要厂家纷纷推出轻薄化、高功能化、环保化、高世代化的基板玻璃产品。如 0.4mm 甚至 0.3mm 的产品，适合精细显示（如 LTPS-LCD）的低热收缩性玻璃、不含砷等重金属的环保型基板玻璃，而在产品的高世代化方面，8.5 代以上的产品已经成为主要玻璃厂家的业务重点。

第三，非基板玻璃业务日益受到重视。近几年来，主要厂家一方面强化其基板玻璃的竞争优势，另一方面对于其它非基板玻璃业务也日益重视，例如，触摸屏等用的盖板玻璃、半导体用特种玻璃等，尤其是盖板玻璃，正在成为目前基板玻璃厂家新品研发的一个重点。在此背景下，一些海外基板玻璃巨头更是提出了“非基板玻璃化”的经营理念以降低对基板玻璃单一产品的过分倚重，比如，盖板玻璃、集成电路用载具玻璃等。

二、国内液晶基板玻璃的发展现状与趋势

（一）产业现状

2013 年，基板玻璃的国产化取得了重要的阶段性进展。彩虹集团在合肥的 CH03 线（6 代）在攻关以后良率达到公司历史上单线最好水平，其他几条线的良品率也不断提升。当年彩虹几条线累计生产 G5、G6 液晶玻璃基板 143.86 万片，同比增长 25.25%，实现基板玻璃销售额 9153 万元，同比增长 6 成以上，进一步确立了彩虹品牌在基板玻璃市场上的地位。与此同时，国内另一家基板玻璃厂家东旭集团当年也先后有 6 条基板玻璃生产线点火运营（其中，芜湖 3 条 6 代线，郑州和石家庄共计 3 条 5 代线），当年共实现基板玻璃销售收入 2.75 亿元，其中 6 代基板正式实现销售，当年完成销售额 531 万元。值得一提的是，困扰多日的东旭集团与美国康宁公司专利诉讼案，最终也在当年实现了双方和解。

除了基于溢流法的基板玻璃生产取得突破外，基于浮法工艺的盖板玻璃生产也在2013年可圈可点。深南玻旗下主营钠钙浮法电子玻璃(盖板玻璃)的河北视窗玻璃公司虽然 2012 年底才开始正式运行，但 2013 年已经成为南玻集团效益最好的子公司。该公司 2013 年营业收入 1.82 亿元，但营业利润高达 0.61 亿元，营业利润率达 33.5%，这个业绩即使是与海外的一流电子玻璃公司相比也并不逊色。

虽然国内两家本土基板玻璃厂家在2013年的阶段性进展可圈可点，但他们所面临的挑战也在增加。产品结构是首要问题。目前两家公司的产品仍为 5 代和 6 代，尚未涉足 8.5 代基板玻璃的生产，而今后国内新建的面板线则基本上为 8.5 代，同时海外基板玻璃厂家在华建线也无不以 8.5 代为考量，所以无论是彩虹集团还是东旭集团，下一步都应该尽快开发 8.5 代基板量产化技术。除了 8.5 代以外，超薄基板（0.4mm 甚至 0.3mm）技术也是国内厂家今后改进产品结构的一个重要方向（见表 2）。

表 2　国内高世代基板玻璃产线的基本情况

厂家	厂址	窑炉	年产能	产品规格	备注
康宁	北京	2 座	594	2500×2200	另在重庆建设后段产线
NEG	厦门	2 座	1080	3000×2280	另在上海、广州、南京建有后段产线
AGC	惠州	1 座	2500	2500×2200	另在昆山、深圳建有后段产线
彩虹集团	咸阳、张家港	7 座	571	1300×1100	
彩虹集团	合肥	6 座	670	1850×1500	
东旭集团	郑州、石家庄、营口	8 座	600	1500×1300	
东旭集团	芜湖	4 座	555	1850×1500	芜湖基地共规划有 10 条 G6

就市场需求看，2013 年，我国液晶基板玻璃有效需求已经突破 7000 万平方米，但国内的有效供给不足 1000 万平方米，自给率只有 14%左右，如果刨除康宁在北京的产能，则本土基板玻璃厂家的份额不足 5%。在此背景下，进口依然成为国内面板厂家采购基板玻璃的最重要渠道。据海关统计，2014 年国内液晶基板玻璃（含盖板玻璃）的进口金额首次突破 20 亿美元大关，达 20.62 亿美元，在当年基板玻璃价格继续有所下跌的情况下，进口金额同比增长仍在 20%以上，表明国内基板玻璃的进口替代市场依然潜力很大。

（二）发展趋势

纵观近几年来国内液晶基板玻璃产业的发展，大致呈现出以下几个趋势。

（1）中国大陆在全球液晶基板产业中的地位越来越突出。从需求看，2013 年，中国大陆液晶基板已占全球总需求的 18%，随着中国多条高世代面板线的陆续投产，2016 年中国基板玻璃需求量在全球

占比更将超过 1/3 以上，将成为全球最大的基板玻璃区域市场。但从供给看，无论是数量还是结构，今后 3～5 年内国内的基板玻璃供给能力都与需求远远不能匹配，因此将成为今后全球最具吸引力的基板玻璃区域市场。

（2）高世代线产品需求迫切。国内因面板线建线普遍较晚，故 8.5 代线体投资较为集中，目前中国大陆的 8.5 代面板产出占全国液晶面板产出的比重高达 2/3 以上，这一比例明显高于中国台湾、韩国，而且更多 8.5 代面板线还在投建中。因此，如果没有 8.5 代基板玻璃的本土化生产，中国液晶面板产业要实现本土配套就是一句空话。

（3）中国大陆基板玻璃市场对外部资源的吸引力不断增加。金融危机后，中国已经成为全球液晶面板投资热土，几乎占近几年全球液晶面板新增投资的 80%以上，这让中国对海外基板玻璃厂家、技术、人才等的吸引力持续增加，不仅玻璃基板巨头纷纷来华直接投资建线，而且一些海外电子玻璃专业人才或与之相关的公司也纷纷在中国大陆选择合作伙伴，这有利于本土基板厂家尽可能多地吸收国外先进技术。

（4）市场竞争程度将进一步充分。长期以来，全球液晶基板玻璃产业一直呈现垄断局面，而且产业竞争要素相对单一，产能、企业规模越大，在行业中的话语权、定价权、竞争力就越突出。但随着该产业增速的放缓，尤其是以彩虹为代表的中国大陆本土基板玻璃厂家的崛起，加上中国政府的进口替代扶持政策和对公平竞争环境的维护，今后，海外基板玻璃厂家业已形成的垄断格局正在日益削弱，产能在竞争要素中的重要性将会降低，相反，其他要素的重要性则会不断增加，如企业区位、资源获取能力、产品组合、客户沟通水平等。总之，未来几年，国内玻璃基板市场上的竞争程度将越来越充分，大陆面板厂家也将在基板玻璃采购上拥有越来越多的选择权、定价权和话语权，这对规模尚小但具有政策和地利之便的大陆基板玻璃厂家相对有利。

三、国内基板玻璃存在的问题

目前，国内基板玻璃企业也面临着一些问题和挑战，主要包括以下方面。

（1）产业规模偏小。目前内资基板玻璃厂家总产能仅占全球约 2%，而且集中在 G5 和 G6 代上，G8.5 基板玻璃、LTPS 用高精细基板玻璃、高铝盖板玻璃等重要产品尚需要基本依赖进口。

（2）企业经营与投资压力较大。由于国外公司技术封锁，我国企业基板玻璃关键生产设备（熔解炉、铂金通道、马弗炉及成型设备、后加工设备等）需要自行开发，由于设备投资大、工艺复杂、技术要求高，导致企业初期经营和后期投资压力加大。加之近几年海外基板玻璃厂家有意加大价格打压力度，进一步增加了本土企业的运营难度。

值得一提的是，2013 年下半年开始，日元开始大幅度贬值，给以日元计价的全球基板玻璃市场带来了显著影响，导致以人民币计价的基板玻璃价格下跌较大，并给本土基板玻璃厂家运营增加了新的挑战。

（3）产品品质较低。以彩虹集团为首的国内企业经过多年努力，生产技术获得重大突破，良率不断提升，但是与国外专业公司相比，在产品 A 品良率、particle 数量、翘曲、应力等方面还有一定差距。

（4）来自海外巨头的竞争压力持续增加。近几年来，海外基板玻璃巨头迅速调整战略，一方面加大对中国市场的开发力度，并直接在重要客户周边卡位建线，如目前康宁、AGC、NEG 都在华建有或正在建设基板玻璃生产线，玻璃基板价格也呈现了加速下滑态势，导致近几年主要基板厂家的业绩都在走低。这对国内尚在起步期的基板玻璃厂家经营挑战更大。

2013 年中国液晶材料产业发展概况

石家庄诚志永华显示材料有限公司总工程师、清华大学化学系教授　华瑞茂

液晶显示技术已经被广泛地应用于手机、笔记本电脑、液晶电视等显示设备。尽管液晶材料（混晶）在薄膜晶体管液晶显示（TFT-LCD）中只占 3%～5%的成本，但液晶材料是液晶显示的核心材料。基于液晶面板产业链需求配套的采购情况，玻璃基板处于首位，偏光片是其次，液晶材料处于第三。所以，总结和分析液晶材料的国产化发展进程对于瞭望平板显示产业的发展具有重要的意义。

一、2013 年国内液晶产业发展概况

液晶面板产业经历了前几年的低潮之后，在 2013 年回升明显，特别是国内的液晶面板产业，在各级政府部门的支持下发展迅速。虽然国家发改委、工业和信息化部等发布的《关于组织实施新型平板显示研发及产业化专项有关事项的通知》，再次强调了支持高世代（G6 及以上） TFT-LCD 用高性能混合液晶材料研发和产业化是重点支持的方向之一，但是多年外企占有率超过 90% 的液晶材料市场的格局依然未能改变。2013 年，德国默克（Merck）、日本捷恩智（JNC）和大日本油墨（DIC）三家液晶生产企业在全球市场的占有率高达 96%，TFT-LCD 用液晶材料的市场基本被外企垄断。虽然国内液晶材料国产化取得了一定的进展，但国产化率仍旧非常低，液晶国产化材料依然严重滞后于产业链其他材料的发展。

（一）2013 年度国内 TFT-LCD 用液晶使用量及国产化率

由于中国的液晶面板行业起步较晚，液晶材料等上游配套产业的研发、生产等投入不足。同时由于技术壁垒，以及缺乏相关的人才等因素，液晶材料的技术水平长期处于落后的地位。自 20 世纪 70 年代开始，只有清华大学等国内少数高校进行液晶单体和混晶材料的研发，直至 1987 年清华大学的研发成果在石家庄进行产业化生产，才开启了中国国产化液晶生产的历程。那时主要生产的液晶是黑白显示用的单色液晶，从最初年产 200kg 单色液晶逐步增长至年产 40 吨单色混合液晶的规模，打造了著名的 Slichem（实力克）液晶品牌，石家庄诚志永华显示材料有限公司在研发和生产 TFT-LCD 用液晶材料方面积累了丰富的经验。TFT-LCD 用液晶材料的研发始于京东方（BOE）在国内建立了第一条高世代面板生产线后的 21 世纪初期，在产业政策的多方面支持、国内高世代面板生产线的陆续投建后，液晶材料行业在国内才出现了石家庄诚志永华显示材料有限公司（Slichem）、江苏和成显示科技股份有限公司（HCCH）、北京八亿时空液晶科技股份有限公司等混晶生产厂家，以及诸如烟台万润、西安瑞联等液晶单体生产厂家。虽然国内混晶厂家掌握了一定的核心技术，在 TFT-LCD 用液晶研发、产能扩张等方面也加大了投入，但液晶的研发技术水平和生产能力还是远远落后于世界的先进水平。同时，德国的 Merck、日本的 Chisso 或其后的 JNC、DIC 等液晶研发和生产厂家已经建立了非常牢固的液晶生产技术专利壁垒，使国内厂家在液晶生产方面受制于专利技术的垄断。

基于 TFT-LCD 面板生产产线对液晶的需求量统计如表 1 和图 1 所示，2013 年国内 TFT-LCD 用液晶的需求量为 90～95 吨，其中 80 多吨的液晶材料是国外采用，只有 10 吨左右的液晶是由 Slichem 和 HCCH 生产，国产化率只有 10% 左右，同比 2012 年的国产化率没有太大的提升。

表 1　国内液晶需求量统计

	国内液晶需求	Merck+ JNC + DIC		Slichem + HCCH	
2013 年	90～95 吨	83 吨	89%	～10 吨	~11%

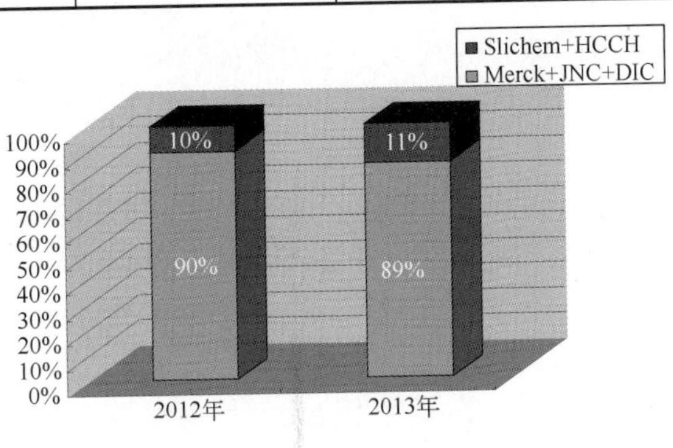

图 1　液晶材料国产现状

表 2 所示为 2013 年中国大陆地区 TFT-LCD 用液晶材料市场份额，表 3 所示为 2013 年中国台湾、日本、韩国 TFT-LCD 用液晶材料市场份额。基于表 2 和表 3 进一步统计、分析可知，Merck 在国内市场的占有率高达 70%左右，在全球市场的占有率达到 60%以上。

表 2　2013 年中国大陆地区 TFT-LCD 用液晶材料市场份额

企业名称	液晶用量	材料商一/份额比例	材料商二/份额比例	材料商三/份额比例
京东方	45 吨	Merck/76%	JNC/16%	Slichem/5%
华星光电	28 吨	Merck/90%	DIC/10%	
天马	7 吨	Merck/50%	JNC/35%	HCCH/15%
熊猫	6 吨	Merck/70%	JNC/30%	
深超	5 吨	JNC/80%	Merck/15%	Slichem/5%
龙腾	6 吨	Slichem/40%	Merck/30%	JNC /30%

表 3　2013 年中国台湾、日本、韩国 TFT-LCD 用液晶材料市场份额

企业名称	液晶用量	材料商一/份额比例	材料商二/份额比例	材料商三/份额比例
三星	130 吨	Merck/56%	JNC/39%	DIC/3%
LGD	125 吨	Merck/56%	JNC/43%	
群创	90 吨	Merck/63%	JNC/36%	
友达	75 吨	Merck/77%	JNC/21%	DIC/2%
华映	12 吨	JNC/33%	Merck/58%	HCCH/8%
瀚宇彩晶	7 吨	JNC/60%	Merck/14%	Slichem/23%

（二）液晶生产国外企业在中国的本土化策略及其影响

由于国内中央政府和地方政府出台了多种政策支持发展平板显示产业，在国内将建设多条高世代液晶面板生成线，预计 3～4 年后全球一半液晶使用量将在中国消耗。因此，作为全球液晶面板产能扩张最快的地区，国际三大液晶材料生产巨头预期中国对液晶材料有一个稳定的持续需求的增长，都将

目光投放到中国市场，在中国开始设厂生产混晶，以应对中国对液晶需求的快速增长，加速向中国市场产品的导入。

首先，日本 DIC 株式会社于 2012 年下半年决定在山东省青岛市建立一个新的 TFT-LCD 用液晶研发和生产基地——迪爱生精细化学有限公司混晶新工厂，是 DIC 首次在海外设厂生产液晶，新工厂在 2013 年 11 月开始生产混晶，主要供给 IPS 模式显示用液晶材料。继 DIC 之后，全球液晶材料生产的巨头德国 Merck 集团也于 2013 年 12 月在上海启用其混晶生产中心，液晶产品多样。实际上，Merck 在上海的液晶研发实验室早在 2011 年 11 月就正式投用，而混晶厂则是其在韩国、中国台湾和日本设厂后，在亚洲的第四个混晶工厂。按其规划，该中心试运营期间生产的第一批产品将于 2014 年一季度交付顾客。有报道称，JNC 也在不久的将来选择在苏州设厂生产混晶。

就显示面板投资而言，中国的面板生产投资强劲，新产能扩展迅速，外国企业希望通过在中国建厂加速在中国市场的产品投入、增加液晶产品的总体份额，并可以快速应对和处理密集型业务的增长。这些液晶材料生产巨头企业在中国设厂，在某种程度上对国内液晶生产厂家的发展和液晶材料国产化进程形成了严重的挑战。

其次，近几年国内各级政府也在加大力度出台相关的政策支持 TFT-LCD 关键材料的国产化发展。就液晶材料而言，2012 年国家工业和信息化部在《电子基础材料和关键元器件“十二五”规划》内容中包括了重点发展高世代 TFT-LCD 相关材料，鼓励发展大尺寸玻璃基板、混合液晶和关键新型单体材料等。2013 年在其发布的《产业关键共性技术发展指南（2013 年）》中还进一步强调了发展和解决 TFT-LCD 共性技术问题，为推动我国液晶材料产业发展提供了有力保障。很显然，为了应对外企带来的这种挑战，国内液晶厂家只能加大力度加快技术研发，在液晶单体和配方开发等方面进行自主创新，打破外企在高端液晶材料生产中关键液晶单体的垄断。只有这样才能在较短的时间内缩小与外企的技术差距。

（三）2013 年国内液晶产业技术发展情况

液晶材料分为液晶中间体、液晶单体和成品液晶（混晶），其生产工艺要求很高。由于液晶的旋转粘度、极性、电压保持率等参数对 TFT-LCD 的响应速度、显示角度、工作温度范围、稳定性等显示性能的影响极大，因此，液晶材料厂家要研发出性能优良的液晶产品，在液晶单体选择和液晶配方开发等方面存在较高的技术壁垒。

（四）专利申请进展

2013 年，国内的 TFT-LCD 用液晶生产厂家 Slichem 和 HCCH 基于多年的液晶研发和生产技术的积累，在 TFT-LCD 用液晶材料自主知识产权新单体设计和合成、混晶配方开发等方面取得了一定的进展，申请了大量的专利。本文作者委托清华大学图书馆的专利检索和分析专业团队对 Merck、Chisso & JNC、DIC、Slichem 和 HCCH 等液晶生产厂家的专利申请量进行了年度检索和分析。

从检索结果可知，国内的液晶生产厂家 Slichem 和 HCCH 虽然在 2013 年度分别申请了 68 项（见图 2）和 57 项（见图 3）专利，比 2012 年度的申请量有大幅度的增加，但 Merck（见图 4）、JNC（见图 5）和 DIC（图 6）也比 2012 年度申请了更多的专利。即国外液晶生产巨头也在加快专利布局，国内厂家希望与其缩小技术壁垒方面的希望很难实现。

特别需要注意的是，DIC 因在 TFT-LCD 用液晶材料生产方面起步较晚，不仅在全球三大 TFT-LCD 用液晶材料供应商中处于末位，而且在专利申请方面也错失了部分先机。因此，在近年 DIC 在液晶单体和混晶开发等方面加快了步伐，在自主专利技术方面取得了一系列突破性的进展，在 2013 年度申请了 148 项专利，是 2013 年度申请最多专利的液晶生产厂家。

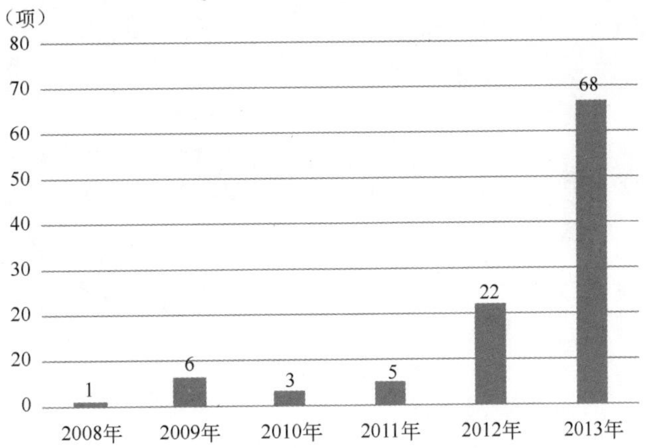

图 2　Slichem 液晶材料专利申请年度趋势

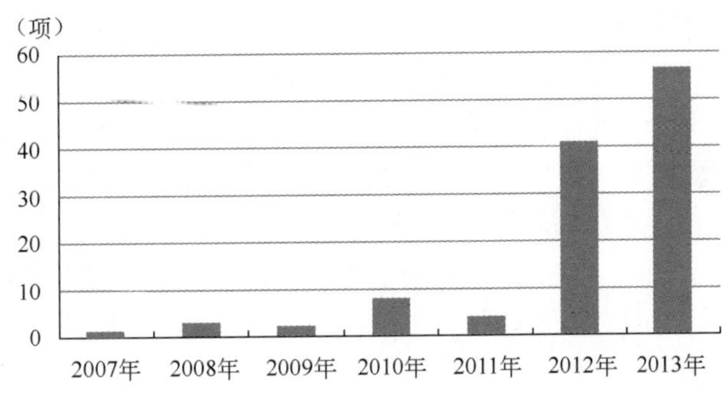

图 3　HCCH 液晶材料专利申请年度趋势

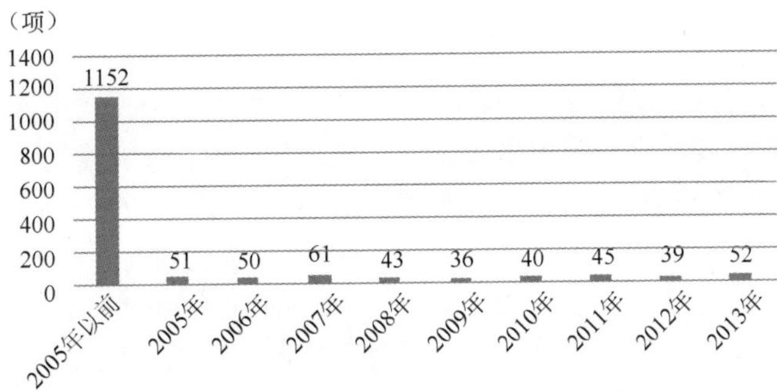

图 4　Merck 液晶材料专利申请年度趋势

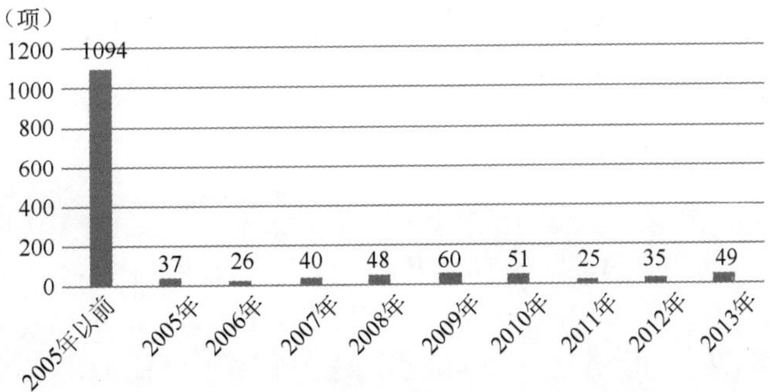

图 5　Chisso & JNC 液晶材料专利申请年度趋势

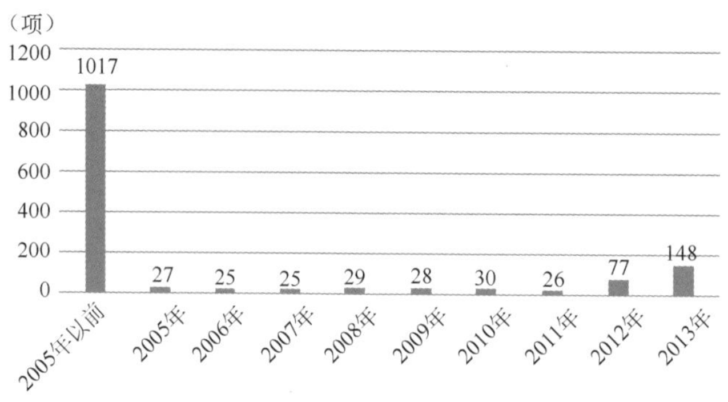

图 6　DIC 液晶材料专利申请年度趋势

基于专利申请内容分析可知，Merck 和 JNC 主要集中在申请混晶专利，利用其自身过去开发的液晶单体，通过与各种已知液晶单体的组合申请了大量的混晶专利，其目的在于通过混晶专利的申请限制其他液晶生产厂家使用它们即将在2015年保护期到期的关键液晶单体——含二氟甲氧桥结构单体的使用，达到进一步对技术和市场的垄断地位。DIC 申请的专利主要集中在负性液晶单体及其混晶配方，以强化其在 VA （垂直配向型）显示模式用液晶材料的生产和销售的主导地位。

Slichem 基于 2012 年度在开发、生产和成功销售含环戊基和二氟甲氧桥类新液晶单体液晶的基础上，研究和开发了大量的新液晶配方，申请了一系列专利，为 2014 年度拓展国内外市场打下基础。另外，HCCH 作为国内主要的另一个 TFT-LCD 用液晶材料的生产厂家，其针对自主知识产权的液晶单体设计、液晶配方开发等方面在 2013 年度也取得了关键技术的突破，其设计和合成的含茚环和二氟甲氧桥类液晶单体在 TFT-LCD 用液晶材料中得到了应用，申请了多项发明专利。

（五）新液晶产品研发与导入应用

虽然 Slichem 和 HCCH 在 2013 年度在国产化 TFT-LCD 用液晶量产和应用方面取得了一定的突破，但液晶产品的品种较为单一，主要集中在 TN （扭曲向列相型）显示模式用液晶材料，在 IPS 和 PSVA 等显示模式用的液晶材料开发和实际应用导入方面进展缓慢。但由于全球液晶材料正在向“快速响应”和“高清”方面发展，TN-TFT-LCD 用液晶的市场占有率将会很快减少份额，IPS（平面转换型）-TFT-LCD、FFS（边缘场开关型）-TFT-LCD （属于 IPS 显示模式的一种）等用液晶的市场占有率将快速提升。国内厂家在 TN-TFT-LCD 用液晶生产和销售方面刚刚形成一定的规模，但市场的需求正在快速转变。因此，国内厂家应加快新液晶材料的研发和生产，以对应快速的市场转变的需求。

有近 30 年显示用液晶材料的研发和生产、致力于推动液晶材料国产化进程的 Slichem，作为全球液晶材料的主要供应商之一，在近年加大力度自主开发和量产了 IPS-TFT-LCD、PSVA-TFT-LCD 用液晶材料。其中，IPS 模式显示用液晶材料在 2013 年中国电子信息博览会上获得了创新产品与应用奖，为进一步开拓市场、提升液晶国产化率打下了良好的基础。

三、液晶材料行业发展趋势

韩国、日本和中国台湾是 TFT-LCD 技术先进、产业体系发达的国家和地区，这些面板和整机生产厂家包括：韩国的三星、LGD，日本的夏普，中国台湾的友达、HannStar、群创等。在液晶材料生产方面，德国的 Merck 依靠其强大的化工技术基础和先进的研发创新能力，在高端 TFT-LCD 用液晶材料生产技术和销售方面处于绝对的领先地位。其次是日本的 JNC 和 DIC。同时，在本土下游面板厂商的带动下，中国台湾和韩国也正在加大对液晶材料研发和生产技术的投入，如中国台湾的大立高分子、韩国的东进等目前也具备一定的液晶材料生产能力。在中国大陆，除了 Slichem、HCCH 以外，北京八亿时空、江苏晶美晟、西安彩晶、西安瑞联、烟台万润、江苏广域化学及浙江永太等企业也在 2013 年度在液晶材料技术发展方面申请了一些专利。如图 7 所示，全球面板产业对液晶的需求量是逐年递增的，而且在中国大陆的液晶使用量增加的比例更大。但很遗憾的是，国内液晶的国产化进程不尽如人意。虽然 2013 年度国内 Slichem、HCCH 液晶厂家在 TN-TFT-LCD 用液晶材料技术和销售等方面取得了一定的进展，但未能打破 Merck、JNC 等厂家在中国大陆液晶市场的垄断地位。面对未来几年国内多条高世代 TFT-LCD 面板生产线的建设高潮，IPS、VA、PSVA 等显示模式用液晶材料的自主研发和生产技术的发展进程需要加速。目前，在高端 TFT-LCD 用液晶材料研发、生产和导入方面存在的主要问题包括：实用性的自主知识产权液晶新单体太少；混晶开发缺乏优秀人才；品质管控能力缺乏保障。因此，为了推动液晶材料的国产化进程，国内政府相关部门应该把打造完整、安全的 TFT-LCD 产业链上升到战略的高度，在产业政策、资金配套等方面应该进一步支持原材料企业的发展；同时国内有限的同行企业应该进行共同研究和开发关键材料，共筑自主知识产权平台和共享研究成果。当前 TFT-LCD 用液晶材料的国产化率很低是液晶材料企业的一种无奈，但也给国内企业提供了发展机遇，企业加大力度进行自主创新，并积极与产业链各厂家相互配合，建立互信关系，必能把握发展和提升的机遇，促进民族产业的发展，促进中国从从产业大国走向产业强国。

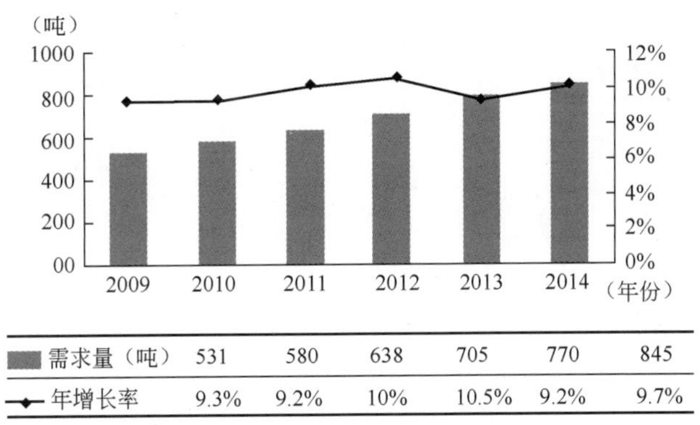

	2009	2010	2011	2012	2013	2014
需求量（吨）	531	580	638	705	770	845
年增长率	9.3%	9.2%	10%	10.5%	9.2%	9.7%

图 7　全球面板产业对液晶的要求量

（资料来源：FPDisplay.com）

第3章 地区概况

2013 年安徽省平板显示产业发展概况

2013 年，安徽省平板显示产业实现快速成长，配套体系不断充实，以合肥为中心的显示产业集聚发展效应加速提升，呈现出跨越式发展态势。

一、产业规模快速增长

2013 年，安徽省显示器件制造业完成产值 250.6 亿元，增长 33.2%；液晶显示屏产量达 1.1 亿片，同比增长 2.3 倍， ITO 导电膜玻璃产销两旺，市场占有率继续保持国内领先，光学薄膜、背光源等相关配套产品产量大幅增长。

二、骨干企业效益向好

合肥京东方 TFT-LCD6 代线实现满产满销，主营收入达 79.2 亿元，盈利超过 5 亿元，实现出口销售 58.8 亿元，同比增长 49.6%，位居 2013 年我国中部地区出口企业百强榜第 12 位，较 2012 年提升 18 位。芜湖长信 ITO 导电膜玻璃产销规模再创新高，连续第二年入围福布斯 2013 年“中国最具潜力上市公司 100 强”，位居第 91 位，继续领跑国内 ITO 导电膜玻璃和电容屏领域。

三、重点项目建设进展顺利

国内首条氧化物 TFT 面板生产线、总投资 285 亿元的鑫晟 TFT-LCD 8.5 代线点亮首块屏，第 6 代触摸屏生产线及其配套项目启动；规划总投资 85 亿元的芜湖东旭高世代平板显示玻璃基板项目第二条、三条生产线先后投产，产品成功打入中国台湾市场。

四、技术进步与应用表现突出

合肥京东方光电科技有限公司的“基于 HADS-TN 技术的超极本面板用 TFT-LCD 技术开发项目”、“65 英寸氧化物超高清显示”分别获得 2013 年度中国电子学会电子信息技术发明类二等奖和首届中国电子信息博览会创新产品与应用奖金奖。芜湖东旭光电科技有限公司成功试制出 0.4mm 厚 G6 液晶玻璃基板，成为国内首家具备自主生产能力的企业；蚌埠玻璃工业设计研究院产出导电玻璃用 0.33mm 超薄基板，打破国外在电子信息产业上游关键原材料的垄断。

五、集聚发展态势逐步形成

安徽全省已建立以显示面板为核心，以显示玻璃、电子化学品、大宗气体、工业纯水、表面贴装、金属件、导光板、背光源模块、浆料等为配套的新型显示产业链，已形成以合肥为中心，辐射芜湖、蚌埠、滁州、黄山等地的新型平板显示产业集群。国家新型工业化产业示范基地——电子信息（新型平板显示）•安徽合肥新站区已发展成为国内配套产业较为齐全、产业链较为完善的平板显示产业集聚区；芜湖初步形成长信（导电膜玻璃、电容式触摸屏）、东旭（液晶玻璃基板）和华东光电（高亮度液晶特种显示、3D 显示）等为代表的显示企业队伍，蚌埠汇聚了玻璃工业设计院、华益导电膜（导电膜玻璃）、晟光科技（触感屏）、今上显示（导电膜玻璃、触摸屏）、凯胜众普（背光源导光板）等骨干显示企业；黄山中显微（触摸屏、3D 眼镜）、金视界（液晶显示屏）等显示企业也有良好发展；此外，滁州在柔性显示、合肥在激光显示等领域也有所突破。

附： 合肥新站开发区 2013 年显示产业发展概况

合肥新站综合开发试验区（以下简称“新站区”）于 1995 年 4 月由安徽省人民政府正式批准设立。1996 年 2 月，国家建设部将试验区列为全国首家城市综合开发试点区。2010 年 10 月区划调整后，新站区辖区面积扩展为 204.73 平方千米，常住人口约 20 万人。2012 年 10 月，新站区被安徽省政府正式批准为“合肥市承接产业转移集中示范园区”。“十二五”以来，围绕着“工业发展主引擎、创新发展新高地”的战略定位，新站区大力发展战略性新兴产业，积极做大做强新型显示、新能源、智能制造等主导产业，着力推动传统产业技改转型，走出了一条“引进大项目—完善产业链—培育产业集群—打造产业基地”的特色发展道路，连续两年被安徽省政府评为“安徽省创新型园区”，先后被国家工信部、科技部及商务部评为“国家新型工业化（新型平板显示）示范基地”和“国家科技兴贸创新基地”。

2013 年新站区完成地区生产总值完成 185.7 亿元，同比增长 13.3%；实现规模以上工业总产值 522.8 亿元，同比增长 17.5%；实现规模以上工业增加值 132.5 亿元，同比增长 18.6%；实现进出口总额 20.1 亿美元，同比增长 86.6%。

经过几年的发展，新站区已初步形成了以新型显示为重点，多个战略性新兴产业协调发展的产业格局，成为区域经济发展的新增长极。

一、龙头企业快速发展

2006 年以来，新站区先后引进了合肥乐凯、京东方光电、彩虹集团、鑫晟光电等行业龙头企业，投资建设了 6 代线、8.5 代线、OGS 触摸屏、高世代液晶玻璃基板、光学薄膜生产基地等重点项目。这些项目的快速建设和良好运营，一方面增强了企业的市场竞争力和盈利水平，为企业也为开发区创造了大量的经济效益和社会效益，另一方面也是企业积极转型、提质创新的发展机遇，为企业加快全球布局、积极参与国际竞争奠定坚实基础。几年来，京东方已成为国内显示领域的领导者，整体规模位居全球第五；彩虹集团是国内最大的电子玻璃研发制造企业，拥有国家级液晶玻璃工程技术中心；合肥乐凯在光学薄膜领域实现替代进口。

二、产业集聚明显加快

在大项目的强力支撑下，新站区的新型显示产业集聚特征日益显现，已成为全国最大的平板显示产业基地之一。随着京东方 6 代线、鑫晟 8.5 代线建设和投产，彩虹高世代液晶玻璃基板、乐凯光学薄膜、蓝光 LED 芯片及外延片、OGS 触摸屏等一批具有自主知识产权的重点项目相继落户，包括法国液化空气、日本住友化学等世界五百强在内一批上下游企业实现了入区配套，截至 2013 年年底，新站区平板显示在建及已建成项目 36 个，总投资 673.74 亿元，其中投产企业 22 家，2013 年实现产值 158.56 亿元，占全区规模以上工业产值的 30.3%；已建及在建项目总占地面积 3836.5 亩，投资强度 1756.13 万元/亩，全部达产后可实现产值超 600 亿元（不含整机项目）。

三、产业竞争力不断提高

目前，新站区新型显示产业发展速度位居国内前列，拥有 6 代、8.5 代液晶面板两条高世代产线，液晶玻璃、电子化学品、光学薄膜、背光源等核心部件和材料较为齐全，产业链较为完善；京东方 6 代线 2013 年盈利近 10 亿元，成为全球效益最好的面板产线之一，鑫晟 8.5 代线引入世界最先进的 OTFT 技术工艺，产品质量和附加值达到一流企业水平，彩虹液晶玻璃新产品开发实现突破，完成了京东方、熊猫、华映等面板企业的技术和产品验证并正式供货；乐凯、翰博、通彩等企业均在各自领域处于国内领先。

四、对推动产业发展的几点建议

2013 年 10 月，国家发改委、财政部正式批复《安徽省战略性新兴产业区域集聚发展试点实施方案》，新站区新型显示产业发展被列入国家试点。为了尽早实现国家、安徽省关于打造具有全球竞争力的新型显示产业集聚区的奋斗目标，下一阶段新站区将继续在“抓规模、抓龙头、抓关键”上下功夫，拓展上下游产业链，扩宽服务范围，提升服务效能。在加快产业集聚，推动创新发展的过程中，国家、省、市各类扶持政策十分关键，在此提出以下几点建议。

（1）加大对龙头企业的扶持力度，支持拥有自主知识产权和产业基础的优势企业，做大企业规模，完善产业链。支持企业建设更高世代线，提高与日韩企业的竞争力。

（2）加强国家层面的统筹规划和组织协调，参照软件产业和集成电路产业，专门制定支持平板显示的各类税收优惠政策。

（3）加强资本市场对平板显示产业的支持。平板显示是一个高投入、高产出、对资金需求巨大的产业。建议通过中央资金扶持和地方跟进投资的引导示范，加大对重点企业的支持。

2013 年北京市新型显示产业发展概况

北京市经济和信息化委员会电子信息产业发展处
京东方科技集团产业研究所

一、2013 年北京市新型显示产业发展概况

2013 年，面对极为错综复杂的国内外形势，党中央、国务院团结带领全国各族人民，深入贯彻落实党的十八大精神，坚持稳中求进的工作总基调，坚定不移推进改革开放，科学创新宏观调控方式，国民经济呈现稳中有进、稳中向好的发展态势。

北京市工业在上述宏观背景下积极采取有效应对措施，深入推进产业结构调整和经济发展方式转变，克服发展中遇到的诸多不利因素，实现平稳增长。

2013 年，北京市规模以上工业实现销售产值 17062.1 亿元，增长 7%。其中，内销产值 15549.7 亿元，增长 7.7%；出口交货值 1512.4 亿元，增长 0.3%。

2013 年，面对错综复杂的国内外政治经济形势，我国电子信息产业各级主管部门认真贯彻党中央、国务院“稳中求进”的经济工作总基调，坚持统筹稳增长、调结构与促改革之间的关系，加大政策预调微调力度，积极培育信息消费等热点领域，产业内骨干企业加快转变发展方式，不断优化产品与市场结构，全面深化转型升级，使得产业整体运行呈现平稳态势，生产保持较快增长，效益规模稳步提升，结构调整不断加快，为提高社会信息化发展水平和促进两化深度融合发挥了积极作用，在国民经济中的重要性持续提高。2013 年产业增加值同比增长 0.8%

2013 年是北京经济技术开发区建设 22 周年。在亦庄的北京经济技术开发区，以诺基亚为龙头的移动通信产业集群，以京东方为龙头的显示器产业集群，以中芯国际为龙头的集成电路产业集群，以北京奔驰为龙头的汽车制造产业集群，组成了“一部手机、一块屏、一个芯片、一辆车”等多个产业集群。电子信息、生物医药、装备制造和汽车制造四大产业产值分别占北京市经济产值的 50%、48%、22%和 17%，规模以上工业企业实现产值 2272.6 亿元，占全市的 16%。

以京东方 8.5 代线为龙头的北京数字电视产业园，吸引了康宁、冠捷科技和住友化学等诸多世界 500 强企业就近配套，产品涉及液晶玻璃、化学品、偏光片、背光源等关键主材料，还有众多的二级配套供应商，形成了器件核心区、整机区、保税物流区等六个功能区，实现了“运进石英砂，运出数字电视整机”的产业理想。在这一产业链之外，移动通信产业集群、集成电路产业集群、汽车制造产业集群、生物制药产业集群、装备制造产业集群、云计算产业集群等星罗棋布，“链”起了开发区高端产业版图。目前高新技术产业产值占工业总产值的比重连续 9 年超过 80%，在国家级开发区中名列第一。科技成果转化率达到 80%以上，远高于北京市 25%和全国 5%的平均水平。

二、产业分布情况

（一）TFT-LCD 面板及模组

2013 年中国显示器市场受宏观经济影响呈现负增长，总体销售规模为 2968.7 万台，较 2012 年下降 9.8%。其中，大于 19 英寸的显示器成为主流产品：在同质化竞争背景下技术领先成为制胜关键，目前，中国显示器行业下游制造强大与上游环节确实矛盾突出，并且行业规模确实制约商业显示器市

场发展；需要把握战略性新兴产业创造的发展机遇，同时突出创新和服务成差异化竞争策略。随着未来经济调整趋好，中国显示器市场同比下滑趋势也将趋于缓和。面对严峻的外部形势，北京市已投建两条面板产线的京东方公司坚持年度经营工作方针，全面落实“十二五”战略规划，推进客户导向和 SOPIC 创新变革，公司整体竞争力有了较大提升，企业整体扭亏为盈。2011 年全集团实现营业收入约 127 亿元，同比增长 59%，2013 年全集团实现营业收入约 162.54 亿元，同比增长 69.16%。各组织在 SOPIC 创新变革推动下，基础能力得到强化，运行效率有所提升；公司产业布局日益完善、产品与产线结构逐渐优化，企业核心竞争力得到显著提高。2013 年实现销售约 44.2 亿元，与 2012 年 32.6 亿元的销售额相比，增长 43.2%，但 2013 年盈利 10.2 亿元，与 2012 年盈利 1.76 亿元的情况相比，盈利情况大幅改善； 2013 年 8.5 代线项目销售收入为 123.4 亿元，盈利 8.15 亿元，比 2012 年亏损 5.2 亿元的情况相比，盈利情况大幅改善。

综合以上三家企业的情况，2013 年北京市 TFT-LCD 面板及模组的销售规模约为 175 亿元。

（二）整机

北京市新型显示产业的整机代工业务主要集中在京东方视讯和冠捷科技这两家公司。

北京京东方视讯科技有限公司是京东方集团旗下的全资子公司。依托集团领先的行业经验和 TFT-LCD 领域的资源优势，公司目前集整机研发、生产、销售为一体，专注于 ODM/OEM 整机代工，自有品牌“牡丹”运作和专用显示产品解决方案。目前，京东方视讯主营液晶电视和显示器的 ODM/OEM 业务。其合作伙伴包括方正、富士通、同方、优派、浪潮等知名公司。除此之外，公司还提供专用显示产品解决方案，包括车载 LCD 显示终端、公共 LCD 显示终端、医疗 LCD 终端等。

2010 年 9 月底，京东方视讯完成收购台湾美齐的整机业务，显著提升了公司在研发、制造、产品规划等方面的能力。公司现在北京和苏州拥有两个生产基地，年产能超过 500 万元。

2011 年，京东方视讯及时进行组织机构调整，整合“两岸三地”资源，建立面板与整机协同作战机制，不断优化客户结构、拓展销售渠道，强化产品企划与开发，积极采取措施力降成本，技术能力进一步提升，在一定程度上缓解了运营中的成本压力。

在品牌业务方面，京东方视讯进一步完善网络布局，初步形成多层级、多渠道销售网络架构；全面启动“龙卷风”行动，完善渠道结构；试水网络营销，完成了主流网络的市场布局；迅速拓展并不断完善全国客户服务体系；外销业务实现快速增长，产品结构向大尺寸、LED 产品延伸；成功中标北京市的机顶盒采购项目。

2011 年，整个京东方集团整机方面的销售规模约 18 亿元，同比增长 213%。2012 年整机销售规模约 24.04 亿元，2013 年销售规模达 33.43 亿元，同比增长 39%。

冠捷科技在北京市投建了两个生产基地，冠捷科技（中国）有限公司目前仍在建设当中，规划投资 5.6 亿元，2013 年底完工，规划年产能为显示器 1000 万台、电视 800 万台以及 TFT-LCD 模组 150 万台；而冠捷科技（北京）有限公司所生产的主要整机产品也是液晶显示器和液晶电视，2011 年，该公司液晶显示器出货 864 万台，同比下降近 4%，实现销售收入近 50 亿元，同比下降 12%。虽然销量和销售额受出口下滑的影响均出现了轻微下降，但公司还是通过不断持续的研发投入，完成了 88 项新产品开发，净利润成倍增长至约 1.9 亿元。2013 年出货量 355 万台，销售收入 231851 万元，盈利-3532 万元（去年盈利-1308 万元），新产品研发产品线 2012 年和 2013 年分别建成 5 项和 18 项。

综上所述，2011 年北京市新型显示产业整机的销售规模约为 68 亿元，2013 年北京市新型显示产业整机的销售规模约为 80 亿元。

（三）上游材料配套

北京市新型显示产业上游材料配套企业的配套范围在 2013 年持续扩大。2012 年联华林德仅向京东方销售大宗气体就已达约 0.48 亿元，2013 年更达约 0.66 亿元。另外，住化华北电子材料科技（北京）有限公司，该公司于 2011 年 9 月才开始生产，到 2011 年年底即向京东方 8.5 代线提供偏光片 72 万套，实现收入 0.3 亿元。2012 年销售量为 10836000 片，销售收入为 4.79 亿人民币；2013 年销售量为 15323000 片，销售收入 5.51 亿元。

此外，北京市新型显示产业还在 5 代玻璃基板、化学品、TFT 用金属冲压件、光学膜、LED、背光模组以及电源驱动芯片等上游材料上形成了本地化配套。随着新投建项目的陆续竣工达产，今后还将在 8.5 代玻璃基板、驱动 IC 等上游材料领域实现本地化配套。

2013 年北京市新型显示产业上游材料配套规模约为 30 亿元。

（四）OLED

OLED 近两年来在国内得到了广泛的关注，自 2008 年维信诺公司建成中国大陆第一条 PMOLED 量产线至今，中国大陆已有多家企业将目光投向了 OLED，尤其是面向中大尺寸的 AMOLED。全国性的产业联盟也已经建立。2011 年 6 月 2 日，由国内 19 家 OLED 企事业单位共同发起的中国 OLED 产业联盟在广东惠州正式宣布成立，旨在引导成员单位在整合产业资源、加强信息交流、推动技术合作、开拓应用市场、推进相关标准制定和知识产权保护等方面广泛开展合作。

北京市的 OLED 产业 2011 年仍处于研发积累阶段，主要代表企业为京东方、维信诺以及阿格雷雅等。作为国内新型显示领域龙头企业，京东方不仅已经具备技术上的自主创新能力，而且已经拥有新型显示领域较为丰富和完备的技术储备。在 OLED 的技术准备上，京东方在 2003 年进入新型显示行业之初，就收购并拥有了 OLED 实验室。截止到目前，京东方在 OLED 领域拥有专利 500 多项。2011 年，京东方就已开始依托成都 4.5 代线，进行 AMOLED 的产线改造，鄂尔多斯 5.5 代 AMOLED 线投产后，京东方就成为全球第二大 OLED 生产商。

清华大学和维信诺公司经过十余年的技术开发及产业化工作，已经系统掌握了 OLED 材料、器件、工艺、驱动等关键技术和产品制备工艺；成功开发出新型高性能电子注入技术，突破了国外专利的限制；发明了高性能电子传输材料，取代了业界常用的传统材料；发明了新型器件结构，性能居国际领先水平；解决了高亮度、高对比度、抗震动、抗电磁干扰等技术问题，成功将 OLED 显示器应用于“神七”舱外航天服上，开创了国际先例。截止到目前，清华大学和维信诺公司已申请专利 391 项，其中发明专利近 300 项，已授权 141 项。清华大学和维信诺公司还是 OLED 国际标准和 OLED 国家标准的主要参与者，现已完成国际标准一项、国家标准两项、军用标准一项。在大尺寸 AMOLED 领域，清华大学和维信诺公司实现了 AMOLED 制造工艺技术的全线贯通，2011 年先后开发出了 7.6 英寸和 12 英寸 AMOLED 显示屏，标志着我国 AMOLED 技术正式进入“大屏”时代。

（五）装备

我国在新型显示行业装备国产化方面目前尚处于起步阶段，北京市装备企业进步明显、表现突出。北京七星华创电子股份有限公司在 UV 固化炉、真空退火炉和物流传送系统上与京东方、天马等面板企业合作研发，已经具备了每年 200 台以上的产能。另外，七星华创现已介入设备的备品备件领域，独立研发了屏蔽盖板等产品。2012 年营业额约 0.14 亿元，2013 年营业额约 1.03 亿元。北京清大天达光电科技股份有限公司除参与了面板企业物流传送系统的合作研发外，还独立研发了自动超声波清洗设备并形成了每年 60 台以上的产能。尤其在 OLED 装备方面，清大天达也开始与京东方和华星光电等面板企业的合作，研发设备的覆盖范围已开始扩大到摩擦、切割、检测等在线设备。2013 年 OLED 产能 50 台套/年，主要设备 USC（干式清洗机）和 INDEXER；2012 年销售额 6000 万元，2013 年销售额 1.2 亿元。

2013 年，北京市新型显示装备领域的销售规模约为 20 亿元。

三、未来规划

“十二五”时期是北京市提出建设世界城市、全面实施“人文北京、科技北京、绿色北京”发展战略后的第一个五年。在全球金融危机对实体经济的影响尚未结束的情况下，推动电子信息产业再上新台阶，实现跨越式发展，对于推动北京市经济社会发展至关重要。

下一阶段我们的目标是，到 2015 年，北京市电子信息产业将实现产值 4000 亿元，年均增长 12% 左右。把北京初步建成为产业优势明显、龙头企业主导、创新能力突出、辐射带动作用强的世界一流电子信息产业基地。

在新型显示方面，北京市将继续以京东方 TFT-LCD 8.5 代线为核心，完善 TFT-LCD 产业链及二级配套，推进液晶电视向 3D 化、智能化升级，建设高端产品制造、关键技术研发、内容服务为一体的数字电视产业园。新型显示产业方面，一手抓大项目，提升 TFT-LCD 产品工艺及产品能效，实现国产面板的本土配套率稳步提升。推动新型显示 AMOLED 的技术研发，协助京东方开展 6 代 AMOLED 生产线建设，另一手抓整机，重点扶持乐视、京东方、利亚德、环球华影等企业推出基于下一代新型显示技术（超级智能电视、UHJ 电视、LED 电视、激光电视）的自主品牌电视，抢占显示领域核心环节制高点（2013—2014 年电子信息产业经济运行分析与展望 P245）。

此外，北京市还将加大液晶、LED 背光、驱动 IC、偏光片等关键材料、部件的自主开发力度，推进 PECVD、清洗机等关键设备的研发和产业化，进一步完善本地产业配套能力，建设高水平的新型显示制造体系；组织优势资源，加强智能电视、OLED、3D 显示、电子纸、可折叠卷曲的显示、激光显示等新一代显示技术研发，推动新型显示技术在京实现升级发展；创新服务和商业模式，形成标准、芯片、软件、节目制作、信号处理、前端设备、发射与接收、增值服务互动发展的产业链。

此外，北京市积极鼓励和引导社会资金投向新型显示产业，鼓励金融机构加大对新型显示器也的服务力度。鼓励符合条件的新型显示器也通过上市以及发行企业债券、公司债券、短期融资融券等方式融资；增强原始创新能力和集成创新能力，努力在新型显示面板生产、整机模组一体化设计、玻璃基板制造等领域实现关键技术突破；创造机遇，推动企业资本并购和产业整合；进一步加强经济运行监测分析，在符合国家政策的基础上，争取夸大企业出口退税的产品范围，及时跟踪汇率机制和金融改革的变化，为企业争取更灵活、便捷的外汇政策。

2013年山东省平板显示产业发展情况

2013年，山东省信息产业发展势头良好，平板显示产业作为山东省信息产业重点发展的八大领域之一，在海尔海信等大型下游整机制造商的带动下，继续保持良好的发展态势，有关情况如下。

一、山东省平板显示产业情况

（一）总体情况

目前，山东省平板显示产业主要分布在济南、青岛、烟台、威海、潍坊等地。产品涉及线路板、液晶材料、薄膜、PDP荫罩、PDP保护屏、背光模组、液晶显示模组、液晶显示器、液晶电视、等离子电视、LED显示大屏幕、DLP大屏幕、平板电视配件等诸多领域。2013年山东省累计生产液晶显示器102.8万台、等离子显示器23万片、发光二极管286.25亿只、液晶显示模组785.6亿套、液晶材料4.16吨。

（二）产业链分布情况

目前，约有40多家企业分别处于平板显示产业链条的不同环节之中。虽然涉及的领域较多，但除海尔、海信等大型终端企业外，上游企业以中小企业为主，企业规模与技术水平有待进一步提高，产业链整合力度需要进一步加强。

表1所示为山东省平板显示产业链企业分布情况。

表1　山东省平板显示产业链企业分布情况

领域	厂商名称
LCD器件	青岛科瑞特电子、莱州成功高新电子、齐威电子、青岛浩日鑫电子、青岛锦泰电子、青岛莱科达电子、山东蓝山液晶、烟台特晶电子
OLED	敦行国际（潍坊）光电科技有限公司
LED	济宁英克莱、浪潮华光光电子、济南宝世达
玻璃	多纳勒烟台、威海蓝星玻璃
液晶材料	济南运嘉化工、蓬莱东海化工、青岛迪爱生、青岛润兴光电、潍坊奥德精细化工、淄博晶润精细化工、烟台德润液晶材料、烟台华奇化工、烟台万润化工、烟台显华化工、枣庄峄城峨山工业
背光源、背光模组	青岛志凯电子、歌尔声学、乐金显示
触摸屏	青岛拓达
掩膜板	烟台正海
电子材料与元器件	东营耐尔、济南山东天诺光电、临沂中瑞电子、威海宝丽佳电子、歌尔声学、共达电声
化学品	青岛盖洛普、山东长城电子清洗
防静电净化	招远金鹰
设备	济南立骜太敬自动化有限公司
电视、显示器制造	海信、海尔、威海大宇、日照海帝、冠捷科技（青岛）有限公司
大屏幕、拼接墙	山东巨洋神州信息技术有限公司、青岛依鲁光电显示有限公司

（三）主要企业情况

1. 海信集团

海信集团的平板显示生产基地位于青岛市经济技术开发区海信信息产业园，占地面积达 1200 亩。2009 年，海信作为牵头单位承担了首批国家重大科技专项（核高基）数字电视 SoC 芯片课题，采用先进深亚微米工艺开发高性能平板液晶数字电视 SoC 芯片，并完成软件和系统整机研制工作。2013 年课题芯片成果已经进入产业应用阶段，预期电视整机应用超过 100 万台。该芯片的研制成功，标志着海信芯片设计水平提升了一个新的台阶，已经完全掌握了极大规模数字逻辑设计、超深亚微米下的数模混合设计、极大规模 SoC 验证技术、自主嵌入式微处理器优化和验证技术、数字电视底层和系统软件开发，以及基于自主 SoC 芯片的整机开发和调试技术等多种核心技术。

2013 年 1 月，海信 U-LED 液晶电视获得了美国 CES 展"年度显示技术创新奖"，这是中国企业首次在显示技术上获此大奖。2013 年，海信液晶模组在深度动态背光控制及高画质液晶模组技术、偏光型增亮膜制备方法和加工工艺技术、超高分辨率显示、OLED 显示及终端技术等方面继续深度研发，将不断提升海信在多媒体显示领域的自主技术实力，并拓展海信在产业链中的地位与竞争力。

2. 山东华芯富创电子科技有限公司

2013 年，山东华芯富创大尺寸 OGS 触控屏生产线在济南综合保税区华芯集成电路产业园上线投产，这是我国第一条专门制造大尺寸 OGS（one，单片式）触控屏的生产线。

华芯富创主要面向平板电脑、NB、AIO 及 Monitor 等市场，生产和销售 10.1 寸、13.3 寸、15.6 寸、21.5 寸、23.5 寸、27 寸等中大尺寸触控屏。投产后，山东华芯富创大尺寸 OGS 触控屏将广泛应用于电脑一体机、平板电脑、超极本、触控显示器、汽车及各种设备中控面板、信息查询机等主流电子消费产品。

华芯富创大尺寸 OGS 触控屏项目计划分两期建设，总投资 15 亿元。其中，一期总投资 5 亿元，可月产 21.5～27 寸大尺寸 OGS 触控屏 8.5 万片，年产 100 万片，项目达产后年收入 1 亿美元，可实现利税 3000 万美元；二期项目投资 10 亿元，将产能扩大至年产大尺寸 OGS 触控屏 500 万片，项目达产后年收入可达 4 亿美元，年利税 1 亿美元。

3. 日照海帝电器有限公司

日照海帝电器有限公司成立于 2009 年 12 月，位于日照市高新区，主要经营液晶电视模组和整机制造，已建成两条侧光 LED 背光液晶模组生产线、1 条 SMT 贴片线、两条 LCD 平板彩电整机生产线。设计生产能力年产 LCD 平板电视 70 万台、侧光 LED 背光源模组、侧光 LED 背光液晶模组 70 万片，2010 年第四季度正式投产。2013 年生产液晶电视机 26.9 万台，实现销售收入 8.2 亿元。其中，26 寸 9610 台、32 寸 155373 万台、39 寸 44258 台、42 寸 37650 台、48 寸 9975 台、50 寸 9692 台、55 寸 2205 台，产品主要出口到俄罗斯、哈萨克斯坦、塞尔维亚、黎巴嫩、蒙古、阿尔及利亚、罗马尼亚等国，国内客户主要包括清华同方、京东方、彤英策、歌尔声学等。

4. 宝世达电子科技有限公司

宝世达电子科技有限公司公司成立于 2008 年，注册资本 6000 万元，主要产品包括 LED 单色、双色、全彩显示屏、LED 室内外照明灯、景观灯、汽车照明灯具，并积极发展 LED 封装和芯片产业，2013 年公司实现销售收入 3.6 亿元。

2013 年在显示方面研发新产品主要包括以下两类。

（1）压铸铝新型显示屏。该产品改善了传统产品存在的箱体厚重、制作工艺粗糙，连接线方式不稳定，安装结构复杂等问题。开发出国际先进的集成式"无线硬连接"设计，转接卡、信号线、5V 电源与模组间实现“硬连接”大大提高产品稳定性及可靠性，产品强度硬度高，散热效果优良。

（2）P10户外全彩显示屏产品系列。P10户外全彩产品通过优化PCB设计、创新LED布灯技术实现焊接自动化，改善目前产品生产中存在的产品产能低，产品稳定性差等问题，极大地提高了产品稳定性，以及生产的自动化率。

二、山东省平板显示产业存在问题

一是平板显示产业链仍不完善，在OLED显示等新兴显示领域，刚刚起步，产业链有待拉长、完善。二是山东省平板显示产业发展不均衡。山东省平板显示企业主要集中在济南、青岛、烟台、威海等市，其他各市只有少数，甚至没有。三是山东省平板显示上游企业一般规模较小，缺乏龙头骨干企业。四是关键材料、设备和技术受制于人。大尺寸面板依赖进口或省外输入，产业缺屏少芯现象仍然严重。

三、下一步发展思路

（一）大力发展面板

目前，山东省还没有一条高世代平板显示面板生产线，而面板是平板显示产业上游环节的核心部件，占平板电视成本的50%以上，同时，面板也是电脑显示器、手机显示屏等产品的关键器件。因此，今后山东省将大力扶持省内企业新上高世代显示面板生产线，引导大企业兼并重组和并购境外有专利的面板企业，逐步缓解上游关键环节缺失的“瓶颈”问题。

（二）注重发展模组

山东省将以海信等龙头企业为依托，加大投入，积极扩充模组产能，初步形成液晶显示模组的产业聚集，进而向前端延伸，逐步形成完善的平板显示产业链。

（三）巩固平板电视生产优势

山东省要继续发挥平板电视产量大、质量好、市场占有率高的优势，抢占平板整机市场的制高点。以平板整机为动力，来带动平板显示产业上下游产业链的发展。

（四）集中力量研发芯片

结合海尔、海信在芯片设计上的技术积累，扶持相关企业重点开发具有自主知识产权的液晶电路驱动芯片，中央处理器、解码芯片、操作系统、机顶盒等，实现产业横向拓展。

2013 年四川省显示产业发展概况

一、产业概况

2013 年，四川省平板显示产业继续保持平稳较快的发展态势，全省平板显示产业销售收入约 2000 亿元、产业链相关人员达 20 万人。其中，终端企业有富士康（成都）生产基地项目、联想（西部）生产基地项目、戴尔成都基地、仁宝成都基地、纬创成都基地、TCL 成都基地、长虹公司，PDP 显示屏制造企业有成都京东方光电科技有限公司显示屏（TFT）、成都天马微电子有限公司显示屏（TFT）、四川虹欧显示器件有限公司、四川省虹视显示技术有限公司（OLED）、模组制造企业有长智光电（四川）有限公司（LED 模组）、长虹光电公司（LED 模组），前端材料企业有成都中光电科技有限公司玻璃基板（LED）、四川旭虹光电科技有限公司玻璃基板(PDP)，元器件制造企业有英特尔（Intel）、德州仪器（TI）、成都顺康电子有限责任公司，化工材料企业有绵阳艾萨斯电子材料有限公司、四川新力 PDP 荧光粉、成都三利亚中瓷有限公司等产业公司。

二、四川省平板显示产业发展现状及优势

近年来，四川省通过引导、支持省光电产业重点项目，逐渐形成了以成都、绵阳为基地的成绵平板显示产业集群，推动四川省平板显示器件产业实现快速发展，四川省平板显示产业发展现状及突出优势如下。

（一）成立四川省平板显示行业协会

2013 年 6 月 27 日，由四川省政府主办，四川省重大办、四川省发改委、四川省经信委、科技厅承办的四川省推进平板显示产业发展会议在成都成功举行。

四川省虹视显示技术有限公司、成都中光电科技有限公司、爱发科东方真空（成都）有限公司、成都京东方光电科技有限公司、成都天马微电子有限公司五家公司发起成立四川省平板显示行业协会的联合倡议书。目前已经有 39 家与平板显示产业链相关的上、中、下游生产企业积极加入四川省平板显示行业协会协会。

信息产业电子第十一设计研究院、电子科大、四川大学、虹视显示技术有限公司作为产品创新、研发基地。

四川长虹电器股份有限公司董事长赵勇担任四川省平板显示行业协会第一届会长。

（二）产业规模不断扩大

电子信息产业是四川省的优势产业，平板显示产业又是四川省电子信息产业的核心产业。截至目前，落户成都的平板显示产业有京东方的第 4.5 代 TFT-LCD 面板生产线、中国建材集团的液晶玻璃基板、成都菲斯特公司的 TFT-LCD 背光模组、韩国东进京东方化学品配套项目、峻凌国际 TFT-LCD 模组和 LED 封装、虹视显示技术有限公司的 OLED、航天光电 LCD 模组、四川新力 PDP 荧光粉、成都国星超便携电脑、成都盟宝手机、TCL（成都）液晶电视等项目，四川省平板平板显示器件产业集群逐渐形成。随着深天马在成都国家高新区建立的第 4.5 代 TFT-LCD 面板生产线、中光电液晶玻璃基板生产线、富士康 LED-TV、LCD 模组、LED 背光模组及 LED 封装和照明光源生产线、天亿显示科技的低温多晶硅 6 代线的相继建成投产，四川省显示产业开始不断向高端化方向演进。2012 年，四川省电

子信息制造业销售产值达到2866亿元，居全国第八位，中西部地区首位。

（三）产业链条持续完善

经过多年的积累，四川省等离子产业链已得到长足发展。以四川长虹电器股份有限公司子公司、四川虹欧显示器件有限公司（PDP）、四川省虹视显示技术有限公司（OLED）为代表，除长虹集团诸多下属企业外，包括绵阳艾萨斯电子材料有限公司、四川新力PDP荧光粉、成都三利亚中瓷有限公司、四川旭虹光电科技有限公司的PDP玻璃、盖板玻璃等众多关键材料、器件产业链上游供应商企业相继成立，成为四川省PDP产业的重要支柱。得益于技术进步及产业链的稳定发展，四川虹欧显示器件有限公司PDP项目于2010年实现规模量产，目前“良品率”已超过90%。除PDP产业外，四川省平板显示产业链上游企业有航天光电、新力光源等；中游企业有虹视OLED生产线、京东方和天马第4.5代TFT-LCD面板生产线、峻凌国际TFT-LCD模组和LED封装项目等；下游企业有四川长虹、TCL、吉锐、富士康等行业知名的高科技企业。2010年7月投产的中光电液晶玻璃基板毗邻成都京东方公司和成都天马公司，与两条4.5代液晶面板线也形成上下游配套关系。

（四）技术水平明显提升

从目前落地四川省的显示项目来看，成都中光电科技有限公司液晶玻璃基板线是国内首个0.5mm液晶玻璃基板生产项目，技术依靠自主研发，拥有完全自主的知识产权，达到国际先进水平。四川虹欧显示器件有限公司在3D-PDP模组产业化、高清/全高清3D等离子显示控制芯片系列开发及产业化等平板显示技术领域处于国内同行业领先水平。四川省虹视显示技术有限公司在国内首次完成了基于低温多晶硅薄膜晶体管（LTPS-TFT）技术的2.6英寸、3.2英寸全彩AMOLED产品开发，填补了国内3英寸级AMOLED正样产品空白。成都菲斯特科技有限公司在LCD显示屏增亮光栅模具辊筒加工上具有工艺的先进性，并且申请四川省地方标准，包括：LCD显示器增亮光学膜功能材料技术条件；LCD增亮光栅模辊加工技术条件及测定方法；裸眼3D立体显示柱状光栅技术条件。成都工投电子科技有限公司在省内拥有第一条4.5代线TFT-LCD液晶面板玻璃减薄生产线，薄化厚度至0.6t~0.3t不等，薄化能力和品质满足了客户高端面板产品的需求。志超科技（遂宁）有限公司新建先进的TFT-LCD、LED及其他多层高密度细线路板生产线，形成年产高密度互联积层板150万平方米的生产能力，其中，TFT-LCD/LED专用印刷线路板30万平方米，其他用高密度多层细线路印刷线路板120万平方米。

同时，由于低温多晶硅工艺技术的应用，垂直整合配套，将拉动上下游配套产业，进一步完善高端智能手机及平板电脑显示产业链，提高四川省在全球高端显示产业的水平和竞争力。

（五）研发资源加速聚集

四川省高等教育和科技实力雄厚，高校和科研机构云集，技术研发人才众多，新型显示技术和产业发展所需的研发资源加速聚集，优势不断凸显。电子科技大学的显示科学与技术四川省重点实验室、OLED工艺技术国家地方联合工程实验室，四川大学的高分子材料工程国家重点实验室、高分子研究所，中科院的光电研究所，信息产业电子第十一设计研究院等。

（六）政策环境日益完善

四川省把发展平板显示产业列入四川省电子信息产业发展规划、四川电子信息产业调整和振兴行动规划、四川电子信息产业灾后重建规划等重要规划当中。以成都为例，对光电显示产业的关注，并不仅仅是某个区域，或是某个部门的倾注，而是一座城市对发展高新技术产业，所形成的“成都共识”—在市委、市政府确定的“两枢纽、三中心、四基地”的发展方略中，以成都高新区为重点，聚集、发展光电显示产业，已成为“四基地”建设中，高新技术产业基地重点支持的七大高新技术产业领域之一。不仅如此，为推进成都光电光伏产业集群发展，2008 年，《成都市光电光伏产业集群发展规划（2008—2017 年）》正式出炉，按照总体目标，到 2017 年，成都光电显示产业的主营业务收入将达 400 亿元。

天津市电子信息产业新技术优势形成

“这种新型印制电路板由传统的覆铜箔环氧基板向玻璃基板转化，在电路板制造材料和工艺创新上都有了突破，属于国内首创，应用起来更易清洁、耐磨、不易老化，可应用于楼宇控制、医疗设备自动控制、智能家居自动控制、电梯面板，以及工业控制面板等领域。”在日前天津普林电路股份有限公司举办的推介会上，该公司相关负责人自豪地向外界推出企业的最新研究成果。

据了解，我国是全球排名第一的印制电路板生产大国，2012 年全球四成印制电路板产于中国，而天津普林则是中国北方印制电路板制造综合能力最强的企业，其生产的高密度互联多层板（HDI）被列入国家“十二五”产业振兴的发展规划。

像天津普林这样的规模以上电子企业，在天津市目前有 610 家。产品技术含量不断增强，产业链不断延伸，在天津 600 余家普林电路这样的企业汇集成的电子信息产业，已成为拉动全市经济增长的强劲动力。

“天津是全国重要的电子信息产业基地，产业总体水平处于国内前列，企业个数、工业总产值、主营业务收入、利润总额等各项指标都排名全国前列。”天津市经信委相关负责人向记者介绍。

天津市经信委提供的数据显示，2012 年，天津市 610 家规模以上电子企业完成工业总产值 3293.34 亿元，是 2007 年的 1.4 倍；主营业务收入 3130.08 亿元，是 2007 年的 1.5 倍。2013 年一季度，电子信息产业实现利润 34.9 亿元，增长 8%。

“大项目好项目的不断引进，成为天津电子信息产业不断发展壮大的助推器。”天津市经信委负责人称。“2008 年以来，天津电子信息产业共实施 3000 万元以上重点项目 209 项，总投资为 970 亿元。”

大项目、好项目的实施，不仅成为天津电子信息产业新的增长点，而且有效填补了产业链高端环节的空白，带动一批企业加速聚集，产生了强大的拉动和辐射效应，滨海新区云计算产业基地、空港保税区 RFID 与物联网产业综合示范区、滨海高新区软件园、滨海信息安全产业园，以及西青、津南、静海等区县的一批示范工业园区都成为电子信息企业聚集的强大载体。在天津经济技术开发区，形成了包括移动通信、微电子、显示器、汽车电子为主的产业群；在西青开发区，则集中了芯片制造、封装企业、元器件和家庭视听设备为主的企业；滨海高新区聚集了天津市近 70%的集成电路设计、软件企业和 60%的系统集成企业；空港经济区在服务外包、移动互联网、物联网等领域发展势头强劲，聚集了软通动力、东软、CSC、大唐、中兴等企业。

“天津的电子信息产业除了继续保持通信设备制造、电子元器件制造、数字视听等传统领域优势外，在新型显示器、移动互联网、云计算、物联网等新一代信息技术产业领域也正在形成特色和优势。”天津市经信委负责人称。

（天津日报）

第4章

专题研究

新型显示技术应列为国家重大专项

中国科学院院士　欧阳钟灿

“我国液晶产量将来会达到世界第一。现在产业处于机遇期，应该继续鼓劲，进一步发展新型显示产业。”“我研究的平板显示领域正是因为自主创新，才用 5 年时间就后来居上，开拓出了今天的大好局面。”全国政协委员、中国科学院院士欧阳钟灿在接受《中国电子报》记者采访时表示。欧阳钟灿院士认为，我国下一步应该继续大力发展新兴显示产业，他递交了“将新型显示技术研究列为国家科技重大专项”的提案。

一、国内企业让百姓受惠

2005 年，我国平板显示产量占全球不到 1%，现在的产能已达到 20%。

改革开放前 30 年，我国主要依靠进口欧美、日本早期的一些先进技术。“最早从 CRT 向平板显示挺进的时候，京东方进口了 3.5 代线，上广电和 NEC 合作做了 5.5 代线，但这些都只能做显示器的低端产品线。所以，当时平板彩电的价格很高，需要一万多元。”欧阳钟灿告诉记者。曾经，液晶屏是我国排名第四的进口产品，排在集成电路、石油和铁矿石之后。

“为了不受制于人，就要创新驱动，这离不开国家政策的支持。”欧阳钟灿说，“国家提倡进一步突出企业的技术创新主体地位。京东方在北京做了 8.5 代线，华星光电也加入进来，在深圳建了 8.5 代线，它们都强调自主创新，用两年的时间一举成功。”欧阳钟灿表示。2012 年，京东方扬眉吐气，实现大幅度盈利；华星光电则当年满产当年盈利，改写了世界平板显示产业版图。“2005 年，我国平板显示产量按面积算占全球不到 1%，现在我们量产及在建的生产线产能已经达到 20%。”欧阳钟灿告诉《中国电子报》记者。据介绍，因为中国企业的自主创新，使得近年来，夏普、三星、LG 的大屏幕 8.5 代线全面亏损。虽然平板显示企业在竞争中吃了一定的苦头，老百姓却是一路受惠。“现在 2000 多元就能买一台平板彩电，这就是实施自主知识产权最直接的好处。”欧阳钟灿表示。

二、将显示技术列入国家专项

大力推进新型显示技术产业化，将新型显示技术列为国家重大专项。

在国外企业已经充分竞争的平板显示产业中能获得一席之地，是因为抓住市场机遇进行了自主创新。“我们的 5.5 代线进行了及时转型，遇到了由苹果 iPhone 和 iPad 引发的移动通信革命。而三星和 LG 大力投资 OLED，因为技术不成熟，现在它们还要向中国企业买手机屏。”欧阳钟灿告诉记者。

尽管自主屏的问题解决了，但是屏的上游——玻璃、彩膜等还是进口的。为此，国家及时给予了带动中上游的专项支持，支持京东方、华星和上海天马 3 家龙头企业产品国产化率达到 60%，带动了平板显示产业链的自主化。

2008 年，欧阳钟灿在接受媒体采访时表示“中国液晶产业可以后来居上”，现在，事实验证了他的这一预言。他告诉《中国电子报》记者：“我国液晶产量将来会达到世界第一。我们现在的产业基础很好，又处于机遇期，应该继续鼓劲，进一步发展新型显示产业。”为此，2013 年欧阳钟灿又提议把发展新型显示技术纳入国家科技专项。

“很多人认为液晶、OLED 都已经成熟了，其实不是。现在中小尺寸发展高分辨率还不高，所以要大力发展 OLED；55 英寸以上屏幕要发展 4K 超高清，需要将原来的 a 硅转化成低温多晶硅；金属氧化物技术\窄边框、低功耗、透明显示等若干新技术正在应用到 LCD 上，柔性显示等前瞻技术创新步伐也在加快……这些都需要继续加大投入和创新力度。”欧阳钟灿告诉记者。

欧阳钟灿在他的提案中这样表述：我国需要更大力度地支持推进新型显示技术的研发与产业化。为此，他建议将“新型显示技术列为国家科技重大专项”。

激光修补技术在修复薄膜图形缺陷上的应用

——薄膜图形缺陷激光修补机

深圳清溢光电股份有限公司　万承华　宋体涵

摘　要：阐述了应用激光修（ZAP）/补（CVD）技术在玻璃基板上去除/沉积在薄膜图形缺陷的金属及其化合物/金属薄膜的原理与方法；简述了影响薄膜图形缺陷修补质量与效率的关键技术；简单介绍了薄膜图形缺陷激光修补机的系统构成及其技术与性能指标。

关键词：激光化学气相沉积（LCVD）　金属薄膜　快速成膜　激光快速去除（ZAP）　设备参数

一、引言

薄膜图形缺陷激光修（ZAP）/补（CVD）技术广泛应用于平板显示（FPD）和半导体（IC）行业，尤其是在其前端的掩模版和面板的生产过程中，产品会产生细微线路短路或者断路的情况，我们将短路的情况称为“黑缺陷”（暗点缺陷），断路的情况称为“白缺陷”（亮点缺陷），而这两种缺陷都是制约产品良品率的关键。为提高良品率，降低生产成本，必须对黑缺陷进行去除，对白缺陷进行补缺。薄膜图形缺陷激光修补机正是为修补掩模版或面板基板上的薄膜图形缺陷而专门研制的高精密度设备。

激光修（ZAP）技术是应用激光能量将掩模版或面板薄膜图形中的黑缺陷去除；激光补（CVD）技术是应用激光能量将羰基金属材料的羰基键打断产生金属离子态，并将其沉积在掩模版或面板基板上薄膜图形有白缺陷的地方。在白缺陷修补过程中最关键的是沉积在掩模版或面板上的薄膜要达到一定的厚度、宽度、黏附性、导电率等技术参数。

该设备在掩模版制造和 FPD 产业领域应用的总体发展趋势，将朝着高精密度、在线式、多功能、大尺寸方向发展。

二、激光去除与激光化学气相沉积的原理与方法

（一）激光去除原理与方法

激光去除（ZAP）是用激光束切断薄膜中短路或多余的图形线路，即利用激光束将掩模版或面板薄膜图形上的黑缺陷去除；也是基板上的薄膜图形材料在激光作用下气化分解（通常情况下激光波长越短，脉冲宽度越窄，峰值功率越高，去除效果越好）。这种方法称为 Zap Repair 或 Laser Repair。

激光去除基本原理示意如图 1 所示。

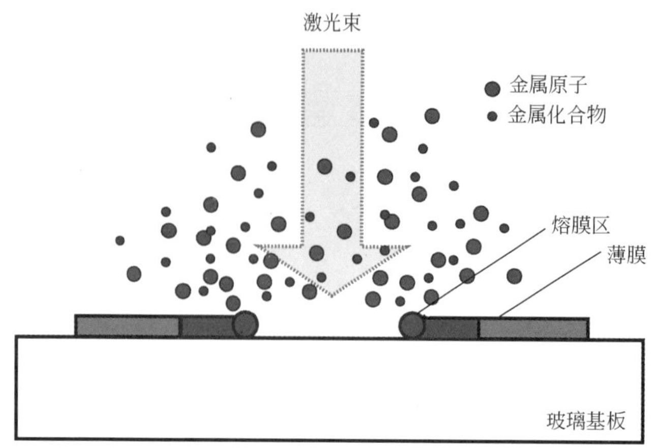

图 1　激光去除基本原理示意

（二）激光化学气相沉积原理与方法

激光化学气相沉积修补是将固态羰基金属材料气化后，在激光的作用下发生化学反应，使得金属物质沉积在基片表面的断路线路上。即是将通过 Slit 整形的激光聚焦成一定形状的微光束定域加热基片，启动并维持 CVD 过程，在沉积过程中通过移动基片或激光束，将固体结构的金属物质以高分辨率沉积。这种方法称为 Deposition Repair 或 Laser CVD Repair。

激光气相化学沉积基本原理如图 2 所示。

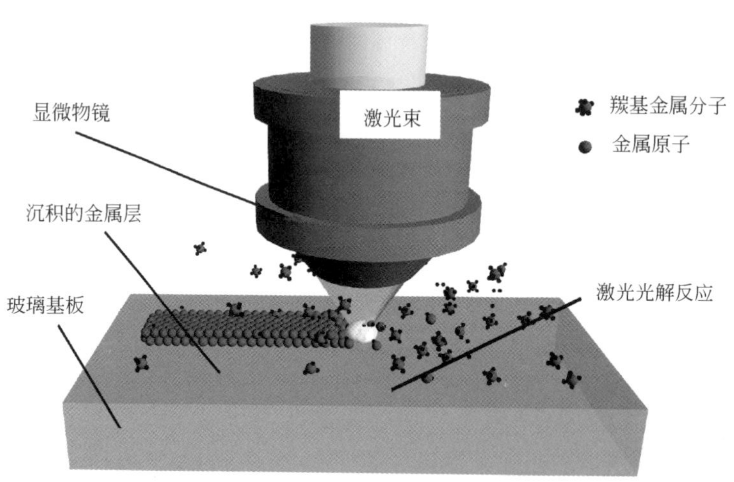

图 2　激光气相化学沉积基本原理

激光气相化学反应方程式以铬为例：$Cr(CO)_6 \xrightarrow{光解} Cr+6CO$

羰基铬分子结构示意如图 3 所示。

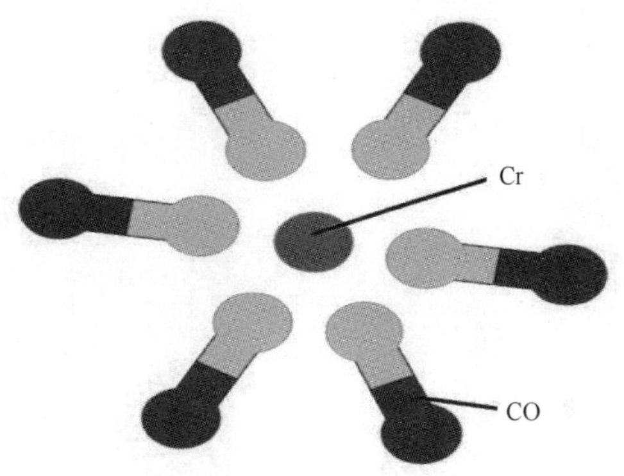

图 3　羰基铬分子结构示意

三、影响薄膜图形缺陷修补质量与效率的关键技术

影响薄膜图形缺陷修补质量与效率的关键技术主要包括激光修补光学系统设计及其应用技术、反应腔的气流均衡结构设计技术、气路系统与温度控制系统应用技术。

1. 激光修补光学系统设计及其应用技术

（1）激光修补光学系统设计及其应用技术，是在玻璃基板上去除金属及其化合物薄膜或沉积金属薄膜的基础条件。

在激光修（ZAP）的光学系统应用技术中，主要是运用激光分层去除技术，通过控制激光能量有效清除基板表面薄膜图形中多余的材料，并且对玻璃基板及其表面上的薄膜图形均无损伤。

图 4 所示是一组通过在玻璃基板上对铬膜图形进行修（ZAP）的工艺测试对比，以反映影响薄膜图形缺陷修（ZAP）的质量与效率的关键因素：通过激光能量的调整，使图形修（ZAP）的结果既无残余铬，又不损伤玻璃。

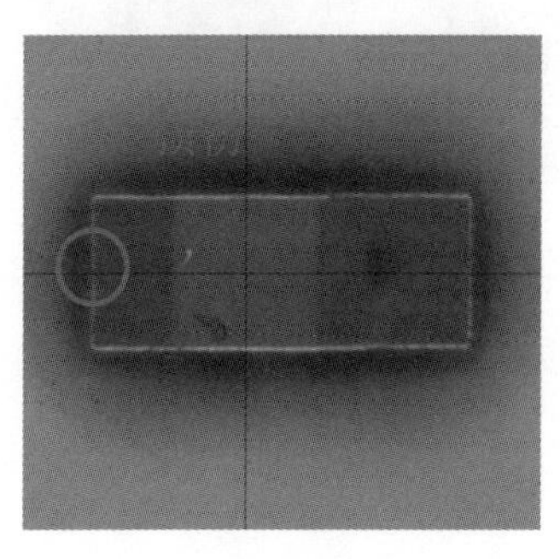

能量过高

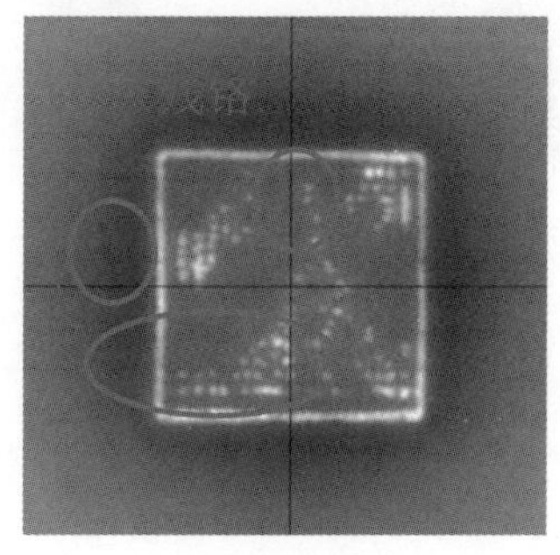

能量偏低

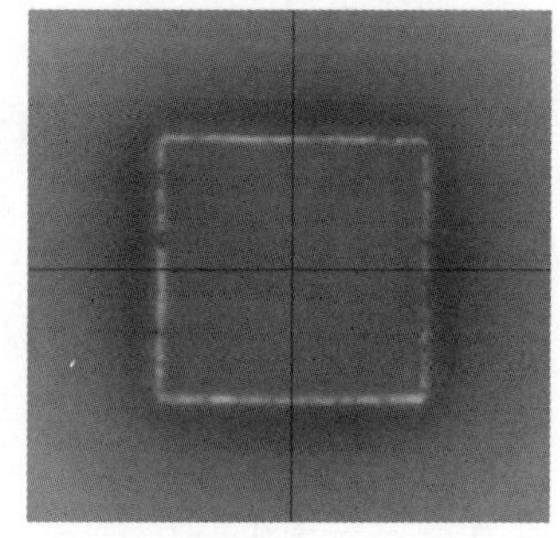

能量适中

图 4　通过在玻璃基板对铬膜图形进行修（ZAP）的工艺测试对比

（2）在激光补（CVD）的光学系统应用技术中，关键是通过控制激光参数，并将通过 Slit 整形的激光聚焦成一定形状的微光束定域加热基片，同时完成激光气相化学反应——打断羰基键，使固体结构的金属物质以高分辨率沉积，并不伤害玻璃基板及其表面上的薄膜图形。

图 5 和图 6 所示是一组通过在玻璃基板上对铬膜图形进行补（CVD）铬的工艺测试对比，以反映影响薄膜图形缺陷补（CVD）的质量与效率的关键因素。

①沉积均匀性的影响因素。在玻璃基板上进行补（CVD）铬的沉积均匀性，主要取决于激光的均匀性和反应腔内气流与气相羰基铬分布的均匀性。激光的均匀性可以通过调整激光光斑相对均匀的部分来解决，反应腔内气流与气态羰基铬分布的均匀性则是通过反应腔内的结构设计

与调节气流及其温度的稳定性来保证的。图 5 所示是均匀性差和正常均匀性的示意。

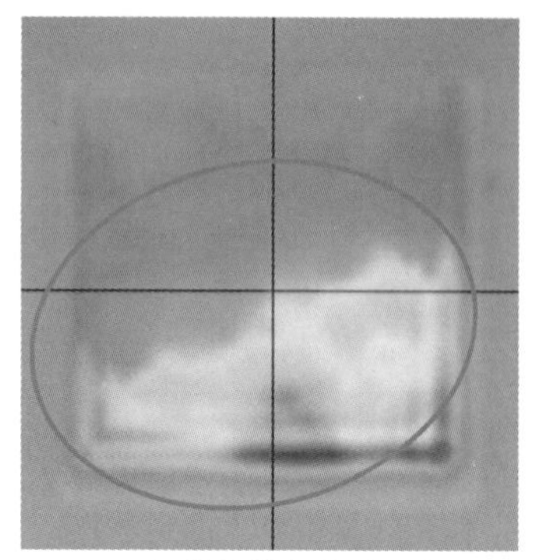

（a）均匀性差（反射光）

（b）正常均匀性（反射光）

图 5　激光的均匀性

②沉积厚度的影响因素。在玻璃基板上补（CVD）铬的沉积厚度，主要取决于激光强度及气态羰基铬浓度。激光强度可通过激光器泵浦电流或衰减器进行调整，气态羰基铬浓度主要是通过对混合器的加热温度及气体的压力/流量/温度进行调整。沉积厚度如果过薄，会导致图形透光，过厚会导致沉积膜在玻璃基板上的黏附力差，且易开裂与脱落，如图 6 所示。

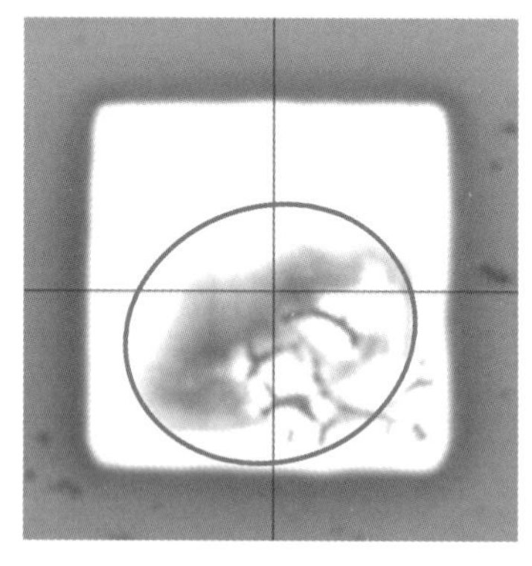

（a）厚度太厚（反射光）

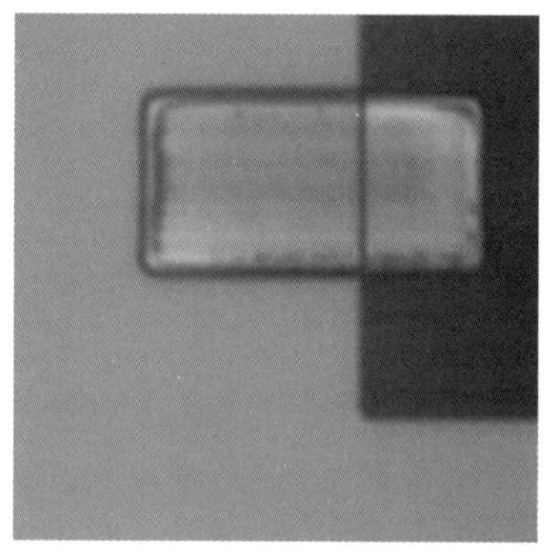

（b）正常厚度（反射光）

图 6　沉积厚度

因此，影响薄膜图形缺陷补（CVD）的质量与效率的关键因素，除了激光强度，还需要结合反应腔的结构与气流、温度的均衡控制。

2. 反应腔的气流均衡结构设计技术

反应腔的气流均衡结构设计技术采取了一种超薄型带有窗口片保护气路的反应腔，包括基座和透明窗口片，基座设有反应孔、窗口片、喷嘴部件及反应气体分配环。喷嘴部件设有反应气喷口，反应气体分配环设有环形气道。由于反应气体通过各凹槽的分配，气流得到稳定均衡喷覆。窗口片及其保护气路能有效避免反应腔的窗口易受 CVD 反应过程中产生的沉积物污染的问题。

3. 气路系统与温度控制系统应用技术

气路系统与温度控制系统应用技术在气路系统中主要包含反应气体和保护用惰性气体的稳定输送，以及反应腔、混合器及气路输送系统的温度控制技术。

总之，化学气相沉积在激光的作用下，通过对反应腔与混合器及各气路的控制，具体来说就是通过控制气路输送系统与反应腔内工作气体（气态羰基铬+氩气）的压力、流量、温度、浓度与稳定性，才能有效保持成膜区内膜厚的均匀性与膜层的均一性，减少成膜“拖尾”现象，保证成膜质量与效率。

图 7～图 9 所示是反应腔内混合气体流动状态及热交换模拟分析、反应腔局部截面工作气体质量分数与温度模拟分析以及补 5μm 宽斜向断线的实际成膜显微照片。

（1）图 7 所示是 LCVD 的反应腔内混合气体流动状态及热交换情况的模拟分析。

单元数量：11780879，节点数量：3313531

图 7　LCVD 的反应腔内混合气体流动状态及热交换情况的模拟分析

（2）图 8 所示是反应腔局部截面工作气体质量分数与温度模拟分析。

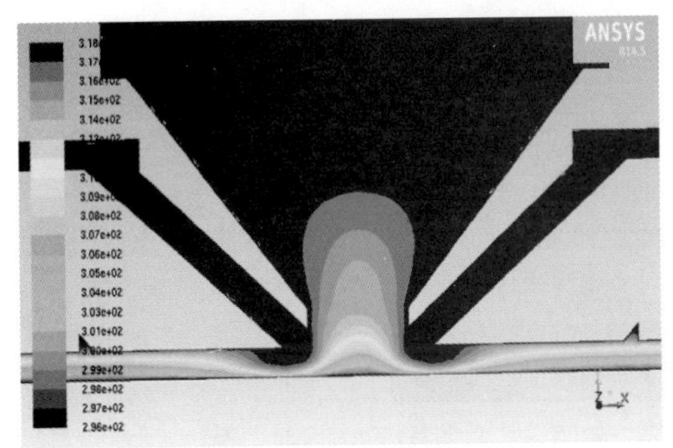

（a）羟基铬质量分数

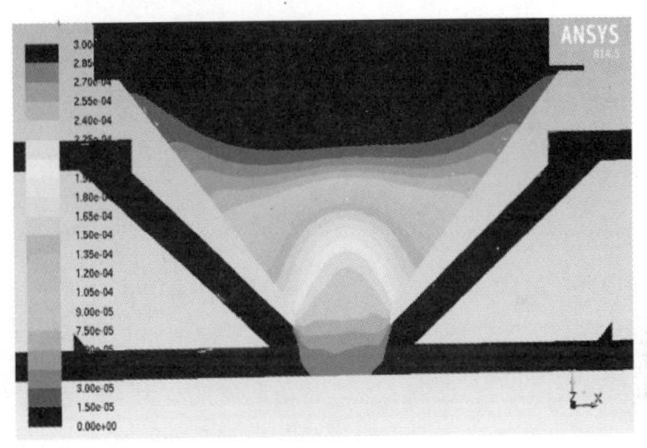

（b）温度

图 8　反应腔局部截面工作气体原理分数与温度模拟分析

（3）图 9 所示是补（LCVD）5μm 宽斜向断线的实际成膜显微照片。

（a）反射光

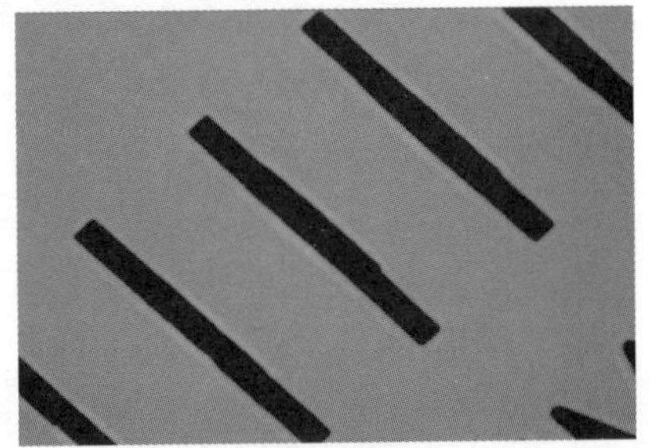

（b）透射光

图 9　补（LCVD）与 5μm 宽斜向断线的实际成膜显微照片

四、薄膜图形缺陷激光修补机的系统构成及其技术与性能指标

薄膜图形缺陷激光修补机主要由大尺寸高精密度 *XY* 平台及其传递系统、光学系统、气路与气相化学反应控制系统、电气控制系统、软件控制与图像处理系统等部分组成，设备点体示意如图 10 所示。

图 10　设备总体示意

1. 大尺寸高精密度 *XY* 平台及其传动系统

（1）采用花岗岩材质平台与导轨，配以空气轴承替代传统的接触式轴承，是实现大尺寸平台快速平稳运动与高精度定位的基础，图 11 所示为花岗岩材质平台与导轨示意。

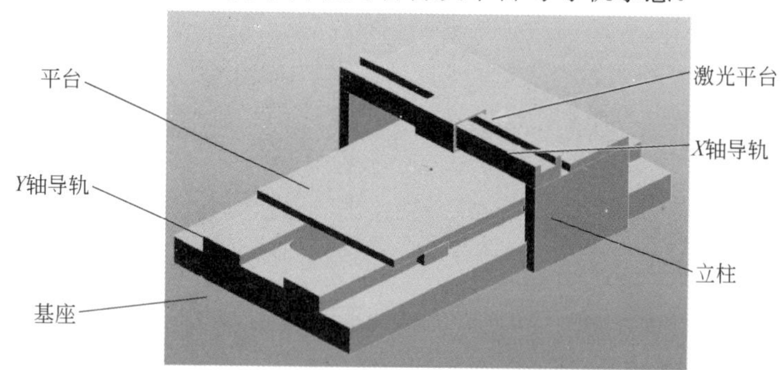

图 11　花岗岩材质平台与导轨示意

（2）平台采用摩擦杆传动系统（见图 12），即 *XY* 驱动方式采用伺服电动机和摩擦驱动（UHING）组合，既具刚性强、导程稳，又具过载保护等特性，可有效提高运动精度及安全性。

图 12　摩擦杆传动系统

2. 光学系统

（1）激光修补光学系统。如图 13 所示激光修补光学系统（主视图）使用两台激光器分别用于修（ZAP）与补（CVD）的激光光源，修（ZAP）的功能选用的是皮秒脉冲激光器-32，波长为 355nm。补（CVD）的功能选用的是纳秒脉冲激光器-27，波长为 351nm。

两台激光器激光出口后都依次设置了 Shutter-28、激光反射镜-18、扩束镜-29、激光衰减器-30 & 31。激光衰减器是由零级半波片-30 与介质膜偏振片-31 组成，当半波片-30 绕透射激光轴旋转 θ 角时，将线偏振激光的偏振方向旋转 2θ，在经过偏振片-31 时，设偏振激光偏振方向与偏振片的透光轴夹角为 α，那么透过的激光强度 $I=I_0\cos^2\alpha$（I_0 是入射激光强度）。

经衰减和扩束后的激光束分别依次由反射镜-18（8）、18（9）、18（10）、18（2）和 18（6）、18（12）、18（11）传输到与 X 轴导轨平行方向，与 X 向导轨平行部分，如图 14 所示。

修（ZAP）支路由反射镜-18（2）、18（4）、18（5）、18（12）转折入射到反射镜-3（400～650nm 高透），反射转折 90° 穿过 SLIT 机构-4 的开口，再经过 NUV 显微镜-5、NUV 物镜-9（50×）聚焦到基版表面待修薄膜图形缺陷上。

补（CVD）支路由反射镜-18（1）、18（12）转折，并入射反射镜-3（1）（400～650nm 高透）转折 90° 穿过 SLIT 机构-4（1）的开口，再经过 NUV 显微镜-5、NUV 物镜-9（50×）聚焦到基版表面待补薄膜图形缺陷上。反射镜-18（5）可通过控制其平移，切换光路位置。

SLIT 照明光源使用 LED 灯箱-1（1）经传光束传输，再经 SLIT 照明组-2 投射到 SLIT 刀口处。显微镜反射透射照明光源-17（1）、17（2）使用 LED 点光源，也可以使用 LED 光源箱与传光束代替。透射照明光源-17（2）使用蓝色 LED 点光源。

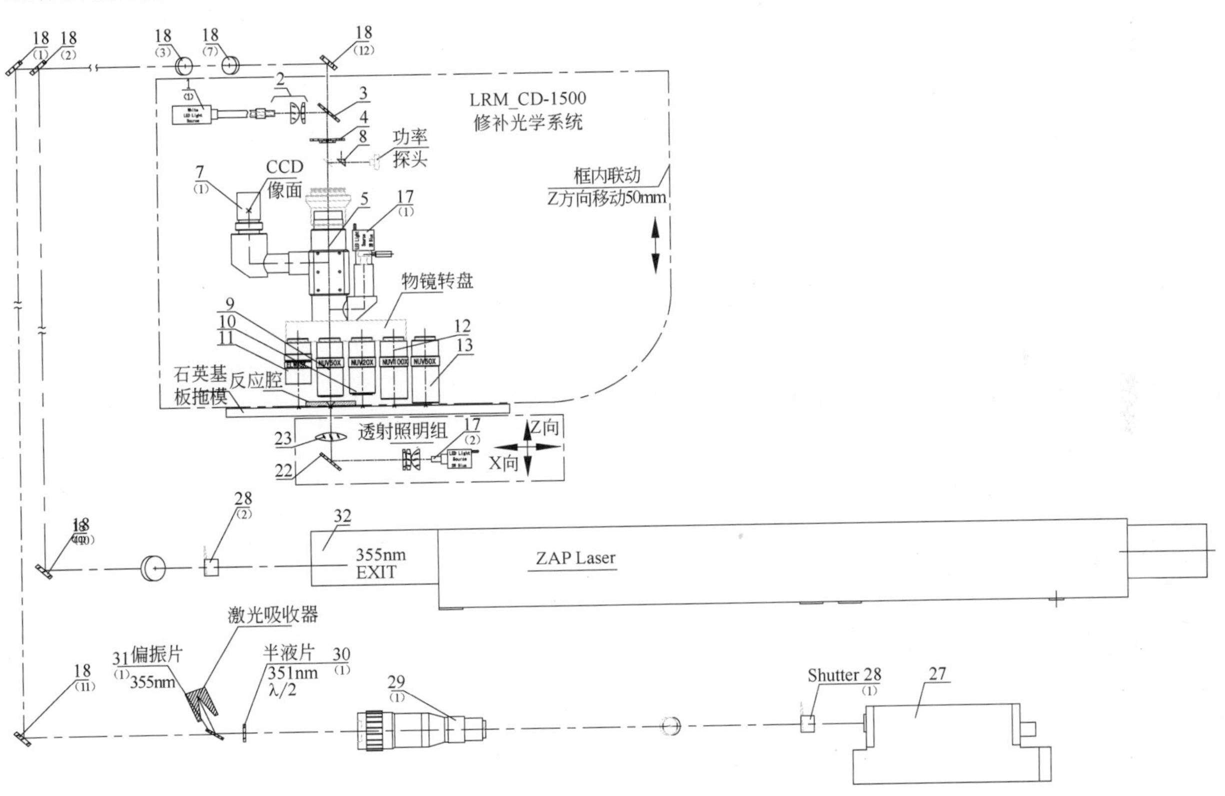

图 13　激光修补光学系统（主视图）

图像系统使用显微镜筒与黑白 CCD 摄像机-7（1）。NUV 显微镜-5 是用于定位缺陷、聚焦修补激光，配备 NUV20×、50×、HR50×物镜与可见光观察的 5×物镜，如果需要，还可用 NUV100×物镜替换 NUV20×物镜。

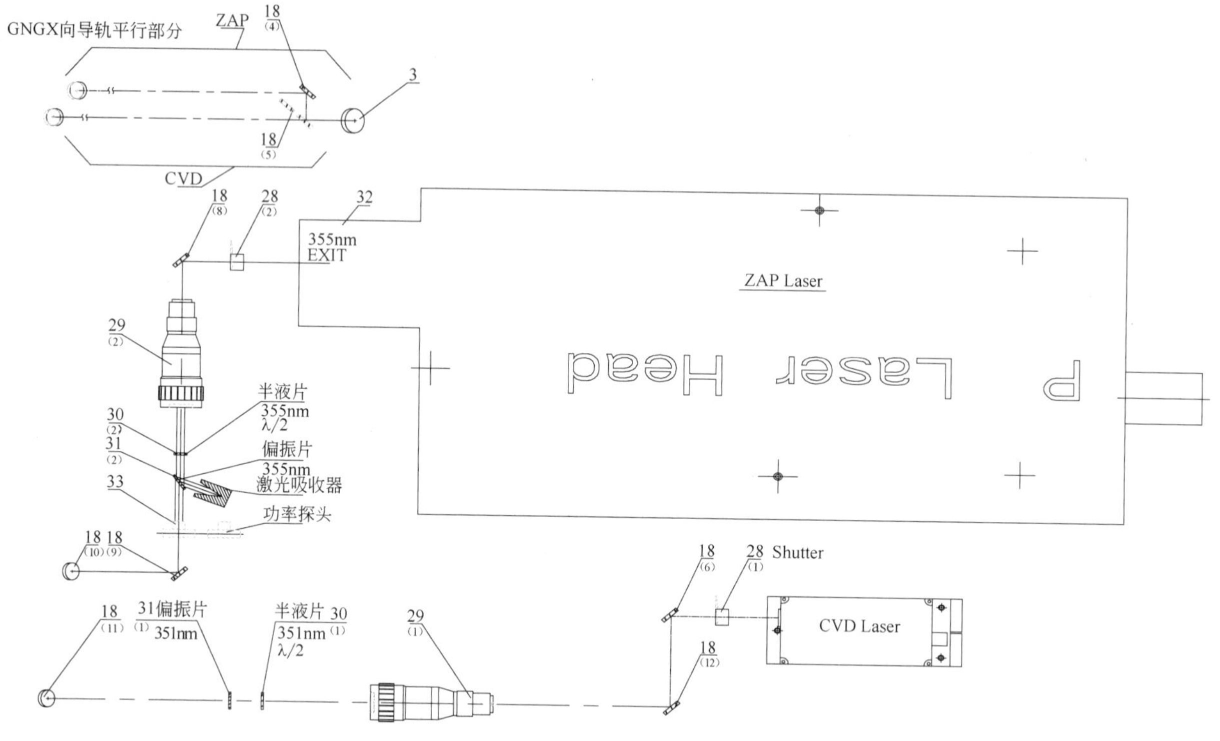

图 14　激光修补光学系统（侧视图）

系统 NUV 修补物镜可选 20×、50×、100×、HR50×物镜，各物镜特征如表 1 所示。

表 1　系统 NUV 修补物镜特征

倍　率	2×	5×	20×	50×	HR50×	100×
数值孔径 N.A	0.055	0.14	0.4	0.42	0.7	0.5
工作距离 W.D （mm）	34	34	17	15	3.4	11
工作波长（nm）	550	550	550 355	550 355	550 355	550 355
分辨率（μm）	5.0	2.0	0.7	0.7	0.4	0.6
线视场（μm）1/2 " CCD	ϕ4000	ϕ1600	ϕ400	ϕ160	ϕ160	ϕ80
焦深（μm）	90.9	14.2	1.7	1.6	0.6	1.1

两激光器都设置离线式激光脉冲能量探测器。CVD 光路由反射镜-8 平移到显微镜-5 与 Slit 组之间，转折 Slit 组出射激光 90° 后引入能量探头。ZAP 光路中，由另一个可通过控制移动的能量探头-33 移入移出光路来进行测量。

（2）Slit 激光传输模拟。

① 光阑 2*（0.3×0.3）如图 15 所示。

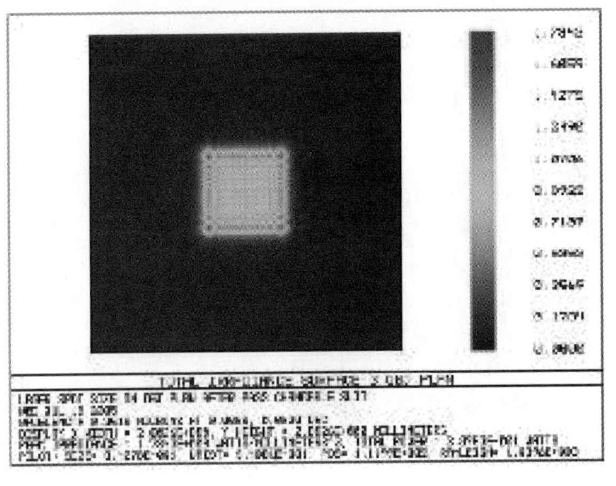

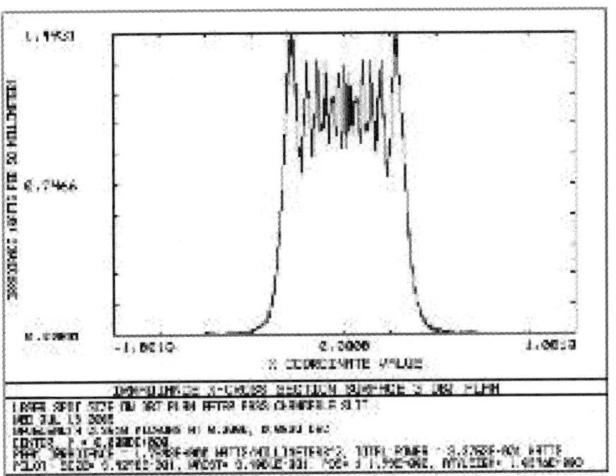

图 15　光阑 2*（0.3×0.3）

② 光阑 2*（0.7×0.7）如图 16 所示。

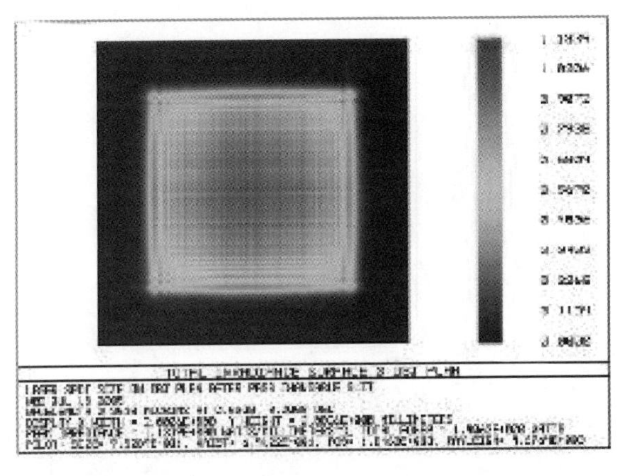

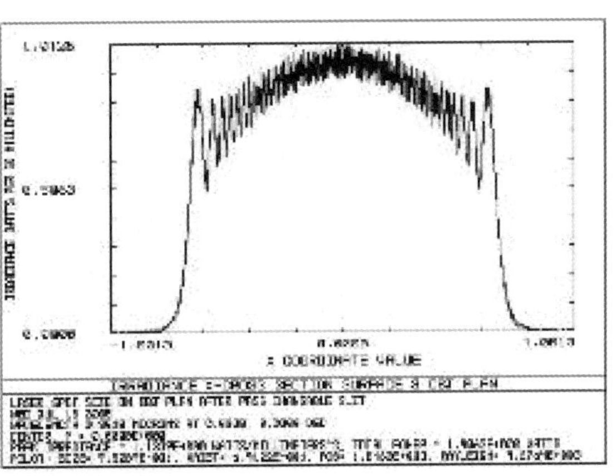

图 16　光阑 2*（0.7×0.7）

③ 光阑 2*（1×1）如图 17 所示。

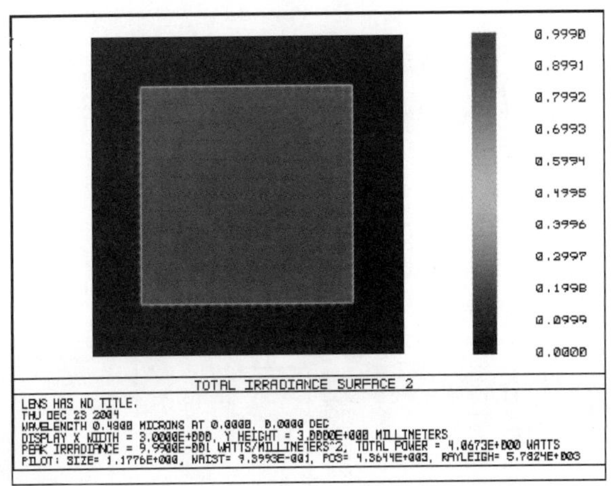

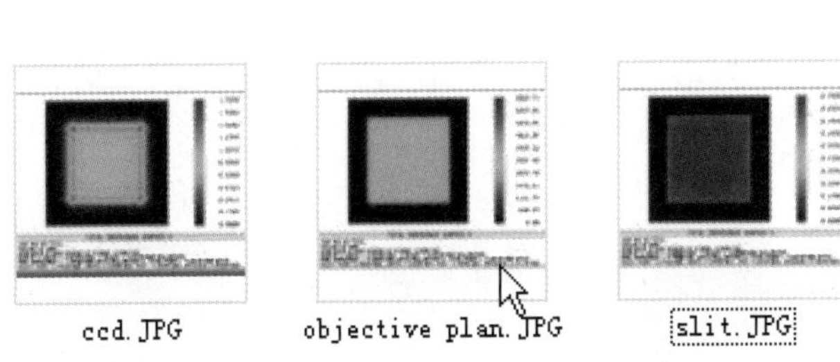

图 17　光阑 2*（1×1）

④ Slit 照明如图 18 所示。

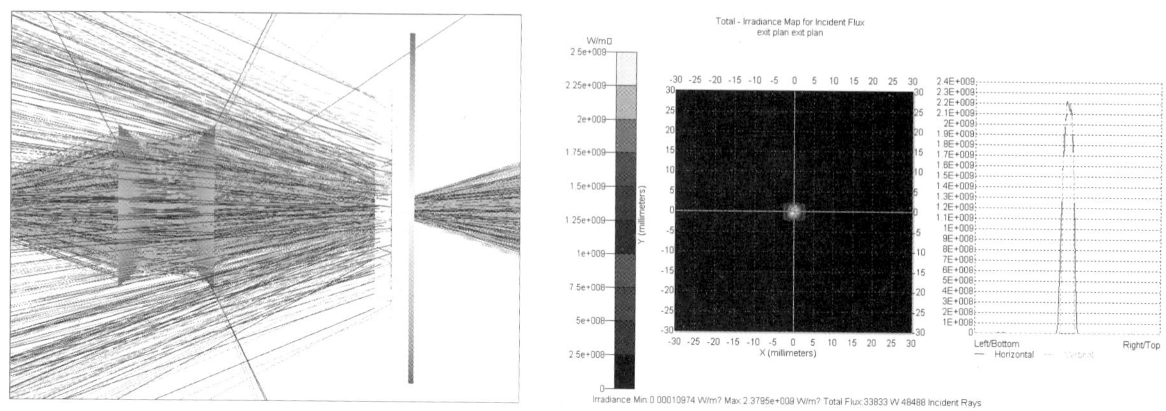

图 18 Slit 照明

⑤ 透射照明如图 19 所示。

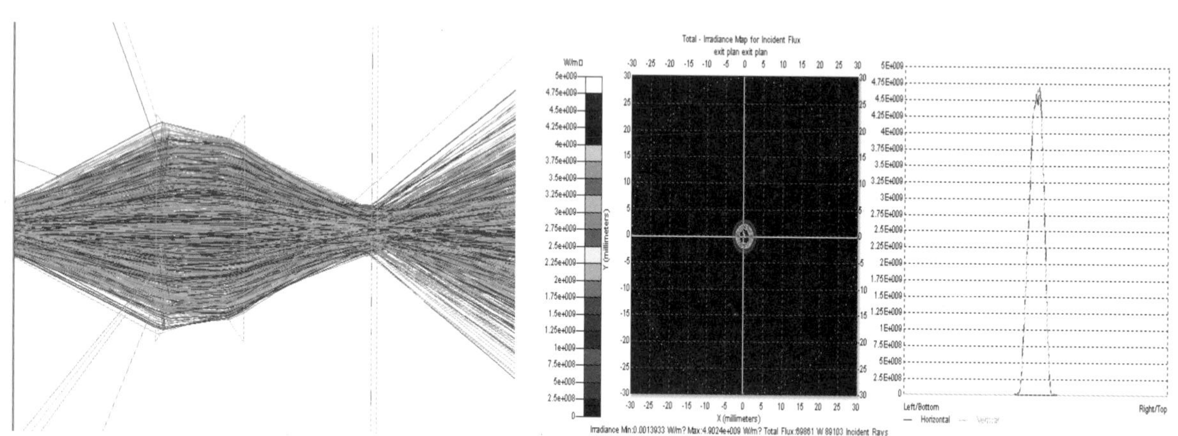

图 19 透射照明

3. 气路与气相化学反应控制系统

气路与气相化学反应控制系统主要由惰性气体输送控制系统、羰基金属化合物与惰性气体混合器、温度控制系统、激光气相化学反应腔、废气回收系统等组成，如图 20 所示。

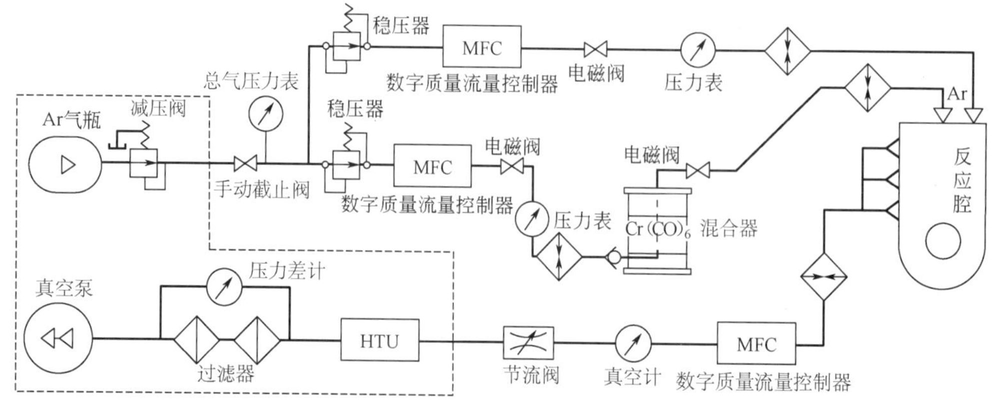

图 20 反应腔与混合器及相关气路控制示意

4. 电气控制系统

电气控制系统供主要由供电控制系统、运动控制系统、图像采集系统、数模转换和I/O控制系统、温度控制系统、激光器与光源控制系统等部分组成。

（1）供电控制系统中工控机是整个设备的控制核心，所有的控制、用户操作、文件管理与显示均由工控机来完成。一台PC外加一些现场总线端子即可将整个系统连接起来，实现大量PLC才能完成的功能。所以，采用基于PC和现场总线的控制系统方案与PLC传统结构相比，具有空间省、价格优、存储空间极大等优势，且系统易于远程诊断、标定和维护。另外，不断完善的硬件性能和丰富的软件资源使得该控制系统的性能得到不断完善和提高。

（2）运动控制系统采用具有国际先进水平的PMAC PCI LITE运动控制卡与RENISHAW光栅尺，实现对*XY*轴运动全闭环控制，同时采用美国进口的GALIL运动控制卡完成对其他轴的控制，使得运动控制系统具有高精密度、高稳定性，以及较强的抗干扰能力，有效保证了平台定位精度和重复定位精度。图21所示是全闭环系统示意。

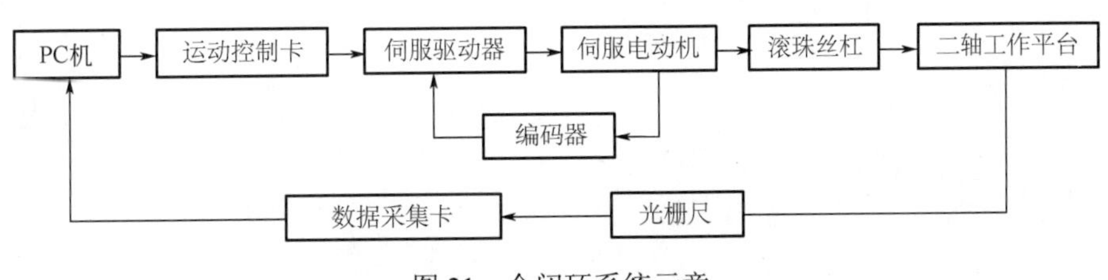

图21　全闭环系统示意

（3）图像采集系统采用基于PCI总线的高性能视频采集卡，可进行高质量彩色/黑白图像的实时采集。可将输入的彩色或黑白视频信号经数字解码器、模/数转换器进行比例缩放、裁剪、采集、色度空间变换等处理，通过PCI总线传送到VGA卡上实时显示或者传送到计算机内存中实时存储。

（4）转化和I/O控制系统除了有效利用运动控制卡本身自带的I/O外，还采用独立的抗干扰能力强的远程I/O模块。该I/O模块是工业级远程采集与控制模块，其提供了无源节点的开关量输入采集、继电器输出、高频计数器等功能。并具备多路模拟量的输入和输出接口，可接入电流与电压等不同模拟信号。且可将多个模块进行总线组网，使得I/O点数得到灵活扩展，以及模块可实现远程命令控制。该模块采用工业级元器件，18～36VDC宽电压输入，能够在-30～60℃范围内正常工作，并支持RS-232、RS-485、标准网络通信模式。

（5）温度控制系统由独立的多路温控器、固态继电器和热电偶组成，具有8路通道的温度设定值、报警设定值、自动PID调节功能，同时可支持通信功能和电线报警功能等。各路均可实现单独温度控制，互不干扰。

（6）激光器和光源控制系统是由两台激光器和反射光源、透射光源、Slit照明组成，均采用UPS电源供电有效保证了激光器的稳定性。

5. 软件控制与图像处理系统

软件控制系统完全架构在基于开源的RedHat Linux 6 ES操作系统平台下，具有源代码公开，系统升级、软件移植方便，性能稳定可靠等特性；其跨平台设计可以使软件在短时间内修改成其他UNIX类操作系统平台，甚至是Windows平台下。

为满足不同用户的需求，系统采用模块化设计，可以实现快速裁剪、增加定制。在设备的操作界面设计上，采用了更加符合人机交互的设计，提高接口界面的可用性与修补作业的效率。在运动平台控制系统设计上，为了满足高精度运动控制器PMAC卡的驱动需求，设计了跨平台的运动控制上位机系统，可以控制两种以上的不同运动控制卡和伺服驱动器，具有强大的功能和较强灵活性。

在设备的软件控制与图像处理设计方面进行了多方面的创新与应用，如模块化的运动驱动接口，可以灵活地适应并调用不同的硬件控制系统。全新的操作界面，运行在 Linux 下的操作界面如图 22 所示。

系统具有平台屏幕指挥点动控制运动功能、Sliter 屏幕标记控制运动功能、运动位置记录和重定位功能、新的 Log 记录/跟踪和管理功能、流程宏编辑定义和播放功能。还具有 CVD 多种触发模式的选择、Laser 多种触发模式的选择、Recipe 修补处方数据控制、自动初始化和指令初始化流程、自动拍照系统（在激光触发和 CVD 触发过程前、中、后自动拍照和标记）等优势（见图 23）。

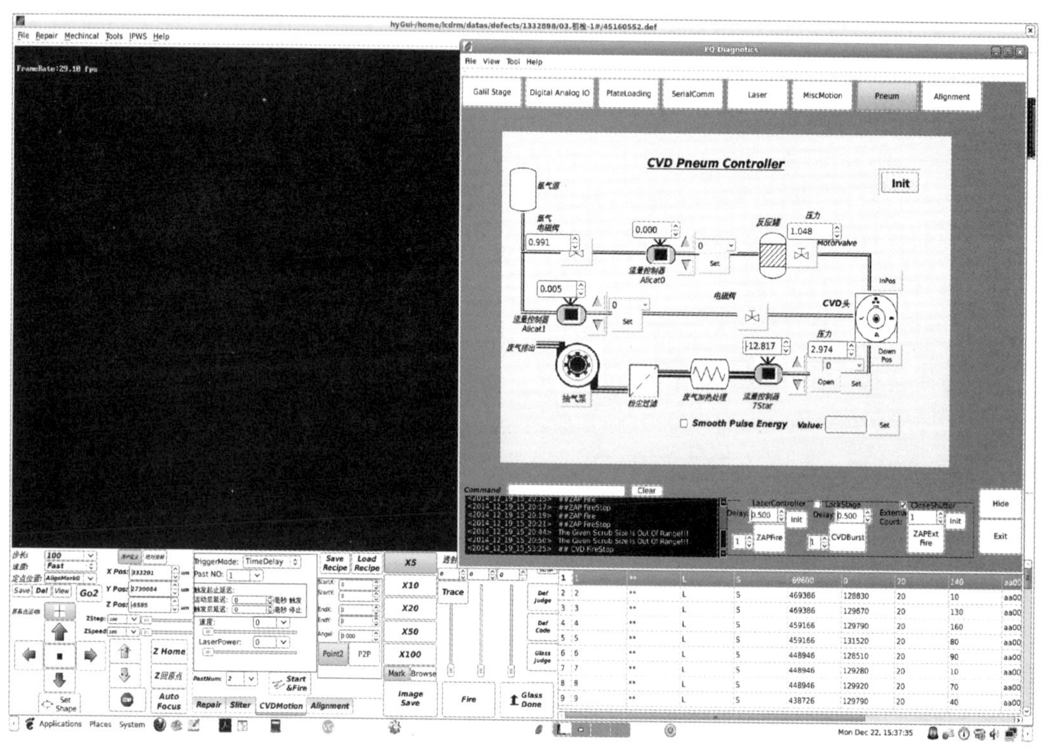

图 22　运行在 Linux 下的操作界面

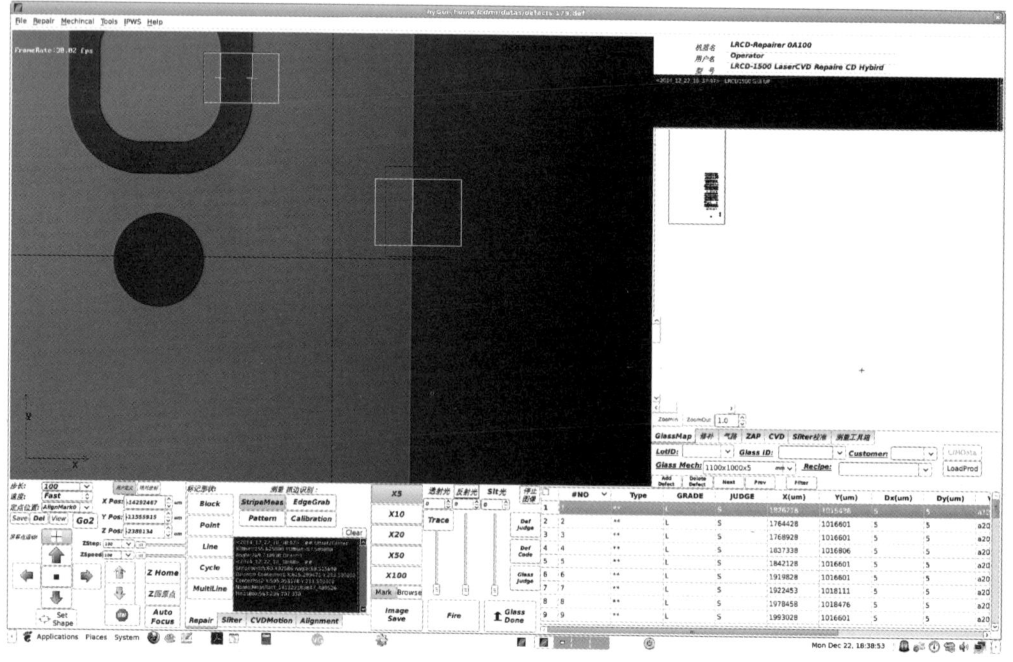

图 23　系统多种功能展示

设备的自主创新体现在关键元器件的原创性，清溢公司所研制的薄膜图形缺陷激光修补机，在设备功能与结构上进行了大胆的技术创新，以期在核心技术上超越国外竞争对手，并在几个相关领域上另辟蹊径，绕过竞争对手的专利壁垒，建立了自己的专利城堡。

通过核心技术的创新与应用，该设备目前在应用激光修（ZAP）/补（CVD）技术修补薄膜图形缺陷的水平已达到如下技术指标。

（1）适用基板尺寸。

Max：1300mm×1500mm×15mm；

Min：127mm×127mm×3mm。

（2）激光点尺寸。

补（Repair）为 3～50μm；

修（Ablation）为 2～50μm。

（3）修补精度。

补（Repair）为 0.45μm；

修（Ablation）为 0.2μm。

（4）修补效率（20μm）。

补（Repair）为 30s/point；

修（Ablation）为 16s/point。

（5）激光修补厚度（Coating）。

补（Repair）为≤1μm。

五、结束语

薄膜图形缺陷激光修补机是平板显示产业不可或缺的核心配套设备，对于 FPD 产业具有关键的支撑作用，是目前国内平板显示产业发展的瓶颈之一。作为平板显示器件生产专用设备产业链中的重要环节，薄膜图形缺陷激光修补机的国产化，不仅有利于完善我国平板显示器件生产专用设备产业链，填补国内空白，打破海外垄断，还有利于国内面板厂商降低产业生产成本，提高运营速度和效益，促进产业升级和技术进步，提升国家在平板显示的基础研究、行业标准、行业资源整合等各方面的能力。同时，能够培养高精密设备产业的生产、开发及管理人才，并将带动外部配套工业的发展，有利于推进平板显示产业和专用精密设备产业上、下游的紧密联系，更利于完善我国平板显示产业和专用设备产业。

参考文献

清溢公司. 一种显微镜透射照明系统. 国家专利局（200810068160.4）.

清溢公司. 一种光斑指示系统. 国家专利局（200820212003.1）.

清溢公司. 一种激光共聚焦显微系统. 国家专利局（200810068031.5）.

清溢公司. 一种超薄反应腔. 国家专利局（201510013868.X）.

第5章

政策法规

《产业关键共性技术发展指南（2013 年）》发布

2013 年 9 月 4 日，工业和信息化部下发了关于印发《产业关键共性技术发展指南（2013 年）》的通知。通知指出，为深入贯彻落实创新驱动战略和《国务院办公厅关于强化企业技术创新主体地位全面提升企业创新能力的意见》，改变我国原创性科技成果较少、关键技术自给率较低的局面，加快促进产业技术进步，实现工业和通信业的转型升级和结构优化，工业和信息化部组织编制了《产业关键共性技术发展指南（2013 年）》（工信部科〔2013〕335 号），并予以刊发。

2011 年，工业和信息化部发布了《产业关键共性技术发展指南（2011 年）》（工信部科〔2011〕320 号）（以下简称《《指南》》）对指导各地方开展产业关键共性技术开发研究工作，促进产业结构调整，加快经济发展方式转变，引导社会资源投向等发挥了重要作用。为进一步发挥《指南》的指导作用，工业和信息化部在充分分析国内外技术发展现状及趋势，广泛征求意见的基础上，研究提出了《产业关键共性技术发展指南（2013 年）》。

《产业关键共性技术发展指南（2013 年）》确定了当前优先发展的节能环保与资源综合利用、原材料、装备制造、消费品工业、电子制造业、软件和信息技术服务业、通信业和信息化与生产性服务业 8 大领域，共 261 项技术。

现就平板显示产业相关内容摘录如下。

一、电子制造业

（一）平板显示

1. TFT-LCD 共性技术

主要技术内容：进一步提升液晶面板的透过率和开口率，增加产品的附加值；加快高效节能背光源的研发和应用，在确保产品性能的前提下，简化生产工序，降低生产成本。注重玻璃基板、偏光片、驱动 IC 等高世代 TFT-LCD 相关配套材料的技术开发。

2. PDP 共性技术

主要技术内容：围绕高光效技术（高能效、低成本）、高清晰度技术（3D、动态清晰度、超高清晰度），以及超薄技术方面进行相关技术研发；研究新材料、新工艺、新驱动波形、新型驱动电路与控制软件技术来提高 PDP 产品性能。

3. 有机发光显示器 OLED 共性技术

主要技术内容：中、大尺寸 PM-OLED 发光技术；大尺寸 AM-OLED 相关技术和工艺集成；高性能有机发光材料、蒸镀设备、掩膜版及驱动 IC 等技术。

4. 先进背板技术

主要技术内容：准分子激光退火（ELA）技术；金属诱导晶化（MIC）技术；固相结晶化（SPC）技术；氧化物 TFT 技术。LPTS 以准分子激光退火（ELA）技术、金属诱导晶化（MIC）技术、固相结晶化（SPC）技术为主；氧化物以背板沟道刻蚀型（BCE）为主，以低温多晶硅（LTPS）和氧化物 TFT 为重点的先进背板技术的研发与应用。

（二）LED 照明

1. LED 外延及芯片制造共性关键工艺技术

主要技术内容：高内量子效率外延片生长技术；衬底转移工艺技术；透明电极制作技术；金属键合技术；高反射金属膜制作技术；表面粗化技术；晶片切割技术；芯片全点测及分选技术等。

2. LED 器件封装技术

主要技术内容：高取光效率封装结构设计技术；器件封装工艺技术;散热技术等。

3. LED 关键设备、原材料技术

主要技术内容：MOCVD 外延设备、芯片制造设备、器件封装设备、检测设备及仪器的开发；新型衬底材料、金属有机源、高性能环氧、硅胶及高性能荧光粉制备技术。

二、软件和信息技术服务业

增强显示技术方面的主要内容：虚拟现实技术；数字媒体技术；数字保存技术；增强显示技术；体感交互技术；动画引擎、跨平台数字内容适配技术。

中华人民共和国国家发展和改革委员会公告

2013 年　第 16 号

为贯彻落实《国务院关于加快培育和发展战略性新兴产业的决定》，更好地指导各部门、各地区开展培育发展战略性新兴产业工作，我们会同相关部门，组织编制了《战略性新兴产业重点产品和服务指导目录》，现予公布。

本目录涉及战略新兴产业 7 个行业、24 个重点发展方向下的 125 个子方向，共 3100 余项细分的产品和服务。

国家发展改革委

2013 年 2 月 22 日

附件：

战略性新兴产业重点产品和服务指导目录（摘要）

根据国务院《关于加快培育和发展战略性新兴产业的决定》（以下简称《决定》），国家发展改革委会同科技部、工信部、财政部等有关部门和地方发展改革委，在相关研究机构、行业协会和专家学者建议，并公开征求社会各方面意见的基础上，研究起草了《战略性新兴产业重点产品和服务指导目录》（以下简称《指导目录》）。

《指导目录》依据《决定》确定的 7 个行业、24 个发展方向，进一步细化到近 3100 项细分的产品和服务（其中，节能环保产业约 740 项，新一代信息技术产业约 950 项，生物产业约 500 项，高端装备制造产业约 270 项，新能源产业约 300 项，新材料产业约 280 项，新能源汽车产业约 60 项）。

其中涉及显示产业的有如下内容。

2.2.2 新型显示器件

（1）高分辨率液晶显示器（TFT-LCD）面板（基板尺寸 4.5 代及以上）。

（2）以低温多晶硅、金属氧化物 TFT 为代表的高分辨率 TFT-LCD 面板制备关键材料，主要包括玻璃基板、液晶材料、靶材、彩色滤波片、偏光片等。高分辨率 TFT-LCD 制造装备，主要包括曝光机、激光退火设备、湿制成设备、成膜设备等。

（3）高能效新型等离子显示器（PDP）面板。高能效新型 PDP 面板制备关键材料主要包括玻璃基板、复合前介质材料、高光效功能材料等。高能效新型 PDP 面板制造装备主要包括曝光机、屏老练装置等。

（4）有机发光显示器（OLED）面板。有源有机发光显示器（AMOLED）面板制备关键材料主要包括低温多晶硅/氧化物背板用关键材料、制盒关键材料、模组关键材料等；AMOLED 面板制造设备主要包括曝光机、激光退火设备、湿制成设备、成膜设备、蒸镀设备等。

（5）激光显示器件。各类激光器，激光动态无掩模光刻设备。

（6）三维立体（3D）显示产品。

关于印发半导体照明节能产业规划的通知

发改环资〔2013〕188 号

各省、自治区、直辖市及计划单列市、副省级省会城市、新疆生产建设兵团发展改革委、科技厅（科委）、工业和信息化主管部门（经贸委、经信委、工信厅）、财政厅（局）、住房和城乡建设厅（建委、建设交通委、建设局）、质检局：

为引导半导体照明节能产业健康有序发展，促进节能减排，国家发展改革委、科技部、工业和信息化部、财政部、住房城乡建设部、国家质检总局联合编制了《半导体照明节能产业规划》。现印发你们，请贯彻执行。

附件：半导体照明节能产业规划

国家发展改革委
科　技　部
工业和信息化部
财　政　部
住房城乡建设部
国家质检总局
2013 年 1 月 30 日

附件：

发改委印发《半导体照明节能产业规划》全文

发改环资〔2013〕188 号

各省、自治区、直辖市及计划单列市、副省级省会城市、新疆生产建设兵团发展改革委、科技厅（科委）、工业和信息化主管部门（经贸委、经信委、工信厅）、财政厅（局）、住房和城乡建设厅（建委、建设交通委、建设局）、质检局：

为引导半导体照明节能产业健康有序发展，促进节能减排。国家发展改革委、科技部、工业和信息化部、财政部、住房城乡建设部、国家质检总局联合编制了《半导体照明节能产业规划》。现印发你们，请贯彻执行。

前言

半导体（LED）照明亦称固态照明，是继白炽灯、荧光灯之后的又一次光源革命。因节能环保、寿命长、应用广泛，作为节能环保产业的重要领域，被列入我国战略性新兴产业。随着技术的不断突破、节能效果的日益显现、产业规模的持续扩大和应用领域的不断拓展，我国 LED 照明节能产业已经进入发展的关键期，需对行业进行有序引导，促进 LED 照明节能产业的健康发展，推动绿色照明工程，实现节能减排。

根据《国务院关于加快培育和发展战略性新兴产业的决定》、《“十二五”节能减排综合性工作方案》、《“十二五”节能环保产业发展规划》及《半导体照明节能产业发展意见》等有关内容，制定本规划。本规划提出了 LED 照明节能产业到 2015 年的发展目标、任务和措施，是近期我国 LED 照明节能产业发展的指导性文件。

一、现状与形势

我国照明用电约占全国用电量的 13%左右，推广使用高效照明产品，提高照明用电效率，节能减排潜力很大。我国从 1996 年启动实施绿色照明工程，2008 年开展财政补贴高效照明产品推广工作，2009 年印发了《半导体照明节能产业发展意见》，2011 年发布了“中国逐步淘汰白炽灯路线图”，推动照明产业结构优化、持续发展。据测算，若将我国全部在用的白炽灯替换成节能灯，每年可节电 480 亿千瓦时，相当于减排二氧化碳近 4800 万吨，若进一步更换为 LED 照明产品，将带来更大的节能效果。

（一）发展现状

1．我国照明产业发展现状

我国照明产业的发展经历了从普通照明、传统高效照明到 LED 照明等新光源的发展阶段，已成为世界最大的照明电器生产、消费和出口国。2008 年以来累计通过财政补贴方式推广节能灯等产品 6.8 亿只，形成年节电能力 260 亿千瓦时，相当于减排二氧化碳 2600 万吨，大幅提高了高效照明产品市场占有率。2010 年，全国照明产品在用量达到 71.55 亿只，其中高效照明产品占有率超过 70%，LED 照明产品逐步进入市场应用，如表 1 所示。

表 1　我国照明产业发展现状

产品	居民（亿只）	工业（亿只）	商业、公共（亿只）	全国	
				在用量（亿只）	占有率（%）
普通照明产品	16.08	1.57	2.03	19.68	27.50
其中：白炽灯	12.84	0.56	0.53	13.93	19.46
卤钨灯	1.09	0.09	0.72	1.90	2.66
传统高效照明产品	25.73	7.47	18.53	51.73	72.30
其中：紧凑型荧光灯（节能灯）	19.35	2.23	7.77	29.35	41.02
直管荧光灯	6.38	4.33	10.62	21.33	29.81
高压钠灯		0.09	0.03	0.12	0.17
LED 照明产品		0.02	0.12	0.14	0.20
合计	41.81	9.04	20.56	71.55	100

2．我国 LED 照明产业发展现状

近年来，LED 照明技术发展迅速，成本快速下降，产品示范应用逐步推开，节能减排效果日益明显。LED 照明产品已成为下一代新光源的发展方向，我国 LED 照明节能产业形成了较完整的产业链和一定的产业规模，具备了较好的发展基础，已成为全球 LED 照明产业发展最快的区域之一。

（1）产业化技术不断突破。LED 芯片技术从无到有，2010 年 LED 芯片国产化率达到 60%；具有自主知识产权的硅衬底功率型 LED 器件光效超过 90 流明/瓦（lm/W），处于国际领先水平。下游应用与国际技术水平基本同步，LED 射灯、筒灯、球泡灯等产品平均光效超过 60lm/W，较白炽灯有 70%以上的节能效果；LED 隧道灯、路灯平均光效超过 80lm/W，通过智能控制已可实现一定的节能效果。以生产型金属有机物化学气相沉积设备（MOCVD）为代表的关键设备进入试制阶段；部分关键原材料实现国产化。

（2）产业规模迅速扩大。“十一五”期间，我国 LED 照明节能产业年均增长 35%以上。据不完全统计，截至 2010 年年底，我国有半导体照明企业 5000 余家，其中规模以上企业约 1000 家。全行业年产值 1200 亿元，LED 照明应用产品产量占全球 60%以上，产值超过 190 亿元。我国已成为 LED 功能

性照明和景观照明等产品的全球制造基地。区域分布上，珠三角、长三角、闽赣三大区域集中了80%以上的LED照明企业和产值。

（3）标准检测认证体系逐步完善。标准、检测和认证工作取得阶段性进展，成立了国家半导体照明标准领导小组，研究制定了名词术语、检测方法、性能要求等21项国家标准、11项行业标准、7项技术规范。建设了一批LED照明国家级检测机构，参与了国际LED照明产品测试比对，开展了两岸LED照明检测机构测试比对工作。启动了射灯、筒灯、隧道灯、路灯、球泡灯等LED照明产品的节能认证工作。

（二）面临形势

随着技术日趋成熟和市场需求逐步启动，LED照明节能产业将进入新一轮增长期，朝着更高光效、更低成本、更高可靠性和更广泛应用方向发展。

1. 国际竞争日趋激烈

近几年，全球LED照明节能产业产值年增长率保持在20%以上。据统计，2010年全球照明市场规模为1340亿美元，其中LED照明市场约50亿美元，占全球照明市场份额3.7%左右。到2020年全球照明市场规模将超过1500亿美元，LED照明市场有望达到750亿美元，占全球照明市场份额50%。目前，美国、日本在LED芯片等核心器件方面具有竞争优势；欧洲在汽车照明及功能性照明方面具有竞争优势；我国台湾地区LED芯片制造、封装的产能最大；韩国凭借大企业战略显现出后发优势。专利、标准、人才竞争白热化，产业整合速度明显加快。

2. 我国机遇与挑战并存

我国LED照明节能产业发展面临着重大历史机遇。一是我国城镇化进程不断加快，创造了巨大的市场空间。二是发展LED照明节能产业是转变发展方式及培育战略性新兴产业的现实选择。三是我国不断加大LED照明产品的应用推广力度，逐步扩大产品应用范围，市场规模日益扩大。同时，我国LED照明节能产业发展也面临严峻的挑战。一是企业规模普遍偏小，产业集中度低，盲目投资、低水平重复建设现象较为严重。二是核心专利尚需突破，研发投入有待加强，MOCVD等关键设备仍然依赖进口。三是市场竞争无序，产品质量有待提高。四是标准、检测和认证体系建设仍待加强，服务支撑体系尚需完善。当前，是我国LED照明节能产业发展的关键时期，加强规划引导，对促进行业有序发展，支持企业做强做大具有重要意义。

二、指导思想、原则和目标

（一）指导思想

深入贯彻科学发展观，围绕转方式、调结构、促发展，把LED照明作为战略性新兴产业的发展重点，提升技术创新和产品质量水平，加大产品应用推广，完善产业支撑体系，加强行业指导和规范，促进LED照明节能产业健康有序发展，促进节能减排，提高生态文明水平。

（二）基本原则

（1）坚持政府引导与市场配置相结合。加强产业发展宏观指导，形成有利于产业发展的政策及配套环境。充分发挥市场配置资源的基础作用，规范市场竞争行为。推动LED主导产品质量逐步达到国际先进水平。

（2）坚持协调发展与重点推进相结合。优化产业结构，推动LED照明节能产业协调发展。重点推动具有比较优势和较好基础的地区形成特色明显、体系完整的产业集群。

（3）坚持技术创新与产业升级相结合。推进LED照明技术创新，突破核心关键技术。解决共性技术问题，促进企业转型和产业升级，带动相关产业协同发展。

（4）坚持企业培育与应用推广相结合。培育具有自主知识产权和较强竞争力的龙头企业。以市场需求为导向、根据产品技术成熟度和经济性，逐步加大 LED 照明产品推广力度。

（三）发展目标

到 2015 年，关键设备和重要原材料实现国产化，重大技术取得突破。高端应用产品达到国际先进水平，节能效果更加明显。LED 照明节能产业集中度逐步提高，产业集聚区基本确立，一批龙头企业竞争力明显增强。研发平台和标准、检测、认证体系进一步完善。

1. 节能减排效果更加明显，市场份额逐步扩大

到 2015 年，60W 以上普通照明用白炽灯全部淘汰，市场占有率将降到 10%以下；节能灯等传统高效照明产品市场占有率稳定在 70%左右；LED 功能性照明产品市场占有率达 20%以上。此外，LED 液晶背光源、景观照明市场占有率分别达 70%和 80%以上。与传统照明产品相比，LED 道路照明节电 30%以上，室内照明节电 60%以上，背光应用节电 50%以上，景观照明节电 80%以上，实现年节电 600 亿千瓦时，相当于节约标准煤 2100 万吨，减少二氧化碳排放近 6000 万吨。

2. 产业规模稳步增长，重点企业实力增强

LED 照明节能产业产值年均增长 30%左右，2015 年达到 4500 亿元（其中 LED 照明应用产品 1800 亿元）。产业结构进一步优化，建成一批特色鲜明的半导体照明产业集聚区。形成 10～15 家掌握核心技术、拥有较多自主知识产权和知名品牌、质量竞争力强的龙头企业。

3. 技术创新能力大幅提升，标准检测认证体系进一步完善

LED 芯片国产化率 80%以上，硅基 LED 芯片取得重要突破。核心器件的发光效率与应用产品的质量达到国际同期先进水平。大型 MOCVD 装备、关键原材料实现国产化，检测设备国产化率达 70%以上。建立具有世界先进水平的研发、检测平台和标准、认证体系。

三、主要任务

（一）逐步开展推广应用

逐步推广应用技术成熟、节能效果明显的 LED 照明产品（见专栏 1）。优先推广室内商业照明产品及系统，积极推广室外公共照明产品及系统，适时推广家居照明产品，积极支持汽车、农业、医疗等领域的创新应用（见专栏 2）。

专栏 1 主要 LED 照明产品

LED 筒灯属室内照明产品，主要应用在办公楼、酒店、商尝地铁等领域，产品综合光效为 65lm/W，显色指数为 85。

LED 射灯属室内照明产品，主要应用在酒店、商场等领域，产品综合光效为 60lm/W，显色指数为 90。

LED 球泡灯属室内照明产品，主要应用在办公楼、酒店、商场及家居照明等领域，产品综合光效为 60lm/W，显色指数为 85。

LED 直管灯属室内照明产品，主要应用在办公楼、酒店、商尝地下停车场及家居照明等领域，产品综合光效为 70lm/W，显色指数为 80。

LED 平面灯属室内照明产品，主要应用在办公楼、酒店、商场及家居照明等领域，产品综合光效为 60lm/W，显色指数为 85。

LED 路灯/隧道灯属室外照明产品，主要应用在道路（支/次道路为主）、隧道等照明领域，产品综合光效为 90lm/W，显色指数为 70。

LED 创新应用产品主要应用在农业、医疗、通信等领域。

OLED 照明产品属室内照明产品，主要应用在大面积及平面照明领域，产品综合光效为 40lm/W，显色指数为 85。

（二）着力提升产业创新能力

围绕产业发展需求，加快 LED 照明核心材料、装备和关键技术的研发（见专栏 2）。加强公共研发平台建设，建立以企业为主体，产学研紧密结合的技术创新体系。积极发挥企业技术研发中心作用，提升 LED 照明节能产业的整体创新能力。

专栏 2 核心材料、装备和关键技术

LED 照明用衬底制备技术新型衬底材料及大尺寸衬底技术与工艺。

核心装备制造技术多片式 MOCVD 等生产型设备国产化关键技术。

外延芯片产业化关键技术大尺寸衬底高效蓝光LED外延、芯片技术；高效绿光、红光及黄光LED外延、芯片技术；结合集成电路工艺的芯片级光源技术。

封装及系统集成技术高效白光LED器件封装关键技术、设计与配套材料开发；多功能系统集成封装技术；荧光粉涂覆技术。

高效、低成本LED驱动技术高效、高可靠、低成本的LED驱动电源开发（含驱动电源芯片）。

室内外照明产品集成技术高品质、低成本、多功能LED模组、光源、灯具标准化、系列化研究；结构、散热、光学系统设计；新型散热材料开发。

智能化照明系统关键技术控制协议与标准开发；基于互联网、物联网及云计算技术的智能化、多功能照明管理系统开发。

LED创新应用技术现代农业、养殖、医疗、通信等特殊领域应用技术及系统开发；超越传统照明形式的系统解决方案。

OLED照明关键技术高效、高可靠性、低成本OLED材料开发；白光OLED器件及大尺寸OLED照明面板开发；高效、长寿命OLED灯具的设计与开发。

（三）加快完善产业服务支撑体系

完善LED照明标准、检测、认证等服务支撑体系（见专栏3）。梳理LED照明相关标准，建立和完善标准体系，加快规格接口等标准的研究制定。提升我国LED照明产品检测能力和水平。完善LED照明产品节能认证制度。建设行业技术资源和信息共享等服务平台。开展LED照明产品生态评估和废旧LED照明产品回收问题研究。

专栏3　标准检测认证等支撑体系

LED照明标准体系研究梳理LED照明相关标准，建立和完善以设备、材料、器件、模块、光源、灯具、照明应用、能效等为主要内容的标准体系框架；分阶段、有重点开展相关标准的制修订工作。

LED照明产品检测与评价LED照明产品的质量评价体系研究；包括产品失效机理、寿命实验和可靠性评价在内的LED照明产品性能及照明质量的系统测试方法研究等。

LED照明检测平台建设及检测设备开发检测平台和信息网络建设；产品和系统测试设备开发；灯具在线测试系统开发；应用现场检测设备开发等。

LED照明节能认证结合已制定的标准或技术规范，制定相应认证技术规范和实施规则，开展LED照明产品节能认证。

四、重点工程

围绕规划目标和具体任务，结合现阶段LED照明产品的技术水平、市场现状及节能效果和潜力，着力在产品示范应用、技术研发、装备制造、标准化推进等方面实施四大重点工程。

（一）照明产品应用示范与推广工程

逐步加大财政补贴LED照明产品推广力度。在商业照明、工业照明及政府办公、公共照明等领域，重点开展LED筒灯、射灯等室内照明产品和系统的示范应用和推广。适时进入家居照明领域。在户外照明领域，重点开展LED隧道灯、路灯等产品和系统的示范应用。

推动LED产品在医疗、农业、舞台、景观照明等专业和特殊场所的示范应用。有序推进实施“十城万盏”半导体照明应用示范工程。组织开展知名建筑照明应用、建筑智能照明节能改造、缺电地区离网照明应用示范工程。积极开展绿色照明示范城市创建活动。

（二）产业化关键技术研发工程

大力发展大尺寸外延芯片制备、集成封装等产业化关键技术。优先发展基于大尺寸硅、蓝宝石、碳化硅衬底的LED芯片制备技术及三维、晶圆级等新型多功能集成封装技术的研发。重点支持LED照明应用的光、热、机、电、驱动、控制等产业化共性关键技术研发和新一代LED光源研究，解决LED光源与灯具的模块化、标准化问题。支持LED智能化系统管理等技术研究和OLED照明产品的制备技术开发。

（三）核心装备及配套材料技术创新工程

着力推进核心装备的引进消化吸收和再创新，力争实现生产型MOCVD设备量产。促进生产设备、工艺装备、检测设备制造商与材料工艺研究机构及用户间的合作。重点支持高纯金属有机化合物（MO源）、新型高效荧光粉、大尺寸衬底、图形衬底、封装材料、低成本散热材料等关键材料的开发及产业化。

（四）标准检测及认证体系建设工程

加快制定与出台 LED 照明产品检测方法、性能、安全、规格、接口等国家标准、行业标准，结合国家相关政策实施，研究制定更高要求的技术规范。完善半导体照明标准体系，积极参与国际标准研究与制定。开展检测技术、检测方法研究，积极开展检测能力验证，严格检测机构资质认定，建设若干具有国际先进水平的产品检测平台。分重点、有步骤地开展 LED 照明产品的节能认证工作，根据产品成熟度，逐步扩大产品的节能认证范围，健全产品认证体系。

五、保障措施

（一）统筹协调推进产业健康有序发展

贯彻落实发展改革委、科技部、工业和信息化部、财政部、住房城乡建设部、国家质检总局等部门联合印发的《半导体照明节能产业发展意见》（发改环资〔2009〕2441 号），强化组织实施与部门分工协作。加强对各地区发展 LED 照明节能产业的宏观指导，严格落实国家产业政策。研究设立 LED 照明行业准入门槛，避免盲目扩张和低水平重复建设。通过中央预算内投资，支持一批 LED 照明龙头企业；通过工业转型升级资金支持产业结构优化升级。加强市场规范与监督，提升 LED 照明产品质量水平。开展知识产权战略研究，探索建立知识产权预警机制和专利共享机制，建立完善专利池。

（二）继续加大技术创新支持力度

通过“973”计划、“863”计划支持 LED 照明基础技术、前沿技术研究；通过科技支撑计划、高技术产业化示范工程支持 LED 照明应用开发及系统集成示范和产业化示范项目建设；通过电子信息产业发展基金支持 LED 关键共性技术研发和产业化。加大对半导体照明领域的科学研究和产业共性关键技术联合研发。改进重大项目组织方式，提高攻关效率。鼓励建立以专业技术机构和企业为主体的产学研联合创新模式，统筹考虑现有科研布局，充分整合利用现有科技资源，形成技术研发的长效机制，探索建设可持续发展的国际化、开放性的公共研发平台和检测平台。

（三）实施支持产业发展的鼓励政策

实施半导体照明生产设备关键零部件及原材料的进口税收优惠政策。建立 LED 照明产品能效“领跑者”制度，鼓励产品能效水平不断提升。将 LED 照明产品示范应用作为节能评估工作的重要内容。逐步扩大财政补贴推广力度，适时将球泡灯等量大、面广、技术成熟的 LED 照明产品纳入补贴范围。推动实施一批政府办公楼、医院、宾馆、商厦、机尝轨道交通、道路等公共照明应用工程。落实节能产品政府采购政策，政府机关和公共机构带头采用 LED 照明产品。

（四）广泛开展宣传教育和人才培养

加大宣传力度，面向社会宣传普及 LED 照明相关知识。通过组织开展照明创新设计大赛、建设 LED 照明展示体验中心等活动，培育绿色消费理念，营造良好的社会氛围。完善人才培养、引进和流动机制，加大行业亟需的相关人才培养力度。鼓励开展 LED 照明方面的专业培训，重点培养一批产业技术和管理高端人才及专业技术工程师。

（五）深化国际与区域交流合作

大力实施绿色照明工程，充分利用政府间在节能环保领域的多边、双边合作渠道，提高国际标准话语权。开展技术交流与产业合作，并不断拓展合作的领域和范围。积极推进海峡两岸在技术研发、标准检测、应用示范、产业化等方面的实质性合作。

国务院关于促进信息消费扩大内需的若干意见

国发〔2013〕32号

各省、自治区、直辖市人民政府，国务院各部委、各直属机构：

近年来，全球范围内信息技术创新不断加快，信息领域新产品、新服务、新业态大量涌现，不断激发新的消费需求，成为日益活跃的消费热点。我国市场规模庞大，正处于居民消费升级和信息化、工业化、城镇化、农业现代化加快融合发展的阶段，信息消费具有良好发展基础和巨大发展潜力。与此同时，我国信息消费面临基础设施支撑能力有待提升、产品和服务创新能力弱、市场准入门槛高、配套政策不健全、行业壁垒严重、体制机制不适应等问题，亟须采取措施予以解决。加快促进信息消费，能够有效拉动需求，催生新的经济增长点，促进消费升级、产业转型和民生改善，是一项既利当前又利长远、既稳增长又调结构的重要举措。为加快推动信息消费持续增长，现提出以下意见。

一、总体要求

（一）指导思想

以邓小平理论、“三个代表”重要思想、科学发展观为指导，以深化改革为动力，以科技创新为支撑，围绕挖掘消费潜力、增强供给能力、激发市场活力、改善消费环境，加强信息基础设施建设，加快信息产业优化升级，大力丰富信息消费内容，提高信息网络安全保障能力，建立促进信息消费持续稳定增长的长效机制，推动面向生产、生活和管理的信息消费快速健康增长，为经济平稳较快发展和民生改善发挥更大作用。

（二）基本原则

（1）市场导向、改革发展。加快政府职能转变和管理创新，充分发挥市场作用，打破行业进入壁垒，促进信息资源开放共享和企业公平竞争，在竞争性领域坚持市场化运行，在社会管理和公共服务领域积极引入市场机制，增强信息消费发展的内生动力。

（2）需求牵引、创新发展。引导企业立足内需市场，强化创新基础，提高创新层次，鼓励多元发展，加快关键核心信息技术和产品研发，鼓励业务模式创新，培育发展新型业态，提升信息产品、服务、内容的有效供给水平，挖掘和释放消费潜力。

（3）完善环境、有序发展。建立和完善有利于扩大信息消费的政策环境，综合利用有线、无线等技术适度超前部署宽带基础设施，运用信息平台改进公共服务，完善市场监管，规范产业发展秩序，加强个人信息保护和信息安全保障，建设安全诚信有序的信息消费市场环境。

（三）主要目标

（1）信息消费规模快速增长。到2015年，信息消费规模超过3.2万亿元，年均增长20%以上，带动相关行业新增产出超过1.2万亿元，其中基于互联网的新型信息消费规模达到2.4万亿元，年均增长30%以上。基于电子商务、云计算等信息平台的消费快速增长，电子商务交易额超过18万亿元，网络零售交易额突破3万亿元。

（2）信息基础设施显著改善。到 2015 年，适应经济社会发展需要的宽带、融合、安全、泛在的下一代信息基础设施初步建成，城市家庭宽带接入能力基本达到每 20Mbps，部分城市达到 100Mbps，农村家庭宽带接入能力达到 4Mbps，行政村通宽带比例达到 95%。智慧城市建设取得长足进展。

（3）信息消费市场健康活跃。面向生产、生活和管理的信息产品和服务更加丰富，创新更加活跃，市场竞争秩序规范透明，消费环境安全可信，信息消费示范效应明显，居民信息消费的选择更加丰富，消费意愿进一步增强。企业信息化应用不断深化，公共服务信息需求有效拓展，各类信息消费的需求进一步释放。

二、加快信息基础设施演进升级

（四）完善宽带网络基础设施

发布实施“宽带中国”战略，加快宽带网络升级改造，推进光纤入户，统筹提高城乡宽带网络普及水平和接入能力。开展下一代互联网示范城市建设，推进下一代互联网规模化商用。推进下一代广播电视网规模建设。完善电信普遍服务补偿机制，加大支持力度，促进提供更广泛的电信普遍服务。持续推进电信基础设施共建共享，统筹互联网数据中心（IDC）等云计算基础设施布局。各级人民政府要将信息基础设施纳入城乡建设和土地利用规划，给予必要的政策资金支持。

（五）统筹推进移动通信发展

扩大第三代移动通信（3G）网络覆盖，优化网络结构，提升网络质量。根据企业申请情况和具备条件，推动于 2013 年内发放第四代移动通信（4G）牌照。加快推进我国主导的新一代移动通信技术时分双工模式移动通信长期演进技术（TD-LTE）网络建设和产业化发展。

（六）全面推进三网融合

加快电信和广电业务双向进入，在试点基础上于 2013 年下半年逐步向全国推广。推动中国广播电视网络公司加快组建，推进电信网和广播电视网基础设施共建共享。加快推动地面数字电视覆盖网建设和高清交互式电视网络设施建设，加快广播电视模数转换进程。鼓励发展交互式网络电视（IPTV）、手机电视、有线电视网宽带服务等融合性业务，带动产业链上下游企业协同发展，完善三网融合技术创新体系。

三、增强信息产品供给能力

（七）鼓励智能终端产品创新发展

面向移动互联网、云计算、大数据等热点，加快实施智能终端产业化工程，支持研发智能手机、智能电视等终端产品，促进终端与服务一体化发展。支持数字家庭智能终端研发及产业化，大力推进数字家庭示范应用和数字家庭产业基地建设。鼓励整机企业与芯片、器件、软件企业协作，研发各类新型信息消费电子产品。支持电信、广电运营单位和制造企业通过定制、集中采购等方式开展合作，带动智能终端产品竞争力提升，夯实信息消费的产业基础。

（八）增强电子基础产业创新能力

实施平板显示工程，推动平板显示产业做大做强，加快推进新一代显示技术突破，完善产业配套能力。以重点整机和信息化应用为牵引，依托国家科技计划（基金、专项）和重大工程，大力提升集成电路设计、制造工艺技术水平。支持地方探索发展集成电路的融资改革模式，利用现有财政资金渠道，鼓励和支持有条件的地方政府设立集成电路产业投资基金，引导社会资金投资集成电路产业，有效解决集成电路制造企业融资瓶颈。支持智能传感器及系统核心技术的研发和产业化。

（九）提升软件业支撑服务水平

加强智能终端、智能语音、信息安全等关键软件的开发应用，加快安全可信关键应用系统推广。面向企业信息化需求，突破核心业务信息系统、大型应用系统等的关键技术，开发基于开放标准的嵌入式软件和应用软件，加快产品生命周期管理（PLM）、制造执行管理系统（MES）等工业软件产业化。加强工业控制系统软件开发和安全应用。加快推进企业信息化，提升综合集成应用和业务协同创新水平，促进制造业服务化。大力支持软件应用商店、软件即服务（SaaS）等服务模式创新。

四、培育信息消费需求

（十）拓展新兴信息服务业态

发展移动互联网产业，鼓励企业设立移动应用开发创新基金，推进网络信息技术与服务模式融合创新。积极推动云计算服务商业化运营，支持云计算服务创新和商业模式创新。面向重点行业和重点民生领域，开展物联网重大应用示范，提升物联网公共服务能力。加快推动北斗导航核心技术研发和产业化，推动北斗导航与移动通信、地理信息、卫星遥感、移动互联网等融合发展，支持位置信息服务（LBS）市场拓展。完善北斗导航基础设施，推进北斗导航服务模式和产品创新，在重点区域和交通、减灾、电信、能源、金融等重点领域开展示范应用，逐步推进北斗导航和授时的规模化应用。大力发展地理信息产业，拓宽地理信息服务市场。

（十一）丰富信息消费内容

大力发展数字出版、互动新媒体、移动多媒体等新兴文化产业，促进动漫游戏、数字音乐、网络艺术品等数字文化内容的消费。加快建立技术先进、传输便捷、覆盖广泛的文化传播体系，提升文化产品多媒体、多终端制作传播能力。加强数字文化内容产品和服务开发，建立数字内容生产、转换、加工、投送平台，丰富信息消费内容产品供给。加强基于互联网的新兴媒体建设，实施网络文化信息内容建设工程，推动优秀文化产品网络传播，鼓励各类网络文化企业生产提供健康向上的信息内容。

（十二）拓宽电子商务发展空间

完善智能物流基础设施，支持农村、社区、学校的物流快递配送点建设。各级人民政府要出台仓储建设用地、配送车辆管理等方面的鼓励政策。大力发展移动支付等跨行业业务，完善互联网支付体系。加快推进电子商务示范城市建设，实施可信交易、网络电子发票等电子商务政策试点。支持网络零售平台做大做强，鼓励引导金融机构为中小网商提供小额贷款服务，推动中小企业普及应用电子商务。拓展移动电子商务应用，积极培育城市社区、农产品电子商务。建设跨境电子商务通关服务平台和外贸交易平台，实施与跨境电子商务相适应的监管措施，鼓励电子商务“走出去”。

五、提升公共服务信息化水平

（十三）促进公共信息资源共享和开发利用

制定公共信息资源开放共享管理办法，推动市政公用企事业单位、公共服务事业单位等机构开放信息资源。加快启动政务信息共享国家示范省市建设，鼓励引导公共信息资源的社会化开发利用，挖掘公共信息资源的经济社会效益。支持电信和广电运营企业、互联网企业、软件企业和广电播出机构发挥优势，参与公共服务云平台建设运营。加快推进国家政务信息化工程建设，建立完善国家基础信息资源和政府信息资源，建立政府公共服务信息平台，整合多部门资源，提高共享能力，促进互联互通，有效提高公共服务水平。

（十四）提升民生领域信息服务水平

加快实施“信息惠民”工程，提升公共服务均等普惠水平。推进优质教育信息资源共享，实施教育信息化“三通工程”，加快建设教育信息基础设施和教育资源公共服务平台。推进优质医疗资源共享，完善医疗管理和服务信息系统，普及应用居民健康卡、电子健康档案和电子病历，推广远程医疗和健康管理、医疗咨询、预约诊疗服务。推进养老机构、社区、家政、医疗护理机构协同信息服务。建立公共就业信息服务平台，加快就业信息全国联网。加快社会保障公共服务体系建设，推进社会保障一卡通，建设医保费用中央和省级结算平台，推进医保费用跨省即时结算。规范互联网食品、药品交易行为，推进食品、药品网上阳光采购，强化质量安全。提高面向残疾人的信息无障碍服务能力。大力推进广播电视“户户通”工程，提升广播电视公共服务水平。推进地理信息公共服务平台建设。完善农村综合信息服务体系，加强涉农信息资源整合。大力推进金融集成电路卡（IC 卡）在公共服务领域的一卡多应用。

（十五）加快智慧城市建设

在有条件的城市开展智慧城市试点示范建设。各试点城市要出台鼓励市场化投融资、信息系统服务外包、信息资源社会化开发利用等政策。支持公用设备设施的智能化改造升级，加快实施智能电网、智能交通、智能水务、智慧国土、智慧物流等工程。鼓励各类市场主体共同参与智慧城市建设。在国务院批准发行的地方政府债券额度内，由各省、自治区、直辖市人民政府统筹考虑安排部分资金用于智慧城市建设。鼓励符合条件的企业发行募集资金用于智慧城市建设的企业债。

六、加强信息消费环境建设

（十六）构建安全可信的信息消费环境基础

大力推进身份认证、网站认证和电子签名等网络信任服务，推行电子营业执照。推动互联网金融创新，规范互联网金融服务，开展非金融机构支付业务设施认证，建设移动金融安全可信公共服务平台，推动多层次支付体系的发展。推进国家基础数据库、金融信用信息基础数据库等数据库的协同，支持社会信用体系建设。

（十七）提升信息安全保障能力

依法加强信息产品和服务的检测和认证，鼓励企业开发技术先进、性能可靠的信息技术产品，支持建立第三方安全评估与监测机制。加强与终端产品相连接的集成平台的建设和管理，引导信息产品和服务发展。加强应用商店监管。加强政府和涉密信息系统安全管理，保障重要信息系统互联互通和部门间信息资源共享安全。落实信息安全等级保护制度，加强网络与信息安全监管，提升网络与信息安全监管能力和系统安全防护水平。

（十八）加强个人信息保护

落实全国人大常委会关于加强网络信息保护的决定，积极推动出台网络信息安全、个人信息保护等方面的法律制度，明确互联网服务提供者保护用户个人信息的义务，制定用户个人信息保护标准，规范服务商对个人信息收集、存储及使用。

（十九）规范信息消费市场秩序

依法加强对信息服务、网络交易行为、产品及服务质量等的监管，查处侵犯知识产权、网络欺诈等违法犯罪行为。加强从业规范宣传，引导企业诚信经营，切实履行社会责任，抵制排挤或诋毁竞争对手、侵害消费者合法权益等违法行为。强化行业自律机制，积极发挥行业协会作用，鼓励符合条件的第三方信用服务机构开展商务信用评估。完善企业争议调解机制，防止企业滥用市场支配地位等不正当竞争行为。进一步拓宽和健全消费维权渠道，强化社会监督。

七、完善支持政策

（二十）深化行政审批制度改革

严格控制新增行政审批项目。对现有涉及信息消费的审批、核准、备案等行政审批事项评估清理，最大限度缩小范围，着重减少非行政许可审批和资质资格许可，着力消除阻碍信息消费的各种行业性、地区性、经营性壁垒。在已取消部分行政审批项目的基础上，年底前再取消或下放电信资费、计算机信息系统集成企业资质认定、信息系统工程监理单位资质认证和监理工程师资格认定等一批行政审批事项和行政管理事项。优化确需保留的行政审批程序，推行联合审批、一站式服务、限时办结和承诺式服务。按照“先照后证、宽进严管”思路，加快推进注册资本认缴登记制度，降低互联网企业设立门槛。

（二十一）加大财税政策支持力度

完善高新技术企业认定管理办法，经认定为高新技术企业的互联网企业依法享受相应的所得税优惠税率。落实企业研发费用税前加计扣除政策，合理扩大加计扣除范围。积极推进邮电通信业营业税改增值税改革试点。进一步落实鼓励软件和集成电路产业发展的若干政策。加大现有支持小微企业税收政策落实力度，切实减轻互联网小微企业负担。研究完善无线电频率占用费政策，支持经济社会信息化建设。

（二十二）切实改善企业融资环境

金融机构应当按照支持小微企业发展的各项金融政策，对互联网小微企业予以优先支持。鼓励创新型、成长型互联网企业在创业板等上市，稳步扩大企业债、公司债、中期票据和中小企业私募债券发行。探索发展并购投资基金，规范发展私募股权投资基金、风险投资基金创新产品，完善信息服务业创业投资扶持政策。鼓励金融机构针对互联网企业特点创新金融产品和服务方式，开展知识产权质押融资。鼓励融资性担保机构帮助互联网小微企业增信融资。

（二十三）改进和完善电信服务

建立健全基础电信运营企业与互联网企业、广电企业、信息内容供应商等合作和公平竞争机制，规范企业经营行为，加强资费监管。基础电信运营企业要增强基础电信服务能力，实现电信资费合理下降和透明收费。鼓励民间资本参与宽带网络基础设施建设，扩大民间资本开展移动通信转售业务试点，支持民间资本在互联网领域投资，加快落实民间资本经营数据中心业务相关政策，简化数据中心牌照发放审批程序，鼓励民间资本以参股方式进入基础电信运营市场。完善电信、互联网监管制度和技术手段，保障企业实现平等接入，用户实现自主选择。

（二十四）加强法律法规和标准体系建设

推动修订商标法、消费者权益保护法、标准化法、著作权法等法律，加快修订互联网信息服务管理办法、商用密码管理条例等行政法规。加快重点及新兴信息消费领域产品、服务标准体系建设，发挥标准对产业发展的支撑作用。加大知识产权保护力度，引导标准、专利等产业联盟健康有序发展。

（二十五）开展信息消费统计监测和试点示范

科学制定信息消费的统计分类和标准，开展信息消费统计和监测。加强信息平台建设，保证统计数据的可用性、可信性和时效性。加强运行分析，实时向社会发布相关信息，合理引导消费预期。在有条件的地区开展信息消费试点示范市（县、区）建设，支持新型信息消费示范项目建设，鼓励地方各级人民政府因地制宜研究制定促进信息消费的优惠政策。

各地区、各部门要按照本意见的要求，进一步认识促进信息消费对扩大内需的积极作用，切实加强组织领导和协调配合，明确任务落实责任，尽快制定具体实施方案，完善和细化相关政策措施，扎实做好相关工作，确保取得实效。

国务院

2013 年 8 月 8 日

（此件有删减）

科技部关于下达2013年度有关国家科技计划项目的通知

国科发计〔2013〕571号

各省、自治区、直辖市及计划单列市科技厅（委、局），新疆生产建设兵团科技局，国务院各有关部门，各有关单位：

按照《国家科技计划管理暂行规定》和《国家科技计划项目管理暂行办法》的有关规定，科技部2013年度国家星火计划、火炬计划、重点新产品计划和软科学研究计划立项工作已经完成，现将项目清单印发给你们。请按照有关计划的管理办法，认真做好项目的组织实施工作。

科技部

2013年9月5日

附件：

2013年年度国家火炬计划立项项目清单			
序号	项目编号	项目名称	承担单位
363	2013GH030344	高光学扩散大尺寸平板显示扩散膜	常州山由帝杉防护材料制造有限公司
364	2013GH030345	新型平板显示用高感度光引发剂	常州强力电子新材料有限公司
372	2013GH030353	平板显示器用高分子保护膜新材料	昆山博益鑫成高分子材料有限公司
379	2013GH030360	激光数码屏幕	江苏红叶视听器材股份有限公司
389	2013GH030370	高清液晶显示屏表面精密加工用纳米抛光材料	江苏中晶科技有限公司
638	2013GH010617	裸视3D显示关键技术攻关及产业化示范应用	浙江天禄光电有限公司
639	2013GH010618	智能3D平板电视	新世纪光电股份有限公司
695	2013GH030674	电子级四甲基氢氧化铵（TMAH）显影液	杭州格林达化学有限公司
716	2013GH030695	高透光率ITO触摸屏PET基片	杭州韩世通信电子有限公司
731	2013GH030710	新型防偏光商务手机视窗防护屏	浙江星星瑞金科技股份有限公司
924	2013GH040903	75千克级LED蓝宝石晶体生长炉产业化	浙江昀丰新能源科技有限公司
1024	2013GH011000	年产150万张单片单面电容式触摸屏	晟光科技股份有限公司
1025	2013GH011001	LED芯片封装与产业化示范项目	蚌埠德豪光电科技有限公司
1046	2013GH031022	平板显示第六代液晶玻璃基板	芜湖东旭光电科技有限公司
1075	2013GH051051	高效中功率贴片发光二极管	安徽格锐特光电科技有限公司
1115	2013GH031085	触摸屏用防爆膜的应用研究和产业化	厦门恒坤精密工业有限公司
1268	2013GH710901	大功率一体化LED路灯研发及产业化	歌尔声学股份有限公司
1269	2013GH710902	LED三维数字信息发布系统研发及产业化	潍坊绿能彩屏科技有限公司
1270	2013GH710903	室内P1.7高清LED显示屏研发及产业化	山东欣立得光电科技有限公司
1331	2013GH011291	新型贴片LED封装及其产业化项目	湖北匡通电子有限公司

续表

2013 年年度国家火炬计划立项项目清单			
序号	项目编号	项目名称	承担单位
1377	2013GH011334	大功率 LED 封装研发及应用	武汉长江半导体照明科技股份有限公司
1381	2013GH051338	超高亮度 LED 外延片和芯片产业化	华灿光电股份有限公司
1382	2013GH051339	不同材质 LED 芯片制造产业化	元茂光电科技（武汉）有限公司
1502	2013GH041447	新型表面贴装 LED 测试分选和编带成套设备	深圳市华腾半导体设备有限公司
1609	2013GH011548	新一代白光 LED 封装产业化项目	陕西光电科技有限公司

2013 年年度国家重点新产品计划立项项目清单			
序号	项目编号	项目名称	承担单位
20	2013GRA00020	高清 LED 创意应用视频显示系统	利亚德光电股份有限公司
37	2013GRA00037	面内转换模式薄膜晶体管用液晶材料	北京八亿时空液晶科技股份有限公司
56	2013GRA00056	红外多点触摸屏（T46）	北京汇冠新技术股份有限公司
114	2013GRA20004	智能电网电表用 HTN 液晶材料	河北迈尔斯通电子材料有限公司
146	2013GRA30012	多工位液晶模组 FOG 邦定工艺设备	太原风华信息装备股份有限公司
466	2013GRC10144	棱镜片光学保护膜	江阴通利光电科技有限公司
467	2013GRC10145	超高亮度球型 LED 用稀土黄色荧光粉	苏州英特华照明有限公司
488	2013GRC20001	电子级硅烷气体	浙江中宁硅业有限公司
502	2013GRC20015	电容多点触控控制面板	浙江龙威电子科技有限公司
582	2013GRC22005	HT 聚酰亚胺电热膜	宁波今山电子材料有限公司
606	2013GRC30008	PG 型预涂底层光学聚酯薄膜	合肥乐凯科技产业有限公司
909	2013GRD11006	71 英寸 LCOS 全高清激光显示器（电视）、HD71LE-20	武汉全真光电科技有限公司
956	2013GRE00003	分布式全数字超高分辨率图像处理及显示系统	广东威创视讯科技股份有限公司
962	2013GRE00009	新型柔性平面显示用高强度低轮廓铜箔	广东嘉元科技股份有限公司
1007	2013GRE02004	LCD 用偏光片（SWK-1049 SNK-2049）	深圳市盛波光电科技有限公司
1011	2013GRE02008	4.5 代 AM OLED 用掩膜版	深圳清溢光电股份有限公司
1020	2013GRE02017	埋入式电容电阻基板	深圳丹邦科技股份有限公司
1025	2013GRE02022	3014 高显高亮发光二极管	深圳市聚飞光电股份有限公司
1109	2013GRG00001	稀土发光材料关键配体	西安彩晶光电科技股份有限公司
1213	2013GR339003	高硬度高导电率电极材料用铜-铬-锆合金无缝管	江苏金圣铜业科技有限公司
1229	2013GR364001	0.55mm 液晶显示器用超薄电子玻璃	中国洛阳浮法玻璃集团有限责任公司
1246	2013GR364018	IPS-TFT 液晶材料	烟台万润精细化工股份有限公司

2013 年年度国家重点新产品计划战略性创新产品立项项目清单				
序号	项目编号	项目名称	承担单位	申报渠道
11	2013GZA20011	TFT-LCD 玻璃基板成套设	东旭集团有限公司	河北省科技厅

第6章

各地产业政策

安徽省“十二五”电子商务发展规划

为加快安徽省电子商务发展，根据《国务院办公厅关于加快电子商务发展的若干意见》、《数字安徽建设规划纲要（2008—2012 年）》和《安徽省“十二五”信息化发展规划》，编制本规划。

一、发展现状

“十一五”期间，在“数字安徽”发展战略指引下，电子商务作为安徽省信息化应用领域的重要部分，取得了长足进步。

一是传统商贸企业和商贸市场积极实施信息化改造，加快向现代化商贸企业和商贸市场转变。徽商集团、合肥百大等企业积极建设电子商务系统，打造连锁经营网络。徽商集团农家福农资超市加大投入，建设连锁商业电子结算系统，已覆盖全省主要农产区 2100 多家分店。

二是第三方物流信息化加快发展，为电子商务发展提供了有力支撑。安徽邮政、徽商集团、迅捷物流、安得物流等一批重点物流企业积极采用 PDA 数据采集、GIS 等技术提升物流信息管理系统功能，实现了仓储、车辆等数据的实时管理和市场客户的全流程参与。

三是规模以上工业企业电子商务应用普及率不断提高。涌现出了江淮汽车、奇瑞汽车、合力叉车、海螺集团、马钢公司、宁国中鼎等一批应用电子商务改造物流和供应链、提升企业竞争力的典型工业企业。

四是行业电子商务平台应用成效显著。诞生了安徽粮食批发交易市场网上交易平台、徽商钢市网等在行业内具有一定知名度的电子商务平台。安徽烟草公司电子商务建设模式在全国烟草行业得到推广。亳州中药材市场等开展电子商务，有效带动了地方服务业发展。

五是农业电子商务取得突破。“安徽农网”连续多年进入全国农业网站百强，已促成网上交易 150 多亿元，被广大农民誉为“致富金桥”、“科技之窗”。颍上县茂生香草园 95%以上的业务来自电子商务，被原省委书记王金山称赞为“代表了现代农业发展的新方向”。

六是各类电子商务公共平台不断涌现。政府部门积极搭建安徽电子口岸、安徽进出口商品网上交易会等平台，为企业办事和开展营销活动提供便利。部分国有公共服务企业利用其资源优势积极参与电子商务公共服务平台建设，诞生了“家家购物”、“人人喜购网”等面向消费者的电子商务公共服务平台。通信运营商开展的手机支付业务已成功在机票订购、水电气缴费、旅游等领域获得应用。

七是信息基础设施加快发展。截至“十一五”末，光缆、宽带（多媒体）数据网、广播电视网络覆盖全省所有市、县、乡镇和大部分行政村；全省电话用户数（含移动电话）达到 4026.9 万户，电话普及率达到 65.6 部/百人，较之“十五”末提高了 68.6%；互联网宽带用户数达到 342.1 万户，比“十五”末增长了 379.1%，3G 网络已基本覆盖全省城乡绝大部分地区。

八是网络信任体系建设步伐加快。省电子认证中心发放电子证书 8 万多张。近 15 万企业和 2200 多万个人账户分别入库企业和个人征信系统。公安、劳动、工商、税务等部门也积极利用“金卡”、“金保”、“金盾”、“金税”等系统，以个人户口、个人社保、工商个体户、个人纳税为突破口，加强个人同业征信系统建设，个人信用数据库记录体系已形成规模。

二、电子商务发展面临的形势分析

随着信息技术的飞速发展和互联网的迅速普及，电子商务已成为调整产业结构和新经济发展的重要推动力量，其全球战略意义日益凸显。安徽省要在“十二五”期间大力发展电子商务，使其在安徽省经济和社会发展中发挥重要作用，面临着不少机遇和挑战。

从国际上看，欧、美、日、韩等发达国家和地区从 20 世纪 90 年代末开始，纷纷把电子商务作为有效拓展海外市场、调整国内产业结构和谋求国际经济合作领域主导权及话语权的重要手段，抢占新经济发展的战略制高点，其信息基础设施建设、互联网资源、电子商务交易规模和应用水平等方面均大幅度领先于其他国家和地区，对全球经济的控制力进一步增强。同时，以中国、印度、俄罗斯、巴西、南非“金砖五国”为代表的新兴经济体和发展中国家经济快速增长，其电子商务也加速发展，已成为全球电子商务的重要组成部分，地位和作用不断提高。

从国内形势看，我国电子商务经过 10 多年的时间从萌芽状态发展为粗具规模的成长型产业，网商、网企、网银等专业化服务和从业人员呈几何级数膨胀，已成为引领现代服务业发展的新兴产业，在促进现代服务业融合、推进创业环境改变、完善商务环境等方面所起的作用越来越明显。同时，电子商务在助力节能减排，促进绿色消费，带动 3G 和物联网等新兴技术发展等方面都有着广阔的应用空间，对帮助解决我国发展中存在的产业结构不合理、投资和消费关系失衡、就业总量压力和结构性矛盾并存等问题起着积极作用，将成为后金融危机时代我国的战略性投资方向。

从安徽省内形势看，“十二五”期间电子商务建设机遇和挑战并存。一方面，存在着良好的发展机遇。第一，新一代通信技术、物联网技术的应用普及，将极大推动安徽省以移动电子商务为代表的新兴电子商务模式发展和完善。第二，随着安徽省文化强省工作的推进，数字内容产业和信息服务业将有较大发展，给电子商务带来了强劲需求。第三，农村信息化的不断推进，带来了农民信息化意识的整体提升，为电子商务下一步占领广阔的农村市场打下了基础。第四，皖江城市带承接产业转移示范区的建设，将使安徽省成为全国重要的物流、人流、技术流、信息流中心，进一步拓展安徽省电子商务发展空间。另一方面，安徽省电子商务发展仍远远落后于长三角地区、珠三角地区和环渤海湾地区，“十二五”建设任务比较重。与发达省份相比，安徽省电子商务应用范围不广，应用水平不高，特别是在中小企业的普及率相对较低；电子认证、在线支付、现代物流、信用、安全防护和市场监管体系建设尚不能完全适应电子商务快速发展的需要；电子商务标准规范的完整性、配套性和协调性不足，法制化进程亟待加快，发展环境有待进一步完善；电子商务在加快经济发展方式转变、提高经济运行效率等方面的促进作用尚未充分发挥。

三、指导思想、基本原则和主要目标

（一）指导思想

贯彻落实科学发展观，紧紧围绕转变经济发展方式、促进产业结构优化升级的中心任务，推动体制创新、机制创新和技术创新，着力营造公众满意的电子商务发展环境，积极推广电子商务应用，加速推进国民经济和社会信息化进程。

（二）基本原则

企业主导、政府推动。坚持以企业需求为导向，加快基础设施体系建设，优化制度环境，完善法律和政策体系，实现政府与企业间的良性互动，促进电子商务协调发展。

虚实结合，齐头并进。坚持以技术创新催生新兴业态，带动传统产业发展，以实物产业的发展夯实网络经济的金融市场基础，加速实现网络经济和实体经济发展相融合。

营造环境、深化应用。加强物流、金融、安全等各项支撑体系建设，营造电子商务发展的良好环境，以环境建设促应用；推广电子商务在我省经济社会发展各领域的应用，以应用带动环境建设。

统筹发展，层次推进。坚持以促进经济发展方式转变为中心，围绕安徽省电子商务发展的关键问题和环节进行突破，不断推进安徽省电子商务健康有序发展。

（三）主要目标

到2015年，安徽省电子商务发展环境、支撑体系、技术服务和推广应用协调发展的格局基本形成，多部门协作推进电子商务发展的机制基本建立。国民经济和社会发展各领域电子商务应用水平大幅提高并取得明显成效。网络化生产经营方式普遍开展，中小企业电子商务应用普及水平大幅提高。现代物流业、信息服务业、金融服务业规模不断提升，为电子商务发展提供有利支撑。网络消费成为重要的消费形态，网络购物交易额占社会消费品零售总额的比重力争达到5%左右。

四、主要任务

（一）推进电子商务应用深化普及

（1）深化骨干企业电子商务应用水平。鼓励汽车、冶金、机械、纺织等重点行业骨干企业优化业务流程和组织机构，实现企业的内部业务与电子商务融合发展，提高企业内部业务流程的运转效率。充分发挥骨干企业的龙头带动作用，利用电子商务优化供应链管理，促进骨干企业与上游供应商、下游分销商和客户之间的业务协同与信息共享，确保外部流程的可管理性和高效运作，推进企业间电子商务。加快推进骨干企业的传统商业活动与电子商务、企业自身与外部合作伙伴、产品销售与品牌推广整体化，将电子商务贯穿于全社会的生产和流通过程，实现全程电子商务。

（2）推进商贸企业电子商务应用。推进现代信息技术对传统商贸方式的改造，在采购、库存、销售、配送等具有商贸行业特色的环节广泛应用信息技术。鼓励商贸企业建立ERP（企业资源管理）、CRM（客户关系管理）、DRP（企业分销管理）系统，鼓励中小商贸企业大力推广POS系统。重点推动徽商农家福、红府超市、合家福等大中型连锁企业和传统商品市场初步建立基于电子商务的新型流通业态。

（3）推广中小企业电子商务应用。充分发挥通信运营商和信息服务商的作用，积极推进中小企业电子商务服务平台建设。加大面向中小企业的电子商务宣传和培训力度，鼓励中小企业利用第三方电子商务服务平台开展营销活动，降低成本，提高商务效率。制定优惠政策，吸引国内知名电子商务企业来皖设立机构，为安徽省中小企业开展电子商务建设提供服务。

（4）推动行业电子商务应用。在旅游、文化、药材、农副产品加工等安徽省特色产业开展电子商务，鼓励行业龙头企业、行业协会或农村经济合作组织搭建行业电子商务平台，增进企业间协作关系，聚合行业资源，增强企业群体的综合竞争力。发挥行业协会等社会中介组织的作用，结合行业特点，研究制定行业电子商务标准和规范。

（5）发展面向消费者的电子商务应用。鼓励新闻媒体、邮政、银行、运营商等国有公共服务企业发挥各自资源优势和在公共服务领域的影响力，合作搭建面向消费者的电子商务公共平台，提升电子商务公众普及率和应用规模。

（6）推进政府类电子商务平台建设。继续推进安徽中小企业网建设，为全省中小企业提供政策法规、信息化建设、融资担保、交流合作等综合服务。不断完善提升进出口商品网上交易会、电子口岸等外贸平台功能，促进外贸企业电子商务应用。协调推进安徽农网、新农村商务信息服务体系、“万村千乡市场工程”等项目建设，不断完善农村信息服务和流通服务体系，大力发展农村电子商务。推进政府采购电子商务应用。

（二）大力发展电子商务服务业

（1）积极促进以第三方平台服务为主流的电子商务服务业态的形成与发展，培育国民经济发展新的增长点。大力支持网上商店、网上银行、信息技术支持，以及第三方电子商务服务等新兴服务业发展。积极发展金融、人才、第三方物流、信息服务、教育培训等电子商务服务业。

（2）推进传统服务业与电子商务融合。促进电子商务与旅游、教育、文化、培训、保险、医疗保健等服务型企业相结合，鼓励企业广泛采用电子商务技术，通过互联网提供各种信息服务，简化操作流程，减少交易中间环节，提升客户关系管理水平。

（3）推动发展外包服务。鼓励通信运营商、软件供应商、系统集成商和信息服务商的业务转型提升，面向政府和企事业单位提供网站建设、网站推广、网上贸易等电子商务应用服务，降低电子商务建设和应用成本，促进电子商务外包服务标准化、规范化发展。

（三）完善电子商务支撑环境

（1）夯实信息流基础。加快推进三网融合，完善各类网络，为电子商务发展提供良好的网络环境。促进企业内部信息资源整合，推进企业间，以及企业和客户间的信息交流，实现对企业信息流的有效控制，提高企业效益。

（2）提高资金流运转效率。引导商业银行、银联与第三方支付机构开展合作，建设安全快捷、标准规范的在线支付平台，实现互利互赢。大力推广银行卡等电子支付工具，推动网上支付、电话支付和移动支付等新兴支付工具的发展。

（3）完善物流保障。推进各类物流信息资源的整合，推动安徽省内，以及与长三角等其他地区物流资源共享和信息互联互通，建立公共物流信息平台。积极推进物流企业管理信息化，逐步实现与公共物流信息平台联网。鼓励物流企业运用先进的信息和装备技术，进一步提高物流的速度和效率。加强工商企业物流信息系统建设，实现与物流企业信息互联互通。培育形成一批具有核心竞争力、在国内有较大影响的第三方物流企业。

（4）提高电子商务信任度。利用身份认证、数字签名等技术，结合社会信用联合征信系统的建设和社会诚信体系的建立，从法律法规、标准规范、支付认证、安全可靠性和信息基础设施等方面，提高电子商务中的安全保障水平。开展电子商务第三方责任险、电子商务交易备案和取证、电子商务诚信体系等领域的政策、法规、支撑技术方面的研究，并适时开展相关试点示范工作，充分降低电子商务风险，促进电子商务发展。

（四）推动电子商务技术创新

（1）加快发展电子信息产业。深入贯彻实施电子信息产业振兴规划，形成电子信息产业和电子商务应用良性互动机制。加快具有自主知识产权的电子商务硬件和软件产业化进程，提高电子商务平台软件、应用软件、终端设备等关键产品的自主开发能力和装备能力，发展自主知识产权的技术装备与软件，推进综合集成应用，加快产业化进程。

（2）积极推进新兴技术应用。推动3G技术在旅游、交通、娱乐、购物、医疗等方面的应用，大力发展移动电子商务。加快物联网相关技术的研究，实现物联网技术在物流管理、产品质量监控、手机支付等领域的应用。继续开展密码技术的研究和应用，提高网上交易的可靠性和安全性。

（3）加快培育电子商务创新环境。加快安徽省内高校和科研院所的原始创新能力建设，积极创造有利于产、学、研、用结合的良好环境，加速现有资源与技术力量整合，加快技术成果应用转化。强化技术咨询和人才培训服务，提高集成创新和引进消化吸收再创新能力。

五、重点工程

（一）企业电子商务提升工程

推进重点骨干企业的信息技术改造，促进物流供应链整合升级，深化企业间电子商务应用。鼓励传统商贸企业建设网上商城，包括建设商品展示平台、在线支付平台、呼叫中心、知识管理、物流配送等业务子系统，实现百货、家电、超市商品的网上销售业务。

（二）公共电子商务服务工程

支持面向行业并具有一定规模的电子商务运营企业，建设中小企业信息服务平台，发展行业公共信息服务。支持邮政、电信运营商、广电运营商、新闻媒体等发挥各自优势，整合信息流、资金流和物流渠道，建设面向消费者或中小企业的公共电子商务服务平台，推动电子商务应用普及。

（三）电子商务便民工程

在全省的城市社区及农村建设电子商务便民服务站，提供办理各种缴费业务、城市一卡通、公交卡充值，汽车票、飞机票、保险、邮政、旅游套票销售业务等，服务对象为城市及农村居民。

（四）移动电子商务工程

鼓励基础电信运营商、电信增值业务服务商、内容服务提供商和金融服务机构相互协作，利用 3G、物联网等技术建设面向工农业生产、生产性服务业、生活服务和公共服务等现实需求的移动电子商务服务平台。

（五）内外贸电子商务服务平台

整合全省内贸信息资源，建设记录和控制内贸电子商务全过程的内贸电子商务平台，为企业提供内部监管、形象展示和产品销售等电子商务服务。完善提升中国安徽进出口商品网上交易会平台功能，为更多的企业提供展示自己产品的机会，为外商随时随地查询出口企业信息方面提供足够的空间，使平台在企业扩大出口、增加贸易机会等方面发挥积极和有效作用。

（六）农村电子商务服务工程

推广“安徽农业信息网”、“安徽农网”、“新农村商网”等农村电子商务服务平台应用普及，为广大农民提供及时有效的政策、科技、市场、就业等方面信息。推进农村商务信息服务体系建设，提高农民的信息技术应用能力，促进产业化、规模化和订单农业的发展，为农村电子商务市场的形成奠定基础。

（七）旅游电子商务平台

建设网上旅游超市和旅游商品交易平台，开展网上预订、网上营销及网上支付，提高安徽省旅游服务水平，助力安徽旅游产业大省建设。

（八）政府采购电子商务试点工程

以电子招标系统、电子竞价采购系统、物资采购管理系统、询比价采购管理系统为内容，建设全省统一的电子采购平台。探索实现政府采购部门、供应商、银行、财政、税务、工商和监管机构之间的信息共享和业务协同，为各级政府部门提供采购信息发布和交易、支付、物流、信用、监管等服务。

（九）物流公共信息服务平台

通过对现有物流信息及其网络的整合，并对所采集的信息进行加工处理，建成一个立足安徽、对接长三角、辐射全国，能系统提供区域物流资讯和电子商务服务，在冷链物流及仓储物流信息服务方面具有特色，集公共信息服务与商业信息服务于一体的物流信息平台。

（十）电子商务交易信用体系建设工程

利用身份认证、数字签名等技术，结合社会信用联合征信系统的建设和社会诚信体系的建立，从法律法规、标准规范、支付认证、安全可靠性和信息基础设施等方面，提高电子商务安全保障水平。支持第三方在线支付平台和电子银行建设，发展在线支付业务。支持网上交易监管平台建设，规范网上交易秩序。

六、保障措施

（一）建立健全工作机制

充分发挥政府部门和通信运营商的积极性，建立健全电子商务协调发展推进机制。建立经济和信息化、发展改革、工商管理、税务、质量监督、通信管理、公安等部门共同参与的电子商务推进工作组，完善制度，明确分工，积极搭建有利于安徽省电子商务发展的良好支撑体系和政策环境。

（二）规范电子商务秩序

加快电子商务法制化建设，加大对《电子签名法》、《网上交易管理办法》等法律规章的宣传力度，提高公众的安全意识。加强对网络交易的监控，严厉打击网络交易中的违法行为。制定鼓励网上交易发展的优惠及免税政策，鼓励网上创业。

（三）完善电子商务投融资机制

建立健全适应电子商务发展的多元化、多渠道的投融资机制，研究制定促进金融业与电子商务相关企业互相支持、协同发展的政策。全方位发挥三大通信运营商与安徽省政府战略协作的效能，推动通信运营商积极参与电子商务平台建设。

（四）加快电子商务人才培养

以培养复合型电子商务人才、具备开拓能力的业务型人才和既懂理论又有实践能力的管理型人才为目标，推动省内高校、社会教育机构与知名 IT 企业合作，根据高校自身的学科优势、企业电子商务的实际应用情况及电子商务人才将来的就业方向等，有针对性地制定电子商务专业教学培养目标及课程体系，努力培养出符合企业需求的电子商务人才。

（五）健全电子商务评价体系

借助社会中介机构，开展企业电子商务绩效评价指标研究。发挥行业协会的力量，开展行业电子商务评价指标体系研究。

（六）加强宣传

加强电子商务的知识普及和安全教育工作，提高社会各界对发展电子商务重要性的认识，增强企业和公民对电子商务的应用意识、信息安全意识。

广东省电子商务“十二五”发展规划

电子商务是通过信息化手段进行的商务活动，是我国战略性新兴产业与现代流通方式的重要组成部分。为推动广东省电子商务的突破发展，根据《广东省国民经济和社会发展第十二个五年规划纲要》，制定本规划。

一、发展现状及面临的形势

“十一五”期间，广东省电子商务发展总体上处于全国领先水平，与长三角、京津唐地区成为我国电子商务发展的三大增长极，正处于快速扩张的阶段，呈现专业化、规模化、集聚化发展的特点，电子商务与其他产业的融合加快，助推了经济结构调整和产业转型升级。

（一）发展现状

（1）电子商务规模较大。2010年，广东省互联网普及率为55.3%，网民规模达到5324万人；网络购物人数达1927万人，占网民总数的36.2%；手机网民数量达3881万人，上网比例达72.9%，高出全国平均水平6.9个百分点；电子商务交易规模不断扩大，2010年达到8000亿元；大型企业网络 购销比重逐年上升，电子商务已成为现代商品流通的重要手段和方式。

（2）电子商务应用成效显著。电子商务在广东省各行业和消费领域的应用不断拓展，与实体经济融合程度不断提高，在钢铁、石化、塑料、粮食、汽车和电子等行业涌现出一批年交易额超过100亿元的电子商务平台，外贸电子商务发展迅速，移动电子商务逐渐成熟，应用电子商务的中小企业快速增加，网络购物增长迅猛。

（3）电子商务集聚发展程度较高。广州市被评为国家移动电子商务示范城市，深圳市成为全国首个获批开展国家电子商务示范城市创建工作的地区。在广州、深圳、佛山、东莞等地区形成了一批龙头企业集聚、集群态势明显的电子商务集聚区。

（4）电子商务支撑体系不断完善。电子商务信用服务、电子支付、物流配送和电子认证等支撑体系不断完善，网上支付、移动支付等支付服务快速发展。快递服务迅速兴起，出现了全国最大的民营快递企业顺丰速递公司；信用认证取得较大进展，广东省三家电子商务认证公司共发数字证书超过一百万张；粤港澳电子签名证书互认取得阶段性成果。

（5）电子商务发展环境不断完善。电子商务发展体制机制不断健全，对电子商务发展的支持力度不断加大，云计算和物联网等现代信息技术拓展了电子商务的应用领域，电子商务标准体系建设加快推进，为电子商务的发展创造了有利条件。

（二）存在问题

广东省电子商务的发展仍然存在一些问题。一是电子商务应用领域有待进一步拓展，中小企业电子商务应用水平有待提高，能引领产业链协同发展的电子商务平台和龙头企业数量较少。二是电子商务发展环境还不完善，体制机制改革有待进一步深化，监管和纠纷处理制度有待建立，信用体系建设有待进一步加强。三是电子商务发展的区域结构和行业结构不合理、服务效率不高、人才队伍相对弱小。四是电子商务标准体系建设处于起步阶段，统计和监测工作有待加强。

（三）面临形势

“十二五”时期是广东省“加快转型升级、建设幸福广东”的重要时期。在全球化和信息化进一步深化的大背景下，电子商务发展将迎来重大发展机遇，同时又将面临诸多挑战。

从国际来看，全球化和信息化给广东省电子商务发展带来新机遇，国际资本纷纷看好我国电子商务发展前景，并加大对我国电子商务的投资力度，为广东省电子商务发展提供了重要的资本、人才和经验保障；新一代互联网、移动通信网、云计算和物联网技术的发展为电子商务模式创新提供了新技术支撑，广东省电子商务发展将迎来新的重要发展机遇。

从国内来看，规范化和区域竞争给广东省电子商务发展带来新挑战。“十二五”期间，国家将通过政策法规、行业标准等方式规范电子商务发展，这一方面有利于规范电子商务市场秩序，同时也对电子商务发展提出了更高要求。各地高度重视电子商务发展并加大了扶持力度，广东省电子商务发展将处于前有标兵、后有追兵的竞争态势。

从自身来看，广东省是“世界制造业基地”，有70多种产品产量居全国第一，同时广东省也是全国消费和出口大省，为电子商务发展奠定了坚实的产业基础和消费基础。广东省正在大力实施“信息化与工业化融合”、“生产服务业与制造业融合”发展战略，着力推动经济转型升级，迫切需要发挥电子商务在创新经营管理模式、提高产业组织效率、激发市场活力中的积极作用。此外，经济发展水平的提升、城镇化进程的加快、人均收入的增长、扩大内需政策的深入实施，以及社会结构和消费观念的改变，都将给广东省电子商务带来新的发展空间。

二、指导思想、基本原则和发展目标

（一）指导思想

以科学发展观为指导，以服务经济转型升级为主线，以改革发展、创新发展为动力，以普及和深化电子商务应用为重点，优化电子商务发展环境，深化电子商务与实体经济的有机融合，加快新一代网络技术的应用步伐，完善电子商务功能和配套服务体系，增强信用安全保障，提高电子商务物流配送效率，推动电子商务实现总量快速扩张、水平显著提升、应用领域明显扩大的突破发展，进一步确立珠江三角洲地区国际电子商务中心地位。

（二）基本原则

（1）政府引导、市场运作。充分发挥政府在产业政策、服务管理等方面的引导支持作用，创建有利于电子商务发展的外部环境。坚持市场化运作，发挥企业在电子商务发展中的主体作用，运用市场机制优化资源配置。

（2）重点推进、示范带动。坚持重点推进与全面发展相结合，建成一批国家级和省级电子商务示范城市、示范基地和示范企业，通过示范带动，全面提升电子商务发展水平。

（3）扩大应用、促进融合。推动网络经济与实体经济深度融合，深入拓展电子商务在各个领域的应用，推动电子商务全面融入经济社会发展。

（4）营造环境、鼓励创新。加快电子商务信用体系建设，营造电子商务领域诚实、自律、守信、互信的良好环境，鼓励电子商务发展模式、关键技术创新。

（三）发展目标

到2015年，电子商务在广东省经济社会各领域的应用水平明显提高，在新技术支撑下的新一代电子商务发展实现新突破，电子商务产业体系初步建立，电子商务对经济发展的支撑和促进作用明显增强，电子商务制度建设取得突破性进展，支撑体系进一步完善，成为战略性新兴产业的重要组成部分，进一步确立广东省电子商务产业发展在全国的领先地位，广东电子商务品牌的国内外影响力显著提升。

（1）全省电子商务交易额翻两番，突破3.2万亿元，网络购物占社会消费品零售总额的比例高于全国平均水平，企业网上采购和网上销售占采购和销售总额的比重超过60%和30%。

（2）电子商务企业竞争力进一步增强，一批电子商务企业进入全国百强行列，年电子交易额超过100亿元的平台超过20家。

（3）形成较完善的电子商务政策法规和标准体系，建立适应电子商务发展的管理体制和机制。

（4）建成与电子商务发展水平相适应的安全、信用、认证、支付、物流等电子商务配套服务体系。

三、主要任务

（一）推动电子商务应用普及和深化

在钢铁、石化、塑料、粮食、汽车、电子信息、家电、陶瓷、服装、家具、特色农产品等优势产业发展壮大一批专业性电子商务交易平台，不断创新行业电子商务发展模式。积极在文化、旅游、物流、教育、医疗等服务领域打造一批电子商务平台。引导现有的综合性和行业性信息服务平台向集交易、支付和信息服务于一体的电子商务平台转型。以产业集群、产业园区、专业市场为依托，建设第三方电子商务平台，鼓励大型企业的电子商务平台向社会开放，逐步向行业电子商务平台发展转型。推动大宗商品电子商务平台的规范发展。

1. 提高企业电子商务应用水平

进一步提高企业信息化水平，夯实企业电子商务应用基础。加大电子商务知识普及和宣传力度。推进大型企业深化电子商务应用，支持企业间业务流程和信息系统的互联互通，实现基于电子商务的供应链协作，增强供应商、企业和客户在线和实时协作的能力，发展电子采购和电子分销。支持大型企业自建电子商务平台，推动平台与企业内部管理系统的对接和集成。鼓励中小企业运用第三方电子商务服务平台，开展在线采购、销售、结算等电子商务应用。

2. 加快发展网络零售

鼓励大中型零售企业创新发展网络零售，建设线上线下一体化、实体与虚拟相互融合的电子商务零售平台。提升数字出版、游戏动漫的网络销售比重。鼓励发展网络零售平台和社区电子商务。大力发展电子客票、电子货单。支持和规范团购电子商务的发展。鼓励大型快递企业依托物流配送网络发展面向消费者的电子商务。有序发展自然人间（CTC）的电子商务。

3. 推进移动电子商务应用

利用新一代移动通信、物联网、云计算技术拓展电子商务应用。鼓励企业建设移动电子商务服务平台，提供移动电子商务服务。鼓励应用手机、平板电脑、手提电脑等智能移动终端，面向公共事业、交通旅游、就业家政、休闲娱乐、市场商情等领域，发展移动支付服务、便民服务和商务信息服务。完善移动电子商务技术体系、标准和业务规范。

（二）完善电子商务支撑服务体系

1. 大力发展信用服务

加快培育信用调查、认证、评估、担保等社会中介服务组织，对电子商务经营主体开展商务信用评估。建立科学的信用评价体系，促进电子商务信用信息与社会其他领域信息的对接和共享，打造涵盖线上、线下经营活动的具有公信力的电子商务信用服务平台，形成完整的电子商务信用信息服务系统，实现信用信息互联互通。

2. 积极发展电子认证服务

完善电子认证体系，为社会提供可靠的电子认证服务。支持市场化的社会征信机构开展电子商务信息服务，培育实名认证、数据保护、司法鉴定、审计取证等第三方电子商务安全服务。强化电子商务数据安全，支持全省数字证书认证中心建设。大力推动数字证书、电子印章、电子签名在电子商务领域的应用。推进跨境数字证书互认，积极推动粤港澳数字证书尽快实现互认互通。进一步规范密钥、证书、电子认证机构的管理。鼓励电子认证技术研发，支持具有自主知识产权的加密和认证技术应用。

3. 规范发展电子支付服务

鼓励金融机构建设在线支付平台，提供基于互联网、手机电话、自助终端等设施进行支付的各种电子支付服务，推动形成多元化的电子支付体系，促进电子支付良性竞争。规范和促进非金融机构电子支付业务的健康发展。鼓励开展在线支付、移动支付业务，支持发展银行卡、电子支票、手机钱包等各类电子支付和结算工具。逐步规范电子支付行为和支付接口，发展便捷、规范和统一的在线支付服务。

4. 加快发展电子商务物流服务

支持建设一批符合电子商务发展需要的物流配送中心。推动现代物流企业提高专业服务水平，增强对电子商务发展的支撑能力。支持电子商务企业与物流企业数据库的对接，提高快递、零担、城市配送企业的电子商务物流服务协同。

5. 强化电子商务投融资服务

支持设立电子商务投资机构，进一步拓宽电子商务投融资渠道，加强对电子商务技术创新和模式创新的资金支持。鼓励金融机构加强对电子商务企业的信贷支持，扩大电子商务企业贷款抵质押品范围。加强政府财政资金对发展电子商务的引导和支持作用，形成政府引导性投入与社会资本投入互补的投融资机制。

（三）优化电子商务发展环境

1. 建设电子商务聚集区

依托现有产业园区资源，建设一批电子商务集聚区。加强电子商务集聚区建设规划，完善综合服务体系，打造一批电子商务创业基地；重点支持广州市、深圳市和汕头市开展国家电子商务示范城市和示范基地的创建工作。

2. 完善相关法律法规体系

积极制定电子商务发展法律法规和自律准则。落实电子支付、电子签名、信用服务和网络安全法规。建立电子商务信用监测制度和信用评估认证制度，推进电子政务制度化建设，以电子政务促进电子商务发展。建立电子商务评级制度。引导电子商务经营主体完善内部管理制度。

3. 健全电子商务标准体系

开展在线支付、安全认证、电子单证、物流配送等电子商务配套标准和行业规范的制定工作，积极参与国际、国内电子商务标准的制定。提高电子商务信息发布、网上交易、电子支付、物流配送、售后服务、纠纷处理的标准化程度，加大行业标准及规范的应用推广、监督和认证力度。

4. 鼓励电子商务创新

利用新一代移动通信、物联网、云计算、三网融合、下一代互联网等新型信息技术，推动电子商务技术创新。着力解决制约电子商务发展的关键技术、核心技术、共性技术问题。创建国家级电子商务应用创新示范区，积极探索电子商务模式创新。

5. 加强电子商务产学研合作

鼓励高等院校、科研院所积极开展电子商务理论与应用基础研究。鼓励电子商务的产学研合作。鼓励政府、高校、企业及研究机构联合培训电子商务技术、营运和服务人才，鼓励通过校企合作创立大学生电子商务创业基地。

（四）提高电子商务国际化水平

1. 加强外贸电子商务服务应用

加强电子商务在国际贸易和对外经济合作中的应用，支持企业运用电子商务开拓国际市场，鼓励企业通过电子商务完善进出口代理业务，提高贸易便利化水平。培育一批集报关、退税、国际物流、海外仓储、汇兑服务于一体的跨境电子商务服务企业，为中小企业开展国际电子商务提供支撑。大力发展对外贸易撮合、认证征信等电子商务增值服务。建立有效的国际化电子商务运营模式，提高跨境电子商务公共服务水平。

2. 加强粤港澳电子商务合作

积极探索建立粤港澳电子商务互动发展模式，探索构建“9（珠三角 9 大城市）+2（港澳）一体化电子商务”体系，采取多样化、多层次、多模式的合作发展战略，推动粤港澳电子商务应用合作。

3. 培育电子商务国际品牌

鼓励面向全球产业链协作的跨境电子商务发展，支持广东省内大型电子商务企业走向世界，拓展国际市场，打造一批在国内外有影响力的电子商务国际品牌，充分发挥品牌企业的带动作用和示范效应，推动电子商务的国际化发展。

四、重点工程

（一）示范带动工程

支持重点城市开展国家电子商务示范城市创建工作。按照国家商务部要求，创建国家级电子商务示范基地，在电子商务示范基地形成较为完善的电子商务政策体系和高效的公共服务体系，建立较为完善的产、学、研、用合作机制。深入开展广东省电子商务示范企业创建工作，总结和宣传成功经验，发挥示范企业的示范和带动作用。

（二）龙头企业培育工程

完善电子商务投融资环境，扶持本地优势电子商务企业发展，培育本土电子商务龙头企业，打造一批国内外有影响力的电子商务品牌企业，支持电子商务企业在国内外上市融资发展。加大力度吸引国内外电子商务运营企业特别是总部型电子商务企业落户，努力使珠江三角地区成为国内外电子商务运营企业的总部、区域总部和营运中心。

（三）网络零售试点工程

鼓励制造业企业利用自身品牌，面向消费者个性化需求，发展网络直销。支持流通企业加强网络品牌建设，拓展网络营销渠道，结合实体店面和物流配送体系，促进线上线下互动发展。促进网络零售企业和网络销售平台完善服务、规范运作，推动高效便捷、安全可靠的新型网络消费模式的健康发展。支持网商加快发展。

（四）电子商务物流信息服务平台建设工程

在进一步加快南方现代物流公共信息平台建设的基础上，建设电子商务物流信息服务平台；加强与“泛珠三角”区域、港澳台和亚太地区的电子商务物流信息对接，支撑电子商务的快速发展。

（五）国际采购中心电子商务建设工程

支持广东商品国际采购中心加强电子商务应用建设，鼓励广东商品国际采购中心商户借助电子商务平台开拓国内外市场，打造线上线下良性互动的现代营销体系。鼓励专业市场完善电子商务交易功能，大胆探索现代网络交易方式的创新。

五、保障措施

（一）建立协调机制

建立健全促进电子商务发展的组织保障体系和工作机制，充分发挥政府部门、行业协会、重点企业的作用，形成电子商务发展合力。建立电子商务应用绩效评估机制和重点企业联系机制，建立全省电子商务专家库。建立广东省电子商务数据库、统计指标体系和监测分析系统，为电子商务发展提供研究、统计、预测等服务。

（二）加强市场监管

建立电子商务监管协调机制，促进网络交易主体守法经营，加强网上涉及行政许可的商品和服务的监管，加大力度打击电子商务违法行为、侵犯知识产权行为，完善电子商务消费者权益保护机制。

（三）加大扶持力度

加大对电子商务发展的政策扶持力度，制定扶持电子商务发展的优惠政策，在财政、税收、人才、投融资、进出口等方面支持和鼓励电子商务发展。支持电子商务企业上市融资，建立多渠道投融资体系，探索适应电子商务发展的风险投资、融资担保、责任保险等模式。研究设立广东省电子商务发展基金。

（四）加强宣传推广

加大电子商务知识的宣传和普及力度，积极举办电子商务发展相关论坛、电子商务行业博览会等活动，形成有利于电子商务发展的氛围。密切跟踪国际电子商务发展动态，建立与国内外电子商务企业、研究机构的交流与合作机制。

（五）强化人才培养

健全电子商务人才培养和引进机制，建立电子商务发展人才库，加强对企业中高层管理人员的电子商务继续教育，提高广东省电子商务管理水平。

合肥市电子商务“十二五”发展规划

“十二五”时期是电子商务发展的关键时期，深刻认识并准确把握区域经济面临的新形势、新机遇，科学编制合肥电子商务“十二五”发展规划，对于促进本市电子商务实现跨越式发展，推进现代化新兴中心城市和区域性特大城市建设具有十分重要的意义。现依据《合肥市国民经济和社会发展第十二个五年规划纲要》（合政〔2011〕30 号）、《合肥市现代服务业发展“十二五”规划》（合政〔2011〕113 号），编制本规划。

一、发展基础

“十一五”以来，合肥电子商务总体呈现蓬勃发展的良好态势，应用的覆盖面逐步扩大，产业规模和专业化程度逐步提高，网上零售快速发展，团购、网上竞拍等新型业态不断涌现，部分业态已经达到沿海发达城市的水平，在推动合肥加快转变经济发展方式、促进经济社会又好又快发展中发挥了积极作用。

（一）电子商务呈现良好发展势头

城市信息化建设不断推进，网络使用率和网络购物率逐年上升，为电子商务快速发展奠定了良好的基础。截至 2011 年 12 月，合肥市本地光缆纤芯长度达 295.7 万千米，骨干网市际出口带宽达到 320G；互联网用户数约为 85.6 万户，其中市区用户数 61.5 万户；全市网络经济户口数达 4.4 万个，其中参与电子商务的企业法人 20245 个，在线购物网站 27 个，网店 15392 个，综合信息发布网站 158 个，互联网接入及技术服务网站 240 个。

电子商务交易额从无到有，呈快速增长的态势。2011 年，合肥市 B2B 交易额约为 699 亿元，B2C 和 C2C 零售额约为 30 亿元。电子商务的应用领域逐步拓展，涌现了一批如中国（合肥）棉花商务网等 B2B 交易平台和安徽朗坤物联网等在国内有较大影响力的企业。万家热线、合肥热线等一批门户类网站对促进电子商务发展发挥了先导性作用。合肥（蜀山）国际电子商务产业园被商务部认定为首批国家电子商务示范基地。

（二）电子商务推动内外贸融合发展

一批大宗商品市场和农产品交易市场通过应用电子商务，努力拓展海外营销网络，促进了内外贸易的融合发展。一批工贸企业通过阿里巴巴、环球国际、中国制造网等网站将国际贸易和国内贸易集中在电子平台上，大大提升了企业拓展市场的能力。传统商贸企业通过积极拓展电子商务领域，不断创新商业模式，加速了升级换代的进程。安徽进出口商品网上交易会已连续举办七届，通过“网上交易、网下对接”，累计实现意向成交 4.6 亿美元，实际成交 1.6 亿美元。

（三）电子商务促进生产性服务业加速发展

电子商务打破了部门之间和产业之间的界限，推动产业跨部门、跨行业延伸，不断催生新的增值服务。徽商钢市网、安徽粮食批发交易市场网、中国（合肥）棉花商务网等平台积极向生产性服务业延伸，将上游生产和中下游服务连接起来，大大促进了现代物流业的发展。电子商务运用现代技术，促进了生产与设计、生产与营销、生产与服务的分离和结合，有力地推动了现代制造业、现代农业和生产性服务业的发展。一批规模以上工业企业电子商务应用普及率也不断提高，如江淮汽车、合力叉车、美菱等企业均成为应用电子商务改造物流和供应链、建立网上交易平台、提升企业竞争力的典型。

（四）电子商务促使金融业创新发展

以安徽银联等企业为龙头，打造“线上银联”，培育电子支付市场，建立了网上银行卡交易转接清算平台的银联在线支付系统，该系统可提供网上购物、公共事业缴费、企业集成支付等诸多互联网支付服务。据人民银行合肥中心支行统计，2011 年安徽银联成功联合产业各方大力推广银联在线支付，顺利实现与徽之尚网上商城、路歌网、安广网络等几十家企业签约互联，全年实现互联网交易笔数 233 万笔、交易金额 22 亿元。

（五）电子商务发展环境明显改善

国家、省、市高度重视电子商务发展。合肥市于 2011 年首次出台对企业电子商务的扶持政策，2012 年又进一步扩大支持范围。市、县（市）区政府积极推动电子商务相关基础设施和公共平台建设。2011 年 1 月 16 日，安徽易商数码科技有限公司投资兴建的安徽省电子商务产业园经省人民政府批准成立（皖政秘〔2011〕14 号）。2011 年 12 月 23 日，合肥（蜀山）国际电子商务产业园开园，这是全省第一个由区级政府主推、面向国内外承接产业转移的专业性电子商务园区，目前已有派蒙国际、讯鸟软件、同能阳光等一批境内外重点企业入驻或签约入驻。

二、发展形势

“十二五”时期，合肥电子商务发展既面临着难得的发展机遇，也面临着诸多挑战。正确分析发展形势，就是要增强机遇意识和忧患意识，科学把握发展规律，大胆创新发展思路，奋力推进合肥电子商务发展实现新的更大突破。

（一）机遇

1. 全球和全国电子商务的加速发展有利于提升合肥电子商务水平

全球电子商务正处于快速发展期。全球互联网使用人数迅速增加，2010 年电子商务用户数达到 6.93 亿人，占全球互联网用户数的 42%。2010 年 12 月底，全球网站数量为 2.55 亿个，为电子商务的发展奠定了坚实的基础。部分发达国家高度重视电子商务发展，把电子商务作为新的经济增长点，推动电子商务实现跨区域、跨经济体并向全球化延伸，世界范围内的电子商务规模急剧扩大，竞争越来越激烈。目前已呈现出美国、欧盟、亚洲“三足鼎立”的局面，仅在美国，电子商务就已成为一个年产值 1500 亿美元的产业。从国内来看，自 2009 年以来包括网络购物在内的电子商务逆势上扬，2010 年全国电子商务交易额为 4.5 万亿元，同比增长 22%；网上零售市场交易规模达 5231 亿元，同比增长 97.3%，成为拉 动消费需求、优化消费结构的重要途径，成为引领生产方式变革的重要推动力。北京、上海、杭州、深圳等地已成为国内发展电子商务的领军城市，中西部的武汉、成都、重庆也在大力扶持电子商务发展。据预测，到 2015 年，中国的网络消费者数量将激增至 3.29 亿人，中国将成为世界上最大的电子商务市场，并且伴随 着城市化水平的提升和随之而来的购买力的扩大，电子商务、搜索、网络广告将迎来黄金时期。这为合肥加速发展电子商务创造了新的机遇。

2. 全国和全省经济的持续健康发展有利于不断拓展合肥电子商务发展空间

我国已经成为世界第二大经济体，进出口规模位居世界前列。“十二五”期间将加快转变经济发展方式，深入实施扩大内需战略，以信息化带动和促进经济发展，电子商务发展拥有巨大的市场需求，发展空间十分广阔。安徽省 2011 年国内生产总值达 15110.30 亿元，同比增长 13.5%，比全国水平高 4.3 个百分点，排名 14 位，位居中部第二位。据艾瑞网监测，2010 年中国网购订单增长安徽省排位全国第一，全年下单 5041.2 万笔，同比增长 487.6%，合肥市占其总量的 70%以上。目前，国内一些知名电子商务企业看好合肥的区位、交通、人才、市场优势，以及皖江城市带承接产业转移示范区、合芜蚌自主创新综合试验区、合肥国家创新型试点市、国家级“两化融合”试验区、“三网融合”试点地区（城市）、国家电子信息高技术产业基地、合肥经济圈建设等政策叠加的机遇，把合肥视为承载其业务发展的大枢纽。这为合肥加速发展电子商务带来了新的动力。

3. “智慧合肥、无线城市”建设有利于加速合肥电子商务发展跨上新台阶

伴随着云计算、物联网、新一代移动技术的迅速发展，电子商务技术更加成熟，形式更加多样，合肥及合肥经济圈在未来五年将大力实施信息化领先发展和带动战略，建设以数字化、网络化、智能化为主要特征的智慧城市，这必然为合肥电子商务的发展带来难得的契机。智慧城市的创建，将有力地推动网络基础设施建设和“三网融合”，促进工业化和信息化的共同发展，为电子商务发展创造更加有利的基础环境。实施电子商务行动，推动技术创新与商业模式创新的紧密结合，是合肥智慧城市建设的重要组成部分，而智慧城市的建设又将促使电子商务的应用不断向广度和深度发展。

（二）挑战

电子商务在快速发展的同时，也进入了“淘汰赛”阶段。合肥在发展电子商务方面起步较晚，面临诸多不利因素，如一些单位和企业对发展电子商务的认识不够高；电子商务企业数量少，规模小，竞争力弱，缺乏龙头企业；多数行业网站仍处于信息发布等初级阶段，行业电子商务服务单一；传统工商企业有资金，但缺乏人才和市场的支持，新兴电子商务企业有人才，但缺乏资金和环境的支持；金融服务及其电子化水平不高，支付体系尚未普遍形成多元化格局，网上支付、结算存在风险；网络市场的诚信体系建设、知识产权保护、消费者权益保护、物流配套等问题日益凸显，成为电子商务发展的障碍。这些都是合肥加速电子商务发展必须应对的挑战。

三、指导思想和发展目标

（一）指导思想

深入贯彻落实科学发展观，坚持先进制造业与现代服务业比翼齐飞，着力构建覆盖和影响周边区域的电子商务市场体系，着力发展区域互联网、移动互联网等新型电子商务，优化电子商务产业链，推动电子商务在各领域的广泛应用，全面提升电子商务发展水平，为合肥“新跨越、进十强”做出更大贡献。

（二）总体目标

建设与现代化新兴中心城市和区域性特大城市功能定位相适应，具有鲜明的地方特色，企业和居民高度参与，业态丰富、技术先进、流程合理、服务优良、人才聚集的全国电子商务产业承载和集聚基地，努力把合肥打造成为全国区域性电子商务中心城市。

（三）预期目标

（1）合肥电子商务年零售总额超过 300 亿元，占全市社会商品零售总额的比重超过 10%。

（2）创建 5 个要素集聚、政策创新、产业集中度高的电子商务产业集聚区，引进 10 家国内百强电子商务企业，培育 10 家在国内有一定影响力的本地电子商务企业（简称“合肥市电子商务 511 发展计划”）。

（3）传统企业利用电子商务转型升级。运用电子商务手段不断探索新型贸易和供应链模式，加速电子商务与汽车、装备制造、家用电器、化工及橡胶轮胎、新材料、电子信息及软件、生物医药、食品及农副产品加工八大产业融合发展，推动电子商务在全市各个行业的广泛应用。推动 90%规模以上企业、60%以上中小企业应用电子商务。

（4）电子商务发展环境进一步优化。大力发展电子商务产业，促进电子商务产业成为合肥市重要的新兴产业；完善物流、支付、信用、信息安全等电子商务支撑体系，建立电子商务行业标准；优化政府行政和社会管理体制，促进城市基层社区服务和电子商务产业的融合。健全市场规范与监管机制。

（5）电子商务各类人才集聚。构建电子商务发展梯次型人才队伍，加强大中专院校和科研院所的电子商务专业建设，建设一批实践基地，重点推动领军人才和优秀团队的集聚，促进电子商务领域创业并带动就业。

四、发展重点

“十二五”期间，合肥市电子商务应用要按照政府推动与企业主导相结合、营造环境与推广应用相结合、分类推进和协调发展相结合、鼓励发展与规范管理相结合的原则，发挥电子商务的先导性带动作用，推进电子商务在各行各业的广泛应用，努力提高行业的覆盖率和渗透率。

电子商务发展重点领域如下。

（一）先进制造业

加快推进汽车、装备制造、家用电器、化工及橡胶轮胎、新材料、电子信息及软件、生物医药、食品及农副产品加工八大产业的电子商务应用，推动八大领域信息应用服务相互对接；依托传统产业的发展优势，深化汽车、装备制造、家用电器等传统产业的电子商务应用，推动行业内的电子商务平台进一步向专业化、国际化方向拓展深化；推动企业集团内部的电子商务平台整合及与外部平台的对接，实现全球环境下的内外部资源集成和最佳利用；鼓励大型骨干企业发展总集成、总承包、工业设计、检验检测、产品研发、专业维修等制造业外包服务的电子商务，促进生产性服务业与先进制造业联动发展。

（二）社区服务业

以服务社区为目标，提升社区信息化服务水平，运用电子商务手段整合全市家政服务、居家养老等各类民生服务资源，融合社区代购、家政服务、医疗卫生、社会保障、教育培训、公用缴费等服务项目，构建直观互动、方便快捷、规范可靠的公共服务电子商务平台，实现传统家政服务向现代家庭服务模式的转变，全面提升社区服务品质和公共服务保障能力，打造“宜居城市、幸福生活”服务品牌。

（三）商贸流通业

积极推进 B2C 模式在全市大中型工商企业的应用，鼓励家电、汽车、百货等工商企业进入电子商务领域，通过掌握消费者在线购物需求和行为模式，发挥其供应链资源和品牌优势。

推进电子商务 B2B 模式在钢材、蔬菜、苗木、棉花、油料等大宗商品市场的应用，充分发挥电子商务作用，实现线上交易与线下交易的结合；实现大宗商品市场交易数字化和网络多元化，运用电子商务加快对现有商品交易市场进行整合和提升，改变多、散、小的现状，切实转变市场交易方式，进一步提高中国（合肥）棉花商务网、徽商钢市网、安徽粮食批发交易市场网在国内市场的占有率。

积极转变零售业流通方式和经营方式。通过建设网上超市、网上百货店、网上专卖店、网上大卖场等，实现电子商务与现代连锁业的有机结合，深化电子商务在邮购、直销等其他无店铺销售中的应用，探索电子商务在拍卖、典当经营中的应用。推进大型批发市场、市级商圈和特色商业街开展网上推介宣传和商品交易活动。

积极转变中小零售企业和服务企业的流通方式和经营方式。建立以互联网特别是移动互联网为基础，以手机、笔记本电脑为用户终端，以社区为区域基础的高效、互动、本地化的O2O（Online to Offline）商业模式。以O2O商业模式在全城的成功运用，推动B2C、C2C等模式在合肥的发展。

（四）文化旅游业

积极推动文化领域电子商务的发展，结合文化事业的改革，扩大网络视频、网络音乐、网络游戏、网络图书、移动多媒体等市场营销规模，推进各类文化用品网上销售。积极发展动漫游戏产业，扩大服务贸易出口。推广发展集电视媒体、数字出版、网络购物、产品直销于一体的商业模式，促进文化配送平台的发展。

积极打造“互联网+呼叫中心”的旅游新业态，在票务预定系统、分销渠道、客户关系管理，以及支付手段等方面应用电子商务。支持建设境内外信息资源丰富、服务便捷的品牌旅游专业平台，鼓励旅游电子商务网站向专业化、个性化和国际化方向发展。促进面向社会的旅游信息共享和服务，基本建立信息全面及时、服务渠道多元化的合肥旅游信息公共服务体系。

（五）金融服务业

促进银行、证券、保险、基金等金融业的电子化、信息化和网络化，推进金融领域中的电子商务应用，创新金融电子商务产品，建立金融咨询信息服务平台，培育具有区域竞争力的金融服务企业。积极发挥安徽银联的网上支付功能，重点推进第三方支付的发展和应用，引进具有区域领先地位的第三方支付企业，培育3～5家本地第三方支付企业，发挥其在电子商务网上支付、网上结算的骨干作用。探索外汇管理便利化，推动跨境支付和跨境交易。加强第三方支付的风险控制，为其他领域电子商务交易提供资金结算与转账服务。

（六）现代农业

探索电子商务服务“三农”模式，建立和完善农产品流通服务体系，结合建设肉类蔬菜流通追溯体系试点城市，建立统一高效的农产品流通公共信息平台，使之成为农产品食品安全、信息汇集、供需对接和价格发布的中心。完善农业企业ERP系统和物联网系统，推进农产品网上产销对接、农商对接、农超对接等工作，鼓励周谷堆市场建立电子化交易平台。

（七）对外贸易业

促进对外贸易电子商务应用模式从第一代向第二代转变，从主要以展示信息为主向帮助用户实现在线交易的转变。鼓励外贸企业加快建设信息撮合、询盘报价、电子合同、电子结算、贸易融资、通关物流等电子商务平台，实现对外贸易业务全流程和全过程的无纸化，促进外贸发展方式转变，积极拓展海外市场。

积极推进大通关建设，进一步推动口岸电子税费系统建设和物流信息平台建设，提高市场开放度和贸易便利化水平，推进服务贸易、离岸贸易等新型国际贸易业态的发展。

五、主要任务

围绕电子商务发展目标和重点领域，大力实施“八大工程”。

（一）环境优化工程

探索建立电子商务规范标准体系，针对电子商务交易、信用、物流、供应链协同、融资服务等环节，制定具有前瞻性、可行性、开放性、兼容性的规范、标准，维护电子商务交易秩序，防范交易风险。建立电子商务统计监测体系和统计监测网络，定期开展电子商务统计，建立信息发布制度，及时准确反映合肥市电子商务发展总体规模、结构变化、发展水平、发展趋势和存在问题，为政策制定提供可靠依据。创新政府监管模式，探索建立电子商务信用体系，加强针对电子商务的消费者权益保护和知识产权保护，探索建立网上投诉、纠纷调解和仲裁等交易处理机制；鼓励行业组织和机构参与制定电子商务信用规范，指导建立电子商务纠纷投诉与调解机构，加强消费监督；积极支持领军企业参与建立覆盖电子商务经营主体的全国信用信息数据库，鼓励电子商务信用信息与其他领域信用信息共享；支持鼓励符合条件的第三方机构按照独立、公正、客观原则，对电子商务交易平台和经营主体开展信用评价与认证服务；支持开展行业自律。鼓励电子签名、电子发票在电子商务中的应用。完善电子商务物流体系，结合城乡商贸流通体系等建设，鼓励整合利用现有物流配送资源，建设物流信息协同服务平台和共同配送中心。着力解决报关、结汇、退税等瓶颈问题，支持电子商务运营企业与国际接轨。

（二）普及应用工程

加快推进家电、汽车及零部件、装备制造、食品及农副产品加工、化工冶金等行业的电子商务应用。大力深化电子信息、新能源、新材料、生物医药、公共安全等领域的电子商务应用。依托对外贸易领域与国际市场联系紧密的优势，推进外贸企业应用电子商务，转变贸易方式。鼓励市内商贸集聚区、大型商场、批发市场、连锁超市和专业市场建立电子商务平台，开展网上交易，应用电子商务促进传统流通企业转型升级。引导支持网络零售平台向中小流通企业开放；鼓励电子商务平台开展城市旧货交易，向城市社区提供家政与日用消费品服务。支持建立外派劳务等服务贸易平台，加快推进运输、旅游、工程承包与建筑、计算机和信息、专有权使用和特许经营、文化、教育、医疗、体育、金融保险、分销等服务贸易领域的电子商务应用。探索农村商务信息服务的新途径、新模式，加大对农村电子商务应用的支持力度，拓展农村商务信息服务平台功能，加强网上购销对接，提高信息服务成效。充分利用肉类蔬菜追溯体系试点建设，应用物联网、云计算等信息技术，创新追溯模式和流程，提高追溯精度。加强与百度的合作，利用“百度推广”平台，推进中小企业电子商务应用。

（三）支撑体系建设工程

编制物流发展规划，统筹物流基础设施建设，提升仓储配送能力。加快引进和培育一批具备综合配送能力的骨干物流企业，鼓励发展城乡综合配送网络，充分运用运输管理系统（TMS）、全球定位系统（GPS）、地理信息系统（GIS）、仓储管理系统（WMS）等信息化管理手段，提高物流效率、降低物流成本。

加快支付服务手段创新，加强在线支付体系建设。积极引进第三方支付机构，鼓励金融机构开发面向消费者的电子钱包、手机支付等新型在线支付产品，尽快形成由网上支付、移动支付、预付卡支付，以及其他支付渠道构成的新型综合支付体系。鼓励金融机构开展面向中小企业的网上信贷和网上支付业务，鼓励商业银行与成熟的第三方支付平台合作，大力发展网络支付金融服务。

（四）模式创新工程

建立电子商务创新服务体系，鼓励电子商务技术创新和模式创新，推动商业模式、商业业态创新。加快国内外电子商务主体机构的集聚，形成电子商务“总部经济”新元素，吸引国内外知名电子商务企业和功能性分支机构落户合肥。激发企业创新活力，加强技术应用与商务模式创新的有效结合。推进云计算、物联网、移动通信、射频识别等技术在电子商务中的应用，解决商品交易中的海量数据计算及利用、食品冷链物流、商品精细化管理等问题。依托合肥（蜀山）国际电子商务产业园、合肥滨湖新区国际金融后台基地、高新区浪潮 云计算中心、安徽朗坤物联网基地等载体，支持有条件的地区和企业开展电子商务创新工程，支持成立电子商务创新联盟。重点发展移动电子商务、数据产业、商务地理信息系统、商品服务追溯系统等。解决电子商务经营创新、管理创新、市场拓展与企业财务盈利等关系问题。初步建立电子商务创新服务体系，营造电子商务创新的良好环境，动员全社会力量支持创新实践活动。

（五）平台建设工程

加快推进大型电子商务平台建设，集中主要力量，大力发展和培育第三方电子商务平台和公共服务平台，充分发挥其骨干示范带动作用。以安徽白马服装市场、周谷堆农产品批发交易市场和粮油棉花、钢材家电等交易平台为基础，建设一批有影响的电子商务交易平台、专业服务平台和公共服务平台。通过兼并联合、企业上市、政策支持等多种方式，打造一批十亿元级、百亿元级的大型电子商务交易平台。建设具有信息展示、电子交易、电子结算、贸易融资、通关物流、中介服务等功能的电子商务贸易平台。建设网上进出口商品交易平台，实现贸易全环节信息服务功能，为政府部门决策咨询和企业开拓市场服务。鼓励中小企业应用第三方电子商务平台开拓国内外市场。积极支持 B2B、B2C 等各类大型电子商务平台发展。

（六）集聚区建设工程

积极创建国家电子商务示范城市，按照产城一体、差异发展的理念，建设高水平的电子商务集聚区，集聚国内外的优质电子商务企业，扶持电子商务重点企业和示范企业的发展，形成集聚发展效应。按照政府推动、企业参与、市场运作的共建机制，建立完善电子商务集聚区。以合肥（蜀山）国际电子产业园、安徽电子商务产业园（肥西）、合肥滨湖新区国际金融后台基地、高新区动漫和数字出版基地等为基础，结合省级工业园区和大型批发市场转型升级，以及合肥出口加工区、安徽合肥商贸物流开发区、巢湖经济开发区、临空产业园等发展，规划建设五个电子商务产业集聚区。中心城区以商务楼宇为主，在大力发展现代服务业的同时，积极培育电子商务的楼宇集群。把电子商务产业集聚区建设成为“总部经济”汇集、创业企业孵化、电子商务人才培训等重要基地。培育和形成一批电子商务示范企业和示范园区。

（七）人才培养工程

制订电子商务人才行动计划，结合实施《合肥市中长期人才发展规划纲要（2010—2020 年）》和“百名创新创业领军人才引进工程”，大力吸引和培养电子商务高端人才、领军人才和优秀团队；重视电子商务学科教育，支持在肥中、高等教育机构优化电子商务教学科目，支持校企合作创建电子商务创新基地和实践基地，培养多种类型的电子商务应用型人才；发挥高等院校、培训机构、社会力量的作用，建立电子商务培训认证体系，开展面向企业和市民的电子商务培训，普及电子商务知识，将合肥建成全国有较强影响力的电子商务人才教育高地。

（八）对外合作工程

加强与国内外电子商务机构的沟通合作，联系国外政府部门、商会、研究机构等组织，建立电子商务对外交流与合作网络。推动电子商务企业的对外合作，实施“引进来”和“走出去”战略，鼓励企业利用电子商务开拓国际市场。积极参加境内外展会，适时举办中国（合肥）电子商务高峰论坛，推动电子商务新理念、新技术、新模式的广泛交流与推广。积极参与电子商务国际标准和贸易规则的制定和修订。

六、保障措施

（一）组织保障

成立合肥市电子商务发展领导小组，协调电子商务发展中的重大问题，强化商务主管部门对电子商务发展的宏观指导作用，完善部门间协调配合机制，形成政府相关部门的工作合力，及时解决出现的新情况、新问题。进一步解放思想，改变习惯思维方式，正确把握和处理好各种关系，全方位推进电子商务的发展。积极发挥县、（市）区政府的作用，根据自身区域定位和产业发展，采取有效措施，支持和扶持电子商务发展。开展电子商务宣传，提高全社会的电子商务应用意识，宣传推广电子商务重点企业和示范企业。

支持建立电子商务协会、产业联盟等行业组织，充分发挥各级电子商务协会、学会、产业联盟等中介组织作用，鼓励中介组织开展行业自律，支持中介组织提供电子商务政策与技术咨询服务、开展国内外电子商务学术与科研交流、帮助电子商务企业解决实际困难和问题。鼓励建立电子商务专家咨询机制，发挥电子商务专家的指导与咨询作用。

（二）政策保障

出台支持电子商务发展的扶持政策，实行政策聚焦和工作聚焦，破解本市电子商务企业发展中遇到的突出瓶颈问题，加强财政税收、贷款融资、土地规划、人才培养、政府监管等方面的政策研究，大力扶持本市电子商务的发展。建立和完善电子商务统计方法和统计体系。

（三）资金保障

加大本市电子商务发展的支持力度。鼓励各类担保资金向电子商务倾斜，通过贷款贴息等方式支持电子商务的发展。政府发挥财政资金政策的作用，通过搭建融资平台，支持各类金融机构、风险投资基金与电子商务企业进行资本对接，拓宽电子商务企业融资渠道，解决其成长过程中“融资难”的问题。

（四）人才保障

通过“筑巢引凤”，大力集聚海外高层次电子商务人才，推动本土人才不断涌现。构建人才引进、人才培养和人才使用的有效激励机制，针对电子商务人才的创新创业需求，制定相关人才政策，为电子商务高层次人才提供住房保障、子女教育、就业、创业等方面配套服务政策。逐步探索建立电子商务专业人才资质评定、职业资格分级等评价体系。

江苏省电子商务“十二五”发展规划

前言

加快发展电子商务，是企业降低成本、提高效率、拓展市场和创新经营模式的有效手段，是提升产业和资源的组织化程度、转变经济发展方式、提高经济运行质量和增强国际竞争力的重要途径，对于优化产业结构、支撑战略性新兴产业发展和形成新的经济增长点具有非常重要的作用，对于满足和提升消费需求、改善民生和带动就业具有十分重要的意义，对于经济和社会可持续发展具有愈加深远的影响。

本规划是落实《2006—2020 年国家信息化发展战略》、《国民经济和社会发展第十二个五年规划纲要》和《国务院办公厅关于加快电子商务发展的若干意见》的重要举措，是“十二五”时期进一步推动电子商务发展的指导性文件。

一、发展现状与面临的形势

“十一五”期间，我国电子商务保持了持续快速发展的良好态势，交易总额增长近 2.5 倍，2010 年达到约 4.5 万亿元。电子商务发展的内生动力和创新能力日益增强，正在进入密集创新和快速扩张的新阶段。

（一）发展现状

1. 电子商务不断普及和深化

电子商务在我国工业、农业、商贸流通、交通运输、金融、旅游和城乡消费等各个领域的应用不断得到拓展，应用水平不断提高，正在形成与实体经济深入融合的发展态势。跨境电子商务活动日益频繁，移动电子商务成为发展亮点。大型企业网上采购和销售的比重逐年上升，部分企业的电子商务正在向与研发设计、生产制造和经营管理等业务集成协同的方向发展。电子商务在中小企业中的应用普及率迅速提高，2010 年中小企业网上交易和网络营销的利用率达到 42.1%。网络零售交易额迅速增长，“十一五”期间年均增速达 100.8%，占社会消费品零售总额比重逐年上升，成为拉动需求、优化消费结构的重要途径。2010 年我国网络零售用户规模达 1.61 亿元，交易额达到 5131 亿元，占社会消费品零售总额比重达到 3.3%。

2. 电子商务支撑水平快速提高

“十一五”期间，电子商务平台服务、信用服务、电子支付、现代物流和电子认证等支撑体系加快完善。围绕电子商务信息、交易和技术等的服务企业不断涌现，2010 年已达到 2.5 万家。电子商务信息和交易平台正在向专业化和集成化的方向发展。社会信用环境不断改善，为电子商务的诚信交易创造了有利的条件。网上支付、移动支付、电话支付等新兴支付服务发展迅猛，第三方电子支付的规模增长近 60 倍，2010 年达到 1.01 万亿元。现代物流业快速发展，对电子商务的支撑能力不断增强，特别是网络零售带动了快递服务的迅速发展，2010 年全国规模以上快递服务企业业务量达 23.4 亿件，业务收入达 574.6 亿元，其中网络零售带动的业务量占快递总量的一半左右。2010 年年底有效电子签名认证证书持有量超过 1530 万张，电子证书正在电子商务中得到广泛应用。通信运营商、软硬件及服务提供商等纷纷涉足电子商务，为用户提供相关服务。

3. 电子商务发展环境不断改善

“十一五”期间，我国网络基础设施不断改善，用户规模快速增长，2010 年互联网普及率达 34.3%，网民规模达到 4.57 亿人，移动电话用户数达到 8.59 亿人，其中 3G 用户数达到 4705 万人。网络服务能力不断提升，资费水平不断降低。全社会电子商务应用意识不断增强，应用技能得到有效提高。电子商务国际交流与合作日益广泛。相关部门协同推进电子商务发展的工作机制初步建立，围绕促进发展、电子认证、网络购物、网上交易和支付服务等主题，出台了一系列政策、规章和标准规范，为构建适合国情和发展规律的电子商务制度环境进行了积极探索。

4. 电子商务的发展仍然存在着一些比较突出的问题

一是电子商务对促进传统生产经营模式创新发展的作用尚未充分发挥，对经济转型和价值创造的贡献潜力尚未充分显现。二是电子商务的商业模式尚不成熟，服务能力尚待增强，服务水平尚待提高，服务范围尚待拓展。三是电子商务发展的制度环境还不完善，相关法律法规建设滞后，公共服务和市场监管有待增强，信用体系发展亟待加强，网上侵犯知识产权和制售假冒伪劣商品、恶意欺诈、违法犯罪等问题不断发生，网络交易纠纷处理难度较大，在一定程度上影响了人们对电子商务发展的信心。四是推进电子商务发展的体制机制有待健全，投融资环境有待改善，统计与监测评价工作亟待加强，全社会对电子商务的认识有待进一步提高，对网络空间的经济活动规律有待进一步探索。

（二）面临的形势

随着我国工业化、信息化、城镇化、市场化和国际化的深化发展，电子商务将迎来加速发展的战略机遇期。

经济转型升级给电子商务发展提出新需求。“十二五”时期，我国经济发展面临资源环境约束增强、产业结构不合理、投资和消费关系失衡等重大问题，亟待通过信息化与工业化深度融合转变经济发展方式。迫切需要进一步发挥电子商务在创新企业生产经营模式、提高产业组织效率、激发市场活力、优化资源配置、促进节能减排、带动新兴服务业发展中的积极作用，推动产业结构调整，拉动国内市场需求，创造新的经济增长点。

社会结构和消费观念的变革给电子商务发展带来新空间。“十二五”时期，我国社会主义新农村建设和城镇化发展步伐将进一步加快，城乡居民的生产生活方式将发生巨大变化，人均收入不断增长，消费结构升级加快，年青一代逐步成为新的消费群体，同时，就业总量压力和结构性矛盾进一步凸显。亟须通过加快发展电子商务，促进城乡一体化的便民服务体系发展，更好地满足居民多样化、个性化的消费需求和对美好生活的新期待，带动工作方式的转变和相关服务业的发展，优化就业结构、缓解就业压力、促进社会和谐。

信息技术持续发展给电子商务发展带来新条件。宽带、融合、安全和泛在的下一代国家信息基础设施加快建设，新一代移动通信网、下一代互联网和数字广播电视网加快布局，三网融合全面推进。以云计算和物联网为代表的新一轮信息技术变革正在兴起，重点领域酝酿着新的突破。智能搜索和社区网络等应用形式不断涌现。新技术的发展为电子商务创新发展提供了更好的技术条件。

全球竞争与合作深化给电子商务发展提出新挑战。电子商务已成为全球一体化生产和组织方式的重要工具，各国在通过电子商务争夺资源配置主动权、提高经济竞争力的同时，也在密切关注电子商务发展中的不确定性，加强市场风险防范。为赢得国际经济竞争与合作的新优势，我国亟须加快和务实发展电子商务，结合“引进来”和“走出去”战略，利用好“两个市场、两种资源”，提高我国产业和资源的组织能力，优化在全球产业分工中的定位布局，提高国际竞争力。

二、指导思想、基本原则与发展目标

（一）指导思想

以邓小平理论和“三个代表”重要思想为指导，深入贯彻落实科学发展观，立足全面建设小康社会的战略目标，以科学发展为主题，以服务于加快转变经济发展方式为主线，以创新发展为动力，以普及和深化电子商务应用为重点，以营造良好的制度环境和社会环境为保障，不断提高产业组织化程度和资源配置能力，进一步发挥电子商务在经济和社会发展中的战略性作用。

（二）基本原则

企业主体，政府推动。充分发挥企业在电子商务发展中的主体作用，坚持市场导向，运用市场机制优化资源配置。处理好政府与市场的关系，创建更加有利于电子商务发展的制度环境，综合运用政策、服务、资金等多种手段推进电子商务发展。

统筹兼顾，虚实结合。坚持网络经济与实体经济紧密结合发展的主流方向，全面拓展电子商务在各领域的应用，提高电子商务及相关服务水平，努力营造全方位的电子商务发展环境，推动区域间电子商务协调发展。

着力创新，注重实效。推动电子商务应用、服务、技术和集成创新，着重提高电子商务创新发展能力。立足需求导向，坚持务实创新，选准切入点，注重应用性和实效性，避免盲目跟风和炒作。

规范发展，保障安全。正确处理电子商务发展与规范的关系，在发展中求规范，以规范促发展。以网络运行环境安全可靠为基础，促进网络交易主体与客体的真实有效、交易过程的可鉴证，加强对失信行为的惩戒力度，形成电子商务可信环境。

（三）发展目标

总体目标：到 2015 年，电子商务进一步普及深化，对国民经济和社会发展的贡献显著提高。电子商务在现代服务业中的比重明显上升。电子商务制度体系基本健全，初步形成安全可信、规范有序的网络商务环境。

具体目标：电子商务交易额翻两番，突破 18 万亿元。其中，企业间电子商务交易规模超过 15 万亿元。企业网上采购和网上销售占采购和销售总额的比重分别超过 50%和 20%。大型企业的网络化供应链协同能力基本建立，部分行业龙头企业的全球化商务协同能力初步形成。经常性应用电子商务的中小企业达到中小企业总数的 60%以上。网络零售交易额突破 3 万亿元，占社会消费品零售总额的比例超过 9%。移动电子商务交易额和用户数达到全球领先水平。电子商务的服务水平显著提升，涌现出一批具有国际影响力的电子商务企业和服务品牌。

三、重点任务

（一）提高大型企业电子商务水平

发挥大型企业电子商务主力军的作用，进一步促进企业电子商务应用系统的规模发展和品牌建设，提高网络集中采购水平和透明化程度，提升企业营销能力。深化大型工业企业电子商务应用，促进实体购销渠道和网络购销渠道互动发展，提高供应链和商务协同水平。推动大型商贸流通企业通过电子商务提高流通效率，扩展流通渠道和市场空间。鼓励有条件的大型企业电子商务平台向行业电子商务平台转化。

专栏 1：大型工业企业电子商务协同

在原材料、装备制造、消费品、电子信息、国防科技等重点工业领域，深化电子商务应用，提高大型工业企业的供应链管理水平。引导大型工业企业提高网上集中采购水平，建立具有行业知名度和影响力的采购平台，增强企业采购行动的协调性和竞争力。支持有条件的电子商务企业为行业用户提供网上联合采购服务，提高行业采购行动的协调性。推动电子商务与企业内部业务和管理信息系统的集成，推进企业间网上协同研发、设计和制造，增强产业链商务协同能力。支持大型工业企业利用电子商务增强与产业链下游企业的协同能力，促进产品分销和售后服务水平提升。

（二）推动中小企业普及电子商务

鼓励中小企业应用第三方电子商务平台，开展在线销售、采购等活动，提高生产经营和流通效率。引导中小企业积极融入龙头企业的电子商务购销体系，发挥中小企业在产业链中的专业化生产、协作配套作用。鼓励有条件的中小企业自主发展电子商务，创新经营模式，扩展发展空间，提高市场反应能力。鼓励面向产业集群和区域特色产业的第三方电子商务平台发展，帮助中小企业通过电子商务提高竞争力。稳健推进各类专业市场发展电子商务，促进网上市场与实体市场的互动发展，为中小企业应用电子商务提供良好条件。

专栏 2：发展中小企业电子商务

支持第三方电子商务平台品牌化发展，为中小企业提供信息发布、商务代理、网络支付、融资担保、仓储物流和技术支持等服务。推动有条件的专业市场建设网络交易平台，为中小企业提供网络联合购销服务。支持中小型生产制造企业利用电子商务创新生产经营模式，开展在线购销和客户关系管理等活动，拓展国内外市场，提高经营效率和效益。引导中小型商贸流通企业通过电子商务创新服务模式，提高专业化服务能力。支持社区商业、物业和家政服务等中小企业利用电子商务服务社区，便利居民生活。加快中小企业电子商务服务体系建设，多渠道开展电子商务应用技能和信用意识培训。

（三）促进重点行业电子商务发展

积极发展农业电子商务，促进农资和农产品流通体系的发展，拓宽农民致富渠道。着力推进工业电子商务，促进工业从生产型制造向服务型制造转变。深化商贸流通领域电子商务应用，促进传统商贸流通业转型升级。鼓励综合性和行业性信息服务平台深度挖掘产业信息资源，拓展服务功能，创新服务产品，提高信息服务水平。促进大宗商品电子交易平台规范发展，创新商业模式，形成与实体交易互动发展的服务形式。推动交通运输、铁路、邮政、文化、旅游、教育、医疗和金融等行业应用电子商务，促进行业服务方式的转变。

专栏 3：重点行业电子商务创新发展

深化现代农业生产组织与连锁超市挂钩的电子商务，推动涉农电子商务平台建设。支持大型商场、批发市场和连锁超市发展电子商务，创新商业模式。推进食品和药品行业的电子商务发展，降低流通成本，提高精细化管理和安全责任可追溯水平。进一步推动民航、铁路、公路和水运等行业加快拓展电子客票、电子货单等服务。 鼓励邮政、快递、物流配送企业依托实体网络发展电子商务。大力发展旅游电子商务，创新旅游业发展模式，培育现代旅游服务品牌。

（四）推动网络零售规模化发展

鼓励生产、流通和服务企业发展网络零售，积极开发适宜的商品和服务。培育一批信誉好、运作规范的网络零售骨干企业。发展交易安全、服务完善、管理规范和竞争有序的网络零售商城。整合社区商业服务资源，发展社区电子商务。促进网络购物群体快速成长。拓展网络零售商品和服务种类，拓宽网络零售渠道，满足不同层次的消费需求。发展个人间的电子商务，为开展二手物品交易、获取日常生活服务等提供便利。

专栏 4：网络零售发展重点

支持生产企业利用品牌优势，面向消费者个性化需求，积极探索网络直销的发展模式。支持流通企业拓展网络零售渠道，结合实体店面和物流配送体系，促进网上网下互动，满足不同层次消费需求。促进网络零售企业和平台完善服务、规范运作，推动高效便捷、安全可靠的新型网络消费模式健康发展，支持网络零售企业创造国际品牌。提升具有自主知识产权的数字内容产品和服务的网络零售比重。引导相关企业扩展流通服务体系，面向社区、农村、非网络用户提供网络零售和物流配送等服务，拉动消费，便捷生活。鼓励利用微博、团购、社交网络等创新网络零售发展模式。

（五）提高政府采购电子商务水平

积极推进政府采购信息化建设，加快建设全国统一的电子化政府采购管理交易平台，探索利用政府采购交易平台实现政府采购管理和操作执行各个环节的协调联动，逐步实现政府采购业务交易信息共享和全流程电子化操作，进一步规范政府采购行为，提高政府采购资金的使用效率。

专栏 5：政府采购电子商务

坚持“公开、公平、公正”的原则，完善政府采购电子商务标准规范，积极推动政府采购管理与电子交易一体化系统建设，做好采购管理与部门预算、资金支付及资产管理的衔接等工作，实现中央地方供应商库、商品信息库、评审专家库和代理机构库间的信息共享，规范操作执行程序，完善运行机制，提高采购的效率和质量，促进网上“阳光采购”工程建设。

（六）促进跨境电子商务协同发展

鼓励有条件的大型企业“走出去”，面向全球资源市场，积极开展跨境电子商务，参与全球市场竞争，促进产品、服务质量提升和品牌建设，更紧密地融入全球产业体系。鼓励国内企业加强区域间电子商务合作，推动区域经济合作向纵深方向发展。鼓励商贸服务企业通过电子商务拓展进出口代理业务，创新服务功能，帮助中小企业提高国际竞争能力。

专栏 6：跨境电子商务发展重点

推进面向跨境贸易的多语种电子商务平台建设。支持电子商务企业面向两岸三地、东盟、上合组织和东北亚等周边区域开展跨境合作，支持在边贸地区、产业集中度高的区域建设跨境电子商务平台。加快推进电子商务国际标准和国家标准的推广应用。引导电子商务企业为中小企业提供电子单证处理、报关、退税、结汇、保险和融资等“一站式”服务，提高中小企业对国际市场的响应能力。继续推广电子通关和无纸贸易，提高跨境电子商务效率。

（七）持续推进移动电子商务发展

鼓励各类主体加强合作，拓展基于新一代移动通信、物联网等新技术的移动电子商务应用。推动移动电子商务应用从生活服务和公共服务领域向工农业生产和生产性服务业领域延伸，积极推动移动电子商务在“三农”等重点领域的示范和推广。加强移动电子商务技术与装备的研发力度，完善移动电子商务技术体系。加快制定和完善移动电子商务相关技术标准和业务规范。

专栏 7：移动电子商务试点示范

加快推动移动支付、公交购票、公共事业缴费和超市购物等移动电子商务应用的示范和普及推广。重点推进移动电子商务在农业生产流通、企业管理、安全生产、环保监控、物流和旅游服务等方面的试点应用。加强移动智能终端、智能卡和芯片、读卡机具和安全管理等关键共性技术的自主研发。支持运营企业建立安全可信的多应用管理平台。推动近距离通信（NFC）、机器到机器（M2M）等技术标准的制定和应用。面向不同的行业应用，协调制定行业技术标准和业务规范。推动移动支付国家标准的制定和普及。推动移动电子商务产业链和各应用领域的相关主体加强合作，加快商业模式创新和社会化协作机制创新。

（八）促进电子商务支撑体系协调发展

探索建立网上和网下交易活动的合同履约信用记录，促进在线信用服务的发展。加快建设适应电子商务发展需要的社会化物流体系，优化物流公共配送中心、中转分拨场站、社区集散网点等物流设施的规划布局，积极探索区域性、行业性物流信息平台的发展模式。鼓励支付机构创新支付服务，丰富支付产品，推动移动支付、电话支付、预付卡支付等新兴电子支付业务健康有序发展，满足电子商务活动中多元化、个性化的支付需求。推动完善电子支付业务规则、技术标准，引导和督促支付机构规范运营。鼓励发展国际结算服务，提高对跨境电子商务发展的支撑能力。鼓励电子商务企业与相关支撑企业加强合作，促进物流、支付、信用、融资、保险、检测和认证等服务协同发展。

专栏8：电子商务支撑体系集成创新

提高物流企业信息化水平，促进物流服务和电子商务集成创新。推进煤炭、钢铁、塑料和粮食等大宗商品电子交易与物流服务集成健康发展。推动快递、零担、城市配送企业依托信息化提高社会化服务水平，增强对网络零售的支撑能力。适时启动物联网在物流领域的应用示范。加强支付服务创新，促进电子商务与电子支付集成发展，为用户提供方便快捷的服务。引导电子商务企业与物流企业、金融机构加强合作，探索供应链金融等服务创新。

（九）提高电子商务的安全保障和技术支撑能力

认真贯彻《电子签名法》，进一步发展可靠的电子签名与认证服务体系，提高认证服务质量，创新服务模式，推动可靠电子签名、电子认证和电子合同在电子商务中的实际应用，在统一的证书策略体系框架下推进电子签名认证证书的互认互操作，发挥电子签名的保障作用，提高电子交易的安全性和效率。鼓励软硬件及系统集成企业通过云服务等模式，为电子商务用户提供硬件、软件、应用和安全服务。鼓励通信运营商加强宽带信息基础设施建设，提高新一代通信网络的覆盖范围和服务水平，为电子商务用户提供接入、服务托管及商务应用解决方案等服务。发挥国家科技计划的引领和支撑作用，加大对电子商务基础性研究、关键共性技术的支持力度，积极开展成果转化、咨询培训等工作。

专栏9：电子商务技术研发和产业化

面向电子商务创新发展重点方向和共性工程技术问题，支持建设国家重点实验室、国家工程技术研究中心和企业技术中心。加强电子商务基础理论研究，推动射频识别、智能终端、系统集成、网络与信息安全等核心技术与关键技术的自主研发和产业化。加强电子认证、电子单证、在线支付、信用管理等电子商务安全交易技术的自主创新。研究制定针对电子商务创新的知识产权保护办法，加强对电子商务创新的保护力度。研究探索电子商务创新和科研成果产业化的财政政策，落实支持电子商务创新和科研成果转化的税收政策。

四、政策措施

（一）加强组织保障

发挥电子商务部际联席会议协调工作机制作用，加强电子商务推进工作的部门协同，落实和强化政府对电子商务发展的宏观指导。坚持统筹兼顾、动态协调的原则，创新电子商务管理机制，加强相关部门在政策制定、重大项目审理、标准规范制定等方面的协调配合，形成管理和服务合力。各地方政府要相应建立协调推进工作机制，将电子商务纳入区域的发展规划。要充分发挥相关行业协会、龙头企业、中介组织、高等院校和专家队伍等在推进电子商务中的积极作用。

（二）建立健全电子商务诚信发展环境

积极营造诚信为本、守信激励和失信惩戒的社会信用环境。推动开展部门指导、行业组织、企业和消费者参与的电子商务自律规范制定工作，大力推进企业和行业自律。鼓励符合条件的第三方信用服务机构、电子商务平台企业，按照独立、公正、客观的原则，开发利用合同履约等信用信息资源，对电子商务经营主体开展商务信用评估，为交易当事人提供信用服务。充分发挥人口、法人和地理空间等国家基础数据库，以及银行征信等数据库的基础与协同作用，促进电子商务信用信息与社会其他领域相关信息的有序交换和共享，支撑社会信用体系建设。积极推进电子商务企业信用分类监管，引导企业诚信守法经营。

（三）提高电子商务的公共服务和市场监管水平

推动电子政务与电子商务的衔接，为企业提供更加有效的服务。依法有序推动政府信息资源的开放服务，提高社会化、市场化开发利用水平，改善电子商务发展环境。提高电子口岸发展水平，促进相关机构间的信息交换、业务协同，优化税费电子支付系统，提高电子商务的通关效率。建立部门间电子商务监管协调配合机制。督促网络经营主体特别是网络交易平台切实履行责任，守法经营，加强自律，维护电子商务市场秩序。依法对网上涉及行政许可的商品和服务加强监管，加强对网络信息服务、网络交易行为、产品及服务质量等的监管。加强监管方式方法的创新，加快电子商务监管信息系统与平台建设，实现监管技术手段的现代化，实施对网络商务主体、客体和过程的经常性监管，实现网上巡查的常态化。

（四）加大对电子商务违法行为的打击力度

依法组织开展网络违法交易专项整治，探索建立长效治理机制，杜绝违禁品网上销售。创新社会管理，建立投诉举报与主动发现相结合的机制，加大对利用网络进行的商业欺诈、传销、侵犯知识产权、侵犯个人隐私、侵犯商业机密、销售假冒伪劣商品、发布虚假违法广告和不正当竞争等活动的打击力度。充分利用管理和技术手段，增强电子商务网站的真实可信度。

（五）完善权益保护机制

积极研究和探索网络环境下有效维护消费者权益的制度和措施，推进 12315 等相关消费维权体系向电子商务领域延伸。畅通网络消费权益保护渠道，及时受理消费投诉举报并查处侵害消费者合法权益的行为。及时发布网络交易风险警示信息，提高网络消费者和经营者的风险防范意识。指导监督网站经营者建立健全消费者权益保护制度、在网站设置消费投诉举报及电子标识链接等多种形式。加强电子商务纠纷调处机制建设。坚持预防与调解相结合，建立分类处理的调处办法。鼓励当事人结合实际情况自行协商解决网上交易纠纷。督促交易平台建立数据保全机制，履行在电子商务纠纷处理中应尽的责任，协助交易双方解决纠纷。积极探索通过仲裁制度，解决电子商务交易纠纷，维护当事人的合法权益。充分发挥司法保护的作用，通过法律诉讼等途径，妥善处置各种复杂疑难电子商务纠纷。依据《侵权责任法》的相关规定，处理网络侵权行为。

（六）加强电子商务法律法规和标准规范建设

在贯彻执行现行法律法规的基础上，继续推动电子商务相关法律法规建设，研究确定电子商务立法的整体思路、调整范围和规范方式。根据需求开展相关法律法规的制修订工作。加强法律解释工作，增强现行法律法规在电子商务领域的适用性和操作性。针对网络促销、电子合同和代收货款等问题，加快研究相应的行政规章和法律法规。面向电子商务不同业务形态发展的实际需求，加快电子商务服务规范和技术标准的制修订和推广应用。着力提高电子商务服务的规范性，促进电子商务服务企业切实履行法定义务和责任，完善交易主体身份认定机制，提高电子商务信息发布、信用服务、网上交易、电子支付、物流配送、售后服务、纠纷处理等服务的规范水平。

（七）完善多元化的电子商务投融资机制

进一步拓宽电子商务投融资渠道，加强对电子商务创新创业的资本支持。培育和发展创业风险投资，促进风险资本对电子商务自主创新和创业的支持。鼓励实体企业在信息化建设中加大对电子商务的投资力度。鼓励金融机构加强对电子商务的信贷扶持。加强政府财政支持对社会投入的引导和带动作用，形成政府引导性投入与社会资本投入互补的投融资机制。加强对投融资效果的评估。

（八）加强电子商务统计监测工作

加强相关部委、地方及有关机构的联合，研究和改进电子商务发展统计指标体系与统计分析方法，逐步建立全国性电子商务调查统计制度，加强对电子商务热点问题及其与实体经济相互关系的研究。充分利用有关部门现有的电子商务企业联系机制，鼓励行业协会和社会性服务机构积极参与电子商务动态发展监测等工作，鼓励各地加强对区域电子商务发展的动态监测，拓展信息获取渠道。做好电子商务统计信息发布工作，加强政策引导。

（九）加快电子商务人才培养

积极引导有条件的高等院校，加强电子商务学科专业建设和人才培养，为电子商务发展提供更多的高素质专门人才。鼓励职业教育和社会培训机构发展多层次教育和培训体系，加快培养既懂商务、又具备信息化技能的电子商务应用人才。积极开展面向企业高级管理人员的电子商务培训。鼓励有条件的地区营造良好的创业环境，吸引并帮助具有国际视野的创新创业型人才成长。

（十）加强国际合作

积极参与国际组织中电子商务相关活动，认真开展国际电子商务法规、标准制定与实施的调查研究，主动参与相关标准规范的制修订，积极参与国际双边、多边涉及电子商务的条约和协议起草工作，推动国内电子商务发展与国际对接。工业和信息化部牵头，联合相关部门做好规划宣贯工作，增强社会各方面实施规划的主动性和积极性。建立动态评估机制，对规划实施的阶段成果实行动态监测，及时发现规划实施过程中存在的问题，适时对规划内容进行调整。加强跨部门、跨行业、跨区域的规划实施工作经验交流，不断提高工作水平。

浙江省电子商务产业“十二五”发展规划

电子商务是依托现代信息技术进行的新型商务活动。近年来，电子商务在全球范围内正以前所未有的速度迅猛发展，并逐步渗透到研发、生产、流通、消费等实体经济活动的全过程，成为引领生产生活方式变革的重要推动力。“十二五”时期是浙江省加快经济发展方式转变的关键时期。进一步巩固和发展电子商务的先发优势，对浙江省开拓国际国内市场，改善人民生活，加快经济转型升级，提升综合实力具有重要意义。

《浙江省电子商务产业“十二五”发展规划》（以下简称《规划》），根据《浙江省国民经济和社会发展第十二个五年规划纲要》总体要求制定。《规划》范围包括商品和服务的网上贸易，以及与之紧密相关的信息技术、配送、支付、认证等支撑服务产业，并对传统产业和社会各领域电子商务应用提出指导性意见。

一、基本现状和发展形势

（一）基本现状

浙江是电子商务大省，传统产业及社会各领域电子商务应用快速推进，技术、支付、物流等支撑服务取得重大突破，各项主要指标均处于全国前列。据不完全统计，截至2010年年底，全省拥有各类电子商务网站近4000家，其中行业电子商务网站约2000家，占全国的20%。全省60%以上的工商企业开始涉足电子商务领域，企业间电子商务交易额达7000多亿元，约占全国的16%。全省现有各类零售网站2000余家，在第三方平台上经营的网商50多万个，实现网络零售额500多亿元，约占全国的10%。

1. 产业规模和专业化程度全国领先

全省电子商务呈现快速发展的良好态势。电子商务的不同业态互动发展，B2B（企业间电子商务平台）、C2C（第三方零售平台）、B2C（企业自建零售平台）等领域均涌现出一大批专业化电子商务企业，经营规模和竞争力居全国前列。其中，阿里巴巴现有注册会员数5600多万个，业务辐射190多个国家和地区，已成为全球最大的B2B电子商务平台。淘宝网现有经营网商500多万个，用户总数达37亿人，2010年交易额超4000亿元，已成为全球最大的网络零售平台。依托浙江省块状经济优势，一批专业电子商务平台处于全国同行业领先地位，一批B2C网络零售企业快速发展，团购、网上竞拍等新型业态不断涌现。

2. 传统产业电子商务应用不断深入

电子商务已逐步渗透到工农业产品销售的各环节。传统工商企业纷纷涉及电子商务领域，一批传统零售企业先后建立零售网站，一批生产资料批发市场先后建立大宗商品网上交易平台，部分小商品批发市场的经营户开始由实体销售向网上交易转型。同时，同城购物稳步发展，电子商务在企业采购和销售环节得到广泛应用，品牌制造企业开始建立自主销售平台，农产品网上交易日趋频繁。

3. 经济社会各领域电子商务加快应用

文化产业、数字出版、社区服务、旅游、教育等领域纷纷采用电子商务手段提升行业服务水平。

全省现有从事网络游戏运营和相关增值服务企业 49 家，一批数字图书馆、数字博物馆和数字艺术馆相继建成，省内主流传统媒体已基本实现数字化服务。社区电子商务全面推进，全省已有 8 个地级市开通了社区服务电子商务平台，房产、票务等中介服务纷纷实行网上预订。各大旅游景点依托互联网开展旅游票务、餐饮和住宿等网上营销。农村电子商务应用逐步兴起。

4. 电子商务支撑服务取得重大突破

电子商务的快速发展与支付、技术、物流和认证等支撑服务体系的突破性发展相互促进。网上支付业务在各大银行相继推出，特别是以“支付宝”为代表的第三方支付平台的出现，有效解决了网络信用和支付安全问题。2010 年支付宝使用商家超过 46 万家，已成为全球最大的第三方网上支付平台。技术研发日趋成熟，云计算、物联网和自然语言等新兴技术不断出现，有效解决了存储空间、计算能力和数据服务等瓶颈问题。物流领域已形成六大物流走廊、四大物流聚集中心和五条省际物流通道，特别是快递业迅速兴起，为网络零售快速发展提供物流支撑。截至 2010 年，浙江省拥有快递经营许可业务企业 712 家，全国民营快递前 10 强中浙商占了 7 席。电子认证日趋广泛，支撑体系不断建立，全省累计发放各类电子证书 60 多万张，为电子商务发展夯实了基础。

5. 电子商务发展环境不断改善

硬件环境日趋完善，截至 2010 年，有线宽带接入比例达 98%以上，城市接入带宽 4Mbps 以上超过 45%，乡（镇）接入带宽 2Mbps 以上达 40%，行政村接入带宽 1Mbps 以上达 30%，3G 网络实现了乡（镇）以上重要地段全覆盖。发展软环境不断优化，成立了省电子商务工作领导小组，制定了《浙江省人民政府办公厅关于加快电子商务发展的意见》（浙政办发〔2006〕58 号）等一批产业扶持政策，实施了“万家企业电子商务推进工程”和“全省电子商务提升工程”。电子商务人才培育力度加大，省内 13 所高校开设电子商务本科专业，国内首个电子商务博士点和首个电子商务企业博士后工作站均落户浙江省。同时，依托开展打击网络购物领域侵犯知识产权和制售假冒伪劣商品行动等载体，努力营造和维护良好的网上交易秩序。

但是，浙江省电子商务发展也存在发展短板和瓶颈。一些地方和部门对发展电子商务意义的认识有待提高，产业扶持政策尚不系统，扶持力度有待进一步加大。大多数行业网站仍处于供求信息发布等初级阶段，行业电子商务服务单一，工商企业电子商务应用程度不深等问题较为凸显，离集商流、物流、信息流、资金流为一体的目标还有距离。网络零售起步较迟，网络零售企业（B2C）单体规模和团购等新型业态落后于北京、上海等省（市）。支撑服务亟待完善，物流配送和中高端人才供给跟不上电子商务发展需要，特别是电子商务配送中心及仓储用地落实困难，部分浙商经营的快递企业总部外迁。

（二）发展形势

“十二五”时期，浙江省电子商务有望进入跨越发展期，机遇大于挑战。

1. 发展空间巨大

近年来，全球电子商务一直保持高速发展态势，在今后一段时间内仍将保持高速增长。我国是世界第二大经济体，网民数量全球第一，随着具有网络消费习惯的新生代居民逐渐成为消费市场主力，网上交易市场规模将大幅度提升。据预测，到 2015 年我国电子商务交易额将达 18 万亿元，相当于 2010 年的 375 倍，其中网上零售额将达 3 万亿元，是 2010 年的 6 倍，占社会消费品零售总额比重为 10%，市场空间十分巨大。同时，各级政府对电子商务工作的高度重视，工业化和信息化的深度融合，移动智能终端的加速应用，都为电子商务市场继续保持快速增长创造了坚实基础。

2. 战略地位提升

电子商务以“全天候、全方位和零距离”的特点，改变着传统经营模式和生产组织形态，影响着产业结构调整和资源配置。在拓展市场方面，电子商务突破了传统的“商圈”概念，使交易和服务像产品一样流通，进入全国乃至全球市场，扩大了市场空间。针对全球不同时区，企业可在电子商务平台上进行全天候交易，延长了交易时间。农村居民可以依托电子商务，逐步享受到城市居民同等的消费和服务，开拓了农村市场。在产业转型方面，依托电子商务，生产商可以直接构建零售终端，与消费者进行交易，大大缩减流通环节，进一步降低交易成本。目前，网络销售已成为新品牌成长的“快车道”。据测算，依托网络销售仅用传统方式 1/5 的时间和 1/40 的投入，就能培育出一个知名品牌，加快了企业向微笑曲线两端高附加值领域的拓展。在市场监管领域，网络交易具有“来源可追溯、去向可查证、责任可追究”的特征，是新时期实现市场有效监管和新商业文明建设的重要支撑。此外，电子商务在节能减排、创造就业、支持创业等方面也发挥着重要作用。

3. 浙江优势明显

浙江省发展电子商务基础扎实、氛围浓厚，杭州市、金华市分别被授予“中国电子商务之都”和“中国电子商务创业示范城市”称号，拥有全球最大的 B2B 平台、C2C 平台和第三方支付平台及一大批全国领先的行业电子商务平台。同时，浙江省消费模式多样，产品多为高度市场竞争的日用消费品，且市场两头在外，跨区域、远距离的交易日益频繁，迫切需要电子商务的快速发展和深度应用。“十二五”期间，浙江省提出了提高产品市场占有率、加快品牌培育和提升产品附加值的要求，也为浙江省电子商务的快速发展提供了重要动力。

4. 面临挑战严峻

与发达国家相比，浙江省在电子高商务核心的技术、战略布局、新商业文明等方面仍有一定差距。与国内其他省（市）相比，浙江省网络自主零售（B2C）发展落后于北京市和上海市，网商数量、网购市场规模落后于广东省，与江苏等省份的优势也正逐步缩减。面对北京、上海、广东、四川、重庆等省（市）把电子商务作为战略性产业，加大财政、税收、用地等方面支持力度的局面，浙江省电子商务的全国领先地位面临严峻考验，加快浙江省电子商务发展刻不容缓。

二、指导思想、基本原则和发展目标

（一）指导思想

以邓小平理论和“三个代表”重要思想为指导，坚持全面贯彻落实科学发展观，深入实施“八八战略”和“创业富民、创新强省”总战略，紧紧围绕《浙江省国民经济和社会发展第十二个五年规划纲要》的总体目标，以市场需求为导向，商务活动为核心，技术创新为支撑，提升发展电子商务平台，加快推进网络购物，建立健全支撑体系，大力推广应用范围，加快构建全球领先的电子商务产业链，为浙江省科学发展走在前列，惠及全省人民小康社会全面建成做出积极贡献。

（二）基本原则

（1）市场运作和政府引导相结合。遵循市场经济规律和电子商务产业自身发展要求，结合浙江产业特色，发展符合浙江实际的电子商务产业。同时，按照战略性新兴产业培育和打造：“国际电子商务中心”的要求，强化政府在产业规划、政策引导、配套完善、法规建设、市场监管等方面作用，加快推进浙江省电子商务健康有序发展。

（2）扶持促进和规范发展相结合。坚持“在发展中规范，在规范中提升”的发展路径，努力创建具有比较优势的政策环境，形成良好的电子商务发展氛围，确保浙江省在电子商务产业的市场份额、商业模式和技术创新等方面达到全球先进水平。同时，加快建立健全电子商务相关配套法律法规，推动浙江省电子商务由“放开搞活”向“规范提升”阶段发展。

（3）全面发展和创新提升相结合。结合浙江省转变经济发展方式的总体要求，加快推进电子商务在传统产业和社会各领域的应用，提升全省电子商务整体发展水平。着力推动电子商务及支撑服务企业进行战略、模式、技术及管理等方面的创新，推动先进技术应用，创新发展电子商务模式。

（4）壮大企业和完善支撑相结合。按照建设全球先进电子商务产业链的要求，做大电子商务交易平台，做强电子商务企业。加快推进电子商务支撑体系建设，发展电子商务产业链。鼓励和支持新兴技术应用和商业模式创新。加快对物流配送、诚信机制、人才资金等制约因素的破题，推进电子商务与支撑体系同步协调发展。

（5）重点集聚和全面布局相结合。结合浙江省各地电子商务发展实际和基础，在支持重点区域加快推进的同时，兼顾全省电子商务协同发展。支持杭州市打造国内领先的电子商务中心城市。推动金华市发展成为国内行业电子商务企业重要集聚区。支持宁波市、舟山市依托大宗商品交易实体平台，发展大宗商品网上交易。鼓励温州市、湖州市、嘉兴市、绍兴市、台州市等地加快网络购物和行业电子商务平台发展。推动电子商务在衢州市、丽水市农副产品交易过程中的应用。支持电子商务企业实行运营总部和技术支持、仓储物流中心跨区域布局，鼓励和支持有条件的电子商务企业通过外设分支机构、并购、合作等方式，加快在省内、国内的市场布局和国际市场拓展。

（三）发展目标

到2015年，浙江省电子商务产业规模和竞争力全国领先，产业集聚程度不断提高，网络市场辐射度和综合实力更加凸显，技术、物流、支付和认证等支撑体系进一步完善，电子商务在社会经济各领域深入应用，实现电子商务强省目标，为把浙江打造成为“国际电子商务中心”奠定扎实的基础。

（1）产业发展水平全国领先。到2015年，全省企业间网络交易额超过2万亿元，占全国15%以上；网络零售额超过2500亿元，占全国10%以上；B2B、C2C和第三方支付平台全球领先优势进一步巩固，国际市场辐射力不断增强。

（2）产业集聚效应更加明显。集聚一批国内领先的电子商务企业总部、行业电子商务平台和生产资料等大宗商品交易平台；培育2～3家销售额在50亿元以上和20家销售额在10亿元以上的网络零售企业；推动5～10家电子商务企业上市，引进一批国际知名电子商务企业及配套服务商。

（3）应用水平全面提升。中小企业电子商务普及率达80%，一批龙头骨干工商企业建成自主电子商务平台，并实现电子商务供应链管理；农村电子商务应用快速推进；政府电子商务采购比重逐步提高；文化传媒、新闻出版、金融、旅游、教育、卫生等其他领域电子商务应用基本普及。

（4）支撑体系逐步完善。云计算和移动商务等技术创新快速推进，培育1～2家国家级电子商务研发机构；建成覆盖全省地级市的城市物流配送网络，物流配送和电子商务一体化协同发展格局基本形成；在线支付、移动终端支付等新型支付工具快速推广；电子认证应用更加普及和规范。

（5）发展环境更加优化。全省各级政府和部门对于电子商务产业的战略地位认识不断提高；管理机构比较健全，管理队伍逐步建立，人才教育和培训深入推进；政策环境不断完善，投融资更加便利；法规和标准体系逐步建立。

三、主要任务及重点工程

（一）实施电子商务大平台工程

结合浙江省经济结构和产业特征，进一步做强电子商务平台，企业间电子商务模式广泛运用，数字增值业务不断延伸。进一步壮大综合性电子商务交易平台。

加快提升发展行业电子商务。依托浙江省块状经济、专业市场和产业集群，强化行业电子商务平台服务功能，推进行业网站由信息流服务向信息流、商流、物流和资金流综合服务发展。

加快发展供应链电子商务。有效整合流通环节的各种资源，支持一批具有较强流通环节控制力的企业建立连接上游供应商和下游经销商交易业务的电子商务平台，提升浙江省流通企业对市场的控制力。

大力推进大宗商品电子交易平台建设。结合海洋经济发展示范区建设，依托宁波—舟山深水港口和大宗商品交易市场，支持生产资料经营企业和专业批发市场开展大宗商品网上交易，增大大宗商品定价话语权。加快农村综合电子商务平台建设,开展大宗农产品网上交易。

重点工程之一：电子商务大平台工程

1. 综合平台

支持阿里巴巴扩大市场覆盖范围，不断拓展境外市场，巩固全球最大的 B2B 电子商务平台地位。

2. 行业平台

依托产业集群和专业市场，重点在化工、纺织、医药、服装等领域打造 10 个左右全国领先，集交易、物流、支付等服务于一身的行业电子商务平台。支持优势流通企业整合上下游资源，培育一批电子商务供应链平台。整合行业平台资源，支持网盛生意宝实施“小门户+联盟”建设计划，建成面向全球市场的行业 B2B 平台搜索引擎。

3. 大宗商品

支持生产资料经营企业和批发市场发展电子商务，培育煤炭、钢铁、塑料等 10 个左右的大宗商品交易平台。

4. 农村平台

整合现有农产品网上交易平台相关资源，建设一个全省性农产品交易的综合性电子商务平台。

5. 数据挖掘

依托电子商务平台，开展海量数据智能分析，实现数据增值业务，强化电子商务功能。

（二）实施网络零售促进工程

发挥网络零售成本低、覆盖广、速度快的优势，加快网络零售企业和第三方购物平台发展，实现企业规模、盈利能力和品牌的提升。

大力发展第三方网络零售平台，扩大网络零售商品和服务种类，推动服装、电脑及配件、家电、数码、家居、母婴用品、土特产等商品进行网上销售，支持淘宝网做大做强，进一步巩固其全球最大第三方网络零售平台地位。

加快发展网络零售，支持企业自建平台进行网络零售，鼓励发展特定商品门类或者特定消费人群的网络零售平台，做精做透专业网络零售业务，着力培育一批辐射全国消费市场的网络零售企业，争取形成企业总部、利润、税收、就业在浙江，销售覆盖全国乃至全球市场的良好发展格局。

推进传统商贸业和网络零售融合发展。支持传统百货、连锁超市等企业依托原有实体网点、货源、配送等商业资源开展网络零售业务。结合城市居民日常消费需求，进一步发展集电子商务、呼叫中心和城市配送为一体的同城网络零售。支持小商品市场经营户开展网上销售，推进传统零售业与网络零售有机接轨。

探索发展新型网络购物方式。结合农村流通实体网点建设，支持发展面向广大农民的网络零售平台，探索网上看样、实体网点提货等经营模式。规范发展网络团购，逐步建立市场准入制度，加强对团购组织者和资金的监管，促进健康持续发展。

重点工程之二：网络零售促进工程

1. C2C 领域

巩固发展淘宝网的全球最大网络零售平台地位，支持其发展针对企业的相关业务，鼓励一批淘宝网个人网店逐步向专业化网络销售企业转型，推动淘宝网完善市场准入和投诉理赔制度，全面提升服务水平。

2. B2C 领域

开展 B2C 整体推进工作，确定 20～30 家潜力网络零售企业，通过财政资金引导、税收减免、宣传推广等政策手段，提升浙江网络零售业整体发展水平和竞争力。

3. 传统产业

在传统超市、百货等企业中，分年度确定一批网上销售重点建设项目，建设网络零售网点，延伸市场覆盖面。

4. 商品市场

开展日用消费品市场网络销售试点，强化商品市场的仓储、配送、采购等功能，发展一批以小商品市场为依托的网商集聚区。

（三）实施浙江产品网销工程

结合浙江省日用轻工业发达的产业特色，发挥第三方电子商务平台领先优势，推动浙江省企业直接面向消费者开展网上销售，建设网上零售终端，提升浙江品牌影响力和附加值。

鼓励企业开展网络零售。支持浙江省生产企业到淘宝网及国内其他第三方零售平台开设网络旗舰店、专卖店。支持专业网络销售企业承接传统企业的电子商务业务，在淘宝网等第三方平台进行网络销售，发展网络总代理、总经销。

探索发展境外网络销售。加快语言翻译、报关结汇、境外配送等配套业务发展。支持浙江省电子商务平台针对不同语言进行区域划分，延伸境外服务网络。鼓励企业依托电子商务平台建设境外零售终端，开展境外批发或零售业务，推进企业在境外建设品牌，提升产品附加值。

支持龙头骨干企业开展自主电子商务。选择一批标准化程度高、产品系列齐全、品牌效应明显和销售网络健全的生产企业建立企业自主网站，实现采购、生产、销售全流程电子商务。

重点工程之三：浙江产品网销工程

1. 中小企业上网

加强对阿里巴巴平台中“浙江专区”的建设、宣传和推广，打造“浙江中小企业网上集聚区”。

2. 国内网络销售

依托淘宝网，每年推动1000家品牌企业到“淘宝商城”开设网络旗舰店（专卖店）；推动1000家成长型企业到“无名良品”开设网络直销店；推动500家老字号和土特产经营企业到“特色浙江”平台进行销售。

3. 境外网络销售

在日本开展“网上展示、实样寄送电子商务工程”试点，并逐步向其他国家和地区推广。每年推动500家浙江品牌企业通过阿里巴巴“速卖通”开展境外小额批发或零售业务。

4. 自主销售平台

开展大中型企业自主电子商务平台建设试点，推动100家骨干企业建立自主电子商务平台。

（四）实施电子商务全方位推进工程

在加快发展工业、农业等实体商品网上交易的同时，同步推进服务和数字产品的网上交易。

推进电子商务进入文化产业和数字出版业领域。完善制度建设，加强知识产权保护，鼓励平面出版物和视频节目数字化，支持舞台剧目、音乐、美术、非遗和文献资源等进行数字化转化、开发、下载和交易，规范发展网络游戏等文化服务，培育专业性文化产品交易平台。依托网络建立数字版权运营体系，探索“自助出版模式”。

推动电子商务在服务业领域的应用。逐步探索和推广电子商务在政府采购中的应用，进一步降低采购成本，提高采购效率和透明度。推进金融领域电子商务应用，加快发展网络融资、理财等金融中介业务，规范发展虚拟货币交易平台。积极建设社区便民服务平台，实现地级城市全覆盖并逐步向县（市、区）一级延伸。

重点工程之四：电子商务全方位推进工程

1. 虚拟商品

引导“5173中国游戏服务网”虚拟货币交易平台规范有序发展，巩固全国最大虚拟商品电子商务平台地位。支持发展立足浙江省、延伸全国的文化服务产品专业性电子商务交易平台。

2. 数字出版

发展“自助出版模式”，建设全省数字出版网上交易系统。

3. 商务服务

培育一批金融、会计、法律、培训等专业性电子商务平台，大力发展商务服务类电子商务。

4. 生活服务

鼓励设区市建设社区服务公共平台，在实现浙江省 11 个地级城市全覆盖的同时，逐步向县（市、区）延伸服务。加快发展旅游电子商务，培育若干个在全国具有一定影响的旅游电子商务企业。

5. 中介服务

培育一批票务、房产、人才、网上挂号等专业性中介电子商务服务平台。

（五）实施电子商务技术创新工程

加快云计算的应用。抓住杭州市列入首批“云计算服务创新发展试点城市”契机，加快推进浙江省云计算发展。建设云服务平台，完善云安全解决方案，加快海量存储、虚拟化和低功耗等云计算技术在电子商务领域应用。

加快发展信息技术服务外包。鼓励基础电信运营商、软件供应商、系统集成商的业务转型，为电子商务企业提供平台开发、信息处理、数据托管、应用系统等外包服务。积极引进国内外知名服务企业来浙设立区域总部，对中小电子商务企业开展软件运营（SaaS）等服务。

创新发展移动电子商务。支持基础电信运营商、增值业务服务商、内容提供商和金融服务机构之间加强协作，依托应用手机、个人数字助理和掌上电脑等智能移动终端，开展移动电子商务。加快移动电子商务服务平台建设，鼓励现有电子商务交易平台开展移动电子商务业务，逐步提高移动电子商务交易比重。

重点工程之五：电子商务技术创新工程

1. 云计算技术

支持杭州市开展云计算服务创新发展试点，推动阿里巴巴云计算中心发展，推广云计算技术应用。

2. 技术外包

开展信息技术服务外包示范工作，在信息技术服务提供商当中，确定一批示范企业，以示范带动服务水平的提高。

3. 模式创新

开展移动电子商务试点，选择一批购物网站作为内容提供商，与电信运营商、增值业务服务商和金融服务机构之间开展对接，加快推进移动电子商务。

（六）实施物流配送保障工程

整合现有工业、商业、仓储和运输等物流信息资源，推进物联网等先进物流技术及装备的应用。大力发展第三方物流，推进第四方物流，提高物流企业的社会化、组织化和信息化水平。推进新型物流配送中心建设，加快建立物流信息网络，切实降低物流成本，提高现代物流效率和效益。

推进电子商务与第三方物流互动发展，为网上交易提供快速、高效的物流支撑。培育信誉良好、服务到位、运作高效的重点快递配送企业，积极创造条件，吸引外地浙商快递企业总部回流，推动网络零售快速发展。结合同城购物平台，推进都市生活品配送企业发展。支持电子商务企业建设仓储、配送等物流设施，推动电子商务和物流配送融合发展，建立高效通畅的电子商务物流配送体系。

重点工程之六：物流配送保障工程

1. 发展物流网络

构建覆盖全省地级市的都市配送网络，并逐步向县级城市、城镇和农村延伸。

2. 培育物流企业

开展电子商务与物流配送的对接试点，培育20家左右与电子商务企业深度合作的第三方物流示范企业和快递示范企业。

3. 建设物流项目

支持一批重点电子商务企业物流中心建设。

4. 引进物流资源

引进一批浙商投资的快递物流企业和国际先进快递物流企业到浙江设立总部。

（七）实施支付和认证体系建设工程

加快建立由网上支付、移动支付、固话支付，以及其他支付渠道构成的综合支付体系，为电子商务提供安全、高效的资金结算服务。鼓励银行拓展电子银行服务业务，强化在线支付功能。鼓励银行加强与电子商务企业的合作，发展电子票据、移动支付等新型电子支付业务，推出适合电子商务特点的支付产品和服务。加强第三方支付平台建设，引导第三方支付机构在依法合规经营的基础上，加快产品和服务创新，做大做强非金融机构支付服务市场。推进认证平台建设，完善电子认证基础设施，开展电子认证加密技术研究。加强信息安全防范，引导电子商务企业完善数字认证、密钥管理等安全服务功能。健全信息安全管理制度与评估机制，提高电子商务系统的应急响应、灾难备份、数据恢复、风险监控等能力。

重点工程之七：支付和认证体系建设工程

1. 建设支付平台

进一步拓展“支付宝”第三方支付系统市场服务范围，提升“一站式”支付服务能力，打造全球领先的第三方支付平台。

2. 创新支付手段

开展新型支付产品试点工作，推广电子票据、移动支付等新型支付产品应用。

3. 推进认证工作

支持电子认证服务平台、综合监管平台和第三方电子认证平台建设，扩大认证体系在电子商务中的应用范围。

（八）实施电子商务示范工程

以点面结合、示范带动为要求，确定一批电子商务示范园区和示范县（市、区），确定一批省级电子商务示范企业进行重点培育，支持电子商务示范企业做大做强。加快电子商务产业园试点、总结和推广，完善政策支撑，吸引国内外电子商务企业及网络技术、物流配送、融资支持等配套企业入驻，争取在“十二五”期间培育出一批省级电子商务产业示范园区。

重点工程之八：电子商务示范工程

1. 示范企业

在综合经营规模、盈利能力、经营模式和发展潜力等要素的基础上，重点针对行业电子商务平台、网上购物平台、网上购物企业、社区服务电子商务平台，以及文化、出版、中介、物流、社区等社会各领域商务平台，确定一批省级电子商务示范企业进行重点培育。

2. 示范园区

加快电子商务产业园试点步伐，做好成功运作模式的探索、总结和推广，争取在“十二五”期间培育一批省级电子商务产业示范园区。

3. 示范区县

综合考虑电子商务应用普及、电子商务企业集聚、大型平台建设和产业园区发展等要素，认定一批省级电子商务示范县（市、区）。

四、保障措施

（一）完善电子商务产业政策

（1）加大财政支持力度。通过省流通业发展专项资金切块重点支持电子商务发展，并根据“十二五”期间推进电子商务发展需要，逐步加大财政支持力度。推动成立浙江省电子商务投资和创业基金，引导带动全省电子商务产业发展。

（2）落实税收支持政策。实施税收优惠，支持电子商务及相关服务企业参与高新技术企业认定，符合条件并通过认定的，可享受高新技术企业和技术先进型服务企业税收政策。落实电子商务项目技术创新的研究开发费用加计扣除政策。对符合小型微利企业条件的电子商务企业按规定予以减免企业所得税。研究解决物流企业代理采购、电子商务税收管辖、税务登记和电子发票应用等相关问题。

（3）加大融资支持力度。支持重点电子商务企业与银行加强电子商务网络融资合作，开发面向中小企业的交易支付、网络结算、信贷等业务。鼓励金融机构积极探索无形资产和动产抵押融资方式，扩大电子商务企业贷款抵质押品范围。积极发展网络联贷联保等中小企业网络融资产品，规范提升中小型电子商务及相关服务企业的信贷审批和发放效率。积极支持符合条件的电子商务企业上市融资，发行短期融资券、中期票据和中小企业集合票据，拓展直接融资渠道。

（4）给予用地政策支持。统筹安排电子商务产业园用地空间，优先保障有利于当地产业转型升级的重大电子商务项目用地。在不改变用地主体、不重新开发建设等前提下，鼓励利用工业厂房、仓储用房等存量房产、土地资源兴办电子商务企业，其土地用途可暂不变更。对国家和省政府的重点电子商务项目，优先保障项目落地。

（5）给予其他政策支持。要方便证照办理，除依据法律、行政法规和国务院决定外，各部门一律不得设置前置性审批事项。放宽电子商务企业出资最低限额，允许电子商务企业注册资本分期缴付。推动将信息通信基础服务纳入“普遍服务”和“基本公共服务”范畴，逐步降低信息服务资费。

（二）加大基础设施建设力度

加快基础通信设施、光纤宽带网和移动通信网建设，推动“三网融合”，构建基于 IMS、IPv6 和 OTN/DWDM 并支撑融合业务发展的下一代信息通信网络。积极利用新一代移动通信技术建设宽带无线城市，实现覆盖城乡、有线无线相结合的宽带接入网。全面推进光纤到楼、入户、进村，实现政府机关和公共事业单位光纤网络全覆盖和新建小区光纤宽带全覆盖。实施信息化和工业化融合战略，鼓励企业基于研发、采购、制造、营销和管理等全领域信息化，推动上下游中小企业信息化应用，加快推进企业信息化。推进农村地区和边远地区的宽带互联网等信息通信基础设施建设，建立健全农村信息服务体系。

（三）加快电子商务人才培育

创新电子商务人才培养机制。鼓励浙江省内高校开展电子商务、物流等学科建设。建立健全多层次的培训体系，推进中小电子商务企业、配套服务商的中高级人才学历继续教育，支持有条件的电子商务企业与科研院所、高校合作建立教育实践和培训基地，鼓励和动员社会力量举办电子商务职业培训。鼓励开展面向农民和下岗工人的电子商务知识培训。加大省外优秀电子商务人才的引进力度。积极通过以奖代补、费转成本等方式，支持引进高端复合型电子商务人才。研究制定电子商务职业认证制度，健全电子商务人才成长促进机制，建立后备人才资源库，努力构建国内领先的电子商务人才集聚高地。

（四）营造良好的发展环境

开展电子商务发展战略和政策研究，建立完善发展评价体系，提升电子商务统计监测、分析的科学化水平。建立重点电子商务企业（园区）运行监测统计信息发布制度，研究制定电子商务产业统计指标体系，规范电子商务统计工作。加快研究制定电子商务行业标准，出台针对在线支付、安全认证、物流配送等支撑服务环节的行业标准和规范。加强行业协会等中介组织建设，提升行业管理和服务水平。加大电子商务宣传力度，积极营造良好的政策导向和舆论氛围。

（五）依法保障电子商务发展

推进电子商务地方性立法，重点围绕消费者权益保护、商业秘密保护、网络信用管理、特殊电子商务业态的市场准入等问题，研究制定浙江省电子商务法规实施细则。在相关立法未出台前，先制定有关促进电子商务发展和管理的规范性文件。建立健全多部门联动防范机制，切实做好执法检查和日常监管，严厉打击依托网络的制售假冒伪劣商品、侵犯知识产权、传销、诈骗等行为。推进网上经营主体信息公开披露，探索建立电子商务信用管理和信息共享机制，推广信用产品在电子商务中的应用，促进浙江电子商务规范有序发展。

（六）切实抓好《规划》任务的落实

各级政府要把推动电子商务产业发展工作摆上重要议事日程，进一步加强思想认识、组织领导、政策扶持和工作能力。要充分发挥好浙江省电子商务工作领导小组及其办公室的综合协调作用，明确职责，健全机制，促成合力。各地要落实专门的牵头部门，认真做好《规划》的分解、落实等工作。要加强对《规划》实施情况的考核、评估和监督检查,提高考核评估的针对性、科学性和有效性，推动《规划》要求的全面完成。

贵阳国家高新区管理委员会关于促进光电产业发展若干优惠政策（试行）

贵阳国家高新区

为加快贵阳国家高新区战略性新兴产业集聚发展，结合我区实际，就促进光电产业发展，制定如下优惠政策。

第一章　对象和范围

第一条 支持对象

从事符合国家鼓励类LED产业、光伏产业、光显示产业、激光应用产业且工商、税务关系均注册登记在贵阳高国家新区的企业或机构。

第二条 适用范围

（一）LED

（1）LED发光材料和器件的原材料研发生产；硅、碳化硅或蓝宝石等LED衬底材料、LED图形、LED外延片和芯片研发制造及测试；大尺寸硅单晶及抛光片生产。

（2）MOCVD设备、表面贴装设备、自动贴片机、光电自动检查仪等生产设备的研发制造；外延材料、芯片、器件测试仪器等测试设备的研发制造。

（3）芯片封装，应用模块和终端产品生产制造。

（二）光显示

（1）薄膜场效应晶体管LCD（TFT-LCD）、等离子显示屏（PDP）、有机发光二极管（OLED）、激光显示、3D显示等新型平板显示器件及关键部件的研发制造。

（2）OLED显示屏、触控屏、背光模组、偏光片、聚光片、扩散片、光学薄膜、ITO玻璃、绝缘材料、精密模具、TFT液晶显示模组等关键产品的研发制造。

（三）光伏

（1）太阳能电池及其组件生产；硅片切割及相关生产设备的研发制造。

（2）太阳能热发电集热系统、太阳能光伏发电系统集成技术开发应用、逆变控制系统开发与制造，风电与光伏发电互补系统技术开发与应用；太阳能热利用及光伏发电应用一体化建筑组件设计与制造。

（四）激光应用

（1）激光器和激光加工设备的研发及生产。

（2）激光加工、激光通信、激光存储、激光显示、激光医疗及探测技术应用。

（五）其他符合国家鼓励类的光电产业项目

第二章　产业化扶持

第三条　实行用地优惠：按照《贵阳国家高新区工业项目入驻审批程序及扶持办法（试行）》和相关配套细则文件的优惠政策执行。

第四条　厂房租赁补贴：对租赁区内标准厂房并实际投产的光电企业，第一年租金全额补贴，第二年给予 50%租金补贴，第三年给予 20%租金补贴。

第五条　支持设备购置：对引进光电生产主要设备的光电企业，经认定后，按设备的引进总价，给予最高 35%的购置款补助。

第六条　专项用电补贴：区内光电企业，除享受省市相关电价补贴政策以外，以 2012 年度产值为基数，当年每新增 500 万元产值，额外给予 1 万元专项用电补贴。

第七条　产品配套补助：采购区内其他企业产品用于自身主营产品生产的企业，经认定后，每年给予不低于采购金额 10%的补贴，单个企业奖励总额不超过 500 万元。

第八条　政府优先采购：区内高端装备制造企业产品纳入《贵阳国家高新区工业企业产品目录》，同时推荐进入省市产品目录，在政府投资项目中实行优先采购。

第三章　财税奖励

第九条　贷款贴息补助：鼓励现有企业技改扩能，凡当年实际到位投资 3000 万元以上的光电产业技改项目，用于固定资产投资所发生的银行贷款，按国家规定的同期基准贷款利率给予 2 年贴息。

第十条　企业税收优惠：从投产之日起，按企业所缴纳企业所得税地方所得部分的一定比例分年度予以资金奖励，奖励年限及比例为第 1～2 年 60%，第 3～4 年 50%，第 5～6 年 40%。

第十一条　高管个税奖励：在区内光电企业就任的高级管理人员，经认定后，自就任之日起 10 年内，在区内缴纳的个人所得税地方所得部分，按前 3 年全额奖励，后 7 年 50%的比例进行奖励。

第十二条　鼓励企业上市：鼓励区内光电企业在国内外上市，对新获上市批准的企业，股票成功发行后，在省市奖励的基础上再给予 300 万元的一次性奖励。

第四章　创新扶持

第十三条　创新平台设立：对新创建国家级企业技术开发中心和工程技术研究中心的企业奖励 50 万元；新创建省级企业技术开发中心和工程技术研究中心的企业奖励 20 万元，晋级补差；对新批设立博士后工作站的企业，奖励 30 万元。

第十四条　鼓励成果产业化：对科研成果达到世界领先水平、填补国内空白，并在我区成功实现产业化的企业，给予 500 万元一次性奖励。

第十五条　发明专利奖励：企业当年新获授权的发明专利，给予每件 1 万元的奖励。

第十六条　支持标准转化：企业标准转化为国际标准的，给予 100 万元的奖励；转化为国家标准的，给予 50 万元的奖励；转化为行业标准的，给予 20 万元的奖励。

第五章　人才鼓励

第十七条　引进急需人才。按照《中共贵阳市委 贵阳市人民政府关于在贵阳国家高新技术产业开发区建设人才特区的意见》和相关配套细则文件执行。

第十八条　鼓励创新创业。符合高新区高层次人才认定评定标准的项目团队成员，按照《贵阳国家高新技术产业开发区高层次创新创业人才项目评审暂行办法》执行。

第六章　附则

第十九条　符合以下条件的企业（项目），可在上述优惠政策基础上实行“一事一议”，享受更加优惠政策：

（1）属于外商投资且注册资本金超过 5000 万美元的光电项目；世界 500 强或国内行业前 10 强投资的光电项目。

（2）符合区内主导产业发展方向的且在合理建设期内固定资产投资超过 5 亿元的项目。

第二十条　同一事项适用多项优惠政策内容的，按“从优不重复”的原则予以兑现；多个事项可同时享受优惠政策，但兑现资金总额原则上以企业当年所缴纳税收的地方所得部分为限，超出部分可累计到次年予以兑现。

第二十一条　按年度兑现的优惠政策，原则上在次年一季度之内予以兑现。

第二十二条　享受本优惠政策的企业，在贵阳高新区经营期限不得低于 5 年。在 5 年内迁出贵阳高新区的，已享受优惠政策的所有奖励资金应全额退还。

第二十三条　本优惠政策自颁布之日起施行，由贵阳国家高新区管委会负责解释，区政策兑现办公室负责具体兑现事宜。

2013 年 3 月 25 日

四川省“十二五”电子信息及新一代信息技术产业发展规划

四川省经济和信息化委员会

现代信息技术的飞速发展，极大地促进了产业结构调整和发展方式的转变。电子信息产业是现代工业、战略性新兴产业的基础性、支柱性和先导性产业。加快推进电子信息产业结构调整和优化升级，是四川省培育和发展新一代信息技术产业的基础。根据《四川省“十二五”工业发展规划》和《四川省“十二五”战略性新兴产业发展规划》的要求，特制定本规划。规划期为 2011－2015 年。

第一章　规划背景

第一节　发展现状

四川省是国家电子信息产业的重要基地。产业布局相对集中，集聚优势明显，技术、人才等方面实力雄厚。产业规模不断壮大。近年来，四川省电子信息产业发展较快，成为四川省又一个超千亿元产业。2008 年，四川省电子信息产业销售收入首次突破千亿元大关，2010 年，实现销售收入 2209 亿元（其中，新一代信息技术产业实现销售产值 351 亿元），同比增长 46.6 %；增加值 793 亿元，同比增长 36.6%。占全省 GDP 比重达 4.69%。电子信息产业主要经济指标全国排名第九位。产业结构调整和优化取得实质成效。软件及信息服务业取得超常规发展，软件销售收入列西部第一，全国第八。集成电路产业形成了封装测试优先发展，带动集成电路设计、芯片制造聚集发展的产业特色；新型平板显示产业取得突破，薄膜晶体管液晶显示面板（TFT-LCD）、等离子体显示面板（PDP），以及有机发光二极管（OLED）显示面板项目已建成投产；军事电子全国领先，形成了集科研生产为一体的军事电子工业基地；信息安全产业优势突出；太阳能光伏、节能环保电子产业已形成较大规模；航空航天电子产业发展较快；计算机产业发展初具规模。产业布局不断优化，聚集效应明显增强。一个中心（成都）、两个基地（成都、绵阳）、多个园区（成都、绵阳、广元、乐山、遂宁等）的产业格局基本形成。对外开放合作取得显著成效。承接产业转移取得突破性进展，已成为四川省电子信息产业发展的重要支撑。世界 500 强企业中有 40 余家 IT 企业来川投资、设研发中心和服务机构。

随着我国新一代移动通信、下一代互联网、三网融合、物联网等的应用，以及信息化与工业化的深度融合，新一代信息技术产业作为电子信息的高端产业，已成为对我国现代工业发展具有引领带动作用强、综合效益好、发展潜力巨大的产业之一，新一代信息技术发展将步入加速成长期。

第二节　主要问题

从发展历程来看，四川省电子信息产业发展面临的问题如下：一是自主创新能力不强，发展方式主要是引进技术；二是产业特色仍然不够凸显，同质化在短时间内难有改变；三是支持产业发展的环境仍然不够完善。

第二章　指导思想、基本原则和主要目标

第一节　指导思想

深入贯彻落实科学发展观，紧紧抓住未来十年西部大开发的新机遇，围绕四川省工业“十二五”

发展规划提出的“5785”发展战略，坚持把电子信息产业作为四川省工业中重要的支柱性和先导性产业，以推进产业结构优化升级和发展方式转变为主线，按照整合与产业链延伸的发展途径，坚持创新发展和承接产业布局发展双驱动，加快推进经济社会信息化，促进信息化与工业化深度融合，逐步掌握产业发展主动权，抢占未来竞争制高点，实现产业规模跨越式发展，努力把四川省建设成为国家电子信息产业高地。

第二节　基本原则

一是坚持巩固现有优势产业与培育和发展新一代信息技术产业相结合；二是坚持市场主导、企业主体、政府引导推动；三是坚持应用与产业融合互动、创新发展；四是坚持自主创新与对外开放合作发展相结合；五是坚持聚集集群与园区化融合发展；六是坚持抓大扶小与促进产业链完善配套相结合。

第三节　主要目标

一、产业规模

“十二五”期间，四川省电子信息产业规模年均增长率为36%。2015年，实现销售收入10000亿元（其中，新一代信息技术产业实现销售收入3000亿元，年均增长率53%）。力争到2015年，形成年销售收入超过1000亿元的企业1户、500亿元的企业超过3户。电子信息产业规模保持中西部第一。

二、产业布局

实施“1极1基4带多园区”产业空间布局。即优化发展1个产业增长极（成都），以研发、整机、系统集成和配套产业链互补与融合发展模式，构建1个成—绵电子信息产业大基地，壮大发展成—德－绵－广（元）、成－眉－乐－雅、成－遂－南－广（安）和成－资－内—宜4条产业带，辐射发展多园区的产业布局，突出地区特色优势和合理分工，集聚集约构建四川省电子信息产业完整体系。

三、技术创新

力争到“十二五”期末，重点企业研发投入达到其销售收入的5%以上。积极支持企业建立国家级研发中心和省级企业技术中心。由政府主导、企业参与建立一批面向园区的技术创新项目平台。大力开展以应用带动为主的关键技术研究，力争获得突破。

第三章　重点工程

以布局聚集化、产业集群化、企业园区化、产品品牌化、技术高端化为发展方式。摒弃模仿被动式发展模式，迈向自主创造主动式发展之路，围绕新一代信息技术发展与应用、经济社会信息化、信息化与工业化的深度融合等，以企业为龙头、项目为依托、产品为重点、创新为支撑，突出技术、产业、应用之间的相互促进，带动一批重大项目，推动相关产业发展。

第一节　融合发展

围绕四川省加快推进经济社会信息化、工业化与信息化深度融合，充分发挥电子信息技术对传统工业、节能减排、环境保护等方面的推动作用，以研发设计为突破口，全面推进现代信息技术与各领域的融合工程建设。以数字化、柔性化技术及系统集成技术为核心，提高融合工程的自动化、智能化、网络化水平。加强区域合作，加快推进四川省“两化”融合。以型号工程为重点，形成军民融合军事电子产业集群。以“三网融合”为契机，组织实施一批重大项目，带动电信、互联网、广电等相关行业和产品制造业发展。

第二节　集聚发展

依托四川省已有的国家级园区（基地），引导产业（产品）聚集发展。“十二五”期间，着力建设新型显示产业基地、航电与空管电子装备基地、军民融合产业基地、计算机产业基地、云计算产业基地、空间地理信息服务产业基地、物联网技术研发基地、物联网产品制造基地、物联网应用基地、集成电路产业园、信息化与高端装备制造产业融合示范园、光伏产业园、微电子产业园、“北斗”卫星导航产业园、电子节能照明产业园、新型显示材料产业园、射频识别产业园、电子新材料产业园等一批优势和特色园区（基地）。以园区（基地）为载体，促进资源优化配置、产业优化升级，形成一批具有创新能力和综合实力强的大企业大集团，培养一批专、精、特、新的创新和配套型企业。

第三节　创新发展

一是发挥特色产业园区（基地）的载体作用，建立四川省公共技术服务平台，促进中小企业创新发展；二是支持发展产业技术联盟，搭建四川省创新成果高效转化平台，开展联合协同创新，加速技术与资本和市场的对接，促进自主创新成果转化；三是完善以企业为主体、市场为导向、产学研用相结合的技术创新体系，结合国家重大专项，以项目为载体，突破关键核心技术，加强创新成果产业化，提升产业核心竞争力；四是建立重点项目储备库，鼓励企业加快战略性技术储备；五是加大新技术产业知识产权的创造、应用和保护力度；六是鼓励企业积极参与国家相关标准的制定；七是大力支持企业开展工业设计工程建设。

第四节　智能化发展

把握现代信息技术发展给人类生产生活带来的深刻变革，抢占产业发展战略制高点，着力打造“智慧四川”。加快推进成都、绵阳等市的物联网应用平台、研发平台、信息安全平台建设，大力推动四川省物联网发展。促进智能感知产品在市政管理、交通信息、物流运输、环境监测、节能减排、工业监控、国防军事、防灾减灾、农业监测、医疗监护、电力监控等领域的广泛应用。推进和组织实施智能工业、智能环保、智能交通、智能灾害防控、智能农业、智能公共安全、智能医疗、智能物流、智能电网、智能家居等若干应用示范工程。

第五节　开放与合作发展

一是积极争取引进新型显示面板生产线项目、新型显示用关键基础配套材料项目和 8 英寸及以上的集成电路芯片制造项目，抓好计算机产业基地建设项目；二是充分利用国内外资源，解决四川省在电子信息产业发展中的一些瓶颈技术问题；三是继续主动承接国内外产业布局；四是积极引导内外资协调发展，充分发挥军工科技资源优势，重点引进高端制造、关键核心技术研发等向四川省集聚；五是鼓励本地企业与跨国公司建立联合研发中心，促使研发、生产、服务的本地化和一体化；六是支持有实力的本地企业走出去，建立境外生产基地和营销网络，提高国际知名度和竞争力。

第四章　发展重点

第一节　软件与信息服务（略）

第二节　通信与网络（略）

第三节　平板显示与智能视听

一、重点产品

一是发展基于新一代信息技术应用的 4.5 代线以上薄膜晶体管液晶显示（TFT-LCD）面板（包括基于低温多晶硅技术的 LTPS-TFT-LCD 面板）及模组、有机发光二极管显示（4.5 代线以上 OLED）面板、等离子体显示（PDP）屏、激光显示器件等；二是数字音视频编解码设备、音视频广播发射设备、数字电视广播单频网设备、数字视频设备等；三是智能电视（包括三维立体电视）、智能移动终端（包括手机）机顶盒、数字光盘等。

二、关键技术

一是基于薄膜晶体管液晶显示及驱动（包括低温多晶硅（LTPS）显示技术）、等离子体显示、有机发光二极管显示、激光显示、投影显示、无机厚膜电致发光显示（TDEL）、大尺寸场致电子发射显示（FED）等技术；二是新一代音视频编解码、数字电视传输、数字电视接收机软件、三维立体电视（3D）、数字接口和数字版权管理、新型数字光盘等技术。

三、重点布局

以绵阳和成都为重点区域，充分发挥国家（绵阳）数字视听产品产业园的带动作用，加强上下游及配套支撑产业互补联动。建设成绵（国家）新型显示产业基地，促进新型显示产业聚集发展，做强四川省平板显示与智能视听产业链。

第四节　计算机及外设

一、重点产品

笔记本计算机（包括平板计算机）、台式计算机、低成本计算机等；信息家电（3C）与智能化终端产品、电子阅读与电子娱乐产品等；高端容错计算机、服务器与网络计算机设备、工业控制计算机，以及大容量存储设备等；基于国产 CPU 和操作系统的安全可控计算机；下一代互联网、云计算、物联网、三网融合等应用的计算机支持设备；显示面板及终端、计算机外设（大容量光、磁盘驱动器及其部件，数字产品用存储卡、打印机、扫描仪、移动存储、投影仪、多功能一体机和关键零部件等）；计算机主板及相关板卡、硬盘、内存、光驱、电源等；产品支持软件、配套电子元器件及相关原材料等。

二、关键技术

一是高性能计算和高性能服务器技术、网络计算技术、嵌入式计算技术、高可信计算技术、计算机容错技术、普适计算技术、人机接口技术、信息打印输出技术、智能计算技术、量子、光子等计算技术；二是计算机生产技术（超高速、超小型、平行处理、人性化、智能化技术等）、存储技术等。

三、重点布局

充分发挥国家成渝经济区的引领效应，按照“聚集融合、开放合作、市场拓展、承接保障”的思路，实施“一基地三核心四带多园区”工程。建设一个四川计算机产业基地。以成都经济区为计算机产业发展中心区域，重点落户企业总部、研发中心、制造中心、结算中心、分拨中心、系统集成、营运与服务中心和人才及人力资源培训中心等。打造 3 个制造核心区。一是依托成都高新综合保税区（高新西区），建设整机生产、集成电路芯片和主要配套产品核心区域。二是以成都高新区南区（出口加工区）、成都双流综合保税区为核心区域，发展整机、智能终端装配，以及主板、显示器、硬盘、内存、电源等关键零部件。三是以天府新区建设为契机，规划发展计算机整机及外设和配套产品核心区域。发展 4 带多园区。发挥成渝两个增长级的辐射作用，发展成－眉－乐、成－德－绵、成－遂－南－广（安）和成－资－内 4 条产业带，充分利用成渝两地之间已形成的快速物流配送枢纽带，根据相关园区（工业集中区）主要产业特点和配套条件，辐射发展多个配套园区。以成渝经济区计算机及外设产业零部件配套为目标，同时对两地计算机整机企业进行配套，实现成渝两地的互动与互补发展。加快建立四川省计算机及配套产业从水平分工到垂直整合的本地化完整生产体系。

第五节　集成电路（略）

第六节　信息技术应用设备及装备重点产品

一、重点产品

一是新型显示器件制造专用设备；二是军事电子、电子专用设备（包括集成电路制造专用设备）、测量测试仪器（包括无线电监测设备）、工模具等；三是雷达设备、航空航天电子、数控机床、卫星导航系统设备及相关产品；四是智能交通系统设备、智能跟踪定位设备、智能传感设备、智能机器人等；五是汽车电子产品、电力电子设备、工控电子设备、融电子设备、医疗电子设备等；六是数字多功能电话机。

二、关键技术

一是新型显示屏生产线的总体设计、工艺和系统集成的关键技术，在引进消化吸收再创新的基础上，突破新型显示制造专用设备和配套设备的一些关键技术；二是大力推进空间信息技术研究，重点发展“北斗”卫星导航系统应用技术，以型号工程为重点，发展军民两用技术、多普勒雷达技术等；三是基于飞机导航与通信、机载航电系统、军事电子、智能控制、航空航天电子、航空仿真验证平台技术、医疗电子、仪器仪表、汽车电子等技术，力争突破一批关键技术。

三、重点布局

推进信息化与高端装备制造产业融合示范园、航电与空管电子装备基地、广元塔山湾军民融合基地、“北斗”卫星导航产业园建设，在成都、德阳、绵阳、广元、资阳、南充等形成信息技术应用及装备产业集群。

第七节　电子基础元器件及电子材料（略）

第五章　规划实施

第一节　保障措施

一、加大扶持力度

积极落实国家税收优惠和其他财政扶持资金，争取国家重大专项。对接国家培育和发展战略性新兴产业政策，积极争取国家财政资金支持。有条件的地区结合自身财力和实际情况，安排资金支持本地电子信息产业发展。

二、加强人才队伍建设

积极推进企业、院校、科研院所合作，鼓励建立高层次、高技能的人才培训基地。引导企业与院校实施定单式人才培训机制，按企业需求定向培养人才。鼓励引进高级管理人才、技术领军人才等。支持企业实施特殊岗位培训和再教育。

三、强化保障能力建设

建立健全四川省电子信息产品的检验、检测服务体系，加大共性技术平台和应用服务中心建设。加强对企业与产品的推介展示。特别是要加大对新技术产品的推广应用力度。加大生产要素保障向电子信息企业倾斜的力度，确保企业生产用电、用气。大力推进四川电子通关平台项目建设。积极协调海关、商检部门，确保检验检疫机构对出入境货物的监管有效、方便进出，加快进出口货物通关速度，为产业发展提供便捷的通关服务。积极协调海关、商检部门针对电子信息产品出口开通“绿色通道”

和“直通放行”方式。

四、提高服务水平

积极推进项目建设和投产中的代理服务、“一站式”服务，建立各级政府与重点企业的对话机制，为企业提供高效、优质、便捷的全方位服务。

第二节 规划落实

一、加强产业指导工作

强化统筹领导，建立协调联络机制。加强对重大项目的服务和跟踪工作，为重大项目建设提供保障。

二、加强行业运行分析

加强行业统计和运行监测分析工作，建立和完善行业统计指标体系和运行分析系统。充分发挥行业中介组织在市场调研、政策研究、人才培训、行业运行分析、诚信建设、知识产权保护、标准推广等方面的桥梁纽带作用，为市场提供公平竞争环节，形成良好行业规范。

三、强化规划落实与评估

依据规划制定年度计划，确定重点产品、重点项目和发展目标。建立规划评估常态机制，对规划实施、重点项目进度情况进行年度和中期评估，根据评估结果，对规划进行相应微调。发挥规划的约束力和指导作用。

第7章

上市公司年报

京东方科技集团股份有限公司 2013 年年度报告（摘要）

一、主要会计数据和财务指标（见表 1）

表 1　2010—2012 年主要会计数据

项目	2013 年	2012 年	2013 年比 2012 年增减	2011 年
营业收入（元）	33774285620.00	25771583386.00	31.05%	12741413562.00
归属于上市公司股东的净利润（元）	2353365694.00	258133391.00	811.69%	560866477.00
归属于上市公司股东的扣除非经常性损益的净利润（元）	1713985503.00	−544170638.00	不适用	−3871227843.00
经营活动产生的现金流量净额（元）	8956439250.00	3088875525.00	189.96%	−778530727.00
基本每股收益（元/股）	0.174	0.019	815.79%	0.041
稀释每股收益（元/股）	0.174	0.019	815.79%	0.041
净资产收益率（%）	8.70%	1%	7.70%	2.22%
项目	2013 年	2012 年	2013 年比 2012 年增减	2011 年
总资产（元）	92538451492.00	67105360865.00	37.9%	68769415646.00
归属于上市公司股东的净资产（归属于上市公司股东的所有者权益）（元）	28251815361.00	25886959650.00	9.14%	25585892264.00

二、主营业务分析

（一）概述

2013 年面对复杂竞争局面及严峻市场环境，公司坚定贯彻“一四三三”战略（围绕一个目标；加快四大创新；活用三大资本；实现三个转变），圆满完成年度盈利倍增计划。整体出货量、市场份额和盈利力、技术力、管理力等综合指标均大幅度提升，全年共实现营业收入近 338 亿元，比 2012 年增长 31%，实现归属于上市公司股东的净利润约 23.5 亿元，同比增长逾 811%。2013 年，北京 8.5 代线完成 120K 扩产；鄂尔多斯 5.5 代 AMOLED 产线、合肥 8.5 代线均实现产品点亮投产；重庆 8.5 代线项目于 7 月开工建设；合肥 6 代线、北京 8.5 代线产线小型化改造和产品切换；在技术与新产品方面，点亮 9.55″ 柔性 OLED 和 30″ HybridOLED 等样品，推出全球最大尺寸 98″ 8K*4K 产品，得到市场好评；2013 年度新增专利申请 4282 件；主导修订制定国际/国内技术标准共计 8 件。

（二）具体各事业单元经营情况

1. 显示器件事业

（1）中大尺寸产品事业：与国内外品牌客户协同开发多款全球首发产品，全球市占率稳步提升；高附加值的产品占比逐步提高为 74%；产品结构逐渐得到优化；完成新品开发 45 款，其中全球首发产品 7 款；北京 8.5 代线 0.5 吨玻璃改造项目进展顺利；产线小型化、增值化、特色化转型进度加快，盈利能力进一步增强。

（2）中小尺寸面板事业：国际客户端份额逐步提升，战略客户事业部模式运营成功。产品结构日益丰富并不断优化，在售量产产品达 49 款，其中高附加值的产品销量超 70%；OnCellTouch 项目初步具备量产能力；成都 4.5 代线穿戴、车载、医疗产品量产出货；合肥 6 代线小型化比例达 70%以上，成功量产 5 款手机产品；关键资材国产化配套能力大幅提升。

（3）电子材料、部品和真空器件事业：电子材料、部品事业完成 2013 年战略目标，真空电器保持盈利。真空技术产业结构优化调整加速进行并开发多款高端产品，开拓了市场和客户，扩大了产品销量。

2. 智慧系统事业

显示终端事业：自主开发 65″、55″智能一体机，110 " UHD 产品已实现量产销售，BiTV 1.0 三款产品已于 2013 年底上市。

照明/光伏事业：自主研发能力不断提升，多款产品实现首发。

代工制造事业：全年销量同比增长 57%，其中中小尺寸事业实现盈利。

2013 年，京东方的努力获得了社会各界的认可，获得“中国企业创新成果奖”、“中国新一代信息技术领军企业”、“2013 中国信息产业年度影响力企业”、“2013 全球竞争力品牌•中国 TOP10”、“最具创新竞争力企业”和“金圆桌优秀董事会”等诸多奖项，连续七年入选中国消费电子领先品牌 10 强。此外，65″氧化物超高清显示荣获“2013 CITE 创新产品与应用金奖”；110″液晶电视荣获“中国彩电行业 2013 年度超高清创新产品”。

三、公司未来发展的展望

（一）行业竞争格局和外部经济环境

1. 行业竞争格局

市场竞争日趋激烈，一方面，显示技术快速发展，新材料新工艺新产品更新速度日益加快；另一方面，竞争局面愈发复杂，全球平板显示产业呈现“三国四地博弈”格局，基于价格战的知识产权战、情报战、人才战、舆论战等“复合战”愈演愈烈，特别是中、大尺寸市场需求增长放缓后，各面板产商纷纷向增长较快的小尺寸市场转移，导致小尺寸市场竞争日益激烈。

2. 外部经济环境

2014 年全球面临复杂政治经济环境和多种不确定因素，经济增长缓慢，消费需求不振，全球性金融和经济共振风险依然存在；另外，中国将迎来新一轮改革浪潮，政治经济文化社会生态“五位一体”改革将大力促进信息化产业发展，软硬融合、服务整合和服务化转型时代全面到来。

（二）公司未来发展展望

公司作为一家光电显示技术、产品和解决方案提供商，一直秉承着持续创新，从显示器件制造商向全球创新系统产品与服务提供商转变，实现持续稳定盈利，成为显示领域的世界领先企业的目标。2014 年是公司落实“一四三三”总体战略的关键一年。公司将坚定贯彻“客户导向、精益管理、创新突破、盈利倍增”的年度经营工作方针，全力以赴落实年度事业计划经营目标和各项战略任务。为确保完成公司 2014 年经营目标，各事业群积极采取应对措施。

1. 显示器件事业群

中、大尺寸产品事业：继续深化小型化、增值化、特色化转型。不断深化客户导向机制，深入贴近客户、了解市场，做好新产品企划与开发，确保新产品顺利上市，形成销量。

中、小尺寸产品事业：加大品牌客户开拓力度，巩固并扩大第一战略供应商地位；深度挖掘新兴市场等，确保新产品市场占有率；加快新产品开发及量产上市速度，加速实现 InCell 产品量产化，完成高性能技术突破，提高全球首发产品比率。

2. 智慧系统事业群

集团明确了“成为显示与环境照明领域全球领先者，成就受人尊敬品牌”的愿景。

显示终端事业：通过新业务项目创新商务模式，优化业务流程，强化市场洞察和企划能力；深入调研市场与客户需求，提高市场敏锐度，紧盯市场并迅速跟进，设计出令人眼前一亮的产品，抢占市场先机；确保新产品按计划上市，尽快形成稳定利润来源。

照明/光伏事业：提升首发产品比例并实现量产销售；确保植物工厂等创新项目顺利进行。

代工制造事业：不断扩大现有客户出货量，继续挖掘和培养重点战略客户；坚持客户导向，加快高性能产品开发和量产上市速度。

3. 健康服务事业群

专业园区事业单元：做好健康产业园与科技产业城市综合体等项目筹划与商谈；提高服务品质，加强能力建设，精益管理。

健康医疗事业单元：确保起步项目顺利推进，稳步运营。

云服务专案：加快顶层设计和经济技术可行性分析，创新商务模式，明确数据业务盈利模式。

TCL 集团股份有限公司 2013 年年度报告（摘要）

一、主要会计数据和财务指标（见表 1）

表 1 主要会计数据和财务指标

序号	项目	2013 年	2012 年	本年比 2012 年增减（%）	2011 年
1	营业收入（元）	84324085862	69628669043	22.86	60834135423
2	毛利（元）	14391235656	10848018011	32.66	9180355784
3	营业利润（元）	3628462647	1640141745	121.23	2042756929
4	净利润（元）	2884689065	1272710605	126.66	1671050782
	归属于上市公司股东的净利润（元）	2109067120	796087080	164.93	1013171126
	归属于上市公司股东的扣除非经常性损益的净利润（元）	908973127	261639909	247.41	397026391
5	基本每股收益（元/股）	0.2484	0.0939	164.54	0.1195
	稀释每股收益（元/股）	0.2481	0.0938	164.50	0.1195
	扣除非经常性损益后的基本每股收益（元/股）	0.1071	0.0309	246.60	0.0468
6	加权平均净资产收益率	15.84%	6.64%	9.2	9.39%
	扣除非经常性损益后的加权平均净资产收益率	6.82%	2.18%	4.64	3.68%
7	经营活动产生的现金流量净额（元）	5181613549	3915505542	32.34	1666288199
	每股经营活动产生的现金流量净额（元/股）	0.6074	0.4619	31.50	0.1966
		本报告期末	2012 年度期末	增减变动（%）	2011 年末
8	总资产（元）	78080636656	79744795037	-2.09	74014315075
9	负债总额（元）	58122543017	59511913214	-2.33	54731167135
10	资产负债率	74.44%	74.63%	-0.19	73.95%
	剔除存款质押借款、保理借款后的资产负债率	65.52%	64.96%	0.56	69.45%
11	所有者权益总额（元）	19958093639	20232881823	-1.36	19283147940
	归属于上市公司股东的所有者权益（元）	14168316437	11746295610	20.62	11305503643
12	股本（股）	8531495974	8476218834	0.65	84762188347
13	归属于上市公司股东的每股净资产（元/股）	1.6607	1.3858	19.84	1.3338

二、报告期内业务发展回顾

2013 年，公司实现营业收入 853.24 亿元，同比增长 22.86%；实现净利润 28.85 亿元，同比增长 126.66%，其中，归属于上市公司股东的净利润 21.09 亿元，同比增长 164.93%；归属于上市公司股东的所有者权益增加了 24.22 亿元，比 2013 年初增长 20.62%。

报告期内，公司业绩同比大幅增长的主要原因有如下 3 个。

（1）华星光电丰富产品结构，优化生产工艺，提高生产效率，降低制造成本，改善了综合良品率，增强了产品的竞争力，实现满产满销，在液晶面板价格下降的情况下，保持了较好的盈利水平，成为公司业绩增长的主要来源。

（2）通信业务不断推进智能手机业务的转型与升级，在产品销售总量提升的基础上，实现了智能手机销量更大幅度的提高，产品销售单价和毛利率得到明显改善，盈利情况同比大幅提升。

（3）除多媒体电子产业外，公司其他业务稳健发展，盈利能力继续提升。

报告期内，集团继续致力于“工业能力、技术能力和全球化能力”三大能力建设，各项能力有了较大改善。集团先后启动了通信工厂、合肥冰洗基地、华星光电第二条 8.5 代生产线等建设项目，其中通信新工厂已正式投入使用，主要产业的工业能力明显提升。同时，集团的研发投入取得了较好的效果，华星光电推出的超高清产品（UD），多媒体业务推出的智能云电视系列产品，与百度合作推出的爱奇艺 TV+，以及通信推出的 4G、八核智能手机、可穿戴设备等产品，均处于业内领先水平，受到了市场的高度关注。截至 2013 年年底，公司累计申请专利 11174 项，获得授权专利 5434 项。得益于 TCL 通信业务海外业务的快速增长，集团海外业务销售收入达 353 亿元，同比增长 37%，海外业务规模占公司的销售收入比重已提升至 42.25%（2012 年同期为 37.43%），集团内外销比例日趋合理，抗风险能力不断增强。

在运营能力不断提升的同时，集团产业结构也进一步优化。集团于年内回购了深超公司所持华星光电 30%的股权，以强化液晶产业链一体化优势，该笔交易在年内增厚了公司每股收益 0.0654 元。为释放业务的潜在价值，更好地服务国际客户，集团拆分了旗下从事音视频代工业务的通力电子在中国香港联交所上市（股票代码：01249.HK）。为专注于主营业务的经营和发展，集团将原有的商业地产业务出售给花样年集团，并持有花样年集团 15%的股份，以分享其专业化经营带来的收益。

在过去的一年里，智能产品完全打破了原有的边界，产品形态和商业模式正在发生变化，跨界竞争愈演愈烈。面对外部环境的挑战，公司将发挥自身的竞争优势，与产业链上的各方开展合作，加快公司业务战略转型升级，以优异的产品品质和卓越的用户体验为目标，推动公司双“+”战略落地执行，为提升中国消费电子行业的全球竞争力做出新贡献。

三、主营业务构成情况

（一）2013 年年度公司主要产业的收入、成本、毛利率情况（见表 2）

表 2　2013 年年度公司主要产业的收入、成本、毛利率情况　（单位:万元）

主要产业	主营收入	主营成本	毛利率	主营业务收入同比变化	主营业务成本同比变化	毛利率增减
多媒体电子产业	3145705	2682923	14.71%	7.17%	11.40%	-3.24%

续表

主要产业	主营收入	主营成本	毛利率	主营业务收入同比变化	主营业务成本同比变化	毛利率增减
移动通信产业	1529517	1136706	25.68%	56.49%	54.06%	1.17%
家电产业	932260	754312	19.09%	21.52%	19.81%	1.15%
华星光电	1553081	1345368	13.37%	144.59	89.50	11.47

（二）主要产业经营分析

公司业务架构覆盖十个业务板块，分别是多媒体、通信、华星、家电、通力五大产业，以及系统科技、泰科立、翰林汇、新兴业务、投资及创投业务五个板块。剔除已拆分上市的通力业务，2013 年多媒体实现销售收入 314.57 亿元（394.95 亿港元），同比增长 7.17%（以港元计增长 9.6%），亏损 9195 万元（11522 万港元）。TCL 多媒体销售 LCD 电视 1718.4 万台，全球市场占有率为 6.5%，排名全球第三位，并以 18.1%的市场占有率继续位居中国市场第一位（见表 3）。

表 3　TCL 多媒体液晶彩电产品按技术功能和市场区域构成　（单位：万台）

	2013 年	2012 年	同比变化（%）
LCD 电视机	1718.4	1552.7	10.7
智能/网络电视	280.0	147.1	90.3
3D 电视	266.9	217.9	22.5
中国市场	990.8	885.6	11.9
海外市场	727.6	667.1	9.1

报告期内，通信业务贯彻“产品技术提升”策略，在产品创新研发上不懈投入，积极优化产品结构，针对不同的消费者推出三大产品系列：HERO、IDOL 和 POP 系列，为消费者带来更加新颖的移动智能终端互动体验，深受市场欢迎，智能终端销量按季环比持续增长，2013 年全年销售智能终端 1756 万台，占总出货量的 32%。产品组合的优化，将通信产品的销售均价从 2012 年的 36.2 美元提升至 2013 年的 45.0 美元；毛利率也从第一季度的 23.16%，在第四季度改善到了 25.79%。公司原有全球运营商客户网络，以及对新兴市场公开销售渠道的成功开拓，使得 TCL 通信成功把握了本轮市场增长机会。2013 年第四季度，公司的智能手机产品销量在中美洲、太平洋岛及加勒比海地区排名第一，在墨西哥排名第二，拉美地区位列第三，北美地区名列第五。

2014 年公司仍然面临激烈的行业竞争和各种挑战，公司将积极发展 4G 智能终端，继续深耕现有国内外的线下销售渠道，组建线上销售团队，深化销售渠道的整合，实现有效的 O2O 模式，争取实现开放与运营商渠道达到五五开的比例。同时，作为首家通过中国银联安全支付认证的手机支付企业，公司将继续在手机近距离无线通信领域进行投入，以抢占中国移动支付市场先机。公司将与更多的应用及内容提供商进行合作，对一些有前景的应用与服务进行自研或投资，不断提升用户体验，实现产品的差异化。通信产业有信心实现销售额全年 35%的增长目标。

华星光电：报告期内，华星光电投入玻璃基板 139.65 万片，销售液晶面板及模组产品 2162.75 万片，全年满产满销，实现销售收入 155.31 亿元，盈利 22.62 亿元。华星光电已成为全球第五大液晶电视面板提供商。

节能惠民补贴政策退出后，中国市场电视需求增长放缓，而全球的液晶面板厂商普遍保持了较高的稼动率，液晶面板市场供应较为充足，液晶面板价格出现下降。公司通过优化产品结构，提升运营效率，优化生产工艺等措施，保持了较好的盈利水平，盈利能力居业界前茅，存货周转、现金周期等运营指标也达到了行业优秀水准。华星光电产能已由原设计产能 10 万片/月提升至 13 万片/月，综合良品率亦达到业界先进水平；公司 32 英寸产品稳居全球前两位，46 英寸以上的大尺寸产品销售占比稳步提升，55 英寸超高清电视面板国内市场占有率排名第一，获得了国内外用户的认可和好评。

2013 年公司对近 300 名的核心技术人员及关键岗位骨干人员实施了首期员工股权激励计划，并启动了第二条华星光电 8.5 代线的项目建设。华星光电二期项目设计产能为 10 万片/月，将增加一期项目中缺失的 42 英寸、65 英寸等主流尺寸产品，进一步提高公司液晶电视面板及模组产品的供应和获利能力。二期项目规划中还包括新型显示技术产品，计划氧化物半导体玻璃基板投入量为 3 万片/月，用于生产新一代技术的 TFT-LCD 电视面板，以及 OLED 电视面板。二期项目的建成，将使华星光电规模效应更强，产品结构更丰富，市场竞争力进一步增强。

报告期内，华星光电 4.5 代 FPD 试验线的各项研发工作顺利开展，新增专利提案 810 件。在铜制程、Oxide、LTPS、COA、GOA、P-Gamma、触控技术和曲面技术等均取得了重大成果，并成功点亮国内最大的全彩色 31 英寸 Oxide-OLED 全高清液晶电视面板和国内首创的 32 英寸铜制程+Oxide-TFT 驱动的 120Hz 超高清液晶电视面板。以上技术成果将会在华星光电 8.5 代线上陆续导入。

2014 年，华星光电将继续围绕“建立有竞争力的产业体系、产品体系、技术创新体系和运营管理体系”的目标，继续开发前沿技术产品，提升产能，提高运营效率，推进成本优化，加大供应链金融业务力度，抓住市场机会提升整体竞争力。

四、公司对未来发展的展望

2014 年，国内外经济形势依然严峻，电子信息和家电行业也面临着智能与互联网大潮的猛烈冲击。公司将正视挑战，强化核心能力建设，加快战略转型，从以下几个方面着手建立面向未来的可持续竞争能力。

（1）加强基础能力建设（三项能力、IT 能力），提高经营效率和竞争力，改善经营质量。

（2）调整产业结构，优化资源配置，提高经营效益，提升企业价值。

（3）继续加强国际业务，强化产业协同，争取重点市场突破，打造全球领先品牌。

（4）落实“智能+互联网”及“产品+服务”战略转型，构建新的经营组织体系，培育新的能力。

展望 2014 年，公司管理层有信心实现销售收入超过千亿元，营收增速继续超过总资产增速，经营收益持续增长。集团的五个主要产业中：多媒体产业将加速转型，预计经营业绩同比将改善；通信、家电、通力电子业务的销售收入和盈利能力都将继续保持增长态势；华星竞争力能保持行业领先水平，但受液晶面板行业周期性因素影响，经营业绩增长存在不确定性。

风起云涌的智能及互联网大潮，给电子信息和家电产业带来前所未有的挑战与机遇。TCL 集团管理层相信，没有传统产业，只有传统思维，公司正在制订《TCL 集团智能及互联网战略转型 5 年规划》，以用户为中心，用互联网思维构建面向未来的价值体系。

未来 5 年，TCL 集团将持续推动“双+”战略转型（“智能+互联网”、“产品+服务”）。转型的主要举措有三项：一是抢夺入口与经营用户，二是建立产品加服务的新商业模式，三是以 O2O 公司重构线上线下业务作为互联网化的先锋。通过转型，TCL 集团将实现两大目标：5 年内建立起“双 1 亿”用户群（1 亿活跃家庭用户+1 亿活跃移动用户），直接影响全球 10%～15%的人群；产品和服务对利润的贡献各占 50%的“五五收益均衡”业务结构。

TCL 集团具有实现智能及互联网战略转型的若干潜质，一方面，在智能家居、视频通信、OTT 盒子及游戏、TV+爱奇艺电视等项目进行了技术和产品积累；另一方面，已初步形成欢网、全球播、IMAX 家庭影院、家庭云与社区云、教育科技、金融等“TCL 服务群”。TCL 集团将围绕“双+”战略转型，修订企业的核心理念，倡导互联网精神，从思维重构、业务重构、组织重构三大层面确保战略落到实处，通过为用户提供极致体验的智能产品和服务，完成公司价值多维增长的悄然转身。

天马微电子股份有限公司 2013 年年度报告（摘要）

一、主要会计数据和财务指标（见表 1）

表 1　2011—2013 年主要会计数据和财务指标

	2013 年	2012 年	2013 年比 2012 年增减	2011 年
营业收入（元）	4519377681.00	4333544367.00	4.29%	4614967219.00
归属于上市公司股东的净利润（元）	143545226.00	54416788.00	163.79%	101133343.00
归属于上市公司股东的扣除非经常性损益的净利润（元）	42159429.00	−29365957.00	增加 71525386 元	−19707770.00
经营活动产生的现金流量净额（元）	1421687316.00	816946079.00	74.02%	532957245.00
基本每股收益（元/股）	0.25	0.0948	163.79%	0.1761
稀释每股收益（元/股）	0.25	0.0948	163.79%	0.1761
净资产收益率	10.04%	4.04%	6%	7.98%
	2013 年末	2012 年末	2013 年末比 2012 年末增减	2011 年末
总资产（元）	7976761304.00	7803188441.00	2.22%	8318563205.00
归属于上市公司股东的净资产（归属于上市公司股东的所有者权益）（元）	1486033795.00	1373011622.00	8.23%	1318953568.00

二、公司与实际控制人之间的产权及控制关系

图 1 所示为公司与实际控制人之间的产权及控制关系。

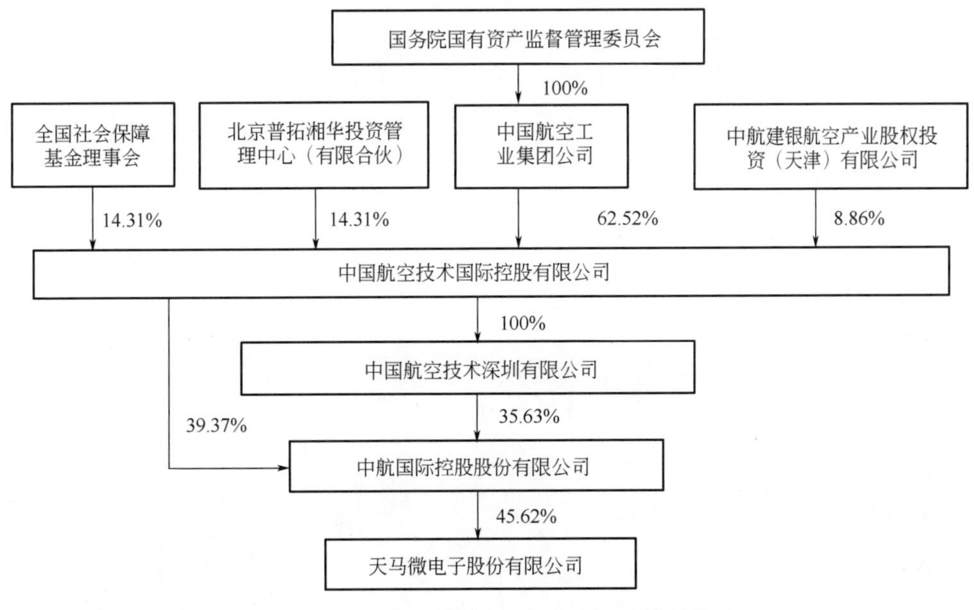

图 1　公司与实际控制人之间的产权及控制关系

三、管理层讨论与分析

2013 年全球经济持续复苏，外部宏观经济环境的回暖为面板产业带来利好因素。一方面，在历经连续两年的低潮后，2013 年面板产业市场需求呈回暖态势，全球主要面板厂的营运逐步回归正轨，并陆续走出泥沼实现盈利。中、小尺寸面板市场在智能终端（智能手机、平板电脑）和专业显示市场需求增长带动下，实现持续增长。另一方面，随着国内几条 8.5 代线的投建与量产，大尺寸面板竞争更加激烈，各厂商将高世代线转向中小尺寸面板市场，加剧了中、小尺寸面板市场的竞争。

面对智能终端、专业显示市场需求增长及高世代线下压和技术快速革新的复杂市场环境，公司结合自身实际情况及未来发展战略，确立公司愿景为“成为备受社会尊重和员工热爱的全球显示领域领先企业”，打造以“激情、高效、共赢”为核心的企业文化；以整体利益最大化为出发点，全面调整和优化组织架构，对多项相关业务与职能进行整合，新架构进一步扁平化管理，更加强调专业细分，并注重各业务单元的自主性及灵活性；同时，对业务进行全面梳理，聚焦消费类（中高端智能机、差异化平板电脑）和专业显示（工控、车载、医疗等）两大类业务。坚持大客户战略，针对不同的客户群体，搭建统一的客户分级管理体系，集中公司优势资源服务重点目标客户，积极培育发展长期战略性合作客户，在保障公司稳健经营发展的同时，实现业绩快速增长。

2013 年，全年实现营业收入 4519377681 元，同比增长 4.3%，实现利润总额 319603052 元，同比增长 113.5%，整体业绩实现历史性突破。

深圳莱宝高科技股份有限公司 2013 年年度报告（摘要）

一、主要会计数据和财务指标（见表 1）

表 1　2013 年主要会计数据和财务指标

	2013 年	2012 年	2013 年比上 2012 增减（%）	2011 年
营业收入（元）	2000780456.21	1210055041.69	65.35	1236554632.81
归属于上市公司股东的净利润（元）	66517407.09	140927776.38	-52.80	459468237.77
归属于上市公司股东的扣除非经常性损益的净利润（元）	55704604.61	124587257.08	-55.29	427173612.52
经营活动产生的现金流量净额（元）	419970122.13	123179429.69	240.94	590311369.16
基本每股收益（元/股）	0.10	0.23	-56.52	0.65
稀释每股收益（元/股）	0.10	0.23	-56.52	0.65
净资产收益率（%）	1.80	5.82	-4.02	20.54
	2013 年末	2012 年末	2013 年比 2012 年增减（%）	2011 年末
总资产（元）	5190849885.85	2780583008.53	86.68	2789699322.37
归属于上市公司股东的净资产（归属于上市公司股东的所有者权益）（元）	4112634628.86	2452529517.90	67.69	2404880107.53

二、公司与上述股东或单位之间的产权及控制关系

图 1 所示为公司与上述股东或单位之间的产权及控制关系。

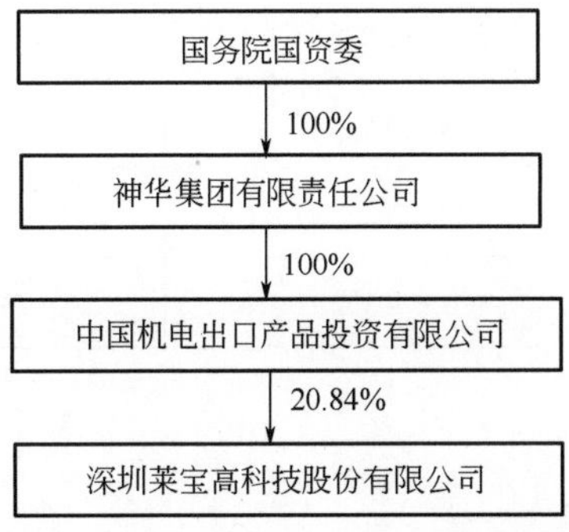

图 1　公司与上述股东或单位之间的产权及控制关系

三、管理层讨论与分析

（一）概述

2013 年，公司国内外整机客户开发取得突破性进展，尤其是成功切入数家国际知名品牌的平板电脑和触控笔记本电脑等整机客户供应体系；单层多点 G-G 触控模组和 OGS 产品销量均较 2012 年同期大幅增长，并新增较大金额的触摸屏全贴合业务，同比 2012 年销售收入实现较大幅度增长。然而，受全球触摸屏市场整体供大于求、市场竞争加剧、外卖 CTPSensor 需求大幅下降等因素综合影响，CTPSensor 及电容式触摸屏模组产品的售价较 2012 年同期有较大幅度的下降，行业内不少厂商面临“增收不增利”甚至亏损的窘境。此外，公司还面临模组订单需求波动变化大、人力成本上升、OGS 批量试验线项目及重庆莱宝 OGS 项目开办费及研发支出增加等综合影响，致使报告期内触摸屏产品的销售毛利呈较大幅度下降，进而对 2013 年年度经营业绩造成较大不利影响。报告期内，非公开发行股票募集资金投资项目——重庆莱宝科技有限公司一体化电容式触摸屏（OGS）项目处于建设期，无法对公司 2013 年年度经营业绩产生贡献。随着该项目 2014 年正式投产，将对公司 2014 年年度经营业绩产生积极影响。

报告期内，公司实现营业总收入 200078.05 万元，较 2012 年同期增长 65.35%；营业利润 7010.75 万元、利润总额 8098.52 万元，分别较 2012 年同期下降 56.35%、53.04%；实现归属于上市公司股东净利润 6651.74 万元，与 2012 年同期相比下降 52.80%。

（二）主营业务分析

1. 概述

表 2 列出了报告期公司营业收入、成本、费用、研发投入、现金流等项目同比变动情况，并对相关重大变动情况做出了说明。

表 2　营业收入、成本、费用、研发投入、现金流等项目同比变动情况　（单位：元）

项目	2013 年	2012 年	同比增减
营业收入	2000780456.21	1210055041.69	65.35%
营业成本	1721099693.73	902923671.45	90.61%
销售费用	23557598.39	16578566.67	42.10%
管理费用	211356279.11	140493282.30	50.44%
财务费用	−45020684.63	−23465836.05	−91.86%
研发投入	105624272.27	71642848.11	33.98%
经营活动产生的现金流量净额	419970122.13	123179429.69	240.94%

2. 营业收入

2013 年年度营业收入较 2012 年度增长 65.35%，主要是本期 ITO 导电玻璃、彩色滤光片、触摸屏面板及触摸屏模组的销售收入比 2012 年同期减少 30611.19 万元及本期 OGS 产品及全贴合产品销售收入比 2012 年同期增加 108618.56 万元综合影响所致。报告期内，公司为适应客户一站式交付的要求，新增触控模组与显示模组的全贴合业务；触摸屏产业向产业链一体化方向发展导致公司的触摸屏面板对外销售数量大幅下降、触摸屏产品价格大幅下降，综合导致 2013 年年度产品收入结构发生重大变化。主要体现在以下几个方面。

（1）触摸屏面板（CTPSensor）：其销售收入占比（占比=该产品当年收入/当年销售总收入，下同）由 2012 年的 28.74%下降至 2013 年的 8.76%，下降 19.98%；其主要原因是该产品受市场竞争加剧、部分主要客户业务向产业链上游延伸并加大自制比例、释放自身产能等，中、小尺寸产品合计销量较 2012 年下降 24.70%、小尺寸产品均价较 2012 年同期下降 38.09%。

（2）触摸屏模组产品：其销售收入占比由 2012 年的 34.60%下降至 2013 年的 16.54%，下降 18.06%；其主要原因是触摸屏模组产能逐步释放，其销量较 2012 年上升 23.52%，而均价较 2012 年同期下降 36.03%。

（3）ITO 导电玻璃：销售收入占比较 2012 年下降 6.99%、销量较 2012 年下降 6.34%，其主要原因是根据 G-GCTPM 和 OGS 产品销售需求，调整部分导电玻璃的设备用于加大生产 CTPSensor；CF 产品及 TFT-LCD 空盒产品合计销售占比 8.93%，较 2012 年略下降 7.20%。

（4）OGS 产品（不含 OGS 全贴合产品）：其销售收入占比由 2012 年的 5.34%提升至 10.80%，增加 5.47%，其主要原因是报告期 OGS 产能逐步释放，其销量较 2012 年上升 317.90%，而均价较 2012 年同期下降 20.06%。

（5）包括来料加工全贴合产品和全工序的全贴合产品，全贴合产品的销售占比 46.72%，而 2012 年无此产品销售。

公司回顾总结前期披露的发展战略和经营计划在报告期内的进展情况。

坚持走专业化发展道路，以自主掌握核心技术为发展动力，以市场为导向，不断增加高附加值产品的产销比重，进一步巩固在平板显示上游材料产业的市场竞争优势，围绕平板显示材料，大力发展相关产品，努力建成“国内一流、国际知名”的平板显示材料专业制造企业。2013 年，公司经营围绕上述发展战略，在国内外知名整机客户资源开发方面取得突破性进展，尤其是成功切入数家国际知名品牌整机客户供应体系；加速研发包括柔性 TFT、LTPSTFT、氧化物半导体 TFT、AMOLED 等新型显示面板的试验开发力度，并积极论证及推进其产业化进程。

公司《2012 年年度报告》披露公司 2013 年主要工作目标包括：强化内部管理、采取“稳固国内市场，大力开发国际优质客户”的销售策略、大幅提升产品的良品率水平、加快 In-CellCTP、LTPSTFT、AMOLED 等新产品的研发力度、大力推进深圳光明工厂二期 OGS 批量试验线项目、开发全贴合工艺和设备、确保重庆莱宝产业园一期厂房和 OGS 项目等重点项目的建设。2013 年，公司围绕上述主要工作目标，进一步优化调整组织架构和工作流程，提升工作效率和效果；国内外市场开发工作取得突破性进展，尤其是成功切入数家国际知名品牌的平板电脑和触控笔记本电脑等整机客户供应体系，OGS 产品批量生产应用于智能手机、平板电脑、触控笔记本电脑等领域；OGS 产品良品率逐步提升并稳定至较高的水平；开发并批量生产宽视角、半反半透型 TFT-LCD 面板，研发试制柔性 TFT-Array 驱动基板，开发 In-CellCTP 的设计及制作工艺，加大 LTPSTFT、AMOLED 等新产品的研发力度；光明工厂二期 OGS 批量试验线项目成功批量生产，产品规格涵盖智能手机、平板电脑、触控笔记本电脑、一体化计算机等多种尺寸规格；自主掌握全贴合工艺和设备，实现业内一流良品率水平批量生产交付；重庆莱宝产业园一期厂房于 2013 年 5 月主体竣工、G5OGS 生产设备开始陆续到位、搬入，2013 年 9 月起开始试生产，已开立数款国际知名品牌的触控笔记本电脑用 OGS 的样品。

芜湖长信科技股份有限公司2013年年度报告（摘要）

一、重要提示

为全面了解本公司的经营成果、财务状况及未来发展规划，投资者应到指定网站仔细阅读年度报告全文。网站地址为：chinext.cninfo.com.cn；chinext.cs.com.cn；chinext.cnstock.com；chinext.stcn.com；chinext.ccstock.cn。董事、监事、高级管理人员声明如表1所示。

表1 董事、监事、高级管理人员异议声明

姓名	职务	无法保证本报告内容真实、准确、完整的原因

声明：除下列董事外，其他董事亲自出席了审议本次年报的董事会会议

未亲自出席董事姓名	未亲自出席董事职务	未亲自出席会议原因	被委托人姓名

华普天健会计师事务所（特殊普通合伙）会计师事务所对本年度公司财务报告的审计意见为：标准无保留审计意见。

非标准审计意见提示

□适用√不适用

公司经本次董事会审议通过的利润分配预案为：以2013年12月31日的公司总股本为基数，向全体股东每10股派发现金红利1.00元（含税），送红股0股（含税），以资本公积金向全体股东每10股转增0股。

公司简介如表2所示。

表2 公司简介

股票简称	长信科技	股票代码	300088
联系人和联系方式	董事会秘书		证券事务代表
姓名	宁鹏飞		徐磊
电话	0553-2398888		0553-2398888-6102
传真	0553-5843520		0553-5843520
电子信箱	pfning@token-ito.com		lxu@token-ito.com
办公地址	安徽省芜湖市经济技术开发区汽经二路以东		安徽省芜湖市经济技术开发区汽经二路以东

二、会计数据和财务指标摘要（见表3）

公司是否因会计政策变更及会计差错更正等追溯调整或重述以前年度会计数据

□是√否

表3 会计数据和财务指标摘要

	2013年末	2012年末	2013年末比2012年末增减	2011年末
营业收入（元）	1097352513.54	810345077.13	35.42%	589318937.05
营业成本（元）	683092203.05	494515277.07	38.13%	362976728.02
营业利润（元）	300083068.90	212791575.82	41.02%	170290078.57

续表

	2013 年末	2012 年末	2013 年末比 2012 年末增减	2011 年末
利润总额（元）	309062969.87	239908890.42	28.83%	177834674.88
归属于上市公司普通股股东的净利润（元）	263529876.06	203561478.56	29.46%	152530058.36
归属于上市公司普通股股东的扣除非经常性损益后的净利润（元）	248882126.71	179773138.17	38.44%	146100737.23
经营活动产生的现金流量净额（元）	120781551.80	231700515.81	-47.87%	70295576.70
每股经营活动产生的现金流量净额（元/股）	0.2468	0.7101	-65.24%	0.2801
基本每股收益（元/股）	0.54	0.42	28.57%	0.31
稀释每股收益（元/股）	0.54	0.42	28.57%	0.31
加权平均净资产收益率	17.01%	15%	2.01%	12.49%
扣除非经常性损益后的加权平均净资产收益率	16.07%	13.25%	2.82%	11.96%
	2013 年末	2012 年末	2013 年末比 2012 年末增减	2011 年末
期末总股本（股）	489450000.00	326300000.00	50%	251000000.00
资产总额（元）	2256818491.49	1782025089.95	26.64%	1494867151.73
负债总额（元）	597897033.04	335105297.95	78.42%	214618905.27
归属于上市公司普通股股东的所有者权益（元）	1658921458.45	1446919792.00	14.65%	1280248246.46
归属于上市公司普通股股东的每股净资产（元/股）	3.3894	4.4343	−23.56%	5.1006
资产负债率	26.49%	18.8%	7.69%	14.36

三、股本结构及股东情况

（1）股份变动情况如表 4 所示。

表 4　股份变动情况　（单位：股）

	本次变动前		本次变动增减（+，−）					本次变动后	
	数量	比例	发行新股	送股	公积金转股	其他	小计	数量	比例
一、有限售条件股份	153797500	47.13%			76898750	−121672500	−44773750	109023750	22.27%
3、其他内资持股	72677500	22.27%			36338750	7500	36346250	109023750	22.27%
其中：境内法人持股	72670000	22.27%			36335000		36335000	109005000	22.27%
境内自然人持股	7500				3750	7500	11250	18750	
4、外资持股	81120000	24.86%			40560000	−121680000	−81120000		
其中：境外法人持股	81120000	24.86%			40560000	−121680000	−81120000		
二、无限售条件股份	172502500	52.87%			86251250	121672500	207923750	380426250	77.73%
1、人民币普通股	172502500	52.87%			86251250	121672500	207923750	380426250	77.73%
三、股份总数	326300000	100%			163150000	0	163150000	489450000	100%

（2）前 10 名股东持股情况如表 5 所示。

表 5 前 10 名股东持股情况

（单位：股）

报告期末股东总数	25992	年度报告披露日前第 5 个交易日末股东总数		24462		
前 10 名股东持股情况						
股东名称	股东性质	持股比例	持股数量	持有有限售条件的股份数量	质押或冻结情况	
					股份状态	数量
东亚真空电镀厂有限公司	境外法人	24.45%	119680000			
新疆润丰股权投资企业（有限合伙）	境内非国有法人	22.27%	109005000	109005000	质押	76409856
中国建设银行一兴全社会责任股票型证券投资基金	境内非国有法人	2.71%	13248045			
交通银行一博时新兴成长股票型证券投资基金	境内非国有法人	2.04%	9999844			
兴业银行股份有限公司一兴全趋势投资混合型证券投资基金	境内非国有法人	1.83%	8972736			
芜湖市升朗实业有限公司	境内非国有法人	1.11%	5434456			
中国工商银行一广发策略优选混合型证券投资基金	境内非国有法人	1.04%	5108486			
全国社保基金一零二组合	境内非国有法人	1.03%	5027280			
广发证券股份有限公司客户信用交易担保证券账户	境内非国有法人	0.89%	4369694			
中国工商银行一广发聚丰股票型证券投资基金	境内非国有法人	0.82%	4000000			
上述股东关联关系或一致行动的说明	上述股东无关联关系或一致行动人行动					

（3）公司与控股股东、实际控制人之间的产权及控制关系如图 1 所示。

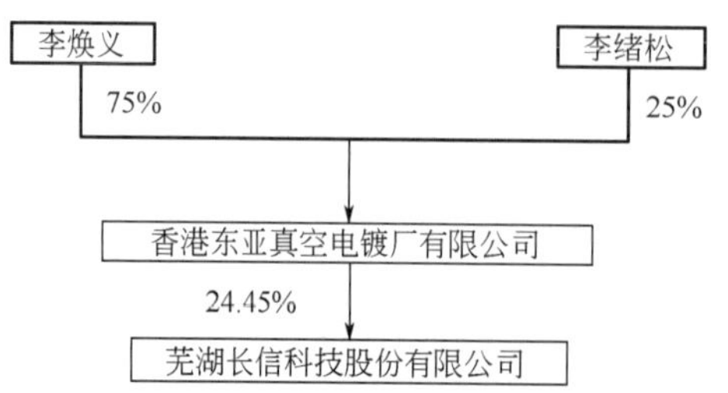

图 1 公司与控股股东、实际控制人之间的产权及控制关系

四、管理层讨论与分析

（一）报告期经营情况简介

1. 总体经营情况

（1）总体经营情况概述。

2013 年年度在宏观经济不景气的形势下，经全体员工共同努力，公司各项业务继续保持了快速发展。2013 年，公司的经营思路是夯实基础，完善配套，降低成本，调整结构。近几年公司发展速度很快，经营规模快速扩大，特别是触摸屏模组和 TFT 薄化业务对公司来说还是全新板块，管理和人才队伍建设方面都亟须夯实基础，公司严格品质管理，努力提升产品良率，在外部引进人才的同时也加大内部培养的步伐，确保人才满足发展的需要。电子产品价格下降快，公司通过完善配套等方法来降低成本，同时加大研发，开发新品，调整产品结构，提高公司的经营效益。

（2）主要经营指标完成情况及期末财务状况。

报告期内，实现主营业务收入 107674.50 万元，比 2012 年同期增加了 27284.52 万元，增长 33.94%；实现销售毛利 39892.97 万元，比 2012 年同期增加了 8722.83 万元，增长 27.98%；实现营业利润 30008.31 万元，比 2012 年同期增加了 8729.15 万元，增长 41.02%；实现利润总额 30906.30 万元，比 2012 年同期增加了 6915.41 万元，增长 28.83%；实现归属于母公司所有者的净利润 26352.99 万元，比 2012 年同期增加了 5996.84 万元，增长 29.46%。本报告期营业利润的增长比例大于销售收入的增长比例，主要是严格控制管理费用和销售费用，以及转让昊信股权实现投资账面收益所致，利润总额的增幅低于营业利润的增幅，主要原因是报告期内收到政府补贴确认当期收益的金额远低于 2012 年年度。财务费用比 2012 年同期增加 552.65 万元，主要是银行借款和短期融资券产生的利息支出增加所致。报告期末，公司总资产 225681.85 万元，比上期末增加 47479.34 万元，增长 26.64%；流动资产 89139.90 万元，比上期末增加 17842.53 万元，增长 25.03%；非流动资产 136541.95 万元，比上期末增加 29636.81 万元，增长 27.72%；净资产 165892.15 万元，比上期末增加 21200.17 万元，增长 14.65%；负债 59789.70 万元，比上期末增加 26279.17 万元，增长 78.42%。期末财务状况与经营情况是相适应的，负债增长比例较大，是由于 2012 年年度发行短期融资券 20000 万元和增加流动资金贷款 1161.84 万元，年末资产负债率 26.49%。总体来说，资产结构合理，负债率低，融资能力强，财务状况良好，可持续发展的物质基础雄厚。

2. 报告期主要工作回顾

2013 年，公司各子、分公司，各事业部，各部门奋发进取，围绕董事会制定的经营战略和思路，努力拼搏，取得了较好的经营业绩，同时为以后的发展打下了坚实的基础，主要做了以下几个方面的工作。

（1）努力夯实基础、增强公司发展后劲。本报告期，公司的电容式触摸屏和 TFT 减薄业务运行了一个完整年度，这两块业务从生产、管理、品质、人才等方面都具有很大的难度，触摸屏良率是成本下降的关键，且工序多，工艺复杂，TFT 减薄因是客户来料加工，对管理的要求很高。事业部组织生产部、工艺技术部、品管部、设备部等部门通力合作，攻坚克难，在较短的时间内大幅提高产品良率，降低成本，赢得客户。

（2）做大优势产业，快速提升企业效益。移动电子产品终端的轻薄化趋势日趋明显，公司抢抓这一机遇，加强了对玻璃减薄技术的研发，快速加大减薄设备的投资，减薄生产线从 9 条增加到 19 条，成为国内减薄行业最大规模和影响力的企业，与国内主要的 TFT 面板厂家建立了合作关系，为公司开拓国际市场奠定了坚实的基础。

（3）调整产品结构、增加产品附加值。报告期内，为了保持公司产品的盈利能力，稳定毛利率水平，公司以高水平、高投入的产品研发为依托，发挥公司在行业的技术优势，结合市场需求，大力调整产品结构，加大附加值高、边际贡献大的产品产销比例。

（4）针对触摸屏行业的发展趋势，公司的发展战略是推出轻薄化触控显示一体化全贴合整体解决方案，公司在 2013 年下半年成立模组事业部，目前月产能达 200K 的规模。

（5）加大研发投入、提升核心竞争力公司处于显示材料和电子元器件行业，行业内新材料、新产品、新技术不断推陈出新，在激烈的竞争中，公司多年来都保持高额的研发投入，以保持公司在行业内的优势地位。报告期内，公司获批博士后科研工作站，与上海某高校组建“石墨烯电子材料与应用联合实验室”，2013 年年度主要的研发项目和成果有如下 6 项：

① 低电阻的消影 ITO 及高低电阻的双面膜 ITO；

② AR－ITO 产品（减反导电玻璃）；

③ OLED 用 ITO 玻璃，目前已经小批量量产并取得客户认可；

④ 开发了 OGS、G1F、G1M、纳米银等结构模组；

⑤ G5 尺寸整张薄化；

⑥ 单层多点 ON－CELL 项目。

（6）资产重组和股权转让为了应对日益激烈的市场竞争形势，触控面板模组厂商采取产业链向上游延伸、提高 CTP-Sensor 自制比例的战略，挤压了公司电容式触摸屏产品的市场空间，公司最大投资项目电容式触摸屏面板产品的客户稳定性受到较大影响；同时，由于单做 CTP-Sensor，阻碍了公司直接与终端客户、终端市场接触，难以把握最终产品的市场需求，不利增强客户粘性。所以，报告期内公司向德普特光电发行 24252341 股股份购买相关资产，快速介入中大尺寸触控面板模组领域，为终端客户提供中大尺寸触摸屏产品。

鉴于昊信光电 2012 年年度、2013 年年度的经营状况没有得到改善，经营状况与 2011 年 8 月三方股东签订的《投资框架协议》要求的指标相差甚远；昊信光电也没有达到公司当初投资的战略目标，在报告期内公司将持有昊信光电的股权（占比 43%）全部转让。

（二）报告期公司主营业务是否存在重大变化

□是√否

（三）是否存在需要特别关注的经营季节性或周期性特征

□是√否

（四）报告期营业收入、营业成本、归属于上市公司股东的净利润总额或构成较前一报告期发生重大变化的说明

（1）公司报告期营业收入较 2012 年同期增加 35.42%，主要系公司产销业务规模扩大所致。

（2）公司报告期营业成本较 2012 年同期增加 38.13%，主要系公司产销业务规模扩大，营业成本同步增加所致。

（3）公司报告期，归属于上市公司股东的净利润总额较 2012 年同期增加 29.46%，主要是公司业绩增加所致。

（五）分部报告与 2012 年同期相比是否存在重大变化

报告期主营业务收入及主营业务利润的构成如表 6 所示。

表 6　主营业务收入及主营业务利润的构成　（单位：元）

	主营业务收入	主营业务利润
分行业		
电子材料行业	1076744951.31	398929638.38
分产品		
显示器件材料	1076744951.31	398929638.38
分地区		
国内销售	954211137.79	347746789.80
出口销售	122533813.52	51182848.58

五、涉及财务报告的相关事项

（1）公司与 2012 年度财务报告相比，会计政策、会计估计和核算方法发生变化的说明。

与 2012 年度财务报告相比，会计政策、会计估计和核算方法均未发生变化。

（2）公司报告期内发生重大会计差错更正需追溯重述的情况说明。

公司报告期未发生重大会计差错更正需追溯重述的情况。

（3）合并报表范围发生变更说明。

本公司本报告期合并报表范围未发生变更。

（4）董事会、监事会对会计师事务所本报告期“非标准审计报告”的说明。

不适用。

芜湖长信科技股份有限公司

董事长：陈奇

2014 年 3 月 27 日

深圳市宇顺电子股份有限公司 2013 年年度报告（摘要）

一、重要提示

本年度报告摘要来自年度报告全文，投资者欲了解详细内容，应当仔细阅读同时刊载于深圳证券交易所网站等中国证监会指定网站上的年度报告全文。

公司简介如表 1 所示。

表 1　公司简介

股票简称	宇顺电子	股票代码	002289
股票上市交易所	深圳证券交易所		
联系人和联系方式	董事会秘书	证券事务代表	
姓名	凌友娣		
电话	0755-86028112		
传真	0755-86028498		
电子信箱	lingyoudi@szsuccess.com.cn		

二、主要财务数据和股东变化

（1）主要财务数据如表 2 所示。

公司是否因会计政策变更及会计差错更正等追溯调整或重述以前年度会计数据

□是√否

表 2　主要财务数据

	2013 年	2012 年	2013 年比 2012 年增减	2011 年
营业收入（元）	1444044594.26	1007141125.62	43.38%	849204551.09
归属于上市公司股东的净利润（元）	8064622.00	-125004195.74	—	20801938.17
归属于上市公司股东的扣除非经常性损益的净利润（元）	-5990906.75	-131771449.89	—	20243057.73
经营活动产生的现金流量净额（元）	139984386.31	-273742460.40	—	-138151691.33
基本每股收益（元/股）	0.0805	-1.7007	—	0.283
稀释每股收益（元/股）	0.0805	-1.7007	—	0.283
加权平均净资产收益率	1.31%	-30.12%	31.44%	4.42%
	2013 年年末	2012 年年末	2013 年年末比 2012 年年末增减	2011 年年末
总资产（元）	3833817284.61	1649933742.68	132.36	1141579812.20
归属于上市公司股东的净资产（元）	1528621936.87	349404844.79	337.49	480690237.44

（2）前 10 名股东持股情况如表 3 所示。

表 3　前 10 名股东持股情况

报告期末股东总数	14662	年度报告披露日前第 5 个交易日末股东总数			12875	
前 10 名股东持股情况						
股东名称	股东性质	持股比例（%）	持股数量（股）	持有有限售条件的股份数量（股）	质押或冻结情况	
					股份状态	数量（股）
魏连速	境内自然人	18.38	20864800	1700000	质押	20000000
西藏瑞华投资发展有限公司	境内非国有法人	8.81	10000000	10000000	质押	10000000
南京瑞森投资管理合伙企业（有限合伙）	境内非国有法人	8.81	10000000	10000000	质押	6900000
常州投资集团有限公司	国有法人	4.41	5000000	5000000		
东吴证券股份有限公司	国有法人	3.35	3800000	3800000		
郝慧	境外自然人	3.08	3500000	3500000		
全国社保基金六零四组合	其他	3.08	3500000	3500000		
泰康人寿保险股份有限公司－分红－个人分红－019L－FH002 深	其他	2.3	2611500	2600000		
泰康人寿保险股份有限公司－传统－普通保险产品－019L－CT001 深	其他	1.19	1354322	600000		
赵后鹏	境内自然人	0.97	1098428	1098428		
上述股东关联关系或一致行动的说明		公司未知上述股东之间是否存在关联关系，也未知上述股东之间是否属于《上市公司股东持股变动信息披露管理办法》中规定的一致行动人				
参与融资融券业务股东情况说明（如有）		无				

（3）公司与实际控制人之间的产权及控制关系如图 1 所示。

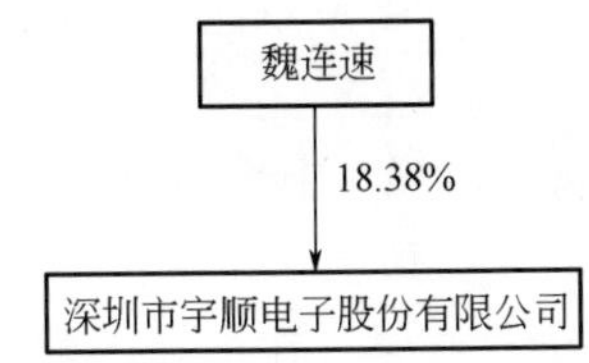

图 1　公司与实际控制人之间的产权及控制关系

说明：截至 2013 年 12 月 31 日，公司实际控制人魏连速持有公司股份 20864800 股，持股比例为 18.38%。2014 年 1 月 10 日，公司非公开发行股份购买资产的 48003887 股股份在深圳证券交易所上市，公司股份总数增加至 161503887 股，公司实际控制人魏连速的持股比例变更为 12.92%。

三、管理层讨论与分析

（一）概述

2013 年，随着智能手机和平板电脑出货量的大幅增长，公司所处的平板显示与触摸产业仍然保持快速发展的良好势头。公司在经历 2012 年产品研发、新产线磨合和团队建设的发展阶段后，对 2013 年的经营策略进行了快速调整：报告期内，随着电容式触摸屏产品线及触摸显示一体化模组产品线的正常运行和产品良率、产能利用率的顺利提升，公司产品销售规模和综合毛利率都出现较大幅度的增长；同时，公司通过提升组织能力和组织效率，在技术、质量、成本、交付、客户服务等方面加强精细化管理，使得报告期内管理费用同比有所下降，公司整体经营业绩明显改善。

报告期内，公司实现营业收入 144404.46 万元，较 2012 年同期增长 43.38%；归属于上市公司股东的净利润 806.46 万元，实现了扭亏为盈的经营目标。

报告期内，公司实施了两次重大资本运作。2013 年 4 月，经中国证券监督管理委员会核准，公司向 7 名特定对象非公开发行 4000 万股，募集资金 41520 万元，用于赤壁中小尺寸电容式触摸屏生产线项目和超薄超强盖板玻璃生产线项目建设。2013 年 12 月，经中国证券监督管理委员会核准，公司向林萌等 19 名交易对方发行股份 48003887 股，完成了对深圳市雅视科技有限公司 100%股权的收购，扩大了公司在平板显示产业的市场份额，提升了企业的整体竞争力，更加夯实了公司在行业内的领先地位。

（二）公司回顾总结前期披露的发展战略和经营计划在报告期内的进展情况

公司《2012 年年度报告》披露的发展战略和经营计划是：加大朝产业链上游的布局与投入，加大新产品新工艺开发投入和力度，提高新产品开发能力和产品交付能力；提升组织能力和组织效率，推动内部经营持续改善，实现业务规模稳定有效增长，使公司扭亏为盈。

2013 年度，公司围绕上述发展战略和经营计划，完成了以下主要工作。

（1）公司不断加大在研发方面的投入。报告期内，公司着重加强了产品开发的过程管控、开发设计与客户及供应商紧密配合，使得产品在客户端开案成功率得到较大提升，产品开发周期不断缩短，设计成本进一步降低。新产品开发方面，OGS（单片玻璃触摸技术）产品和 GF（薄膜式触摸技术）模组产品均实现量产；OnCellTFT 模组产品开案状况良好，为 2014 年的规模量产打下了良好的基础；TFT 模组及触摸显示一体化模组的产品良率稳步提升，使得产品市场竞争力进一步增强。

（2）全面推行组织与流程优化工作。报告期内，公司强化了以事业部为经营主体的管理模式，加强经营管理团队的选拔与任用，优化组织结构，明确激励措施，权、责、利清晰落实到位，员工士气与组织效率大幅提升。在全年业务规模大幅增长的情况下，管理费用较 2012 年同比下降了 9.13%。

（3）持续优化客户结构，加大客户深度经营。报告期内，公司对客户进行深度分析，加大了对优质客户资源的投入，逐步收缩低价值客户，整体优化了客户结构。通过并购雅视科技，公司快速切入宇龙（酷派）、联想等国内主流智能厂商的供应链，在扩大市场份额的同时，原来单一的大客户结构也得到了有效调整。

（4）积极推进资本市场运作，顺利实现了股权融资和产业并购目标。报告期内，公司通过向 7 名特定对象非公开发行 4000 万股的方式，为赤壁中小尺寸电容式触摸屏生产线项目和超薄超强盖板玻璃生产线项目顺利募集了建设资金。另外，公司完成了对雅视科技的股权收购，扩大了公司在平板显示领域的市场份额，提升了公司整体竞争力。

（5）积极推进募集资金投资项目建设。报告期内，公司积极推动了非公开发行募投项目的建设工作，但由于项目实施地周边配套不完善等诸多因素的影响，募投项目实施进度未达预期，经第三届董事会及股东大会审议批准，公司已根据实际情况对项目建设期限进行了适当顺延。

（三）行业竞争格局和发展趋势

2014 年，随着智能手机和平板电脑渗透率的提升，虽然市场增长率有所放缓，但整体市场容量将进一步上升。根据 Display Search 分析，2014 年全球智能手机出货量将由 2013 年的约 9.6 亿台成长到约 12 亿台，平板电脑出货量将由 2013 年的约 2.5 亿台增长至约 3.2 亿台。受益于此，2014 年，全球显示触摸模组产品出货量将可望同比增长 10%左右。

以“中华酷联”为代表的国内主流终端厂商近两年致力于加大智能终端产品的推广力度及国际化力度，智能终端产品的市场份额不断扩大，将给国内显示及触摸生产企业带来一定的市场机会。同时，近两年国内显示及触摸生产企业纷纷扩大产能，行业竞争也将进一步加剧。2013 年触摸行业整合兼并风生水起，预计 2014 年触摸产业将延续整并格局，具有优质客户资源、稳定供应链、产能规模及有技术与成本竞争力的厂商将在新一轮产业洗牌中持续拓展自身版图。

在产品布局方面，因下游终端厂商对部材成本控制及系统整合的需求，其采购越来越趋向于成本及品质有保障的触摸显示一体化模组，因此，在触显产业链具有完整布局的供应商越来越受到终端厂家的青睐。

在产品技术发展趋势方面，投射式电容触摸屏已成为市场的主流技术。而在电容式触摸技术内部，各种技术路线也在相互竞争，竞争态势已经开始由玻璃式（GG）与薄膜式（GF/GFF）的竞争转向外挂式（OGS、TOL）与内嵌式（OnCell、InCell）的竞争。短期来看，电容式触摸屏的技术路线主流集中在以触摸行业主导的 OGS、GF/GFF、GG 之间的竞争；长期来看，以 TFT 显示面板行业主导的 OnCell 和 InCell 技术将携其优异的性价比成为竞争的主流技术。2014 年基于 TFT-LCD 的单层多点 OnCell 产品有机会大规模化生产，这将推动 OnCell 触摸架构出货量比重提升。因此，在触摸面板及模组、显示面板及模组产业均有完整布局的企业将在行业技术路线竞争中始终保持优势。

（四）公司未来发展战略

公司将继续秉承成为国际主流的显示及触摸产品供应商的愿景，进一步加大产业链整合力度，不断扩大公司在平板显示与触摸产业的版图，向国内触显产业龙头企业进军。在显示触摸行业继续深耕的同时，公司未来也将积极关注国家支持的新兴产业的投资机会，寻找新的利润增长点，争取为股东创造更大的价值。

（五）公司 2014 年度经营目标及经营计划

公司 2014 年度经营目标：主营业务收入、经营性净利润等主要指标与 2013 年同比实现大幅增长（上述经营目标并不代表公司对 2014 年度的盈利预测，能否实现取决于市场状况的变化、经营团队的努力程度等多种因素，存在很大的不确定性，请投资者特别注意）。

为了能够顺利实现上述经营目标，2014 年，公司将重点开展以下几项工作。

（1）继续坚持对一线品牌客户的精耕细作，在巩固原有市场份额的基础上，进一步拓展更多的市场份额；加大与客户联合开发力度，提升产品的含金量和用户认同度；同时加强与方案公司的合作，积极拓展国际市场，丰富客户层级及客户类别。

（2）进一步加强精细化管理，不断改善制造工艺，提升产品质量，增强制造能力，降低制造成本，打造公司的产品成本核心竞争力。

（3）继续加强 OnCell 等新产品的开发和产业布局，进一步提升全贴合产品工艺水平和产能规模，打造产业链竞争优势。

（4）积极推进产品制造局部自动化，逐步进行生产线自动化改造，以应对未来逐渐上升的人工成本和用工难的问题，提升产品的一致性和可靠性。

（5）加强内部资源整合力度，充分发挥与雅视科技在管理、研发、生产、采购和客户资源等方面的协同效应，争取早日实现 1+1>2 的整合效果。

（6）不断夯实内控工作基础，持续优化内控体系，在满足外部监管及投资者要求、符合企业会计准则规定的同时，也为公司生产经营的正常进行保驾护航，为实现公司的战略目标提供有力保障。

（7）积极推进向特定对象非公开发行股票募集重大资产重组配套资金事项，完成重大资产重组现金对价部分的资金筹措。

（六）资金需求及安排

2014 年，根据公司发展战略及年度经营计划，公司需要保证正常经营所需资金的同时，还应保证主要生产基地设备自动化改造项目等资本性投资的资金需求。另外，公司拟通过向特定对象非公开发行股份的方式筹集资金，用于支付收购雅视科技股权的现金部分对价。后续公司将根据自身业务发展的实际情况，合理利用各种融资方式，满足公司未来可持续发展的资金需求，实现企业价值最大化。

四、涉及财务报告的相关事项

（1）与 2013 年度财务报告相比，会计政策、会计估计和核算方法发生变化的情况说明。

未发生变化。

（2）报告期内发生重大会计差错更正需追溯重述的情况说明。

无。

（3）与 2013 年度财务报告相比，合并报表范围发生变化的情况说明。

与 2013 年度财务报告相比，公司新增合并单位为宇顺电子（香港）贸易有限公司、湖北浩宇精密科技有限公司、深圳市雅视科技有限公司及其下属三家子公司。

① 2013 年 5 月，公司在香港特别行政区登记注册了全资子公司宇顺电子（香港）贸易有限公司，纳入合并报表范围。

② 2013 年 10 月，公司的全资子公司赤壁市宇顺显示技术有限公司与杭州摩根科技开发有限公司合资成立湖北浩宇精密科技有限公司，赤壁宇顺持股 60%。湖北浩宇作为本公司的间接控股子公司，纳入合并报表范围。

③ 2013 年 12 月，经中国证券监督管理委员会证监许可〔2013〕1601 号文核准，公司向林萌、林车等 19 名原深圳市雅视科技有限公司股东发行股份购买了其共同持有的雅视科技 100%股权，并于 2013 年 12 月 23 日办理了相应的资产交割手续。根据《企业会计准则第 33 号—合并财务报表》相关规定，公司将雅视科技及其下属全资子公司深圳市宇澄光电有限公司、广西雅视科技有限责任公司、万盈（香港）科技有限公司 2013 年 12 月 31 日的资产负债表纳入合并报表范围，2013 年度利润表和现金流量表则不纳入合并报表范围。

（4）董事会、监事会对会计师事务所本报告期“非标准审计报告”的说明。

不适用。

深圳市宇顺电子股份有限公司董事长
魏连速
2014 年 4 月 1 日

南京华东电子信息科技股份有限公司 2013 年年度报告（摘要）

一、重要提示

本年度报告摘要来自年度报告全文，投资者欲了解详细内容，应当仔细阅读同时刊载于深圳证券交易所网站等中国证监会指定网站上的年度报告全文。

公司简介如表 1 所示。

表 1　公司简介

股票简称	华东科技	股票代码	000727
股票上市交易所	深圳证券交易所		
变更后的股票简称(如有)	无		
联系人和联系方式	董事会秘书	证券事务代表	
姓名	胡进文	倪华东	
电话	025-68192806	025-68192835	
传真	025-68192828	025-68192828	
电子信箱	hjw@huadongtech.com	nhd@huadongtech.com	

二、主要财务数据和股东变化

（1）主要财务数据如表 2 所示。

公司是否因会计政策变更及会计差错更正等追溯调整或重述以前年度会计数据

√是□否

表 2　主要财务数据

	2013 年	2012 年	2013 年比 2012 年增减（%）	2011 年	
				调整前	调整后
营业收入（元）	819774280.80	808654399.08	1.38	693687701.80	729701500.55
归属于上市公司股东的净利润（元）	10349584.97	-48214425.30	121.46	9252581.05	-2399937.95
归属于上市公司股东的扣除非经常性损益的净利润（元）	-109771723.33	-90987694.71	-20.64	-57553980.07	-57025790.71
经营活动产生的现金流量净额（元）	-29242011.59	139709820.71	-120.93	66989454.36	70220727.42
基本每股收益（元/股）	0.0288	-0.1342	121.46	0.0258	-0.0067
稀释每股收益（元/股）	0.0288	-0.1342	121.46	0.0258	-0.0067
加权平均净资产收益率（%）	2.22	-9.4	123.64	1.76	-0.42

续表

	2013年年末	2012年年末	2013年年末比2012年年末增减（%）	2011年年末	
				调整前	调整后
总资产（元）	927711879.43	1190116068.59	-22.05%	1046372591.01	1257705808.54
归属于上市公司股东的净资产（元）	349172569.01	461021059.68	-24.26%	530099694.02	575494052.83

（2）前10名股东持股情况如表3所示。

表3 前10名股东持股情况

（单位：股）

报告期末股东总数	37384	年度报告披露日前第5个交易日末股东总数	39084

前10名股东持股情况						
股东名称	股东性质	持股比例（%）	持股数量	持有有限售条件的股份数量	质押或冻结情况	
					股份状态	数量
南京华东电子集团有限公司	国有法人	22.7	81528530	0		
上海金石资产管理有限责任公司	境内非国有法人	3.7	13298100	0	冻结	13298100
上海市物业管理事务中心（上海市房屋维修资金管理事务中心、上海市公房经营管理事务中心）	境内非国有法人	1.55	5584070	0		
南京雨润润合投资管理有限公司	境内非国有法人	0.73	2610000	0		
刘志平	境内自然人	0.61	2202900	0		
广州移讯网络科技有限公司	境内非国有法人	0.6	2142400	0		
李富海	境内自然人	0.51	1837500	0		
申秀东	境内自然人	0.47	1696700	0		
李济杉	境内自然人	0.44	1563181	0		
徐孝西	境内自然人	0.41	1470311	0		

上述股东关联关系或一致行动的说明	①公司第一大股东与其他前十名流通股股东不存在任何关联关系，也不属于《上市公司股东持股变动信息披露管理办法》中规定的一致行动人； ②其他前10名股东之间是否存在关联关系或属于一致行动人本公司不详
参与融资融券业务股东情况说明（如有）	①公司股东李富海通过招商证券股份有限公司客户信用交易担保证券账户持有公司股份1837500股，占公司总股本的0.51%； ②公司股东李济杉通过海通证券股份有限公司客户信用交易担保证券账户持有公司股份1563181股，占公司总股本的0.44%

（3）公司与实际控制人之间的产权及控制关系如图 1 所示。

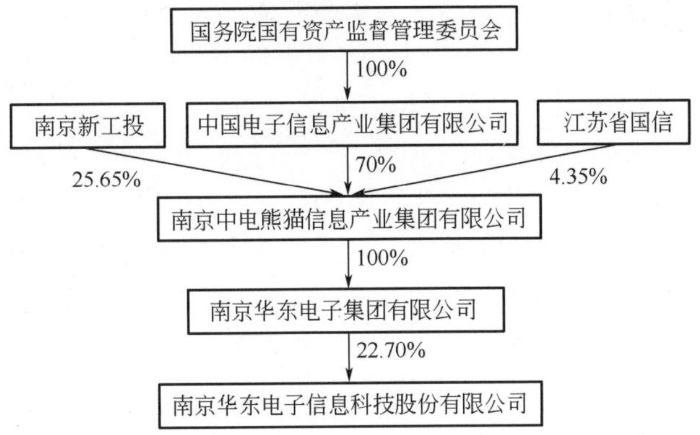

国务院国有资产监督管理委员会
100%
南京新工投　中国电子信息产业集团有限公司　江苏省国信
25.65%　70%　4.35%
南京中电熊猫信息产业集团有限公司
100%
南京华东电子集团有限公司
22.70%
南京华东电子信息科技股份有限公司

图 1　公司与实际控制人之间的产权及控制关系

三、管理层讨论与分析

报告期内，公司实现营业收入 81977.43 万元，同比增长 1.38%；归属上市公司股东的净利润 1034.96 万元，同比增长 121.46%；归属于上市公司股东的扣除非经常性损益的净利润-10977.17 万元，同比下降 20.64%。

（1）触摸显示产业实现营业收入 40720.70 万元，同比增长 20.34%，净利润-5544.83 万元，同比增长 20.47%，减亏 1208.17 万元。2013 年华睿川公司紧抓电容屏大客户，不断推进新品研发和技术工艺的改进，提高了新品产量和良品率，实现营业收入 22418.52 万元，同比增长 39.03%，从经营规模上取得了突破。

华日公司根据市场需求和客户结构的变化，加大了银行 U 盾产品和松下客户的订单量，调整了产品结构，其中 LCD 占比略有增加，LCM 占比略有下降；在生产上，通过不断工艺攻关，实现了大尺寸、高路数产品小批量生产，通过导入低成本的替代材料，既保证了产品品质又提高了产品边际效率；但公司仍存在高附加值新品较少、产品等级提升不足、在线产品滞留过多，以及人员流动偏高等问题，全年实现营业收入 18302.18 万元，同比增长 3.33%。

（2）压电晶体产业实现营业收入 28870.77 万元，同比增长 4.46%，净利润 443.42 万元，同比增长 123.04%，扭亏为盈，减亏 1924.86 万元。报告期内，南京、深圳、廊坊三地晶体产业完成了资产整合，三地产线的统一化运作，资源的统筹分配，为提高生产效率奠定了基础。通过加大新品研发、工艺改进，提升了产品质量，实现了 OCXO 项目、TCXO 项目、差分振荡器等高附加值产品的量产，同时积极开拓国内和日本市场客户，使高附加值订单占比较 2012 年大幅度增长。

（3）磁电产业实现营业收入 12458.37 万元，同比下降 22.90%，净利润-1538.24 万元，同比增长 17.86%，减亏 334.45 万元。南京中电熊猫磁电科技有限公司在报告期内，克服部分产品主销日本，日元贬值形成汇兑损失的困难，积极做好高新电子产品科研生产，在完成项目研发交付用户使用基础上争取进行小批量供货，同时积极推进微波铁氧体器件、新的磁性材料和新型磁性器件设计定型，及时推向市场；加强导光板和航空电子配套的磁性材料生产经营；磁电公司下属子公司展盛科技研发生产智能电源，2013 年该公司通过了汽车电子顶级制造商——日本电装 DENSO 认证。

四、涉及财务报告的相关事项

（1）与 2012 年度财务报告相比，会计政策、会计估计和核算方法发生变化的情况说明。

无。

（2）报告期内发生重大会计差错更正需追溯重述的情况说明。

无。

（3）与 2012 年度财务报告相比，合并报表范围发生变化的情况说明。

① 与 2012 年相比本期新增合并单位 0 家。

② 与 2012 年相比本期减少合并单位 1 家，原因如下：2013 年 11 月 22 日，公司第七届董事会第六次临时会议决议通过，同意公司以 5905.18 万元将持有华日液晶公司 100%股权转让给母公司华电集团公司。同日，公司与华电集团公司、华日液晶公司签订了《股权转让协议》，约定以 5905.18 万元转让其持有华日液晶公司 100%股权，同时，协议约定华电集团公司代华日液晶公司一次性清偿所欠公司的全部借款本息 15464.97 万元。2013 年 11 月 30 日，华电集团公司以公司所欠其借款 21370.15 元抵偿股权转让价款和代华日液晶公司偿还借款本息。2014 年 3 月 21 日，华日液晶公司完成相关工商变更登记。

上述股权转让事项已于 2013 年 11 月 24 日，公司 2013 年第二次临时股东大会审议通过。

（4）董事会、监事会对会计师事务所本报告期“非标准审计报告”的说明。

不适用。

南京华东电子信息科技股份有限公司董事会

2014 年 3 月 28 日

广东汕头超声电子股份有限公司 2013 年年度报告（摘要）

一、重要提示

2013 年度报告摘要来自年度报告全文，投资者欲了解详细内容，应当仔细阅读同时刊载于深圳证券交易所网站等中国证监会指定网站上的年度报告全文。

公司简介如表 1 所示。

表 1　公司简介

股票简称	超声电子	股票代码	000823
股票上市交易所	深圳证券交易所		
联系人和联系方式	董事会秘书	证券事务代表	
姓名	陈东屏	郑创文	
电话	0754-88192281-3012	0754-88192281-3033	
传真	0754-83931233	0754-83931233	
电子信箱	csdz@gd-goworld.com	csdz@gd-goworld.com	

二、主要财务数据和股东变化

（1）主要财务数据如表 2 所示。

公司是否因会计政策变更及会计差错更正等追溯调整或重述以前年度会计数据

□是√否

表 2　主要财务数据

	2013 年	2012 年	2013 年比 2012 年增减（%）	2011 年
营业收入（元）	3544249516.65	3640841300.45	-2.65	3293112968.13
归属于上市公司股东的净利润（元）	133415805.55	187208269.34	-28.73	181940882.60
归属于上市公司股东的扣除非经常性损益的净利润（元）	129461252.30	184657865.46	-29.89	181400411.86
经营活动产生的现金流量净额（元）	377475762.41	304371456.64	24.02	209021941.49
基本每股收益（元/股）	0.3029	0.4251	-28.75	0.4131
稀释每股收益（元/股）	0.3029	0.4251	-28.75	0.4131
加权平均净资产收益率（%）	6.9	10.12	-3.22	10.54
	2013 年年末	2012 年年末	2013 年年末比 2012 年年末增减（%）	2011 年年末
总资产（元）	3973447355.13	3563212634.69	11.51	3372512338.73
归属于上市公司股东的净资产（元）	1948498061.58	1898352401.54	2.64	1778398580.10

（2）前 10 名股东持股情况如表 3 所示。

表 3　前 10 名股东持股情况

（单位：股）

报告期末股东总数		56423		年度报告披露日前第 5 个交易日末股东总数	45373	
前 10 名股东持股情况						
股东名称	股东性质	持股比例（%）	持股数量	持有有限售条件的股份数量	质押或冻结情况	
					股份状态	数量
汕头超声电子（集团）公司	国有法人	38.97	171642341		质押	85000000
奚润涛	其他	1.59	7014371			
袁仁平	其他	1.16	5089696			
袁仁泉	其他	0.71	3137735			
许璧江	其他	0.5	2222938			
钟翠	其他	0.36	1601623			
上海鸿煜投资管理中心（有限合伙）	其他	0.35	1533032			
王剑	其他	0.34	1503801			
杨楠	其他	0.31	1363351			
史青	其他	0.26	1129900			
上述股东关联关系或一致行动的说明	①前十位股东中，国有法人股东汕头超声电子（集团）公司与其他股东未存在关联关系； ②前十名股东中，未知股东相互间是否存在关联关系，也未知是否属于《上市公司持股变动信息披露管理办法》中规定的一致行动人； ③汕头超声电子（集团）公司持有本公司股份 17164.23 万股，报告期内未发生增减变化。汕头超声电子（集团）公司所持公司股份中 8500 万股质押给中国银行股份有限公司汕头分行（质期限从 2010 年 4 月 28 日起 9 年）					
参与融资融券业务股东情况说明（如有）	上述股东中参与融资融券股东情况如下：奚润涛通过其普通证券账户持有公司股份 1772722 股、信用交易担保证券账户持有公司股份 5241649 股；袁仁平通过其普通证券账户持有公司股份 0 股、信用交易担保证券账户持有公司股份 5089696 股；袁仁泉通过其普通证券账户持有公司股份 409300 股、信用交易担保证券账户持有公司股份 2728435 股；许璧江通过其普通证券账户持有公司股份 0 股、信用交易担保证券账户持有公司股份 2222938 股；钟翠通过其普通证券账户持有公司股份 142121 股、信用交易担保证券账户持有公司股份 1459502 股					

（3）公司与实际控制人之间的产权及控制关系如图 1 所示。

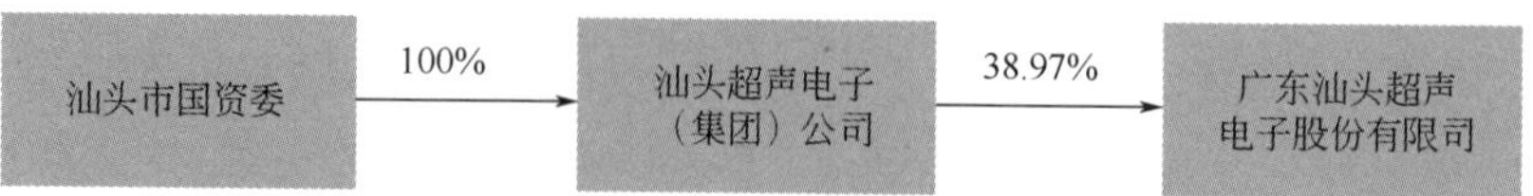

图 1　公司与实际控制人之间的产权及控制关系

三、管理层讨论与分析

本公司主要从事印制线路板、液晶显示器、超薄及特种覆铜板、超声电子仪器的研制、生产和销售。2013 年度，公司荣获工信部颁发的“2013 年中国电子信息百强企业”称号；公司属下汕头超声印制板公司荣获中国印制电路板行业协会颁发的“第十二届（2012）中国印制电路行业百强企业”称号和中国电子元件行业协会颁发的“第二十六届（2013）年中国电子元件百强企业”称号。

报告期内，全球经济复苏艰难，特别是欧元区债务危机造成外部市场需求疲弱，加上新兴经济自身增速整体放缓，对中国出口产生不利影响；电子行业在外需不足、内需减弱、成本上升，以及人民币不断升值的情况下，整体表现低于预期。面对复杂的内外环境，公司积极推进业务战略调整和产品结构调整升级，加快电容屏产业化建设项目的建设和投资；公司实施差异化产品竞争策略，定位高端产品目标市场，大力开拓车载产品客户，提升产品档次，在任意层互连线路板、高端 OGS、全贴合触控显示等新产品技术和品质提升方面取得新的突破；与此同时，进一步强化产业链管理和精细化管理，在成本控制、客户结构优化、产品革新、生产线柔性管理等方面取得新的成效，公司综合竞争力得到进一步提升。

2013 年全年公司营业收入和净利润均有所下降。2013 年公司实现营业收入 354424.95 万元，归属于母公司的净利润 13341.58 万元，同比分别下降了 2.65%和 28.73%。业绩下降主要原因：一是电子行业复苏缓慢，下游订单需求不足；二是为 2014 年新项目投产做好技术储备和培育客户群，而主动调整接单策略，承接新产品、小批量、高技术订单，在一定程度上影响了生产效率和出货量；三是人工成本同比上升；四是人民币汇率持续走高带来的汇兑损失增加。

安徽方兴科技股份有限公司2013年年度报告（摘要）

一、重要提示

本年度报告摘要摘自年度报告全文，投资者欲了解详细内容，应当仔细阅读同时刊载于上海证券交易所网站等中国证监会指定网站上的年度报告全文。

公司简介如表1所示。

表1　公司简介

股票简称	方兴科技	股票代码	600552
股票上市交易所	上海证券交易所		
联系人和联系方式	董事会秘书	证券事务代表	
姓名	黄晓婷	林珊	
电话	0552-4077780	0552-4077780	
传真	0552-4077780	0552-4077780	
电子信箱	chch0254@sina.com	4082660@sina.com	

二、主要财务数据和股东变化

（1）主要财务数据如表2所示。

表2　主要财务数据

	2013年（末）	2012年（末）	2013年（末）比2012年（末）增减（%）	2011年（末）
总资产（元）	2132044909.62	1064817474.47	100.23	1029931900.72
归属于上市公司股东的净资产（元）	1615796681.39	515222614.21	213.61	329095399.32
经营活动产生的现金流量净额（元）	115334369.17	53929972.54	113.86	-70750330.76
营业收入（元）	982627398.34	970920433.38	1.21	1073678022.53
归属于上市公司股东的净利润	144816161.27	132912139.83	8.96	63887243.40
归属于上市公司股东的扣除非经常性损益的净利润（元）	114747380.54	117070408.56	-1.98	18388884.71
加权平均净资产收益率（%）	11.07	30.54	-19.47	19.46
基本每股收益（元/股）	0.65	0.76	-14.47	0.37
稀释每股收益（元/股）	0.65	0.76	-14.47	0.37

（2）前 10 名股东持股情况，如表 3 所示。

表 3　前 10 名股东持股情况　（单位：股）

报告期末股东总数		9515	年度报告披露日前第 5 个交易日末股东总数			8156
前十名股东持股情况						
股东名称	股东性质	持股比例（%）	持股总数	报告期内增减	持有有限售条件股份数量	质押或冻结的股份数量
安徽华光光电材料科技集团有限公司	国有法人	24.82	59400450	19800150	0	无
蚌埠玻璃工业设计研究院	国有法人	5.22	12484215	11608215	11170215	无
平安大华基金公司－平安－平安信托－平安财富创赢一期 20 号集合资金信托计划	境内非国有法人	4.70	11250000	11250000	11250000	无
中国民生银行股份有限公司－华商领先企业混合型证券投资基金	国有法人	3.76	9002071	3867457	3000000	无
中国民生银行股份有限公司－华商策略精选灵活配置混合型证券投资基金	国有法人	3.72	8891664	7494040	3000000	无
新华基金公司－农行－农业银行特殊策略分级 4 号资产管理计划	境内非国有法人	3.70	8850000	8850000	8850000	无
东兴证券股份有限公司	国有法人	3.20	7650000	7650000	7650000	无
安徽皖投工业投资有限公司	国有法人	3.13	7500000	7500000	7500000	无
安徽安粮控股股份有限公司	国有法人	2.57	6150000	6150000	6150000	无
信达证券股份有限公司	国有法人	1.84	4402371	846923	0	无
上述股东关联关系或一致行动的说明			安徽华光光电材料科技集团有限公司与蚌埠玻璃工业设计研究院存在关联关系，属于一致行动人			

（3）公司与实际控制人之间的产权及控制关系如图 1 所示。

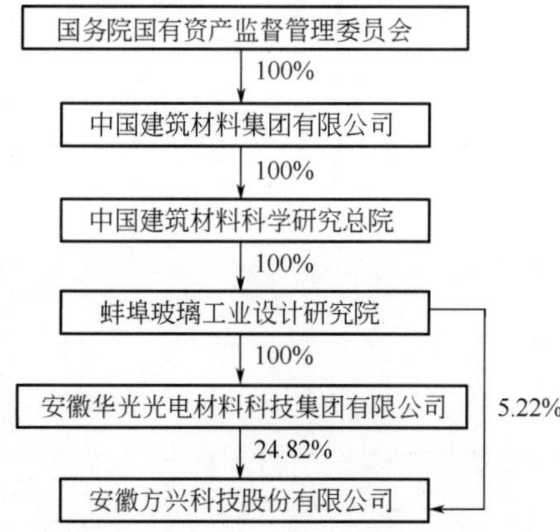

图 1　公司与实际控制人之间的产权及控制关系

三、管理层讨论与分析

（一）董事会关于公司报告期内经营情况的讨论与分析

2013 年，公司非公开发行股票事项获得中国证监会核准通过，董事会在股东大会的授权下全面推进实施，通过市场推介与投资者沟通交流，公司非公开发行股票工作取得圆满成功，募集资金总额 999999988.50 元，为公司实现跨越式发展打下了坚实基础。

2013 年是公司实现大踏步发展的开局之年，面对复杂多变的国内外经济金融形势，公司按照既有的发展规划，在巩固传统产品市场地位的基础上，坚持新产品向着高端化、国际化、全产业链方向发展。以市场为导向，以产品结构调整和产业升级为重点，以研究开发和工艺创新为核心，在全面提升专业化经营管理水平和为客户提供全方位增值服务的基础上，致力于新型显示器件和新材料两大业务的共同发展。

新材料业务方面：①2013 年电熔氧化锆产品价格持续下跌，市场竞争激烈，通过加强现场管理，完善制度约束等措施，有效降低各项成本费用，在稳定国内市场的同时积极扩大国外市场，报告期产销量继续稳居全球第一，实现了稳定的经营业绩。②通过提前谋划市场布局，制定区域销售任务，报告期硅酸锆产品销售取得了较好的增长，盈利增长显著。

新型显示器件方面：①ITO 导电膜生产线持续实施生产线整合，推动性能提升，实施技术改造，推动产品结构优化升级，新产品研发赶超行业先进水平，报告期在激烈的市场竞争中取得了较好的经济效益。②TFT-LCD 减薄生产线一期五线报告期内已正式投产，公司已与国内几大液晶面板厂建立了初步合作关系，目前已进入验厂阶段，2014 年可望达到预期的经济效益。

报告期，公司实现营业收入 98263 万元，同比增长 1.21%；营业利润 14946 万元，同比增长 1.95%；实现利润总额 17191 万元，净利润 14709 万元，同比分别增长 3.08%、1.79%；归属于母公司股东的净利润 14482 万元，比 2012 年同期增长 8.96%。

（二）核心竞争力分析

1. 新材料业务

公司在新材料业务方面的核心竞争力主要体现在已掌握的生产技术和自主研发能力上。公司生产的高纯电熔氧化锆产品为高新技术产品，纯度、粒度等各项指标在国内乃至国际电熔锆行业都处于领先地位，中恒公司自主开发的“超细高纯电熔氧化锆工业化制备技术”多次获得省级、行业级的科技成果奖励。此外，经过多年经营，公司已建立了覆盖全国及海外多个国家和地区的营销网络，拥有大量长期稳固的客户资源，彼此之间保持良好的合作关系。凭借技术优势和畅通的销售渠道，中恒公司目前在电熔锆行业已经稳固树立行业龙头地位。报告期新投的高纯超细氧化锆项目，未来将使中恒公司进一步丰富产品线，抬升产品档次，增强盈利能力，实现跨越式发展。

华洋公司凭借专业的经营、研发团队，以及核心的环保节能生产技术，生产的高纯超细硅酸锆产品，质量稳定，市场好评度高，有较强的竞争力，报告期效益增长显著。

2. 新型显示器件业务

华益公司是国内最早生产 ITO 导电膜玻璃的企业，二十年来，不断引进国外先进的设备和技术，通过消化吸收和技术革新，得到了快速的发展，产能在国内位居前列。公司的产品、质量、信誉在行业内有着较高的知名度，拥有稳定的客户群体，并与国内外高端客户有着稳定的合作。公司拥有一支专业覆盖真空技术、薄膜技术、机械及电气控制等学科的研发队伍，拥有较强的研发能力，并与蚌埠玻璃设计院资源共享，检测分析设备相互利用，人才技术相互支持。

报告期，公司在该业务板块新投入TFT-LCD减薄项目及中小尺寸电容式触摸屏项目，大大丰富了产品线，增大了上、下游关联度及销售灵活性。新项目的投入，预示着公司在新型显示器件业务板块已跻身行业最有竞争力的企业之列，公司在技术、规模、盈利能力等方面实力的不断增强，使公司未来能够抓住历史机遇，实现快速发展。

（三）主要子公司、参股公司分析

蚌埠中恒新材料科技有限责任公司为本公司全资子公司，主要产品为电熔氧化锆，注册资本34143万元，总资产80173万元，净资产67471万元。报告期实现营业收入57873万元，营业利润9524万元，净利润8850万元。安徽省蚌埠华益导电膜玻璃有限公司是本公司控股子公司，公司原持有其75%的股份，报告期公司收购了其另外的20.05%股份，目前公司持股比例为95.05%。主要产品为ITO导电膜玻璃，注册资本11806万元，总资产66177万元，净资产30678万元。报告期实现营业收入38661万元，营业利润4430万元，净利润4725万元。

蚌埠华洋粉体技术有限公司为公司全资子公司，主要产品为硅酸锆，注册资本1000万元，总资产8101万元，净资产2957万元。报告期实现营业收入13879万元，营业利润789万元，净利润716万元。蚌埠硅基材料产业技术研究院有限公司（原名蚌埠中凯电子材料有限公司）为公司全资子公司，主要产品为球形石英粉和球形氧化铝粉，注册资本500万元，总资产799万元，净资产-463万元。报告期实现净利润-139万元。

上海淮景建材销售有限公司为本公司控股子公司，公司持股比例为90%，主要从事建材、装潢材料、汽配、机电产品、五金交电的批发零售。注册资本100万元，总资产2128万元，净资产-493万元。报告期实现净利润-62万元。

四、董事会关于公司未来发展的讨论与分析

（一）行业竞争格局和发展趋势

1. 新材料业务

电熔氧化锆行业从早期的外资企业垄断发展到当前多足鼎立的局面，中恒公司、营口阿斯创、福建三祥、东方锆业等主要几家企业的产品占据了国内绝大部分市场。随着世界经济一体化进程的加快，科学技术的日新月异，新材料、新领域的不断出现，锆化合物的应用领域不断拓宽，行业发展空间不断扩大，发展前景乐观。近两年来中高档锆化合物市场逐步扩大，行业结构向高附加值产品进行调整，市场集中度进一步提高。

2. 新型显示器件

新型显示器件是国家战略性新兴产业，政策环境十分有利，随着新技术、新用途、新产品的不断推出和人们消费观念的转变，行业发展具有广阔的市场前景。华益公司的ITO镀膜玻璃产品为液晶显示及触控用的上游基础材料，应用领域广泛。近年来3D眼镜、智能数字化显示的发展产生了稳定的需求，随着移动互联网产业环境日益成熟，智能手机、平板电脑等新兴消费类电子产品的需求持续快速增长，对触控显示的功能要求也在不断提升。

ITO导电膜玻璃80%以上生产厂家在中国，大约有30多家生产企业，100多条生产线。产品档次差别大，较低档次的传统产品进入门槛相对较低，众多厂家参与竞争，供大于求，利润较低，竞争激烈；高档次产品技术含量高、生产材料、工艺要求高，竞争主要集中在少数高端厂家之间。未来企业只有靠规模优势、成本优势、技术优势、综合配套优势，才能保持市场和效益优势，保证可持续发展。

（二）公司发展战略

公司以中建材集团的发展战略为指引，以蚌埠院“新玻璃、新材料、新能源”的产业布局为依托，以市场为导向，以产品结构调整和产业升级为重点，以研究开发和工艺创新为核心，在全面提升专业化经营管理水平和为客户提供全方位增值服务的基础上，公司致力于新型显示器件和新材料两大业务的共同发展，提升以科技创新为主的核心竞争力，促进公司持续快速发展，将公司打造成为具有国际竞争力的新型显示和新材料的科技产业集团。

（三）经营计划

2014 年度公司预计完成营业总收入 15 亿元。为确保 2014 年度经营目标的实现，公司管理层将着力做好以下几个方面的工作。

（1）继续深化精细化管理，优化资源配置、提高生产效率、厉行节约、努力降低生产成本。

（2）加快项目建设，力争早日投产，早日贡献效益。

（3）继续壮大销售队伍，增强销售实力，拓宽销售思路，提高新客户的开发能力和新业务的拓展能力。

（4）加快应收账款回收，加强流动资金管理，降低财务费用，严控借贷规模和资产负债率，确保现金流安全。

（5）积极做好新产品、新技术的开发和储备，增强公司未来发展的后劲和潜力。

华映科技（集团）股份有限公司 2013 年年度报告（摘要）

一、重要提示

本年度报告摘要来自年度报告全文，投资者欲了解详细内容，应当仔细阅读同时刊载于深圳证券交易所网站等中国证监会指定网站上的年度报告全文。

公司简介如表 1 所示。

表 1　公司简介

股票简称	华映科技	股票代码	000536
股票上市交易所	深圳证券交易所		
联系人和联系方式	董事会秘书	证券事务代表	
姓名	陈伟	吴艳菱	
电话	0591-88022590	0591-88022590	
传真	0591-88022061	0591-88022061	
电子信箱	gw@cptf.com.cn	gw@cptf.com.cn	

二、主要财务数据和股东变化

（1）主要财务数据如表 2 所示。

公司是否因会计政策变更及会计差错更正等追溯调整或重述以前年度会计数据

√是（报告期内，公司同一实际控制人下属的华映光电股份有限公司纳入公司的合并报表范围）

□否

表 2　主要财务数据

	2013 年	2012 年		2013 年比 2012 年增减（%）	2011 年	
		调整前	调整后	调整后	调整前	调整后
营业收入（元）	5543853868.98	1822389937.37	4308346662.21	28.68	2182537883.08	4863558514.23
归属于上市公司股东的净利润（元）	310724818.43	276062280.27	328345268.50	-5.37	346729158.79	344129459.52
归属于上市公司股东的扣除非经常性损益的净利润（元）	430847757.76	213237995.86	213237995.86	102.05	326282074.24	326282074.24
经营活动产生的现金流量净额（元）	57063766.97	497524960.02	248327559.99	-77.02	807467896.95	771389568.93
基本每股收益（元/股）	0.4436	0.3941	0.4687	-5.36	0.495	0.4913

续表

	2013 年年末	2012 年年末		2013 年年末比 2012 年年末增减（%）	2011 年年末	
		调整前	调整后	调整后	调整前	调整后
稀释每股收益（元/股）	0.4436	0.3941	0.4687	-5.36	0.495	0.4913
加权平均净资产收益率（%）	13.29	11.03	11.69	1.6	13.59	10.64
总资产（元）	9626480587.78	5789909929.80	8998657982.28	6.98	4552089628.42	7804919481.62
归属于上市公司股东的净资产（元）	2450513859.92	2548788031.36	2882488507.63	-14.99	2636932101.42	3318349589.46

（2）前 10 名股东持股情况如表 3 所示。

表 3　前 10 名股东持股情况

（单位：股）

报告期末股东总数		10043	年度报告披露日前第 5 个交易日末股东总数		11496	
前 10 名股东持股情况						
股东名称	股东性质	持股比例（%）	持股数量	持有有限售条件的股份数量	质押或冻结情况	
中华映管（百慕大）股份有限公司	境外法人	70.77	495765572	495765572		
中华映管（纳闽）股份有限公司	境外法人	4.29	30040422	30040422		
福建福日电子股份有限公司	国有法人	2.31	16160910	0	质押	8000000
福建省电子信息(集团)有限责任公司	国有法人	2.23	15623698	0		
中国建设银行一华商动态阿尔法灵活配置混合型证券投资基金	境内非国有法人	1.59	11130370	0		
甘肃省信托有限责任公司	国家	1.47	10279900	0		
中国建设银行-华商盛世成长股票型证券投资基金	境内非国有法人	1.08	7599953	0		
甘肃省信托有限责任公司-金鹰理财信托计划（六期）	境内非国有法人	0.5	3509268	0		
中国建设银行-华商主题精选股票型证券投资基金	境内非国有法人	0.44	3107009	0		
中融人寿保险股份有限公司分红保险产品	境内非国有法人	0.39	2726278	0		
上述股东关联关系或一致行动的说明			上述股东中，中华映管（百慕大）股份有限公司为公司控股股东，与中华映管（纳闽）股份有限公司为一致行动人；福建省电子信息（集团）有限责任公司与福建福日电子股份有限公司为一致行动人。公司未知前十名其他股东之间是否存在关联关系或是否属于《上市公司股东持股变动信息披露管理办法》规定的一致行动人			
参与融资融券业务股东情况说明（如有）			无			

（3）公司与实际控制人之间的产权及控制关系如图1所示。

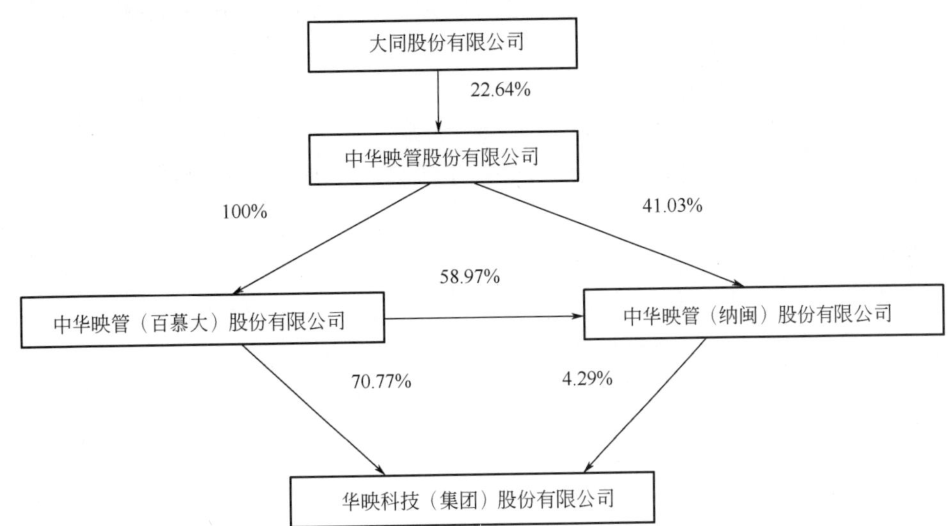

图1 公司与实际控制人之间的产权及控制关系

三、管理层讨论与分析

报告期内，公司为顺应市场对中小尺寸显示产品的持续强劲需求，第六届董事会第三次会议审议通过了《关于控股子公司拟进行第三期中小尺寸平板显示产品投资的议案》，在既有的基础上继续增加对中小尺寸平板显示产品的投资，投资总额不超过4000万元。第三期投资完成后，加上并购的华映光电股份有限公司，公司中小平板显示产品产能将由原来的210万片/月提升到500万片/月以上，有效地提升了公司的产品竞争力及经营业绩。

报告期内，公司也积极调整公司产品结构，提高具有较高毛利产品（如车载等）的比重，公司下属子公司华映视讯（吴江）有限公司2013年度业绩大幅增长。报告期内，公司控股子公司华冠光电受策略客户在PC及NB业务上的订单持续不济的影响，业绩仍未有明显改善并出现亏损；控股子公司科立视材料科技有限公司尚处在产线试运行期，未正式量产，2013年继续亏损。

上述因素导致公司报告期业绩受到一定程度的影响。2013年期末，公司针对实际控制人的逾期应收账款计提坏账准备、公司下属子公司处置厦华电子股权并承担厦华电子负债人员清理费用等事项对公司当期损益产生了重大影响。2013年公司完成对华映光电的并购，以及出售深圳华映等事项导致公司合并报表范围发生变化。

公司2013年度实现营业收入55.44亿元，较调整前2012年营业收入18.22亿元增长204.21%，较调整后的2012年营业收入43.08亿元增长了28.68%；实现利润总额5.04亿元，与2012年度调整前的利润总额4.39亿元比较增长了14.75%，与2012年调整后的利润总额5.79亿元比较下降了12.94%；归属于上市公司股东的净利润3.11亿元，与2012年度调整前的归属于上市公司股东的净利润2.76亿元比较增长了12.56%，与2012年调整后的归属于上市公司股东的净利润3.28亿元比较下降了约5.37%。

主要原因如下。

（1）子公司华映视讯2013年由于大幅增加中、小尺寸产品业务，公司整体波动率大幅提升，公司净利润达到4.30亿元，较2012年度0.97亿元增长了3.33亿元，增幅高达342.63%，成为2013年主要贡献利润的子公司。

（2）2013年华映光电纳入公司并表范围，华映光电拥有触控一条龙业务，随着产业转型完成，华映光电 2013 年净利润达到 1.35 亿元，较 2012 年 1.02 亿元增加了 0.33 亿元，增幅 32.46%。

（3）子公司福建华显 2013 年受产线改造，以及对厦华电子投资计提减值影响，净利润 1.32 亿元，较 2012 年净利润 3.09 亿元减少了 1.77 亿元，减幅达 57.25%。

（4）子公司华冠光电受策略客户在 PC 及 NB 业务上的订单持续不济的影响，业绩仍未有明显改善并出现亏损，亏损金额为 799 万元。

（5）控股子公司科立视材料科技有限公司尚处在产线试运行期，未正式量产，2013 年继续亏损 0.6 亿元。

（6）截至 2013 年 12 月 31 日，公司应收账款中应收实际控制人中华映管股份有限公司款项余额 5.49 亿美元（折合人民币 33.46 亿元），其中账龄为逾期一年以内的应收账款 1.75 亿美元（折合人民币 10.69 亿元），华映科技已对上述应收账款单项计提坏账准备人民币 1.67 亿元。

（7）公司下属控股子公司出售厦门华侨电子股份并承担厦华电子负债、人员清理费用，一揽子处置厦华电子股权对合并利润的影响为-1.96 亿元。

彩虹显示器件股份有限公司 2013 年年度报告（摘要）

一、重要提示

本年度报告摘要摘自年度报告全文，投资者欲了解详细内容，应当仔细阅读同时刊载于上海证券交易所网站等中国证监会指定网站上的年度报告全文。

公司简介如表 1 所示。

表 1　公司简介

<table>
<tr><td>股票简称</td><td>*ST 彩虹</td><td>股票代码</td><td>600707</td></tr>
<tr><td>股票上市交易所</td><td colspan="3">上海证券交易所</td></tr>
<tr><td>联系人和联系方式</td><td colspan="2">董事会秘书</td><td>证券事务代表</td></tr>
<tr><td>姓名</td><td colspan="2">龙涛</td><td>郑涛</td></tr>
<tr><td>电话</td><td colspan="2">（029）33332866</td><td>（029）33333853、33333109</td></tr>
<tr><td>传真</td><td colspan="2">（029）33332670</td><td>（029）33332670</td></tr>
<tr><td>电子信箱</td><td colspan="2">gfoffice@ch.com.cn</td><td>gfoffice@ch.com.cn</td></tr>
</table>

二、主要财务数据和股东变化

（1）主要财务数据如表 2 所示。

表 2　主要财务数据

	2013 年（末）	2012 年（末）	2013 年年（末）比 2012 年（末）增减（%）	2011 年（末）
总资产（元）	7347962949.55	8002932403.34	-8.18	8868022098.06
归属于上市公司股东的净资产（元）	2044520468.86	1969724838.96	3.80	3692149416.34
经营活动产生的现金流量净额（元）	37766808.79	-56893769.30	-166.38	39561645.39
营业收入（元）	239598985.24	248692338.02	-3.66	357689810.33
归属于上市公司股东的净利润（元）	74795629.90	-1722424577.38	不适用	-517713940.31
归属于上市公司股东的扣除非经常性损益的净利润（元）	-225809646.24	-1692734673.79	不适用	-525210568.71
加权平均净资产收益率（%）	3.84	-56.58	60.42	-11.70
基本每股收益（元 / 股）	0.102	-2.338	不适用	-0.703
稀释每股收益（元 / 股）	0.102	-2.298	不适用	-0.713

（2）前 10 名股东持股情况如表 3 所示。

表 3　前 10 名股东持股情况　（单位：股）

报告期股东总数	32291	年度报告披露日前第 5 个交易日末股东总数			31018
前 10 名股东持股情况					
股东名称	股东性质	持股比例（%）	持股总数	持有有限售条件股份数量	质押或冻结的股份数量
彩虹集团电子股份有限公司	国有法人	22.40	165004798	0	无
彩虹集团公司	国有法人	12.06	88888889	0	无
江苏省张家港经济开发区实业总公司	国有法人	6.03	44444445	0	无
江苏省国际信托有限责任公司－民生新股自由打资金信托二号	其他	1.35	9942357	0	无
厦门恒兴集团有限公司	境内非国有法人	1.32	9716250	0	无
国华人寿保险股份有限公司－分红保险产品	其他	1.23	9076351	0	无
交通银行－汉兴证券投资基金	其他	0.68	5000000	0	无
冯柳生	境内自然人	0.56	4159900	0	无
张木德	境内自然人	0.49	3636549	0	无
王晓晖	境内自然人	0.48	3500000	0	无
上述股东关联关系或一致行动关系的说明	彩虹集团公司是彩虹集团电子股份有限公司的控股股东。彩虹集团公司和彩虹集团电子股份有限公司与其他股东之间不存在关联关系或一致行动情况。本公司未知其他股东之间是否存在关联关系或一致行动人情况				

（3）公司与实际控制人之间的产权及控制关系如图 1 所示。

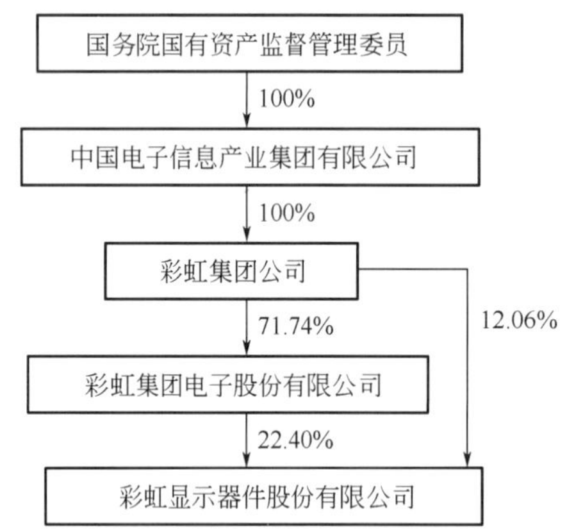

图 1　公司与实际控制人之间的产权及控制关系

三、管理层讨论与分析

（一）董事会关于公司报告期内经营情况的讨论与分析

2013 年是彩虹集团重组发展的开局之年，也是公司深入贯彻“调整、稳定、融合、发展”经营方针，认真落实各项经营举措，攻坚克难，加快增长，改善经营效果的关键一年。公司通过深化营销拉动工作，有序实施技术突破，强化生产运营管控，努力盘活存量资产，提升管理效能，全力改善公司经营面貌。

本报告期内，公司积极推进产业结构调整，明确主业方向和调整要点，努力盘活存量资产，持之以恒开展线体技术攻关，在巩固已取得成果的基础上，总结经验和教训，加快技术破解和提升的速度。坚定地实施营销拓展，全力以赴地拼市场，抓订单。公司不断提升线体管控能力，稳定生产、释放产能、降低成本，努力实现运营效益最大化。2013 年，在对公司经营班子调整后，经过系统调研，制定并实施了新的经济运行方案，集中精力开展 CX03、CH03 线的技术突破，取得了良好的效果，基板玻璃产线良率稳步提高。2013 年 11 月，在继咸阳液晶基板玻璃 CX02 线验收转固后，CX03 线也已顺利通过验收结转固定资产；合肥公司 CH03 线平均良率也达到了历史最好水平；在此基础上，公司 CX05 线建设方案经过充分的论证，于 2013 年 11 月 2 日点火投入试生产运行，技术复制性验证工作逐步展开。

与此同时，为集中精力做强主业，减少经营亏损，公司积极推进存量资产处置工作，对相关股权资产及部分闲置厂房、土地和物业进行了处置。

2013 年，公司累计生产 G5、G6 液晶玻璃基板 143.86 万片，同比增长 25.25%。本报告期，公司实现营业总收入 23959.90 万元，同比下降 3.66%，其中液晶基板玻璃收入增长 60.73%；归属于母公司的净利润 7479.56 万元，实现了 2013 年度经营业绩的扭亏为盈。

（二）主营业务分析

1. 利润表及现金流量表相关科目变动分析（见表 4）

表 4　利润表及现金流量表相关科目变动分析

科目	本期数	2012 年数	变动比例（%）
营业收入（元）	239598985.24	248692338.02	-3.66
营业成本（元）	201021477.94	269230783.53	-25.33
销售费用（元）	31193528.85	29455222.43	5.90
管理费用（元）	176589866.98	202816348.66	-12.93
财务费用（元）	114865838.95	90664395.13	26.69
经营活动产生的现金流量净额（元）	37766808.79	-56893769.30	-166.38
投资活动产生的现金流量净额（元）	780392275.83	-1447542974.64	-153.91
筹资活动产生的现金流量净额（元）	-1004306036.00	925590745.54	-208.50

2. 收入

（1）驱动业务收入变化的因素分析如表 5 所示。

表 5　驱动业务收入变化的因素分析

项目	本期数	2012 年数	变动比例（%）
营业收入（元）	239598985.24	248692338.02	-3.66
其中：主营业务收入（元）	214501341.22	212512092.24	0.94
其他业务收入（元）	25097644.02	36180245.78	-30.63

公司传统彩管业务进入收尾阶段，销售收入较少，新产业收入贡献较大，主营收入同比小幅升高；其他业务收入主要是公司控股子公司佛山公司本年贸易收入同比减少。

（2）主要销售客户的情况。公司来自前五名客户的营业收入为 160571756.65 元，占公司全部营业收入的 67.02%。

3. 成本

（1）成本分析如表 6 所示。

表 6　成本分析

分行业	本期金额（元）	本期占总成本比例（%）	2012 年金额（元）	2012 年占总成本比例（%）	本期金额较 2012 年（%）变动比例(%)
彩色显像管	25014424.21	13.74	155096558.38	66.16	-83.87
OLED 显示	68824781.43	37.8	39888113.20	17.02	72.54
基板玻璃	88246876.48	48.46	39440632.11	16.82	123.75

2013 年度营业成本较 2012 年下降的主要原因是彩管成本下降，由于受彩管销售的存货跌价转出影响，彩管成本大幅降低。基板玻璃业务占比上升的主要原因是基板玻璃线体陆续转固，纳入正常成本核算。

（2）主要供应商情况。公司前五名供应商采购金额（经营性采购）合计为 147806069 元，占公司采购总额的 63%。

4. 费用（见表 7）

表 7　费用

项目	本期数	2012 年数	同比增减（%）
销售费用（元）	31193528.85	29455222.43	5.90
管理费用（元）	176589866.98	202816348.66	-12.93
财务费用（元）	114865838.95	90664395.13	26.69
资产减值损失（元）	24430615.88	1899726940.35	-98.71

销售费用较 2012 年增加，主要是由于 2013 年度彩管销量大幅减少，玻璃基板销售量增加。管理费用较 2012 年减少，主要是因为公司 2012 年年度预提了传统产业退出人员经济补偿金。财务费用较 2012 年大幅增加，主要原因是 2013 年年度增加贷款导致财务费用升高。

资产减值损失大幅度减少，原因是 2012 年年度大额计提资产减值损失。2013 年年度公司控股子公司彩虹（佛山）平板显示有限公司计提在建工程减值准备 1645 万元。

5. 研发支出（见表 8）

表 8　研发支出

本期费用化研发支出（元）	2258241.46
本期资本化研发支出（元）	—
研发支出合计（元）	2258241.46
研发支出总额占净资产比例（%）	0.11
研发支出总额占营业收入比例（%）	0.94

6. 现金流（见表 9）

表 9　现金流

项目	本期数	2012 年数	同比增减（%）
经营活动现金流入小计（元）	551895314.33	386134206.48	42.39
经营活动现金流出小计（元）	514128505.54	443027975.78	16.05
经营活动产生的现金流量净额（元）	37766808.79	−56893769.30	−166.38
投资活动现金流入小计（元）	2089364467.73	329176707.48	534.72
投资活动现金流出小计（元）	1308972191.90	1776719682.12	−26.33
投资活动产生的现金流量净额（元）	780392275.83	−1447542974.64	−153.91
筹资活动现金流入小计（元）	1077944211.00	2068167688.00	−47.88
筹资活动现金流出小计（元）	2082250247.00	1142576942.46	82.24
筹资活动产生的现金流量净额（元）	−1004306036.00	925590745.54	−208.50
现金及现金等价物净增加额（元）	−188295053.53	−579457643.86	−41.13

经营活动产生的现金流量净额较 2012 年度增加，主要是 2013 年度消化处理库存彩管，购买商品及接受劳务支付的现金大幅减少所致。

投资活动产生的现金流量净额较 2012 年度增加，主要是新产业建设进入后期，购建固定资产支付的现金减少，同时公司增加短期理财投资，以及转让股权投资。

筹资活动产生的现金流量净额较 2012 年减少，主要是由于本报告期偿还到期的短期融资券 8 亿元及银行借款 10.3 亿元影响。

7. 其他

（1）公司利润构成或利润来源发生重大变动的详细说明如表 10 所示。

表 10　公司利润构成或利润来源发生重大变动的详细说明

项目	本期数	2012 年数	变动幅度（%）
营业收入（元）	239598985.24	248692338.02	−3.66
管理费用（元）	176589866.98	202816348.66	−12.93
财务费用（元）	114865838.95	90664395.13	26.69
资产减值损失（元）	24430615.88	1899726940.35	−98.71
投资收益（元）	244782863.17	3163537.90	7637.63
营业外收入（元）	127541603.27	28208312.46	352.14
所得税费用（元）	239598985.24	248692338.02	−3.66

营业收入较 2012 年减少，主要是由于 CRT 业务收尾清理，收入大幅减少。管理费用较 2012 年减少，主要是公司 2012 年度预提了传统产业退出人员经济补偿金。财务费用较 2012 年大幅增加，主要

原因是本年度增加贷款导致财务费用升高。

资产减值损失大幅度减少，主要是2012年度大额计提资产减值损失。2013年度公司控股子公司彩虹（佛山）平板显示有限公司计提在建工程减值准备1645万元。

投资收益增加的原因是2013年度转让长期股权投资。营业外收入增加主要是由于收到政府补助及非流动资产处置利得。

（2）公司前期各类融资、重大资产重组事项实施进度分析说明。本报告期内，由于本公司2011年度非公开发行股票事宜无任何实质性进展，公司董事会根据目前的市场环境及公司自身业务结构调整的实际情况，决定终止2011年度非公开发行股票事项，关于终止实施非公开发行股票方案的公告刊登于2013年10月29日的《中国证券报》《证券时报》和上海证券交易所网站上。

（3）发展战略和经营计划进展说明。2013年下半年，公司对组织机构和经营班子进行了调整，优化运营模式，制定并实施了新的经济运行方案，取得了较大进展，基板玻璃生产线良率稳步提升，并已实现运营线体的满产满销，但是公司2013年度整体经营成果与董事会制定的经营目标仍存在较大差距，主要原因如下：一方面由于日元贬值、市场竞争激烈、价格下降，收入影响较大；另一方面由于运营模式调整，产线规模未完全释放。

（三）行业、产品或地区经营情况分析

（1）主营业务分行业、分产品情况如表11所示。

表11　主营业务分行业、分产品情况

分行业	营业收入（元）	营业成本（元）	毛利率（%）	营业收入比2012年增减（%）	营业成本比2012年增减（%）	毛利率比2012年增减(%)
彩色显像管	56163814.64	25014424.21	55.46	-56.28	-83.87	76.19
OLED显示	66806665.83	68824781.43	-3.02	146.54	72.54	44.18
基板玻璃	91530860.75	88246876.48	3.59	60.73	123.75	26.88

2013年度由于受彩管销售的存货跌价转出影响，本期彩管毛利率升高。

本报告期内，由于CX02线进入窑炉运行后期（2013年8月停炉冷修），该线体产量减少，成本处于异常状态；同时，由于日元贬值，产品价格受到影响，导致毛利率水平异常。随着生产线完成冷修投产，技术提升，毛利将恢复正常。

（2）主营业务分地区情况如表12所示。

表12　主营业务分地区情况

地区	营业收入（元）	营业收入比2012年增减（%）
国内	164599857.26	122.99
国外	49901483.96	-64.02

（四）资产、负债情况分析

（1）资产负债情况分析如表13所示。

表 13　资产负债情况分析

项目名称	本期期末数（元）	本期期末数占总资产的比例（%）	上期期末数（元）	上期期末数占总资产的比例（%）	本期期末金额较上期期末变动比例（%）
货币资金	641369477.83	8.73	849805197.99	10.62	-1.89
预付账款	7223074.91	0.10	23867387.99	0.30	-0.20
其他流动资产	—	—	600000000.00	7.50	-7.50
长期股权投资	—	—	24060000.00	0.30	-0.30
固定资产	1499617574.79	20.41	1495277051.96	18.68	1.72
在建工程	3375078984.67	45.93	3789394431.56	47.35	-1.42
工程物资	1392392428.72	18.95	742195289.74	9.27	9.68
短期借款	408944211.00	5.57	286600000.00	3.58	1.97
应付利息	40876212.23	0.56	18534576.26	0.23	0.32
其他应付款	620262564.39	8.44	110015900.39	1.37	7.07
一年内到期的非流动负债	1206525705.67	16.42	368309631.67	4.60	11.82
长期借款	2647640288.94	36.03	4060842563.36	50.74	-14.71
预计负债	9209685.27	0.13	4147244.51	0.05	0.08

货币资金余额较年初减少，主要是新产业项目建造持续投入所致。预付账款余额较年初减少，主要是公司预付工程款减少所致。其他流动资产余额较年初减少，主要是本公司银行理财产品到期赎回所致。长期股权投资余额较年初减少，主要是本公司转让持有的西部信托有限公司股权所致。固定资产、在建工程余额分别超过资产总额 5%，主要是本公司新产业项目投资金额较大所致。工程物资余额较年初增加，主要是本公司新产业基板玻璃公司铂金设备正在提纯所致。短期借款余额较年初增加，主要是本公司借款增加所致。应付利息余额较年初增加，主要是本公司尚未支付股东彩虹集团公司委贷利息所致。其他应付款余额较年初增加，主要是本公司向股东彩虹集团公司借入流动资金贷款所致。

一年内到期的非流动负债余额较年初增加，主要是本公司应于 2014 年需要偿还的外部债务重分类所致。

长期借款余额较年初减少，主要是本公司将应于 2014 年需要偿还的长期借款重分类至一年内到期的其他非流动负债所致。

预计负债余额较年初增加，主要是本公司计提玻璃基板销售三包费用所致。

（2）公允价值计量资产、主要资产计量属性变化相关情况说明。

不适用。

（五）核心竞争力分析

本公司作为国内液晶基板玻璃龙头企业，自 2005 年开始研发、生产液晶基板玻璃，在研发和生产运营中不断培养和储备了基板玻璃研发、制造及管理专业人才；公司在合肥、张家港、咸阳均有生产基地，离国内面板厂较近，本土化生产具有较强的地理优势；公司产品售价比国际厂商具有一定的价格优势；为了强化技术研究，公司专门设立了液晶基板玻璃技术研发中心，组织力量，集中资源，快速提升技术能力。随着公司技术能力的不断提升和产线能力的设计优化，公司单线产能得到较大幅度的提高；与中国电子的重组，完善了公司上下游产业链，使得公司的市场竞争实力不断得到提升。

（六）投资状况分析

1. 对外股权投资总体分析

持有非上市金融企业股权情况如表 14 所示。

表 14 持有非上市企业股权情况

所持对象名称	初始投资金额（元）	持有数量（股）	占该公司股权比例（%）	期末账面价值（元）	报告期损益（元）	报告期所有者权益变动（元）	会计核算科目	股份来源
西部信托有限公司	30000000		5.01	24060000	6109486.81		长期股权投资	购买
合计	30000000		—	24060000	6109486.81		/	/

2. 非金融类公司委托理财及衍生品投资的情况

（1）委托理财情况。

本公司第七届董事会第八次会议审议通过了《关于委托理财的议案》。为提高公司资金使用效率，在保证日常经营资金需求、有效控制投资风险的前提下，利用闲置自有资金进行短期委托理财，以增加公司现金资产收益，实现股东利益最大化。本报告期内，委托理财金额为 6 亿元，理财产品投资收益 1742 万元。委托理财资金到期后已用于公司 2012 年度第一期短期融资券的兑付。截至报告期末，公司无委托理财。

（2）委托贷款情况（见表 15）。

表 15 委托贷款情况

借款方名称	委托贷款金额（万元）	贷款期限	贷款利率（%）	是否逾期	是否关联交易	是否展期	是否涉诉	资金来源是否为募集资金	关联关系
彩虹集团公司	40000	2014.11.27	6.15	否	是	是	否	—	间接控股股东

本公司 2011 年第三次临时股东大会审议通过了《关于申请委托贷款的议案》，同意公司向实际控制人彩虹集团公司申请 6 亿元的委托贷款，其中 2 亿元已于本报告期偿还。

3. 募集资金使用情况

（1）募集资金总体使用情况如表 16 所示。

表 16 募集资金总体使用情况

募集年份	募集方式	募集资金总额（万元）	本报告期已使用募集资金总额（万元）	已累计使用募集资金总额（万元）	尚未使用募集资金总额（万元）	尚未使用募集资金用途及去向
2010 年	非公开发行	355060.00	20133.84	350000.00	0.00	

2010 年，经中国证监会《关于核准彩虹显示器件股份有限公司非公开发行股票的批复》（证监许可〔2010〕866 号）文件核准，公司向十名特定投资者非公开发行股票 315608888 股，募

集资金总额为 3550599990 元，募集资金净额为 3497869545.39 元。本次非公开发行股票募集资金到位后，公司及时按照增资协议将募集资金划入控股子公司陕西彩虹电子玻璃有限公司募集资金专户，全部用于对陕西彩虹电子玻璃有限公司进行增资。陕西彩虹电子玻璃有限公司已按照增资协议将募集资金中的 18 亿元增资投入彩虹（合肥）液晶玻璃有限公司，用于合肥高世代 TFT-LCD 玻璃基板生产线项目的建设；5 亿元增资投入彩虹（张家港）平板显示有限公司，用于张家港高世代 TFT-LCD 玻璃基板生产线项目的建设。截至本报告期末，公司募集资金已全部使用完毕。

（2）募集资金承诺项目使用情况如表 17 所示。

表 17　募集资金承诺项目使用情况

<table>
<tr><th>承诺项目名称</th><th>是否变更项目</th><th>募集资金拟投入金额（万元）</th><th>募集资金实际投入金额（万元）</th><th>是否符合计划进度</th><th>项目进度</th><th>是否符合预计收益</th><th>未达到计划进度和收益说明</th><th>变更原因及募集资金变更程序说明</th></tr>
<tr><td>电子玻璃公司高世代 TFT-LCD 玻璃基板研发及二期产业化建设项目</td><td>否</td><td>90000</td><td>90000</td><td>是</td><td>CX02 线和 CX03 线已通过验收并结转固定资产；CX05 线已于 2013 年 11 月 2 日点火试生产</td><td>否</td><td rowspan="3">随着用户对产品质量要求不断提高，公司对工艺技术不断调整，满足客户要求；另外根据市场需求的变化，对产品进行升级。项目达到预定可使用状态时间比原计划推迟</td><td>—</td></tr>
<tr><td>增资彩虹（合肥）液晶玻璃有限公司，建设合肥高世代 TFT-LCD 玻璃基板生产线项目</td><td>否</td><td>180000</td><td>180000</td><td>是</td><td>处于建设期和试生产阶段</td><td>否</td><td>—</td></tr>
<tr><td>增资彩虹（张家港）平板显示有限公司，建设张家港高世代 TFT-LCD 玻璃基板生产线项目</td><td>否</td><td>50000</td><td>50000</td><td>是</td><td>处于建设期和试生产阶段</td><td>否</td><td>—</td></tr>
<tr><td>补充电子玻璃公司流动资金</td><td>否</td><td>30000</td><td>30000</td><td>—</td><td>—</td><td>—</td><td>—</td><td>—</td></tr>
<tr><td>合计</td><td>—</td><td>350000</td><td>350000</td><td>—</td><td>—</td><td>—</td><td>—</td><td>—</td></tr>
</table>

注：截至报告期末，上述募集资金投资项目除电子玻璃公司 CX02 线和 CX03 线外，其他生产线尚处于建设和试生产阶段，本期未实现效益。

4. 主要子公司、参股公司分析（见表18）

表18 主要子公司、参股公司分析

公司名称	主要产品和服务	注册资本（万元）	资产规模（万元）	净资产（万元）	净利润（万元）
陕西彩虹电子玻璃有限公司	生产、经营电子玻璃制品；对外贸易经营	398435.7537	679876	265902	-13304
彩虹（佛山）平板显示有限公司	平板显示器件、电子产品及零部件的制造、开发、经营等业务	10000	37779	-74614	-8036
彩虹（佛山）液晶玻璃有限公司	从事投资、建设、开发、生产和销售液晶用玻璃基板、其他玻璃制品和相关产品、进出口贸易等	10000	1847	1845	2
西部信托有限公司	受托经营资金信托业务；受托经营动产、不动产及其他资产的信托业务等	62000	178754	150769	18962

5. 非募集资金项目情况（见表19）

表19 非募集资金项目情况

项目名称	项目金额（万元）	项目进度	项目收益情况
建设4.5代AMOLED项目	496000	暂停	无
建设AMOLED中试线项目	31500	暂停	无

本公司第十九次（2010年度）股东大会批准本公司控股子公司彩虹（佛山）平板显示有限公司投资建设4.5代AMOLED项目和AMOLED中试线项目，截至本报告期末，累计投资分别是34871万元和39357万元。由于经营环境、整体预期盈利能力发生变化，彩虹（佛山）平板显示有限公司出现经营亏损，净资产为负数，公司已对该公司全额计提了长期股权投资减值准备，为减少公司经营亏损，公司将继续对所持该公司51%的股权进行处置。

（七）董事会关于公司未来发展的讨论与分析

1. 行业竞争格局和发展趋势

近年来，我国已成为全球平板显示产业发展最快的国家，面对强劲增长的玻璃基板市场，国外厂商不断加大对国内玻璃基板市场的开拓力度，并不断对产品更新升级，进一步强化垄断地位。相比之下，玻璃基板本土化发展速度滞后于本土面板生产线的建设。

随着终端市场智能手机、平板电脑等中、小尺寸产品需求量的持续增加，全球中、小尺寸产能继续保持较大幅度增长，将带动对薄型化及具备减薄性能基板玻璃需求的增长。高清显示成为未来发展趋势，全球主要面板厂已积极推动超高解析度面板，对基板玻璃提出更高的要求。

行业的高度垄断性、国外基板玻璃制造商对国内厂商的打压，以及日元持续贬值，对国产基板玻璃售价的冲击，使得市场竞争更加激烈。

公司作为国内液晶玻璃基板龙头企业，已掌握产品制造核心技术，产线良率稳步提升，并打破了国外厂家垄断。公司将继续努力，加快产线复制，释放产能，持续扩大市场份额。

2. 公司发展战略

公司将专注和突出液晶基板玻璃主业，千方百计集中各种资源，加快技术提升，使现有资产快速发挥作用，大幅提高运营效率和经营效果。公司还将积极推进对盖板玻璃及 8.5 代液晶基板玻璃的研究与开发，适时立项并实施。

3. 经营计划

2014 年公司总体经营目标：液晶基板玻璃销售 165 万片。实现上述计划拟采取的主要措施如下。

（1）快速突破技术难关，实现线体技术复制性整合资源，加快技术交流与融合，持续突破技术难点，进一步稳定生产、提升良率，稳健提升技术的复制能力，追赶行业先进水平；紧跟市场需求，制定和推进整体新产品研发计划，拓展高端市场。

（2）全力实施营销拉动，加速提升产品销量坚持营销拉动战略，在巩固、提升现有用户销量的基础上，紧抓战略客户，全力以赴开发新客户，提高市场占有率；落实用户质量标准，快速解决存在的问题，提高用户满意度。

（3）增强资金管控能力，提升资本运作水平，充分利用金融和资本市场融资工具，拓展筹资渠道；加强与政府、金融机构的联系和沟通，积极争取项目优惠政策和资金支持；加强对资金使用效果的考核机制，提高资金利用率；盘活处置低效资产，优化资产结构。

（4）强化生产运营管理，稳中求进，按照运营计划，稳步做好线体运营管理工作，扩大生产，提高产能；以良率提升、扩大产能为切入点，充分发挥运营管控职能，加强组织协调和监控，快速实现经营新突破。

（5）加强人才引进与培养，提高管理技术人员水平，通过引进与自主培养，增强技术团队力量，提高整体管理技术水平，为充分发挥现有资产效率及下一步发展积聚力量。

4. 可能面对的风险

技术风险：随着平板显示技术的发展和智能化产品的应用，对产品技术提出了更高的要求，生产企业需紧跟市场，快速提升技术能力。

市场风险：行业高度垄断，国外企业采用各种手段对国内厂商进行打压，对进入新客户设置障碍，对市场拓展和预期盈利造成影响。

面对上述风险，公司将积极采取措施应对，具体如下。

（1）公司将在 2013 年技术大幅提升的基础上，实现产线技术的快速稳定提升，增强竞争实力，打破垄断局面。

（2）快速突破技术难关，实现线体技术复制，充分发挥投资效果，进一步提高市场影响力。

（3）充分发挥上下游产业的优势，大幅提升市场占有率。

四、涉及财务报告的相关事项

年度财务报告被会计师事务所出具非标准审计意见的，董事会、监事会对涉及事项说明。

董事会注意到，公司聘请的审计机构信永中和会计师事务所（特殊普通合伙）为公司 2013 年度财务报表出具的审计报告中的强调事项，为此说明如下。

（1）董事会认为，审计意见强调事项客观地反映了公司的经营现状，揭示了公司在主营业务转型过程中存在的机遇与风险。

（2）公司液晶玻璃基板业务经过近年生产运营、创新改进和反复实践，已经取得了长足进步，液晶基板玻璃生产线良品率稳步提升，陆续通过验收结转固定资产，液晶玻璃基板业务正在趋于成熟和稳定。

（3）董事会和经营层已经制定了有针对性的具体措施，通过加大技术管理，快速实现技术突破，为稳定提升良率奠定基础；同时，积极开展新技术研究，持续降低成本，采取有效营销策略，以市场为导向，提升产品竞争力，改善和扩大新产业经营成果。

监事会审阅了信永中和会计师事务所（特殊普通合伙）为公司 2013 年度财务报告出具的审计报告，特别关注了其中的强调事项段，监事会对于审计机构出具的审计意见不持异议。监事会认为：董事会关于审计报告涉及强调事项段的说明符合公司实际情况，为改善和扩大新产业经营成果，董事会和经营层已针对公司主营业务转型和提升过程中存在的问题制定了一系列积极的措施。监事会将继续积极履行监督职责，高度关注公司业务转型、提升工作，切实维护投资者的利益。

彩虹显示器件股份有限公司

2014 年 3 月 4 日

诚志股份有限公司 2013 年年度报告（摘要）

一、重要提示

本年度报告摘要来自年度报告全文，投资者欲了解详细内容，应当仔细阅读同时刊载于深圳证券交易所网站等中国证监会指定网站上的年度报告全文。

公司简介如表 1 所示。

表 1　公司简介

股票简称	诚志股份	股票代码	000990
股票上市交易所	深圳证券交易所		
联系人和联系方式	董事会秘书	证券事务代表	
姓名	邹勇华	徐惊宇	
电话	0791-83826898	0791-83826898	
传真	0791-83826899	0791-83826899	
电子信箱	zouyonghua@thcz.com.cn	xujingyu0403@163.com	

二、主要财务数据和股东变化

（1）主要财务数据如表 2 所示。

公司是否因会计政策变更及会计差错更正等追溯调整或重述以前年度会计数据

□是√否

表 2　主要财务数据

	2013 年	2012 年	本年比 2012 年增减（%）	2011 年
营业收入（元）	3999935252.36	3383211529.43	18.23	2986842750.42
归属于上市公司股东的净利润（元）	51890569.23	27236946.00	90.52	31662276.13
归属于上市公司股东的扣除非经常性损益的净利润（元）	42047864.93	9041780.17	365.04	-33216495.10
经营活动产生的现金流量净额（元）	193845468.02	111526031.20	73.81	387422877.89
基本每股收益（元/股）	0.175	0.092	90.22	0.107
稀释每股收益（元/股）	0.175	0.092	90.22	0.107
加权平均净资产收益率（%）	3.2	1.7	1.5	2
	2013 年年末	2012 年年末	2013 年年末比 2012 年年末增减	2011 年年末
总资产（元）	3330041527.75	3033540032.44	9.77	3350601399.54
归属于上市公司股东的净资产（元）	1650577037.44	1608156662.29	2.64	1595881540.22

（2）前 10 名股东持股情况如表 3 表示。

表 3 前 10 名股东持股情况

（单位：股）

<table>
<tr><td colspan="2">报告期末股东总数</td><td colspan="2">20019</td><td>年度报告披露日前第 5 个交易日末股东总数</td><td colspan="2">17901</td></tr>
<tr><td colspan="7">前 10 名股东持股情况</td></tr>
<tr><td rowspan="2">股东名称</td><td rowspan="2">股东性质</td><td rowspan="2">持股比例（%）</td><td rowspan="2">持股数量</td><td rowspan="2">持有有限售条件的股份数量</td><td colspan="2">质押或冻结情况</td></tr>
<tr><td>股份状态</td><td>数量</td></tr>
<tr><td>清华控股有限公司</td><td>国有法人</td><td>40.11</td><td>119139670</td><td>0</td><td>—</td><td>—</td></tr>
<tr><td>平安信托有限责任公司-睿富二号</td><td>其他</td><td>4.9995</td><td>14850000</td><td>0</td><td>—</td><td>—</td></tr>
<tr><td>国泰君安证券股份有限公司约定购回专用账户</td><td>境内非国有法人</td><td>2.92</td><td>8677700</td><td>0</td><td>—</td><td>—</td></tr>
<tr><td>石家庄永生集团股份有限公司</td><td>境内非国有法人</td><td>1.01</td><td>2999643</td><td>0</td><td>—</td><td>—</td></tr>
<tr><td>吴强</td><td>境内自然人</td><td>0.57</td><td>1701284</td><td>0</td><td>—</td><td>—</td></tr>
<tr><td>魏一凡</td><td>境内自然人</td><td>0.56</td><td>1659200</td><td>0</td><td>—</td><td>—</td></tr>
<tr><td>杨玉娟</td><td>境内自然人</td><td>0.53</td><td>1585520</td><td>0</td><td>—</td><td>—</td></tr>
<tr><td>刘洋</td><td>境内自然人</td><td>0.51</td><td>1508000</td><td>0</td><td>—</td><td>—</td></tr>
<tr><td>曹艳国</td><td>境内自然人</td><td>0.47</td><td>1400000</td><td>0</td><td>—</td><td>—</td></tr>
<tr><td>成都吉士达投资有限责任公司</td><td>境内非国有法人</td><td>0.44</td><td>1316400</td><td>0</td><td>—</td><td>—</td></tr>
<tr><td colspan="2">上述股东关联关系或一致行动的说明</td><td colspan="5">公司不知上述股东之间是否存在关联关系，也不知其是否属于《上市公司收购管理办法》规定的一致行动人</td></tr>
<tr><td colspan="2">参与融资融券业务股东情况说明（如有）</td><td colspan="5">报告期内，公司自然人股东吴强、刘洋分别通过客户信用交易担保证券账户持股 1701184 股与 1508000 股，公司非国有法人股东成都吉士达投资有限责任公司通过客户信用交易担保证券账户持股 1316400 股</td></tr>
</table>

（3）公司与实际控制人之间的产权及控制关系如图 1 所示。

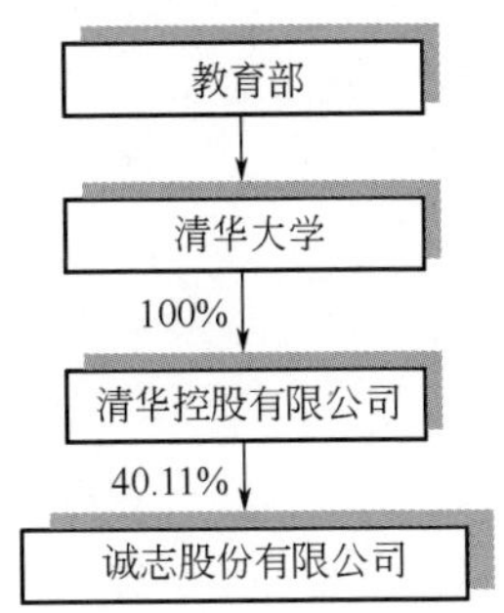

图 1　公司与实际控制人之间的产权及控制关系

三、管理层讨论与分析

（一）液晶显示

国内液晶显示产业竞争形势更为严峻，下游面板客户需求尤其黑白液晶需求不足，价格战愈演愈烈。公司以确保经营业绩为首要目标，一方面对黑白液晶客户进行科学细分，制定差异化的销售策略，努力稳定中、低端市场份额；另一方面以 TFT 产品技术升级和销售为突破口，全力冲刺中、高端市场，努力研究新兴市场，同时着力加强研发工作和成本控制。报告期内，公司液晶材料产品结构更加优化，STN、TFT 等中、高端产品的销量和销售额增长相对较快。此外，扩产 TFT-LCD 液晶显示材料项目于 2013 年 11 月建成并投入试产，这将有利于公司更好地把握液晶显示材料国产化带来的良好机遇，进一步完善产品结构、提高产品档次，创造更好的经济效益。

（二）生物医药

为进一步稳固在国际产业链分工中的地位，公司坚持以市场为导向开展研发和技术创新，努力扩张产能，推动生产工艺升级和技术改造，持续改进质量管理体系，积极推广和应用节能减排新技术，以扩大成本优势、不断提升产品品质，努力满足国内外市场开拓和客户需要。报告期内，公司积极申请了 D-核糖提取及新的应用专利，有利于更好地支持 D-核糖产品在国际市场的拓展；同时通过应用新技术、新工艺实现了 D-核糖的增产及产糖率的提高，D-核糖产能提升至 1000 吨，生产成本也进一步降低。此外，“力博士 D-核糖冲剂”面向全国的销售渠道正在逐步构建，公司也加大了针对中老年、运动员等特定细分市场的推广力度，产品知名度慢慢扩大。

（三）医疗服务

作为公司医疗服务业务的主要载体，丹东市第一医院是所有制形式为股份制的三级甲等综合性医院。自公司 2006 年将其并购以来医院经多年来的积累和发展，无论从医疗技术、学科建设、服务质量，还是管理水平、财务状况都较改制前有了长足的进步，医院的面貌也发生了较大的变化，成为丹东乃至辽东地区规模最大、学科建制最完备、医疗服务水平最高的综合性医院之一。伴随着新医疗大楼二期项目的投运使用，医院现已具备良好的可持续发展基础，日常运营迈入更加健康和规范的轨道，公司暂无对其新增投资的计划。目前，丹东市第一医院仍为事业单位法人、非营利性医疗机构，该医院在完全改制成为公司制法人前存在无法向本公司进行分红的风险。报告期内，医院为适应改革和发展需要，按照“以病人为中心”的医疗模式调整了医院整体布局，优化业务及管理流程，整合医疗资源，加强重点专科、特色专科的发展，在深化管理的内涵建设的同时加强员工激励、努力提高运营效益。医院正式签约并挂牌中国医科大学教学医院，医疗收入、药品收入、门诊收入、住院收入等经济指标，以及门诊量、手术例数、出院人数等工作量指标完成情况较 2012 年度继续保持稳步增长。

（四）相关贸易

适度控制业务规模，努力开拓新客户，稳妥开展自营业务并通过提高现有业务周转率、调整业务结构提升了业务收益率，通过客户风险评估、降低客户集中度，以及强化物流及货权监管等措施降低了经营风险，从而实现了营业收入和净利润同比稳步增长。

北京康得新复合材料股份有限公司 2013 年年度报告（摘要）

一、重要提示

本年度报告摘要来自年度报告全文，投资者欲了解详细内容，应当仔细阅读同时刊载于深圳证券交易所网站等中国证监会指定网站上的年度报告全文。

公司简介如表 1 所示。

表 1　公司简介

股票简称	康得新	股票代码	002450
股票上市交易所	深圳证券交易所		
联系人和联系方式	董事会秘书	证券事务代表	
姓名	钟凯	王山	
电话	010-89710777	010-89710777	
传真	010-80107261-6218	010-80107261-6218	
电子信箱	kdx@kdxfilm.com	kdx@kdxfilm.com	

二、主要财务数据和股东变化

（1）主要财务数据如表 2 所示。

公司是否因会计政策变更及会计差错更正等追溯调整或重述以前年度会计数据

√是□否

表 2　主要财务数据

	2013 年	2012 年		2013 年比 2012 年增减（%）	2011 年	
		调整前	调整后	调整后	调整前	调整后
营业收入（元）	3192701967.08	2234623152.98	2234623152.98	42.87	1526021238.48	1526021238.48
归属于上市公司股东的净利润（元）	658620360.00	423012609.09	423012609.09	55.7	130766718.48	130766718.48
归属于上市公司股东的扣除非经常性损益的净利润（元）	650323814.16	412578965.03	412578965.03	57.62	128199314.59	128199314.59
经营活动产生的现金流量净额（元）	225523563.00	272807541.54	272807541.54	-17.33	160817596.76	160817596.76
基本每股收益（元/股）	0.71	0.73	0.48	47.92	0.25	0.1
稀释每股收益（元/股）	0.7	0.73	0.48	45.83	0.25	0.1
加权平均净资产收益率（%）	19.24	19.61	19.61	-0.37	13.74	13.74

续表

	2013 年年末	2012 年年末		2013 年（末）比 2012 年（末）增减（%）	2011 年年末	
		调整前	调整后	调整后	调整前	调整后
总资产（元）	7962752692.78	5790941905.32	5790941905.32	37.5	1538073300.81	1538073300.81
归属于上市公司股东的净资产（元）	3766466374.07	3044271192.77	3044271192.77	23.72	1005650446.30	1005650446.30

（2）前 10 名股东持股情况如表 3 所示。

表 3　前 10 名股东持股情况

报告期末股东总数	26659		年度报告披露日前第 5 个交易日末股东总数	35804		
前 10 名股东持股情况						
股东名称	股东性质	持股比例（%）	持股数量	持有有限售条件的股份数量	质押或冻结情况	
					股份状态	数量
康得投资集团有限公司	境内非国有法人	28.5	268993772	0	质押	268830000
通用技术集团香港国际资本有限公司	境外法人	2.61	24603000	0		
吕志炎	境内自然人	2.17	20441238	0		
中国建设银行－泰达宏利市值优选股票型证券投资基金	境内非国有法人	2.12	20000000	0		
上海浦东发展银行－嘉实优质企业股票型开放式证券投资基金	境内非国有法人	2.04	19267069	0		
全国社保基金五零二组合	境内非国有法人	1.91	18000000	0		
崔斌	境内自然人	1.89	17882595	0		
全国社保基金一一五组合	境内非国有法人	1.66	15700000	0		
中国建设银行－华宝兴业行业精选股票型证券投资基金	境内非国有法人	1.31	12360050	0		
中国银行－嘉实增长开放式证券投资基金	境内非国有法人	1.08	10204376	0		

续表

上述股东关联关系或一致行动的说明	未知上述股东相互之间是否存在关联关系，也未知是否属于一致行动人
参与融资融券业务股东情况说明（如有）	① 公司股东崔斌通过中国民族证券有限责任公司客户信用交易担保证券账户持有 17882595 股； ② 公司股东吕志炎通过普通证券账户持有 10005244 股，通过国泰君安证券股份有限公司客户信用交易担保证券账户持有 10435994 股

（3）公司与实际控制人之间的产权及控制关系如图 1 所示。

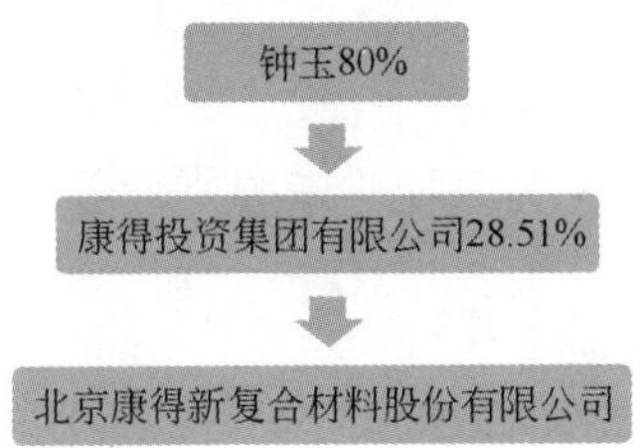

图 1　公司与实际控制人之间的产权及控制关系

三、管理层讨论与分析

（一）概述

报告期内，在各级政府和投资者的支持下，在管理层和全体员工的努力奋斗下，公司克服重重困难，在过去一年实现了稳步和快速的增长，同时成功打造了国内先进高分子复合材料产业平台，为公司未来三年实现持续、稳定、快速增长奠定了坚实的基础。

（二）回顾前期披露的发展战略和经营计划在报告期内的进展情况

报告期内，2013 年 11 月公司提前完成募投项目的建设，全球规模最大、唯一全产业链、唯一全系列、年产 2 亿平方米光学膜产业集群项目的顺利投产，使公司发展成为我国重要的高分子复合材料的产业平台。公司现已成为由预涂膜和光学膜两大产业群组成的一个国际化集团企业。

1. 预涂膜领域

（1）由于绿色印刷政策引导，预涂膜在国内印刷行业加速替代，为公司预涂膜的市场扩展创造了重要条件；在国际市场，公司充分发挥全球行业领导地位的优势——品牌优势、成本优势、服务优势、技术优势、全产业链优势，在全球市场上继续扩展，引领全球行业发展。公司面向中、高端客户发展中、高档产品的经营方针，使公司保持着良好的盈利能力。

（2）基材方面，公司从德国采购的第三条生产线于二季度投产。此条生产线采用完全节能设计，并专为薄膜设计的高精度的先进生产线。它的投产为公司实现基材的全面自供、降低成本、特种功能膜开发、差异化经营奠定了重要的基础。

（3）坚持机膜一体化，成功投放多规格意大利技术高速机，为国内预涂膜走向全面替代起到促进作用。

（4）公司向非纸塑领域迈进，将原有的预涂膜五大技术和光学膜七大技术整合后进行新产品开发，使预涂膜附加值获得极大的提升；报告期末共开发出 4 个系列、60 多个规格型号的相关产品，获得专利授权 46 项。

2. 光学膜领域

（1）公司全体干部员工在张家港市政府的大力支持下，凭借顽强拼搏的精神提前完成了光学膜产业集群项目的建设。该项目启动仅两年时间，其中项目建设期仅一年，于 2013 年 11 月 19 日全面投产，创造了世界光学膜项目建设的奇迹。公司完成了 24 万平方米的厂房建设，进口关键设备 200 余台套，组建了 2500 余人产业化团队，包括 800 余人的工程技术研究人员，日本、韩国、中国台湾精英近百人。该项目的建成抢占了光学膜进口替代的先机，使公司成为由光学膜和预涂膜产业群结合的高分子复合材料产业平台。

（2）在市场方面，公司通过加大产品开发力度，强化团队和渠道建设，组建了七大销售部、两大专业销售公司、一个 3D 产业发展中心等一系列举措加强市场开拓。

在显示市场领域，公司成功开发了 LGD、冠捷、群创等国际一线，TCL、创维、长虹、京东方等国内一线及国内二、三线计百余家客户，为公司光学膜产业群的达产奠定了重要的基础。

在非显示市场领域，公司在窗膜、装饰膜、3D 产业领域进行市场开拓，取得了显著的成果，为公司进一步提升盈利能力创造了重要的条件。

报告期末共开发出 18 个系列、59 个规格、154 个型号的显示和非显示用产品，获得专利授权 18 项。

（三）核心竞争力分析

公司在产业化基础、技术团队、客户渠道、管理等方面占据较大的优势。

（1）产业化基础优势。公司建成的全产业链、高分子复合材料产业平台，使横向、纵向整合带来的强大技术和成本优势得以充分体现，使多技术交互后开发的新产品不断涌现。尤其是在预涂膜和光学膜进行技术整合后的新产品开发，使公司产品市场前景更加广阔。

（2）技术、产业团队优势。技术团队和产业团队将为新产品研发生产、商务模式创新，提升企业盈利能力做出重要贡献。

（3）客户、渠道优势公司拥有遍布世界 80 余个国家、地区和国内大部分地区的营销渠道，畅通的销售渠道将带动公司膜材料的销售和未来新材料的技术开发和应用。

（4）管理及其他优势。公司主要管理层均具备多年国有大型工业企业或外资工业企业的管理经验和专业背景，利用先进管理工具融和国际化经营理念，培养技术、技工团队，不断提升企业管理水平；在企业核心竞争要素上形成优势。

（四）公司未来发展的展望

“十二五”期间，我国新材料产业发展迅速，预计新材料总产值达到 2 万亿元，年均增长率超过 25%，政府将出台一系列政策支持国产材料进口替代。作为从事先进高分子材料的公司定位，具有广阔的发展前景。

（1）2014 年预涂膜领域公司在绿色印刷政策的带动下，继续推进预涂膜领域加速替代，充分利用公司国内外渠道、国际行业领导地位、全产业链、品牌、技术、服务等优势加强市场开拓，加大在高端产品和非纸塑复合领域的新产品开发和投放，提升企业的竞争力和盈利能力。

（2）2014 年光学膜领域。

2014 年预计中国显示类光学膜总需求为 10 亿平方米，非显示类需求达 15 亿平方米，目前主要依赖进口。未来两年我国将新增液晶面板 8 条 8.5 代生产线，仅显示类需求预计将达 20 亿平方米，公司 2013 年投产的 2 亿平方米光学膜产业项目恰逢其时。公司将抓住机遇，通过不断提升产品质量、加大技术开发、加强市场开拓等一系列举措，力争 2014 年达产 70%。

2013 年公司在显示和非显示市场的成功开拓，为公司在 2014 年的发展奠定了坚实的基础。公司将充分发挥自身优势，通过技术整合、产业链整合、市场整合和资本整合，进一步加大在显示、窗膜（汽车、建筑）、装饰膜（建筑、家电、厨具、家具）、3D 产业（广告、展示、文化用品、包装、电视、移动终端、内容制作、网络媒体平台）四大领域的市场开拓，全面提升企业的竞争力和盈利能力。

未来几年，公司将迎来难得的发展机遇，公司将立足国内最重要的高分子复合材料产业平台，面向多领域的市场需求，持续进行技术创新。公司正在进行规划和开发的新产品包括柔性 OLED 显示器用水汽阻隔膜、高性能建筑隔热窗膜、石墨烯功能膜、碳纳米管功能材料等前沿新材料，同时布局高性能复合材料。

将康得新建成国际高分子复合材料领军企业，打造成为中国的 3M 是公司的发展愿景，公司将为此不懈努力。

青岛海信电器股份有限公司 2013 年年度报告（摘要）

一、重要提示

本年度报告摘要摘自年度报告全文，投资者欲了解详细内容，应当仔细阅读同时刊载于上海证券交易所网站等中国证监会指定网站上的年度报告全文。

公司简介如表 1 所示。

表 1　公司简介

股票简称	海信电器	股票代码	600060
股票上市交易所	上海证券交易所		
联系人和联系方式	董事会秘书		
姓名	王东波		
电话	0532-83889556		
传真	0532-83889556		
电子信箱	zqb@hisense.com		

二、主要财务数据和股东变化

（1）主要财务数据如表 2 所示。

表 2　主要财务数据

	2013 年（末）	2012 年（末）	2013 年年（末）比 2012 年（末）增减（%）	2011 年（末）
总资产（元）	19867136531.26	18251357297.88	8.85	16144614819.33
归属于上市公司股东的净资产（元）	9888056226.72	8784430054.23	12.56	7167449310.66
经营活动产生的现金流量净额（元）	1314957642.46	233760452.56	462.52	795470759.55
营业收入（元）	28479859095.63	25251980431.00	12.78	23523723550.20
归属于上市公司股东的净利润（元）	1582879067.44	1603158980.57	-1.26	1689067139.83
归属于上市公司股东的扣除非经常性损益的净利润（元）	1484302760.33	1524081725.86	-2.61	1624791098.48
加权平均净资产收益率（%）	17.03	20.1	-3.07	26.37
基本每股收益（元 / 股）	1.211	1.229	-1.46	1.298
稀释每股收益（元 / 股）	1.210	1.225	-1.22	1.292

（2）前 10 名股东持股情况表如表 3 所示。

表 3 前 10 名股东持股情况 （单位：股）

报告期股东总数	70928	年度报告披露日前第 5 个交易日末股东总数		60457	
前 10 名股东持股情况					
股东名称	股东性质	持股比例（%）	持股总数	持有有限售条件股份数量	质押或冻结的股份数量
海信集团有限公司	国有法人	40.37	528241020	0	无
青岛海信电子产业控股股份有限公司	国有法人	5.32	69581026	0	无
中国工商银行－诺安股票证券投资基金	未知	2.96	38700673	0	未知
招商银行股份有限公司－富国天合稳健优选股票型证券投资基金	未知	2.00	26187015	0	未知
中国建设银行－银华富裕主题股票型证券投资基金	未知	0.93	12143675	0	未知
中国建设银行－富国天博创新主题股票型证券投资基金	未知	0.76	10007511	0	未知
汉盛证券投资基金	未知	0.72	9389782	0	未知
全国社保基金一一四组合	未知	0.71	9267485	0	未知
中国工商银行－招商核心价值混合型证券投资基金	未知	0.64	8416869	0	未知
新华人寿保险股份有限公司－分红－团体分红－018L－FH001 沪	未知	0.60	7799892	0	未知
上述股东关联关系或一致行动的说明		海信集团有限公司为公司控股股东，青岛海信电子产业控股股份有限公司为其一致行动人；公司未知其他股东是否存在关联关系			

（3）公司与实际控制人之间的产权及控制关系如图 1 所示。

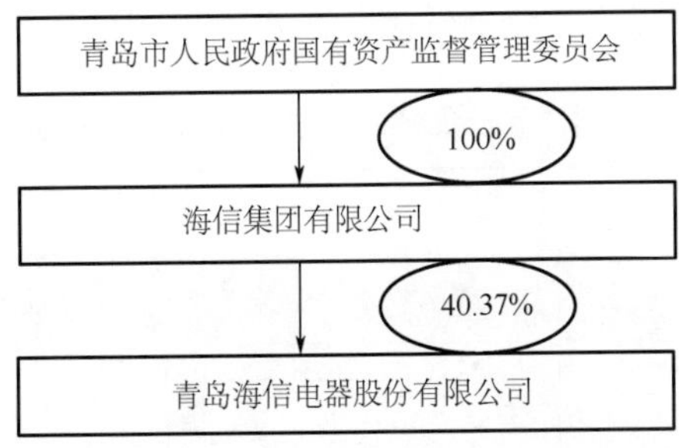

图 1 公司与实际控制人之间的产权及控制关系

三、管理层讨论与分析

（一）董事会关于公司报告期内经营情况的讨论与分析

1. 行业整体情况

报告期内，从宏观上看，国内外消费需求不足，生产增速放缓；从行业来看，彩电市场面对国家节能补贴政策退出，全年呈现前高后低的态势。根据中怡康统计，2013 年国内电视市场零售量同比增长 8.4%；根据海关统计，2013 年我国彩色电视机出口量同比下降 3.1%。

2. 公司经营情况

报告期内，公司实现营业收入 284.80 亿元，同比增长 12.78%；其中，电视业务实现收入 258.98 亿元，同比增长 16.09%；国内业务实现收入 206.72 亿元，同比增长 15.62%。实现归属于上市公司股东的净利润 15.83 亿元，经营活动产生的现金流 13.15 亿元。

过去的一年，海信不仅在工业设计、制造和供应链控制等方面继续发挥优势，而且在软件、平台和显示技术等智能电视技术领域不断掌握关键技术。主要体现在以软件技术为基础，为用户提供简单易用的智能电视产品；以云平台与云服务为依托，为用户提供更多好看、好用的内容；以显示技术为驱动，为用户带来高品质的视听体验。

3. 公司市场表现

通过对关键技术的深度研发和不断积累，海信不仅占据智能电视产业技术制高点，还取得了市场领先优势。报告期内，海信多媒体产品销量超过 1500 万台，同比增长 20.24%。根据中怡康的统计，2013 年海信电视销售额占有率为 15.15%，海信电视电子商务市场销售额占有率为 15.44%。

报告期内，海信多媒体产品凭借突出的创新力，获得多项行业殊荣。其中，2013 年 1 月 8 日，在美国国际消费电子展（CES 展）上，海信 U-LED 产品获得了“2012 年度显示技术创新奖”，这是中国企业首次在显示技术上获此大奖。2013 年 12 月 18 日，在中国电子视像行业协会组织召开的“中国国际平板显示合作与创新大会”上，海信 55 寸 4KVIDAATV 荣获“2013 年度优秀超高清智能电视”大奖，海信 U-LED 画境显示技术荣获“2013 年年度优秀超高清显示技术”大奖，海信 ITV 多屏互动技术荣获“2013 年年度多屏互动技术与应用创新技术”大奖。

2014 年 1 月，在 CES 展期间举行的国际消费电子全球领先品牌颁奖典礼上，海信 VIDAA 获“年度全球最佳互联网电视”称号。

（二）主营业务分析

1. 利润表及现金流量表相关科目变动分析（见表 4）

表 4　利润表及现金流量表相关科目变动分析

科目	本期数	2012 年同期数	变动比例（%）
营业收入（元）	28479859095.63	25251980431.00	12.78
营业成本（元）	23376427578.06	20702079214.39	12.92
销售费用（元）	2501147741.09	2122622457.21	17.83
管理费用（元）	772795017.40	564601542.43	36.87

续表

科目	本期数	2012年同期数	变动比例（%）
财务费用（元）	-55951855.22	-54353339.85	不适用
经营活动产生的现金流量净额（元）	1314957642.46	233760452.56	462.52
投资活动产生的现金流量净额（元）	472663509.83	-1447214249.91	不适用
筹资活动产生的现金流量净额（元）	-430383572.10	4664100.60	不适用
研发支出（元）	1100404347.51	795945025.93	38.25

2. 收入

（1）驱动业务收入变化的因素分析如表5所示。

表5 驱动业务收入变化的因素分析

科目	本期数	2012年同期数	变动比例（%）
营业收入（元）	28479859095.63	25251980431.00	12.78
营业成本（元）	23376427578.06	20702079214.39	12.92

（2）以实物销售为主的公司产品收入影响因素分析如表6所示。

表6 以实物销售为主的公司产品收入影响因素分析

分行业	项目	本期	2012年同期	同比（%）
多媒体产业	销售量（万台/套）	1533.73	1275.56	20.24
	生产量（万台/套）	1528.66	1280.81	19.35
	库存量（万台/套）	115.20	112.02	2.84

（3）主要销售客户的情况如表7所示。

表7 主要销售客户的情况

年度	前5名客户销售额（万元）	占年度销售总额（%）
2013年	950966.45	33.39

3. 成本

（1）成本分析如表8所示。

表 8　成本分析表

分行业	成本构成项目	本期金额（万元）	本期占总成本比例（%）	2012 年同期金额（万台/套）	2012 年同期占总成本比例（%）	本期金额较 2012 年同期变动比例（%）
多媒体产业	原材料	2074726.16	96.85	1809502.42	96.89	14.66
	人工	42954.12	2.01	37723.88	2.02	13.86
	折旧	8325.79	0.39	8281.02	0.44	0.54
	能源	7606.14	0.36	6165.28	0.33	23.37

（2）主要供应商情况如表 9 所示。

表 9　主要供应商情况

年度	前 5 名供应商采购额（万元）	占年度销售总额（%）
2013 年	1264767.64	52.24

4. 费用（见表 10）

表 10　费用

科目	本期数	2012 年同期数	变动比例（%）
销售费用（元）	2501147741.09	2122622457.21	17.83
管理费用（元）	772795017.40	564601542.43	36.87
财务费用（元）	−55951855.22	−54353339.85	不适用

管理费用：主要是研发投入增加。

5. 研发支出（见表 11）

表 11　研发支出

本期费用化研发支出（元）	1100404347.51
研发支出总额占净资产比例（%）	10.82
研发支出总额占营业收入比例（%）	3.86

6. 现金流（见表 12）

表 12　现金流

科目	本期数	2012 年同期数	变动比例（%）
经营活动产生的现金流量净额（元）	1314957642.46	233760452.56	462.52
投资活动产生的现金流量净额（元）	472663509.83	−1447214249.91	不适用
筹资活动产生的现金流量净额（元）	−430383572.10	4664100.60	不适用

经营活动产生的现金流量净额：扩大应付票据的使用规模，加速回款。

投资活动产生的现金流量净额：报告期内收回前期的委托理财。筹资活动产生的现金流量净额：报告期内有现金分红，同期无现金分红。

（三）行业、产品或地区经营情况分析

（1）主营业务分行业、分产品情况如表 13 所示。

表 13　主营业务分行业、分产品情况

分产品	营业收入（元）	营业成本（元）	毛利率（%）	营业收入比 2012 年增减（%）	营业成本比 2012 年增减（%）	毛利率比 2012 年增减（%）
电视	25898149914.81	20960539869.64	19.07	16.09	16.64	-0.37

（2）主营业务分地区情况如表 14 所示。

表 14　主营业务分地区情况

地区	营业收入（元）	营业收入比 2012 年增减（%）
国内	20671509713.66	15.62
国外	5797913619.38	8.69

（四）资产负债情况分析（见表 15）

表 15　资产负债情况分析

项目名称	本期期末数	本期期末数占总资产的比例（%）	上期期末数	上期期末数占总资产的比例（%）	本期期末金额较上期期末变动比例（%）
货币资金（元）	2906008459.13	14.63	1552562681.45	8.51	87.17
其他应收款（元）	60963668.36	0.31	17907596.72	0.10	240.43
预付款项（元）	47059645.88	0.24	25270599.19	0.14	86.22
应收利息（元）	3876888.89	0.02	6568458.13	0.04	-40.98
持有至到期投资（元）			982000000.00	5.38	-100.00
长期股权投资（元）	276648890.07	1.39	209498981.31	1.15	32.05
投资性房地产（元）	69835981.82	0.35	46740309.41	0.26	49.41
商誉（元）			19903430.84	0.11	-100
长期待摊费用（元）	58796235.66	0.30	37212248.47	0.20	58.00
应付票据（元）	1366077090.09	6.88	845048718.10	4.63	61.66
其他非流动负债（元）	58337900.59	0.29	40386063.01	0.22	44.45

货币资金：上期末持有至到期投资收回。
其他应收款：应收节能补贴款影响。
预付款项：预付材料款增加。
应收利息：定存减少。
持有至到期投资：上期购买的委托理财收回。
长期股权投资：联营公司本期经营盈利，以及子公司清算不再纳入合并范围。
投资性房地产：用于出租的房屋增加。
商誉：根据会计准则解释公告第 5 号对符合确认条件的专利技术确认无形资产。
长期待摊费用：规模增加导致模具费用增加。
应付票据：新开票据支付比例加大。
其他非流动负债：期末尚未结束的政府补助项目增加所致。

（五）核心竞争力分析（略）

（六）投资状况分析

1. 对外股权投资总体分析（见表 16）

表 16　对外股权投资总体分析

公司名称	投资金额（万元）	股权占比（%）	主要业务
青岛海信传媒网络技术有限公司	357.41	9.35	传媒网络技术及相关电子产品的研发、生产和销售等
青岛海信电器营销股份有限公司	24724.66	82.42	电子产品的销售、服务和维修等

持有非上市金融企业股权情况如表 17 所示。

表 17　持有非上市金融企业股权情况

所持对象名称	最初投资金额（元）	持有数量（股）	占该公司股权比例（%）	期末账面价值（元）	报告期损益（元）	报告期所有者权益变动（元）
海信集团财务有限公司	106639300.00	100000000.00	20	179070664.42	138068509.34	138068509.34

① 会计核算科目：长期股权投资。
② 股份来源：投资。

2. 非金融类公司委托理财及衍生品投资的情况

（1）委托理财产品情况如表 18 所示。

表 18　委托理财产品情况

合作方名称	委托理财产品类型	委托理财金额（万元）	委托理财起始日期	委托理财终止日期	预计收益（万元）	实际收回本金金额（万元）	实际获得收益（万元）
交银国际信托有限公司	单一资金信托产品	10000.00	2012 年 4 月 12 日	2013 年 4 月 11 日	700.00	10000.00	700.00
上海国际信托有限公司（交行信贷资产）	单一资金信托产品	38000.00	2012 年 11 月 16 日	2013 年 6 月 28 日	1339.32	38000.00	1339.36
上海国际信托有限公司（交行信贷资产）	单一资金信托产品	20200.00	2012 年 11 月 23 日	2013 年 6 月 14 日	646.18	20200.00	646.96
西藏信托有限公司	单一资金信托产品	30000.00	2012 年 12 月 26 日	2013 年 11 月 26 日	2791.67	30000.00	2791.67
中国光大银行股份有限公司	银行理财产品	50000.00	2013 年 3 月 18 日	2013 年 6 月 18 日	506.25	50000.00	506.25
合计		148200.00	/	/	5983.42	148200.00	5984.24

① 报酬确定方式：固定利率。

② 是否经过法定程序：是。

③ 计提减值准备金额：0 元。

④ 是否关联交易：否。

⑤ 是否涉诉：否。

⑥ 资金来源并说明是否为募集资金：否。

⑦ 逾期未收回的本金和收益累计金额：0 元。

（2）委托贷款情况：本年度公司无委托贷款事项。

3. 募集资金使用情况

（1）募集资金总体使用情况如表 19 所示。

表 19　募集资金总体使用情况

募集年份	募集方式	募集资金总额（万元）	本年度已使用（万元）	已累计使用（万元）	尚未使用（万元）	尚未使用募集（万元）
2009 年	非公开发行	149997.76	10477.40	140135.74	12177.38	专户
合计	/	149997.76	10477.40	140135.74	12177.38	/

（2）募集资金承诺项目使用情况如表 20 所示。

表 20　募集资金承诺项目使用情况

承诺项目名称	是否变更项目	募集资金拟投入金额（万元）	募集资金本年度投入金额（万元）	募集资金实际累计投入金额（万元）	是否符合计划进度	项目进度	预计收益（万元）	产生收益情况（万元）	是否符合预计收益
液晶电视模组与整机一体化设计制造及配套建设项目	是	84589.76	5628.79	74516.33	是	88.09%	22564.73	51498.85	是
液晶电视模组与整机一体化设计制造及配套建设项目（广东）	是	37408.00	4848.61	37381.16	是	99.93%		4765.67	是
平板电视生产配套（贴片机、注塑机）项目	否	28000.00	0	28238.25	是	100.85%	3952.90	3122.91	否
合计	/	149997.76	10477.40	140135.74	/	/	26517.63	/	/

① 变更原因及募集资金变更程序说明：为提高广东制造基地的模组与整机一体化配套生产能力，2011 年 12 月 26 日第 3 次临时股东大会审议通过了《变更部分募集资金投资项目实施地点及实施主体的议案（暨广东海信增资议案）》详见同步公告在上海证券交易所网站（www.sse.com.cn）及《上海证券报》和《中国证券报》上的《2011 年第 3 次临时股东大会决议公告》（临 2011-044）。

② 平板电视生产配套（贴片机、注塑机）项目：由于淡、旺季产量变化较大，采取平衡配套供应商的订单需求等措施，导致在核算上未达到预计收益；但由于供应链成本的降低和供应的稳定，提高了公司总体产能的保障能力，为公司整体效益提升起到较大的正向作用。

（3）募集资金变更项目情况如表 21 所示。

表 21　募集资金变更项目情况

变更后的项目名称	对应的原承诺项目	变更项目拟投入金额（万元）	本年度投入金额（万元）	累计实际投入金额（万元）	是否符合计划进度	变更项目的预计收益（万元）	产生收益情况（万元）	项目进度	是否符合预计收益
液晶电视模组与整机一体化设计制造及配套建设项目	液晶电视模组与整机一体化设计制造及配套建设项目	84589.76	5628.79	74516.33	是	22564.73	51498.85	88.09%	是
液晶电视模组与整机一体化设计制造及配套建设项目（广东）		37408.00	4848.61	37381.16	是		4765.67	99.93%	是
合计	/	121997.76	10477.40	111897.49	/	22564.73	/	/	/

变更投资项目资金总额：37408 万元。

4. 非募集资金项目情况

非募集资金项目情况报告期内，公司无非募集资金投资项目。

四、董事会关于公司未来发展的讨论与分析

（一）行业发展趋势

2014年，彩电市场仍将受到宏观经济放缓、市场需求透支等因素的影响。根据中怡康预测，2014年彩电销售量或将下滑1.9%。

（二）公司经营讨论

1. 以软件技术为基础，为用户提供简单易用的智能电视产品

智能化是电视行业发展的趋势，智能电视的逐渐普及，为电视开辟了崭新的应用领域，迎来了良好的发展机遇。智能电视的研发和推广是一项系统工程，是企业综合竞争力的体现。软件技术是电视实现智能化的基础和创新手段，是海信智能电视核心竞争力之一。

智能电视软件系统包括终端软件、云服务平台、人机交互系统、终端互联互通平台等众多核心软件子系统。早在2003年海信就开始智能家庭技术研发，成立数字家庭重点实验室，对智能终端的互联互通技术进行深层次开发，已经把国内外标准成熟的应用到智能终端产品上。2008年，海信开始组建面向三网融合的云服务平台开发队伍，为海信的智能电视用户和行业用户提供专业化的解决方案和服务，已经为百万级用户提供服务。

2010年海信在国内市场率先推出第一代智能电视，2011年海信宣布包括电视在内的多媒体产品线全部推进智能化战略。2012年在加拿大建立了智能电视创新开发团队，2013年扩大了美国亚特兰大和硅谷的研发团队规模，并与MIT等国际知名高校合作，使海信在人机交互系统、智能终端操作系统方面不断深入研发。

借助目前已经具备的自主设计、智能终端系统定制开发、交互设计、应用集成、云服务开发等大型软件系统的能力和长期的技术积累，在2013年4月17日，海信推出VIDAATV这一突破性智能电视产品，它界面友好、操作简洁、功能丰富，满足了当前消费者的需求。该产品上市后不仅受到市场的高度关注和认可，而且成为海信中、高端产品推广历史上成系列上量最快的产品。

2. 以云平台与云服务为依托，为用户提供更多好看、好用的内容

服务是智能电视的核心内容及产业延伸，是家电制造业迎接互联网机遇的重要举措。经过两年多的研发测试后，2010年海信云服务平台正式上线运营，为智能电视、智能盒子等海信智能终端提供差异化、个性化的服务。海信云服务平台根据电视大屏流量大、交互少、第三方社会服务少的特点，采用平台开放、可管可控的架构设计，引入社会服务资源，打造完整的智能电视服务链条，实现合作伙伴的共赢。在保证国家播控监管的前提下，海信积极与互联网电视牌照方合作，推出满足用户多方面需求的视频内容，通过对大数据的系统挖掘，向用户提供个性化的视频服务，增加用户的粘性。通过云服务平台和家庭内部的终端设备互联，实现多屏互动和多屏业务的共享。充分利用电视大屏幕的特点，引入健康、益智、娱乐等互动游戏；并以儿童教育为中心，不断强化教育专区服务。

海信不断发展和完善从云端服务到网络终端的技术体系，给用户带来更加丰富多彩的内容、应用和体验，这不仅为海信智能电视带来良好的品牌效应，还将逐步成为产品之外的经营空间。

3. 以显示技术为驱动，为用户带来高品质的视听体验

海信长期致力于新型显示技术的研发及产品创新，拥有多项国际先进水平的技术成果。

海信在电视显示领域的技术积累集中在模组、背光和图像处理等技术领域。液晶显示模组技术的研发继续保持领先，全面拓展了液晶模组与整机一体化设计，并大批量生产应用，实现了节能减排。自 2007 年海信率先建成中国彩电行业第一条具有自主知识产权的大尺寸液晶模组生产线，截至 2013 年，年产液晶电视模组超过 1000 万台，模组自制比例达到 80%以上，显示模组产品覆盖全系列机型，成为业内加工深度最深、手段最全、中国电视整机行业规模最大的模组生产基地之一。海信模组研发和制造不仅创造了可观的经济效益，更体现出产品差异化和资源配备等产业优势。

经过三年研发，ULED 电视取得重大技术突破。该产品采用多分区动态背光、高色域背光、超解像技术等一系列显示技术，在画质、音质和智能体验等方面均表现出色，已申请了 13 项国内外发明专利，并获得 2013 年国际消费电子展（CES）“最佳创新设计与工程奖”。

早在 2007 年，海信就组建了激光显示技术和产品专业研发团队。2013 年在美国 CES 展上，海信推出了具有世界领先水平的激光大屏幕影院产品。未来，“无屏”的激光显示或将以其成本和功耗等优势成为更具革命性的产品。

（三）公司发展展望

展望未来，海信将继续沿着提升显示技术和智能化水平等进行布局，同时进行技术和人才等各方面的积累，并将以“显示技术+内容应用”为导向，形成“终端＋服务”的完整生态，为用户提供速度更快、空间更大、内容更多、服务更好、体验更佳的视频智能终端设备产品。

1. 显示方面

海信一直致力于显示质量的提升和创新，并在技术上追求研发深度。2014 年 3 月 27 日，海信发布了自主知识产权的 ULED 电视产品，比 4K 更绚丽、比 OLED 更细腻，这是背光液晶显示技术发展史上的一个重要里程碑。2014 年 2 月 17 日，在中国电子技术标准化研究院（CESI）组织召开的“4K 超高清电视认证发布会”上，海信 K680 系列 VIDAA 电视凭借炫彩 4K+显示系统及全程 4K 技术等领先技术优势，成为中国首批通过 4K 超高清认证的产品。海信将一如既往持续深入开展显示技术和产品的研究开发工作，不断提高产品显示的品质，提升用户看“好电视”的体验。

2. 内容应用方面

海信不仅建立了互联网终端后台支持和系统能力，还与 11 家国内主流互联网视频提供商建立长期共赢的合作关系，开拓了行业发展新模式。2014 年 4 月 17 日，海信发布 VIDAA2 智能电视，将丰富多彩的互联网视频内容通过聚合推送给海信智能电视用户，这是中国智能电视第一个面对终端用户的视频内容“全聚合”模式，将大大提升用户体验。VIDAA2 智能电视在原有简单好用的基础上，还有“聚好看”、“聚想家”、“聚好玩”和“聚好用”四大功能，将推动智能电视产业由上网和内容应用的 1.0 时代向聚合和社交的 2.0 时代迈进。海信将在电视的内容和应用上持续深化与内容提供商的合作，合力打造用户全新的体验。

（四）经营方针与可能面对的风险

2014 年，家电行业面临国内市场经济增长乏力和国际新兴市场等国家经济增速放缓等不利因素，以及因互联网企业进入电视行业而可能导致的竞争加剧的风险。面对上述经营环境，公司确立了“提高干部素质、提升用户体验、加快产业拓展、提高系统效率、提升国内占比、建立互联网思维、加快国际化进程”的经营方针，将积极面对经营压力，致力于保持持续健康发展的态势。

五、涉及财务报告的相关事项

与2013年度财务报告相比，对财务报表合并范围发生变化的，公司应当做出具体说明。

（1）本期经2012年4月20日召开的董事会决议，同意注销广东海信多媒体有限公司，并成立清算组负责其清算事宜，清算基准日为2013年4月20日。因此，本公司本期只将其2013年1月1日至2013年4月20日的利润表、现金流量表纳入合并报表合并范围，该公司相关注销手续于2013年12月完成。

（2）2013年12月，本公司出资设立青岛海信电器营销股份有限公司，持股比例为82.42%，本期将其自成立日至本报告期末的财务报表纳入合并财务报表合并范围。

（3）本期经2013年6月30日召开的董事会决议，同意注销海信南非发展有限公司，并成立清算组负责其清算事宜，清算基准日为2013年6月30日。因此，本公司期末不再合并其资产负债表，只将其2013年1月至2013年6月的利润表、现金流量表纳入合并报表合并范围。

康佳集团股份有限公司 2013 年年度报告（摘要）

一、重要提示

本年度报告摘要来自年度报告全文，投资者欲了解详细内容，应当仔细阅读同时刊载于深圳证券交易所网站等中国证监会指定网站上的年度报告全文。

公司简介如表 1 所示。

表 1 公司简介

股票简称	深康佳 A、深康佳 B	股票代码	000016、200016
股票上市交易所	深圳证券交易所		
变更后的股票简称（如有）	无		
联系人和联系方式	董事局秘书	证券事务代表	
姓名	肖庆	吴勇军	
电话	0755-26608866	0755-26608866	
传真	0755-26600082	0755-26600082	
电子信箱	szkonka@konka.com	szkonka@konka.com	

二、主要财务数据和股东变化

（1）主要财务数据如表 2 所示。

公司是否因会计政策变更及会计差错更正等追溯调整或重述以前年度会计数据

□是 √否

表 2 主要财务数据

	2013 年	2012 年	2013 年比 2012 年增减（%）	2011 年
营业收入（元）	20006736878.82	18337861657.29	9.10	16217619883.23
归属于上市公司股东的净利润（元）	45163004.10	45829234.02	-1.45	24972838.12
归属于上市公司股东的扣除非经常性损益的净利润（元）	-69014834.39	-54088758.02	-27.60	-111552447.73
经营活动产生的现金流量净额（元）	2283254200.89	-359244914.58	735.57	-1370486165.70
基本每股收益（元/股）	0.0375	0.0381	-1.57	0.0207
稀释每股收益（元/股）	0.0375	0.0381	-1.57	0.0207
加权平均净资产收益率（%）	1.11	1.14	-0.03	0.62

续表

	2013 年年末	2012 年年末	2013 年年末比 2012 年年末增减（%）	2011 年年末
总资产（元）	15743284335.49	16562917198.06	-4.95	16906453313.31
归属于上市公司股东的净资产（元）	4080458151.63	4043591538.85	0.91	4009723963.82

（2）前 10 名股东持股情况如表 3 所示。

表 3　前 10 名股东持股情况

报告期末股东总数	91428		年度报告披露日前第 5 个交易日末股东总数		85634	
前 10 名股东持股情况						
股东名称	股东性质	持股比例（%）	持股数量	持有有限售条件的股份数量	质押或冻结情况	
					股份状态	数量
华侨城集团公司	国有法人	19.00	228754783	198381940	质押	0
					冻结	0
HOLY TIME GROUP LIMITED	境外法人	4.89	58906900	0	质押	0
					冻结	0
GAO LING FUND L.P.	境外法人	2.19	26400625	0	质押	0
					冻结	0
孙祯祥	境内自然人	1.2	14456488	0	质押	0
					冻结	0
NAMNGAI	境外自然人	0.98	11760520	0	质押	0
					冻结	0
陈重孚	境内自然人	0.48	5787502	0	质押	0
					冻结	0
李义超	境内自然人	0.45	5447381	0	质押	0
					冻结	0
李立春	境内自然人	0.42	5088328	0	质押	0
					冻结	0
夏锐	境内自然人	0.42	5006500	0	质押	0
					冻结	0
中国农业银行－华夏平稳增长混合型证券投资基金	境内非国有法人	0.38	4600000	0	质押	0
					冻结	0
上述股东关联关系或一致行动的说明	第一大股东华侨城集团公司与其他股东之间不存在关联关系，也不属于一致行动人；未知其他股东是否存在关联关系或属于一致行动人					
参与融资融券业务股东情况说明（如有）	A 股股东孙祯祥通过广发证券股份有限公司客户信用交易担保证券账户持股 14456488 股，A 股股东陈重孚通过客户信用交易担保证券账户持股 5787502 股					

（3）公司与实际控制人之间的产权及控制关系如图 1 所示。

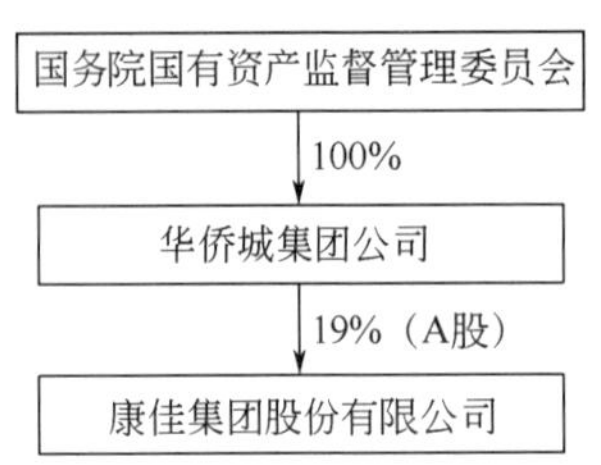

图 1　公司与实际控制人之间的产权及控制关系

三、管理层讨论与分析

2013 年，在互联网的高速冲击下，公司所从事的主要行业都面临着新的挑战，彩电业互联网企业纷纷“跨界”竞争，竞相进入智能电视领域；冰箱产业市场容量稳中略降，产品结构呈现新的趋势；手机产业继续高速演变，产品更新速度加快。在如此复杂的竞争形势下，本公司以价值经营策略为统领，全体员工共同努力，经受住各种考验和压力，圆满完成了年度各项经营指标，实现了企业的持续健康发展。

全年实现销售收入 200.07 亿元，同比增长 9.10%，创造了康佳销售业绩的历史新纪录。实现归属于母公司所有者的净利润 4516.30 万元。

1. 由于以下原因，报告期内，公司营业收入较 2012 年年度有所增长

（1）公司彩电业务以“塑品牌、提规模、调结构、挖潜力”为经营方针，发挥研、产、供、销一体化协同效应，成为智能电视的领先厂商，变革管理，创新营销，实现经营业绩和经营质量的全面提升。

（2）公司白电业务、外销业务、手机业务、数字网络业务、LED 大屏业务、生活电器业务等业务实施营销渠道创新、产品创新、激励机制创新，实现了健康稳定发展。

2. 报告期内，公司的研发投入、技术创新情况、自主创新对公司核心竞争力和行业地位的影响

报告期内，公司研发支出为 2.30 亿元，比 2012 年增长 10.87%。公司继续加强研发投入，通过不断研发新产品、研究新工艺、改造现行设备，不断丰富产品品种与系列，为公司实施产品差异化打下了扎实的基础。同时，在公司内持续开展技术革新和合理化建议活动等措施，不断提高产品生产效率，从而不断提高公司核心竞争力，继续保持行业领先势头。

3. 回顾总结前期披露的发展战略和经营计划在报告期内的进展情况

2013 年，在激烈的市场竞争中，本公司的各项业务顶住压力，稳扎稳打，竞争能力逐步增强，取得了一系列成绩，其中主要的经营亮点如下。

（1）内销彩电业务。

① 业绩再创新高，品牌形象和市场地位有所提升。

② 产品保持领先，稳居市场前列。2013 年，本公司率先发起核升级，从 6 核、8 核到 10 核，从 2K、4K 到 OLED，始终坚持激进的规划与布局，保持了产品和技术的领先性；同时，应用平台从安卓

4.0、4.2 到 4.3，不断丰富智能电视的内容和应用，并与爱奇艺、乐视、百度等开展深度合作，在软件方面也保持了市场领先地位。

③ 率先逆向跨界。2013 年 9 月初，本公司在业内第一家推出线上品牌——KKTV，掀起“新感官革命”，以深度的逆向整合应对互联网时代的跨界竞争，这也是国内彩电行业首次针对互联网电视市场发布的专门品牌，同时还创造了两个型号单品 3 个月互联网销售收入超亿元的好成绩。

④ 电商业务继续高速增长。B2B 业务平衡发展、B2C 业务显著提升，做到了销量与服务口碑的双丰收。

⑤ 供应链节奏把控得当。尽管面临巨大的市场不确定性，但是本公司坚持发展核心战略合作伙伴，保证了供应；全年周转进一步加快，周转天数进一步缩短；采购成本持续下降。

⑥ 促销活动开展得力。全年从年初到年末，月月有主题，月月大促销，尤其是 5 月 33 周年厂庆促销活动，叠加节能补贴收尾的利好因素，创造了 10 天 10 亿元的销售业绩。而且，在落实节能惠民工程、发挥政策优势、规避政策风险方面也取得了突出成绩。

（2）外销彩电业务。

① 业务继续保持健康稳定，盈利能力持续领先。外销彩电业务紧紧抓住广交会和巴西世界杯预热的契机，顶住人民币大幅升值、主要客户受汇率影响而巨额亏损的不利条件，全年销售收入基本稳定，利润水平也保持稳定，实属不易。

② 产品结构改善明显。本公司外销智能电视领先于行业，在 2013 年 10 月开始实现销售，当月大屏智能电视销量超过了 1 万台，贡献了可观的销售毛利，对于外销业务的稳定发展居功至伟。

③ 坚持不懈尝试本地化品牌策略，继续坚定不移地探索品牌本地化、国际化发展的道路。

（3）白电业务。

2013 年，白电业务销售再创新高。同时，白电业务进行了系统的业务梳理，重新整合了产品线，整体搬迁到了滁州，在滁州挂牌成立了白电研发中心，资源更集中，效率更高，为今后整体经营业绩大幅提升创造了条件。

（4）手机业务。

2013 年，通信科技公司顶住压力，克服重重困难，完成了业务模式由 B2C 向 B2B 的初步转变，明确了公司的发展定位，并集中资源发力外销业务和运营商业务，不仅先后中标移动定制的大单，而且取得了海外市场智能手机单月产销量突破 40 万台的好成绩。

（5）分康制造业务。

2013 年，各分康生产效率实现进一步提升。全年 IE 推广项目中，42 个考核机型均实现提升 10%以上的目标，其中 32 寸机型全年 UPPH 值同比提升 15.4%，42 寸同比提升 21.5%，安康 50 寸整机时产同比增长 28.3%，55 寸整机时产同比增长 62.8%；精益制造成效显著。生产计划及时完成率达 99%，并完成了五条模组生产线、两条导光板生产线和一条 SMT 生产线的建设，进一步完善了一体化生产的布局。

（6）新兴业务。

2013 年，新兴业务也有一定进展。数字网络公司海外销售实现较大突破，同比增长翻番；视讯公司超额完成各项任务，海外、国内订单都有很大的收获，内部管理效率提升也很明显；生活电器公司成功推出了自主研发的 KKpad 电磁炉和 KKcooker 电饭煲，产品上有很大的进步；博罗康佳通过强化内部管理和加大外单开拓，各项基础管理全面夯实，利润大幅度改善，经营局面焕然一新。

4. 报告期末主营业务构成情况（见表 4）

表 4　报告期末主营业务构成情况

	营业收入（元）	营业成本（元）	毛利率（%）	营业收入比 2012 年同期增减（%）	营业成本比 2012 年同期增减（%）	毛利率比 2012 年同期增减（%）
分行业						
电子行业	19754547950.84	16461290916.72	16.67	8.6	10.24	-1.24
分产品						
彩电业务	15904547663.26	13072644058.73	17.81	10.22	10.67	-0.34
手机业务	1551294607.93	1418629105.82	8.55	11.02	16.54	-4.33
白电业务	1369927530.08	1204755092.16	12.06	6.96	16.76	-7.38
其他	928778149.57	765262660.01	17.61	-14.16	-12.18	-1.86
分地区						
境内销售	15775639484.85	12808035030.73	18.81	9.68	12.6	-2.1
境外销售	3978908465.99	3653255885.99	8.18	4.52	2.69	1.64

四、涉及财务报告的相关事项

（1）与 2012 年年度财务报告相比，会计政策、会计估计和核算方法发生变化的情况说明：与 2012 年度财务报告相比，会计政策、会计估计和核算方法未发生变化。

（2）报告期内发生重大会计差错更正需追溯重述的情况说明：与 2012 年年度财务报告相比，不存在由于发生重大会计差错更正需追溯重述的情形。

（3）与 2012 年年度财务报告相比，合并报表范围发生变化的情况说明。①2013 年 10 月 30 日，本公司将持有的重庆康佳电子有限公司 60%的股权处置，并完成工商登记，自该日起，停止将重庆康佳电子有限公司纳入合并范围。②2013 年 2 月 17 日，本公司控股子公司深圳康佳精密模具制造有限公司投资设立全资子公司滁州杰伦特模具塑胶有限公司，自该日起，将其纳入合并范围。③2013 年 4 月 15 日，本公司控股子公司深圳康佳精密模具制造有限公司投资设立全资子公司武汉杰伦特模具塑胶有限公司，自该日起，将其纳入合并范围。

（4）董事局、监事会对会计师事务所本报告期“非标准审计报告”的说明：公司年度财务报告被会计师事务所出具标准无保留意见审计报告。

康佳集团股份有限公司董事局

2014 年 4 月 4 日

厦门华侨电子股份有限公司 2013 年年度报告（摘要）

一、重要提示

本年度报告摘要摘自年度报告全文，投资者欲了解详细内容，应当仔细阅读同时刊载于上海证券交易所网站等中国证监会指定网站上的年度报告全文。

公司简介如表 1 所示。

表 1 公司简介

股票简称	厦华电子	股票代码	600870
股票上市交易所	上海证券交易所		
联系人和联系方式	董事会秘书	证券事务代表	
姓名	高松丽	林志钦	
电话	0592-3157203	0592-3157203	
传真	0592-3157999	0592-3157999	
电子信箱	zqb@iPrima.com.cn	zqb@iPrima.com.cn	

二、主要财务数据和股东变化

（1）主要财务数据如表 2 所示。

表 2 主要财务数据

	2013 年年末	2012 年年末	2013 年年末比 2012 年年末增减（%）	2011 年年末
总资产（元）	803454679.99	1056080664.37	-23.92	1617838804.59
归属于上市公司股东的净资产（元）	2852015.18	82832082.29	-96.56	-878460772.83
经营活动产生的现金流量净额（元）	-83284319.54	-206174180.02	不适用	482218954.79
营业收入（元）	1187691426.39	2927047547.97	-59.42	3253166001.89
归属于上市公司股东的净利润（元）	-537297572.15	9734222.78	-5619.68	10579631.78
归属于上市公司股东的扣除非经常性损益的净利润（元）	-435840500.17	-52986289.67	不适用	-29966031.77
加权平均净资产收益率（%）	-303.56	-1.13	302.43	-1.18
基本每股收益（元 / 股）	-1.0269	0.0263	-4004.56	0.0285
稀释每股收益（元 / 股）	-1.0269	0.0263	-4004.56	0.0285

（2）前 10 名股东持股情况如表 3 所示。

表 3　前 10 名股东持股情况

（单位：股）

报告期股东总数		30135	年度报告披露日前第 5 个交易日末股东总数		29229
前 10 名股东持股情况					
股东名称	股东性质	持股比例（%）	持股总数	持有有限售条件股份数量	质押或冻结的股份数量
华映光电股份有限公司	境内非国有法人	15.17	79365079	79365079	质押 52454133
厦门建发集团有限公司	国有法人	9.10	47619047	47619047	
厦门华侨电子企业有限公司	国有法人	7.99	41779395		
厦门鑫汇贸易有限公司	境内非国有法人	5.00	26174522		质押 26174522
德昌行（北京）投资有限公司	境内非国有法人	4.99	26100000		
王玲玲	境内自然人	4.08	21346546		
开源证券有限责任公司约定购回式证券交易专用证券账户	未知	3.44	18000000		
福建华映显示科技有限公司	境内非国有法人	3.03	15873015	15873015	
苏志民	未知	2.93	15316943		
中国银河证券股份有限公司约定购回式证券交易专用证券账户	未知	2.80	14670500		
上述股东关联关系或一致行动的说明		① 华映光电股份有限公司与福建华映显示科技有限公司为一致行动关系； ② 厦门建发集团有限公司与厦门华侨电子企业有限公司为一致行动关系； ③ 厦门鑫汇贸易有限公司、德昌行（北京）投资有限公司与王玲玲为一致行动关系			

（3）公司与实际控制人之间的产权及控制关系如图 1 所示。

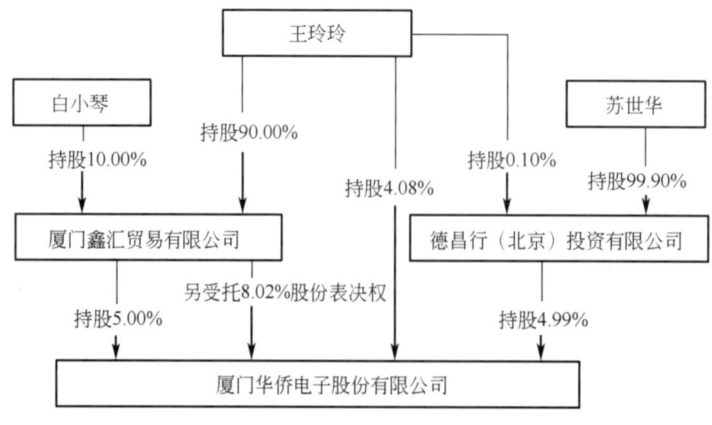

图 1　公司与实际控制人之间的产权控制关系

三、管理层讨论与分析

（一）董事会关于公司报告期内经营情况的讨论与分析

（1）报告期内，由于受市场需求增长放缓，订单量减少、彩电市场平均价格大幅下跌及人民币升值等多重因素影响，公司实现营业收入 118769.14 万元，较 2012 年同期下降了 59.42%。

（2）报告期内，公司实现净利润为-53729.76 万元，扣除非经常性损益后的净利润为-43584.05 万元，主要原因如下：①营业收入大幅下降，导致毛利下降；②公司对资产、负债及人员进行清理，报告期内，计提了“辞退福利”1.9 亿元并计提了各项资产减值损失 2.27 亿元。

（3）报告期内，公司股东华映科技（集团）股份有限公司（“华映科技”）、华映吴江为集中精力发展自身产业、回收非主业股权投资，同时，为引进有实力的新股东配合公司进行业务资产整合、协助引入优质资产，改善公司营利能力，提高公司价值，于 2013 年 11 月 6 日与厦门鑫汇、北京德昌行、王玲玲及厦门建发集团有限公司（“建发集团”）签订了《关于厦门华侨电子股份有限公司之股份转让框架协议》和具体股份转让协议，华映吴江将所持公司 73621068 股无限售流通股份（占公司总股本的 14.07%）分别协议转让给厦门鑫汇、北京德昌行、王玲玲（厦门鑫汇、北京德昌行、王玲玲在本次股份转让中为一致行动人）。本次股权转让事宜已于 2013 年 12 月 23 日完成，即已在中国证券登记结算有限公司上海分公司办理完毕股份过户登记手续。同时，华映光电股份有限公司将所持公司 41977943 股股份、占公司总股本比例 8.02%的投票权委托厦门鑫汇行使。本次交易后，厦门鑫汇及其一致行动人合计控制上市公司 22.09%的表决权，成为上市公司第一大表决权的股东。本次交易完成后，厦门鑫汇及其一致行动人将充分利用自身资源优势在适当时机对上市公司进行业务和资产整合，改善公司的经营情况，提升盈利能力。

根据新老股东于 2013 年 11 月 6 日签订的《关于厦门华侨电子股份有限公司框架协议之补充协议》约定，华映科技及华映吴江、建发集团、中华映管（百慕大）股份有限公司承诺，在不违反厦华电子有关重大资产重组承诺的前提下，于 2014 年 6 月 30 日前尽力促使上市公司完成资产、负债、人员清理工作，并尽力达成至前述时点上市公司负债归零、净资产不为负值且现有员工协商解除劳动合同的效果，债务清理方式包括但不限于：在会计准则允许范围内计提减值、债务转让或者法律/法规/规范性文件允许的其他债务置换/重组的方式，债务、人员具体清理方式、程序按上市公司章程和内部规章制度办理。

1. 主营业务分析

1）利润表及现金流量表相关科目变动分析（见表 4）

表 4　利润表及现金流量表相关科目变动分析

科目	本期数	2012 年同期数	变动比例（%）
营业收入（元）	1187691426.39	2927047547.97	-59.42
营业成本（元）	1120516197.05	2606039320.80	-57.00
销售费用（元）	108360748.35	152224388.40	-28.82
管理费用（元）	78908729.99	82890789.65	-4.80
财务费用（元）	74191851.55	99357556.08	-25.33

续表

经营活动产生的现金流量净额（元）	-83284319.54	-206174180.02	不适用
投资活动产生的现金流量净额（元）	78637872.63	12857962.99	511.59
筹资活动产生的现金流量净额（元）	10157374.13	-12490048.98	不适用
研发支出（元）	23463745.18	89801818.77	-73.87

2）收入

（1）驱动业务收入变化的因素分析。由于受市场需求增长放缓，导致订单量减少、公司报告期内营业收入下降。

（2）主要销售客户的情况。前五名客户销售额为 7.5623 亿元，占公司销售总额的 63.67%。

3）成本

（1）成本分析如表 5 所示。

表 5　成本分析

分产品情况						
分产品	成本构成项目	本期金额（元）	本期占总成本比例（%）	2012 年同期金额（元）	2012 年同期占总成本比例（%）	本期金额较 2012 年同期变动比例（%）
彩电及配件销售	彩电及配件销售	1070556395.67	95.54	2540658202.61	97.49	-57.86
车载监视器及配件销售	车载监视器及配件销售	46332295.03	4.13	57436593.50	2.20	-19.33
印制板销售			0.00	417226.05	0.02	-100
配件/材料销售	配件/材料销售	2765555.15	0.25	6542752.63	0.25	-57.73
房租&物业	房租&物业	79650.00	0.01	75600.00	0.00	5.36
维修费	维修费	10235.00	0.00	45150.00	0.00	-77.33
其他	其他	772066.20	0.07	863796.01	0.03	-10.62

（2）主要供应商情况。前五名供应商合计采购金额为 5.20 亿元，占公司采购总额的 60.04%。

4）费用

（1）报告期产生销售费用 10836.07 万元，较 2012 年同期减少 4386.36 万元，下降 28.82%，主要是因为销售收入大幅减少，人员减少，职工薪酬下降及相关认证报关报检及专利费减少所致。

（2）报告期产生管理费用 7890.87 万元，较 2012 年同期减少 398.21 万元，下降 4.80%；主要是人员精减，工资薪酬下降所致。

（3）报告期产生财务费用 7419.19 万元，较 2012 年同期减少 2516.57 万元，下降 25.33%；主要是利息支出大幅减少所致。

5）研发支出

（1）研发支出情况如表 6 所示。

表 6　研发支出情况

本期费用化研发支出（元）	23463745.18
本期资本化研发支出（元）	
研发支出合计（元）	23463745.18
研发支出总额占净资产比例（%）	231.92
研发支出总额占营业收入比例（%）	1.98

6）现金流

2013 年年度，经营活动现金流入为 13.82 亿元，经营活动现金流出为 14.65 亿元，经营活动产生的现金流量净额为-0.83 亿元，较 2012 年同期增加净流入 1.23 亿元。

2013 年年度，投资活动现金流入为 0.85 亿元，投资活动现金流出为 0.06 亿元，投资活动产生的现金流量净额为 0.79 亿元，较 2012 年同期增加净流入 0.66 亿元。

2013 年年度，筹资活动现金流入为 9.12 亿元，筹资活动现金流出为 9.03 亿元，筹资活动产生的现金流量净额为 0.10 亿元，较 2012 年同期增加净流入 0.23 亿元。

7）其他

（1）公司前期各类融资、重大资产重组事项实施进度分析说明。公司于 2013 年 11 月 7 日于上海证券交易所网站披露了《关于终止筹划重大资产重组事项公告》，公司于 2013 年 7 月 8 日接实际控制人中华映管股份有限公司的通知，其拟筹划相关重大事项，并于 8 月 5 日确认，经与有关各方论证和协商，拟进行重大资产重组。公司股票于 2013 年 7 月 8 日开始停牌。停牌期间，包括公司在内的相关各方与中介机构根据既定重组事项的工作计划，积极推进有关各项工作。但包括公司在内的相关各方会同中介机构与相关重组方进行了多次协商，就关键合作条件进行了深入讨论和沟通，最终未能达成一致。经公司慎重考虑，从保护全体股东利益，以及维护市场稳定出发，决定终止筹划该重组事项。同时，公司承诺自本次股票复牌之日（2013 年 11 月 26 日）起 6 个月内不再筹划重大资产重组事项。

（2）发展战略和经营计划进展说明。报告期内，公司积极努力地按照拟定的发展战略和经营计划使公司在数字高清电视领域“做专、做大、做强”，提升公司整体竞争力。但由于受到行业需求增长放缓、主营产品平均价格大幅下跌等多重因素影响，公司的日常经营陷入困难，财务面临风险。综合分析公司所处行业的发展前景和当前资产负债及实际经营情况，公司决定对现有资产、负债和人员进行必要的清理，以减轻经营负担，降低财务风险，从而尽快实现业务转型。

2. 行业、产品或地区经营情况分析

（1）主营业务分行业、分产品情况如表 7 所示。

表 7　主营业务分行业、分产品情况

主营业务分产品情况						
分产品	营业收入（元）	营业成本（元）	毛利率（%）	营业收入比 2012 年增减（%）	营业成本比 2012 年增减（%）	毛利率比 2012 年增减（%）
彩电及配件销售	1110621776.30	1070556395.67	3.74	−60.81	−57.86	−7.81
车载监视器及配件销售	65319003.81	46332295.03	40.98	−18.04	−19.33	2.22

（2）主营业务分地区情况如表 8 所示。

表 8　主营业务分地区情况

地区	营业收入（元）	营业收入比 2012 年增减（%）
国外	99987.72	-62.63
国内	18781.43	-25.25

3. 资产、负债情况分析

（1）资产负债情况分析如表 9 所示。

表 9　资产负债情况分析

项目	本期期末数（元）	本期期末数占总资产的比例（%）	上期期末数（元）	上期期末数占总资产比例（%）	本期期末金额较上期期末变动比例（%）
交易性金融资产			2258031.30	0.21	-100.00
应收票据	14183681.77	1.77	34014355.41	3.22	-58.30
预付款项	8287451.78	1.03	134672942.57	12.75	-93.85
其他应收款	195798301.03	24.37	10571904.17	1.00	1752.06
存货	116868315.82	14.55	184993290.74	17.52	-36.83
长期股权投资	-38866977.45	-4.84	7279434.67	0.69	-633.93
投资性房地产			973500.00	0.09	-100.00
固定资产	35821096.52	4.46	77636981.29	7.35	-53.86
无形资产	14586981.93	1.82	32886014.73	3.11	-55.64
长期待摊费用	48985.42	0.01	649687.54	0.06	-92.46
递延所得税资产	734784.31	0.09	407394.63	0.04	80.36
短期借款	197270397.68	24.55	497489294.13	47.11	-60.35
应付票据	20732500.00	2.58	150389734.38	14.24	-86.21
预收账款	9728490.59	1.21	17046619.45	1.61	-42.93
应付职工薪酬	203287452.63	25.30	11754684.34	1.11	1629.42
应交税费	2992758.53	0.37	-35759421.12	-3.39	-108.37
应付利息	941836.20	0.12	712507.10	0.07	32.19
其他应付款	79288609.97	9.87	53470260.58	5.06	48.29
应付股利	2339333.50	0.29			100.00
长期借款	42678300.00	5.31			100.00
其他非流动负债	8844567.33	1.10	13506085.21	1.28	-34.51
外币报表折算差额	34557885.07	4.30	19172937.40	1.82	80.24
少数股东权益	7265244.74	0.90	20290511.60	1.92	-64.19

情况说明如下。

① 交易性金融资产：因期末公司未再办理美元远期结汇交易合约。

② 应收票据：因本期通过票据结算方式收取客户的货款减少所致。

③ 预付款项：因本期收回公司股东华映光电预付投资款；因解除与盈发实业的合作协议，将预付款项转入其他应收款。

④ 其他应收款：根据《框架协议》及《补充协议》应收华映吴江及建发集团补偿款。

⑤ 存货：因本期经营规模下降所致。

⑥ 长期股权投资：因根据期后处置计划预计可收回金额与账面价值计提减值准备所致。

⑦ 投资性房地产：因重分类调整至固定资产所致。

⑧ 固定资产：因本期出售公司湖里大道 22 号房产，以及根据期后租赁协议提取减值准备所致。

⑨ 无形资产：因根据期后转让商标协议提取减值准备所致。

⑩ 长期待摊费用：根据实际受益期摊销所致。

⑪ 递延所得税资产：因子公司厦门厦华新技术有限公司提取准备增加所致。

⑫ 短期借款：因经营规模下降导致资金需求下降。

⑬ 应付票据：因本期原材料采购减少，应付客户的票据减少。

⑭ 预收账款：因经营规模下降导致预收客户的货款减少所致。

⑮ 应付职工薪酬：因本期提取员工辞职补偿金所致。

⑯ 应交税费：因本期将应交增值税——进项税金借方余额重分类所致。

⑰ 应付利息：因本期新增长期借款应付银行利息计算的时点不一致。

⑱ 其他应付款：因预提应付客户的费用尚未支付。

⑲ 应付股利：因子公司厦门厦华新技术有限公司尚未支付少数股东股利所致。

⑳ 长期借款：因公司向银行新增长期借款。

㉑ 其他非流动负债：因本期政府补助经验收后，转入营业外收入。

㉒ 外币报表折算差额：因汇率变动幅度不同影响所致。

㉓ 少数股东权益：因子公司厦门厦华新技术有限公司分红所致。

（2）公允价值计量资产、主要资产计量属性变化相关情况说明如表 10 所示。

表 10　公允价值计量资产、主要资产计量属性变化相关情况说明

项目名称	期初余额（元）	期末余额（元）	当期变动（元）	对当期利润的影响金额（元）
交易性金融资产	2258031.30	0	−2258031.30	−2258031.30
合计	2258031.30	0	−2258031.30	−2258031.30

4. 核心竞争力分析

报告期内，公司核心竞争力未发生重要变化。

5. 投资状况分析

（1）非金融类公司委托理财及衍生品投资的情况。

① 委托理财情况本年度公司无委托理财事项。

② 委托贷款情况本年度公司无委托贷款事项。

（2）募集资金总体使用情况如表 11 所示。

表 11　募集资金总体使用情况

募集年份	募集方式	募集资金总额（万元）	本年度已使用募集资金总额（万元）	已累计使用募集资金总额（万元）	尚未使用募集资金总额（万元）	尚未使用募集资金用途及去向
2012 年	增发	96000	0	96000	0	
合计	/	96000	0	96000	0	/

截至 2012 年 12 月 7 日，公司已从募集资金专用账户交通银行股份有限公司厦门分行的账户 352000678018160139321 将全部资金 1.8 亿元转入公司基本账户，用于补充流动资金。具体查询 2014 年 4 月 26 日于 www.sse.com.cn 披露的《2012 年年度募集资金存放与实际使用情况的专项报告》。

（3）主要子公司、参股公司分析如表 12 所示。

表 12　主要子公司、参股公司分析

公司名称	主要产品或服务	注册资本（万元）	资产规模（万元）	净利润（万元）
厦门厦华新技术有限公司	主营车载视听产品为代表的电子产品	2000	6076.18	−115.98
厦门海盛模具有限公司	主营各类模具的开发和生产各种模具所需材料、模架、配件的开发和生产；电子机械配件的制造和模具技术合作等	3200	4577.99	−931.47

（4）非募集资金项目情况。

报告期内，公司无非募集资金投资项目。

四、董事会关于公司未来发展的讨论与分析

（一）经营计划

受行业需求增长放缓、主营产品平均价格大幅下跌等多重因素影响，厦门华侨电子股份有限公司（“本公司”或“公司”）日常经营陷入困难，财务面临风险。2011 年、2012 年和 2013 年，本公司扣除非经常性损益的归属母公司的净利润分别为-2996.60 万元、-5298.63 万元和-43584.05 万元，截至 2013 年 12 月 31 日，公司资产负债率（合并）高达 98.74%。综合分析公司所处行业的发展前景和当前资产负债及实际经营情况，公司决定对现有资产、负债和人员进行必要的清理，以减轻经营负担，降低财务风险，从而尽快实现业务转型。基于上述原因，公司在完成原有订单后，已于 2014 年 4 月 1 日起停止彩电业务生产，即目前的主营业务已基本停顿。

（二）可能面对的风险

因公司主营业务已基本停顿，未来可能面临资金链断裂的风险。

五、董事会对会计师事务所“非标准审计报告”的说明

（1）董事会、监事会对会计师事务所“非标准审计报告”的说明。

略。

（2）董事会对会计政策、会计估计或核算方法变更的原因和影响的分析说明。

√不适用

（3）董事会对重要前期差错更正的原因及影响的分析说明。

√不适用

六、利润分配或资本公积金转增预案

（1）现金分红政策的制定、执行或调整情况。

公司根据中国证监会《关于进一步落实上市公司现金分红有关事项的通知》，以及厦门证监局《关于进一步完善上市公司现金分红工作机制的通知》（厦证监发〔2012〕62 号）的要求，结合公司自身发展需要，在保持稳健发展的前提下，进一步强化回报股东的意识，健全完善分红政策和长效沟通机制，并于 2012 年 7 月 12 日召开第六届董事会第二十三次会议，审议通过了《关于修订〈公司章程〉的议案》及《公司未来三年股东回报规划（2012—2014 年）》，并经 2012 年 7 月 28 日召开的 2012 年第一次临时股东大会审议通过。

根据公司《章程》第一百六十九条中规定，公司不在弥补公司亏损和提取法定公积金、公益金之前向股东分配利润。

未分红的资金留存公司将用于弥补公司以前年度累计亏损。

（2）报告期内盈利且母公司未分配利润为正，但未提出现金红利分配预案的，公司应当详细披露原因，以及未分配利润的用途和使用计划。

√不适用

（3）公司近 3 年（含报告期）的利润分配方案或预案、资本公积金转增股本方案或预案（见表 13）。

表 13　公司近 3 年（含报告期）的利润分配方案或预案、资本公积金转增股本方案或预案

分红年度	每 10 股送红股数（股）	每 10 股派息数(元)（含税）	每 10 股转增数（股）	现金分红的数额（含税）	分红年度合并报表中归属于上市公司股东的净利润（元）	占合并报表中归属于上市公司股东的净利润的比率（%）
2013 年					-537297572.15	
2012 年					9734222.78	
2011 年					10579631.78	

七、涉及财务报告的相关事项

（1）与 2012 年年度财务报告相比，会计政策、会计估计和核算方法发生变化的情况。

无。

（2）报告期内发生重大会计差错更正需追溯重述的情况。

无。

（3）与 2012 年年度财务报告相比，对财务报表合并范围发生变化的情况。

无。

（4）年度财务报告被会计师事务所出具非标准审计意见的，董事会、监事会应当对涉及事项做出说明。

① 董事会对会计师事务所出具的2013年年度带保留意见《审计报告》的专项说明福建华兴会计师事务所（特殊普通合伙）出具了闽华兴所（2014）审字G－121号带保留意见的《审计报告》，根据上海证券交易所《关于做好上市公司2013年年度报告工作的通知》和中国证监会的相关要求，董事会对审计报告中所涉及事项作专项说明如下。

一、保留意见涉及事项的基本情况

1. 如财务报表附注10、附注2所述，截至财务报告报出日，厦华电子已经终止经营原主营彩电业务，并在股东华映科技（集团）股份有限公司及其下属子公司华映视讯（吴江）有限公司、股东厦门建发集团有限公司的协助下进行资产、负债、人员清理工作，这种情况表明厦华电子持续经营能力存在重大不确定性。

另外，厦华电子承诺自股票复牌之日（2013年11月26日）起6个月内不再筹划重大资产重组事项，因此，我们无法获取有关厦华电子运用持续经营假设编制财务报表的充分、适当的审计证据。

2. 如财务报表附注10、附注2所述，厦华电子已经终止经营原主营彩电业务，在非正常经营过程中变现资产、清偿债务。截至财务报告报出日，厦华电子尚在对期后剩余应收款项、存货等流动资产进行清理变现，我们无法获取充分、适当的审计证据以判断厦华电子提取该部分流动资产跌价准备金额的准确性。

二、董事会的相关说明除“导致保留意见的事项”段所述事项产生的影响外，公司财务报表在所有重大方面按照企业会计准则的规定编制，公允反映了公司2013年12月31日的合并及母公司财务状况，以及2013年度的合并及母公司经营成果和现金流量。针对保留意见事项，说明如下。

1. 保留意见1的说明

（1）公司现状说明。

受行业需求增长放缓、主营产品平均价格大幅下跌等多重因素影响，公司近三年经营业绩呈现逐年下滑状态，2011年、2012年和2013年前三季度，本公司扣除非经常性损益的归属母公司的净利润分别为-2996.60万元、-5298.63万元和-14900.23万元，截至2013年9月30日，公司资产负债率（合并）高达96.02%，净资产进一步降低为4532.00万元，日常经营陷入困难，财务面临风险。仅靠公司正常业务运作获得的现金已无法满足按时归还相关债务的需要。

综上所述，公司面临着净利润为负和净资产为负两大退市指标的风险挑战。

（2）为避免退市董事会所做的努力。

① 2013年11月6日公司股东签署《关于厦门华侨电子股份有限公司之股份转让框架协议》(以下简称《框架协议》)、《关于厦门华侨电子股份有限公司框架协议之补充协议》(以下简称《框架协议之补充协议》)，以及具体《股份转让协议》，公司第一大股东华映视讯（吴江）有限公司（以下简称“华映吴江”）拟将所持厦华电子的73621068股无限售流通股份分别协议出让给厦门鑫汇、北京德昌行和王玲玲（构成一致行动关系，以下简称“厦门鑫汇及一致行动人”），占厦华电子总股本14.07%；华映吴江与自然人苏志民签订《股份转让协议》，拟向苏志民转让1850万股厦华电子无限售流通股，占厦华电子总股本的3.54%；华映吴江与洪晓蒙签订《股份转让协议》，拟向洪晓蒙转让所持800万股厦华电子无限售流通股，占厦华电子总股本的1.53%；本次交易中，华映吴江合计拟转让厦华电子股份100121068股，占厦华电子全部股份19.14%。华映光电与厦门鑫汇签署股份质押协议，将其持有的52454133股公司股票质押给鑫汇，至此，厦门鑫汇及其一致行动人合计持有公司22.09%的表决权股份，成为公司第一大表决权股东。

根据各股东方签订的《框架协议》《框架协议之补充协议》的约定，华映科技（集团）股份有限公司或其下属子公司、厦门建发集团有限公司或其关联方将协助公司进行债务及相关人员清理，于2014年6月30日前尽力促使公司完成资产、负债、人员清理工作，并尽力达成至前述时点公司负债归零且净资产为正且现有全部员工解除劳动合同的效果；厦门鑫汇有意愿配合公司进行业务资产整合、协助公司改善营利能力。

② 根据公司所处行业的发展前景和当前公司资产负债及实际经营情况，公司决定对现有资产、负债和人员进行必要的清理，以减轻经营负担，降低财务风险，从而尽快实现业务转型。

2014年3月28日，第七届董事会第十三次会议审议并通过了《关于转让公司持有的厦门厦华新技术有限公司

76.607%股权的议案》。本次交易为公司带来约 3204.29 万元的净现金流量，资金将用于公司负债和人员清理，有利于减轻公司经营负担和降低财务风险。

2014 年 4 月 11 日，第七届董事会第十四次会议审议并通过了《关于出售“厦华”系列注册商标的议案》，将公司所有的“厦华”系列注册商标以 1200.00 万元人民币转让给万利达集团有限公司，所获资金将用于公司负债和人员清理，有利于减轻公司经营负担和降低财务风险。

2014 年 2 月 19 日，公司发出了《协商解除劳动合同的经济补偿方案》，与公司员工协商解除劳动合同，2014 年 4 月 24 日，第七届董事会第十五次会议通过了《拟定职工安置计划及预提相关费用的议案》，截至目前，除了 19 名员工外，员工基本全部解除劳动合同，为 2014 年的经营减轻压力，降低人工成本。

2014 年 4 月 24 日，第七届董事会第十五次会议通过了《关于公司与万利达集团有限公司签署〈资产租赁协议书〉的议案》，公司目前彩电业务已经停止生产，各项专用设备处于闲置状态，为盘活资产，冲抵折旧成本，缓解公司流动资金压力，拟将合法拥有的所有固定资产以人民币 66 万元/月出租予万利达集团有限公司。承租方先期支付的租金 2800 万元将用于公司负债和人员清理，有利于减轻公司经营负担和降低财务风险。

上述除转让厦门厦华新技术有限公司股权外，其他资产清理、出租决策尚需提交股东大会审批；公司其他尚未清理的资产正在积极寻找受让方，基本处于商务谈判过程中，公司将根据资产转让相关协议的签署，及时履行信息披露义务。

同时董事会也敦促股东方，根据相关协议的约定，适时配合公司进行业务资产整合、协助公司改善营利能力，使公司尽快摆脱目前的困难状况。

2. 保留意见 2 的说明

根据各股东方签订的《框架协议》《框架协议之补充协议》的约定，华映科技（集团）股份有限公司或其下属子公司、厦门建发集团有限公司或其关联方将协助公司进行债务及相关人员清理，于 2014 年 6 月 30 日前尽力促使公司完成资产、负债、人员清理工作。目前公司已经停止彩电业务的生产，全力进行资产、债务、人员的清理工作。其中应收账款、其他应收款、存货等流动资产的清理，截至财务报告报出日，仍然在进行中，没有彻底完成清理，说明如下。

① 应收账款：2013 年 12 月 31 日，应收账款净值为 29551.43 万元，经过努力催收，截至财务报告报出日，应收账款净值为 3056.56 万元。公司为收回该部分账款所作的努力有：在组织上，保留国内销售各分公司的业务骨干人员，继续催收货款；保留外销业务骨干人员，继续催收尚未回收的货款。保留全部的法务人员，提供法律支持，催收货款；保留财务人员，及时和客户对账，催收货款。在手段上，外销货款均已投出口信用保险，针对个别未按时汇款客户，持续向客户催收，同时向保险公司报损，启动法律手段等追索；对内销客户，则分别采用继续追索、协商解决、法律诉讼、申请强制执行等手段来追讨货款，经辨识确实无法收回的账款，则申请核销处理；以上工作目标在 6 月 30 日前均处理完毕。因为上述货款涉及金额大、客户多、情况各异，时间难以确定，目前还缺少充分、适当的证据来确定能够回收多少货款。董事会将督促公司管理层，尽最大可能及早收回货款、最大限额收回货款，以达成各股东方签订的《框架协议》、《框架协议之补充协议》的约定，维护股东的利益。

② 其他应收款：2013 年 12 月 31 日，其他应收款净值为 19579.83 万元，经过催收，截至财务报告报出日，其他应收账款净值为 680.99 万元。同以上应收账款，公司在组织上保留骨干人员、在手段上，针对不同情况采取各自适用措施来追讨，确实无法回收的，则申请核销处理。以上工作目标在 6 月 30 日前均处理完毕。因为上述货款涉及金额大、客户多、情况各异，时间难以确定，目前还缺少充分、适当的证据来确定能够回收多少资金。董事会将督促公司管理层，尽最大可能及早收回、最大限额收回资金，以达成各股东方签订的《框架协议》、《框架协议之补充协议》的约定，维护股东的利益。

③ 存货：2013 年 12 月 31 日，存货净值为 11686.83 万元，经过处理，截至财务报告报出日，存货净值为 3909.42 万元。公司为处理该部分存货采取的措施有：厂商未交货部分，及早通知供应商停止供货，公司不再接受交货，避免存货进一步增加；材料齐套部分，以 SKD 方式转卖给客户自行加工组装，或者转卖给客户指定的组装加工厂，继续生产完毕；尚未使用的原材料，请供应商回购为优先，不能回购的，则自行销售以回收资金。内销成品，以

适当折价、现金交易方式销售给代理商、经销商为主。对内部员工提供价格优惠，鼓励公司职工购买公司产品，目前内销成品库存已经基本销售完毕；外销成品均按订单生产，已经销售完毕；南非公司因为正常经营中，所备库存为必需品，将来随出售该公司股权一并处理。部分确实无法再利用、再出售的原材料、半成品、成品，经确认后建议核销报废处理。以上工作目标在 6 月 30 日前均处理完毕。因为上述存货金额大、类别多、情况各异，处理时间难以确定，目前还缺少充分、适当的证据来确定能够回收多少资金。董事会将督促公司管理层，尽最大可能及早处理存货、最大限额收回资金，以达成各股东方签订的《框架协议》、《框架协议之补充协议》的约定，维护股东的利益。

② 监事会对董事会关于 2013 年年度保留意见审计报告涉及事项的专项说明的意见

福建华兴会计师事务所（特殊普通合伙）出具了闽华兴所（2014）审字 G-121 号带保留意见的《审计报告》，根据上海证券交易所《关于做好上市公司 2013 年年度报告工作的通知》和中国证监会的相关要求，监事会对审计报告中所涉及事项作专项说明如下：

除“导致保留意见的事项”段所述事项产生的影响外，公司财务报表在所有重大方面按照企业会计准则的规定编制，公允反映了公司 2013 年 12 月 31 日的合并及母公司财务状况，以及 2013 年年度的合并及母公司经营成果和现金流量。

公司董事会针对保留意见的事项所做的专项说明客观、真实，符合公司实际情况。作为公司监事，我们将积极配合公司董事会的各项工作，并持续关注董事会和管理层推进各相关工作的开展，切实维护公司和投资者的利益。

厦门华侨电子股份有限公司董事长：王玲玲

2014年4月24日

苏州锦富新材料股份有限公司 2013 年年度报告（摘要）

一、重要提示

（1）为全面了解本公司的经营成果、财务状况及未来发展规划，投资者应到指定网站仔细阅读年度报告全文。网站地址为：chinext.cninfo.com.cn；chinext.cs.com.cn；chinext.cnstock.com；chinext.stcn.com；chinext.ccstock.cn。

（2）所有董事均已出席了审议本报告的董事会会议。

（3）天衡会计师事务所（特殊普通合伙）对本年度公司财务报告的审计意见为：标准无保留审计意见。

（4）公司经本次董事会审议通过的利润分配预案为：以 2013 年 12 月 31 日的公司总股本为基数，向全体股东每 10 股派发现金红利 0.50 元（含税），送红股 0 股（含税），以资本公积金向全体股东每 10 股转增 0 股。

（5）公司简介如表 1 所示。

表 1　公司简介

股票简称	锦富新材	股票代码	300128
联系人和联系方式	董事会秘书	证券事务代表	
姓名	葛卫东	陈艳	
电话	0512-62820000	0512-62820000	
传真	0512-62820200	0512-62820200	
电子信箱	jinfu@jin-fu.cn	jinfu@jin-fu.cn	
办公地址	苏州工业园区华池街时代广场 24 幢苏州国际金融中心 11 楼	苏州工业园区华池街时代广场 24 幢苏州国际金融中心 11 楼	

二、会计数据和财务指标摘要（见表 2）

公司是否因会计政策变更及会计差错更正等追溯调整或重述以前年度会计数据

□是√否

表 2　会计数据和财务指标摘要

	2013 年	2012 年	2013 年比 2012 年增减（%）	2011 年
营业收入（元）	2039998273.39	1963213021.89	3.91%	1193721712.93
营业成本（元）	1719360002.97	1583659520.26	8.57%	935465933.04
营业利润（元）	129507903.73	200333466.97	−35.35%	136312493.01
利润总额（元）	131843413.13	201985470.90	−34.73%	137041121.41
归属于上市公司普通股股东的净利润（元）	96959822.52	144151541.25	−32.74%	100129664.68

续表

	2013 年	2012 年	2013 年比 2012 年增减（%）	2011 年
归属于上市公司普通股股东的扣除非经常性损益后的净利润（元）	72813215.97	142790950.82	-49.01%	99397159.27
经营活动产生的现金流量净额（元）	27003988.97	-20067721.35	-234.56%	37526076.05
每股经营活动产生的现金流量净额（元/股）	0.0661	-0.0981	-167.38%	0.1876
基本每股收益（元/股）	0.24	0.36	-33.33%	0.25
稀释每股收益（元/股）	0.24	0.36	-33.33%	0.25
加权平均净资产收益率（%）	7.21%	11.61%	-4.4%	8.78%
扣除非经常性损益后的加权平均净资产收益率（%）	5.41%	11.5%	-6.09%	8.71%
	2013 年年末	2012 年年末	2013 年年末比 2012 年年末增减（%）	2011 年年末
期末总股本（股）	408818000.00	204460000.00	99.95	200000000.00
资产总额（元）	1922742587.59	1975485726.36	-2.67	1586072617.06
负债总额（元）	528373120.74	586355373.65	-9.89	348124631.90
归属于上市公司普通股股东的所有者权益（元）	1354540013.48	1310109773.34	3.39	1174151562.52
归属于上市公司普通股股东的每股净资产（元/股）	3.3133	6.4077	-48.29	5.8708
资产负债率（%）	27.48	29.68	-2.2	21.95

三、股本结构及股东情况

（1）股份变动情况如表 3 所示。

表 3　股份变动情况　（单位：股）

	本次变动前		本次变动增减（+，−）					本次变动后	
	数量	比例	发行新股	送股	公积金转股	其他	小计	数量	比例
一、有限售条件股份	110210000	53.9			110210000	-214990000	-104780000	5430000	1.33%
3．其他内资持股	110210000	53.9			110210000	-214990000	-104780000	5430000	1.33%
其中：境内法人持股	105750000	51.72			105750000	-211500000	-105750000	0	0%
境内自然人持股	4460000	2.18			4460000	-3490000	970000	5430000	1.33%
二、无限售条件股份	94250000	46.1			94250000	214888000	309138000	403388000	98.67%
1．人民币普通股	94250000	46.1			94250000	214888000	309138000	403388000	98.67%
三、股份总数	204460000	100			204460000	-102000	204358000	408818000	100%

（2）前 10 名股东持股情况如表 4 所示。

表 4　前 10 名股东持股情况　　（单位：股）

报告期末股东总数	10326	年度报告披露日前第 5 个交易日末股东总数		13234		
前 10 名股东持股情况						
股东名称	股东性质	持股比例	持股数量	持有有限售条件的股份数量	质押或冻结情况	
					股份状态	数量
上海锦富投资管理有限公司	境内非国有法人	51.73%	211500000	0	质押	13750000
TBPOLYMER LIMITED	境外法人	17.24%	70500000	0	无质押和冻结	0
东吴价值成长双动力股票型证券投资基金	基金、理财产品	1.83%	7469753	0	无质押和冻结	0
东吴嘉禾优势精选混合型开放式证券投资基金	基金、理财产品	1.57%	6433964	0	无质押和冻结	0
诺安股票证券投资基金	基金、理财产品	1.12%	4597427	0	无质押和冻结	0
全国社保基金一零四组合	基金、理财产品	0.95%	3899897	0	无质押和冻结	0
汇添富均衡增长股票型证券投资基金	基金、理财产品	0.84%	3439253	0	无质押和冻结	0
华夏优势增长股票型证券投资基金	基金、理财产品	0.57%	2342575	0	无质押和冻结	0
东吴行业轮动股票型证券投资基金	基金、理财产品	0.53%	2155486	0	无质押和冻结	0
长城 2 号集合资产管理计划	基金、理财产品	0.51%	2067214	0	无质押和冻结	0
上述股东关联关系或一致行动的说明		除同属一家基金管理公司外，公司其他持股 5%以上的前 10 名股东之间不存在关联关系，不属于一致行动人				

（3）公司与控股股东、实际控制人之间的产权及控制关系如图 1 所示。

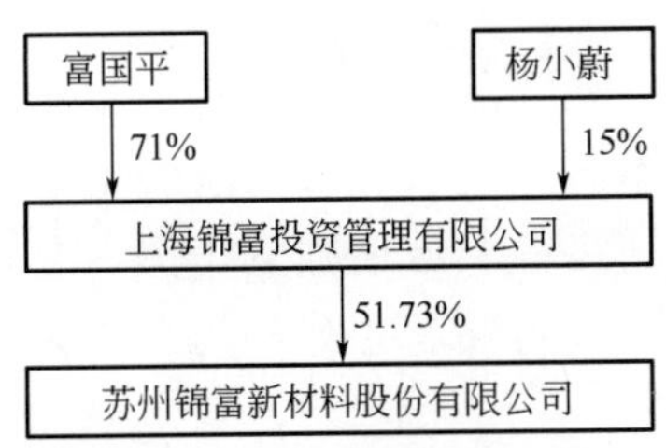

图 1　公司与控股股东、实际控制人之间的产权及控制关系

四、管理层讨论与分析

1. 报告期经营情况简介

2013 年，欧美等西方主要经济体经济延续低速增长态势，但对刺激政策的依赖程度降低，复苏基础趋于稳固，而主要新兴经济体增速较以往呈现逐步放缓态势。就消费电子行业而言，一方面，受全球宏观经济总体复苏的影响；另一方面，又与行业技术发展周期相关。据美国消费电子协会发布最新数据，2013 年全球消费电子行业销售额较 2012 年增长 3%，达到 1.068 万亿美元。就消费电子细分产品市场而言，全球电视及 PC 市场波澜不兴，受制于技术创新迟缓及消费结构的变化，消费者需求表现疲软，出货量增长缓慢甚至部分季度出现一定的下滑；智能终端市场依然保持增长态势，但增速趋缓。

报告期内，公司实现营业总收入 203999.83 万元，比 2012 年同期增长 3.91%，主要是内资客户销售收入略有增长。报告期内，公司营业利润 12950.79 万元，比 2012 年同期下降 35.35%；利润总额 13184.34 万元，比 2012 年同期下降 34.73%；归属于上市公司股东的净利润 9695.98 万元，比 2012 年同期下降 32.74%。上述业绩指标下降的主要原因如下：报告期内，受行业竞争的影响，公司产品毛利率较 2012 年同期有所下降；受市场因素的影响，公司移动终端产品的销售占比下降；参股公司 DSA 经营状况持续恶化，公司计提了长期股权投资减值准备 1093.50 万元；因部分债务人拖欠货款，相关诉讼尚无进展，公司对其应收账款计提了 2282.07 万元的特别坏账；非经常性损益对净利润的影响金额合计为 2413.98 万元，主要是公司出售蓝思科技 100%股权所获得的投资收益。

报告期内，为适应消费电子产品技术发展、商业模式的变化，进一步提升公司在未来消费电子产品行业核心竞争力，公司加大了消费电子产品模组、专用装备制造及应用软件（手机游戏）新市场的拓展力度，并增加了对上游原材料领域的投入，进一步完善了基于集团化管理信息系统的建设，取得了相应的成果，具体概述如下。

（1）积极拓展多种模组业务，实现传统加工业务由零件向多组件转型。报告期内，公司通过新设全资子公司 ALLIN 以现金购买收购苏州帝艾斯 97.82%股权，从而获得三星液晶显示模组（LCM）及背光模组（BLU）合格供应商资格，实现了产业链延伸，也增强了公司原有主导产品在客户端的竞争力。其次，公司也通过联合研制及自主研发，积极寻求消费电子产品镜头模组（CM）及触控模组领域的发展机遇，并取得阶段性进展。

（2）积极加大对核心装备的投入，推进传统加工业务发展及培育新的利润点。核心装备研制能力的提升是公司拓展新业务、提升传统加工业务效益及增强行业竞争力的重要抓手。报告期内，公司在进一步加快相关模切装备革新、模切自动化产线研制的同时，着重推进先进压印设备、CNC（数控加工中心）等适应未来行业新材料应用装备的研制工作，取得了阶段性成果。截至报告期末，公司实现专用装备销售收入 6616.93 万元。

（3）因行业商业模式的变化，加快培育公司“内容”新业务。近年来，消费电子产品内容提供商通过运营商跨界硬件领域屡见不鲜，昭示着未来消费电子产品硬件制造的商业模式可能发生变化。为适应上述变化及在未来产品终端领域增强竞争力，公司于报告期内加强了对消费电子产品相关应用软件及服务内容的调研及项目储备工作，为公司未来加大力度拓展“内容”服务领域奠定了基础。

（4）稳步推进新产品、新工艺、新技术及新材料研发工作，增强企业发展后劲。截至报告期末，公司共有 39 项专利，其中原始取得的实用新型专利 37 项，原始取得的发明专利 1 项，通过独占许可方式获得的发明专利 1 项，公司共有原始取得的软件著作权 1 项。其中，公司于报告期内新增 6 项实用新型专利，新增 1 项软件著作权。报告期内，公司通过自主及联合研发，跟踪行业技术发展热点，加大研发力度，取得了一定的成果。公司承担了工业和信息化部"纳米压印蓝宝石衬底图案化的产业化研发"项目，并获得了 500 万元的国家项目资金支持；公司通过增资苏州格瑞丰，涉足石墨烯材料制备及其后续应用领域，着力电子新型材料、特种 3D 打印工艺及设备研制工作，延伸公司产业链。

（5）适应行业竞争格局的变化，加大对内资客户的拓展力度。报告期内，因公司加大对模组产品市场的拓展力度，在一定程度上与原有部分客户形成竞争，为此，公司也相应地拓展内资客户市场，寻求传统加工产品新的市场空间。截至报告期末，对内资客户销售同比增长 46.75%，占主营业务收入的比重已提升至 44.99%。

（6）进一步完善集团化管理制度，强化管理，防控经营风险，加强员工队伍建设工作。近年来，公司业务发展迅速，产品品种、服务种类、市场布局及员工人数均有较大增加，为此，公司依据实际经营情况，以风险控制为导向，通过进一步完善管理制度及管理手段，提高管理效率及防范经营风险；通过加强企业文化建设及实施关键绩效考核制度，提高员工工作积极性及企业凝聚力。

2. 报告期公司主营业务是否存在重大变化

□是√否

3. 是否存在需要特别关注的经营季节性或周期性特征

□是√否

4. 报告期营业收入、营业成本、归属于上市公司股东的净利润总额或构成较前一报告期发生重大变化的说明

（1）概述。

报告期内，受市场因素和行业竞争的影响，公司实现营业收入 203999.83 万元，比 2012 年同期增长 3.91%；营业成本 171936.00 万元，比 2012 年同期增长 8.57%，导致公司产品的综合毛利率较 2012 年同期有所下降。

截至报告期末，公司实现营业利润 12950.79 万元，比 2012 年同期下降 35.35%；实现利润总额 13184.34 万元，比 2012 年同期下降 34.73%；归属于上市公司股东的净利润 9695.98 万元，比 2012 年同期下降 32.74%。上述业绩指标下降的主要原因如下：报告期内，受行业竞争的影响，公司产品毛利率较 2012 年同期有所下降；受市场因素的影响，公司移动终端产品的销售占比下降；参股公司 DSA 经营状况持续恶化，公司计提了长期股权投资减值准备 1093.50 万元；因部分债务人拖欠货款，以及相关诉讼尚无进展，对相应应收账款计提了 2282.07 万元的特别坏账；非经常性损益对净利润的影响金额合计为 2413.98 万元，主要是公司出售蓝思科技 100%股权所获得的投资收益。

（2）报告期利润构成或利润来源发生重大变动的说明。

报告期内，公司光电显示薄膜器件、精密模切设备和隔热减震类制品仍是公司主要产品和主要利润来源。同时，报告期内，公司出售蓝思科技股权获得的投资收益为 2403.75 万元。

5. 分部报告与 2012 年同期相比是否存在重大变化

（1）报告期主营业务收入及主营业务利润的构成如表 5 所示。

表 5 主营业务收入及主营业务利润的构成

	主营业务收入（元）	主营业务利润（元）
分行业		
光学光电子元器件制造	1825527156.54	270876433.57
通用设备制造	66169280.81	28300875.59
汽车等零配件制造	30828636.11	8182558.44
小计	1922525073.46	307359867.60
分产品		
模组及光电显示薄膜器件	1825527156.54	270876433.57
其他产品	96997916.92	36483434.03
小计	1922525073.46	307359867.60
分地区		
外销	1057608897.63	128194799.67
内销	864916175.83	179165067.93
小计	1922525073.46	307359867.60

（2）占比 10%以上的产品、行业或地区情况如表 6 所示。

表 6 占比 10%以上的产品、行业或地区情况

	营业收入（元）	营业成本（元）	毛利率	营业收入比 2012 年同期增减	营业成本比 2012 年同期增减	毛利率比 2012 年同期增减
分行业						
光学光电子元器件制造	1825527156.54	1554650722.97	14.84%	-1.53%	3.34%	-4.02%
通用设备制造	66169280.81	37868405.22	42.77%	60.1%	71.78%	-3.89%
汽车等零配件制造	30828636.11	22646077.67	26.54%	26.08%	15.11%	7.00%
小计	1922525073.46	1615165205.86	15.99%	0.14%	4.47%	-3.47%
分产品						
模组及光电显示薄膜器件	1825527156.54	1554650722.97	14.84%	-1.53%	3.34%	-4.02%
其他产品	96997916.92	60514482.89	37.61%	47.45%	45.06%	1.03%
小计	1922525073.46	1615165205.86	15.99%	0.14%	4.47%	-3.47%
分地区						
外销	1057608897.	929414097.96	12.12%	-20.5%	-13.78%	-6.85%
内销	864916175.8	685751107.90	20.71%	46.75%	46.5%	0.13%
小计	1922525073.	1615165205.86	15.99%	0.14%	4.47%	-3.47%

（3）公司主营业务数据统计口径在报告期发生调整的情况下，公司最近 3 年按报告期末口径调整后的主营业务数据。

不适用。

6. 预测年初至下一报告期期末的累计净利润可能为亏损或与 2012 年同期相比发生大幅度变动的说明

不适用。

五、涉及财务报告的相关事项

（1）公司与 2012 年度财务报告相比，会计政策、会计估计和核算方法发生变化的说明。

不适用。

（2）公司报告期内发生重大会计差错更正需追溯重述的情况说明。

不适用。

（3）合并报表范围发生变更说明。

① 本期新纳入合并范围的主体如表 7 所示。

表 7　本期新纳入合并范围的主体

子公司名称	期末净资产（元）	本期净利润（元）
滁州锦富电子有限公司	49082854.11	−917145.89
ALLIN ASIA HOLDING CO., LIMITED	51330763.71	17465443.98

② 本期不再纳入合并范围的主体如表 8 所示。

表 8　本期不再纳入合并范围的主体

名称	处置日净资产（元）	期初至处置日净利润（元）
苏州蓝思科技发展有限公司	50975477.63	224097.20

注：2013 年 11 月公司向苏州云白环境设备制造有限公司转让持有的全资子公司苏州蓝思科技发展有限公司 100%股权，转让价款总额为人民币 8209.99502 万元。

苏州锦富新材料股份有限公司

法定代表人：富国平

2014 年 4 月 23 日

烟台万润精细化工股份有限公司 2013 年年度报告（摘要）

一、重要提示

本年度报告摘要来自年度报告全文，投资者欲了解详细内容，应当仔细阅读同时刊载于深圳证券交易所网站等中国证监会指定网站上的年度报告全文。

公司简介如表 1 所示。

表 1　公司简介

股票简称	烟台万润	股票代码	002643
股票上市交易所	深圳证券交易所		
联系人和联系方式	董事会秘书	证券事务代表	
姓名	王焕杰	于书敏	
电话	0535-6382740	0535-6101017	
传真	0535-6378945	0535-6101018	
电子信箱	hjwang@valiant-cn.com	yushumin@valiant-cn.com	

二、主要财务数据和股东变化

（1）主要财务数据如表 2 所示。

公司是否因会计政策变更及会计差错更正等追溯调整或重述以前年度会计数据

□是√否

表 2　主要财务数据

	2013 年	2012 年	2013 年比 2012 年增减（%）	2011 年
营业收入（元）	965382340.43	789577816.87	22.27	820090562.66
归属于上市公司股东的净利润（元）	123941593.45	109249088.89	13.45	120241105.22
归属于上市公司股东的扣除非经常性损益的净利润（元）	116339355.71	101022698.33	15.16	111738186.34
经营活动产生的现金流量净额（元）	198143305.23	66414783.80	198.34	189079188.53
基本每股收益（元/股）	0.45	0.4	12.5	0.58
稀释每股收益（元/股）	0.45	0.4	12.5	0.58
加权平均净资产收益率（%）	9.69	9.05	0.64	35
	2013 年年末	2012 年年末	2013 年年末比 2012 年年末增减	2011 年年末
总资产（元）	1545800644.53	1498010260.31	3.19	1580730703.77
归属于上市公司股东的净资产（元）	1327826505.66	1244457985.50	6.7	1204025076.95

（2）前 10 名股东持股情况如表 3 所示。

表 3　前 10 名股东持股情况

报告期末股东总数		14368		年度报告披露日前第 5 个交易日末股东总数	14792	
前 10 名股东持股情况						
股东名称	股东性质	持股比例	持股数量	持有有限售条件的股份数量	质押或冻结情况	
					股份状态	数量
中节能（山东）投资发展公司	国有法人	27.1%	74708000	74708000		
鲁银投资集团股份有限公司	境内非国有法人	14.8%	40800000	0	质押	40800000
烟台市供销合作社	境内非国有法人	7.5%	20672000	0		
山东鲁银科技投资有限公司	境内非国有法人	5.13%	14144000	0		
华夏成长证券投资基金	境内非国有法人	4.21%	11600000	0		
全国社会保障基金理事会转持三户	国有法人	2.5%	6892000	6892000		
王忠立	境内自然人	1.86%	5138080	3853560		
中国农业银行－中邮核心成长股票型证券投资基金	境内非国有法人	1.16%	3205720	0		
钱东奇	境内自然人	1.03%	2827400	0		
王焕杰	境内自然人	0.91%	2512200	2506650		
上述股东关联关系或一致行动的说明		公司前 10 名无限售流通股股东中，山东鲁银科技投资有限公司为鲁银投资集团股份有限公司的控股子公司，公司未知前 10 名无限售条件其他股东是否存在关联关系或是否属于《上市公司收购管理办法》规定的一致行动人				
参与融资融券业务股东情况说明（如有）		前 10 名无限售条件股东中，自然人股东樊连枝通过长江证券股份有限公司客户信用交易担保证券账户持有本公司股票 2111872 股，通过普通证券账户持有本公司股票 0 股，合计持有本公司股票 2111872 股，持股比例 0.77%；自然人股东陈达超通过长江证券股份有限公司客户信用交易担保证券账户持有本公司股票 1965350 股，通过普通证券账户持有本公司股票 0 股，合计持有本公司股票 1965350 股，持股比例 0.71%				

（3）公司与实际控制人之间的产权及控制关系如图 1 所示。

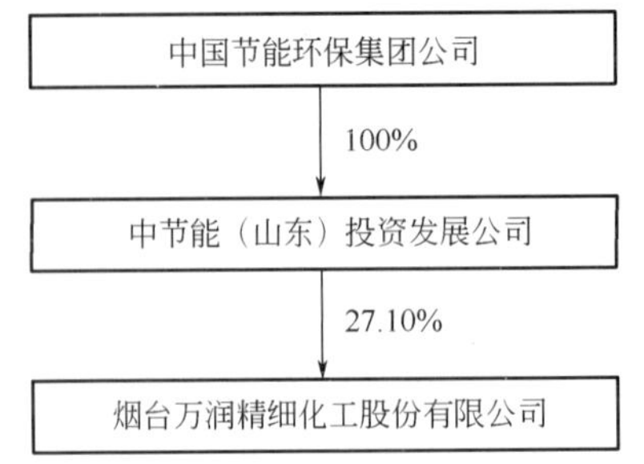

图1 公司与实际控制人之间的产权及控制关系

三、管理层讨论与分析

报告期内，公司实现营业收入96538万元，同比增加17580万元，较2012年增长22.27%；利润总额为14509万元，较2012年同期增加1827万元，增长14.40%；实现归属于母公司的净利12394万元，较2012年同期增加1469万元，增长13.45%。

2013年，世界经济低迷，全球液晶市场整体增长速度放缓，导致2013年度公司主营业务受到部分影响。但公司迎难而上，在大家的共同努力下，新产品、新领域有了发展和突破，产品品种、产品数量、销售额、利润等指标又再创新高，各项工作均有了不同程度的完善，公司的基础和实力又得到了进一步夯实。

2013年，公司的销售额再创新高，产品品种也不断扩大。在液晶材料领域、专项化学品领域，产品及产量都有了长足的发展；在环保材料及OLED材料领域，取得了一定程度的进展与收获；医药领域，多方面的市场开拓也在有序进行中。

2013年，公司加大了对技术创新的投入，在培育自主知识产权的基础上，不断提高产品的技术含量，提升产品的市场竞争力。研发投入连续5年持续增长，2013年再创新高，高达6233万元。共开发新产品282种，完成65个产品的中试。

2013年公司成功被认定为国家级企业技术中心，为产品的研发和资金的争取提供了一个更大的平台。

四、涉及财务报告的相关事项

与2012年度财务报告相比，合并报表范围发生变化的情况说明。

2013年1月，公司在江苏无锡设立控股子公司江苏三月光电科技有限公司，该控股子公司注册资本4687.00万元，公司对其持股比例64.01%，本年纳入合并范围。

烟台万润精细化工股份有限公司
董事长：赵凤岐
2014年2月26日

深圳市纺织（集团）股份有限公司 2013 年年度报告（摘要）

一、重要提示

本年度报告摘要来自年度报告全文，投资者欲了解详细内容，应当仔细阅读同时刊载于深圳证券交易所网站等中国证监会指定网站上的年度报告全文。

公司简介如表 1 所示。

表 1　公司简介

股票简称	深纺织 A、深纺织 B	股票代码	000045、200045
股票上市交易所	深圳证券交易所		
变更后的股票简称(如有)	无		
联系人和联系方式	董事会秘书	证券事务代表	
姓名	李江	姜澎	
电话	0755-83776043	0755-83776043	
传真	0755-83776139	0755-83776139	
电子信箱	lij@chinasthc.com	jiangp@chinasthc.com	

二、主要财务数据和股东变化

（1）主要财务数据（见表 2）。

公司是否因会计政策变更及会计差错更正等追溯调整或重述以前年度会计数据

□是√否

表 2　主要财务数据

	2013 年	2012 年	2013 年比 2012 年增减（%）	2011 年
营业收入（元）	1131098580.37	845114483.38	33.84	712893557.26
归属于上市公司股东的净利润（元）	47222590.97	-80988887.59	158.31	48915594.47
归属于上市公司股东的扣除非经常性损益的净利润（元）	-161473020.61	-90003071.80	-79.41	28195007.31
经营活动产生的现金流量净额（元）	-186726206.07	-155151561.96	-20.35	27750962.45
基本每股收益（元/股）	0.1	-0.24	141.67	0.15
稀释每股收益（元/股）	0.1	-0.24	141.67	0.15
加权平均净资产收益率（%）	2.31	-6.06	8.37	3.6
	2013 年年末	2012 年年末	2013 年年末比 2012 年年末增减（%）	2011 年年末
总资产（元）	2851759735.91	1880660667.21	51.64	1808226905.6
归属于上市公司股东的净资产（元）	2297846577.11	1303011954.39	76.35	1369628593.6

（2）前 10 名股东持股情况（见表 3）。

表 3　前 10 名股东持股情况

（单位：股）

<table>
<tr><td colspan="2">报告期末股东总数</td><td colspan="2">17891</td><td>年度报告披露日前第 5 个交易日末股东总数</td><td colspan="2">17504</td></tr>
<tr><td colspan="7">前 10 名股东持股情况</td></tr>
<tr><td rowspan="2">股东名称</td><td rowspan="2">股东性质</td><td rowspan="2">持股比例</td><td rowspan="2">持股数量</td><td rowspan="2">持有有限售条件的股份数量</td><td colspan="2">质押或冻结情况</td></tr>
<tr><td>股份状态</td><td>数量</td></tr>
<tr><td>深圳市投资控股有限公司</td><td>国有法人</td><td>46.21%</td><td>234069436</td><td>51457976</td><td></td><td></td></tr>
<tr><td>西藏瑞华投资发展有限公司</td><td>境内非国有法人</td><td>4.17%</td><td>21108061</td><td>21108061</td><td></td><td></td></tr>
<tr><td>全国社保基金五零一组合</td><td>其他</td><td>3.45%</td><td>17500000</td><td>17500000</td><td></td><td></td></tr>
<tr><td>平安大华基金公司－平安银行－平安信托平安财富＊创赢一期 13 号集合资金信托计划</td><td>其他</td><td>3.39%</td><td>17156003</td><td>17156003</td><td></td><td></td></tr>
<tr><td>中信证券股份有限公司</td><td>境内非国有法人</td><td>3.39%</td><td>17152959</td><td>17152959</td><td></td><td></td></tr>
<tr><td>平安大华基金公司－平安银行－王芳</td><td>其他</td><td>3.39%</td><td>17152659</td><td>17152659</td><td></td><td></td></tr>
<tr><td>华安基金公司－工行－华融信托－华安基金 2 号权益投资集合资金信托计划</td><td>其他</td><td>3.39%</td><td>17152658</td><td>17152658</td><td></td><td></td></tr>
<tr><td>深圳市深超科技投资有限公司</td><td>国有法人</td><td>3.18%</td><td>16129032</td><td>0</td><td></td><td></td></tr>
<tr><td>中国工商银行－诺安股票证券投资基金</td><td>其他</td><td>0.89%</td><td>4500000</td><td>4500000</td><td></td><td></td></tr>
<tr><td>中国工商银行－诺安价值增长股票证券投资基金</td><td>其他</td><td>0.49%</td><td>2500000</td><td>2500000</td><td></td><td></td></tr>
<tr><td colspan="2">上述股东关联关系或一致行动的说明</td><td colspan="5">深圳市深超科技投资有限公司系深圳市投资控股有限公司的全资子公司，为一致行动人。除此之外，本公司未知前 10 名流通股股东之间是否存在关联关系，亦未知是否属于《上市公司股东持股信息披露管理办法》中规定的一致行动人。</td></tr>
<tr><td colspan="2">参与融资融券业务股东情况说明（如有）</td><td colspan="5">无</td></tr>
</table>

（3）公司与实际控制人之间的产权及控制关系如图 1 所示。

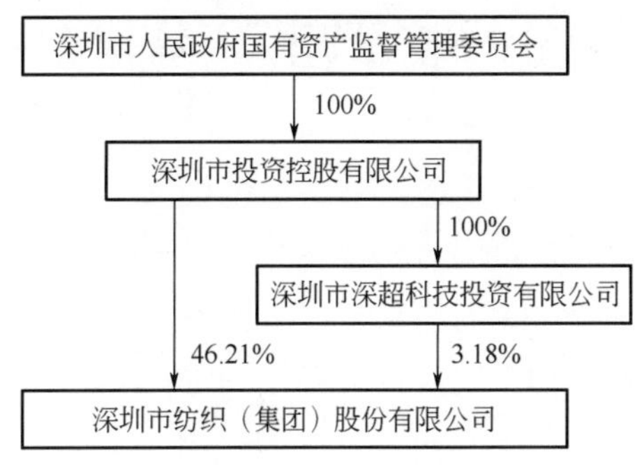

图 1　公司与实际控制人之间的产权及控制关系

三、管理层讨论与分析

2013 年，在董事会、经营层和全体员工的努力下，公司如期完成既定工作目标。一是完成非公开发行股票募集资金工作，为 TFT-LCD 用偏光片二期项目建设提供了资金支持；二是全力发展以偏光片为核心的主导产业，推进偏光片一期项目的产能提升；三是优化整合资源，有效剥离非主营业务，在加快实现公司战略转型目标的同时，稳经营、控成本，全力抓好主营业务生产经营，努力开拓市场，实现了稳健经营与转型升级同步发展；四是积极推进二期项目建设，审慎研究偏光片新产品技术路线，筹划与世界技术领先企业的技术合作。报告期内，公司实现营业收入 113109.86 万元，比 2012 年同期增长 33.84%。实现利润总额 10201.85 万元，比 2012 年同期增长 204.46%；实现净利润 4722.26 万元，比 2012 年同期增长 158.31%。主要原因是转让深圳市金兰装饰用品实业有限公司股权和出售可供出售金融资产，导致投资收益大幅增加。

四、涉及财务报告的相关事项

（1）与 2012 年度财务报告相比，会计政策、会计估计和核算方法发生变化的情况说明。

与 2012 年度财务报告相比，本报告期未发生会计政策、会计估计和核算方法变化的情况。

（2）报告期内发生重大会计差错更正需追溯重述的情况说明。

报告期内，公司未发生重大会计差错更正需追溯重述的情况。

（3）与 2012 年度财务报告相比，合并报表范围发生变化的情况说明。

与 2012 年度财务报告相比，报告期不再纳入合并财务报表范围的子公司：公司与深圳市和润珠宝首饰有限公司于 2013 年 12 月 11 日签订的《企业国有产权转让合同》，公司将所持深圳市金兰装饰用品实业有限公司（简称金兰公司）100%股权以 220000000.00 元价格拍卖转让给深圳市和润珠宝首饰有限公司。2013 年 12 月，公司已收到该项股权转让款的 55%，即 121000000.00 元，并办理了相应的财产权交接手续和金兰公司董事会改选，故将金兰公司 2013 年度利润表、现金流量表纳入合并财务报表范围，2013 年 12 月 31 日的资产负债表不纳入合并财务报表范围。

（4）董事会、监事会对会计师事务所本报告期“非标准审计报告”的说明。

不适用。

浙江永太科技股份有限公司 2013 年度报告（摘要）

一、重要提示

本年度报告摘要来自年度报告全文，投资者欲了解详细内容，应当仔细阅读同时刊载于深圳证券交易所网站等中国证监会指定网站上的年度报告全文。

公司简介如表 1 所示。

表 1　公司简介

股票简称	永太科技	股票代码	002326
股票上市交易所	深圳证券交易所		
联系人和联系方式	董事会秘书	证券事务代表	
姓名	关辉	陈丽萍	
电话	0576-85588006	0576-85588960	
传真	0576-85588006	0576-85588006	
电子信箱	guanhui@yongtaitech.com	zhengquan@yongtaitech.com	

二、主要财务数据和股东变化

（1）主要财务数据（见表 2）。

公司是否因会计政策变更及会计差错更正等追溯调整或重述以前年度会计数据

□是√否

表 2　主要财务数据

	2013 年	2012 年	2013 年比 2012 年增减（%）	2011 年
营业收入（元）	769622807.63	838874861.48	-8.26	725759212.26
归属于上市公司股东的净利润（元）	19848261.99	64345318.05	-69.15	63709360.33
归属于上市公司股东的扣除非经常性损益的净利润（元）	-1464109.20	55966779.48	-102.62	55908693.17
经营活动产生的现金流量净额（元）	22253631.09	99803863.26	-77.7	-7669324.50
基本每股收益（元/股）	0.08	0.27	-70.37	0.27
稀释每股收益（元/股）	0.08	0.27	-70.37	0.27
加权平均净资产收益率（%）	1.87	6.58	-4.71	6.97
	2013 年年末	2012 年年末	2013 年年末比 2012 年年末增减（%）	2011 年年末
总资产（元）	1946016806.49	1763140067.97	10.37	1664063844.01
归属于上市公司股东的净资产（元）	1005204654.12	1009786094.84	-0.45	945368447.90

（2）前 10 名股东持股情况如表 3 所示。

表 3　前 10 名股东持股情况　　（单位：股）

报告期末股东总数		17187		年度报告披露日前第 5 个交易日末股东总数	15003	
前 10 名股东持股情况						
股东名称	股东性质	持股比例	持股数量	持有有限售条件的股份数量	质押或冻结情况	
					股份状态	数量
王莺妹	境内自然人	28.24%	67860000	50895000	质押	40700000
何人宝	境内自然人	22.06%	53000000	47250000	质押	43000000
浙江永太控股有限公司	境内非国有法人	7.49%	18000000	0	质押	18000000
朱锡澄	境内自然人	3.07%	7376000	0		
钟建新	境内自然人	1.97%	4735620	0		
华夏成长证券投资基金	其他	1.82%	4380278	0		
陈军锋	境内自然人	1.18%	2841032	0		
中信银行-建信恒久价值股票型证券投资基金	其他	0.61%	1457853	0		
罗建荣	境内自然人	0.45%	1085000	945000		
潘官友	境内自然人	0.37%	900000	0		
上述股东关联关系或一致行动的说明		何人宝先生与王莺妹女士系夫妻关系，双方共同持有浙江永太科技股份有限公司 100%股权。罗建荣先生为本公司董事、常务副总经理，在本公司领取薪酬。除此情况外，公司未知其余上述股东之间是否存在关联关系或属于一致行动人，也未知前 10 名无限售流通股股东之间是否存在关联关系或属于一致行动人。				
参与融资融券业务股东情况说明（如有）		吴沛强投资者信用账户持股 892015 股				

（3）公司与实际控制人之间的产权及控制关系如图 1 所示。

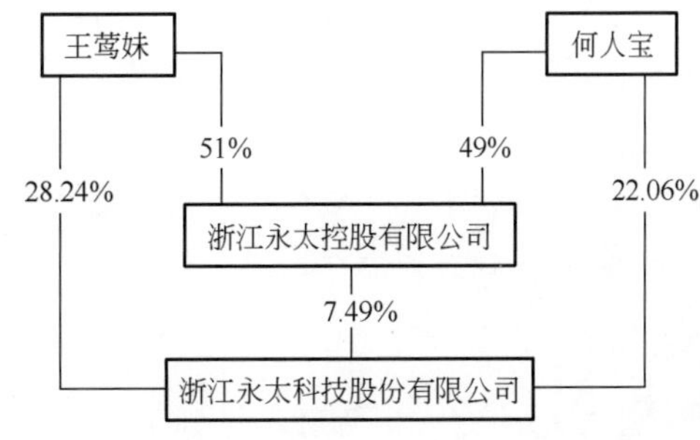

图 1　公司与实际控制人之间的产权及控制关系

三、管理层讨论与分析

（一）报告期经营情况简介

2013 年，国内宏观经济形势持续低迷，经济增速放缓，欧洲经济复苏低于预期。日益严苛的环保要求也使化工行业面临更大的压力与挑战。因此，尽管 2013 年全球化工行业呈现缓慢复苏的迹象，但市场整体表现仍远低于历史平均水平。

面对 2013 年的严峻形势，公司董事会及管理层积极应对，对外不断加大市场开拓力度，加强与重点客户的关系维护与需求挖掘；对内持续提升安全环保水平，加大新产品、新工艺开发，稳步推进战略布局，基本保持了生产与销售的顺畅与稳定。但受产业链需求低迷、人民币汇率持续升值和环保要求不断提高的影响，公司报告期内的销售收入比预计略有减少，同时由于募投项目完成固定资产摊销折旧同比大幅增长、研发投入、环保投入及财务费用增长的影响，致使公司成本大幅增长净利润下降。2013 年，公司实现营业收入 769622807.63 元，同比下降 8.26%；实现利润总额 26939414.67 元，同比下降 63.18%；其中归属于上市公司股东的净利润为 19848261.99 元，同比下降 69.15%。

1. *挖掘重点客户需求，优化产品结构*

报告期内，通过近年市场积累和客户认可度逐步提升，公司在重点客户和产品定制加工方面取得了一定的突破，报告期实现海外销售 664802593.10 元，占公司全部销售收入的 87.37%。通过深化与重点客户的合作关系，深入挖掘客户需求，加大定制产品销售力度，报告期公司对前五大客户共实现销售收入 515834650.07 元，占公司全部销售收入的 67.03%。基于海外销售比例及定制产品销售的提升，虽然资产摊销折旧等因素对生产成本影响较大，但是产品毛利率仍然稳中有升，达到 23.56%。

公司与德国默克、巴斯夫、住友以及美国默克等国际巨头的合作关系进一步稳固，与先正达、拜耳等多家国际级企业的合作也取得实质性进展，截至报告期末，公司销售意向超过 8.5 亿元。

2. *持续加大研发投入，构建多层次研发体系*

报告期内，公司继续加大研发投入力度，研发投入为 39382446.82 元，同比增长 22.85%，共完成新产品 86 项、中试 15 项、技改 25 项。液晶化学品方面，完成新项目研发 24 项、中试项目 4 项、技术改造项目 7 项。医药化学品方面，完成新项目研发 21 项、中试项目 5 项、技术改造项目 8 项；农药化学品方面，完成新项目研发 41 项、中试项目 6 项、技术改造项目 10 项。

报告期内，公司新申请专利 2 项，获得专利授权 3 项。

报告期内，公司收购上海亿法医药科技有限公司（后更名上海永太医药科技有限公司），将其拥有的约 3000 平方米研发楼设立永太上海研发桥头堡，利用上海的人才高地优势及信息集聚优势，从事原料药、制剂和电子化学品的研发工作。公司还在日本设立 CF 材料研发小组，利用日本电子化学品厚实的积累，开始 CF 材料开发工作。通过上海研发中心和日本研发小组的设立，公司初步形成了具有国际视野，涵盖医药、农药、电子化学品领域，中间体、原料药、制剂层次，中国浙江、上海，以及美国和日本三国四地的战略性研发平台。报告期内，美国永太已启动制剂研发项目 8 项，其中一项产品已进入 BE（生物等效性 bioequivalency）阶段，预计 2014 年将有 4 个产品申报 ANDA。

3. *生产设施升级，提升生产能力扩张的潜力*

报告期内，公司临海基地和江苏基地完成了 202 车间建设项目、102 车间氟化改造项目、109 车间氟化渣循环利用清洁生产项目、加氢车间新增加氢釜项目、第三车间建设项目、清污分流改造项目等技改和产能提升项目，有效提高了自动化生产水平和生产效率，提升了节能降耗水平，进一步巩固了综合性生产平台的优势，为公司产能扩张奠定了基础。

报告期内，109 车间氟化渣循环利用清洁生产项目已具备试生产能力，成为公司响应政府循环经济发展号召，构筑更具环境亲和力的化工生产平台的有力保障。

4. 持续聚焦 EHS 体系运行，保障环保安全的生产环境

公司始终坚持"安全第一、预防为主、综合治理"的方针，聚焦 EHS 体系的日常管理与升级，全面落实安全生产责任制，深入开展隐患排查治理工作，强力推进安全标准化建设。

报告期内，公司完成 ISO 18001、ISO 9001 体系复审，新编及修订完善 EHS 制度 10 项，修订升版操作规程 290 项；顺利通过浙江省经信委组织的清洁生产审核，并积极主动针对医化行业"52"条整改方案对车间进行升级改造。同时，公司还定期针对员工进行 EHS 培训，参与政府举办的特殊工种人员培训 84 人次。安全生产理念逐步深入人心，安全生产继续保持良好态势。

5. 提升管理夯实公司管理根基

报告期内，公司聘请管理咨询公司 AMT 针对公司组织架构、考核体系和薪酬体系进行梳理，引入并完成实施 OA 系统，从而理顺职责、提高效率，达到公司充分贯彻战略与充分调动各级积极主动性的目的，为公司的稳步成长夯实了管理根基。

6. 启动再融资加快公司战略布局

报告期内，公司已启动再融资工作，拟非公开发行 5500 万股 A 股股票，拟募集资金总额 61160 万元，拟投资于永太药业制剂国际化发展能力建设项目和年产 1500 吨平板显示彩色滤光膜（CF）产业化项目。预计通过上述项目的实施，能够加快推进公司由医药化学品、农药化学品及电子化学品生产向液晶下游、医药制剂领域的战略布局，有利于提升公司的综合竞争力，有效改善公司财务结构，有利于公司持续、快速、健康发展。

（二）公司未来发展的展望

1. 行业竞争格局和发展趋势

公司所处的氟化工是资源、技术、资金密集型产业，产业关联度高，对促进相关产业升级具有重要作用。氟化工产业链越向下游延伸，产品附加值越大，市场空间越广阔，受经济波动影响也越小。《中国氟化工行业"十二五"发展规划》提出了在"十二五"期间我国初步建成氟化工产业强国的发展目标，并重点开发技术含量高、附加值高、成长性好的含氟聚合物及制品、新型环境友好型 ODS 替代品和含氟精细化工产品。

2. 公司未来发展战略

公司的战略发展目标是在国内氟精细化工龙头企业的基础上，继续以医药、电子和农药为重点应用领域，将公司打造为技术先进、竞争力强的精细化工产品制造商，实现从高级中间体、原料药到制剂的化学药产业垂直一体化，发展为以平板显示为核心的电子化学品综合供应商，同时在含氟农药领域提供高附加值的精细化工产品。

公司将研究和生产多种原料药和制剂产品，积极向美国 FDA 申请 ANDA 批准文号并组织生产，将制剂产品推向美国市场，实现制剂产品的国际化；同时不断丰富现有的电子化学品产品，研究和生产平板显示领域的重要化学品 CF 光刻胶，在填补国内空白的同时实现进口产品的替代，以具有竞争力的价格满足我国液晶显示行业下游客户日益增长的产品需求。同时，公司将根据客户需求不断改进现有产品、推出新产品，保持自身在氟化工市场的领先地位。

3. 2014年的工作计划

（1）继续提升生产平台建设水平，专注现有业务公司将不断优化工艺路线，推进技改进度，积极提升生产环节的环保标准，继续加大EHS管理与培训水平，让环保理念更加深入人心，从而构建更具环境亲和力的生产体系，确保公司现有产品生产的有序进行。

（2）加快战略转型升级步伐，增强核心竞争力坚定产业转型信心，稳步推进向下游优势产业的延伸。公司将进一步优化资金、人才配置及组织结构职能，切实保障公司战略转型升级的顺利实施。尽快拓展成长空间，增强公司核心竞争力。

（3）提升管理水平与成本管控水平，增强市场竞争力积极提升管理水平与管理效率，减少不必要的管理费用支出；继续加大技改投入力度，不断优化生产平台工艺水平，减低生产成本；继续细化全面预算管理，经营目标逐级分解落实到各部门和生产车间。通过更加有效的成本控制，增强公司产品的市场竞争力。

（4）继续加大市场开拓力度，实现定制产品和重量级客户的突破在加大现有客户资源维护优化的同时，继续国际市场的开拓力度，力争实现多家国际农药巨头的销售转化，大幅度提升定制产品的销售收入。创新产品方面，加快制剂产品研发进度，把握与华星光电的合作开发机会，尽快实现CF产品的量产。

（5）优化财务结构，合理控制财务风险关注金融市场动态，在风险可控的前提下，积极尝试多种手段，努力降低公司财务成本，提高资金使用效率；同时不断完善内部审计制度，确保公司财务风险合理可控。

（6）继续做好投资者关系管理和信息披露工作，积极推动市值管理工作，维护上市公司形象。

4. 涉及财务报告的相关事项

（1）与2013年度财务报告相比，会计政策、会计估计和核算方法发生变化的情况说明。

不适用。

（2）报告期内发生重大会计差错更正需追溯重述的情况说明。

不适用。

（3）与2012年度财务报告相比，合并报表范围发生变化的情况说明。

本期新纳入合并财务报表范围的子公司如表4所示。

表4　新纳入合并财务报表范围的子公司

名称	期末净资产（元）	本期净利润（元）
永太新材料	9632369.42	−367630.58
上海永太	27723400.72	−205324.50

注：永太新材料和上海永太为报告期内新增的子公司。

（4）董事会、监事会对会计师事务所本报告期“非标准审计报告”的说明。

不适用。

浙江永太科技股份有限公司

董事长：王莺妹

2014年2月28日

第8章 大事记

2013 平板显示行业十大新闻点评

2013 年可以一分为二。上半年，在节能补贴政策的支持下，面板需求有所增加，价格稳中略升，电视厂商捷报频传；国内面板厂面板自给率不断上升，扩产似乎成为必然选择；大洋彼岸的日本电子企业尚忙于深化改革，关停多项业务，企图甩掉包袱扭亏为盈；曲面 OLED 电视、4K 2K 电视、柔性 AMOLED 等不再是 CES 上的观赏与试制品，虽然价格不菲，但好歹终于走进了卖场，形势一片大好。下半年，由于政策退市、红利效应消失，面板价格再次下滑。随着新一轮产能扩充而来的，是产能过剩论再起。整个产业除却几大企业的动作外，行业内部似乎失去更多的裂变与动力，各种新技术的发表与进展也相对停滞，即便有也是尽数集中于韩国两大巨头的 OLED 上，行业发展形式稍显难以捉摸。

与此同时，触控行业的走向更显扑朔迷离：本土触控企业不断征战甚至打入中国台湾市场，台湾厂商却忙于出售子公司；纳米银线、MetalMesh 等触控材料相继量产出货，技术发展如火如荼……

总而言之，就在大家都以为平板显示产业会延续 2012 年的复苏势头，在 2013 年更上一层楼之时，产业的灰霾却又悄然而至。不过，冷空气很快就在年末又夹带着希望到来，似要将未来打扫干净。下面让我们一起来看看。

一、松下宣布 2014 年退出等离子电视业务

3 年前，日本大厂松下（Panasonic）在尼崎的第 3 工厂作为等离子面板最尖端生产基地正式建成。但好景不长，由于面板销售低迷，该工厂在 2011 年度便停产。2013 年 1 月，松下位于上海的等离子工厂 也遭遇关闭的命运。同年 10 月，松下董事会在日本正式宣布，决定 2013 年 12 月将停止等离子显示器的生产，并将在 2014 年 3 月底以前，即 2013 财年内结束一切等离子业务。对于退出等离子面板生产业务的原因，松下方面表示是因为价格竞争力低。此外，松下还将于 2014 年 3 月底终止家用等离子电视和等离子电子黑板业务。

近年来，衰弱的电视业务是许多日本消费性电子大厂的棘手问题，据统计，松下的电视业务部门在过去两个会计年度，已经让该公司净亏损 150 亿美元。单 2012 年的营业亏损已达 9.13 亿美元。放弃无法营利的业务是 2012 年始任松下总裁的津贺一宏优先必办事项之一，现定退出时程比原先预期早了一年。松下已经停止了等离子电视新产品的开发，但仍将继续销售库存产品，据了解在下一个财务年度就会清空。

二、三星、LGD 布局 OLED 技术先后推出曲面 OLED 电视

2013 年 OLED 技术再次掀起了千层浪。2013 年 2 月，LGD 确定将投资约 7063 亿韩元（约合 40.6 亿元人民币）增设一条 8.5 代 WRGBOLED 电视面板生产线。这一生产线预计将于 2014 年上半年实现量产。增设的 8.5 代 OLED 电视面板生产线（基板尺寸 2200mm×2500mm）将设于韩国坡州 P9 工厂内，月产能为 2.6 万片（以投入玻璃基板为准）。

早在 2012 年，三星已整合旗下三家面板公司为一家公司，主要从事 AMOLED 面板产品生产，一举将该面板技术从小尺寸延伸至大尺寸。2013 年 8 月，三星收购了德国照明技术厂商 Novaled AG，以及其他消费电子行业的小公司。这些交易将帮助三星更好地发展下一代 OLED 显示技术，布局专利地图。

2013 年 9 月 13 日，LG 在中国首发 55 英寸曲面 OLED 电视。9 月 16 日，三星也在中国发布了 55 英寸曲面 OLED 电视。由此，中国成为继美国、欧洲和韩国之后，OLED 电视首批上市的地区，也预

示着未来电视来临了。

三、LGD 量产柔性 OLED 面板

2013 年 10 月 7 日，LGD 宣布开始量产全球首款智能手机用柔性 OLED 面板。该面板采用塑料基板而非常见的玻璃基板。同时，为了能够强化可弯曲的能力及硬度，在可挠式面板背面使用了薄膜型封装技术。这种新型显示器从顶部到底部呈凹形，弯曲半径可达 700 毫米。厚度仅 0.44 毫米，在全球现有的移动终端面板中是最纤薄的。6 英寸屏幕在当前的智能手机 OLED 显示屏中也是质量最轻、面积最大的。LGD 计划将 OLED 柔性面板导入 4.5 代玻璃切割技术，并在坡州（Paju）面板厂的 E2 生产线进行量产，月产能预定为 12000 片。

这一面板是继量产商用化 55 英寸 OLED 电视面板以来，LGD 取得的又一个里程碑。

四、JDI 建设 6 代 LTPS 液晶面板产线主攻高端中小尺寸面板市场

2013 年 6 月 3 日，日本显示器（JDI）茂原工厂新低温多晶硅（LTPS）TFT 液晶面板生产线举行竣工仪式，并开始正式量产。新产线是 2012 年 4 月日本显示器接收松下液晶显示器茂原工厂后，为生产中小尺寸液晶面板而改建的。通过使用第 6 代（1500mm×1850mm）玻璃基板、导入最新设备，新产线可生产用于高端智能手机和平板电脑的显示器。量产初期的玻璃基板产能约为 2.4 万张/月，年底时将可扩增至 3.6 万片/月，最终产能约为 5 万张/月。设备投资总额预计为 2000 亿日元左右。

目前，JDI 的核心产品以智能手机用面板为主，占整体营收比重超过 50%以上，平板用面板占比 6%左右，扩充产能以增加订单是当前第一要务。到 2013 年 11 月为止，JDI 已研发出多款高精细液晶面板，主攻高端中小尺寸面板市场，又在中国台湾设立一家全额出资的销售子公司，借此开拓中国大陆中低价格的智能手机用面板市场。

五、微软 72 亿美元收购诺基亚手机业务

2013 年 9 月 3 日，微软宣布以 72 亿美元收购诺基亚手机业务，以及大批专利组合的授权。这笔金额将全部通过现金支付，诺基亚获利约 32 亿欧元。作为交易的一部分，诺基亚将向微软提供 10 年期非排他性专利授权。微软同时将向诺基亚提供与位置技术相关的专利授权。微软未来有权延长这一专利合作。微软还将获得诺基亚 Here 平台的授权，并成为诺基亚 Here 业务最大的客户，基于独立的授权协议付费。

根据两家公司达成的协议，诺基亚现任 CEO 史蒂芬·埃洛普（StephenElop）将出任诺基亚执行副总裁，主管设备与服务，直至交易完成；诺基亚现任董事长里斯托·席拉斯玛（RistoSiilasmaa）已被任命为诺基亚临时 CEO。

六、鸿海斥资入股夏普谈判因不能达成共识宣告终止

2013 年 11 月，正在进行经营重组的夏普公司宣布解除与中国台湾鸿海精密工业公司的手机业务合作。

从 2012 年 3 月 27 日，鸿海宣布出资 52 亿元购买夏普 10%的股份起，至今已一年多。双方合作拖延的最主要原因是 2012 年第二季度起夏普股价一路狂跌，并陷入夏普百年来的最大亏损状态。2012 年 8 月，双方重启谈判拟重新拟定合作计划。但由于多次的协商都未达成共识，导致双方合作一度陷入僵持。

作为与鸿海合作的一环，夏普 2012 年在中国市场推出了鸿海生产的夏普品牌的智能手机，并着手

进行共同开发。夏普原本希望充分利用全球最大的电子产品贴牌生产商鸿海的销售网络，提升在海外的销售业绩，然而效果并不理想。今后与鸿海的合作关系将仅限于共同运营生产大型液晶面板的工厂。鸿海和夏普合作筹建的 OLED 面板研发中心也暂告搁浅。

七、中国液晶面板全球市占率和自给率同步增高

2013 年上半年，中国大陆地区面板全球市占有率由 6.5%升至 10.4%，首度超过日本，成为仅次于韩国、中国台湾的世界第三大平板显示生产地。预计中国面板厂全年大尺寸面板出货总量将达到 9800 万片，年增 24%。随着本土液晶面板产能持续扩建，2014 年中国的市占有率可望再次提升，达到 17%，2015 年挑战 22%。与此同时，包括中国台湾、韩国、日本面板厂占全球供货市占有率从 2013 年到 2015 年或将逐步下滑。

2013 年，京东方和华星光电 8.5 代线投片量的增加，国产液晶电视面板自给率达到 40%。国内彩电品牌面板采购量为 5393 万片，同比增加 6%，全球各大面板厂对中国市场的计划供给量达到 6030 万片。未来，新产能的次第释放将进一步促进面板自给率稳步提升。

八、全球可穿戴式移动终端发力各大厂商争夺

2013 年初美国 CES 展上，作为“后智能手机”的可穿戴终端产品成为了业界关注的焦点。现有的智能可穿戴设备，可分为手表、手环、眼镜、挂件、衣物、鞋子、背包等不同类型。企业纷纷推出各自的代表产品或研发计划，预示未来的发展动向。

2012 年 4 月，谷歌开发出一款集手机、GPS 导航和数码相机于一体的智能眼镜 Project Glass，开创了可穿戴设备的先河。韩国三星也在 2013 年推出应用 1.63 英寸 AMOLED 显示屏的智能手表 Galaxy Gear。微软斥资 2 亿美元收购 Osterhout Design Group 公司的技术及专利，进入可穿戴设备市场。苹果、LG 也预期将于 2014 年推出智能手表产品。

国内方面，果壳电子 2013 年 6 月率先发布了智能手表、智能戒指等四款产品，百度、小米等互联网企业，以及一些手机厂商也纷纷跟进。京东方正在研发可穿戴设备，以及包括可穿戴设备所使用的柔性面板等；富士康也在 2013 年 12 月宣布，将设立投资基金，用以支持可穿戴式技术领域的初创公司。

九、牧东退场达鸿停产触控产业结构调整

受限触控价格战持续蔓延，高阶产品商机被日系、韩系厂商瓜分，中低阶产品商机难与中国大陆系厂商一搏高下，中国台湾手机、NB 用触控面板出货成长率均低于全球平均水平。

2013 年 11 月 11 日，触控面板厂牧东宣布将出售下子公司 Mutto Optronics Group Limited 全部股权，预估出售利益达 7.63 亿元，宣布出售苏州子公司股权，包括触控设备和相关业务，只保留在台北的总部。牧东财务长谢金强表示，出售股权是考量到未来触控面板产业竞争日益激烈、技术发展快速而资本投资庞大的市场发展方式。等到出售、回收现金清偿负债之后，会再决定未来经营方向。

此前，F-TPK 宸鸿旗下达鸿刚宣布，由于市场严重供过于求，旗下位于新竹的两条生产线将停工，分别是 3.5 代线和 4.5 代线，其中 3.5 代线已折旧完毕，4.5 代线也多数折旧完毕。集中订单在台中新厂区生产。达鸿目前主要产品为单片玻璃触控（OGS）。

洋华虽然坚守薄膜触控领域，但不敌中国竞争对手低价抢单攻势，在历经营业额衰退后，公司从 2013 年第三季起也进行重大营运调整，主要将产能集中到越南厂和中国惠州厂两个生产基地，一方面降低成本，另一方面配合三星正在增加越南生产比重、就近供货给客户。

胜华经过连续数年扩充产能，2013 年也着手进行产能集中管理，主要是将前后段产能加以平衡调

整，以求精省管理费用与生产成本较高。例如，现阶段前段制程朝东莞厂（松山湖）、台中厂集中生产，其他厂区则聚焦后段生产。另外，考量越南地区人力成本较低，未来后段模组产能可能朝越南厂加强集中。

十、触控龙头 F-TPK 宸鸿陷专利诉讼战

2013 年 1 月，中国台湾触控龙头厂 F-TPK 宸鸿在中国大陆对诺基亚及深圳欧菲光科技提告求偿；其后，由于诺基亚采用的触控面板由胜华生产，宸鸿转而控告胜华。

2013 年 5 月，胜华在美国向触控面板厂 F-TPK 宸鸿及其客户 Acer（宏基）提出关于 OGS 单片式玻璃触控面板技术相关专利侵权的诉讼。Acer 所销售的触控笔记型计算机因使用宸鸿的触控面板，也侵害了胜华科技所拥有的电容式触控技术专利，双方互指对方侵犯专利。

最新一起诉讼案则是宇辰光电对TPK宸鸿董事长江朝瑞及TPK宸鸿集团相关涉案人员提出刑事妨害营业秘密罪、诬告罪、诽谤罪及不公平竞争等诉讼，并向中国台湾地区“公平会”、“经济部”及“立法院”陈情检举。理由是抗议 TPK 宸鸿疑似对宇辰的客户散布不实信息、侵害营业秘密，造成触控产业不公平竞争，影响交易秩序。

第9章

企业名录

LCD 器件

TCL 集团工业研究院

简介：主要研究领域包括 TFT-LCD 的运动图像模糊、CCFL 背光源的动态控制、LED 背光源、PDP 驱动技术、FED 驱动技术、OLED 器件的开发和 IC 设计等，取得了一系列重要成果，并转化到产品上实现量产。

电话：0755-33311306

网址：www.tcl.com

安德液晶显示技术（深圳）有限公司

简介：从事液晶显示器（LCD）及其模块（LCM）的设计、生产及经营的高科技外向型港资企业。

鞍山亚世光电显示有限公司

简介：是一家具有独立设计开发和生产经营 LCD 和 LCM 能力的专业化公司。

电话：0412-5211903

网址：www.yes-lcd.com

蚌埠方圆光电科技有限公司

简介：集 TFT 模块开发、生产、销售于一体的专业制造商，可生产 1～12 英寸 TFT、CSTN 等各种类型的液晶显示模块。

北方液晶工程研究开发中心

简介：中心承担 TFT-LCD、TN/STN/CSTN-LCD、 OLED-TFT、O-TFT、EL 等多项国家和吉林省科技发展计划项目，为集团公司的未来发展提供了技术支持和产品储备。

电话：0431-84666091/84627137

北京德彼克创新科技有限公司

简介：成功地将各类 LCD 产品推广到通信、交通、金融、工控、医疗等工业领域以及 PDA、车载 DVD 等消费类电子产品领域中，与各行业的知名企业建立了深入而持久的合作关系，为不同需求的客户和合作伙伴提供完善的解决方案。

北京迪特福科技有限责任公司

简介：核心产品有 TN、STN、FSTN 型液晶产品（SMT、COB、COG、TAB、COF），ColorSTN、TFT、OLED 等光电产品，触摸屏等高新技术产品。

北京东方蓝野科技有限公司

简介：研发、设计、销售各类液晶显示屏，液晶模组、模块，以及其他专用功能电子模组、模块的专业公司。

北京华田信科电子有限公司

简介：提供各种规格的 TN、HTN、STN、FSTN 液晶显示屏以及 COB、SMT、TAB、COG、COF 和 H/S 液晶显示模块。

北京集粹电子设备制造有限公司

简介：从事液晶显示器件的开发、生产和经营的高科技企业。从产品的形式上，公司目前可以生产 TN 型、HTN 型、STN 型和 FSTN 型等多种标准液晶显示屏和液晶显示模块。

北京技博科技有限公司

简介：以液晶显示及相关产品的研发、行销、服务为主的高新技术企业。致力于解决各种尺寸及各种规格的 TFT 液晶屏驱动方案的研发。

北京精电蓬远显示技术有限公司

简介：主要从事小型平板显示模组的设计、生产、销售和技术服务。

北京奇创彩晶科技发展有限公司

简介：是一家专业工业液晶显示器产品、液晶显示模块、提供技术咨询的高新技术类企业。

北京青兰石光电子有限公司

简介：主营业产品包括 TFT-LCD 液晶模组及数码手持终端产品，产品主要应用于手机、液晶显示器、数码手持终端、GPS 导航仪等。

北京青云创新科技发展有限公司

简介：专业从事单色和彩色 TN、STN、C-STN、TFT、OLED、LED、EL 等显示产品的设计、开发和生产，其中 TN、STN 液晶显示模块年生产能力在几百万只以上，其品种达上千种，在全国仪器仪表等行业占有较大的市场份额。

北京清华液晶技术工程研究中心

简介：中心十分关注并致力于我国液晶行业的人才培养，在专业人才培训上做了大量工作。采取在清华大学集中开课与为企业上门培训两种方式开展人才培训。中心十多年来一直承担编撰中国光学光电子行业协会液晶分会年鉴的工作。

电话：010-62771794/62795895

网址：www.tclc.com.cn

北京宇田信达科技有限公司

简介：主要产品有工业液晶显示器、常温或宽温液晶模块及相关驱动组件、液晶平板电脑、一体化液晶工作站、多媒体会议系统、GPRS 定位系统等。

贝纳化电子科技有限公司

简介：是一家专业生产液晶显示器和液晶显示模块的高科技企业。产品主要以 TN、STN、FSTN、CSTN 等类型为主。

比亚迪股份有限公司第四（LCD）事业部

简介：主要产品包括 LCD 屏板（TN、HTN、STN、CSTN）；LCD 模组（TN、STN、CSTN、TFT、OLED 和 Camera）。

博源科电子（深圳）有限公司

简介：主要产品有中/小尺寸液晶模组（TFT、STN、TN、COG、COG、TAB）。

长春聚尔科技有限公司

简介：生产 TN、HTN、STN、FSTN、C-STN 等液晶屏产品及 COB、Heat、Seal、TCP/TAP、COG 等多种连接方式的液晶模块产品，可用于手机、PDA、车载显示器等多个领域。

长春联诚仪器有限公司

简介：公司主营业务包括仪器仪表、光学器件、半导体器件、工业自动化设备、液晶显示器件和模块、计算机软/硬件的技术开发、生产和销售。

长春市芳冠电子科技有限公司

简介：年生产 LCD 屏 50000m^2、LCD 模块 300 万块。主营产品或服务包括液晶材料、电子元器件的加工、进料加工、模块产品、三来一补、相关的进出口业务。

长沙太阳人电子有限公司

简介：拥有强大的 COB、TAB、COG、COF 液晶模块生产能力和完善的产品检测系统。同时专业研制、生产、销售各种石英晶体振荡器、小型无漂移铷原子钟等产品。

常州东南联发彩屏电子有限公司

简介：是一家集 TN、STN、FSTN、C-STN、TFT 等液晶显示屏及模块的研发、生产、销售服务于一体，拥有自营出口权的高新技术企业。

常州东南液晶显示有限公司

简介：是一家集液晶显示屏（LCD）和液晶显示模块（LCM）的研发、生产、销售服务于一体，拥有自营出口权的高新技术企业。

电话：0519-6568578

网址：www.dnlcd.com.cn

常州捷安生光电科技有限公司

简介：从事高端（TN、HTN、STN-LCD）液晶模块的研究、开发、生产和经营。

常州雅松光电科技有限公司

简介：生产各种液晶显示器（TN、HTN、STN 及 FSTN），是现今世界上唯一能研发和生产高对比度（1200∶1）硅片液晶显示器（L-COSLCD）、高对比度黑白液晶显示器（PWTN-LCD）及染料液晶显示器（DILCD）的综合型公司。

潮州市蓓蕾电子有限公司

简介：专业设计、制造液晶显示产品及配套部件。

电话：0768-6856261

川奇光电科技（扬州）有限公司

简介：专业研发、生产、代工、销售中小尺寸（10.4 寸以下）薄膜晶体管彩色液晶显示面板、LCM 的专业制造商和液晶模组代工厂商。

创维液晶器件（深圳）有限公司

简介：创维集团的下属公司，专业生产液晶模组的公司，集生产、研发于一体。

大连东方科脉电子有限公司

简介：从事中高档液晶显示器 LCD、液晶显示器模组 LCM（无源及有源 TFT）及 MCU 相关产品的生产。更专注于中高端 TN 和 STN 液晶显示器及特种无源液晶显示器的生产，重点研发垂直取向技术、超低温 TN 液晶、全彩色和双稳态等液晶显示器，自主研发了基于 VA 技术的新型 LCD 产品。

电话：0411-87407681

网址：www.dkelcd.com

大连东福彩色液晶显示器有限公司

简介：专业从事液晶显示器、液晶显示模块及相关电子产品生产、开发、应用的大型生产工厂。

大连东显电子有限公司

简介：是专业从事液晶显示器（LCD）及其模块（LCM）的设计、生产及经营的国内知名企业。可完成 SMT、COB、TAB、COG 模组工艺技术制作。现已为国内外客户设计和生产出段码式、字符点阵式、图形点阵式液晶显示器千余种。

电话：0411-39966556/0411-87615826

网址：www.ed-lcd.com

大连佳显电子有限公司

简介：专业从事中高档液晶显示器 LCD、液晶显示器模组 LCM（无源及有源 TFT）及相关产品的生产厂商。

大连益显达电子有限公司

简介：年生产能力为液晶显示屏 8 万平方米，液晶显示模组及相关电子组件 500 万件。

东莞华鼎电子有限公司

简介：专业生产 TN、STN、FSTN 和其他特殊类型的 LCD 以及 COG、TAB、COB 模组。

东莞劲佳光电股份有限公司

简介：主营产品为 LCD（TN、HTN、STN、FSTN、TFT）及 LCM。

东莞市创显科技有限公司

简介：生产各种标准及非标准 TN、HTN、STN、FSTN 型 LCD，以及 SMT、COB、TAB、COG 封装的 LCM。

东莞市嘉源光电科技有限公司

简介：专业开发生产中高端液晶显示元件（LCD&LCM）。主要致力于 ColorSTN 和 TFT，以及 FSTN、STN、TN 产品的研究和生产制造。

东莞市拓达电子科技有限公司

简介：专业生产 TN、HTN、STN、FSTN、TFT 及 SMT、COB、TAB、COG 模块，产品涵盖断码型、标准字符型、图形点阵（点阵可达 640×480）和带字库液晶。

东莞通华液晶有限公司

简介：产品涵盖从 TN 到 FSTN 的各种档次的液晶显示器，COB/COG/TAB 等液晶显示器模块也有相当发展。

飞天科技有限公司

简介：专业生产液晶显示器和液晶显示模块及从事电仪用品的开发、销售、服务的高科技、外向型企业。

福建金视界液晶显示科技有限公司

简介：年产能力可达 300 万片 14 英寸×16 英寸 LCD 产品和 1000 万片 LCM 产品。

福建莆田新威电子工业有限公司

简介：STN/FSTN/TN 系列液晶显示屏。
电话：0594-3791968/3793988
网址：www.sunway.com.cn

福建省健威液晶科技有限公司

简介：液晶显示器件（LCD/LCM）的专业化生产厂家。

福建省晋江市晶宝达液晶科技有限公司

简介：开发、设计、生产、销售 TN、HTN、STN 等各种档次 LCD 和 LCM，月生产能力 9 万对（14 英寸×16 英寸）。

福州宏裕液晶显示器有限公司

简介：专业研发、制造和销售液晶显示器件（LCD、LCM）的高新技术企业。

福州华映视讯有限公司

简介：主要生产 LCDMonitor 的重要零部件 B/L（背光模组）。

富相科技股份有限公司

简介：液晶显示屏（LCD）和液晶显示模块（LCM）的设计、生产、经营企业。

高华电子显示（深圳）有限公司

简介：成立于 1983 年，着力于液晶显示器及液晶显示屏的研发和制造。

高怡科技公司

简介：专业设计和生产液晶显示产品的公司，本公司可为客户提供各种液晶显示产品，包括液晶显示器、液晶电视、家用显示器、液晶显示终端。

光王电子贸易（上海）有限公司

简介：生产 LCD 液晶显示片（TN、STN、CSTN、TFT、OLED）。

广东风华高新科技股份有限公司

简介：目前在 STN-LCD、VFD 等领域已初具规模，PDP、TFT-LCD、OEL 等项目正在探讨研发阶段。

广西灵山天山微电子有限公司

简介：专业从事液晶显示产品的开发、生产和销售的高科技企业。

广州驰为电子科技有限公司

简介：专业生产液晶显示屏和液晶显示模组的厂家，产品涵盖 TN、HTN、STN、FSTN 液晶显示屏和 COG、TAB、COB、SMT 液晶显示模组；有笔段型、字符型、图形点阵型和中文图形等液晶显示模块。

广州龙宇电子有限公司

简介：产品涵盖 TN、HTN、STN、FSTN 等 LCD 面板产品，COG、COB、TAB 等 LCM 产品及其他应用 LCD/LCM 的 OEM 产品。可提供 1000 万平方英寸/月的 LCD 面板，300K/月的 LCM 模块的生产能力。

广州市方舟电子有限公司

简介：提供性能稳定、品类齐全的系列 LCD 面板与 LCD 模块。

广州市龙宇电子有限公司

简介：产品涵盖 TN、HTN、STN、FSTN 等 LCD 面板产品，COG、COB、TAB 等 LCM 产品及其他应用 LCD/LCM 的 OEM 产品。

广州同华实业有限公司

简介：主要产品为 TN、STN、FSTN 型液晶显示屏及各种段码式、点阵字符型、点阵图形型液晶显示模块。

广州铜铧电子有限公司

简介：主要产品为 TN、STN、FSTN 型液晶显示屏（LCD Panel）及各种段码式、点阵字符型、点阵图形型液晶显示模块（LCM）。

广州亿圣（比纳科）电子有限公司

简介：生产 TN/HTNLCD、LCM 模块，还可以帮客户邦定 IC，也可根据客户的要求开发、生产非标准的 LCD 产品。

海德威科技股份有限公司

简介：专业于消费性电子产品的应用及开发设计，提供液晶屏驱动板、PDP 方案和 PMP（MP4）方案。

海南清华显示器科技开发有限公司

简介：生产能力为：LCD 60000 对/月，COG 120 万/月，LCM 500 万/月。

杭州创凌电子有限公司

简介：专业开发、设计、生产 LCD 液晶显示屏、LCM 液晶模块等相关产品。

杭州夺盛电子科技有限公司

简介：专业于液晶显示器、液晶显示模块、背光源（LED）的生产。

杭州平望科技有限公司

简介：以市场为导向、致力于为用户提供液晶显示整体解决方案的公司，主要产品为 2.4～10.4 英寸真彩 TFT 液晶屏。

杭州清达光电技术有限公司

简介：专业开发、设计、生产及销售液晶显示屏 LCD（TN、HTN、STN、FSTN）、液晶显示模块 LCM（COB、SMT、COG、TAB、COF）、彩色液晶（STNCOLOR、TFT）、OLED、EL 及其他光电产品。

电话：0571-88256346

网址：www. tsingtek.com

杭州天硕信息技术有限公司

简介：显示器方面主要提供小尺寸 LCD、LCOS、OLED 显示器（SVGA）模组、LCOS 和 LCD、OLED 微型显示器模组及光学组件和驱动板，以及从事单目双目头带显示器（HMD）、电子寻像器（EVF）、近眼显示器（NTE）的开发、生产、销售。

杭州远见光电显示技术有限公司

简介：能够提供各类高品质 TN、HTN、STN、FSTN 类型的 LCD。

航天科技半导体有限公司

简介：生产液晶显示器（LCD）、液晶显示模块（LCM），包括 STN-LCD、COG-LCM、TAB-LCM、COB-LCM 和 COF-LCM。

合力泰微电子（深圳）有限公司

简介：产品涵盖 TN、HTN、STN、FSTN、CSTN 和 TFT 等模式的液晶显示屏，以及 COB、COG、COF、TAB 等类型的液晶模块。

和美光电科技（苏州）有限公司

简介：生产 TN-LCD、STN-LCD、CSTN-LCD、TFT-LCM 及各种 LCM。

电话：0512-68051029

河北冀雅电子有限公司

简介：提供各种规格的 TN、HTN、ETN、STN、FSTN、CSTN 和 TFT 液晶显示屏，以及 COB、SMT、TAB、COG、COF 液晶显示模块。

电话：0311-87757909

网址：www. jiyalcd.com

河源青雅电子科技有限公司

简介：专业生产液晶显示器、液晶电视机和 TFT 液晶显示模块。

湖南曙光电子集团有限公司液晶显示器厂

简介：专业生产液晶显示屏。

电话：0731-85559518/84177027

网址：www.shuguangelec.com

华东电子光电科技有限公司

简介：产品涵盖显像管、显示管、LCD、节能光源、晶体元器件、医疗电子设备、消防电子系统、微电子芯片、商用空调、GPS 网络服务、太阳能系列产品、多功能制水机、特种电子材料等二十多个门类的几百个品种。

华锐光电科技有限公司

简介：致力于中小尺寸 TFT-LCD 液晶模组的研发、生产和销售。

华映视讯（吴江）有限公司

简介：主要生产 TFT-LCD 面板/模块。

惠科电子（深圳）有限公司液晶模组事业部

简介：产品涵盖等离子电视机、液晶电视、液晶显示器、CRT 显示器、LED 显示屏。

惠州市天兴光电显示科技有限公司

简介：从事开发、制造及销售液晶显示模块（LCM）和 LED 背光源的高新技术企业。

惠州市中显电子科技有限公司

简介：研发、生产液晶显示屏（LCD）和液晶显示模块（LCM），其中 LCD 类型包括 TN、HTN、STN、FSTN、TFT 或以上 COB、COG、COF、TAB 模块。

吉林北方彩晶数码电子有限公司

简介：设计、开发 6.5 英寸/8.2 英寸液晶模块，以适应车载、消费类市场快速上升的需求。

吉林紫晶电子有限责任公司

简介：规模生产各种 TN、STN 液晶显示屏和液晶显示模块，还可为客户定制专用及特殊产品。

技博科技深圳有限公司

简介：专业从事于液晶及相关产品的开发、生产、营销的科技有限公司，公司提供各种尺寸的液晶屏，并提供完整的显示解决方案。

嘉源光电科技有限公司

简介：是一家台商独资的高新技术企业，专业开发生产中高端液晶显示器件（LCD&LCM）。主要致力于 ColorSTN 和 TFT，以及 FSTN、STN、TN 液晶显示器件的研究开发和生产制造。

江门亿都半导体有限公司

简介：主要生产 TN、HTN、STN 及 LCD 元件（LCM）。

电话：0750-3866733

网址：www. yeebo.com.cn

江苏句容骏升显示技术有限公司

简介：主要生产液晶显示屏，其生产能力是 7 万平方米。现有 80%产品远销中国香港地区、韩国。

电话：0511-7267802

江苏尚扬电子科技有限公司

简介：致力于高品质中小尺寸 TFT-LCD 模组的研发与制造。

江西合力泰微电子有限公司

简介：产品涵盖 TN、HTN、STN、FSTN、CSTN 和 TFT 等模式的液晶显示屏，以及 COB、COG、COF、TAB 等类型的液晶模块。

电话：0796-5376036

网址：www.szlcd.com

京东方科技集团股份有限公司

目前，京东方拥有一条月产能 4.5 万片玻璃基板的第 4.5 代 TFT-LCD 生产线、一条月产能 10 万片的第 5 代线、一条月产能 10 万片的第 6 代线、一条月产能 9 万片的第 8.5 代线，在建一条月产能 9 万片的第 8.5 代线和一条月产能 5.4 万片的第 5.5 代 AMOLED 线。

电话：010-64318888

网址：www.boe.com.cn

京东方现代（北京）显示技术有限公司

简介：主要生产 TN、STN、CSTN 显示模块，产品类别有黑白、4 级灰度、4000 色、6500 色彩色 STN 模块和 TFT 模块，产品主要应用于移动终端（手机、PDA 等）、工业设备、商业设备等。年生产能力超过 1400 万片。

晶蕾电子有限公司

简介：提供标准的 TN、HTN、STN、FSTN 型 LCD，以及 COF、TAB、COG 等模块。

晶星光电有限公司

简介：专业设计生产专用 TN、HTN、STN 液晶显示片，各种普通、八角、单色、彩色、激光、单色丝印、多色丝印的电子装液晶显示屏（片）。

精电（河源）电子有限公司

简介：主要产品有仪表液晶显示器、计时液晶显示器、游戏机液晶显示器及通信器材液晶显示器等。

精电显示技术（深圳）有限公司

简介：设计、开发、生产液晶显示产品、超扭曲液晶显示产品（STN）、新型显示器件及相关产品。

精士电子有限公司

简介：生产各种型号的 TN、STN、COLORSTN、FSTN 段式、点阵、图文 LCM。

久正光电股份有限公司

简介：产品先后获得 Motorola、西门子、HP、SANYO、3M、松下、波导、联想、南方高科、华冠等公司的认可。

巨浪光电（深圳）有限公司

简介：从事彩色移动电话显示器件，汽车应用显示器件，MP3、MP4、GPS 应用显示器件 FPC、手机主板、数码相框、MP3、MP4、摄像头等 SMT 贴片的加工。

康惠（惠州）半导体有限公司

简介：其生产能力为 14 英寸×16 英寸玻璃 18 万片/月。生产产品有 TN、HTN、STN、FSTN 液晶显示器和各类通用标准或专用的 COB、TAB、COG 模块。

电话：0752-2630199

网址：www.casilsemi.com

昆山凌达光电科技有限公司

简介：公司系 LCD&LCM 供应商，专业设计、生产和销售 LCD Panel（STN、FSTN、C-STN）和 LCMModule（STN、FSTN、C-STN、TFT）。

昆山龙腾电子有限公司

简介：液晶显示器、液晶显示屏、液晶显示器件及计算机等周边产品的开发、生产、销售并涵盖上述所有业务的技术服务。

昆山龙腾光电有限公司

简介：于 2005 年 7 月 12 日由昆山经济技术开发区资产经营有限公司与龙腾控股有限公司共同出资成立，是国内第三家第 5 代 TFT-LCD（薄膜晶体管液晶显示器）生产厂商，产品以台式显示器、笔记本电脑及液晶电视面板为主。

电话：0512-57278888

网址：www. ivo.com.cn

联建（苏州）科技有限公司

简介：主要从事 ITO 导电玻璃的生产，触控电板、导光板及 TN、STN、CSTN、TFT 的液晶显示器的研究开发、设计、制造、销售、维修。

电话：0512-62568178

网址：www.wintek.com.tw

梅县梅雁电子科技工业有限公司

简介：公司拥有全自动液晶显示器生产线，能生产 6.4～47 英寸的多媒体 TFT 彩色液晶显示器、大屏幕数字化液晶电视。

南京北方慧华光电有限公司

简介：从事开发、制造并且在国内和国际市场销售以 SMD 变压器、CCFL 型背光电源等为代表的 LCD 产业链上游产品和其他光电产品。

南京电子器件研究所

简介：主要产品包括 GaAs 微波、单片集成电路及多芯片模块，微波器件及电路，微波器件，微波通信设备，电子材料及新型III-V 族化合物半导体材料，声表面波器件；液晶、等离子体、电致发光等平板显示器件及组件；光电倍增管，特种真空摄像器件及整机；电子信息系统等。

南京国显电子公司

简介：产品涉及各类通用 TN、HTN、STN 和 FSTN 液晶显示屏及 SMT、COB、TAB、COG 液晶显示模块、非标准液晶显示模块；特种平板显示器及其组件；LED 系列显示组件、LED 背光源、EL冷光源及其各种附加产品（如消防应急灯）。

南京瀚宇彩欣科技有限责任公司

简介：专门生产薄膜电晶体液晶显示器面板，主要应用领域为膝上型电脑显示器及桌上型电脑监视器。

南京华日液晶显示技术有限公司

简介：是由南京华东电子信息科技股份有限公司、日本株式会社 ITT 和南京新港高科技股份有限公司合资组建的液晶显示器件专业制造公司。

电话：025-85803333

网址：www.huarilcd.com

南京瑞福达微电子技术有限公司

简介：外向型的高新科技企业，专业生产 TN、STN、FSTN、CSTN、TFT 和其他特殊类型的 LCD，以及 COF、SMT、TAB、COG 模块等。

南京中电熊猫液晶显示科技有限公司

简介：其第 6 代液晶面板生产线导入了夏普 10 代线的 UV^2A 等最新技术，具有技术先进、专利有保障、投资节约、产业链垂直整合、技术再创新等优势。未来将投建更高世代液晶面板线。

电话：025-89617777

宁波高新区七鑫旗科技有限公司

简介：主要产品覆盖手机用 TFT-LCD、中尺寸 TFT 模组，主要用于车载 DVD、GPS、数码相框；另外还进行液晶电视的生产，主要产品线是 15 英寸、17 英寸、19 英寸的液晶电视。

电话：0574-87915560

网址：www.sevlag.com.cn

宁波经济技术开发区明信电子有限公司

简介：专业开发、设计、生产及销售液晶显示屏 LCD（TN、STN、HTN、STN、FSN）、液晶模块、硅胶按键、导电条、斑马纸、LED 背光。

宁波奇美电子有限公司

简介：专业生产模块（LCM），可广泛运用于 Notebook、Monitor、PDA、Mobilephone 及 LCDTV 等领域。

莆田市莆辉光电科技有限公司

简介：专业生产 TN、HTN 及 STN 液晶显示器及配套产品的公司，是原中国电子工业部“八五”规划重点项目之一，是福建省电子 20 家重点电子企业之一。

电话：0594-2281371

网址：www.ptvk.com

莆田市诺斯顿电子发展有限公司

简介：品种包括 TN、STN、HTN，拥有段码式、字符式及图形点阵三大系列。

青岛浩日鑫电子科技有限公司

简介：生产、销售液晶显示屏和液晶显模块（LCM）的高科技企业。主营各类 TN、HTN、STN、FSTN、CSTN 液晶显示屏和模块。

青岛莱科达微电子有限公司

简介：专业生产 TN、STN 液晶显示器、液晶显示模块和 LED。

铨晶科技开发（深圳）有限公司

简介：中小尺寸液晶屏生产、销售，液晶驱动板、VideoDecoder/T-conIC、MultimediaController 的专业设计以及相关产品解决方案的专业供货商。

群康科技（深圳）有限公司

简介：从事面板模块、成品组装与材料之研发、设计、生产销售及售后服务。

日立显示器件（苏州）有限公司

简介：日立显示器集团在中国设立的第一家专业从事液晶显示器件产品的设计、制造和销售的独资子公司。

山东蓝山液晶科技有限公司

简介：生产液晶显示器、笔记本电脑、液晶背投电视机以及光引擎的大型企业。

山东烟台特晶电子有限公司

简介：公司主要生产 640×480 点阵以下 TN、STN、FSTN 液晶显示模块，工艺包括 COB、COG、SMT、TAB 等。

汕头超声显示器（二厂）有限公司

简介：研制超声电子仪器、双面及多层印制电路板及液晶显示器。

汕头超声显示器有限公司

简介：生产能力达年产 14 万平方米液晶显示器及超 3000 万套液晶显示模块。

电话：0754-88192283

网址：www. goworld-lcd.com

汕头锐科电子有限公司

简介：专业研发并生产电路板（PCB）、液晶显示器（LCD）和液晶模块（LCM）等产品。

汕头市众利电子科技有限公司

简介：研发、制造、销售液晶显示模组系列产品和微机液晶显示界面控制器的科技型企业。

上海翱博电子有限公司

简介：提供高标准、高品质的黑白和彩色 LCD、

LCM、TOUCHPANEL、BACKLIGHTMODULE 等液晶产品及相关产品。

上海常祥实业有限公司

简介：为 LCM 模组、LED、太阳能电池组件、触摸屏、无源器件、集成电路、表面贴装、电气绝缘等行业的高端客户提供产品和服务。

上海凡捷电子科技有限公司

简介：为客户专业提供 Video、VGA、TV、DVI 等接口的液晶显示器，车载电视，广告机，LCD 驱动板卡、LCD 连接线，Inverter 等并可为客户量身定做各种驱动方案。

上海恒方电子有限公司

简介：生产、销售的产品包括液晶显示模块、液晶显示屏、触摸屏、数显仪表、温湿度计、太阳能电池、光电器件、紫外线探测器、传感器、高科技环保仪器等。

上海宏光液晶显示技术有限公司

简介：专业研制、开发、生产液晶显示器和液晶显示模块的高新技术企业。

上海华嘉光电技术有限公司

简介：专业从事 LTPS-TFT-LCD 低温多晶硅薄膜晶体管液晶显示器的研发、设计、制造、销售和服务的高科技公司。

上海晶桥电子科技有限公司

简介：主要从事电子元器件、集成电路设计及制造、光电显示器件、电子专用设备及 OEM 来料加工等。光电显示器件是公司目前主要投资项目。

上海朗睿电子科技有限公司

简介：专业从事军工、工业液晶显示器开发、生产和服务的高科技公司。

上海乐臣光电科技有限公司

简介：专业从事液晶显示器及其模块的设计、生产经营企业。

上海立汉洲数字设备有限公司

简介：产品有 1.8～21 英寸及以上的液晶显示模块，提供可配套 7～21 英寸液晶的驱动板卡（A/D 板），包括 PC、AV、TV 等接口输入方式。

上海领先微电子有限公司

简介：主要经营产品包括电子产品设计开发、控制芯片（MCU）销售、液晶（LCD）设计销售、产品模块委托设计。

上海市九山电子科技有限公司

简介：专业开发、设计及销售液晶显示屏 LCD（TN、HTN、STN、FSTN、TFT）、液晶显示模块 LCM（COB、SMT、COG、TAB、COF）、触摸屏及其他光电产品的高新技术企业。

上海天马微电子有限公司

简介：在上海浦东新区建设国内第一条第 4.5 代 TFT-LCD 生产线，自主掌握 TFT-LCD 设计与制造等关键技术，形成自主知识产权和自主创新技术能力。项目一期设计产能为月加工 730mm×920mm TFT-LCD 玻璃基板 3.0 万张，目标市场定位于 10.4 英寸以下全球中小尺寸显示市场，于 2007 年第四季度试生产，2008 年第一季度量产。

上海欣为机电科技有限公司

简介：主要从事液晶显示屏和液晶显示模块产

品的研发、生产及销售，包括TN和STN两大类。

上海盈贸微电子有限公司

简介：是一家专业生产、经营高性能 TN、HTN、STN、FSTN 型液晶显示器及模块的中外合资企业。

上海彰峰电子科技有限公司

简介：主营产品包括液晶屏、触摸屏、驱动板卡、液晶显示器、触摸显示器、多媒体广告机、工业整机产品等。

上海中航光电子有限公司

简介：生产液晶显示器、笔记本电脑和液晶电视的液晶屏（TFT-LCD）及模块等。

上海中科联和显示技术有限公司

简介：专业从事 OTFT 平板显示技术与关键装备领域的技术开发、试验、中试及产业化推广工作。

电话：021-20325195

劭旭电子技术有限公司

简介：集LCD、LCM、MP3液晶模块等产品的设计、生产、销售于一体的专业性高新科技企业。

深超光电（深圳）有限公司

简介：致力于笔记本电脑、PC显示器及液晶电视机等产品的 TFT-LCD 显示面板的设计、研发、测试及制造。

深圳奥创微电子有限公司

简介：专业生产液晶显示器（LCD）和液晶显示模块（LCM）的厂家。

深圳奥利莱电子科技有限公司

简介：主营TN、STN、FSTN等液晶显示器和设备。点阵字符、图形模组年生产能力大于150万件。

深圳超亮科技实业有限公司

简介：生产超高亮阳光下可视TFT-LCD液晶显示屏，可从–40℃到 70℃环境中使用的宽温显示屏，以及其他特殊用途液晶显示系统（如在阳光下的TFT-LCD液晶幕墙显示系统）等。

深圳晨旭阳光科技有限公司

简介：专业生产 TFT-LCD 彩色显示模块、彩色液晶监视器、液晶电视、汽车后视倒车雷达系统。

深圳创凯电子有限公司

简介：致力于小尺寸数字/模拟液晶屏方案模块的开发。公司还开发完成采用 GENESIS8125 支持的 20 英寸液晶的美国方案，以及适用于 32 英寸以上液晶/PDP的大尺寸成熟方案。

深圳恩泽瑞显示科技有限公司

简介：专业生产 TN、STN、FSTN、CSTN 和其他特殊类型的LCD，以及COF、SMT、TAB、COG 模块等。

深圳富创电子有限公司

简介：专业从事液晶显示模块（LCM）的开发设计、生产及销售的高新技术企业。公司拥有COB、SMT、COG、TAB等生产工艺，可生产标准及客户定制图形点阵、字符点阵、字段式液晶模块。

深圳富鹏技术有限公司

简介：集生产、研发、销售于一体的专业液晶显示器（LCD）、液晶显示模块（LCM）的高科技企业。

深圳富士康群创光电科技股份有限公司

简介：产品线将从大小尺寸面板、大小尺寸模块到终端系统产品，各类产品组合完整。

深圳固利达微电子有限公司

简介：专业设计、制造各种类型通用、专用 TN、STN 液晶显示器和显示模块。

电话：0755-83982322/27642742

网址：www.sanyoulcd.com

深圳合力顺电子公司

简介：生产 TN、HTN、STN、FSTH、BLACKMASK 型液晶显示器（LCD）及 SMT、COB、TAB、COG 等液晶显示模块（LCM）。

深圳华丰光电科技有限公司

简介：设计、生产各类通用、专用 TN、STN、HTN、FSTN、TFT 彩屏和各种类型的偏光片，以及礼品类的电子产品。

深圳华映显示科技有限公司

简介：深圳华映（SDT）是 CPT 在大陆地区投资的第五家公司，为 CPT 在深圳设立的前沿基地，SDT 是华南地区第一家投产液晶电视模组的公司。

深圳佳之讯电子有限公司

简介：液显产品包括段式、字符及图形液晶显示器和场致发光板，工控产品包括单板计算机、工业计算机机箱、工作站、工业平板电脑、PC/104、电源及底板等产品。

深圳晶华显示器材有限公司

简介：专业生产液晶显示器（LCD）和液晶显示模块（LCM）。

电话：0755-82442741/82055402

网址：www.china-lcd.com

深圳晶辉达电子有限公司

简介：从事高品质液晶显示器（LCD）、液晶显示模块（LCM）开发、生产的高新技术企业，主要产品有字符、字段、图形标准模块，并可按客户要求加工、定制各种液晶显示器。

深圳晶信光电科技有限公司

简介：生产各类通用、专用 TN、HTN、STN、FSTN 液晶显示器的专业制造商。

深圳久日光电子有限公司

简介：制造液晶显示面板（LCD）、液晶显示模块（LCM）的专业厂家。能够提供 TN、HTN、STN、FSTN 的液晶面板（LCD）及 COB、TAB、COG、COF 类型的液晶模块（LCM）。

深圳诺群电子有限公司

简介：专业生产 LCD、液晶显示产品及导电性连接片，以及将光能转化为电能的环保型太阳能电池，并于 2005 年投产 ITO 镀膜生产线。

深圳秋田微电子有限公司

简介：是一家集研发、制造、销售 COB、TAB、COG 液晶显示模组产品和微控制器（单片机）开发于一体的中外合资企业，同时参与 LCD、LED 和 PCB 的设计与生产。

深圳瑞特电子有限公司

简介：公司主要开发生产 TN、HTN、STN、FSTN、TFT 型液晶显示屏，并承接客户各种定制的产品。

深圳瑞通光电有限公司

简介：专业设计、生产、销售液晶显示器（LCD）及液晶显示器模组（LCM），并可承接 LCD 专用设备及净化工程设计的专业化公司。

深圳赛科显示器有限公司

简介：LCD 和 LCM 的生产厂家和销售商。

电话：0755-28172887

网址：www.santechdisplay.com

深圳市百视明显示技术有限公司

简介：专业设计、制造 TN/HTN/STN/FSTN 笔段式、点阵式液晶显示屏（LCD）、BLACKMASK 黑膜多色显示屏、液晶显示模块模组（LCM）。

深圳市宝盛电子技术有限公司

简介：产品类型包括 TN、HTN、STN、FSTN、黑模 LCD 及相配套的 COG、TAB、SMT 模组。

深圳市北帝科技有限公司

简介：专业生产和销售液晶显示器 LCD（TN、HTN、STN、FSTN、CSTN）和 LCM（COB、TAB、COG、TFT）模块等。

深圳市蓓蕾电子有限公司

简介：产品包括 LCD（TN、HTN、STN、FSTN）、单色显示 LCM（COB、TAB、COG）和彩色 TFTLCM。

深圳市奔马显示技术有限公司

简介：专业的 LCD/LCM 液晶显示器生产厂家，公司集设计、开发、生产、销售于一体。

深圳市长平兴科技有限公司

简介：专业从事开发、制造、营销各类 LCD（液晶显示器）和 LCM（液晶显示模块）的高新科技企业。

深圳市长晟科技有限公司

简介：专业研发、生产、经营各类 LCD 液晶显示器和 LCM 液晶显示模块的高科技企业。

深圳市潮丰实业有限公司

简介：产品涵盖了 TN、HTN、STN、FSTN 系列液晶面板产品，包括 COB、TAB、COG 等液晶显示模块产品，可提供 5 000 万片/月的 LCD 液晶屏和 10 万/月的 LCD 模块生产能力。

深圳市晨盛达电子有限公司

简介：开发、生产、销售 TN、STN、FSTN 型液晶显示模块，拥有段码式、字符式、图形点阵式 3 个系列 200 余种标准模块。

深圳市德龙电子有限公司

简介：专业从事设计、开发、生产及销售各种大、小尺寸的 LCD 液晶显示器、液晶电视，以及车载 DVD、VCD、CD、MP3 等汽车影音系统的高科技公司。

深圳市迪创电子科技有限公司

简介：提供 TN、STN、FSTN 等类型的 LCD，同时还提供 COB、COG、TAB、COF 等类型的 LCM 产品，点阵可达 640×480，点间距最小为 0.01mm。

深圳市帝晶实业有限公司

简介：集 LCM（COG、TAB、COF）、SMT 等产品研发、生产、销售于一体的高科技公司。

深圳市电光比龙显示科技有限公司

简介：是液晶显示器（LCD）、液晶显示模块（LCM）、背光源（LED）、TFT 及控制板的专业设计与制造企业。

深圳市尔泰科技有限公司

简介：专业开发、生产液晶显示屏（LCD Panel）和液晶显示模块（LCD Module）的高科技企业。

深圳市格物致电子有限公司

简介：大规模制造 TN、HTN、STN、FSTN 液晶显示屏和点阵类 LCD，月产量 LCD 可达到 15000m^2。

深圳市广源达电子有限公司

简介：①特殊定制各种 TN、STN 型液晶显示屏（LCD）；②批量生产多种段式、点阵式标准尺寸液晶显示模块（LCM）；③为客户设计、开发、生产非标准性液晶显示模块以及部分软件控制的电子产品；④销售液晶显示模组控制 IC。

深圳市国显科技有限公司

简介：从事 LCD 液晶模组的研发、生产与销售（生产产品有 1.8 英寸、2.0 英寸、2.4 英寸、3.5 英寸、4.3 英寸、5 英寸、7 英寸屏等），重点在 GPS、车载、移动电视等方面有较强的优势。

深圳市汉达威电子有限公司

简介：专业从事研发、生产液晶显示面板（LCD）、液晶显示模块（LCM）的厂家。

深圳市汉昇实业有限公司

简介：开发、制造、生产、销售各类 STN、FSTN、TAB、COG 型的液晶显示器模块的厂家。

深圳市汉通科技电子有限公司

简介：主导产品为车载 TFT-LCD 液晶显示器。

深圳市洪泰显示科技有限公司

简介：承接各种 LCD、LCM 的开发设计、开模定制、单片机开发及来料加工。产品主要包括 TN、HTN、STN、FSTN、TAB、COG、CSTN、TFT 等。

深圳市虹视实业有限公司

简介：致力于 LED、LCD 显示屏产品的研发、生产、销售、服务及国内外机场行业、轨道交通行业强、弱电系统集成项目的规划、设计、实施与服务。

深圳市华星光电技术有限公司

简介：其第 8.5 代 TFT-LCD 面板线的主要产品为 26 英寸、32 英寸、46 英寸及 55 英寸液晶面板，设计产能为每月 10 万张，年产约 1400 万块。

电话：0755-86208876

网址：www.tcl.com

深圳市辉斯达电子有限公司

简介：拥有先进的 LCD、LCM 生产线和技术，拥有黑白、彩色液晶显示产品的强大供货能力，点阵可达 640×480，最小点可达 0.17mm，最小点距可达 0.015mm。

深圳市嘉诺鑫科技有限公司

简介：专业开发、生产与销售 LCD 液晶显示屏（TN、HTN、STN、FSTN）及液晶显示模组

LCM（COB、COG、SMT、TAB，包括段码、字符、图形点阵及 TFT）的生产厂家。

深圳市剑飞电子技术有限公司

简介：生产和销售 TN、HTN、STN、FSTN、TAB、COG 等类型的 LCD 及 E-ink 显示器，产品达 5000 余种。

深圳市捷锐电子有限公司

简介：主要产品包括 LED 照明灯、RFID 标签、塑料壳、大功率 LED 灯珠、发光二极管、贴片 LED、射频卡、LCD 系列产品等。

深圳市晶惠迪电子有限公司

简介：产品涉及三大类型——笔段式、字符点阵、图形点阵，涵盖 TN、HTN、STN、FSTN 五种模式。

电话：0755-27364865

网址：www.jhd-lcd.com.cn

深圳市晶讯电子有限公司

简介：专业生产液晶显示器的高新技术企业。

电话：0755-84117379

网址：www.jenson-lcd.com

深圳市九立科技发展有限公司

简介：专业从事高品质 TN、HTN、STN、FSTN 液晶显示器及液晶显示模块开发、生产的高新技术企业。

深圳市骏显电子科技有限公司

简介：产品包括 TN、HTN、STN、FSTN 及 SMT、COB、TAB、COG 模块，产品涵盖段码型、标准字符型、图形点阵（点阵可达 640×480）和带字库液晶。

深圳市康乐德实业有限公司

简介：是军工/工业液晶显示产品专业生产厂家。

电话：0755-86228198

网址：www.goodlcd.com

深圳市康展科技有限公司

简介：产品涵盖 TN、HTN、STN、FSTN 等 LCD 面板产品，COG、COB、TAB 等 LCM 产品及其他应用 LCD/LCM 的 OEM 产品。

深圳市科春泰电子有限公司

简介：生产 TN/STN 字符型液晶模块、彩色 STN-LCD 面板、各种 CSTN/TFT 手机模块、PDP 模块。

深圳市科诺亚电子有限公司

简介：产品涵盖了 TN、HTN、STN、FSTN 系列液晶面板产品，COB、TAB、COG 等液晶显示模块产品，可提供 5000 万片/月的 LCD 液晶屏和 8 万片/月的 LCD 模块生产能力。

深圳市蓝月亮科技有限公司

简介：液晶显示器 LCD、LCM 及 LED 背光板的专业制造和销售商。产品涵盖 TN、HTN、STN、FSTN 等 LCD 面板。

深圳市立德通信器材有限公司

简介：设计、生产及销售 TFT-LCD、OLED、CSTN、STN 等液晶显示模块产品的高科技企业。

深圳市利鼎液晶科技有限公司

简介：专业的液晶显示器（LCD）液晶模组、背光源、冷光片、触摸屏设计、开发、生产及销售厂家。

深圳市龙邦达科技发展有限公司

简介：专业从事 TFT 液晶显示器、TFT 液晶模组，集生产、设计、研发、销售于一体的高新技术企业。

深圳市奈立科技有限公司

简介：产品包括 TN、HTN、STN 和 FSTN 等多种模式的液晶显示屏（LCD），以及 COB、TAB 和 COG 等结构形式的液晶显示模块(LCM)。

深圳市欧普迪科技开发有限公司

简介：主要产品涵盖 TN、HTN、STN、FSTN、BLACKMASK（黑膜）等各类液晶显示屏以及各类 COB、COG、TAB、SMT 的液晶显示模块；可按客户需求为客户量身定做、生产各种非标准的液晶显示屏、液晶模块。

深圳市鹏基光电有限公司

简介：设计、生产、销售 TFT 液晶显示模块的高科技企业。

电话：0755-26405702，82532486

网址：www.szpjgd.com

深圳市普瑞翔电子有限公司

简介：产品包括液晶屏和液晶模组。液晶屏有 TN、STN、HTN、FSTN 等类型，液晶模组有 SMT、COB、COF、COG、TAB 等封装形式，尤以 COG 为优势。

深圳市秋田视佳实业有限公司

简介：集研发、制造、销售 COB、TAB、COG 液晶显示模组产品和微控制器（单片机）开发的中外合资企业，同时参与 LCD、LED 和 PCB 的设计与生产。

深圳市瑞福达液晶显示技术股份有限公司

简介：是一家外向型的高科技企业，专业生产 TN、HTN、STN、FSTN 和其他特殊类的 LCD 以及 COB、SMT、TAB、COG 模块等。

电话：0755-27041286

网址：www.rifdalcd.com

深圳市瑞捷兴科技有限公司

简介：专业设计、制造各类通用、专用的 TN、HTN、STN 液晶显示器和显示模块。

深圳市赛维光电实业有限公司

简介：致力于液晶显示器（TFT-LCD）、控制板卡、触摸屏及相关产品的研发和应用推广，为用户提供专业、完美的液晶显示解决方案。

深圳市三索平板显示技术有限公司

简介：主要从事日用电子产品、企业信息产品的开发工作，是深圳第一家专业从事平板显示产品的开发、配套等技术服务的公司。

深圳市三元晶液晶显示科技有限公司

简介：主要产品有图形点阵、字符点阵、笔段式，涵盖 TN、HTN、STN、FSTN、CSTN 5 种模式；融合 COG、COF、TAB、COB、SMT 等各种工艺结构形式。

深圳市松山电子科技有限公司

简介：主要产品包括字符型模块、图形点阵模块、彩色 TFT 模块，在提供标准产品的同时也具备根据客户需要设计、开发、定制特殊用途和规格产品的能力。

深圳市拓普微科技开发有限公司

简介：产品主要包括液晶显示屏（LCD

Panel）、液晶显示模块（LCD Module）及液晶显示应用产品的系统设计。

深圳市显能实业有限公司

简介：拥有 TN-LCD、STN-LCD、SMT-LCM、COB-LCM、COG-LCM、COF-LCM、TAB-LCM 等液晶显示产品的强大供货能力，点阵可达 640×480，最小点间距为 0.01mm，最小线宽为 0.03mm。

深圳市新三维机电有限公司

简介：主要产品有 STN/CSTN/TFT-LCD 模组，1.5～7 英寸 TFT-LCD 彩色显示模组。

深圳市兴宇合电子有限公司

简介：制造液晶显示面板（LCD）、液晶显示模块（LCM）的专业厂家。主要产品有字符点阵、图形点阵、中文字库、段码等标准或非标准模块。

深圳市旭日东方科技有限公司

简介：专业生产 TN、STN 和 FSTN 液晶及其模块产品，是一家以液晶显示器件设计与生产为中心的公司。

深圳市溢洋科技开发有限公司

简介：产品主要包括 LED 普通侧背光、高亮度白光和 CCFL 背光源等。

电话：0755-26505538

网址：www.ebulent.com.cn

深圳市宇顺电子股份有限公司

简介：其产品涵盖了 TN、HTN、STN、FSTN、COB、TAB、COG、TFT、CSTN 等，广泛应用于通信、终端、家用电器、工业设备、仪器仪表和电子消费品等领域。

深圳市裕丰隆科技有限公司

简介：主要生产和销售的产品包括液晶显示模块、液晶显示器和液晶电视机等系列产品。

深圳市裕田电子有限公司

简介：主要提供 TN 型、HTN 型、STN 型、FSTN 型系列的液晶显示屏的定制业务，同时供应各种通用的液晶显示组件。

深圳市泽恩科技有限公司

简介：研发、生产、销售液晶显示模块以及液晶屏专用正负电源和 LED 背光等相关产品。

深圳市中显微电子有限公司

简介：产品涵盖 TN、HTN、STN、FSTN 等 LCD 面板产品，COB、TAB、COG 等 LCD 模块产品，TFT、CSTN 等彩色 LCD 显示产品。

电话：0755-25843700/25843710/25273830

网址：www.cdtlcd.com

深圳市卓立恩科技有限公司

简介：公司拥有 COB、SMT、COG 等生产工艺，主要产品为各种图形点阵、图形中文字库、字符点阵、字段式液晶显示模块及 TN、HTN、STN、FSTN 型液晶显示屏。

深圳数灵通电子有限公司

简介：从事电子产品的开发、生产和销售，主要产品有液晶显示模块、液晶遥控器及液晶显示相关的电子产品。

深圳松山电子科技有限公司

简介：主导产品包括点阵系列包括字符、图形，品种规格有 COB、SMT、TAB、COG，从 1601 到 640480 系列；非点阵类包括电话机系列、水、电、气表等。

深圳威科拓科技有限公司

简介：能生产 ITO 厚薄为 1.1mm、0.7mm、0.55mm、0.4mm 的 TN、HTN、STN 型的 LCD 及 COB、TAB、COG 模式的 LCM。

深圳新超亮特种显示设备有限公司

简介：其产品源自美国硅谷的光机电高科技公司提供部分技术转移与协作，是全新研制开发和专业化生产超高亮和超宽温严寒环境和强阳光下清晰可视液晶显示系列模组及特殊要求液晶显示设备的光机电高科技公司，是全球少有的能设计和制造系列尺寸规格的（面板尺寸从 3.5 英寸至 46 英寸）超高亮液晶模组专业化生产厂家之一。

深圳新晶电子科技有限公司

简介：生产中高档 TN、HTN 和 STN、FSTN 型 LCD 屏以及 LCM（COB、COG、TAB、COF），公司重点项目 OLED（有机发光体显示屏）已成功推出样品。

沈阳科希-硅技半导体技术第一有限公司

简介：主营产品或服务包括 SMD 各色 LED，LAMP 各色 LED，TFTLCD 显示屏，汽车仪表盘光源，CDMA 模块，手机键盘背光源，LCD，LCM，LCDModule。

石家庄电光电子有限公司

简介：以研发、设计、生产液晶显示屏和液晶显示模组为主的高科技中外合资企业。

电话：0311-87761324

网址：www.lcd-dgec.com

石家庄高新区远景科技有限公司

简介：主要生产 TN、HTN、STN、FSTN 液晶显示屏，段式模组，字符点阵至图形点阵模组的全系列液晶显示产品。

石家庄冠晶电子科技有限公司

简介：集 TN、STN-LCD、LCM 的研发、生产、设计、销售于一体的高科技企业。

石家庄光王电子有限公司

简介：产品包括液晶显示屏、液晶显示模块、液晶显示相关器件、字符模块、段式模块、图形字库模块、全点阵图形模块。

石家庄开发区天健电子有限公司

简介：专业生产液晶显示屏（LCD）、液晶显示模块（LCM）和 COB 加工的高科技外向型企业。

苏州光宝康电子有限公司

简介：致力于为彩色液晶模组厂商提供 OEM 服务，以及为客户提供高性价比的液晶模组产品。

苏州三星电子液晶显示科技有限公司

简介：该公司由韩国三星电子和苏州工业园区国控公司、TCL 集团共同成立，从事 TFT-LCD 面板研发、生产和销售。

电话：0512-67999241

天津市俊龙电子材料商贸有限公司

简介：专业从事液晶显示行业的研究、开发与销售的企业。主要产品包括 TFT、STN、EL 背光源、手机模块、丝网、络版等以及相关技术咨询服务。

天马微电子股份有限公司

简介：成立于 1983 年，1995 年在深交所上市（股票代码 000050），是专业生产、经营液晶显示器（LCD）及液晶显示模块（LCM）的高科技企业。经过二十多年的发展，现已发展成为一家集液晶显示器的研发、设计、生产、销售和服务于一体的大型公众上市公司。投资设立的企业包括深圳天马、上海天马、成都天马、武汉天马、欧洲天马、美国天马、韩国天马等。拥有STN-LCD、CSTN-LCD、TFT-LCD及CF生产线及模块工厂。

电话：0755-86225888

网址：www.tianma.cn

统宝光电（南京）有限公司

简介：生产LTPS、TFT-LCD模块，是中国大陆首家、全球第四家专业制造厂商。

微视显示器科技（深圳）有限公司

简介：主要生产CSTN，点间距可做到8μm。有6条COG模组生产线，8条TAB生产线。

温州嘉恩电子科技有限公司

简介：开发、生产与销售液晶显示器（TN、HTN、STN、FSTN LCD）、显示模组（TFT、FSTN、STN、HTN、TNLCM）及各种液晶显示器背光源产品。

无锡阿尔法电子科技有限公司

简介：从事液晶显示屏、背光源、液晶模块及其触摸屏、LED照明及液晶屏相关部件的设计、开发、制造和销售。

无锡威峰科技有限公司

简介：生产TFT液晶显示模组（10.4～32英寸）和EPD电子纸显示屏体，提供EPD终端系统方案。

无锡夏普电子元器件有限公司

简介：生产液晶显示装置及其配套零部件，用于有线电视、卫星电视接收机、液晶电视、计算机的高科技调谐器及一般电子调谐器，射频调制器，激光拾音器及零部件，高性能电源；高频信号分配器，电子部件的贴片，新型电子元器件，数字照相机关键件；销售自产产品。

西安海晶光电科技有限公司

简介：专业设计、生产、销售高品质TN、HTN、STN液晶显示屏和液晶显示模块的一家高新技术企业。

厦门高卓立科技有限公司

简介：成立于1992年，是一家中外合资、专业生产液晶显示器（LCD）和液晶显示模块（LCM）及车载、电仪用品的高科技、外向型企业。

电话：0592-6026022

网址：www.lcdchina.com

厦门精显电子有限公司

简介：专业生产高品质液晶显示屏（LCD）、液晶显示模块（LCM）及其LCD生产设备、原材料的高科技企业。

电话：0592-5686622

网址：www.lcdproduct.com

厦门赛特勒电子有限公司

简介：致力于液晶显示产品的开发、生产和销售，产品运用TN、HTN、STN、FSTN、TFT等显示技术，包含笔段型、字符型、图形点阵等单色与彩色显示模式，并采用COB、COG、COF、TAB等封装方式组装。

电话：0592-2650988

网址：www.zettlercn.com

厦门维托克光电有限公司

简介：以液晶显示模块和液晶显示屏以及背光源的研发、制造、销售为中心的高新技术企业。

厦门信之恒电子有限公司

简介：专业生产高品质液晶显示模块及其LED背光源灯的高科技企业。

厦门易显电子有限公司

简介：主要产品为TN、HTN、STN、FSTN型液晶显示屏及各种段码式、点阵字符型、点阵图形型液晶显示模块。

电话：0592-2913376

网址：www.xmeasydisplay.com

显邦电子有限公司

简介：主要生产液晶显示器、液晶显示模块、鱼群探测器及其他应用液晶显示器的产品。

电话：0758-2873200

新辉开科技（深圳）有限公司

简介：专业研究、开发和制造液晶显示器、液晶显示模块的高新技术企业，拥有彩色液晶显示器制造分厂。

电话：0755-61266888

信利半导体有限公司

简介：主要产品有液晶显示屏（LCD）和液晶显示模块（LCM），类型包括TN、STN、FSTN、CSTN，COG、COF、TAB模块；OLED显示屏，包括单色、2色、3色及65000色OLED；数字型和模拟型触摸屏。

电话：0660-3387016

网址：www.trulysemi.com

兴飞电子（深圳）有限公司

简介：生产包括TN、HTN、STN、FSTN、CSTN、T/P触摸屏和BlackMask在内的产品，以及装配包括COB、COF、COG、Tochplane等在内的部件。

徐州科洋光电技术有限公司

简介：主要生产TN、HTN、STN型液晶显示器及COB、COG、TAB液晶显示模组。

旭璟光电科技（惠州）有限公司

简介：主要产品包括标准品液晶显示器（TN、HTN、STN）、客制品液晶显示器（TN、HTN、STN）、标准品液晶显示模块、客制品液晶显示模块。

电话：0752-2361888

网址：www.sunview.cn

雅深电子（香港）有限公司

简介：公司专业设计生产各种标准或非标准TN、HTN、STN、FSTN液晶显示器和各种字段型、字符型和图形型液晶显示模块等产品。

扬州钜鼎（扬州）光电显示科技有限公司

简介：产品包括液晶显示器（TN、HTH、STN）、液晶显示模块等，其中液晶触摸显示器是获得国家专利的高科技产品。

依利安达（广州）显示器有限公司

简介：专业生产各种规格液晶显示器（LCD）及液晶显示器模组（LCM）的中外合资高新技术企业。

英联特希克斯电子（苏州）有限公司

简介：是专业的液晶显示模组研发、设计、制造厂及OEM电子成品组装、测试、制造厂。

永兴科技（惠州）有限公司

简介：自建8192个16×16点的中文字型以及126个16×8点半宽的字母符号字型，另外绘图显示画面提供一个64×256点的绘图区域

（GDRAM），无须编码即可显示中文字。

友达光电（苏州）有限公司

简介：生产大、中、小各种尺寸的面板模组。
电话：0512-62588800
网址：www.auo.com

于都上晴电子有限公司

简介：从事液晶显示模块制造与研发的外商独资企业，可提供 SMT、COB、TAB、COG、COF 类型的液晶显示模块。

元太通信科技有限公司

简介：致力于高品质 TFT-LCD 模块的研发与制造，并已顺利通过 ISO 9002 鉴定。

肇庆市金鹏科技有限公司

简介：以开发、生产和销售液晶显示模块（LCM）为主的高新科技企业。是国内首家生产中文字库液晶显示模块的厂家，产品涵盖标准字段型、字符型和图形点阵型等液晶显示产品。

肇庆市显达电子有限公司

简介：专业开发、生产、经营液晶显示器、液晶显示模块以及其他应用液晶显示技术的电子产品。

浙江凯信光电科技有限公司

简介：可年产 14 英寸×16 英寸的 LCD 液晶 660000 对，并可生产路数为 1/240Duty、ITO 玻璃的最小厚度为 0.4mm、最小线宽线距为 10μm 的 LCD。

中电熊猫液晶显示科技有限公司

简介：项目于 2009 年 9 月中旬开工，生产线于 2010 年年底建成，2011 年实现量产。其液晶面板第 6 代线项目是南京“液晶谷”系列重点项目之一，也是“液晶谷”系列项目的开端，规划中的液晶面板第 8 代线项目和与夏普合作的液晶面板研究院也将先后展开，总投资将达到 500 亿元。

中国电子科技集团公司第 55 研究所

简介：从事微波毫米波半导体、平板显示器件、特种真空电子和 MEMS 4 个主要专业领域及信息系统工程的研究、开发、应用和生产的国家大型骨干性研究所。
电话：025-86858351
网址：www.nedi.cn

中山三晶光电科技有限公司

简介：生产 TN、HTN、STN、FSTN、CSTN 液晶显示屏及 COG、TAB、COF、SMT、LED 背光源等液晶显示模块。

重庆群壑电子有限公司

简介：主要产品包括各种 LCD 液晶显示屏系列（TN、HTN、STN、FSTN 显示屏，COG、TAB、COB、TFT 液晶显示模组、彩色模块）以及单色、双色、三色（全彩色）LED 点阵模块，异形发光条，侧光源板（导光板系列）等。

珠海亚晶电子显示技术有限公司

简介：具有国际先进水平的 LCD 制造设备和工艺技术，并拥有先进的 COG、TAB 模块生产线，可以大规模制造各种 TN、STN、黑膜（BALCKMASK）车载液晶显示屏和液晶显示模块。

卓盈微电子（昆山）有限公司

简介：设计、生产各种新型平板显示器件，各种光电子、电器件等电子元器件。

PDP

大连明则达光电科技制品厂

简介：主营产品或服务包括发光粉，钡粉，UV 光固油墨，A、B 胶，导电银浆，ITO 导电膜，生产设备，发光胸牌，EL 冷光片等。

德庆兴邦稀土新材料有限公司

简介：从事 PDP 等离子粉发光材料的技术开发。

辽宁享欧晶体材料有限公司

简介：生产 PDP 用氧化镁等。

辽宁中大超导材料有限公司

简介：主要研制、生产高纯氧化镁单晶体材料及高温超导材料，用于高温超导基片和 PDP 保护膜等。

洛阳裕辉光电材料有限公司

简介：主要产品包括电（场）致发光粉、红外（上转换）防伪粉、蓄能型（长余辉）夜光粉、电致柔性冷光线、场致（夜光）发光标牌、背投影（CRT）彩管粉、等离子体（PDP）彩色材料、各类灯用稀土三基色发光材料、LED 专用彩粉、优级纯（ZnS）硫化锌等。

南京华显高科有限公司

简介：2007 年 2 月，华显高科研制成功 42 英寸全彩色符合国家高清标准的荫罩式 PDP 样机（像素为 1 366×768），标志着南京华显高科在技术成果上又上一个台阶。

南京金视显科技有限公司

简介：主营 PDP 用光敏银浆。

上海科润光电子材料科技有限公司

简介：主要产品包括显示器发光材料、等离子体显示器（PDP）发光材料、场发射显示器（FED）发光材料、高亮度大屏幕彩色投影管发光材料等。

四川旭虹光电科技有限公司

简介：一期于 2010 年 5 月在绵阳经开区内建设一条八面取等离子玻璃基板生产线，包括一条浮法联合生产线、两条前后板精加工生产线、一条 ITO 镀膜生产线。

OLED

北京阿格蕾雅科技发展有限公司

简介：专注于新型有机发光材料（OLED）的研发及应用。

北京维信诺科技有限公司

简介：业务范围已经广泛涉及 OLED 显示产品、工业级以上显示产品、照明产品（OLED/LED）和液晶显示模块（LCM）及触摸屏的设计、开发、生产和销售，全方位、多角度地为客户提供专业、高效的服务和技术支持。

电话：010-58851122

网址：www.visionox.com

北京意莱特光电材料技术有限公司

简介：专门从事 OLED 有机电致发光材料开发与制备的高科技公司，总部设在加拿大温哥华。

彩虹（佛山）平板显示有限公司

简介：厂区总占地面积 66700m^2，建筑面积 21000m^2。项目建设期一年，建成后将成为国内领先并拥有国际一流的自主知识产权的 OLED 制造商，形成年产 OLED 显示屏（以 2.2 英寸产品计）1200 万片的生产规模。

东莞彩显有机发光科技有限公司

简介：生产 OLED 显示屏和 OLED 相关镀膜、封装设备。

东莞宏威数码机械有限公司

简介：OLED 面板线将量产规格为 370mm×470mm 的 OLED 面板，预计日产量将达到 150 万片。

敦行国际（潍坊）光电科技有限公司

简介：主要生产 OLED 手机显示屏。

广东中显科技有限公司

简介：低温多晶硅 TFTAMOLED 生产企业。

吉林奥来德光电材料股份有限公司

简介：规模化生产以有机电致发光材料为主的光电功能材料。

昆山方圆光电材料科技有限公司

简介：主要产品包括①中间体类，如 PPV、PF、PT 等 PLED 材料中间体、小分子黄光、红光、蓝光中间体等；②小分子蓝光、绿光、红光及黄光发光体；③高分子有机发光体，如 PPV、PF、PT 等；④传输材料等。

昆山维信诺科技有限公司

简介：公司于 2001 年成立，主要从事有机发光显示器 OLED 等新型显示产品的开发、生产和销售。

南京第壹有机光电有限公司

简介：以 OLED 照明面板及灯具产品研发、生产、销售为主的股份制民营企业。

宁波金腾化工有限公司

简介：从 2002 年起，金腾化工就启动了 OLED 及 OPC 功能材料的研发工作，现在已经拥有最常用的产品的全部量产。

四川虹视显示技术有限公司

简介：以 OLED 显示器件、模组及其相关应用电子产品的研发、制造、销售及服务为主的高科技公司。

四川宜宾盈泰光电有限公司

简介：产品涵盖单色 OLED（黄色、蓝色、绿色）；全彩 OLED、FSTN、CSTN 液晶显示屏和触摸屏及 COG、COB、COF、TAB 等显示模块。

无锡虹彩科技发展有限公司

简介：致力于有机电致发光材料的研发和生产，公司专利产品波长转换材料 WSM 是一款新型的有机荧光材料。

西安近代化学研究所（204研究所）

简介：主要研究内容包括①单体液晶、MCRI型混合液晶系列用于各种数字显示的LCD，包括电子表、游戏机、钟表、计算器及仪器仪表等；②液晶手性添加物CN、CB15，混合液晶添加物，也是宾主液晶显示的关键材料；③彩色液晶显示材料开发：用于灌装高性能彩色液晶显示器；④有机电致发光材料开发：对有机物施加电压导入电流而发光的新型显示材料；⑤共轭聚合物薄膜太阳电池：以共轭聚合物为光电转化材料的新型太阳能电池。

电话：029-88291846

网址：www.mcri204.com.cn

西安瑞联近代电子材料有限责任公司

简介：公司的经营范围包括液晶材料、有机电致发光材料、医药中间体、光固化高分子材料、光记录材料。

电话：029-68669089

网址：www.xarlm.com

云南北方奥雷德光电科技股份有限公司

简介：公司以科研、设计、生产、销售“主动式OLED微型显示器”及相关产品为主。

LED显示

爱迪森迅（北京）光电科技有限公司

简介：从事LED显示屏开发、生产、销售的高新技术企业。

巴可

简介：主要提供显示器、投影系统、多重投影系统、灯光产品、LED显示解决方案、软件系统、影像处理、传感器及其处理系统、服务器与工作站等。

北京北方铭扬科技发展有限公司

简介：专业制造室内、外全彩色、双色、单色系列等各类LED产品。

北京海潮瑞德尔电子技术有限责任公司

简介：研制、开发、生产和销售LED显示屏的高科技企业。

北京华澳世显光电科技有限公司

简介：集LED显示屏和控制系统的研究、生产、销售、租赁、服务于一体的综合性高科技企业。

北京凯德光电公司

简介：致力于LED显示屏事业的发展，专业制造全彩色（单色、三色）室内、外系列大型显示屏、证券行情显示屏、体育场馆显示系统、车站（码头、机场）引导显示系统、计时记分显示系统等各种光电产品。

北京蓝星达数字科技有限公司

简介：专业的LED显示系统的研发和服务厂商，公司拥有先进、完全知识产权的LED显示屏生产技术和专业的LED设计和研发人员。

北京利亚德电子科技有限公司

简介：为客户提供视频及信息发布显示屏整体解决方案和LED灯光系统解决方案的专业公司。

北京利亚德金显科技有限公司

简介：集开发、生产、销售、服务于一体的LED显示屏的专业制造商。

北京联合佳光科技有限公司

简介：主要有LED全彩显示屏、发光二极管、数码管、点阵模块、SMDLAMP及其他LED应用产品。

北京南洋三越科技开发有限公司

简介：主要产品包括室内显示屏、室外显示屏、LED显示屏OEM、箱体、LED发光模组、LED护栏管。

北京神州彩虹科技发展有限公司

简介：从事LED电子显示屏及LCD高清液晶显示器研发、生产、销售的专业公司。

北京世纪华科电子科技有限公司

简介：主要提供室内全彩色、室内双基色、室内单基色、室外全彩色、室外双基色室外单基色显示屏。

北京世纪新云蓝通科技有限公司

简介：致力于LED显示屏的研制、开发以及DLP大屏幕、MPDP等离子、DID液晶屏四大显示设备的软件支持、营销、施工安装和售后服务的高新技术企业。

北京四通智能交通系统集成有限公司

简介：公司提供交通管理综合信息集成平台，面向公众的交通信息服务综合平台，智能化交通指挥调度系统，交通流动态信息采集、处理（分析）、发布系统，交通诱导信息室外显示系统，区域停车诱导系统。

北京银海通科技发展有限公司

简介：开发、设计、承接各类LED显示系统工程、多媒体视频会议系统和电视监视系统工程。

北京振远基业科技发展有限公司

简介：专业从事各种类别LED电子显示屏的设计开发、生产制造、销售安装及维护的新一代高科技企业。

北京中显信泰科技发展有限公司

简介：提供全彩色LED显示屏、双基色LED显示屏、LED舞台演出彩幕、LED网络显示屏、LED景观照明。

长春半导体股份有限公司

简介：主要产品包括LED芯片、LED及LED应用产品、LED显示屏、发光管、点阵、数码、LED灯饰照明。

长春希达电子技术有限公司

简介：新一代“全彩色LED集成三合一显示屏”经过了包括9位中国工程院院士和来自美国、日本、法国的专家在内的57位专家评审委员会的评审，荣获2007中国国际工业博览会铜奖。

大连路明光电工程有限公司

简介：提供户外单色显示屏、LED多媒体百叶屏、户内双基色视频屏、户外全彩显示屏。

东莞勤上光电股份有限公司

简介：示范工程包括国家大剧院照明工程、北京绿色奥运道路照明工程、上海F1赛车场照明工程、广东科学中心广场及周边道路照明工程、清华大学内奥运场馆道路照明工程以及中山、东莞等市区、镇区路灯全面改造工程等。

东莞市莱硕光电科技有限公司

简介：集中高档 LED 发光二极管、LED 显示屏专用 LED 灯、LED 灯饰、LED 照明设计、生产、销售和服务于一体的高新科技企业。

福建福日科光电子有限公司

简介：公司下设三个事业部：封装事业部、应用产品事业部和大功率事业部。拥有成套的自动化设备和先进的精密仪器，专精于各种高亮度发光二极管、大功率发光二极管、点阵模块、数码管的封装以及应用产品的设计、开发和制造，产品广泛应用在绿色照明、精细显示、生态农业等领域。

福建海峡彩亮光电科技有限公司

简介：生产加工 LED 室外全彩屏、LED 室内全彩屏、单元板、LED 室内裸板及 LED 室外显示屏箱体等。

广州市欣瑞电子有限公司

简介：主要产品系列包括排队叫号系统、LED 显示屏系统、酒店排队叫号系统、自助发卡系统、网络多媒体数字播放系统、电子回单柜管理系统、多互式触摸查询多媒体广告发布系统等。

电话：020-34259242

网址：www.gzxinrui.cn

南京汉德森科技股份有限公司

简介：提供高品质的信息发布显示系统、大功率半导体（LED）道路照明、隧道照明产品和半导体照明解决方案的专业厂家。

南京洛普股份有限公司

简介：公司起源于中国电子科技集团公司第十四研究所，是国内最早研制、生产大型 LED 显示屏的机构。

清投视讯（北京）科技有限公司

简介：主要提供大屏幕拼接设备，大屏幕拼接墙，大屏幕显示系统集成，大屏幕拼接工程，大屏幕背投拼接（含 DLP 背投拼接、LCD 背投拼接、LCOS 背投拼接、液晶拼接、LED 显示屏）。

山西省长治市路港科技有限公司

简介：公司提供双色、全彩色 LED 电子显示屏、LED 发光模块、LED 电子显示屏单元板批发、LED 户外显示屏及箱体生产销售；LED 护栏灯、LED 灯带、LED 数码管、LED 水底灯、LED 幕墙灯等。

汕头市科维光电科技有限公司

简介：提供高品质的信息发布显示系统、大功率 LED 应用产品和半导体照明的专业厂家。

上海大晨光电科技有限公司

简介：专业从事半导体 LED 芯片、LED 器件、LED 灯生产。

上海三思科技发展有限公司

简介：在 LED 显示、LED 照明产品应用方面积累和掌握了大量高科技核心技术，拥有多项自主产权专利技术，共申请国内外专利 150 余项，其中授权专利 90 余项，并先后通过 ISO 9001、ISO 14001 管理体系的认证。

上海信茂新技术有限公司

简介：专业从事 LED 显示技术研究、产品开发、市场推广和应用技术服务的高科技企业。

深圳博伦特光电科技有限公司

简介：主要提供户内全彩表贴三合一、表贴

三拼一及户内模块全彩显示屏，户外全彩显示屏、多媒体幕墙及各类 LED 照明产品等。

深圳蓝普科技有限公司

简介：以 LED 显示屏与配套产品的研发、设计、生产、销售及工程为主的高新技术企业。

深圳蓝通光电有限公司

简介：主要生产电子大屏幕、广告显示屏、LED 显示屏查询、LED 户外广告屏、广场大屏幕、利率汇率显示屏、LED 价格、LED 彩屏墙。

深圳雷曼光电科技有限公司

简介：中国领先的专业化、国际化、高品级的 LED 制造商。产品涵盖全彩色显示屏、景观照明、交通信号及信息显示三大领域。

深圳锐视全彩科技有限公司

简介：专业研发和生产各规格室内外全彩 LED 电子显示屏、单元板（箱）、LED 彩屏幕墙、LED 背景彩灯/屏，具有丰富的生产、施工经验和技术实力。

深圳三升高科技股份有限公司

简介：2008 年北京奥运会主会场国家体育场（“鸟巢”）和国家游泳馆（“水立方”）显示屏工程的承担者。

深圳市华尔威光电科技有限公司

简介：产品包括各种规格的点阵，各种规格的发光二极管，各种规格的背光源，各种规格的（户外、半户外）模块、模组，各种规格户外（单色、双色、全彩）箱体、显示屏及各种城市亮化照明工程所用的 LED 护栏灯、彩灯、背景墙、球泡灯、大功率 LED 照明灯泡等。

深圳市励研科技有限公司

简介：向 LED 显示屏制作公司提供室内、外双基色、全彩色 LED 电子显示屏控制系统，并承接室内、外双基色全彩色 LED 电子显示屏系统设计。

深圳市联创健和光电股份有限公司

简介：以 LED 显示和软件控制系统为核心技术，提供室内、外 LED 显示屏。

深圳市全彩科技有限公司

简介：以研究、开发、生产 LED 显示屏以及配套产品为主的专业化高科技企业。

深圳市易事达电子有限公司

简介：供应 LED 显示屏、LED 模组和 LED 显示屏箱体，所生产的 LED 显示屏远销全世界 150 多个国家和地区。

深圳市元亨光电股份有限公司

简介：从事 LED 数码显示屏、LED 室内显示屏、LED 户外显示屏的技术开发、生产、销售。

深圳市洲明科技有限公司

简介：是 LED 光电产业的高科技民营企业。作为中国顶级 LED 应用产品制造服务商，在同行业已率先通过国家级高新技术企业认定。

深圳同洲电子股份有限公司

简介：主要提供 LED 高速公路显示屏产品。

石家庄科航光电科技有限公司

简介：河北省第一家专业化承制 LED 显示屏的双软认证、高新技术企业。

石家庄伟志光电有限公司

简介：从事 LED 电子显示屏、LED 照明灯具的开发、生产、销售。

四川九洲光电科技有限责任公司

简介：产品包括 LEDLAMP、SMD 系列、点阵、数码，LED 显示模块系列和大功率 LED 路灯、城市景观亮化系列产品、T-5、T-8LED 日光灯、MR16LED 射灯、PA30 筒灯等室内、外照明产品。

四川科维实业有限责任公司

简介：专门从事 LED 显示屏、LED 交通信号灯、LED 照明光源制造和技术培训的高新技术企业。

太原卓越现代电子设备有限公司

简介：专业从事 LED 电子显示屏系列产品的开发和销售。

天津光电星球显示设备有限公司

简介：集 LED 显示屏开发、设计、生产、销售、服务和 LED 灯光系统解决方案于一体的专业高科技公司。

同辉佳视（北京）信息技术有限公司

简介：具备了成熟的多媒体网络信息发布、大屏幕拼接显示、触摸查询互动、高亮度室外应用等多个门类的解决方案。

西安百迅电子科技有限公司

简介：集 LED 电子显示屏、电子屏、LED 灯饰、触摸屏的生产、销售、售后服务及维修于一体。

西安青松科技股份有限公司

简介：致力于 LED 显示技术/产品开发、生产、销售和系统集成的高科技公司。

西安万显电子科技有限公司

简介：集半导体 LED 显示、灯饰的研发、生产、销售、安装、售后服务于一体的高科技公司。

西安新骊电子技术有限责任公司

简介：集 LED 显示屏研制、生产、销售于一体的高新技术企业。

厦门三安电子有限公司

简介：专业开发超高亮发光二极管、芯片的厂家，并且配置封装及应用生产线，产品有显示屏、交通灯及各种装饰灯系列。

郑州赛潮电子信息技术有限公司

简介：集 LED 电子显示屏、触控技术、多媒体技术及相关软件研发、生产、销售和服务于一体的高科技企业。

中电金蜂显示技术有限责任公司

简介：专业从事投影屏幕和 LED 屏幕生产，向用户提供投影显示系统集成、LED 显示系统集成、电视墙、等离子拼接、视频处理等。

中原显示技术有限公司

简介：产品包括大型彩色显示屏、车载式显示屏、双基色、单色信息显示屏和电视墙以及专用超大规模集成电路。

LCOS显示

河南南方辉煌图像信息技术有限公司

简介：世界三大LCOS光学引擎生产商之一，专业制造LCOS光学引擎。

河南中光学集团有限公司

简介：目前公司已实现LCOS、DLP光机的批量生产。

齐威电子光显电视有限公司

简介：主导产品为75英寸LCOS光硅晶电视、70英寸液晶电视、液晶拼接等。

武汉全真光电科技有限公司

简介：公司主营光电显示科技产品，组建了现代化生产LCOS光机及整机厂房，生产其他超大屏及超微型光电HD投影系统产品。

西安北方光电有限公司

简介：公司的光学元件主要用于投影电视（CRT、LCOS）、投影仪、DVD等光学系统。

浙江海盛科技股份有限公司

简介：专业研发LCOS 65英寸以上超大屏高清数字电视。

VFD显示

安徽省旌德富阳电子配件厂

简介：重点生产VFD荧光显示屏。

长沙曙光荧光显示器件有限公司

简介：是国内第一家自主研制荧光数码管的高新技术企业，具备生产各种用途真空荧光显示屏的能力。

慈溪市飞达电子实业公司

简介：生产的VFD荧光显示屏，采用国外进口材料和国内独家首创的高温振动老化台，产品具有低功耗、高亮度、耐振动、高可靠性、长寿命等特点。

富士电机产业（上海）有限公司

简介：主要生产VFD真空荧光显示屏。

上海三星真空电子器件有限公司

简介：主要开发、制造和销售薄膜真空荧光显示屏（VFD）。

上海中荧显示技术有限公司

简介：以民营资本为主体的真空荧光屏（VFD）的专业制造商。

深圳市和路元电子有限公司

简介：VFD的开发、设计在国内处于领先地位，占国内市场的45%。

双叶电子科技开发（北京）有限公司

简介：主要产品为汽车类产品 VFD 显示屏。

宿迁市创优电子有限公司

简介：主要产品为 VFD 显示屏、真空电子荧光屏系列、液晶显示屏系列、发光管显示产品。

浙江京东方显示技术股份有限公司

简介：专业生产真空荧光显示屏（VFD）的电子工业企业。

基板玻璃、导电玻璃

安彩集团

简介：生产彩色显像管玻壳、电子特种玻璃新产品及新型显示器等。

安徽方兴科技股份有限公司

简介：主导产品为 ITO 导电膜玻璃、CVD 在线镀膜玻璃，荣获省级高新技术产品称号，产销能力居全国领先地位；浮法玻璃和玻璃深加工制品被评为省名牌产品和中国公认名牌产品。

安徽省蚌埠华益导电膜玻璃有限公司

简介：生产和销售导电膜玻璃和显示器玻璃等。

电话：0552-4085988/3980008/3980005

网址：www.hy-ito.com

常州康龙电子有限公司

简介：可年产 TN 型和 STN 型各种规格 ITO 透明导电玻璃 840 万片。

电话：0519-85113788/85116628

成都中光电科技有限公司

简介：2009 年 6 月 8 日在成都高新区注册，公司在成都建设运营液晶玻璃基板、薄膜太阳能电池等光电、光伏产业项目。

电话：028-87956868

多纳勒烟台电子有限公司

简介：专业生产 ITO 透明导电玻璃的高新技术企业，公司产品 ITO 透明导电玻璃被广泛用于液晶显示器、电致发光、消静电膜、触摸屏等技术领域。

电话：0535-6377393

佛山市俊一明镜业玻璃有限公司

简介：主营业务包括 ITO 导电玻璃、特殊功能膜层。

电话：0757-22808628

网址：www.j-ym.com

邯郸华天真空电子有限公司

简介：年产 ITO 导电玻璃 180 万片。

华益导电膜玻璃有限公司

简介：生产和销售导电膜玻璃和显示器玻璃等。可年产 TN、STN、TOUCH-PANEL、COLORFILTER 等各种规格的 ITO 导电膜玻璃及 AR 玻璃 2 100 万片。

佳晶光电（厦门）有限公司

简介：主要生产、加工 LCD 特种导电基片玻璃。

金坛康达克光电科技有限公司

简介：是华东地区大规模生产 ITO（氧化铟锡）透明导电玻璃的专业生产厂家。具有年产 80 万平方米透明导电玻璃的生产能力。

康宁显示科技（中国）有限公司

简介：是有源矩阵液晶显示器（LCDs）大尺寸玻璃基板在开发、生产和供应方面的全球领导者。其 EAGLE XGR 玻璃是市场上首款不含砷、锑、钡以及卤化物的 LCD 玻璃基板。

电话：010-67873838

网址：www.corning.com

南玻集团精细玻璃事业部

简介：南玻集团主营业务为高档浮法玻璃原片、工程及建筑玻璃、精细玻璃、光伏科技绿色能源产品（高纯硅材料、太阳能超白玻璃、晶体硅太阳能电池、薄膜太阳能电池及其组件）、结构陶瓷等产品的研制、开发、生产经营及设备技术的咨询和服务，以及投资控股兴办实业等。

电话：0755-26030386

网址：www. csgholding.com

南京汇金锦元光电材料有限公司

简介：专业从事以触摸屏用 ITO 导电膜为主的各类光电薄膜材料产品的研发、生产与经营。

南京三友电子材料有限公司

简介：从事 ITO 用金属铟的专业生产厂家，现为日本和韩国的 ITO 生产商回收废弃 ITO 靶材中的金属铟。

普罗威光电科技（深圳）有限公司

简介：专业生产、销售 ITO 导电膜、OCA 光学胶、PC、PMMA。

陕西彩虹电子玻璃有限公司

简介：以生产 LCD 用玻璃基板为主业。

深圳昂志薄膜科技有限公司

简介：专业生产高品质柔性（菲林）透明导电膜（ITO 膜）产品，并从事薄膜技术及相关产品的开发、研究。所生产的 ITO 膜产品的品质已达到国际先进水平，可完全替代进口产品。

深圳豪威科技集团有限公司

简介：公司已切入触摸屏用导电基板、纳米太空膜、PC/PMMA 镀膜材料、PDP 光电玻璃、TFT 彩色滤光片、LCOS 用微显玻璃、OLED 等新型薄膜材料的研制、开发、生产、销售，产品广泛应用于显示、通信、汽车、建筑等行业。

电话：0755-86149000

网址：www.hivacgroup.com

深圳豪威真空光电子股份有限公司

简介：豪威科技（集团）有限公司始创于 1994 年 11 月，1997 年荣获深圳市高新技术企业认证，2001 年改制为股份制企业，是一家专业从事光电薄膜装置及光电薄膜材料生产的技术开发型高科技企业集团。

电话：0755-86149088

网址：www. hivac.cn

深圳精美特玻璃有限公司

简介：主要产品包括 2～19mm 厚度的强化玻璃、AR 减反射玻璃、AG 抗反射玻璃、半透镜面玻璃、防偷窥角度玻璃、TV 底座玻璃、太阳能高透玻璃、ITO 导电玻璃、纯平强化复印机玻璃、电子磅秤和家用电器配套玻璃等。

深圳莱宝高科技股份有限公司

简介：从事 ITO 导电玻璃及彩色滤光片研发

和生产的高科技企业，是深圳 ITO 导电玻璃及彩色滤光片最具实力的生产商。

电话：0755-26982490

网址：www. laibao.com

深圳力合光电传感技术有限公司

简介：目前从事研发和生产高性能的多点电容式触摸屏传感阵列器件（ITO SENSOR）及其模组，液晶显示行业用 STN、TN 型透明 ITO 导电玻璃和光学膜器件产品。

电话：0755-26995781

网址：www.leaguer-sz.com

深圳市三信达实业发展有限公司

简介：主要产品包括 ITO 导电玻璃（LCD、TP 用），ITO 导电膜（TP 用），电子玻璃等。

深圳市万家明电子有限公司

简介：已投入生产的产品包括场致发光浆料、场致发光粉专用调胶、ITO 透明导电薄膜、导电银浆、透明导电胶水、电极导电黏结胶等。

深圳市新济达光电科技有限公司

简介：专业研发触摸屏和生产 ITO 导电玻璃、减反射膜（AR 膜）和彩膜的企业。

深圳新南亚技术开发有限公司

简介：主要产品包括 TN-ITO 导电玻璃、STN-LCD 导电玻璃。

电话：0755-82266593/0755-82448248

网址：www.sznanya.com

石家庄豪威光电薄膜技术有限公司

简介：现有两条月产 25 万片的镀膜生产线，一条月产 50 万片的玻璃切割磨边生产线，公司的主营业务为 TN、STN 型和 ITO（氧化铟锡）导电玻璃系列等显示器件和材料。

石家庄旭新光电科技有限公司

简介：建设了 3 条液晶玻璃基板生产线，年生产 0.7mm 液晶玻璃基板 245 万平方米。

苏州板硝子电子有限公司

简介：主要生产液晶显示板用基板玻璃，办公机器用玻璃加工制品，办公机器及通信用光学系列玻璃材料（SLA），TN 型及 STN 型液晶显示玻璃的 ITO 镀膜基板玻璃（含彩色滤色层上 ITO 膜和反光膜）。

天津美泰真空技术有限公司

简介：主要产品有手机和 DVD 用的镀铝镀镍 PMMA/PC/PET 面板、背投电视和复印机等用的高反射镜、LCD 和触摸屏用的 ITO 导电玻璃、橱窗和镜框用的减反射 AR 玻璃。

无锡康力电子有限公司

简介：从事电子信息材料——ITO 透明导电玻璃的生产和销售，是无锡市首家生产 ITO 透明导电玻璃的厂家。

电话：0510-87289333/87280567

网址：www.kanglidz.com

芜湖长信科技股份有限公司

简介：专业从事平板显示器件中真空薄膜材料的研发、生产、销售和服务，产品包括液晶显示器（LCD）用 ITO 透明导电玻璃、触摸屏（Touch Panel）用 ITO 透明导电玻璃和其他平板显示器件中真空薄膜产品等平板显示行业上游的关键基础材料。

电话：0553-5961030/5846862

网址：www.token-ito.com

厦门爱特鸥光电实业有限公司

简介：公司拥有先进的 ITO（氧化铟锡）导电玻璃镀膜生产线、玻璃切割磨边生产线、抛光线，各种检测设备齐全。主营业务为生产销售 STN、TN 型多种规格 ITO（氧化铟锡）导电玻璃。

电话：0592-6518152

网址：www.xmito.cn

厦门万德宏光电科技有限公司

简介：主要生产 ITO 导电玻璃、显示器部件、液晶模组，产品可广泛应用于液晶显示器件、电致发光、触摸屏、OLED 和等离子显示器件等方面。

旭硝子（中国）投资有限公司

简介：旭硝子（AGC）在中国主要从事建筑玻璃、汽车玻璃、显示器用玻璃、化学品、环保、节能产品的生产。AGC 致力于成为以玻璃、氟化学等为核心技术的全球性供应商。

电话：010-65058029

网址：www.agc.com

旭硝子精细玻璃（深圳）有限公司

简介：公司主要加工用于触摸屏、液晶显示器（TN、STN）所需的 0.28～1.1mm 等精细浮法玻璃基片。产品主要用于电子仪器、通信等领域。

电话：0755-26826802

网址：www.agc.com

郑州泰克电子玻璃有限公司

简介：产品为 PDP 前挡保护屏玻璃，LCD 前挡保护屏玻璃，触摸屏前挡保护玻璃，扫描仪、复印机电子玻璃等。

郑州旭飞光电科技有限公司

简介：首期建设一条第 5 代 TFT-LCD 玻璃基板生产线，规格为 1 100mm×1 300mm，产量为 55 万片/年。

电话：0371-67395809

玻璃减薄

奥思睿德世浦电子科技有限公司

简介：根据客户要求进行设计、研发、生产定制系列化 LCD、LCM、LED 背光、高灵敏度 TP 以及 TFT 减薄产品等。

成都工投电子科技有限公司

简介：成立于 2009 年，是成都工投电子新材料有限公司与韩国 GAT 株式会社共同出资成立的一家高新技术企业。主要致力于 TFT-LCD 液晶面板玻璃减薄、玻璃化学镀膜等光电显示产品加工以及液晶显示配套材料技术方案提供。公司已成功为成都京东方、成都天马的第 4.5 代 TFT-LCD 面板玻璃进行薄化加工，根据客户需求薄化厚度至 0.6～0.4mm 不等。

电话：028-87805431

网址：www.cd-ist.com.cn

佛山鑫源玻璃科技有限公司（佛山凯杰玻璃科技有限公司）

简介：从事来料加工减薄、液晶玻璃减薄、削薄玻璃、减薄玻璃、LCD 玻璃减薄等业务。

广州盛诺电子科技有限公司

简介：专业生产销售高品质的 ITO 导电玻璃产品，同时还能大量接受 TFT 减薄加工以及薄化基板加工。拥有技术先进的基片抛光机、ITO 镀膜设备和 20000m^2 的生产车间。

湖北优尼科光电技术有限公司

简介：是一家从事玻璃薄化加工的高科技企业。一期投资 1 亿元，可达 6 亿片薄化面板的年加工生产能力。

江西沃格光电科技有限公司

简介：成立于 2009 年，专注于 TFT-LCD 玻璃减薄。公司拥有目前世界上最成熟的全自动玻璃减薄蚀刻生产线，可同时处理不同尺寸的产品。

满纳韩宏电子科技（南京）有限公司

简介：主要从事 TFT-LCD 液晶面板的减薄化加工，并研发减薄化工艺技术、生产设备及相关生产原料，半导体，LCD、太阳能电池生产设备并从事上述所列产品及部件的销售及相关进出口业务。

南京坤宝光电材料有限公司

简介：由我国台湾统宝光电公司与韩国 GD 公司共同投资设立，以液晶显示玻璃面板为原材料，通过薄化等工序将液晶显示玻璃面板进行薄化。

汕头市拓捷科技有限公司

简介：一直致力于高端光学玻璃、液晶面板、触控玻璃的刻蚀技术研究，先后申请了十多项针对蚀刻设备及蚀刻工艺的专利技术并已陆续通过国家专利局认证。

上海仪捷光电科技有限公司

简介：成立于 2008 年 3 月，是国内首家集 LCD 及光学玻璃封胶、薄化、研磨于一体的现代化公司。

烟台韩宏电子科技有限公司

简介：韩国独资企业，主要业务是手机屏的蚀刻工作，给 LG 做纳品。

扬州百德光电有限公司

简介：专业的面板薄化加工厂，从事 TFT 及强化玻璃的薄化设计与生产。运用高安全性及尖端的先进技术，针对制式标准规格的玻璃减薄至各种不同厚度的特殊需求，以满足高新 IT 产业前瞻设计的创新与开发要求。

彩色滤光片

湖南普照爱伯乐平板显示器件有限公司

简介：主要产品为液晶显示器用彩色滤光片。

上海仪电显示材料有限公司

简介：中国大陆首家也是唯一一家第 5 代线 TFT-LCD 用彩色滤光片生产厂商，总规划占地面积约 7.8 万平方米，拥有员工 500 余人，设计生产能力达 80K/月。

电话：021-64933072

网址：www.inesa-d.com

深圳莱宝高科技股份有限公司

简介：从事 ITO 导电玻璃及彩色滤光片研发和生产的高科技企业，是深圳 ITO 导电玻璃及彩色滤光片最具实力的生产商。

深圳南玻伟光导电膜有限公司

简介：主要生产 ITO 导电膜玻璃，彩色 STN-LCD 和第 2.5 代 TFT-LCD 用彩色滤光片，经多次扩建目前年产能已达到 110 万片，是中国大陆反射式、透射式、半透式 CF 玻璃的主要供货商之一。2007 年，公司继续加大相关投资，开始向电容式触摸屏等新兴产业进军。

偏振片

LG 化学中国投资有限公司

简介：主要产品包括偏光板、PDPFilter、荧光体、OLED、感光材。

电话：010-65632070

网址：www.lgchem.com.cn

迪吉泰光电（深圳）有限公司

简介：加工、生产导光板、模架、偏光片、双面胶、反射片、组装、生产单色、彩屏手机背光源，销售自产产品。

东莞艾斯光电科技有限公司

简介：是韩国 ACE 偏光片公司在中国的后段加工企业，于 2004 年 6 月成立于广东省东莞市莞城科技园，主要负责 ACE 偏光片在中国市场的销售和服务工作。

电话：0769-22667704

佛山纬达光电材料有限公司

简介：生产液晶显示器（LCD）用偏光片的专业生产厂商。

电话：0757-87320835

网址：www. winda.cn

广东福地日合偏光器件有限公司

简介：生产 TN 型液晶用偏光片。

合肥乐凯科技产业有限公司

简介：主要生产用于平板显示器材（FPD）的光学级聚酯薄膜及其涂层深加工产品。

乐金化学（南京）信息电子材料有限公司

简介：公司主要生产未来的尖端信息电子材料 TFT-LCD 用偏光片以及手机、手提电脑用二次充电电池。

电话：025-85603000

乐凯薄膜有限责任公司

简介：成立于 2001 年 4 月，生产线具有在线双面底层涂布的先进装置，可生产 65～200μm 厚度的双向拉伸聚酯薄膜和聚酯片基。产品主要应用于影像、光电、建材等领域。

莆田市奥奇偏振器件有限公司

简介：致力于自主研究、开发和生产偏振片，并为国内 LCD 厂商提供本土化优质服务和产品。

日东电工（苏州）有限公司

简介：制造柔性线路板（FPC）、液晶显示偏光膜、电子用胶带等 IT、电子关联材料的生产基地。

上海兰庆包装材料有限公司

简介：产品广泛应用于各行各业，如 LCD 行业（棱镜膜、偏光片、扩散片、反射片、背光模组）、精密注塑、薄膜开关、不锈钢冲压、真空镀膜等。

深圳市三利谱光电科技股份有限公司

简介：公司生产的 FSTN、CSTN（彩色 STN），以及中小尺寸的 TFT 偏光片广泛应用于电子词典、MP3、MP4、手机、电脑显示器等产品。

电话：0755-36676888

网址：www.sunnypol.com

深圳市深华港科技有限公司

简介：生产各类通用、专用 TN、STN、HTN、FSTN、TFT 彩屏和各种类型的偏光片，以及礼品类的电子产品。

深圳市晟华科技有限公司

简介：专业加工、销售偏光片。

深圳市盛波光电科技有限公司

简介：其产品覆盖 TN、HTN、STN-LCD 及偏光眼镜用偏光片等广泛领域。

电话：0755-83933850/83935914

网址：www.szsapo.com

深圳市吾盛微电子有限公司

简介：偏光片（偏振片）的代理及制造商，同时从事液晶玻璃及模块的生产。

温州市侨业经济开发有限公司

简介：年产 150 万平方米 LC 偏光片的供应商。现开发产品包括 TN 系列、FSTN 系列偏光片、彩色片。

电话：0755-86523999

网址：www.qiaoye.com

新乡市百合光电有限公司

简介：主要产品包括各种宽带增透膜、分光膜、透明导电膜、干涉截止滤光片、窄带滤光片、偏振膜、IR-CUT 滤光片、VCD 分光镜、各类激光膜、调色温膜、光纤头镀膜。

中国乐凯胶片集团公司

简介：主要产品包括聚酯薄膜类、聚酯片基类、功能薄膜类、TAC 片基、TAC 薄膜、PVB 中间膜、PVA 膜产品。

电话：0312-7922886

网址：www.luckyfilm.com

液晶材料

北京八亿时空液晶科技股份有限公司

简介：拥有并掌握单体液晶材料（Liquid Crystal Materials）、混合液晶材料以及液晶中间体的合成制备、分离纯化及混配技术，现已开发出多种具有国内领先水平的液晶材料。

电话：010-69762688

网址：www.81lcd.com

北京马氏精细化学品有限公司

简介：现有成熟品种 200 多个，包括有机化学试剂、有机中间体、液晶原材料及单体等。

北京世纪拓鑫精细化工有限公司

简介：从事液晶材料生产。

海泰新型电子材料有限责任公司

简介：主营业务为液晶显示材料、有机电致发光材料、绿色化学品、医药中间体的研发、生产和销售。

邯郸市水木阳光电子科技有限公司

简介：公司产品 PCO 是液晶 TFT 的重要中间体。

汉朗科技（北京）有限责任公司

简介：世界上最领先的多稳态液晶技术及其产品研发和生产制造商，也是世界上首个将多稳态液晶技术进行产业化的公司。

河北鹿泉新型电子材料有限公司

简介：主要从事液晶材料、中间体材料（含氟类中间体、医药中间体）、医药原料等精细化工产品的生产。其中，液晶产品包括 TN 型、HTN 型、STN 型，广泛应用于各种终端显示产品。

电话：0311-82279036

网址：www.heblc.com

河北迈尔斯通电子材料有限公司

简介：集研发、生产、销售于一体的高新技术企业，主导产品为中高档液晶材料和电致发光材料。

电话：0311-82715888

网址：www.china-milestone.cn

河北美星化工有限公司

简介：专业从事液晶中间体、液晶单体及医药化学品研发、生产、销售的中外合资高科技企业。

济南运嘉化工有限公司液晶材料公司

简介：主要生产液晶中间单体（液晶材料）。

江苏广域化学有限公司

简介：从事精细化学产品的开发和生产，品种涉及高性能液晶及中间体、农药中间体、医药中间体、新型电子化学品及中间体等多个领域。

江苏海翔化工有限公司

简介：主要从事电子化学品、医药中间体、农药中间体等精细化工产品的研发、生产和进出口业务。

江苏和成化学材料有限公司

简介：是一家专业从事液晶材料、OLED 发光材料及精细化学品的研究开发和生产销售的中外合资企业。

电话：025-58815588

网址：www.hcch.net.cn

晶美晟光电材料（南京）有限公司

简介：主要从事 TFT 液晶材料的研发和生产。由留美博士组成的研发团队具有多年的研发经验，已开发出具有自主知识产权的产品，生产工艺及测试方法。

电话：025-58535168

蓬莱市东海化工厂

简介：通过长期对液晶材料中间体的开发与研制，现已有单环环己烷甲酸、双环环己烷甲酸、环己醇 3 个系列的 12 个品种投放市场。

青岛迪爱生精细化学有限公司

简介：主要研究领域为有机合成及其相关产品、聚合物及其相关产品、工程塑料及其功能性复合材料。

青岛润兴光电材料有限公司

简介：以精细化工产品研究开发和国际贸易为主导方向，科研力量雄厚，技术设备先进，其研发产品主要以偶氮系列引发剂、彩色液晶中间体、光电材料为主。

山东潍坊奥德精细化工有限公司

简介：专业生产定制精细化工中间体及液晶中间体的化工企业，目前主导产品为高纯三苯基氧化膦。

山东淄博晶润精细化工有限公司

简介：主要产品为工业用液晶中间体。

上海康鹏化学有限公司

简介：主要从事电子材料和小分子化学药物的外包配套生产服务。

石家庄国大工业有限公司

简介：致力于液晶材料的开发、生产和销售，主要提供 STN、HTN、TN 等混合液晶。

石家庄诚志永华显示材料有限公司

简介：主要从事 TN、HTN、STN、TFT 型系列液晶材料的研发、生产和销售。

电话：0311-83831155

网址：www. slichem.com

石家庄科润显示材料有限公司

简介：主要从事混合液晶、液晶材料及其他精细化学品和医药原料药中间体的研发、生产和销售。

电话：0311-84951516

石家庄市京盛化工有限公司

简介：专业生产液晶中间体、医药中间体等精细化工产品。

烟台德润液晶材料有限公司

简介：主要生产烷基苯甲酸、烷基环己基甲酸、烷基环己基苯酚、烷基环己基溴苯等液晶中间体，以及腈类、酯类、醚类、醇类、烯类等单体和医药中间体等精细化学品。

烟台华奇化工有限公司

简介：现有主导产品包括液晶中间体、液晶单体等多个系列、多个品种。

烟台万润精细化工股份有限公司

简介：从事液晶材料和其他精细化工产品研究、开发、生产和销售的高新技术企业。

电话：0535-6385715

网址：www. valiant-cn.com

烟台显华化工科技有限公司

简介：公司前身为液晶中间体、单体的专业生产厂家，于 2002 年成立显华化工科技有限公司，专业从事混合液晶的生产与制造，在液晶材料领域取得了显著突破，相继推出了常温、宽温、低阈值、高阈值的 TN 型系列液晶产品及部分 HTN 和 STN 系列液晶产品，年产量超过 20 吨。

电话：0535-6934138

网址：www. xianhualc.com

扬州神舟新材料有限公司

简介：主营产品为胆甾相液晶材料。

枣庄昊润化工有限公司

简介：溴系列液晶、医药中间体中试生产基地。

浙江永太科技股份有限公司

简介：培育与发展领先和完善的氟精细化学品产业链条，产品被广泛应用于技术更新前沿的医药、农药、液晶材料等领域，产品品质在国内处于领先水平。

背光模块

安森美半导体

简介：提供广泛的产品系列，包括定制、电源管理、信号、逻辑和分立；提供的器件涵盖从简单的二极管及晶体管到复杂的数字信号处理器（DSP）及定制专用集成电路（ASIC）。

宝鸡市博信金属材料有限公司

简介：研发出新一代 LCD 背光源发光体新材料——钼板。

宝隆高科国际有限公司

简介：专业从事 LED/CCFL 背光源研发和销售的综合性高科技企业。

北京吉乐电子集团有限公司

简介：主要产品是侧发光 SMDLED、顶发光单晶/多晶 SMDLED，以及大功率 LED 等光电子器件，用于中小尺寸 LCD 背光源、室内全彩显示屏幕、灯饰照明、汽车照明、路灯、矿灯、高档 LED 手电筒、广告牌等。

电话：010-64354808

网址：www.jile-e.com.cn

北京京东方大和光电子有限公司

简介：主要产品为冷阴极平面荧光灯和冷阴极平面紫光灯，拥有先进的生产工艺、技术和先进的设备、设计能力。

北京康特荣宝电子有限公司

简介：主要从事液晶显示器 CCFL 背光源用 M/F 的模具设计、开发和 M/F 的注塑，液晶显示器 CCFL 背光源用导光板的制造，PCBA 线路板开发、生产及手机主板部件印刷线路板。

北京世元达电子技术有限公司

简介：专门研发、生产 TFT-LCD 背光源的公司。

电话：010-67855020

长春博益信息技术有限公司

简介：主营产品包括 LCD 视频板卡、MCU 驱动 TFTLCD 板卡、MCU 驱动 STNLCD 板卡、单灯逆变器、2 灯逆变器、4 灯逆变器、液晶显示屏、TTL 转 LVDS 转接板、LVDS 转 TTL 转接板。

常州丰盛光电科技股份有限公司

简介：从事光学电子材料在平面显示、新能源、传统家电等尖端领域的研究、开发、生产与销售，致力于为电子、家电、建材等各行业提供液晶显示用导光板、冰箱板、PC 阳光板、PC 耐力板、PMMA 建筑装饰板、PP、PE、EVA 工程板等产品。

电话：0519-85104883

网址：www.fsoptronics.com

大连路明发光科技股份有限公司

简介：主营产品包括发光颜料、发光油漆、丝网印刷油墨、硅橡胶、凹网印刷、玻璃专用发光粉、白光 LED 发光粉。

东莞山技光电科技有限公司

简介：专业从事背光源用各种膜片的生产和销售。产品主要包含增光片、扩散片、反射片和遮光片。

东莞市超越电子有限公司

简介：主要产品包括液晶显示屏引线、混合集成电路引线、通信类端子、各种贴装载带及金属插脚等精密端子类产品。

电话：0769-86320116

网址：www.chaoyuedz.com

东莞市奕东电子有限公司

简介：制造 LCD 端子、HIC 端子及各类通信类金属端子接插件和半导体引线框架；LCM 固定铁框和电脑及通信设备中所用的固定支架；光电显示中所需的导光板，背光源（LED 背光）及其他精密注塑件。

电话：0769-22204295

网址：www. yidong.com.cn

丰盈鑫光电科技有限公司

简介：主营产品或服务包括①LCD 液晶显示屏；②LED 背光源；③其他根据客户要求定做的液晶显示及背光系列。

佛山市国星光电股份有限公司

简介：主营产品包括片式 LED、白光 LED 系列产品、LED 液晶显示背光源等。

福州日升光电科技有限公司

简介：开发生产冷阴极灯管、紫外线灯管、特种用途电光源以及相关配套组件。目前每月生产各式冷阴极系列灯管及紫外线系列灯管约 20 万支。

高治达科技股份有限公司

简介：大型 LCDTV、NB、Monitor、手机用 TFT 及背光模块使用光学材料，分为光学类与机构类。光学类包含直下式反射片 Reflector Film、直下式扩散板 Diffusor Plate、扩散片、V-cut 之银反射片、彩色手机之银反射片、遮光胶带。

冠虹电子有限公司

简介：从事 LED、CCFL 背光源开发、生产和经营的专业性公司。

冠鑫光电（苏州）有限公司

简介：专门生产背光模块、薄膜晶体液晶显示器、成品及相关零部件的外资企业。

广东佛山市顺德仙宇电子有限公司

简介：主营产品包括无光源背光板、带光源背光板（光源为 LED 或 CCFL）、带光学膜类和无光学膜类。

广东亚一照明科技有限公司

简介：产品包括 LED 背光源、照明、显示及发光器件等，能够充分满足 TV 和 NB 背光源、家用电器背光源、室内照明、景观照明、道路照明、汽车照明、标识及显示等领域的需求。

广州市鸿利光电子有限公司

简介：产品包括 HIGH POWER LEDs、SMD LEDs、LAMP LEDs、IR LEDs 等系列，产品广泛用于背光、汽车、照明等领域。

杭州福华光电科技有限公司

简介：SMDBOBBIN 的主要制造商，主要采用 LCP 材料与 PIN 针的埋入注塑等制程，生产的产品属于精密电子元组件，主要应用于 TF-LCD 背光 CCFL 部分的电子组件。

杭州瑞辉光电科技有限公司

简介：从事导光板、背光源、太阳能电子发光路名牌、薄型灯箱标牌的研发。“彩色液晶显示背光源项目”得到国家科学技术部中小企业创新基金立项。

电话：0571-86685762

网址：www.rh-china.com

杭州士兰微电子股份有限公司

简介：专业从事集成电路及半导体微电子相关产品的设计、生产与销售的高新技术企业。

宏荣精密塑胶钢模（昆山）有限公司

简介：主营产品为导光板。

鸿准精密模具深圳有限公司

简介：专业从事背光模组和背光源零件的制造厂商，产品包括小尺寸（彩屏手机用）及中尺寸（车载电视用、手提电脑用）背光源。

湖南长沙亚达电子显示器有限公司

简介：专业生产电致发光显示器件（ELD）的高科技企业。

吉安市嘉昱实业有限公司

简介：专业从事 LED 数码显示屏、背光源、面光源及 LED 应用智能系统开发生产的高新技术企业。

嘉兴成祥光电科技有限公司

简介：从事 LCD 背光模组用光扩散膜、反射膜的加工。

江苏博睿光电有限公司（苏博特）

简介：主营产品为白光 LED 荧光粉、发光油墨（涂料）、冷阴极荧光灯用三基色荧光粉、等离子显示屏用荧光粉。

江苏稳润光电有限公司

简介：近年来大力研发、生产大功率 LED、白光 LED、全彩 TOP LED 及 LED 照明产品，产品销往美国、德国、法国、日本、韩国、巴西、南非、伊朗等世界各地，是施耐德、三星、西门子、欧司朗等世界 500 强企业的全球优秀合作伙伴。

江西联创光电科技股份有限公司

简介：已经形成了 LED 外延、芯片、器件、背光源及半导体照明光源等较完整的产业链和规模化生产能力。

金坛市晨辉电子有限公司

简介：长期承接 LED、CCFL 背光源的来料加工业务及特殊规格的研发及定制业务。

金誉腾达照明技术（北京）有限公司

简介：集冷阴极荧光灯（CCFL）、半导体发光二极管（LED）等系列景观照明、商业照明产品的设计、开发、生产、销售和安装服务于一体的专业制造商。

凯鑫森（上海）功能性薄膜产业有限公司

简介：主营产品包括 TFT-LCD 背光源模组用光学膜、TFT-LCD 面板模组用偏光膜（片）、TFT-LCD 电路板及驱动模组用软性电路复合膜（片）。

科美胶粘应用材料（深圳）有限公司

简介：专业模切卫型 LCD、LED 光电背光模块光学膜片，电子电器等产品组装用双面胶带、单面胶带、PET 片、导热绝缘片等部材的加工厂商及 3M 工业胶水、工业胶带产品的特约经销商。

昆山定宏光电有限公司

简介：主要经营 CCFL、Inverter、背光模组、Ballast 高效能照明产品等光电相关产品。

利达光电股份有限公司

简介：主要经营反射膜、偏振膜、减反膜、分光膜、滤光膜、位相膜。

临安科技（苏州）有限公司

简介：以研发、设计、生产、制造 TFT-LCD 背光模块的关键零部件——光扩散片（Diffuser Sheet）及高精密无尘薄膜（Film）涂布为主。

龙科工业有限公司

简介：专业生产 LED、LCD、反射盖、数码显示板、背光板、CCFL 导光板、手机导光板等光电、五金、塑料配套产品，并从事五金、塑料模具开发、设计、制作。

南京磁海电子科技有限公司

简介：提供逆变电源、镍锌铁氧体粉料、电子变压器、电感、LCD 背光源产品。

南京冠鑫光电有限公司

简介：主要从事 PMMA 导光板及 PMMA 挤出板、复合材料挤出板，TFT-LCD 背光模组，LCD 电视用扩散片的生产、加工工作。

南京凯燕电子有限公司

简介：本公司于 2004 年 9 月与南京东南大学合作，建立了月产 150 万的 CCFL 冷阴极荧光灯管生产基地，产品质量得到广大 LCD 背光源厂商的认可。

南京兰埔成新材料有限公司

简介：主要从事聚酯薄膜（BOPET FILM）、聚酯切片（PET CHIP）的研发、生产和销售，以及塑料成型（双向拉伸）新技术、新设备的设计与制造三大主导产业。

电话：025-57902777

网址：www.nj-lpc.com

南京朗光电子股份有限公司

简介：专业生产液晶背光源用的高品质 CCFL（冷阴极荧光灯管）。

宁波大亿科技有限公司

简介：主要从事大尺寸背光模块、液晶电视、液晶监视器及相关零部件的制造与销售。

宁波激智新材料科技有限公司

简介：集扩散膜、光学薄膜的研发、生产、技术服务于一体的高新科技企业。

普利亚斯光电科技有限公司

简介：主营产品或服务包括 LED 护栏管、LED 水底灯、LED 灯串、LED 彩虹管、LED 背光源、LED 发光字招牌、LED 数码屏。

钱塘光电（海宁）有限公司

简介：主要产品为用于彩屏手机、数码相机等显示器的各类中小尺寸LED背光源、CCFL背光源。

瑞仪光电（苏州）有限公司

简介：产品类型主要以液晶显示器光电组件为主，如精密光电导光板（LGP）、背光板模组（B/L）、FILM（模片）、导光板裁切等产品，产品使用范围以液晶产业、LCD等光电产品为主。

陕西彩虹荧光材料有限公司

简介：主营产品包括CRT荧光粉、高纯度硫化锌、三基色灯用荧光粉、新型荧光材料及其他材料。

山西宇皓新型光学材料有限公司

简介：公司目前主要生产面向于液晶显示及照明行业用的光学级挤压板、激光导光板等产品。

电话：0354-5809968

网址：www.sxunm.com

上海剑高电子有限公司

简介：是专业开发、设计、生产薄膜开关、薄膜面板、EL冷光片（EL背光源）及EL驱动器、CCFL驱动器、LED（发光二极管）背光片和配套EL驱动IC的厂家。

上海科锐光电发展有限公司

简介：美国上市公司CREE的全资子公司，专业生产和销售半导体照明（LED）产品。其产品主要用于全彩色影像显示屏、信息显示板、汽车、消费品电子产品、液晶显示屏背光源、室内外照明及特殊照明。

上海蓝光科技有限公司

简介：从事氮化镓基LED外延片、芯片产业化生产。

上海派乐电气有限公司

简介：属中外合资企业，引进和吸收国外先进技术，研发、生产和销售液晶显示光源、背光源、冷阴极光源的专业性企业。

深圳帝光电子有限公司

简介：是一家专门从事LED/CCFL背光源、LED照明、LED显示模组的研发、生产和销售的高新技术企业。

电话：0755-26553152

网址：www.diguang.com

深圳鼎科实业有限公司

简介：业务包括TFT液晶显示控制板、液晶显示器、液晶电视等设计、制造、销售，以及代理相关液晶显示器件。

深圳格力浦电子有限公司

简介：专业生产混合集成电路端子、液晶显示屏端子、计算机和手机连接器端子、通信接插件等精密电子零件。

电话：0755-33662817

网址：www. szclip.com

深圳国冶星光电子有限公司

简介：专业生产发光二极管、数码管、点阵（室内、室外、半户外）模块、背光源、贴片SMD、显示屏、城市景观照明、光电检测设备等光电系列化产品。

深圳宏志光普光电子有限公司

简介：专门从事 1.1～12 英寸 TFT-LED/ CCFL 背光源的研发、生产及经营。

深圳泓瑞实业有限公司

简介：主要产品包括①LED 背光源和 CCFL 背光源；②屏蔽冲模材：导电布、铜箔、导电海绵等；③代理日本优泊“王子”光扩散膜、光反射膜。

深圳华龙科技实业有限公司

简介：主要研发、设计和制造 LED 背光源、CCFL 背光源、EL 背光源等背光源光电产品。

深圳劲拓光电有限公司

简介：设计、生产、销售 LCD 液晶屏及 LED、CCFL 背光源的专业厂商。

深圳聚信光电贸易有限公司

简介：主要产品包括各种创新的发光二极管驱动芯片，产品应用领域涵盖发光二极管显示屏应用、发光二极管照明应用、发光二极管背光应用及电源管理应用等。

深圳科显光电技术有限公司

简介：从事 LCD 显示驱动和 LCD 背光源驱动的研究、制造与销售。

深圳耐驰科技有限公司

简介：专注于 LED 导光板、CCFL 导光板、导光板超薄灯箱的研发制造，以满足电子电器产品业界的各种背光产品需求。

深圳三川光电有限公司

简介：集光电材料高精密模切、背光源产品配套模组的研发、生产、销售、工程、服务于一体综合性的高科技企业。

深圳三盟数码科技有限公司

简介：从事 LCD 逆变器（应用于 13 英寸、15～22 英寸、9～17 英寸或以上四灯液晶显示器、液晶电视、银行终端机等）的生产制造。

深圳市奥佳光电材料有限公司

简介：专注于光电产品扩散膜、反射膜的应用、推广及销售。

深圳市宝明光电子有限公司

简介：主要产品为 LED 背光源、CCFL 背光源等，目前已开发用于彩色 STN 和 TFT-LCD 的高效率背光源产品。

深圳市博瀚光电有限公司

简介：从事 LCD 背光技术的生产型企业，致力于 LCD 用背光板的设计和制造。

深圳市诚业电子有限公司

简介：主营产品包括 LCD 用 LED 背光源、TFT 用 CCFL 背光源及各种 LED 相关产品。

深圳市大帝电子有限公司

简介：从事 LED 背光源的研发、设计、生产和销售的厂商。公司产品主要包括 LED 光背光源和 CCFL 背光源。

深圳市帝显实业有限公司

简介：专门从事 LED、CCFL 背光源产品研发、生产和销售的企业。主要产品包括 LED 背光源、TFT 彩屏、CCFL 背光源、导光板及 LED Display 等光电系列产品。

深圳市飞鑫光电有限公司

简介：集LED背光源的中大尺寸TFT液晶屏研发、生产和销售于一体的综合性民营高新技术企业。

电话：0755-89370850

网址：www.fx-tftlcd.cn

深圳市福瑞尔光电子有限公司

简介：主要生产LED背光源、CCFL背光源、彩屏背光源、硅胶、塑胶等系列产品。

深圳市高科光电有限公司

简介：主营产品包括普通LED侧部背光源、CCFL背光源、彩屏背光源、大尺寸背光源。

深圳市宏佳科技有限公司

简介：公司在TFT-LCD背光电源领域有着专业的研制、开发和生产能力，产品主要应用于LCD显示器、LCD-TV、笔记本、手机、DVD等电子产品。

深圳市虹天扬科技发展有限公司

简介：从事液晶显示器背光模组电源设计与生产的专业厂商，公司的逆变器产品广泛配套于液晶显示器、液晶彩电、车载液晶电视、工业控制LCD显示、平面灯显示、便携式液晶终端PDA、DVD等产品。

深圳市鸿富鑫精密工业有限公司

简介：集研发、生产、经营CCFL、LED背光源及其光电器件于一体的高新科技性质的专业生产厂家。

深圳市鸿升隆电子有限公司

简介：集开发、生产、销售于一体，专业致力于LED数码管、多彩屏、发光二极管、平面管、侧/底背光源的生产和服务。

深圳市鸿智电子技术有限公司

简介：产品主要包括LED背光源、CCFL背光源。

深圳市明瑞达光电科技有限公司

简介：专门从事LED、CCFL背光源的研发、生产和经营的厂家。

深圳市锐信电子科技有限公司

简介：开发和生产LED、CCFL背光源的专业厂家。

深圳市锐臻科技有限公司

简介：以液晶显示技术及电源技术为依托，集TFT-LCD背光电源（Inverter电源逆变器）、液晶电视驱动板的研发设计和生产销售于一体的高科技型企业。

深圳市瑞泰祺电子科技有限公司

简介：主营产品包括EL背光源、冷光片、EL标志灯、触摸屏、LED导光板。

深圳市深华龙科技实业有限公司

简介：专业的TFT液晶显示用LED背光和半导体照明的核心应用技术完整解决方案提供商与品牌商。

深圳市盛泰实业有限公司

简介：专业从事开关电源供应器、电源适配器、电池充电器等产品的研发、生产、销售及服务的工厂。

深圳市水源电子材料有限公司

简介：主营产品或服务包括反射膜、扩散膜、遮光铝膜、黑白双面胶、增光膜、双面胶、PORON、电子绝缘材料、手机导电泡棉。

深圳市万和达电子有限公司

简介：主营产品包括背光源、导光板。

深圳市威亮光电科技有限公司

简介：专业从事 LED 背光模组的生产制造。

深圳市威天光电科技有限公司

简介：从事 LED、CCFL 背光源研究、开发、设计、生产和销售的企业。

深圳市钰晟电子科技有限公司

简介：从事 LED、CCFL 背光源的研制、生产经营和销售。

深圳市越华晖实业有限公司

简介：专业生产 LED 背光源和液晶显示玻璃片。

深圳市兆利达有限公司

简介：LED、CCFL 背光源的专业生产厂家。

深圳市正光社电子有限责任公司

简介：每月可生产中小型液晶显示器用（CCFL）背光模组 10 万套。

盛宇光电子（北京）有限公司

简介：生产光电行业所需要的胶带、保护膜、扩散片、反射片、遮光片、增光片等光学薄膜、材料。

松下电器研究开发（苏州）有限公司

简介：主营产品包括普通照明用荧光灯、CCFL 等。

电话：0512-62581001

网址：www.panasonic.com

苏州璨宇光学有限公司

简介：主营产品包括 LCD 背光模组、光学零部件。

苏州京东方茶谷电子有限公司

简介：从事液晶显示器用 CCFL 背光源的设计、开发和制造。

苏州尚邦光电有限公司

简介：生产背光模组、液晶显示板、导光板、扩散板等。

苏州市三鑫塑业有限公司

简介：主营产品包括光学级 PMMA 片材、扩散板。

苏州迎辉光电有限公司

简介：主营产品包括 TFT 等专用聚光片、上扩散片。

天通控股股份有限公司

简介：专业从事软磁铁氧体材料和磁芯的研发、生产和销售。

电话：0573-80701391

网址：www.tdgcore.com

威友光电（苏州）有限公司

简介：由目前台湾第一大冷阴极灯管专业制

造商——威力盟电子于 2003 年 5 月登记成立。

伟志光电（深圳）有限公司

简介：为不同客户提供 LED 背光源、LED 照明灯、LED 显示屏等产品的最佳解决方案。

无锡芯朋微电子有限公司

简介：为客户提供高性价比，灵活多变，性能优异的电源、LED 驱动、显示控制驱动，产品广泛应用于个人电脑及周边产品、移动电话、个人数字终端、平板显示系统等。

吴江均龙电子科技有限公司

简介：以生产小点印刷式导光板、印刷式背光板模块、非印刷式导光板、非印刷式背光板模块为主。

武汉良师通明科技发展有限公司

简介：主要产品为聚酯薄膜，目前可生产 0.1～0.3mm 厚的 PET 包装膜、电器绝缘膜，以及光学膜和 LCD 反射膜。

电话：027-84469045

厦门京东方电子有限公司

简介：公司位于厦门翔安火炬园，厂房面积 5000m^2，主要生产液晶显示器件用背光源及相关部件、配套元器件。

厦门瑞发莱光电科技有限公司

简介：专业从事侧背光源、底背光源、CCFL 背光源的研发、设计、生产和销售。

厦门伟然科技有限公司

简介：专业从事背光源、LED 光学运用等系列产品（背光模组/背光源/导光板/护栏灯管（轮廓灯管）/光学镜头/光学透镜）的设计、开发、制造与销售。

厦门中佳光电科技有限公司

简介：主营产品包括 LED 背光源、背光源、CCFL 背光源、背光板、背光片、底部背光源、侧部背光源、LCD 背光源。

星磊电子（深圳）有限公司

简介：专门从事 LED、CCFL 背光源的研发、生产和销售的企业。主要生产用于 STN、CSTN 和 TFT-LCD 显示模组的中小型尺寸的 LED 背光源和 CCFL 背光源。

星源电子科技（深圳）有限公司

简介：主要产品系列包括 STN-TFT-LCD 背光源、LED 背光源、CCFL 背光源、手机彩屏背光源等。

宣茂光电（苏州）有限公司

简介：扩散片生产厂家，主要加工、生产背光模组等产品。

亚固光电科技（上海）有限公司

简介：主要生产（CCFL）液晶模块用发光光源、侧立式背光源及背光照明产品。

亚通光电科技（深圳）有限公司

简介：主营产品包括单屏背光源、双屏单彩背光源、胶框铁框一体化、双屏双彩背光源、三色背光源。

电话：0755-88862318

网址：www.atc-china.com

宜昌劲森光电科技股份有限公司

简介：生产 LCD 背光模组用冷阴极灯管。

有研稀土新材料股份有限公司

简介：主营产品包括金属卤化物灯用药丸、高品质稀土三基色荧光粉、高光效 LED 荧光粉、CCFL 荧光粉、PDP 荧光粉、高压汞灯粉、重氮粉、紫外粉、彩色装饰荧光粉等。

镇江金星电光源有限公司

简介：主营产品包括优质冷阴极荧光灯、应用于液晶显示器的背光源。

中电熊猫集团深圳市中联数源电子有限公司

简介：产品定位于全球市场，包括驱动管冷阴极灯管（CCFL）的逆变器、直流电转交流电（DC/AC）的逆变器、变压器、电感、磁蕊等产品系列。

中山市东升镇颍川光电研究所

简介：专业制造高科技的 TFT-LCD 背光模组。

中山市汉仁电子有限公司

简介：生产开关电源模块、CCFL 背光源驱动模块、CCFL 驱动变压器等。

中源科技（深圳）有限公司

简介：从事中小尺寸液晶显示模块、液晶背光源的专业制造，以及光电材料精密模切加工。

珠海钜晶电子科技有限公司

简介：集研发、生产、销售于一体的，国内最早从事 TFT-LCD 液晶显示器背光模组电源，即逆变器设计生产的专业厂商之一。

触摸屏

北京触点时代科技有限公司

简介：生产表面声波、红外线、四线电阻、五线电阻和电容感应触摸产品。

北京豪普曼世纪系统工程技术有限公司

简介：主营产品包括大屏幕互动银幕触摸屏、沙盘（模型）控制/多媒体查询机柜、绚丽多彩的多媒体查询应用软件、空中翻书/Generaltouch 表面声波触摸屏、G-touch 电阻屏、LCD 触摸显示器。

北京景华时尚科技有限公司

简介：多媒体触控技术研发、制作和服务的提供商。

北京欣科华科技有限公司

简介：从事工业液晶显示器、触摸屏、触控显示器、触摸一体机等产品的研发、生产、销售。

北京意力电路世界有限公司

简介：专营生产薄膜按键开关、ITO 透明触摸屏和柔性印制电路板三大专业产品。

宸鸿科技（厦门）有限公司

简介：主要从事触控显示器、触控系统、触控组件、触控屏幕、触控技术、应用软件、硬件、触控相关周边配件的研发、生产。

成都吉锐触摸电脑有限公司

简介：专业生产表面声波触摸屏，且所有产品都可提供防眩选项，LCD触摸屏显示器有桌面型和Panel/Rearmount型系列产品。

成都市东骏博锐数据技术有限公司

简介：主营产品包括触摸屏、触摸屏显示器、点菜机、触摸屏触控查询一体机、排队机、多媒体触摸查询软件。

创为精密材料股份有限公司

简介：主营产品包括数字及模拟式触控屏幕。

点金光电（深圳）有限公司

简介：专业设计、生产触摸屏的外商独资企业。

东莞冠智电子有限公司

简介：主要以生产四线、五线、八线模拟电阻式触摸屏为主。

东莞市平波电子有限公司

简介：以生产触摸屏、EL冷光片为主。

东莞市永泰电子有限公司

简介：主营产品包括触摸屏、数字式触摸屏、类比式触摸屏、手机触摸屏、纯平触摸屏等。

广州华意电路有限公司

简介：专业生产薄膜按键开关、ITO透明触摸屏、印制电路板、柔性印制电路板和硅橡胶按键五大专业产品。

广州市富可欧科技有限公司

简介：从事LCD液晶屏推广及应用的科技型企业，在LCD的应用方面有扎实的专业技术，能为客户应用各类液晶显示屏提供专业完整的解决方案。

广州市键创电子科技有限公司

简介：目前生产的各类型的触摸屏成功销售到美洲、欧洲和澳洲等地，月产量达到100万片。

广州市雄州电子有限公司

简介：主营产品包括表面声波触摸屏系列产品和红外触摸屏。

广州市宇联电子科技有限公司

简介：生产、销售触摸屏、工业触摸显示器、触摸屏平板电脑及触摸屏POS终端、触摸屏查询一体机等触摸屏相关产品的专业化生产厂家。

广州市中触电子有限公司

简介：主营产品包括四线电阻式触摸屏、五线电阻式触摸屏、八线电阻式触摸屏、多点电阻式触摸屏、电容式触摸屏。

广州鑫顺光电科技有限公司

简介：产品包括ITO触控面板、触摸一体机、触摸电脑、薄膜开关等。

广州益图电子设备有限公司

简介：专业触摸屏及其他触控产品的制造商和供应商；触摸屏采用最先进的触摸感应技术，产品受到业内同行的一致认可和普遍欢迎。

广州永安伟业触摸电脑有限公司

简介：致力于触控产品研究生产与软件开发

的高科技公司。

杭州宏拓科技有限公司

简介：专业从事开发及销售嵌入式工控机、嵌入式主板、凌动工控主板、LCD 液晶屏、触摸屏、数据采集模块等产品的研发、生产、营销及服务。

杭州京杭电子有限公司

简介：专业生产 ITO 触摸屏、手机导电膜、薄膜开关、柔性电路、铭牌面板的企业。

洪毅触摸设备技术有限公司

简介：专注从事电阻式触摸屏的研制及生产，拥有大型自动印刷机及全自动蚀刻线。

湖南金雅触控公司

简介：是一家触控产品生产厂家，销售触控一体机、触控屏、查询软件、LED 电子显示屏、电梯与车载广告机等。

华屏电子科技有限公司

简介：专业生产触摸屏的生产厂商。

黄石瑞视光电技术股份有限公司

简介：主要从事电子触摸屏的生产制造，其产品应用于移动电话、手提电脑、汽车卫星导航系统等多个领域，目前市场上的好记星、步步高、诺亚舟学习机和 TCL、康佳等公司都是其客户。

江门同益科技有限公司

简介：具有年产 10 万平方米热压导电纸，5 万平方米触摸屏，5 万平方米电致发光片的生产能力。

捷蔚光电科技上海有限公司

简介：生产电容式触摸屏。

兰亭科技（北京）有限公司

简介：致力于模式识别技术、触摸屏技术的开发和销售。

牧东光电（苏州）有限公司

简介：一家专业生产触控产品的企业。

南京点面光电有限公司

简介：电阻式触摸屏的生产能力为 420 万片/月（以 2.8 英寸手机用触摸屏为标准），同时开发生产电容式等相关触摸屏产品。

南京华睿川电子科技有限公司

简介：从事触摸屏（TouchPanel）、电致发光片（EL）和柔性电路（FPC）等光电显示产品的研发、生产和销售。

电话：025-58843008

网址：www.wally-panel.com

南京亚旭电子科技有限公司

简介：专门从事多媒体系统集成及相关技术研发、制造、品牌营销的民营高科技企业公司，是专业的触摸屏和 LED 显示屏的供应商、系统集成商。

南通德立德电子有限公司

简介：是由韩国 TERADISPLAYCO.，LTD 和新加坡万德国际合力打造的公司，注册资本 300 万美元，主要从事触摸屏生产。

南阳首控光电有限公司

简介：主营产品包括 MD 高清数字电视、交互式电子白板、大屏幕拼接显示系统、投影机、视频会议机（触摸屏）。

青岛拓达科技有限公司

简介：对触摸一体机专业生产技术、触摸排队系统集成技术、多媒体软件开发技术及LED大屏显示技术都有着丰富的经验和完整、可行的整体方案。

陕西金雅触控科技有限公司

简介：主营产品包括触摸屏、触摸显示器、触摸查询一体机、触摸屏考勤打卡一体机、工业触摸平板显示器、工业触摸平板电脑、工业触摸一体化工作站、LED电子显示屏、排队叫号机。

上海碧辉电子有限公司

简介：目前国内触摸行业集研发、制造、品牌营销于一体的民营高科技企业公司，是专业的多媒体触控产品的供应商、系统集成商。

上海康泰克电子技术有限公司

简介：专业生产各类高品质、高性能的工业控制计算机和网络产品、I/O接口模板、工控软件包、LCD液晶平面显示器、LCD查询机等。

上海泰思电子有限公司

简介：在触控系统、显示拼接系统、软件开发、系统集成等各个领域为各类企业提供完善的一体化解决方案和专业的技术服务。

上海显威电子科技有限公司

简介：主营产品包括液晶网络电视、液晶广告机、液晶触摸显示器、液晶工业平板电脑等。

深圳凰泽光电技术有限公司

简介：生产广泛应用的平面电阻式触摸屏，特别是数字矩阵式和模拟电阻式触摸屏。

深圳欧菲光科技股份有限公司

简介：开发和生产数码摄像系统中的红外截止滤光片及组立件、触摸屏、光纤镀膜、低通滤波器等产品的精密光学光电子薄膜元器件。

深圳市北泰显示技术有限公司

简介：开发四线、五线、八线的控制器和驱动程序，并实现双膜手机触摸屏的开发及量产。

深圳市德普特光电显示技术有限公司

简介：专业生产触摸屏、LED背光源、触摸显示器。

深圳市高显光电技术有限公司

简介：专业设计、生产及销售电阻式触摸屏、场致发光（EL）背光源的高科技企业。

深圳市航泰光电有限公司

简介：专业从事触摸屏（Touch Panel）的研发、设计、生产与销售。

深圳市豪威薄膜技术有限公司

简介：以多层膜为主的科研、生产一体化的高新技术公司。

深圳市宏源触控技术有限公司

简介：设计开发 1.5～21 英寸的各式触摸屏产品。

深圳市华和兴科技有限公司

简介：研发、生产、销售各类电阻式、电容

式触摸屏与其他延伸产品。

深圳市江天公司实业有限公司

简介：自主开发设计了一系列拥有国家专利的软、硬件产品，是国内触摸屏产品的专业生产、制造、供应商。

深圳市明光利电子有限公司

简介：从事模拟式触摸屏、数字式触摸屏、LED 背光源的研发、生产及销售。

深圳市荣亨达科技有限公司

简介：专业从事触摸屏原材料及触摸屏成品的生产，是集加工和贸易于一体的公司。

深圳市深越光电技术有限公司

简介：主营产品包括四线电阻式触摸屏、五线电阻式触摸屏和表面声波式触摸屏。

深圳市昕辉科技有限公司

简介：专业生产薄膜开关、薄膜面板、触摸面板、标牌、EL/LED 背光源、LCD 液晶模块、LED 显示屏、触摸屏、PCB、FPC 的厂家。

深圳市业际光电有限公司

简介：致力于电阻式及电容式触摸屏开发、生产、销售的专业制造商。

深圳市致竑光电有限公司

简介：专业触摸屏制造公司，公司产品广泛用于 MP4、GPS、UMPC、POS 机、手机等。

深圳维纳新科光电有限公司

简介：从事电阻式及声波式触摸屏的研发、生产和销售。

首钢环星触摸电脑有限公司

简介：专门从事触摸屏、触摸一体机、系统集成、软件开发及相关产品的研发、生产和营销的公司。

苏州科奥智能科技有限公司

简介：硬件产品包括多媒体触摸屏查询机（KIOSK）、数字化信息发布终端（DSS）、生物识别考勤系统（KFP）、工业智能化控制系统、多媒体资讯播放机等。

天津市指点触摸电脑有限公司

简介：公司掌握先进水平的触摸屏控制卡技术、LED 电子屏控制技术、Internet 触摸浏览技术、公共电脑远程管理技术。

突破光电国际贸易（上海）有限公司

简介：产品包括触控面板、触控显示器、控制器及其芯片。

武汉至唯科技有限公司

简介：专业从事多媒体触控产品开发、制造及系统集成的高科技民营企业。

西安吉尔触控科技有限公司

简介：专业从事触控产品、多媒体查询软件及 LED 电子显示设备研发与生产的高科技企业。

盐城市中联发电子有限公司

简介：生产电阻模式触摸屏，目前已经完成

投资4000多万元，建成一条可年产60万片手机触摸屏的生产线。在生产24英寸触摸屏的基础上，自主设计开发了35英寸触摸屏。

易控科技（香港）有限公司

简介：从事触摸屏原材料（导电银浆、绝缘油墨、耐酸油墨、保护胶、绝缘点胶等，ITOGlss、ITOFilm等）、薄膜开关原材料（导电银浆、绝缘油墨）、生产设备（精密印刷机、脉冲压合机、线性测试机等）的销售，并可提供触摸屏生产全套技术。

应用光电科技有限公司

简介：电阻式触摸屏专业制造厂商。

浙江贝力生科技有限公司

简介：产品应用在移动电话、资讯家电、工控仪器、车载GPS终端、公共咨询系统、自动销售系统等领域。

浙江金指科技有限公司

简介：公司配置了国内外先进高端设备，集成能力强大的生产制造体系，年产电容式触摸屏2600万片，主要面向全球提供全尺寸触控产品。

电话：0572-6210820

网址：chinagft.com

掩膜版

湖南电子信息产业集团有限公司

简介：从事高精度“零缺陷”匀胶铬版研发、生产与销售的专业厂家。

深圳清溢光电股份有限公司

简介：产品主要应用于液晶显示器（LCD）、有机电致发光显示器（OLED）等平板显示（FPD）行业、集成电路（IC）及其相关行业、印制电路板（PCB）行业及精细元器件行业。产品包括TFT、彩色STN、STN和TNLCD铬版掩膜版；EL、OLED铬版掩膜版；PDP、VFD铬版掩膜版；IC封装、HDI，包括BGA、CSP、BUMPING等铬版掩膜版和干版掩膜版；MEMS、SENSOR和ENCODZR等精细电子元器件用铬版掩膜版；LCD用固体凸版和液体凸版。

电话：0755-26712047/26638994

网址：www.supermask.com

深圳市科利德光电材料股份有限公司

简介：产品由最开始的PI（聚酰亚胺）扩展为全系列的LCD掩膜版类（如凸版、铬版、菲林等）。

深圳市路维光电股份有限公司

简介：致力于平板显示（TFT、OLED、TP、LED等）、高端线路板（PCB）和半导体集成电路（IC）封装等各类掩膜产品的专业生产、制作、销售。

深圳市美精微光电股份有限公司

简介：专为液晶生产厂家配套生产菲林掩膜版、PI印刷版、铬版掩膜版等光刻掩膜版。

电话：0755-26610321/26610401

网址：www.photo-mask.com

烟台正海电子网板股份有限公司

简介：具备为客户提供质量优异的大尺寸、

超高精度干版掩模版的能力。产品主要用于 PDP 行业，中、低精度的 LCD 行业，高密度 PCB 行业，IC 载板和 IC 封装等行业。

电子材料

包头市金蒙稀土有限责任公司

简介：稀土分离企业，产品主要有稀土盐类、稀土氧化物、稀土金属。

电话：0472-5233978

宝鸡市欧凯溅射靶材科技有限公司

简介：主要生产平板显示器用靶材、镀膜玻璃工业（主要包括建筑玻璃、汽车玻璃、光学薄膜玻璃等）用靶材、薄膜太阳能工业用靶材、表面工程（装饰和工具）用靶材、电阻靶材、汽车车灯镀膜用靶材等。

宝鸡市深大华钛业有限公司

简介：集贸易原材料、钛工艺制品、靶材研发、生产、销售于一体的高科技企业。

北京艾特奥科技发展有限责任公司

简介：集 ITO 粉、ITO 靶材、研发、生产和销售于一体的高科技企业。

北京高德威金属科技开发有限责任公司

简介：专业生产贵金属靶材、高纯金属靶材、普通金属靶材、稀土靶材、各类合金靶材。

北京华镥托日靶材科技有限公司

简介：专业生产铬靶材、锡靶材、锌靶材、铝靶材、硅靶材、锌锡合金靶材等各种靶材。

北京蒙泰有研技术开发中心

简介：开发了 100 余种镀膜材料及靶材。

常州苏晶电子材料有限公司

简介：从事研发与生产大型平板显示器面板和薄膜太阳能换能制造过程中真空溅射薄膜材料（靶材）。

成都超纯应用材料有限责任公司

简介：生产透明、ITO 导电膜，提供各类溅射靶材。

东清电子（上海）有限公司

简介：从事背光源里用各种材料及胶带的冲切加工，以及手机、PDA 和 OA 机器用绝缘材料，电气功能材料的加工，以上相关产品的组装。

东莞桥头良泰线材塑料厂

简介：是专业的 LCD Cable 制造厂，为客户提供全系列 LCD 信号线，主要应用于液晶显示器、液晶电视、工业计算机、收银系统、可携式 DVD 播放器、专用电视、等离子电视等产品。

东莞市科特博电子有限公司

简介：专业开发及生产柔性扁平电缆、FFC/FPC 连接器、导电斑马纸、导电斑马条、柔性线路板，代理异方性导电薄膜。

东莞市欧莱溅射靶材有限公司

简介：生产溅射靶材和蒸发材料的专业公司。

东莞市欧旗电子有限公司

简介：产品包括铁氟龙膜及胶带、偏光片剥离胶带、破坏胶带、奈米胶带、KAPONT 胶带、热电偶、富士滤光片等。

东莞市亚马电子有限公司

简介：产品包括 LCD/LCM 专用耗材及配件系列、LCD/LCM 专用设备、EMI 导电屏蔽胶带及材料、高温绝缘材料及胶粘制品系列。

东莞维盟电子绝缘材料有限公司

简介：产品包括光电件类、绝缘件类、橡胶件类、双面胶类、EMI 屏蔽、缓冲材料类、非金属特殊材料等。

东营耐尔科技有限公司

简介：研发生产高纯材料，特别是应用于电子工业的高纯材料，为集成电路、平板显示器、光伏电池、制药、化工、科研等行业提供各种特种气体、湿化学品以及特种气体包装输送柜等产品及服务。

佛山市钜仕泰粉末冶金有限公司

简介：自主研发的钨-钛合金离子溅射镀膜靶材填补了国内市场的空白。

贵阳晶华电子材料有限公司

简介：从事封接玻璃、电子浆料、超细功能陶瓷粉体等电子材料的生产和开发。

汉高乐泰（中国）有限公司

简介：主营产品包括复合型胶黏剂、合成橡胶型胶黏剂、树脂型胶黏剂、其他合成胶黏剂、无机胶黏剂。

电话：021-28918000

合肥科晶材料技术有限公司

简介：主要产品包括高温超导薄膜基片，磁性铁电/压电外延薄膜基片，半导体基片，金属单晶/多晶基片，溅射靶材以及各种粉料、包装盒等。

江苏纳为新材料科技有限公司

简介：产品包括银纳米粒子、银纳米线、LED/OLED 用导电银胶、PCB/FPC 用导电油墨、薄膜开关导电浆料、RFID 印刷导电油墨及各向异性导电胶、太阳能电池用导电浆料、电磁屏蔽用导电浆料等。

昆山市丰骅电子有限公司

简介：是我国专业生产导电橡胶条的最大的企业之一，其生产工艺和产品的技术指标均处于国内同类产品的领先地位，产品的关键技术参数达到国际同类产品的水平。

山东天诺光电材料有限公司

简介：生产防静电产品、作业防护、军需用品、电磁屏蔽室等。

上海大恒光学精密机械有限公司

简介：从事系列晶体材料生长和各种光学元器件、晶体材料及光学玻璃的定向、切割、研磨、抛光，为国内外各大高校及科研院所提供高质量、多品种的外延薄膜基片。

上海贺利氏工业技术材料有限公司

简介：生产导电胶、导热胶。

电话：021-33575688

网址：www.heraeus-hmts.com

上海金溢源国际贸易有限公司

简介：是一家工贸一体化的公司，在上海拥有聚合材料生产型企业，多年来从事聚酰亚胺 6051 的出口。公司除生产常用规格的聚酰亚胺薄膜外，开发的厚膜也已形成生产规模。

上海卓扬电子有限公司

简介：专业生产嵌入式计算机主板、液晶屏、LCD 连接线及外围设备的高科技公司。

深圳固泰伟橡塑制品有限公司

简介：从事各类硅橡胶制品、绝缘导热新产品、光电膜材等新产品的研发、制造、销售。

深圳锦泰真空科技有限公司

简介：产品完整覆盖了真空镀膜设备、磁控溅射靶材、真空泵、真空负压系统、真空泵油、退膜剂和其他各类真空应用耗材等所有产品系列。

深圳市爱伦特科技有限公司

简介：生产二氧化硅靶、钼靶、铬靶、氧化铟锡靶等。

深圳市安品有机硅材料有限公司

简介：专注于有机硅领域的研究及有机硅产品的生产和经营。为各行各业的客户针对性地提供有机硅材料的解决方案。

深圳市飞世尔实业有限公司

简介：在平板显示器等微电子材料方面，成功开发出适用于 LCD 的紫外固化胶黏剂、环氧边框胶、聚酰亚胺树脂、电测机、黑膜（BM）材料，2011 开发出 CTP 钼铝钼清洗液、显影液、蚀刻液、退膜液、液态 OCA 光学胶、LENS 清洗液、返工液等。

电话：0755-29675975/29675966

网址：www.fisher-hk.com

深圳市杰德利科技有限公司

简介：产品分为绝缘材料、屏蔽材料、导热材料、胶黏材料、光电材料、橡胶泡棉六大类。

深圳市科迈机电有限公司

简介：从事电磁屏蔽材料、导电泡棉、导电布、金属胶带、铍铜弹片等材料的生产制造。

深圳市联创力科技有限公司

简介：专业从事 EMI 屏蔽材料、LCD 背光源用扩散片、保护膜、反射片、增光片及遮光片、黑白胶制品等的生产。

深圳市矽谷溅射靶材有限公司

简介：目前可提供近 20 种纯金属、合金靶材，并可根据客户的需要调整合金材料的成分比例，以满足镀膜工艺要求。

深圳市真毅成科技有限公司

简介：提供 TP 建厂整体解决方案。同时，公司在大亚湾经济技术开发区配套了平板显示 FPD 与印制电路 PCB 湿制程高品质、高纯度物料生产基地。

深圳先电科技有限公司

简介：主要从事多功能、多性能电子、光电用特种胶带和光学薄膜的研发和生产。

深圳鑫达电子实业有限公司

简介：致力于电脑及数码产品精密连接器、高性能连接线束、信号线的研发和生产。

四川新力光源有限公司

简介：专注于 LED 照明与稀土发光材料领域。

四川中物材料有限责任公司

简介：从事高性能聚合物复合材料研发、生产和销售的高新技术企业。

苏州金禾新材料股份有限公司

简介：主要生产硅胶片、缓冲材、TAPE、EMI 遮蔽材料，并可以根据客户需求进行各种规格产品的设计生产。

电话：0512-66877345

网址：www.jhgd.com.cn

苏州金杰电子有限公司

简介：生产 EMI 电磁屏蔽材料（导电泡棉、导电布、铜铝箔）和绝缘材料（PC、PP、FR-PP、PVC、PET、KAPTON、FOMEX、醋酸布、矽胶）。

索尼凯美高电子（苏州）有限公司

简介：主要产品包括挠性印制线路板（FPC）、扁平电缆（FFC）、异向性导电膜（ACF）及 MOSAIC 等。

太湖金张科技有限公司

简介：主要产品有各种平板显示器模组专用硅胶保护膜，锂离子电池专用胶带及 LED 封装胶带等，广泛用于平板显示器配套生产，新能源锂电及汽车专用动力锂电池组装，以及 LED 数码和点阵组件树脂封装等领域。

电话：0556-4298086

网址：www.jzt3.com

通泰胶粘制品有限公司

简介：生产 LCD 行业用偏光片剥离胶带、电子行业用离型膜、双面胶带。

厦门松德电子有限公司

简介：专业生产环保型有机硅橡胶按键、杂件和环保型 LCD 用高分子导电有机硅橡胶连接器，以及电子陶瓷材料。

株洲科能新材料有限责任公司

简介：拥有自营进出口权，主要经营稀有金属、小金属的深加工和进出口业务，在云南和湖南设有生产工厂，其产品主要有铟、铋、镓、碲、锑及其制品等。

电话：0731-22772173

网址：www.zzkeneng.com

化学品

陶氏化学（中国）有限公司

简介：以其领先的特种化学、高新材料、农业科学和塑料等业务，为全球 160 个国家和地区的客户提供种类繁多的产品及服务，应用于电子产品、水处理、能源、涂料和农业等高速发展的市场。

电话：021-38512712

网址：www.dow.com

3M 中国有限公司

简介：主要产品为 LCD 光学膜、胶黏剂、研磨产品、投影仪产品、商用及家庭清洁用品等。

电话：020-32113769

网址：www.mmm.com

北京海斯迪克新材料有限公司

简介：专业于胶黏剂密封剂等功能性材料的开发与应用。

电话：010-68865588

网址：www.hystic.com

北京金翼新技术开发中心

简介：研究开发、生产销售微电子行业专业清洗剂、化学试剂标准液、工业黏合剂和代理石化设备及相关产品的高新技术企业。

电话：010-67100371

网址：www.goldenwing.com.cn

北京科华微电子材料有限公司

简介：已建成投产的燕山基地主要生产紫外负型光刻胶、G 线正胶和配套试剂等产品，已经建成的美国波士顿研发实验室现正在做 I-线与 TFT-液晶胶配方的完善工作和 248nm 深紫外胶的中试研发工作。

成都金桨高新材料公司

简介：开发、生产的 LCD 彩色过滤板用的 RGM 和 BM 颜料光刻胶，高温黏结剂和高温涂层高温印刷线路板材料，新型全芳香族高分子超化聚酰亚胺等。

大连保税区科利德化工科技开发有限公司

简介：生产各种高纯超净电子气体、高纯金属有机化合物、高纯金属醇盐、混合气等技术产品。

东莞市喜丽康硅胶材料有限公司

简介：产品包括 LCD 封口补强胶，LED 灌封胶、导热胶、导电胶，电路板专用三防胶，芯片底部填充胶，银粉导电、导热胶和银粉印刷油墨系列，芯片波峰阻焊胶系列等。

东莞市智高化学原料有限公司

简介：专业提供各制造行业专用清洗剂，并提供可靠、完整的清洗解决方案。

东莞依美电子制品有限公司

简介：提供导热介面材料、EMI 屏蔽材料、聚合物黏合剂材料、绝缘材料、电感元器件及热固性复合材料。

飞世尔（香港）科技股份公司

简介：生产的水基型、准水基型、溶剂型三大系列几十种型号的专业清洗剂，广泛适用于 ITO 玻璃、LCD 液晶屏、精密零件、印制电路板、光学镜片等诸多清洗领域；并开发成功适用于 TN、STN、FSTN 等的环氧边框胶 FER 系列和 UV 胶系列产品。

广东东莞市天润电子材料有限公司

简介：专业生产彩色电视机显像管和电脑显示管用导电涂料。

广州市回天精细化工有限公司

简介：公司在 UV 光固化胶、丙烯酸酯胶、环氧胶、硅橡胶方面的基础研究处于国内领先地位。

电话：020-36867996

网址：www.gz-huitian.com

杭州格林达化学有限公司

简介：主要产品为高纯电子化学品、季铵化合物和精细化学品、显影液 TMAH（电子级四甲基氢氧化铵）。

电话：0571-87774348

网址：www.greendachem.com

湖南先伟实业有限公司

简介：生产 TFT-LCD 用光刻胶剥离液。

化药化工（无锡）有限公司

简介：生产和销售特种环氧树脂、丙烯酸单体和丙烯酸齐聚体。

江苏奥瑟亚新材料科技有限公司

简介：是韩国化工和绿色能源公司奥瑟亚（OCI）根据市场需求及企业自身发展需要，投资 6500 万美元，在镇江新区建设年产 1500 吨电子用高科技化学品三氟化氮。

电话：0511-81987701

江阴市润码电子材料有限公司

简介：生产适用于中大规模集成电路、半导体分立器件及硅材料等生产领域所需的高端微电子化学品，拥有年生产 2500 吨高纯化学试剂的能力。

空气化工产品（上海）有限公司

简介：专业提供瓶装气体、特种气体、液体和大宗气体、现场制气系统、化学品等。

林德电子特种气体（苏州）有限公司

简介：主要经营气体及叉车设备，生产用于半导体和光纤行业的电子特种气体。

眉山胜科电子化学有限公司

简介：攻破了电子级磷酸生产关键技术，拥有完全自主知识产权。液晶用和半导体用电子级磷酸产品，各项检测指标均优于国际半导体化学品委员会标准（SEMIC36-0301）。

美国三开化学公司上海代表处

简介：生产的 TMAH 是半导体电子工业和 TFT-LCD 平板显示器工业的上游产品，在其光刻电路后的清洗工艺过程中使用。

电话：021-52080330

网址：www. sacheminc.com

美利达颜料工业有限公司

简介：主要产品有铜酞菁、活性铜酞菁、C.I. 颜料蓝 15、C.I. 颜料蓝 79（氯铝酞菁、ClAlPc）和预分散颜料等十大系列九十多个专用品种。广泛应用于油墨、涂料、油漆、塑料、橡胶、色母粒、印花色浆、文教用品和液晶滤色片着色等工业领域。

绵阳艾萨斯电子材料有限公司

简介：专业生产 ITO 刻蚀液、BR 刻蚀液、显影液、剥离液、再生液、清洗液。

宁波综研化学有限公司

简介：主要生产各类工业用胶带，胶黏剂年生产能力为 1000 吨，胶带的年生产能力为 1000 万平方米。

帕卡国际贸易（上海）有限公司

简介：专业生产 FPD 清洗剂，为 TFT-LCD、OLED 等生产行业广泛应用。

青岛盖洛普商务有限公司

简介：是 3C 行业屏蔽漆、UV 涂布液、特殊油漆涂料及被动元器件的国外知名品牌代理商。

三键化工（上海）有限公司

简介：从事日本三键株式会社生产的液体压圈、液体环氧树脂、紫外线硬化树脂、导电胶等销售贸易活动。

电话：021-58207810

网址：www. threebond.com.cn

三井化学（上海）有限公司

简介：经营从石化、基础化学品到机能材料等多种产品，涉及各个行业，活跃在世界舞台的综合化学品制造商。

上海回天化工新材料有限公司

简介：专业生产免清洗锡膏、导电银胶、贴片胶 6406、邦定胶、灌封材料系列、粘接密封系列、导热硅脂阻尼膏系列、模具胶系列等。

上品综合工业股份有限公司

简介：生产半导体、液晶工业所需的氟碳树脂产品。

深圳艾克化工有限公司

简介：专业生产无泡清洗剂、中性清洗剂、酸刻液、环保液晶清洗剂等。

深圳科玺化工有限公司

简介：专业生产平板显示液晶清洗（含 TN、STN、TFT）系列产品。

深圳市道尔顿科技有限公司

简介：集 LCD 制造用高分子材料 PI 液、TOP 液的研发、生产和销售于一体。

深圳市华天河科技有限公司

简介：生产全系列单组分室温固化硅橡胶（RTV），单组分加成型加热固化硅橡胶（HTV），双组分液体灌封胶（LSR），涂敷胶、导电胶、UV 胶（紫外光固化胶或无影胶）、快干胶（瞬间胶）、厌氧胶和导热、散热硅脂，绝缘硅脂等产品。

深圳市纳微科技有限公司

简介：生产液晶显示器用的间隔物（SPACER）、扩散板（膜）中的光扩散剂和生物产品的分离纯化介质。

电话：0755-26737300

网址：www.nanomicrotech.com

深圳市容大电子材料有限公司

简介：生产应用于平板显示与半导体加工的光刻胶系列、应用于精密丝网印刷的丝网感光胶等。

深圳市佑达环保材料有限公司

简介：专业开发、生产、销售液晶清洗剂、消泡剂、金属表面除锈、除蜡、水性研磨防锈剂及各种环保精细化工产品。

电话：0755-27916992

网址：www.qz-yd.com

苏州瑞红电子化学品有限公司

简介：产品包括光刻胶、配套试剂、高纯化学试剂。

电话：0512-66035708

网址：www.szruihong.com

苏州市联创新材料有限公司

简介：生产各种蚀刻液、单酸、碱、无水乙醇 NMP、IPA、BC、TMAH 等。

电话：0512-65207088

网址：www.sz-jx.net

厦门映日液晶材料有限公司

简介：专业生产 PI 取向剂、PI 定向膜、液晶取向膜、聚酰亚胺取向剂，产品系列包括 STN-LCD 和 TN-LCD 取向剂。

电话：0592-2560111/2564511

烟台德邦科技有限公司

简介：专业研发、制造和销售工业、电子用胶黏剂、密封剂，用于汽车、电子、农业机械、工程机械、铁路车辆、电力、冶金、有色、油田建材等行业。

电话：0535-6375522

网址：www.darbond.com

液化空气上海有限公司

简介：专业从事工业用氮气、氧气、氢气、氦气及氩气等的生产与销售，其气体纯度范围可从 95%至 99.9999%，甚至 ppb 级。

电话：021-60903279

网址：www.airliquide.com

依美（上海）电子制品有限公司

简介：生产结构性及一般用途黏合剂，绝缘涂层、防潮及抗热黏合剂，邦定、晶片接著、碳油，灌封胶、UV 胶，快干胶及其他。

浙江衢州巨化昭和电子化学材料有限公司

简介：公司 500 吨/年的电子化学品生产装置现已建成投产。

中国船舶重工集团公司第七一八研究所

简介：主要从事高能化学、制氢及氢能源的开发、特种气体、精细化工、辐射探测、环境工程、气体分析、工控节能、核电安全、空气净化、医用制氧等方面的专业研究设计。

电话：0310-7182720

网址：www.peric.ac.cn

防静电、净化

东莞市东元新能源科技有限公司

简介：为广大用户提供了 500 多套纯水、超纯水、环保及资源综合利用的工程范例和全程优质服务。

电话：0769-85393088

网址：www.dongyuanwater.com

东莞市和生工业服装有限公司

简介：无尘防静电工衣清洗、销售、出租，防静电手套无尘清洗再生及其他超洁净防静电产品清洗等业务。

东莞市金领防静电有限公司

简介：生产防静电产品、无尘室消耗品、空气过滤器、除静电产品等。

东莞市威立雅水处理设备有限公司

简介：集纯水设备、RO 反渗透设备、EDI 超纯水设备、水处理设备、水处理环保设备、废气除尘、噪音治理等环保设备的研发、制造、安装、调试、运营管理、售后服务于一体的高新技术企业。

东莞市盈通净化科技有限公司

简介：从事现代化厂房改造、静电控制与防尘技术的专业化公司。

东莞扬帆净化技术有限公司

简介：承建 10～100000 级空气净化空调工程的设计、制造、安装、调试、检测等综合性成套服务及专业生产净化设备。

汇杰集团

简介：为微电子、光磁技术、生物工程、医疗卫生、电子机械、精密仪器、航空航天、食品卫生、精细化工、科研教学等高新技术领域提供洁净环境和洁净技术服务。

昆山清阳净化系统工程有限公司

简介：致力于无尘室、内部空间设计、空调机电工程等领域，涵盖研发、技术、设计、施工管理、品质管理、采购、物流、人员储备和培训，以及售前、售后服务等各方面。

南京天惠利净化工程有限公司

简介：承建各种净化级别、工艺要求、平面布局的空调净化厂房。

山东招远金鹰科技有限公司

简介：防静电系列产品包括感应式静电消除毛刷、高压放电式静电消除器、无火花无冲击式静电消除器、除静电离子风机、离子风枪、离子风嘴。

上海恩硕电子科技有限公司

简介：致力于工业静电消除设备的研发、制造及销售的中外合作企业。

上海韩松电子有限公司

简介：集研发、生产、销售于一体的专业从事防静电产品、无尘室净化用品及设备的公司。

上海捷涌科技经贸发展有限公司

简介：IC、光电子、平面显示、汽车电子、航空航天等行业生产现场的微粒子控制与解决方案提供商。

深圳市宝森净化科技有限公司

简介：从事空气净化系统、纯水系统的研发、设计与销售，并承建空气净化系统工程、纯水系统处理工程的高科技企业。

电话：0755-27487316

网址：www.baosun.cn

深圳市碧海迪特洁净科技有限公司

简介：从事设计和安装空气净化、空气调节、工业除湿加湿系统的专业公司。

电话：0755-26452329

网址：www.puritop.com

深圳市兴业卓辉实业有限公司

简介：生产无尘布、无尘纸、SMT 自动钢网擦拭卷纸、净化棉签、防静电无尘服、无尘衣清洗、消毒产品系列、防静电产品、净化工程、仪器仪表产品。

深圳市永洁净化工程有限公司

简介：提供空气净化系统工程整体解决方案的大型承建商。

深圳市永盛旺实业有限公司

简介：主要产品包括风/货淋室、超净工作台、FFU、高效送风口、传递窗、洁净棚、无尘储物柜、生物安全柜、初/中/高效空气过滤器、离子风机、离子风枪等防静电设备。

深圳市兆和信洁净科技有限公司

简介：专业从事在无尘净化环境、防静电区域、防热阻燃防化场所等所使用到的一系列防护产品的生产和销售。

深圳市中建南方净化设备有限公司

简介：集研发、设计、制造、销售、服务及承接洁净工程的设计、施工安装、维护于一体的专业且较大规模的洁净企业。

深圳市中洁净化技术有限公司

简介：从事净化设备生产，净化工程设计、施工、调试及洁净技术服务的企业。

深圳兴成达净化技术有限公司

简介：专业生产无尘布（10 万级～10 级）、无尘纸、SMT 自动擦拭卷纸（MPM、DEK、SANYO 等）、防静电净化工衣、防静电工鞋、防静电屏蔽袋、防静电中空板箱（可定制加工）等。

天津楚天昊远防静电科技有限公司

简介：专业从事防静电产品及净化产品的研发、生产和销售的高新技术企业。

天津市洁风空气净化工程有限公司

简介：承揽大面积、高级别（十万级、万级、千级、百级、十级）超净厂房的设计、制造、安装、调试等工作。同时还生产各种规格的无隔板高效空气过滤器及高效、中效、粗效空气过滤器、风淋室、洁净工作台。

电话：022-27726982

网址：www.chaobiao.com

卫利国际科贸（上海）有限公司

简介：外商独资企业，制造和销售防静电、无尘净化、制药生化医疗方面用品的专业公司。

电话：022-23787898

网址：www.winifred-hk.com

厦门市康保无纺布制品有限公司

简介：生产超细纤维无尘布、无尘纸及乳胶手套等。

电话：0592-7253131

网址：www.xmkb.com

珠海飞鹏净化科技有限公司

简介：专业生产的风淋室、洁净工作台、FFU、传递窗、层流罩、送风口、散流罩、调节阀、铝合金送回风口完全达到国家及行业规定标准。

设　备

（北京）东旭投资集团有限公司

简介：代表产品有：电子装备生产线，包括显像管、玻壳设备；玻璃退火窑、退火炉；物流输送设备；冶金设备生产线。

NAKAN 株式会社

简介：创办于 1937 年，一直从事印刷机械的开发和生产。

电话：021-63188091

爱发科商贸（上海）有限公司

简介：本公司作为株式会社 ULVAC（爱发科）在中国的售后服务中心，参与了各种真空设备的安装调试，熟悉各类真空设备的性能和技术参数。在安装调试方面，由日本制造厂商提供雄厚的技术支持。

电话：021-61456815

网址：www.ulvac-shanghai.com

爱立发自动化设备（上海）有限公司

简介：研发、制造高端 IC 封装设备。

电话：021-64956756

网址：www.athlete-china.com

百德应用薄膜（上海）有限公司

简介：百德应用薄膜（上海）有限公司总部设在美国科罗拉多州，是全球大面积真空镀膜设备领导厂商。

宝鸡彩光电子设备科技有限公司

简介：专业制造线路板设备，并为 LCD、LED、PCB 行业提供各种光刻涂胶辊、湿膜涂胶机等。

北方微电子

简介：专注于为集成电路制造企业提供国际先进水平的干法刻蚀、薄膜生长设备及相关工艺技术。

北京北仪创新真空技术有限责任公司

简介：在真空测量技术、真空获得技术、光学多层全自动镀膜技术、通用磁控溅射及多靶磁控溅射技术（DC、MC、RF 溅射技术）以及 PECVD 技术等方面处于国内领先水平，并有多项科研成果获得国家专利。

北京国瑞升科技有限公司

简介：研制、开发超精密抛光膜（研磨纸）、研磨液、聚晶金刚石微粉和纳米金刚石粉。

北京航天高力通科技发展有限公司

简介：集光清洗技术和光清洗机的研究、设计、生产、销售于一体的高新技术企业。

北京航天宏达光电技术有限公司

简介：生产真空紫外光谱仪、光清洗机、特种光源电源、系列空气净化器和水处理产品。

电话：010-58894308

网址：www. uvcn.cn

北京华林嘉业科技有限公司

简介：从事太阳能电池片清洗刻蚀设备、微电子半导体清洗刻蚀设备、LCD 液晶玻璃基板清洗刻蚀设备、尾气处理设备、化学自动供液系统等设备的研发、制造。

北京金盛微纳科技有限公司

简介：从事半导体设备、微细加工设备的产品研制、设计开发、生产销售，并开展相关工艺的研究及应用。

北京京城清达电子设备有限公司

简介：主要从事开发、生产平板显示相关领域的液晶显示器（LCD）、PDP、OLED 及太阳能电池、半导体等生产线上所需专用设备和测量仪器。主要产品包括摩擦机、摩擦线等设备、全自动 ITO 图形短路检查仪、盒厚测试仪、全自动 COG 邦定设备等。

电话：010-87397649

网址：www.bjtstd.com.cn

北京堀场汇博隆精密仪器有限公司

简介：从事热式质量流量控制器和热式质量流量计的研制、开发、制造、销售及相关的服务。

电话：010-84929404

网址：www.metron.cn

北京七星华创电子股份有限公司

简介：生产半导体工艺设备、太阳能电池设备、工业炉设备、绿色环保电池设备、TFT-LCD 制造设备、气体质量流量计。

北京清大天达光电科技有限公司

简介：主要从事开发、生产平板显示相关领域的液晶显示器（LCD）、PDP、OLED 及太阳能电池、半导体等生产线上所需专用设备和测量仪器。主要产品包括摩擦机和摩擦线等设备、全自动 ITO 图形短路检查仪、盒厚测试仪、全自动 COG 邦定设备等。

电话：010-87397649

网址：www.bjtstd.com.cn

北京沃尔德超硬工具有限公司

简介：主营产品有三大类。①国内独家生产的 PCD 金刚石刀轮系列产品；②具有强竞争力的 PCD 金刚石刀具、PCBN 刀具及特种硬质合金刀具系列产品；③木业锯片、石膏板锯片、亚克力锯片、电路板锯片、有色金属锯片、电动工具锯片、保温棉板锯片、强化地板锯片等金属及非金属锯片。

电话：010-58411388

网址：www.worldiatools.com

北京希波尔科技发展有限公司

简介：拥有激光加工、多种电火花加工、超硬材料精密研磨及抛光、CVD 金刚石制备、钻石刀轮、超硬刀具、激光设备以及玻璃切割设备制造等方面的专业技术和日趋强大的生产能力。

北京兴伟自动化设备有限公司

简介：主要经营范围是 TFT-LCD 模组生产装备的研发、制造，包括清洗设备、偏光片贴附设备、TCP 压接设备、PCB 压接设备、模块组装设备、老化设备、包装设备等。

常州力达电子设备有限公司

简介：主要产品包括碱性蚀刻机、显影机、抗氧化、水平棕化生产线、显影、蚀刻、化学清洗机等。

常州市百杰精密机械有限公司

简介：是生产各类涂布机、淋膜机、复合机、分切机、印刷机等机械设备的专业化设备制造商。

成都工投电子设备有限公司

简介：主要进行半导体、平板显示、太阳能等行业专用设备的开发、设计和制造，以及设备技术改造、精密零件和模具加工。

电话：028-61620862

网址：www.gtise.com

成颂电子设备（上海）有限公司

简介：主要从事半导体及 LCD 生产专用设备制造。

创技电子机械（上海）有限公司

简介：制造、销售一系列高品质的平面研磨机、抛光机、半导体平坦化设备、超音波洗净机，并代理液晶面板等制程工艺设备。

电话：021-50462888

网址：www.speedfam.com

大连精亿德机电设备制造有限公司

简介：生产 COGIC 邦定机、ACF 预贴机、FPC/HS 邦定机等 LCD 专用生产设备。

迪恩士电子（上海）有限公司

简介：以生产、销售半导体设备（如硅片清洗机）、液晶显示设备为主的企业。

电话：021-58313033

网址：www.screen.co.jp

电计贸易（上海）有限公司

简介：在电子测量、环境测试、精密物理量测量、光学测试、科学分析及系统集成等广泛的领域内提供一站式采购综合服务。

电话：021-58205887

网址：www.c-denkei.cn

东电电子（上海）有限公司

简介：是全球领先的半导体集成电路、设备制造、液晶模块设备制造的跨国供应集团。

电话：021-38954800

网址：www. tel.com

东莞市大震网印器材有限公司

简介：制造、销售各种高精密度专用自动网印机。

东莞市得士威机械工业有限公司

简介：专业生产模切机、大尺寸模切机、全自动模切机、贴合机。

东莞市飞新达精密机械科技有限公司

简介：自行研发、自主创新设计出专业用于非金属材料冲型、贴合的多系列模切机，广泛应用于电子、IT、汽车等制造行业，如背光模组用光学膜片、胶黏制品、防尘材料、防震产品、绝缘材料、耐热隔热材料的冲型等。

电话：0769-83261000

网址：www.fxdcn.com

东莞市启天自动化设备有限公司

简介：设备广泛用于 LCD、LCM、LED、PCB、微电子、连接器、太阳能电池等行业。

东莞泰利测试设备有限公司

简介：主要产品包括无尘室温湿度环境实验室、可靠度恒温恒湿试验机系列及 IC 动态测试设备及 TFT-LCD、AGING、TEST、SYSTEM、BURN、IN 设备。

饭沼精密机械（苏州）有限公司

简介：日本 IINUMA GAUGEMFG CO.，LTD 在中国投资的一家主要从事设计、开发、制造液晶设备和冶金机械设备的公司。

福州洁特环境新技术有限公司

简介：从事环境设备新技术、新产品研制、开发。引进日本技术，开发线流型洁净室系统，生产空气净化设备。

富泰净化科技（昆山）有限公司

简介：引进最先进的洁净室设备设计/制造专业技术，生产高品质的洁净化与化学制程设备。

固伟电子（上海）有限公司

简介：生产示波器、频谱分析仪、函数发生器、电源供应器、数字万用表、安规测试仪器、频率计数器失真测试仪、交流毫伏表、抖动仪、品保段应用设备、环境试验机、恒温器 LCM 模组测试设备、电子负载、前段应用设备、IC 测试仪、LCR 测试器、功率计。

广州大恒自动化设备有限公司

简介：生产手动点胶机、LED 底胶点胶机、LED 白光点胶机、全自动配胶机、全自动沾胶机、全自动灌胶机，并开发固晶机、分光机等设备。

广州巨龙印制板设备有限公司

简介：产品包括 PCB 内层、外层、软板（FPC）、LCD 等湿制程设备，外观、性能均达到国内一流水平。

广州市统富机电设备有限公司

简介：研发、生产各款高精度光泽仪、漆膜划格器、铅笔硬度计、盐雾试验箱、高低温湿热箱等涂装及金属表面处理的检测仪器。

河南平原光电有限公司

简介：中国兵器工业集团公司所属的研制、生产光机电一体化产品的军工绿色企业。

湖南宇晶机器实业有限公司

简介：从事双面、单面研磨机，抛光机及相关设备的研制和生产。

济南力鹜太敬自动化有限公司

简介：提供清洗线用传输轴、生产线用特殊传输轴、生产线用 SMSC 传输轴，FPD、半导体用传输滚轮，FPD、半导体用特殊滚轮，滚轮用特殊 O 型环，清洗线用铝合金传输轴等。

佳士自动化科技（建阳）有限公司

简介：以设计、制造环保型超声波清洗设备、表面处理设备、电镀设备、物料传送设备为主。产品广泛适用于航天航空、电脑制造、液晶显示、五金电镀、微电机、制药、光学、电子、半导体等工业领域。

嘉兴天日工业技术设备技术有限公司

简介：主要在无尘车间内装配和生产液晶显示屏专用的制造设备及搬送设备。

江苏苏净集团有限公司

简介：承建、提供空调净化厂房系统工程，空气净化设备及空气过滤器，气体分离及纯化设备，环保设备及水处理工程，组合式空调器及风机盘管，净化环保检测仪器等。

江苏有为光子科技有限公司

简介：提供各类高强度准分子单色紫外冷光源、高效准分子紫外光清洗机、新型光化学气相沉积（Photo-CVD）薄膜制备系统、高效紫外光表面改性和退火设备、快速高效 UV 冷式固化系统。

江西省赣州金鼎科技有限公司

简介：专业生产“WFR”系列 LCD 检测仪和 ACF 贴付机、TAB（脉冲、恒温）热压机系列、COG/COF（自动、手动）系列 IC 邦定设备、各种辅料。

江西省万载县迈凯利光电机械有限公司

简介：生产切割机/偏光片切片机、裂片机、摩擦机、灌晶机、单刀玻璃切割机、曝光机、涂胶机、全系列超声波清洗机、预烘炉等。

精泰电子（上海）有限公司

简介：提供集成电路制造的所有前道设备，如步进式光刻机、匀胶显影机、扩散炉、干法刻蚀机、湿法刻蚀机和 CVD 设备，也能提供各类探针测试台。

均华精密机械有限公司

简介：提供 IC 封装设备、LCD 制程、自动化及检测设备、工业用机器人、精密零部件、新品开发及清洗再生等设备。

均强机械（苏州）有限公司

简介：从事液晶显示器自动化设备及集成电路封装测试设备的制造。

科美仪器（昆山）研发有限公司

简介：在半导体、平板显示器、电子物质、生命科学和化学分析上，研发和提供了独特的、先进的解决方案。

电话：0512-57900888

网址：www.cn.kmac.to

科信园防静电设备东莞有限公司

简介：专业的高端静电消除设备及测试仪器制造商。

昆山庆声电子科技有限公司

简介：从事 LCM 恒温恒湿试验机、LCM 恒温恒湿试验机的生产、制造。

莱宝光学设备（北京）有限公司

简介：目前涉及的领域有平板显示器（STN、TFT-CF、PDP-ITO 及触摸屏）、低辐射建筑玻璃、薄膜太阳能电池交钥匙方案、三维注塑件（如汽车车灯、笔记本电脑及手机外壳等）、光学应用（精密光学、光通信以及眼镜片等）、卷绕镀膜（电容和包装）以及特殊研发和生产设备系统。

电话：010-67803366

网址：www.leyboldoptics.com

兰州瑞德设备制造有限公司

简介：在光学光电子、ITO 导电玻璃、半导体、水晶玻璃、视窗行业、液晶显示、计算机（支架、磁盘等）、光学晶体、压电晶体、磁性材料、宝石、陶瓷、钼片以及金属加工等行业的研磨、抛光、切割、倒角等制备主要设备上已具有完全配套能力。

兰州瑞德实业集团有限公司

简介：提供用于 STN-LCD、TFT-LCD 液晶显示玻璃基材或其他平行平面玻璃材料的研磨、单面减薄与抛光类产品、玻璃精细抛光类产品的设备。

力高美电子机械有限公司

简介：产品有光电显示类制造设备，热压黏合、成型设备、测试机器及相关的配件、耗材等。

联得自动化机电设备有限公司

简介：从事 AB 构装设备、各种热压机、ACF 构装设备、ACF 贴片机、LCD 铁壳装配推脚机、LCD 铁壳装配推脚机、LCD 自动喷墨线、LCD 装配机架、半自动印刷机、各种 SMT 表面贴装设备的生产、制造。

电话：0755-33687810

网址：www.szliande.com

辽宁益盛达机电设备制造有限公司

简介：从事 LCM 全套设备及控制系统的研发、制造、销售及服务。

南京利生光学机械有限责任公司

简介：公司生产的JBP100型玻璃基板抛光机主要用于STN、TN、TFT等LCD液晶显示器玻璃基板的抛光。

南京远标精密机械有限公司

简介：主要产品包括精密机械设备、自动化传送线、精密模具、精密加工件、备品配件、无尘室用品、平板显示器。

宁波江北超晋达专用设备有限公司

简介：供应电镀生产线和超声波清洗机。

诺信中国

简介：提供行业领先、屡获奖项的下列产品：精密自动点胶系统、表面涂敷系统、点胶泵及点胶阀、辅助部件、配件及相关软件。

勤泰科技（香港）有限公司

简介：是专业设计及制造超声波表面清洗设备、工业用冷水机、纯水机以及自动流水线的港资企业。

然斯康波达机电设备（深圳）有限公司

简介：在原香港三和超声波工程有限公司及原深圳波达超声工程设备有限公司的基础上，由原波达公司外方股东——香港三和公司、新加坡然斯康机电有限公司以及日本富丽美株式会社出资组建。

日立（中国）有限公司

简介：提供PFC气体处理设备、冷热电三联供系统、水处理设备、变频器、空气压缩机、冷温水机。

电话：010-65399060

网址：www.hitachi.cn

日新意旺高科技（扬州）有限公司

简介：主要从事半导体晶元和液晶面板用离子注入机等半导体制造设备的生产、研发和销售。

电话：0514-87887757

瑞安丰日机械有限公司

简介：研制和开发高精度模切机、分切机、裁切机、贴合机（覆膜机）等机械设备。

三和国际集团

简介：主要产品包括油墨、丝印材料、丝印设备、精密网版、PCB。

电话：0755-88353384

网址：www.samwo.com

三井信息电子（上海）有限公司

简介：主要产品包括显示器（电视机、笔记本电脑、液晶显示器、投影仪、手机、PDA、汽车导航系统、工业设备用显示器）和半导体设备（圆片光刻设备、工艺设备、液晶光刻设备、FPD湿式清洗机、DNP光掩膜）。

山西风华信息装备股份有限公司

简介：生产玻璃自动分断机、高精度偏光片贴附机、LCD玻璃研磨机、多分断玻璃裂片机等。

汕头市灵迪机械设备有限公司

简介：生产搬送式热板预固化机、搬送式热板主固化机、IR/UV光清洗机、冷却机、基板自动上下料机、缓冲机、自动转角机、US清洗机、手动贴合机、玻璃热压机、自动裂片机、真空烘箱、灌晶机、高精度调盒机、偏光片贴片机、FOG热压机等。

上海安平静电科技有限公司

简介：公司生产多种规格的 AP&T 离子棒，离子风机，离子风枪，离子风嘴及离子风蛇，广泛应用于半导体、封装、光电、电子、通信、喷涂、印刷、纺织、医药设备、建材、注塑等行业。

电话：021-64517177

网址：www.ap-static.cn

上海恒商精密仪器有限公司

简介：生产冷热台、高低温晶圆夹盘冷热平板、温控设备及附件、液晶检测仪器等。

上海华丽工程技术有限公司

简介：公司依托母公司在工程建设、产业机械与电子事业方面的雄厚实力，充分发挥技术团队的优势，为客户提供最新、最完善的工程、产业机械及电子领域的解决方案。

电话：021-52417700

网址：www.tek-china.com

上海晶岛液显设备材料有限公司

简介：目前产品主要有 PR 涂刷机、PI 涂刷机、摩擦机、喷粉机、固化炉、供料机、模块生产设备等。

上海科伟达超声波科技有限公司

简介：一家专业从事超声波焊接设备、超声波清洗设备、电镀设备并集研发、设计、制造、销售和服务的大型中外合作高新技术企业。

上海龙云精密机械有限公司

简介：生产、加工特殊包装带，半导体，液晶制造装置及配套运送装置，销售公司自产产品并提供相关产品的售后服务等。

电话：021-57633107

网址：www.sh-tazmo.com

上海通彩自动化设备有限公司

简介：从事冲压、汽车、钢铁、电子、体育、金融、包装、服装、办公等行业自动化设备的研发、制造，其中冲压行业连线机械手设备达到国际先进水平。

电话：021-64421632

网址：www.tonsail.com

上海微电子装备有限公司

简介：主要从事用于集成电路制造的中高端光刻机等关键设备的开发、制造和技术支持与服务。

电话：021-51315131

网址：www.smee.com.cn

上海新阳半导体材料有限公司

简介：有化学和设备两大类产品，主要应用于半导体前后制程、航空航天和电子零部件的表面处理等。

上海研德仪器有限公司

简介：专业开发、制造 LCM 背光自动测量台、LCD 全视角测量系统、LCD 响应时间测量系统、白平衡测试系统、CCFL 灯管辉度测量系统、背光模组手动测量台、OLEDI-V-L 测试系统、LCD 缺陷检测系统、字符检测系统、光学 AOI、机器视觉检测、VI 测试仪、环境试验机等。

深科达精密机械有限公司

简介：生产小尺寸热压设备、COG 邦定机、ACF 贴附机、脉冲热压机、恒温热压机、热熔机、大尺寸热压设备、TFT 热压机、PDP 热压机、偏光片设备、触摸屏专用热压设备。

深圳敖翔科技有限公司

简介：研发和制造的液晶显示周边生产设备

主要包括液晶贴片设备、偏光片切片机、玻璃自动摩擦机等，已经形成液晶显示设备专业化生产能力。

深圳和科达集团

简介：以生产超声波清洗设备、电镀设备、水处理设备而著名的高科技企业。

电话：0755-27048149/28175797

网址：www.szhekeda.com

深圳恒兴精密机械有限公司

简介：主要产品包括涂胶机、涂胶辊、磨边机、磨角机、切割刀头、PIN 治具、打条机等。

深圳科伟达超声波设备有限公司

简介：是一家超声波设备研制、生产、销售及开发各种高难度清洗技术的大型中外合作企业。

深圳来科成电子有限公司

简介：从事开路短路测试系统、全自动光学检测设备/锡膏检测设备、全自动铆钉机、点胶机、X-Ray 检测设备、扫描电子显微镜、能量散布光谱仪等半导体检测设备的设计及生产。

深圳日东电子设备有限公司

简介：生产物流设备、环保清洗设备、静电、喷涂/喷粉生产线等。

电话：0755-27393550

网址：www. suneast.com.cn

深圳润正实业有限公司

简介：已能提供 LCD 前段从前清洗机至电测机的整厂设备，还能提供 ITO 镀镆厂所用的 50 英寸大切割机、抛光机、磨边机等专用设备。

深圳时代超声设备有限公司

简介：生产与销售超声波清洗机设备、超音波设备、超声波震板、喷淋清洗机、塑料焊接机。

深圳市超纯环保股份有限公司

简介：主要生产、经营超滤系统（UF）、微滤系统（MF/CMF）、反渗透膜分离水处理系统（RO）、连续电去离子系统（EDI）、离子交换系统、膜生物反应器（MBR）、各种过滤设备及其相关水处理设备。

电话：0755-26755888

网址：www.upw.cn

深圳市超晋达表面处理科技有限公司

简介：提供全自动化学镀生产线、全自动滚镀生产线、全自动挂镀电镀生产线、金属线材连续电镀生产线、环型钓鱼式电镀生产线、环型垂直升降电镀生产线、电脑接插件 U 形电镀生产线、卷对卷连续电镀生产线、半自动滚镀生产线、贵金属电镀生产线、药水在线添加系统、电镀电源、化学药液过滤机、废气处理设备等。

深圳市大族激光科技股份有限公司

简介：提供一整套激光加工解决方案及相关配套设施，主要产品包括激光打标机系列、激光焊接机系列、激光切割机系列、绿激光演示系列、PCB 激光钻孔机系列、CTP 激光制版机系列、直线电机系列等多个系列 200 余种工业激光设备及其配套产品。

电话：0755-86161454

网址：www.hanslaser.com

深圳市福和达电子设备有限公司

简介：从事 TFT-LCD/LCM 液晶模组加工整套设备、脉冲/恒温热压系列设备以及其他精密自动化设备的定制设计、开发。

电话：755-86130698

网址：www.forahead.cn

深圳市航通科技有限公司

简介：产品涵盖了 TN、HTN、STN、FSTN 等 LCD 面板产品；COB、TAB、COG 等 LCD 模块产品。

深圳市和波达超声设备有限公司

简介：专业制造超声波清洗机及工业冷水机、塑胶焊接机等多种大型自动化清洗设备及其配套设施。

深圳市极而峰工业设备有限公司

简介：是一家生产及销售液晶产业生产专用设备、净化设备和除静电设备的民营企业，是专业无尘室建造专家。

深圳市晶向科技有限公司

简介：从事 LCD、TFT、触摸屏、VFD、EL、光学、镀膜行业的设备及非标设备的研发、生产。

深圳市凯利达科技有限公司

简介：生产 TFT 导电粒子压痕检测仪。

深圳市科伟达科技有限公司

简介：集超声波精密清洗设备、电镀设备、纯水设备、超声波塑焊机的研发、制造、营销及服务于一体的大型企业。

深圳市立磊科技有限公司

简介：提供光电产业（LCD Panel、LCD Module、LED、PCB、半导体）设备，包括 COG 热压机、点胶机、偏光片去泡机等，PHOTO MASK（铬板），液晶显示器面板（TN、STN、CSTN、TFT），部品（ACF、硅胶、偏光片、电阻、电容、电感）、耗材。

深圳市迈创利机电设备有限公司

简介：全自动金球焊线机、自动焊线机、固晶机、封胶机等半导体封装设备的主要生产商。

深圳市三力自动化设备有限公司

简介：专业从事 LCM 全套设备及控制系统的研发、制造、销售及服务。

深圳市蜀丰科技有限公司

简介：主要产品包括涂胶机、曝光机、PI 涂布机、洁净预烘机、摩擦机、喷粉机、对位贴合机、热压机、单刀玻璃切割机、多刀玻璃切割机、自动裂片机、全自动液晶灌注机、切片机、边角偏光片切片机、手机翻盖试验机、手机旋转试验机等。

深圳市添力自动化机电设备厂

简介：专业开发设计和生产制造各类电子厂自动化专用生产设备、各类工装、测试治具的厂家。

深圳市万仕诚电子设备材料经销部

简介：专业设计、生产、销售光电显示设备、光电显示行业专用工装夹具及设备耗材。

深圳市网印巨星机电设备有限公司

简介：从事丝网印刷机械及辅助设备设计、开发、生产和网印工艺技术培训，拥有独立的进出口经营权。

电话：0755-27390330/27312555

网址：www.screen-star.com

深圳市威正净化技术有限公司

简介：从事净化设备研发、生产，净化工程系统设计、施工、安装、调试、维护等综合性技术服务的高科技企业。

深圳市旭崇自动化设备有限公司

简介：已成功研发出恒温热压机、脉冲热压机、ACF 贴附机、偏光片除泡机、偏光片揭片机、偏光片贴片机、斑马纸热压机、大尺寸 TFT 热压机、等离子热压机、COG 对位设备、COG 本压设备、ITO 测试机、拉力测试机等光电平板专用设备。

深圳市怡和兴机械设备有限公司

简介：专业从事电子、家电、塑胶等各种工业生产流水线、流水线辅助专用设备、工业电炉、烤箱、塑料辅助机械的研制、开发、生产和销售。

深圳市友邦科技有限公司

简介：提供超声波铝丝压焊机系列、超声波金丝球焊机系列；漆包线电点焊机系列；半导体后道工序产品类；LED 电脑检测仪、点阵数码测试仪、扩张机、贴膜机和点胶机等半导体生产设备。

深圳市宇通精密机电设备

简介：提供邦定机系列产品：(邦定机）超声波金丝球焊机、超声波铝丝焊线机、扩晶机、背胶机、点胶机、显微镜座等半导体系列产品。

深圳市振宇达电子科技有限公司

简介：生产 LCD、TAB、COG、ACF、H/S、FPC 等生产工序焊接设备。

深圳市正阳工业清洗设备有限公司

简介：生产超声波清洗机、喷淋清洗机、LCD 清洗机、液晶清洗机、硅片/硅料清洗机、真空清洗机等。

深圳市中正仪器有限公司

简介：专业从事各种环境试验设备、品质检测设备、PCB 流程制造设备的制造与销售。

深圳亿洋光电设备厂

简介：从事 LED 及 COB 整厂设备的专业制造。

沈阳真空技术研究所

简介：是国内最早从事真空技术及真空成套设备研制与开发生产的唯一国家级研究所，原属于机械工业部，现隶属于中国机械工业集团。

圣仁电子科技（沈阳）有限公司

简介：生产 PROBE CARD（探针卡）、PROBE UNIT、LCD TEST UNIT（液晶检测单元）。

硕克网版科技有限公司

简介：生产平行光晒版机、高精密自动上膜机、刮胶研磨机、大型电动拉网机、高精密机械式拉网机。

四川南光真空科技有限公司

简介：生产真空计、光刻机、热处理炉、排气台、真空炉、氢气炉。

四川英杰电气股份有限公司

简介：现主要生产全数字直流电动机调速器，晶闸管调压、调功装置，交流电动机软启动装置，同步电机励磁装置等设备。

电话：0838-2900586

网址：www.injet.cn

苏州弗士达科学仪器有限公司

简介：研发并生产与 LCD 色度、亮度检测相配套的自动测量设备，包括 LCD/LCM 色度辉度自动测量系统，背光模组（BLU）辉度及均一性自动测量系统，CCFL 辉度自动测量系统，LED 检测仪等。

苏州工业园区高联科技有限公司

简介：致力于为 LCD 企业提供各种先进的制造、测试设备，产品包括 TAB、ACF、COG 及各种 LCD、LCM 生产辅料等。

苏州市和科达超声设备有限公司

简介：目前有 18 个系列 100 多种规格的品种齐全的标准系列产品，以及大型非标运用 PLC、触摸屏及工控电脑控制屏幕显示的全自动超声波清洗机。

苏州苏大维格光电科技股份有限公司

简介：产品涉及定位激光转移材料、宽幅激光转移与烫金材料、证件视读薄膜、微纳结构衍射光学器件、平板显示材料及背光模组、亚微米激光直写与刻蚀设备、微纳米压印光刻设备等。

苏州怡信光电科技有限公司

简介：生产光栅数显、高精度测长仪、光学投影仪、刀具预调测量仪、影像测量仪、激光抄数机、三坐标测量机产品，广泛应用于机械、模具、电子、电器、航空、汽车、塑料、橡胶、钟表、齿轮、PCB 线路板、菲林等行业。

太原风华信息装备股份有限公司

简介：从事新型电子片式元器件、LCD 液晶显示器、薄膜电容器等机电一体化专用生产设备及技术装备的研制开发。

太原艺星科技有限公司

简介：在微电子组装设备、绕线设备、液晶显示器生产设备、真空焊接设备、清洗和表面处理设备以及立体仓储设备研发领域形成了优势和特色，可为用户提供工艺和设备的系统集成服务。

特迈科技（上海）有限公司

简介：生产脉冲式热压机、ACF 预贴机、回流焊接机、半自动 COG 预压机/COG 本压机、TAB 热压机等。

腾新机械（上海）有限公司

简介：提供一些与液晶相关的制造、检查、修正设备及冷阴极灯管生产线。

电话：021-68775388

网址：www.systech-sh.com

天力精密系统（深圳）有限公司

简介：研发、设计各种 LCM（液晶显示模组）、IC 封装设备及系列精确检查装置。

天通吉成机器技术有限公司

简介：积极拓展液晶面板制造专用设备与搬送装置的制造，以及水处理环保设备的生产。

天准精密技术有限公司

简介：天准是中国精密测量领先品牌，致力于完成对物体的平面及三维几何尺寸的高精度、高效率测量，提供全方位的测量解决方案，帮助用户提高产品质量，推进整个制造业的品质提升。

电话：010-68940984

网址：www.tztek.com

万亿达电子设备有限公司

简介：生产多层板设备、挠性板设备、LCD设备、精密蚀刻设备共五大系列，近百个品种。

芜湖真空科技有限公司

简介：主要针对光电显示、工程玻璃、精密光学等行业客户的需求，定制符合客户要求的专业化设备，同时向高端企业客户提供全方位、一体化的行业整体解决方案。

武汉华工激光工程有限责任公司

简介：以工业激光器及数控激光加工成套装备、光通信器件及资讯、电子元器件、图像防伪及信息安全技术为主营业务。

电话：027-87180266

网址：www.hglaser.com

西北机器有限公司

简介：生产基板玻璃抛光系统、大尺寸平板显示器光电检测系统、电容器材料分切设备等。

厦门晟诺电子科技有限公司

简介：生产 LCD、TAB、FPC 等热压机，全自动滴胶机，自动封装蜂名片机，AGV 自动异引车，ACF 贴合机等。

咸阳华清设备科技有限公司

简介：致力于新型平板显示器件（PDP、LCD、OLED 等）制造设备的开发、制造和服务，同时从事新型平板显示器、大屏幕拼接显示技术开发、技术服务和代理业务。

芯硕半导体（中国）有限公司

简介：致力于芯片制造、掩膜版制造和 PCB 生产领域中的直写光刻和光学检测技术的研究、产品设计和开发，提供直写光刻系统（DWL）、直接成像系统（LDI）和自动光学检测系统等产品和相关技术解决方案。

旭东机械（昆山）有限公司

简介：主要产品包括点（涂）胶专用设备、激光雕刻专用设备、半导体专用设备、光通信设备、单机自动化设备等。

电话：0512-57672699

网址：www.shuztung.com

应用材料（中国）有限公司

简介：主要经营半导体生产设备和液晶显示生产设备。

电话：021-38616000

网址：www.amat.com

约翰内斯·海德汉博士（中国）有限公司

简介：是世界上最早制造光刻产品和机床数控系统的公司，在光刻和数控系统制造领域拥有多项专利技术。

电话：010-80420079/80420000

网址：www.heidenhain.com.cn

肇庆科润真空设备有限公司

简介：生产 ITO 导电玻璃镀膜设备、ITO 导电玻璃镀膜设备、清洗设备、玻璃清洗设备。

肇庆市恒讯电子机械有限公司

简介：生产全自动 ACF 贴付机、脉冲式旋转热压机、脉冲式热压机 TAB、COG、FPC 等。

浙江大学三色仪器有限公司

简介：专业从事光谱、光度和色度测量仪器，电参数、力学和温度测量仪表的研究和生产。

芝浦机电上海有限公司

简介：提供液晶制造装置、半导体制造装置、半导体制造装置、真空成膜制造装置等。

志圣科技（广州）有限公司

简介：主要从事PCB/IC/LCD设备的研发、生产、制造，以及紫外线干燥机、精密烤箱、曝光机、压膜机、无尘烤箱的生产和销售。

中导光电设备有限公司

简介：研发和生产液晶显示屏及其他平板显示器相关工业检测设备。

电话：0758-2865881

网址：www.3i-systems.com.cn

中国电子科技集团公司第二研究所

简介：以微组装设备、液晶显示生产设备、真空焊接设备为代表的产品行业地位突出，影响力强，远销到日本、美国等国家和地区。

电话：0351-6522867

网址：www.ersuo.com

中微半导体设备（上海）有限公司

简介：致力于高真空半导体制程设备的研发、生产、销售及服务一体化的高科技创业公司。

涿州市蓝天特灯发展有限公司

简介：主要产品包括UV光固化灯、UV光清洗灯、UV晒版曝光灯、红外线IR灯、配套变压器、镇流器、触发器、反光罩（片）及石英隔热片等；UV光纤点光源固化机及配套光纤导管、球形灯、防护眼镜。

电话：0312-3954595

网址：www.Lt-uv.com

高校、研究机构

安徽华东光电技术研究所

简介：目前已开发出各种单色/彩色CRT显示管、雷达指示管、液晶平板显示器件、投影显示管及立体显示器等各种显示技术产品，已形成系列产品。

北京大学微电子所

简介：下设三个研究所和两个实验室，分别为ULSI新器件及集成技术研究所，系统芯片（SoC）研究所，微电子机械系统（MEMS）研究所，ICCAE实验室，工艺实验室。

北京科技大学材料科学与工程学院

简介：下设材料学系、材料加工与控制工程系、材料物理与化学系、无机非金属材料系、粉末冶金研究所、功能材料研究所、腐蚀与防护中心、实验测试中心四系两所两中心。

北京理工大学信息学院光电工程系

简介：主要产品包括LCD设计仿真软件，光学薄膜仿真软件及器件，光子晶体器件的仿真及制备，通信系统中的调制器件，平板显示器件。

电话：010-68913659

东南大学电子科学与工程学院显示技术研究中心

简介：中心在电子光学、电子束与离子束及显示技术方面的学术水平均为国内一流，在新型平板显示器 PDP、FED 的研究方面取得了一定的技术创新成果，在这些领域已跨入国际、国内先进行列，中心的研究成果受到国内外同行专家的关注与重视。

福州大学

简介：开展光电显示材料与技术、大屏幕平板显示器——场致发射显示器（FED）的研究。

电话：0591-87893299

复旦大学先进材料实验室平板显示工程研究中心

简介：开展 TFT 平板显示技术的综合性基础研究和前瞻性研究。

电话：021-51630349

河北工业大学应用物理系

简介：培养液晶物理与液晶器件物理专业本科、硕士人才，从事相关领域科研工作。

电话：022-60435662

华南理工大学高分子光电材料及器件研究所

简介：主要从事高分子发光显示屏技术研究、薄膜晶体管技术研究、太阳电池技术研究。

电话：020-87114535

华烁科技股份有限公司

简介：由湖北省化学研究院整体转改制而设立的股份制公司。主要从事化学新材料、化工新产品、化工新工艺的研究和开发、技术培训、技术服务及相关领域的工程设计与施工；光通信与电子信息材料、工业催化剂与净化剂、化工与医药中间体、建筑与建材化学品及精细化工产品的相关领域的设备、仪器、仪表的开发、生产、销售。

电话：027-87427927

网址：www.haiso.com.cn

清华大学微电子学研究所

简介：主要开展微纳电子器件研究及集成电路设计、制造、系统集成技术的开发，具有一条较为完备的集成电路开发与工业性试验线，是国家重点支持的信息科学与技术国家实验室及北方微电子研究开发基地的重要组成部分。

山东大学光电材料与器件研究所

简介：主要研究方向为①光电子薄膜信息材料；②光电子器件；③半导体器件清洗工艺；④光电子薄膜材料的电子结构、电子输运过程及器件的物理机制。

山东大学晶体材料研究所

简介：主要研究领域包括新功能晶体的探索和研究，薄膜晶体材料的生长和研究，晶体生长基本过程的研究，以及相应产品的开发。

西安交通大学电子与信息工程学院

简介：拥有如下自主创新技术。①高对比度驱动波形设计技术；②基于人眼视觉效应的动态伽马校正技术；③暗场灰度反转校正技术；④白平衡和色温校正技术；⑤自适应亮度增强技术；⑥基于新型算法的自动功率控制技术；⑦基于直方图检测的自适应子场编码驱动技术；⑧高阻维持驱动技术；⑨逻辑控制电路设计与制作；⑩高压驱动波形发生电路设计与制作；⑪存储控制电路设计与制作。

中科院长春应用化学研究所

简介：学科方向包括高分子科学、无机化学、分析化学、有机化学和物理化学。

中山大学物理科学与工程技术学院

简介：学院拥有光电材料与技术国家重点实验室、显示材料与技术广东省重点实验室、能源工程研究院太阳能系统研究所、激光与光谱学研究所、凝聚态物理研究所、纳米技术研究中心、专用集成电路 ASIC 设计中心等一批国家级、省级和校级科研机构。

电话：020-84110916

网址：spe.sysu.edu.cn/spe/index

贸　易

安信思拓（北京）科技有限公司

简介：主要负责日本 ASSIST 公司产品在中国区的销售，ASSIST 是从事电器光纤通信和触摸显示屏研发、设计、生产和销售的综合性公司。

安智光刻电子材料（上海）有限公司

简介：技术和产品的核心是防反射涂料、用于晶片凸块和封装的厚膜光刻胶、旋制介电材料及用于平板显示器的全部产品。

北京博曼科斯塔夫科技有限公司

简介：经营氟塑料制品的专业公司，是日本中兴化成（CHUKOH）株式会社的代理店，也是德国博曼（BOHME）公司的中国独家经销商，并同时与国内、外多家氟塑料制品公司密切合作。

北京恒融达经贸有限公司

简介：从事国外先进机电设备及产品代理的贸易公司，其业务之一涉及彩色显示器件领域的产品。

电话：010-65614068

北京吉平元科贸有限公司

简介：公司销售各种类型表面声波、红外、电阻、电容、液晶触摸屏，以及各种型号的触摸一体机。并提供相关的技术咨询，代理各大触控品牌产品。

北京嘉恒阳光科技有限公司

简介：以中韩贸易为主，主要销售韩国产 LED 芯片生产设备——镀膜机、蚀刻机（ICP）、E-beam、LED 背面全自动等、LED 大功率蓝光芯片、LED 蓝光绿光外延片、蓝膜等。

北京伟伯康科技发展有限公司

简介：代理产品包括张力控制系统、纠偏控制系统、高速分切系统、除尘系统、静电吸墨辅助系统、UV 固化系统、电晕系统等。

北京誉信佳业科技发展有限公司

简介：提供的产品如下。①点阵系列，包括字符以及图形，类型有 COB、TAB、COG 等；②非点阵系列，电话机系列、水、电、气表等。此外，还能根据用户需要，设计、开发定制特殊用途和规格的产品、微控制器（单片机）、触摸屏。

东莞市齐乐电子材料有限公司

简介：销售 LCD、背光源、触摸屏材料、化工材料。

东莞市上博电子有限公司

简介：专业代理及销售国外知名品牌厂商生产的增光膜、扩散膜、反射膜、防刮伤膜、PEN和PET音膜原材。

富时国际（香港）有限公司

简介：致力于TV Panel、Monitors Panel、Notebook Panel、手机屏等各种规格尺寸的液晶显示屏，DID液晶屏（DID拼接液晶屏）产品销售，以推动全球液晶电视、液晶显示器普及化为目标。

光好电子材料有限公司

简介：专业提供软性电路板、液晶显示屏、背光板等电子产品用的各种材料。

杭州云达贸易有限公司

简介：提供软包装材料、光电材料、彩屏手机LED背光专用材料、单色LED背光材料、CCFL背光材料、触摸屏材料等。

吉世科贸易（上海）有限公司

简介：提供的产品包括①diX特种涂敷材料及设备，②化学药品、合成树脂及其他化学品原材料，③充退磁机装置及磁性材料，④电子、半导体、液晶等关联设备及材料。

上海安田化学品有限公司

简介：其经营产品涉及偏光板、双面胶、电子材料用黏合剂、PET/PE保护膜、PET隔离膜、PE保护膜、背光源、高机能剥离剂（洗净彩色滤光片）、显影液、清洗剂等。

上海长濑贸易有限公司

简介：从事LCD等显示器制造用的玻璃、偏光板、隔垫材料、液晶等材料及制造/检验设备及仪器的销售。

上海承永贸易有限公司

简介：专业代理FUJIKURA的全系列导电胶，广泛应用于硬性和柔性电路板、薄膜按键开关、液晶显示器、发光二极管、冷光片、触摸屏、谐振器等电子元器件行业。

上海迪爱生贸易有限公司

简介：主要经销DIC公司包括TN、STN、TFT在内的各种液晶材料产品，是集研发、设计、生产、销售和服务于一体的专业液晶材料供应商。

电话：021-62289911

网址：www. dic.com.cn

上海东紫环电子有限公司

简介：从事TFT-LCD液晶屏、液晶玻璃、方案、主要芯片及其他电子元器件的供应；是台湾友达光电（AUO）的大陆代理商，还是凌阳、华邦等元器件大厂的代理商。

上海法柏化工科技有限公司

简介：是法国FranklabS.A.在中国大陆地区的唯一销售机构，专业从事Franklab工业清洗用化学品的销售。FranklabS.A.总部于1976年成立于法国，是专业的洗剂研发和生产销售商。

上海和路元电子技术有限公司

简介：专业性的元器件代理和销售及提供优质技术服务的公司。

上海黑田贸易有限公司

简介：主要经营以电器产品为主的国际贸易及相关产品的技术服务，转口贸易。

电话：021-640793333

上海鸿鹏国际贸易有限公司

简介：主要从事新型平板显示器件，TFT-LCD、PDP、OLED 相关尖端电子产品的专用设备及相关材料的销售。

上海佳进电子有限公司

简介：集电子产品开发、设计、生产、贸易于一体的企业，是美国 PIXELWORKS 公司授权的代理商，经销美国 PIXELWORKS 公司的数字芯片，以及从事相关技术开发和配套业务。

上海旌众卓贸易有限公司

简介：专营 TFT-LCD 的高新技术企业，公司自成立至今，一直从事液晶显示设备的研发、销售及集成。

上海凯群贸易有限公司

简介：业务目前主要涉及台塑、台化、南亚、日本、美国、韩国等各世界大厂的塑胶原料代理，以及 PUNG、HAN 电源端子总代理和 JST、AMP 代理。

上海耐奥特有限公司

简介：韩国耐奥特（株）专业从事静电除尘器（CLEANING MACHINE-C/M）、板面清洁机、静电机、除尘机、整面机、滚纸机、导光板清洁机、珍珠纸除尘机及所需耗材的生产，本公司是其在中国的销售及售后服务公司。

上海荣立贸易有限公司

简介：从事涂料树脂（醇酸、丙烯酸等）及 STNLCD 用取向膜销售。

上海盛永国际贸易有限公司

简介：专业从事高科技电子产业所用的原材料、部品部件及生产设备的进出口贸易，同时介绍引进日本等先进国家的生产技术及工程项目。涉及平板显示、半导体集成电路、电光源、电池、货币识别等电子产业。

电话：021-68549640

网址：www.shanghai-sotec.com.cn

上海凸版国际贸易有限公司/凸版（上海）企业管理有限公司

简介：凸版（上海）企业管理有限公司为日本凸版印刷（株）在中国的地区总部。LCD 用彩色滤光膜（CF）为日本凸版印刷（株）电子事业本部的主要产品之一。

电话：021-52341300

网址：www.toppan.co.jp

上海拓米电子材料有限公司

简介：营业范围包括电子材料、化学材料等产品的贸易及与电子行业相关的项目投资策划、咨询、贸易服务及电子、净化工程专业行业的技术咨询服务等，呈多元化形式。

上海拓朴晶光电科技有限公司

简介：日立工业设备技术株式会社（HPT）在中国地区唯一的全权代理商，专业从事日立 TFT-LCD 生产设备、全自动搬送设备及自动仓库（硬件、软件）、SMT 生产用的网板印刷机的销售代理及售后服务。

电话：021-54450338

上海夏恒微电子科技有限公司

简介：是液晶生产设备（TN、STN、FSTN、C-STN、TFT、PDP 等）的供货商，可供应液晶生产设备和日本 Hugle 防静电设备。

上海怡康化工材料有限公司

简介：台湾华立集团在大陆的子公司，主要

从事国内外著名化工产品的一级代理，如伊士曼PCTA/PETG、福聚PP、阿科玛PMMA、台湾奇美、南亚、帝人、旭化成等众多产品。

电话：021-52419090

网址：www.shanghaiyk.com

上海住友商事有限公司

简介：经营范围涉及电力电子、钢铁、有色金属、成套设备、机械、汽车、化学品。

电话：021-61461888

深圳安伯特科技开发有限公司

简介：致力于销售台湾友达光电（AUO）的全系列全新A级TFT-LCD液晶屏。

深圳崇胜科技有限公司

简介：从事OLED显示模块：128×64、96×64（双色、四色、全彩）的代理和销售。

深圳鸿远达电子有限公司市场部

简介：专业的半导体器件供应商及贸易商，经销欧、美、日、韩各国不同品牌的芯片，包括偏门、停产、断档、紧缺的IC。主营SHARP、JRC、TOSHIBA、SANYO、MITSUBSHI、SAMSUNG、PHILIPS、ST、MOTOROLA等各品牌的芯片。

深圳锦华电子有限公司

简介：主要经销日本SEIKO、台湾众福、微端、达威液晶显示模块和国产液晶显示屏；TDK、FSP、国产逆变器；负压芯片/模块等电子元器件。

深圳市富科尔电子科技有限公司

简介：专注于LCD液晶屏销售及应用的科技型企业。

深圳市惠乐光电有限公司

简介：广泛涉及液晶产品、液晶制造设备、液晶关联原材料、液晶行业情报的专业贸易公司。

电话：0755-89800161

网址：www.keiraku.cn

深圳市康迈电子有限公司

简介：专业代理销售液晶显示模块、提供技术咨询、开发相关配套产品的技术服务类企业。

深圳市群乔实业发展有限公司

简介：专业代理FPM平面显示器、背光模块、LCM液晶模块、LCD-TV/DTV等量测设备。

深圳市顺佳盛科技有限公司

简介：经营产品包括尾池ITO导电膜、日东双膜、卓韦导电膜、ITO导电玻璃、PC硬化板、PMMA硬化板、PET薄膜。

深圳市微普诺薄膜技术有限公司

简介：为PVD和CVD镀膜的生产研究提供核心部件和技术解决方案。公司主要代理产品和服务包括德国Huettinger电源，英国Gencoa磁控溅射阴极、阳极层离子源、反应溅射控制器，美国SCI旋转阴极及PMI靶材等。

深圳思得柯实业有限公司

简介：提供LCD液晶显示幕湿制程生产设备、PDP显示屏幕生产设备等。

丸红信息技术（上海）有限公司

简介：从事STN/TFT-LCD模组和SHARP TFT-LCD模组的代理销售。

显导电子上海国际贸易有限公司

简介：从事 LCD（STN、TFT-LCD）全套设备的销售及服务，同时销售 STN、TFT-LCD Panel/Module 及 SMT 全套 PCB 组装及检测设备和半导体封装设备。

智索国际贸易（上海）有限公司

简介：是 Chisso Corporation 在中国的销售公司。向国内的液晶面板厂商供应 Chisso 公司的液晶、取向膜柱状 Spacer、OverCoat 等高品质产品。

电话：021-64661919

网址：www.chisso.com.cn

协会、资讯

《精细与专用化学品》杂志社

简介：专门供从事精细与专用化学品生产、开发、科研、教学、管理、贸易、建设和市场开拓的人员阅读。

《平板显示文摘》编辑部

简介：《平板显示文摘》是由北京迪斯泰信息咨询有限公司主办的、面向平板显示行业发行的文摘性报刊，双周发行；从 2005 年 7 月 1 日创刊以来，在业内外广大热心读者的关心与支持下得以迅速发展，逐步成为平板显示行业唯一的专业性报刊。

《液晶与显示》杂志

简介：征集有关液晶和各类显示材料及制备方法、液晶物理、生物液晶、液晶非线性光学、液晶显示、等离子体显示、阴极射线管显示、发光二极管显示、场发射显示、电致发光显示、真空荧光显示、电致变色显示及其他显示、各类显示器件物理和制作技术、各类显示新型模式和驱动技术、显示技术应用、显示材料和器件的测试方法与技术、各类显示器件的应用等研究论文。

SEMI China 中国办公室

简介：SEMI China 是 SEMI 在中国的常驻机构，SEMI China 的宗旨是帮助全球会员公司服务中国市场，积极推动中国半导体、太阳能、平板显示产业的蓬勃发展。SEMI 在国内召开国际平板显示器件、设备材料及配套件展览会；同期举办的中国平板显示学术会议是 SEMI 与国内行业权威组织联手打造的技术交流平台。

电话：021-50270909

网址：www.semi.org.cn

《现代显示》

简介：会聚了液晶（LCD）、发光二极管（LED）、大屏幕和投影、数字电视、OLED、ELD、FED、VFD、PDP、微显示、CRT 等所有显示技术，同时囊括相关的驱动、芯片、集成电路、模块、各种配套器件等上游技术。

广东省电子行业协会

简介：协会现有团体会员中包括了电子信息产业大部分企业集团、各大门类的龙头企业和代表性的中小企业。

广州进鼎光电显示信息服务有限公司

简介：旗下包括中华液晶网、《平显时代》（月刊）和《手机资讯》（月刊）。

电话：020-85265586

网址：www.FPDisplay.com

南京经济技术开发区管委会/南京平板显示行业协会

简介：南京平板显示行业协会由南京市平板显示企业和相关科研院校（所）组成，是非官方、行业性、地方性、非营利性、自愿结成的社会组织。

电话：025-85800946

深圳市亚威会展有限公司

简介：公司集杂志、网站、展览、研讨会、培训等 FPD 专业服务于一体。

电话：0755-86149046

网址：www.chinafpd.net

中国电子材料行业协会

简介：是由从事电子材料的生产、研制、开发、经营、应用、教学的单位及其他相关的企、事业单位自愿结合组成的全国性的行业社会团体，不受部门、地区和所有制的限制。工作主要通过民主协商、协调，为本行业的共同利益服务。

中国电子材料行业协会覆铜板材料分会

简介：协会的宗旨是为中国覆铜板工业的发展服务，为会员服务，在企业与政府之间起桥梁沟通作用。本着这一宗旨，协会开展的工作有许多方面。

中国电子工业标准化技术协会

简介：开展与电子信息产业标准化有关的各项活动；加强国际交流，提高电子信息产业标准化的科学技术水平，促进电子信息产业标准化工作的健康发展，为振兴电子信息产业、实现社会主义现代化建设服务。

中国电子企业协会

简介：从 1984 年成立至今，始终致力于向电子信息企业和企业家、相关政府部门提供及时、完善的服务。经历二十余年的发展，积累了丰富的行业经验与资源。

中国电子器材总公司

简介：以电子元器件分销、通信业务、进出口贸易、会展等为主营业务，在全国设有 13 家全资子公司和 15 家控参股公司，形成了遍布全国的强大服务网络。

电话：010-51662329/68249403

中国电子视像行业协会

简介：是由从事视像行业及数字音/视频领域（电视机和大屏幕投影等各种显示终端、数字家庭、机顶盒、摄录编设备、数字电影、高清存储、IPTV 接收设备、音/视频编解码、超宽带无线传输、专用部件、视频监控等）生产、研发、运营、服务的企事业单位、大专院校、产业联盟相关单位和个人自愿组成，经国家民政部批准并合法登记，具有社团法人资格的全国性行业组织，业务主管单位是工业和信息化部。

中国电子学会

简介：中国电子学会的 44 个专业分会覆盖了半导体、计算机、通信、雷达、导航、微波、广播电视、电子测量、信号处理、电磁兼容、电子元件、电子材料等电子信息科学技术的所有领域。

中国电子元件行业协会

简介：下属分会包括电阻电位器分会、电容器分会、电子陶瓷及器件分会、磁性材料与器件分会、电子变压器分会、电感器件分会、压电晶体分会、混合集成电路分会、电接插元件分会、控制继电器分会、光电线缆分会、电声器件分会、微特电机与组件分会、敏感元器件与传感器分会。

中国电子专用设备工业协会

简介：协会的宗旨是为会员、用户、政府做好服务，维护整个行业和会员的合法权益及经济利益。协会在政府和行业内的企事业单位之间发挥了桥梁和纽带作用，推动了我国电子专用设备行业的发展。

中国电子装备技术开发协会

简介：以推进电子装备技术和管理现代化、提高电子产业装备自主研发、生产能力和经济效益为目标的非营利性、群众性、专业性的社会团体。

中国光学光电子行业协会

简介：按专业领域划分的分会有七个，包括激光分会、红外分会、光学元件和光学仪器分会、光电器件分会、光电二极管显示应用分会、液晶分会和激光全息分会。

中国真空学会

简介：学会的目的为：确保真空科学与技术的发展，加强真空科学与技术研究成果的普及和应用，促进真空科学与技术人才的成长，使真空科学与技术为中国的经济发展和现代化做出重要贡献。

液晶电视、液晶显示器

北京佳运通达工贸有限公司

简介：主要进行各类工控解决方案的优化设计及产品的集成。公司多年来专心致力于工业液晶显示器和工业平板电脑的开发、生产。

北京众维创通科技有限公司

简介：专业从事多媒体显示设备、液晶显示设备、触摸显示设备等 3C 产品制造，产品涉及数字标牌、教育白板、监视器、拼接屏等系列应用的高新技术企业。

电话：010-82893368

网址：www.bjzhongwei.com

创维光电科技（深圳）有限公司

简介：是创维集团的一个子公司，主要生产 CRT 背投电视、平板液晶电视及 LCD 背投电视。

东莞市恒星光电科技有限公司

简介：致力于视讯产品的研发与销售，主营 LCD 显示器、LCD 电视及其他便携式数码产品。

广州市杰威迅电子有限公司

简介：主营内藏式显示器、支架和头枕式显示器、吸顶式显示器、挡阳板显示器。

广州市索卡科技电子有限公司

简介：研发、生产、销售车载液晶显示器、电视机。

广州市拓普昇电子设备有限公司

简介：致力于工业液晶显示产品及其配套解决方案的设计和营销。

广州视景显示技术研发有限公司

简介：主要研究、开发、测试液晶显示技术、结构、装置，新型平板显示技术、结构、装置及液晶电视，提供技术转让、技术合作和技术咨询。

华腾科技（香港）有限公司

简介：主要产品包括数字多媒体播放器

（DMP&PMP）、多媒体广告机、车载多媒体播放系统、数字多媒体液晶电视、掌上移动多媒体中心、数码相框等。

华忆科技（深圳）有限公司

简介：生产经营车用多媒体及液晶显示器复合体、可携带式移动多媒体及车用液晶显示器、车用放像机及液晶显示器复合体、GAME 系列液晶显示器。

江苏赛博电子有限公司

简介：生产液晶电视、DLP 背投影电视。

捷星显示科技（福建）有限公司

简介：主营业务包括液晶平面电视、等离子电视、液晶显示器、平面彩色显示器。

金羚集团有限公司

简介：从事电脑用液晶显示器的生产制造。

麦道微电子有限公司

简介：从事 LCD 液晶显示器开发、SKD 产品及关键部件供应的公司。

南京夏普电子有限公司

简介：公司目前的主导产品为具有全球领先水平的系列液晶电视机、液晶数据投影机、数字摄像机等。

电话：025-85573714

网址：www.sharp-nsec.com

深圳帝硕科技有限责任公司

简介：主要经营液晶 TFT-LCD 显示器、液晶 TFT-LCD 电视机，产品应用于车载 VCD、DVD、TV、影音系统、卫星导航系统、倒车后视系统等。

深圳富士电科技有限公司

简介：专业从事液晶显示器和液晶电视生产的高科技台资企业。

深圳翰林世界文化科技有限公司

简介：专注于液晶显示器及其相关产品的研发、生产和销售的新型高科技企业。

深圳华视新科技有限公司

简介：从事彩色液晶显示器、液晶模拟电视、液晶数字电视（DVB-T、ATSC）的研发与推广。

深圳汇博兴电子有限公司

简介：集研发、生产、销售于一体的民营科技企业，是显示终端设备的专业制造厂商。

深圳康冠科技集团有限公司

简介：是国内最早致力于显示终端产品制造的厂家之一。

深圳科特科技有限公司

简介：主要产品包括 CRT 显示器、液晶显示器、机箱、键盘、鼠标及显示器塑胶外壳等产品系列，同时承接模具制造、注塑加工、产品外形设计，并提供产品 OEM 生产服务。

深圳明辉行科技有限公司

简介：主要产品包括液晶显示器，液晶电视机，整机及套件、塑壳、主板、液晶屏等。

深圳世晶联实业有限公司

简介：从事液晶显示器、液晶电视、广告机、工业液晶显示器的开发与销售。

深圳市爱微视电子科技有限公司

简介：主要业务包括TFT液晶显示器、液晶电视、数码相框、画框电视、广告机、液晶显示控制板、高压条等相关液晶显示器SKD套件的设计、制造和销售。

深圳市飞尼特实业有限公司

简介：主要产品包括各种尺寸的车载电视、液晶显示器、液晶电视和DVD液晶电视一体机及相关的电子产品。

深圳市冠普电子科技有限公司

简介：先后研发了各种规格的液晶电视、多媒体液晶电视（带电视+DVD+读卡功能+USB+电脑显示器）、数字电视、数码相框等系列产品。

深圳市焌泰烽科技有限公司

简介：生产液晶显示器、液晶电视机、液晶（SKD）套件等。同时工厂承接OEM、ODM订单。

深圳市启悦光电有限公司

简介：集设计、研发、生产、销售液晶显示器、电视及相关产品的高新科技企业。

深圳市同方多媒体科技有限公司

简介：生产液晶电视、PC、手机等。

深圳顺达数码资讯有限公司

简介：主要生产液晶显示器、液晶电视、等离子电视、汽车车载、液晶屏维修等系列产品，产品远销欧洲、美洲、东南亚、澳大利亚、韩国、日本等国家。

沈阳同方多媒体科技有限公司

简介：拥有4条现代化大型生产线，一条辅助生产线，可生产从15～60英寸八大系列60多种不同型号规格的液晶电视、等离子电视，年生产能力为150万台，年生产总值可达20亿元。

天略科技（深圳）有限公司

简介：公司现有十几个产品类型，包括14～50英寸的电脑液晶显示器和液晶电视机。

厦门华侨电子股份有限公司

简介：主要产品包括彩色电视机、彩色显示器、数字式移动电话（GSM）、传真机、电话机、防盗保安工程电话、卫星接收机、车载视听系统。

现代电子（天津）多媒体有限公司

简介：主要生产电脑用液晶显示器（15英寸、17英寸电脑用液晶显示器）。

友利华（河南）高科技开发有限公司

简介：专业从事彩色液晶显示设备、全球卫星定位系统、计算机通信及其他相关产品的研制开发与生产，国内首台工业彩色液晶显示器就在本公司诞生。

浙江忆丰科技有限公司

简介：产品包括LCD电视、数码相框、网络广告机等。

中山市东升镇升宝彩色液晶显示器厂

简介：产品包括吸顶式、头枕式、挡阳板式

吊挂式等一系列多用途智能环保的车载液晶显示器、车载液晶电视和车辆后视配置系统。

电话：0760-86226930

大屏幕、拼接墙

GQY 视讯股份有限公司

简介：是国内首家推出 DLP 大屏幕组合显示系统的大屏幕厂商，是国家级高新科学技术企业和国家级火炬计划项目实施单位，是大屏幕领域的行业翘楚。

北京博睿联创科技发展有限公司

简介：提供拼接控制器、融合控制器、液晶拼接幕墙、多画面处理器等。

北京彩讯科技股份有限公司

简介：提供大屏幕显示系统、大屏幕图像处理设备、大屏幕信号处理设备、大屏幕显示设备。

北京环宇蓝博科技有限公司

简介：专业从事视频信息化产品大屏幕显示技术与开发、生产制造、工程安装及维护的高科技企业。

北京启予高科科技有限公司

简介：提供全息投影屏、LCOS 拼接单元、大屏幕拼接融合软件。

北京市兰星光科技有限公司

简介：是 LCD、DLP 等大屏幕多媒体数字显示系统专业的技、工、贸三位一体企业。

北京亚视创业科技发展有限公司

简介：在单片式 LCD 投影显示设备运用技术及光引擎技术方面取得了重大成果并拥有多项技术专利，是一家拥有 LCD 液晶投影技术自主知识产权的公司。

北京真彩科创电子技术有限公司

简介：以 LED、LCD、DLP 显示技术生产及应用、视频会议技术开发及应用为发展方向的高新技术企业。

成都域虹科技有限责任公司

简介：主要致力于大屏幕显示元器件的研发与生产。

大连视佳显示技术有限公司

简介：主要致力于大屏幕显示技术的研发、生产、工程安装及维护。

广东威创视讯科技股份有限公司

简介：主要提供数字拼接墙。

广州艾恩光电技术有限公司

简介：致力于光学、电子学领域，掌握核心专利技术，提供大屏幕显示系统的解决方案给商业及专业用户。

杭州三花科特光电有限公司

简介：是专业从事高清晰度液晶背投影电视光学引擎、高分辨率超大屏幕商用液晶背投影显示器、DLP 光机、拼接单元和拼接墙、融合显示大屏、综合管理平台、生产调度通信、光电学科教学仪器等产品的开发、生产和销售的高科技企业。

深圳市博康多媒体显示技术有限公司

简介：提供各种型号和尺寸的 DLP 投影单元、LCD 平板显示单元、LCD 控制模块。

深圳市展视科技有限公司

简介：从事 DLP 大屏幕拼接墙、大屏幕显示系统的研发、生产及销售。

深圳市中电视讯有限公司

简介：推出了包括 DLP 大屏幕数字拼接墙、多屏图像控制器、DLP 数字光学背投、交互式数字显示平台等一系列高端数字光电系列产品，产品销往海内外。

深圳中电数码显示有限公司

简介：专业研发、制造和销售 DLP、LCD 等数码高清大屏幕显示技术产品的高科技企业。

IC

安泰半导体科技（苏州）有限公司

简介：主要提供半导体 IC 芯片的设计，IC、LCD 及相关行业全套生产线的引进和相关技术转移。

北京凡达讯科技有限公司

简介：专注于为应用电子纸显示新材料的系统提供专用集成电路设计、开发及解决方案。

北京海尔集成电路设计有限公司

简介：致力于发展数字电视及无线通信核心芯片及整机系统方案。

北京华虹集成电路设计有限责任公司

简介：从事大规模集成电路设计、模块及子系统的开发及应用的高新技术企业，是上海华虹（集团）有限公司下属子公司，是中国“909 工程”的重要组成部分。

彩优微电子（昆山）有限公司

简介：公司主要产品为平板显示驱动 IC，目前已是 TFT-LCD 驱动 IC 出货量最大的极少数国内设计公司之一。

电话：021-50275586

网址：www.viewsil.com

敦泰科技（深圳）有限公司

简介：专注于 TFT-LCD 平板显示驱动芯片和 LED 驱动芯片的设计、开发、制造及销售。

江苏汇成光电有限公司

简介：提供 LCD 和各类显示器专用驱动芯片的封装和测试生产。

电话：0514-85100968

网址：www.unionsemicon.com.cn

上海华虹 NEC 电子有限公司

简介：专注于嵌入式 NVM、LCD 驱动、模拟电源管理，射频技术和消费类电子领域，提供具有竞争力和先进的特种工艺平台。

上海龙晶微电子有限公司

简介：设计、研发、制造和销售数字电视信

源/信道解码芯片、先进的 SoC 产品、LCD 显示驱动产品、MCU 产品。

深圳市科特科技发展有限公司

简介：已研制出 15 英寸、17 英寸、19 英寸液晶显示器和 30 英寸液晶电视的驱动电路，并已投入批量生产，产品远销东南亚、北非、中东等地区。

苏州瀚瑞微电子有限公司

简介：专注于设计、开发、销售平板显示屏驱动芯片和触摸屏控制芯片，其业务涵盖集成电路设计的全部流程，包括集成电路设计、工艺开发、IC 封装技术、IC 测试、产品应用开发、产品验证、特性化测试及失效分析等。

天利半导体（深圳）有限公司

简介：专业生产 TCON、MSTN、TFTSource Driver、CSTN、OLED、TFT GATE Driver。

无锡中微爱芯电子有限公司

简介：专业从事集成电路设计、测试、应用、销售和服务的高新技术企业。

电话：0510-85572722

西安龙腾微电子科技发展有限公司

简介：生产彩屏手机用 TFT-LCD 驱动控制芯片、液晶电视用 TFT-LCD 驱动控制芯片、PWM/PFMDC-DC 稳压电源芯片、CMOS 图像传感器芯片、LED 背光源驱动芯片等。

新相微电子（上海）有限公司

简介：主要致力于提供领先的 TFT-LCD 驱动芯片及相关消费电子产品。

其　他

艾利和电子科技（中国）有限公司

简介：专业生产电子书。

安徽国风塑业股份有限公司

简介：形成了以塑料薄膜为主，塑料建材、木塑新材料、工程塑料、新型非金属材料为辅的产品多元化、支柱产品规模化格局。

电话：0551-5314872

网址：www.guofeng.com

安徽世龙电子技术有限公司

简介：自主开发的主要产品包括数字示波器系列产品、液晶显示控制板系列产品，数字示波器可用于教学、科研与生产。

北京华大九天软件有限公司

简介：致力于提供专业的 EDA 软件、IP 及设计服务，包括模拟/数模混合 IC 设计全流程解决方案、数字 SoC 设计优化解决方案、平板（FPD）设计优化解决方案、定制化顾问服务。

电话：010-84776800

网址：www.empyrean.com.cn

北京弘森创新真空镀膜技术有限公司

简介：是一家专业从事真空镀膜技术开发、产品制造的现代化高科技企业。

北京嘉乐斯乐科技开发有限公司

简介：集研发、生产、销售、服务于一体，专业制造工业加湿器，是目前国内加湿行业的旗舰企业。

北京明韩电子有限公司

简介：在韩国、上海、北京三地都有设厂，北京公司拥有 SMT 生产线 8 条，上海公司拥有 SMT 生产线 9 条。

北京三岭视通科技有限公司

简介：现有产品包括头盔显示器（头戴式显示器）、微光枪瞄显示器、红外枪用瞄准显示器、火炮光电瞄准显示器、机载告警显示器（模拟机）、机载平视显示器（模拟器）等军用显示器。

北京三一友泰科技有限公司

简介：提供显示系统、大屏幕系统、等离子显示器、液晶显示器、投影屏幕、背投屏幕、双面投影屏、会议系统。

北京万物青科技有限公司

简介：专业生产电子书。

北京易鹏物友新材料科技有限公司

简介：提供减反射玻璃。

北京中视中科光电技术有限公司

简介：致力于激光显示技术研发及产业化的公司，公司的核心业务是研发、生产激光显示光源模组产品并提供相应的激光显示整体解决方案。

长智光电（四川）有限公司

简介：经营范围包括液晶显示器、液晶电视及光电周边产品与相关零部件的生产、加工、组装及维修。

常州吉恩化工有限公司

简介：主导产品有叔丁醇钠、叔丁醇钾等碱金属盐、二碳酸二叔丁酯等氨基酸保护剂，以及保护氨基酸系列产品。

电话：0519-85720001

网址：www.genchem.cn

成都菲斯特科技有限公司

简介：提供高品质的光学背投屏幕（72～120 英寸专业幕、42～72 英寸电视幕）。

电话：028-66331999

网址：www.fscreen.com

成都工投电子新材料有限公司

简介：经营领域涉及进出口贸易、液晶面板减薄加工、太阳能设备制造、项目投资等。

电话：028-86679312

网址：www.cdgtdz.com

成都光明光电信息材料有限公司

简介：产品包括光学玻璃、光学电子玻璃、激光晶体、光学眼镜片毛坯、贵金属制品、特种耐火材料六大类 200 多个品种。

电话：028-84331612

网址：www.cdgmgd.com

大连大显股份有限公司

简介：涉及领域包括关键零部件、数字视听、通信网络等。

东泰（昆山）真空镀膜工程有限公司

简介：主要生产等离子电视滤光板，液晶显示器的减反增透膜层，LOW-E 玻璃及前反射镜（用于背投电视、扫描仪、复印机），高透光率的触摸屏用 ITO 导电玻璃及膜。

东莞市标奇广告有限公司

简介：拥有通过 ISO 9001 认证，占地 7000 多平方米的专业标识、LCD 广告机制作工厂。另外，投资 3000 万元、占地面积达 20 亩的新工厂即将投入使用。

电话：0769-23182112

网址：www.beautkey.com

东莞市中瑞电子有限公司

简介：专业从事研发、生产和销售 LED、LCD 数字面板表（数字表头）、电子电源产品的公司。

东莞永佑电子胶带有限公司

简介：专业生产特殊工业胶带，主要产品包括醋酸布胶带、玻璃布胶带、卡普顿胶带、双面胶带、LED 数码管用胶带、衣类用胶带等。

凡润电子（无锡）有限公司

简介：从事新型平板显示器件（LCD 液晶电脑金属部件）和新型电子元器件的开发、生产、销售。

佛山市华特气体有限公司

简介：产品覆盖普通气体、激光气体、电光源气体、电子工业用气体、超高纯气体、标准气体、医用气体、食品工业用气体等十几个系列共 200 多个品种。

福建省莆田德信电子有限公司

简介：主要产品包括德信牌、卡迪奥牌计算器、LCD、FPC、电话机、防水表、万年历、游戏机、验钞机、电子辞典等电子产品。

电话：0594-3681058/3689513

富维薄膜（山东）有限公司

简介：目前，公司正在建设第五条特种 BOPET 厚型膜生产线，设计产能 23000 吨，产品厚度范围 38～200μm，可生产广泛应用于电子、电工绝缘和 TFT-LCD 等多种工业用途的聚酯薄膜产品。

格力浦电子（常熟）有限公司

简介：专业生产通信、手机计算机等各类精密连接器、液晶显示屏端子、光电子器件、混合集成电路端子和精密电子零部件。

固安迪诺普科技有限公司

简介：主要生产自行研制的微型球面结构光学型背投影屏幕。

光洋化学应用材料科技（昆山）有限公司

简介：产品包括①薄膜应用材料：薄膜靶材、蒸镀材料（银靶、金靶、铜靶、铝靶及各种合金靶）；②贵金属化学品及材料：氰化银、氰化银钾、硝酸银、银板、银锭；③表面装饰（SDC）连续溅射镀膜设备；④抗电磁波（EMI）连续溅射镀膜设备；⑤FPD 自动点灯检测设备。

广州奥翼电子科技有限公司

简介：公司自主研发的赛伦纸技术，是一种世界领先的电子纸显示技术，该技术基于纳米电泳显示原理，具有适于阅读、轻薄柔韧、省电节能等特点。经过近几年的潜心钻研，目前公司已经成功将该技术转化为批量生产的“赛伦纸”产品，且陆续应用于多个领域和产品中。

电话：020-34887222

网址：www.oedtech.com

广东星河一网通通信有限公司

简介：代理国外CAD软件及设备的专业集成公司，主要提供图形输入/输出系统的集成和电脑设计、打样系统的集成和服务。主要产品包括GRAPHTEC（日图）大幅面工程扫描仪、喷墨打印机、滚筒切割机、平板切割绘图仪、LED高速绘图仪、3D打印机、骏图扫描、输出软件、骏图全自动打版输入/输出系统等四大类50余种产品。

电话：020-39283032/33

网址：www.ritu.com.cn

广西铟泰科技有限公司

简介：主要产品包括ITO靶材、ITO粉体、氧化铟、高纯铟。

广州赛西光电标准检测研究院有限公司

简介：专业从事光电技术与产品标准研究、标准符合性检测、试验验证、技术咨询和培训，并为政府提供良好技术支撑的高技术服务机构。

杭州东亿科技有限公司

简介：从事TFT-LCD平板显示驱动及应用系统方案开发。

杭州深达玻璃有限公司

简介：生产DLP屏幕玻璃，LCOS、LCD、PDP电视防眩屏。

合肥会通中科材料有限公司

简介：提供发泡聚丙烯、抗静电包装、发泡聚丙烯珠粒、发泡聚丙烯片材、EPP汽车材料、EPP缓冲包装材料、EPP航模材料、EPP大板、发泡聚丙烯工艺品材料、EPP产品。

电话：0551-5771627

网址：www.orinko.com.cn

合肥茂丰电子科技有限公司

简介：是合肥新站区重大项目——合肥鑫昊等离子显示器件有限公司的重要配套企业，生产平板显示器湿化学品。

电话：0551-5283390

河北东光兆鑫电子有限公司

简介：专业生产液晶显示器（LCM）配套用铁框。

河南三阳（3D）光电有限公司

简介：已形成以三维可视化技术为基础的光栅材料生产、裸眼3D显示产品制造、立体影视广告制作、立体产品定制加工生产体系，并提供裸眼3D广告传媒运行平台解决方案和裸眼3D片源制作与转换解决方案。

惠州三华工业有限公司

简介：主导产品为彩电和计算机用回扫变压器（FBT）、适配器、LCD内置电源、二合一电源及PDP电源、逆变器、自动售货机用部品、LCD背光电源等高科技含量的产品。

霍尼韦尔（中国）有限公司

简介：经营范围涉及化工、矿业、金属与冶金、石油与天然气、能源与电力、造纸、纸浆、印刷、铝箔、塑料、橡胶、无纺布（CWS）、石化与炼油。

昆山开发区光电产业园管理委员会

简介：以生产液晶显示面板（TFT-LCD）项目为核心，积极吸引国内外著名光电产业上下游配套厂商进驻区内，力争通过 3～5 年的开发建设，打造国内第一，全球一流的光电产业基地。

电话：0512-55188206

网址：www.chinakov.com

昆山铨铼科技有限公司

简介：生产光显示组件及光通信组件（精密成型产品）。

电话：0512-57358989

柳州华锡铟材料有限责任公司

简介：主要从事铟及铟高新技术材料的研究、生产和销售。

南京电子网板科技股份有限公司

简介：是国内第一家平板荫罩专业生产厂家，成立于 1989 年 12 月 8 日，2002 年 12 月整体变更为中外合资股份有限公司。

南京冠佳科技有限公司

简介：专业模切加工各种工业用胶黏性产品、光电产业用辅助材料。

电话：025-85657308

网址：www.njgrandeur.com

南京华东电子光电科技有限责任公司

简介：主要从事各类军用真空显示器件、光电器件和特种光源产品的研制开发与生产，产品在国防工程中得到广泛应用。

睿立宝莱光电科技有限公司

简介：经营项目涉及光学立体眼镜、电子快门立体眼镜、立体解决方案、立体播放系统、立体游戏系统、立体影像制作、立体电视光学原理及制作等技术运用领域。

陕西捷盈电子科技有限公司

简介：主要生产各种规格的 LCD 电视用部件，包括 INVERTER 高压板、电源板、LIPS 电源板。

陕西昱华电子科技有限公司

简介：专业从事大屏幕数字显像拼接系统工程（DLP、LCD、LED）、视频会议系统、电子会议室、智能控制、安防监控工程、监控产品、IT 产品、LED 系列电子屏的研发、生产、销售、服务的高新技术企业。

上达电子（深圳）有限公司

简介：专业于软性电路板的研发、生产、组装和技术服务，月生产能力达 30000m^2。

上海贝岭股份有限公司

简介：生产 LED 背光/照明驱动电路等。

上海联能科技有限公司

简介：2002 年起开发了用于液晶显示器的压电陶瓷变压器系列产品，以及液晶背光驱动控制芯片，从而成为国内少数几家能生产该类产品的企业。

上海易狄欧电子科技有限公司

简介：专业研制、生产、经营手持电子阅读器（电子书）设备并提供书源资讯。

韶关西格玛技术有限公司

简介：为中外客户提供粒径细、分散性好、纯度高的铟锡氧化物（ITO）纳米粉、氧化铟（In_2O_3）纳米粉、氢氧化铟（In OH_3）纳米粉和高密度、高均匀性、低缺氧率的ITO靶等系列产品。

深圳九星印刷包装集团有限公司

简介：是印刷包装产品及技术服务的集成提供商，代理销售印刷包装设备及耗材，同时为客户提供专业化的技术支持服务。

电话：0755-83073339

网址：www.999graphics.com

深圳欧莱溅射靶材有限公司

简介：生产适用于TN、STN、TFT、FED、PDP和OLED、CF（彩色滤光片）等各种显示器基础元件制造所需的靶材。

深圳市安杰五金制品有限公司

简介：生产LCD、LED、LCM、光纤等IT、光电行业及数码产品五金配件。

深圳市常新精细材料有限公司

简介：专业研发生产玻璃粉Spacer（LCD液晶显示屏）的高科技企业。

深圳市纯水一号水处理科技有限公司

简介：是一家集软化水、纯水、污水处理技术开发、制造、营销和服务于一体的高科技实体。

深圳市方显科技有限公司

简介：致力于四线/五线触摸屏控制器、LCD控制卡、模拟屏AV+MCU控制板、四线/五线触摸屏、数/模LCD转换卡、触摸液晶显示器、真彩液晶屏、通用医疗控制器的研发、生产与销售等。

深圳市深超科技投资有限公司

简介：深超科技先后承担了方正微电子、华映显示、深超光电第5代TFT-LCD生产线、中芯国际（深圳）超大规模集成电路项目、华星光电第8.5代液晶面板生产线、盛波光电偏光片生产线等深圳市重大项目相关工作。

电话：0755-83516270

深圳市唯时信电子有限公司

简介：致力成为业内领先的大型电子元器件分销及增值服务提供商；目前公司主营夏普、京东方、龙腾、台湾奕力TFT-LCD系列产品线，为上下游产业提供良好资源配置，引领行业发展。

深圳市颖网科技有限公司

简介：是一家从事数字营销传播系统开发与服务提供商，致力于信息发布系统、互动触控技术、移动手持终端运用及相关智能显示设备的研究开发的公司，是我国最早从事这一领域的开发商之一，是中国数字营销传播系统开发服务的开创者与领导者。

电话：0755-25668333

网址：www.winonetech.com

深圳太盈科电子有限公司

简介：制作高精度PCB/LCD光绘菲林的专业公司。

沈阳新松机器人自动化有限公司

简介：致力于激光技术在工业领域的产业应用，主导产品涵盖激光焊接成套装备、激光拼焊生产线、激光热处理装备、激光再制造装备、远程激光焊接装备、激光复合焊接装备、激光钎焊装备、塑料焊接装备等。

石家庄宝石电子玻璃股份有限公司

简介：宝石集团主要产品年生产能力为：彩壳1440万只、销钉阳极帽2亿只、高铅玻管1.2万吨、荧光灯玻管1.25万吨、大径塑管7000吨、无极荧光灯55万只、彩枪芯柱2500万只、电子枪400万支。

四川博源科技有限责任公司

简介：提供的产品有银行营销展示产品系列、ATM机防护亭系列、网上银行体验产品系列、导视系统、展示系统、LED模组、亚克力吸塑灯箱、黑白板发光门楣等。

电话：028-85583472

网址：www.by-creat.com

四川维优科技有限责任公司

简介：专业致力于 LCD 液晶投影机、LED 光源及LED投影机、DLP投影机、投影幕布、等离子幕布的生产、研发和销售。

苏州达方电子有限公司

简介：主要产品包括笔记本电脑键盘、PDA键盘及无线键盘、液晶背光模组转换器、电源模组、表面粘着型变压器。

电话：0512-88188800

网址：www.darfon.com.cn

苏州锦富新材料股份有限公司

简介：主要产品包括光学膜片、绝缘片、胶带等。

电话：0512-62825820

网址：www.jin-fu.cn

苏州巨像科技有限公司

简介：公司以全透明玻璃投影专利显示技术为核心，开发了单色视频激光投影机、DLP视频投影机、DLP全彩色视频投影机以及汽车全风挡玻璃显示系统，并致力于产品的技术创新和商业应用的运营。

台湾友诚自动化机械有限公司上海分公司

简介：主要生产PCB湿制程生产设备，自动化设备、半导体及LED生产设备，LCD、ITO、C/F等玻璃板的抛光设备，TN、STN玻璃切断磨边机，TFT切割机及模块后切割机。

天津大东电子有限公司

简介：经营范围包括生产、加工、销售电子、电器零部件、手机护镜。

电话：022-88651241

天津津科电子有限公司

简介：主要从事“电子书”等移动信息平台、终端及各种应用软件的研制与开发。

天津三维显示技术有限公司

简介：从事立体成像技术的研究及相关产品的开发、生产和销售。

潍坊弘林电子科技有限公司

简介：从事研发、生产液晶显示屏、矩阵、电源、智能一卡通等系统和设备的专业厂家。

电话：0536-8827066

武汉精测电子技术有限公司

简介：是一家从事TFT-LCD、PDP、OLED显示信号测试技术的研究、开发、 生产与销售的高新技术企业，也是目前国内平面显示信号测试领域的龙头企业。

电话：027-87526905

网址：www.wuhanjingce.com

西安宝莱特光电科技有限公司

简介：基础研究与应用研究并重、具有较强技术研发实力、从事国际前沿高分子有机发光平面显示技术（PLED）研究的公司。

相干（北京）商业有限公司

简介：相干公司是世界第一大激光器及相关光电子产品生产商，产品服务于科研、医疗、工业加工等多个行业。

电话：010-82153600/82153618

网址：www.coherent.com.cn

亿思达显示科技有限公司

简介：专业从事 3D 显示技术、虚拟视觉显示技术产品及相关技术研发、生产、销售三位一体的高科技综合型企业。

浙江浦江中星（光电科技）有限公司

简介：从事新型 OLED 冷光源的研究、封装、应用、生产和销售服务的高新科技企业。

中国电子工程设计院

简介：具有国家认证的工程咨询、工程设计、工程承包、建设监理、造价咨询等甲级资质及电子工程专业承包（施工）一级资质，1992 年首批获对外经营资格。

电话：010-68207523/68207662

网址：www.ceedi.com.cn

第10章

附录

中国光学光电子行业协会简介

一、概述

中国光学光电子行业协会（China Optics and Optoelectronics Manufactures Association，COEMA）经国务院批准成立于 1987 年年初，是全国从事光学光电子科研、生产和教学的企、事业单位自愿组合的民政部批准法人资格的社会团体，是政府部门在光学光电子行业管理上的参谋和助手，由工业和信息化部归口管理，接受工业和信息化部的业务指导和民政部的监督管理。

中国光学光电子行业协会拥有注册团体会员 900 余个，按专业领域划分的分会有 7 个：激光分会、红外分会、光学元件和光学仪器分会、光电器件分会、发光二极管显示应用分会、液晶分会和激光全息分会。其中的大型会员单位包括北京京东方科技集团股份有限公司、上海广电电子股份有限公司、深圳天马微电子有限公司、上海尼赛拉传感器有限公司、中国大恒激光工程公司等国内一流高科技企业，还有如中国电子科技集团公司第十一研究所、中国电子科技集团公司第三十三研究所、北京清华液晶技术工程研究中心、中国航天工业总公司 8358 所、中科院福建物质结构研究所等国家级重点科研机构。

二、历史背景和现状分析

1987 年 1 月 23 日在北京成立中国光学光电子行业协会（原名中国光学行业协会）。原人大常委会副委员长严济慈致开幕词，原中国科协副主席光学专家王大珩作工作报告，原国家经委副主任朱镕基、原电子部部长谢高觉、原国务院科技领导小组办公室副主任钱振蒙到会并致贺词。大会推选严济慈为协会名誉理事长，推选王大珩为理事长。

1992 年 10 月 14 日由中国贸促会和中国光学光电子行业协会共同主办的“首届国际激光及光电子产品展览会”在北京国际展览中心举行，这是国内第一个国际光电展。协会理事长王大珩为展览会开幕剪彩，副理事长李国枢致开幕词。今天该展会已经成为具有非凡影响力、专业化极强的国际光电业界人士交流的舞台。

中国光学光电子行业协会是民政部管辖的 1800 家一级协会之一，是中国工业经济联合会理事单位。

2005 年 2 月 28 日，中国光学光电子行业网（网址：http://www.coema.org.cn）及中国光学光电子行业论坛（网址：http://www.coema.org.cn/bbs）开通，并担负起为行业服务、为国际交流提供窗口的使命。

2004 年 11 月，中国光学光电子行业协会在中国厦门召开第六届会员代表大会第一次会议，大会听取了第五届秘书长陈玉江作的任期报告，并选举产生了新一届正副理事长、正副秘书长。华北光电技术研究所所长韩建忠同志兼任中国光学光电子行业协会理事长，两院院士王大珩、原电子部部长李国枢、原华北光电技术研究所所长张伟忠同志为名誉理事长；新一届理事会理事单位 47 家，其中常务理事单位 7 家。选举王琳同志为第六届中国光协秘书长，副秘书长 6 名；大会同时还聘请了包括 5 名院士在内的 9 人顾问团。2008 年 11 月召开第七届会员代表大会选举产生第七届理事会，王琳女士当选为第七届秘书长。

中国光学光电子行业协会是政府部门在光学光电子行业管理上的参谋和助手，在自愿的基础上，以全国从事光学、光电子科研、生产、教学、商贸等的企事业单位为主要会员，同时吸收国家有关部门工作人员，以及光学光电子行业界知名人士联合组成的非营利性社会组织。

中国光学光电子行业协会的主要工作是：开展本行业市场调查，向政府提出本行业发展规划的建议；进行市场预测，向政府和会员单位提供信息；举办国际、国内展览会、研讨会、学术讨论会，致力新产品、新技术的推广应用；出版刊物报纸和行业名录；组织会员单位开拓国际、国内市场，组织国际交流，开展国际合作，推动行业发展与进步。

为使中国光学光电子行业协会真正成为代表中国光学光电子行业企事业单位利益的行业组织，逐步与世界相应的组织接轨，新一届中国光协理事会及秘书长正致力于协会建设，积极加强国内、国际交流与合作，扩大中国光学光电子行业协会的影响，充分发挥本行业协会在市场经济当中应有的作用，为企业、政府服务。

中国光学光电子行业协会 7 个分会的详细联系方式

中国光学光电子行业协会按专业领域划分的分会有 7 个：激光分会、红外分会、光学元件和光学仪器分会、光电器件分会、发光二极管显示应用分会、液晶分会和激光全息分会。

总会位于北京，联系方式如下。

秘书长：王琳女士

E-mail：wl@coema.org.cn

副秘书长：所洪涛先生

E-mail：suohongtao@coema.org.cn

信息咨询：coema@coema.org.cn

7 个分会联系地址和联系人如下。

1．激光分会

理事长单位：北京光电技术研究所

秘书处设在：北京光电技术研究所

通信：北京 648 信箱

地址：北京市东皇城根北街甲 20 号

邮编：100010

E-mail：lijl9358@yahoo.com.cn

电话：（010）84024561

传真：（010）64016627

理事长：陈光

2．红外分会

理事长单位：华北光电技术研究所

秘书处设在：华北光电技术研究所

地址：北京 8511 信箱 49 分箱

邮编：100015

电话：010-84321499

传真：010-64347322

秘书长：所洪涛

理事长：杨定江

3．液晶分会

理事长单位：京东方科技集团股份有限公司

秘书处设在：京东方科技集团股份有限公司

地址：北京市朝阳区酒仙桥路 10 号 京东方科技集团股份有限公司
邮编：100015
电话：010-64318888 转 6365/ 6586
传真：010-64363965-5111
理事长：王东升
秘书长：梁新清
具体联络人：孙莹　付佳

4．光电器件（LED）分会

第六届理事长单位：中国电子科技集团公司第十三研究所
秘书处设在：中国电子科技集团公司第十三研究所
地址：河北省石家庄市新华区合作路 113 号
通信地址：河北省石家庄市 179 信箱 70 分箱
邮编：050051
电话：0311-87091253
传真：0311-87045695
联系人：牛晓青　刘育青
秘书长：安国雨
理事长：杨克武

5．LED 显示应用分会

理事长单位：北京四通智能交通系统集成有限公司
秘书处设在：上海汉德森光电科技有限公司
联络人：张璐
地址：上海市普陀区中江路 870 弄 1 号 403 室
电话：021-52703216
传真：021-52703216
邮编：200333
E-mail：hyxh@leds.org.cn
秘书长：陆荣庆
理事长：关积珍

6．激光全息分会

理事长单位：山东北方光学电子有限公司（5808 厂）
秘书处设在：山东北方光学电子有限公司（5808 厂）
地址：山东泰安市第四十号信箱
邮编：271000
电话：0538-6511022
传真：0538-6511011

秘书长：刁瑞雪
理事长：杜吉智

7．光学元件与光学仪器分会

理事长单位：河南中光学集团
秘书处设在：中国光协秘书处
地址：北京 8511 信箱中国光协
邮编：100015
电话：010-84321499
传真：010-64347322
秘书长：程慧云
理事长：王天洲

中国光学光电子行业协会液晶分会简介

中国光学光电子行业协会液晶分会是隶属于中国光学光电子行业协会的二级协会，接受主管部门工业和信息化部的领导。分会成立于1996年7月，截至2013年年底，有会员260个，分布在中国各地，主要包括大、中型液晶显示器生产企业，主、辅材料制造厂商，专用设备厂商，科研机构，高等院校等。

分会的最高权力机构是会员大会，领导机构为会员大会选举产生的理事会及常务理事会。常设机构为秘书处，秘书处办公地点暂设在理事长单位，负责处理分会的日常工作。

分会的主要职能是服务职能和沟通职能。

服务职能主要是做好“两个服务”，即通过服务于政府，服务于会员，一方面，积极向政府献言献策，分析报告行业发展状况和发展趋势，为政府制定产业政策、决策重大项目提供咨询和参考建议；另一方面，为会员单位提供权威行业资讯，为其决策提供全方位服务，维护广大会员的合理权益。

分会的沟通职能是指分会要搭建“三个桥梁”，即在政府和行业之间交流的桥梁、不同会员之间交流的桥梁、国内和国外交流的桥梁。通过致力于促进官、产、学、研、用全方面的沟通合作与交流，促进各方在技术、战略上的深度合作；集中政府、企业和社会的技术、专利、标准等资源，促进全行业共同发展；帮助国内企业了解、熟悉国际产业环境，搭建国际合作交流平台，协助企业参与国际产业竞争。

为成为平板显示领域最专业的协会组织，保证协会秘书处工作的专业化和长期性，秘书处暂设四个部门开展各项工作，具体分工如下。

（1）行业研究部：负责收集、统计业内国际范围内行业数据、最新技术、经营战略等；编写行业研究报告、会刊、行业年鉴；协助工业和信息化部等主管部门研讨行业发展规划、评估行业项目等。

（2）会员服务部：负责收集整理会员基本信息，发展新会员；了解会员需求，提供相应服务；组织年会、行业培训、对外宣传、会刊发放，以及分会日常事务。

（3）国际交流部：负责组织国内外液晶及其他平板显示产业的商务考察、交流活动。

（4）会展部：负责洽谈、招商、组织各类专业论坛和展会。

中国光学光电子行业协会液晶分会

顾　　　问：王勃华
名誉顾问：季国平
名誉理事长：高鸿锦　董绪旺
理　事　长：王东升
常务副理事长：刘瑞林　李绍宗　李 军
副理事长：陈向真　贾英杰　李 超　柯汉奇
秘　书　处：京东方科技集团股份有限公司
秘　书　长：梁新清
联　系　人：孙莹　付佳
通信地址：北京朝阳区酒仙桥路 10 号
邮政编码：100015
联系电话：86-10-64318888 转 6365/ 6586
传　　　真：86-10-64363965-5111
E-mail：lcb.coema@Gmail.com

中国光学光电子行业协会液晶分会章程

第一章　总　则

第一条　中国光学光电子行业协会液晶分会，是中国光学光电子行业协会下属分会，简称液晶分会（以下简称“本分会”）。英文简称 LCB COEMA，其中 COEMA 为中国光学光电子行业协会的英文简称，LCB 为 Liquid Crystal Branch 的简称。

第二条　本分会是由全国从事液晶显示和其他平板显示以及上下游相关产业的企业、事业单位自愿组成的非营利性社会团体，是跨地区、跨部门、跨所有制的行业组织，受中国光学光电子行业协会的领导，承认中国光学光电子行业协会的章程。

第三条　本分会的宗旨是遵守中华人民共和国宪法、法律、法规和有关政策，遵守社会道德风尚。为液晶及平板显示行业的共同利益服务，加强政府和企业、企业与企业、企业与社会之间的沟通，维护会员单位的合法权益。团结全国行业同仁，推动和加速我国液晶及平板显示技术的不断提高，促进产业的发展。

第二章　业务范围和任务

第四条　积极贯彻国家的方针政策，促进液晶及平板显示行业的发展与繁荣；提高本行业的科学技术水平，增强本行业的整体经济效益。在政府、企事业单位与用户之间起桥梁和纽带的作用并为其服务。

第五条　本分会具体工作任务

（一）开展对全国液晶及平板显示行业的生产、研发、市场销售、质量等基本情况的调查、搜集、分析和统计工作，定期向政府部门及本分会会员单位报送。

（二）向政府部门提出制定行业发展规划和重大技术改造项目的咨询建议。

（三）对涉及本行业发展的国家有关政策、法规的制定进行研讨并提出建议，协助政府部门监督、检查本行业对国家有关政策、法规的贯彻执行。

（四）接受政府部门委托，组织制定、修改本行业的国家标准和行业标准，并推进标准的贯彻实施。向本分会会员单位介绍有关国际标准的现状和发展情况。

（五）组织行业内及行业间的学术、产业、商务等交流活动，推动整个产业链的配套合作。

（六）参与行业性集体谈判，提出涉及会员和行业利益的意见和建议。

（七）在本行业内积极推动新技术、新工艺、新材料和科技新成果的开发应用。

（八）对本行业产品（包括进出口产品）价格、税收等情况进行调查分析，向政府部门提出上述有关产品的价格、税收的调整建议。

（九）创办行业刊物，建设协会网站，开展咨询服务，积极向行业提供国内外技术经济情报和市场信息，协助行业企业开拓国内外市场。

（十）根据需要，采取多种形式组织相关专业培训。

（十一）发展与中国港、澳、台地区及国外有关组织的联系，开展经济、技术等方面的合作与交流活动。在对外进出口、利用外资、引进技术方面，加强成员单位之间的信息交流与政策协调。

（十二）制定本行业的行规、行约并监督执行。

（十三）加强会员和行业自律，促进会员诚信经营，维护行业公平竞争。

（十四）开展本分会宗旨允许的其他业务和政府及其工作部门授权或者委托的其他事项。

第三章 会 员

第六条 申请加入本分会的会员，必须具备以下条件：

（一）从事液晶显示和其他平板显示以及上下游相关产业的研究、开发、设计、制造、测试、应用、投资、管理、中介、服务等各种所有制形式的企事业单位；

（二）有加入本分会的意愿，愿意参加本分会有关活动并按时缴纳会费；

（三）拥护并遵守中国光学光电子行业协会及本分会的章程。

第七条 会员入会的程序：

（一）提交入会申请书；

（二）经本分会秘书处审核、理事长批准通过；

（三）由本分会理事会或理事会授权的机构颁发会员证。

第八条 本分会会员享有以下权利：

（一）本分会的选举权、被选举权及表决权；

（二）参加本分会举办的各类活动优先权；

（三）优先享有本分会为会员单位提供的行业信息、科研成果、生产技术、人才培训和经营管理经验交流等服务；

（四）对本分会工作的提案权、建议权和监督权；

（五）退会自由。

第九条 本分会会员应履行以下义务：

（一）遵守本分会章程，执行本分会决议；

（二）维护本分会声誉和合法权益；

（三）积极完成本分会交办的各项工作；

（四）按规定时限和标准缴纳会费；

（五）向本分会如实提供经营情况及有关资料，以便行业统计工作；

（六）指派专人与本分会秘书处建立工作联系。

第十条 会员退会应书面通知本分会，并交回会员证。会员连续两年不缴纳会费，视为自动退会。

第十一条 会员单位如果破产倒闭，则其会员资格经常务理事会确认后取消；会员如有严重违反本分会章程的行为，经常务理事会表决通过，并予以除名。

第四章 组织架构和负责人的产生、罢免

第十二条 组织架构：本分会设理事长单位、常务副理事长单位、副理事长单位、常务理事单位、理事单位以及会员单位。

理事单位的产生：具有一定实力、积极参加本分会活动、按时缴纳会费的会员单位，由本单位申请，两家以上理事单位提名，经常务理事会审议通过，成为理事单位；

理事单位任满一年后，具有常务理事单位被选资格；

常务理事单位任满一年后，具有副理事长单位被选资格；

副理事长单位任满一年后，具有常务副理事长和理事长单位被选资格。

常务理事、副理事长、常务副理事长和理事长单位的产生：由两家常务理事以上单位提名，经常务理事会审议通过确定。

理事会成员由相关单位指定代表组成：理事长（1 名）、常务副理事长（1～3 名）、副理事长（2～6 名）、秘书长（1 名）、常务理事若干名、理事若干名。

常务理事与理事单位数量的设立原则为：常务理事单位不超过会员总数的 20%，理事单位不超过会员总数的 35%。

第十三条　本分会的最高权力机构是会员代表大会，会员代表大会每年召开一次。会员代表大会的职权是：

（一）批准本分会章程的制定和修改；

（二）听取和审议本分会的年度工作和年度财务报告；

（三）决定本分会的工作方针和任务；

（四）审议通过本分会常务理事会的任免；

（五）决定其他重大事项。

第十四条　会员代表大会须有 1/2 以上的会员单位出席方能召开，其决议须经到会会员单位 2/3 以上表决通过方可生效。

第十五条　常务理事会是会员代表大会的执行机构，在会员代表大会和理事会闭会期间领导本分会开展日常工作，对会员代表大会负责。

第十六条　常务理事会的职权是：

（一）执行会员代表大会的决议；

（二）选举和罢免理事长、常务副理事长、副理事长、常务理事、秘书长；

（三）召开会员代表大会；

（四）向会员代表大会作年度工作报告和年度财务报告；

（五）审议会员的吸收或除名；

（六）决定设立办事机构、分支机构、代表机构和实体机构；

（七）决定各机构主要负责人的聘任；

（八）领导本分会各机构开展工作；

（九）制定内部管理制度；

（十）决定其他重大事项。

第十七条　常务理事会须有 2/3 以上常务理事出席方能召开，其决议须经到会常务理事 2/3 以上表决通过方为有效。

第十八条　常务理事会每年至少召开一次会议。

第十九条　本分会的理事长、常务副理事长、副理事长、秘书长必须具备下列条件：

（一）在本分会业务领域内有较大影响；

（二）理事长、常务副理事长、副理事长、秘书长最高任职年龄不超过 70 周岁；

（三）身体健康，能坚持正常工作；

（四）未受过剥夺政治权利的刑事处罚；

（五）具有完全民事行为能力。

第二十条　本分会理事长、常务副理事长、副理事长、秘书长如超过最高任职年龄需继续任职的，须经常务理事会表决通过，报业务主管单位审查批准后，方可任职。

第二十一条　本分会理事长、常务副理事长、副理事长、秘书长任期 4 年。理事长单位原则上任期最长不得超过两届，因特殊情况需延长任期的，须经会员代表大会 2/3 以上会员表决通过，报业务主管单位审查批准后，方可任职。

第二十二条　本分会理事长行使下列职权：

（一）召集和主持常务理事会；

（二）检查会员代表大会、常务理事会决议的落实情况；

（三）代表本分会参加重要活动，签署有关文件；

（四）提名秘书长人选，交常务理事会决定。

第二十三条　本分会秘书长行使下列职权：

（一）在理事长单位设立本分会秘书处，处理日常事务；

（二）主持秘书处日常工作，组织实施年度工作计划；

（三）协调各分支机构、代表机构、实体机构开展工作；

（四）提名各办事机构、分支机构、代表机构和实体机构主要负责人及专职人员，提交常务理事会决定；

（五）处理其他日常事务。

第二十四条　经常务理事会讨论通过，对从事液晶及平板显示行业多年且成绩卓著，积极参与分会工作并做出过突出贡献的专家，根据情况授予名誉理事长、顾问等荣誉称号。

第五章　资产管理、使用原则

第二十五条　本分会经费来源：

（一）会费；

（二）捐赠；

（三）政府资助；

（四）服务收入；

（五）利息；

（六）其他合法收入。

第二十六条　本分会按照国家有关规定收取会员会费，具体标准为：

（一）理事长单位：5000 元/年；

（二）常务副理事长、副理事长单位：4000 元/年；

（三）常务理事单位：3000 元/年；

（四）理事单位：2000 元/年；

（五）会员单位：1000 元/年。

第二十七条　本分会经费必须用于本章程规定的业务范围和事业的发展，不得在会员中分配。

第二十八条　本分会建立严格的财务管理制度，设立专门账户，保证会计资料合法、真实、准确、完整。

第二十九条　本分会配备具有专业资格的会计人员。会计不得兼任出纳。会计人员必须进行会计核算、实行会计监督。会计人员调动工作或离职时，必须与接管人员办清交接手续。

第三十条　本分会的资产管理必须执行国家规定的财务管理制度，接受会员大会和财政部门的监督。资产来源属于国家拨款或者社会捐赠、资助的，必须接受审计机关的监督，并将有关情况以适当方式公布。

第三十一条　本分会换届之前应接受主管单位组织的财务审计。

第三十二条　本分会的资产，任何单位、个人不得侵占、私分和挪用。

第三十三条　本分会如需设立专职工作人员，其专职工作人员的工资和保险、福利待遇，参照国家的有关规定执行，应由协会承担。协会一切活动费用由协会承担。如果协会在经济上尚无能力全部承担的，可与挂靠单位协商后，由挂靠单位承担一部分。

第六章　章程的修改程序

第三十四条　对本分会章程的修改，须经常务理事会表决通过后报会员大会审议。

第三十五条　修改后的章程，须在会员代表大会审议通过后，报业务主管单位审查批准后生效。

第七章　终止程序及终止后的财产处理

第三十六条　本分会完成宗旨或自行解散或由于分立、合并等原因需要注销的，由常务理事会提出终止动议。

第三十七条　本分会终止动议须经会员代表大会表决通过，并报业务主管单位审查同意。

第三十八条　本分会终止前，须在业务主管单位及有关机关的指导下成立清算组织，清理债权债务，处理善后事宜。清算期间，不开展清算以外的活动。

第三十九条　本分会经业务主管单位办理注销登记手续即为终止。

第四十条　本分会终止后的剩余财产，在业务主管单位的监督下，按照国家有关规定，用于发展与本分会宗旨相关的事业。

第八章　附　则

第四十一条　本章程经 2008 年 3 月 10 日会员代表大会表决通过。

第四十二条　本章程的解释权属于本分会常务理事会。

第四十三条　本章程自业务主管单位批准之日起生效。

中国光学光电子行业协会液晶分会
第四届一次常务理事会会议决议

中国光学光电子行业协会液晶分会（以下简称液晶分会）于 2010 年 7 月 22 日～23 日在合肥召开了液晶分会第四届一次常务理事会。除特邀嘉宾外，出席本次常务理事会有理事长、常务副理事长、副理事长以及常务理事共 30 个单位的 43 位代表。会议由分会王东升理事长主持。现将有关决议记录如下：

一、会议通过液晶分会秘书长变更事宜。常务理事会同意原液晶分会秘书长董友梅因工作原因，辞去秘书长一职；同意由被提名的京东方集团副董事长梁新清担任本届液晶分会秘书长。

二、会议听取了梁新清秘书长代表秘书处所做的《液晶分会 2010 年工作报告》。该工作报告汇报了理事长单位换届交接工作情况以及秘书处的工作近况。会议原则通过了秘书处 2010 年的工作计划，原则同意液晶分会拟于 2010 年 12 月在北京举行一届平板显示国际论坛。会议原则通过了分会 LOGO 的设计构思。

三、会议听取并通过液晶分会服务产品提案。会议同意液晶分会秘书处除定期编发会刊（平板显示文摘）外，还定期、不定期地提供行业数据收集、统计、行业研究报告、培训、网页管理、商务考察、专业展览、展示、专业论坛、学术会议等产品。

四、会议听取并通过了液晶分会 2010 年财务预算提案；审议通过了液晶分会会费调整提案。新的收取标准如下表所示：

序　号	项　　目	新会费标准（元/年）
1	会员单位	2000
2	理事单位	6000
3	常务理事单位	12000
4	常务副理事长、副理事长单位	20000
5	理事长单位	100000

中国光学光电子行业协会液晶分会

二〇一〇年七月二十二日

中国光学光电子行业协会液晶分会成员名单

序号	单位名称	职位
1	京东方科技集团股份有限公司	理事长
2	天马微电子股份有限公司	常务副理事长
3	北京清华液晶技术工程研究中心	常务副理事长
4	深圳莱宝高科技股份有限公司	常务副理事长
5	深圳市华星光电技术有限公司	副理事长
6	中国电子科技集团公司第 55 研究所	副理事长
7	河北冀雅电子有限公司	副理事长
8	深圳晶华显示器材有限公司	副理事长
9	南玻集团精细玻璃事业部	副理事长
10	深圳帝光电子有限公司	常务理事
11	应用材料（中国）有限公司	常务理事
12	爱发科商贸上海有限公司	常务理事
13	东电电子（上海）有限公司	常务理事
14	SEMI	常务理事
15	NAKAN 株式会社	常务理事
16	康惠（惠州）半导体有限公司	常务理事
17	汕头超声显示器有限公司	常务理事
18	北方液晶工程研究开发中心	常务理事
19	深圳市中显微电子有限公司	常务理事
20	深圳豪威真空光电子股份有限公司	常务理事
21	厦门高卓立科技有限公司	常务理事
22	深圳清溢光电股份有限公司	常务理事
23	北京维信诺科技有限公司	常务理事
24	亚威资讯	常务理事
25	南京平板显示行业协会	常务理事
26	TCL 集团工业研究院	常务理事
27	安徽省蚌埠华益导电膜玻璃有限公司	常务理事
28	石家庄诚志永华显示材料有限公司	常务理事
29	中国电子科技集团公司第二研究所	常务理事
30	北京清大天达光电科技有限公司	常务理事
31	北京京城清达电子设备有限公司	常务理事
32	莆田市莆辉方显光电子有限公司	常务理事
33	苏州瑞红电子化学品有限公司	常务理事

续表

序号	单位名称	职位
34	深圳格力浦电子有限公司	常务理事
35	常州东南液晶显示有限公司	常务理事
36	康宁显示科技（中国）有限公司	常务理事
37	大连东显电子有限公司	理事
38	江苏句容骏升显示技术有限公司	理事
39	亚世光电股份有限公司	理事
40	潮州市蓓蕾电子有限公司	理事
41	信利半导体（中国）有限公司	理事
42	深圳市盛波光电科技有限公司，原深防乐凯	理事
43	新辉开科技（深圳）有限公司	理事
44	南京华日液晶显示技术有限公司	理事
45	江门亿都半导体有限公司	理事
46	广州进鼎光电显示信息服务有限公司	理事
47	东莞市奕东电子有限公司	理事
48	南京华睿川电子科技有限公司	理事
49	中国电子工程设计院	理事
50	深圳新南亚技术开发有限公司	理事
51	友达光电（苏州）有限公司	理事
52	北京吉乐电子集团有限公司	理事
53	约翰内斯·海德汉博士（中国）有限公司	理事
54	北京八亿时空液晶科技股份有限公司	理事
55	中导光电设备有限公司	理事
56	深圳市三利谱光电科技股份有限公司	理事
57	武汉精测电子技术股份有限公司	理事
58	南京中电熊猫液晶显示科技有限公司	理事
59	上海华丽工程技术有限公司	理事
60	乐金化学（南京）信息电子材料有限公司	理事
61	河北工业大学理学院应用物理系	会员
62	显邦电子有限公司	会员
63	多纳勒烟台电子有限公司	会员
64	电光电子有限公司	会员
65	中国乐凯胶片集团公司	会员
66	天津市超标净化设备有限公司	会员
67	烟台万润精细化工股份有限责任公司	会员
68	成都光明器材厂	会员
69	芜湖长信科技股份有限公司	会员
70	旭硝子精细玻璃（深圳）有限公司	会员

续表

序号	单位名称	职位
71	深圳市超纯环保股份有限公司	会员
72	上海盛永国际贸易有限公司	会员
73	深圳东显微电子有限公司	会员
74	曙光电子集团公司液晶显示器厂	会员
75	常州康龙电子有限公司	会员
76	涿州市蓝天特灯发展有限公司	会员
77	上海怡康化工材料有限公司	会员
78	上海迪爱生贸易有限公司	会员
79	东莞市超越电子有限公司	会员
80	深圳市飞世尔实业有限公司	会员
81	西安瑞联近代电子材料有限责任公司	会员
82	上海贺利氏工业技术材料有限公司	会员
83	福建省莆田德信电子有限公司	会员
84	南京夏普电子有限公司	会员
85	三键化工（上海）有限公司	会员
86	深圳市美精微光电股份有限公司	会员
87	北京恒融达经贸有限公司	会员
88	深圳九恒印刷设备器材有限公司	会员
89	创技电子机械（上海）有限公司	会员
90	北京航天宏达光电技术有限公司	会员
91	深圳市瑞福达液晶显示技术股份有限公司	会员
92	无锡康力电子有限公司	会员
93	碧海永乐净化科技有限公司	会员
94	厦门爱特鸥光电实业有限公司	会员
95	凸版（上海）企业管理有限公司	会员
96	佛山纬达光电材料有限公司	会员
97	深圳市网印巨星机电设备有限公司	会员
98	上海拓朴晶光电科技有限公司	会员
99	北京金翼新技术开发中心	会员
100	杭州清达光电技术有限公司	会员
101	美国三开化学公司上海代表处	会员
102	深圳赛科显示器有限公司	会员
103	腾新机械（上海）有限公司	会员
104	莱宝光电设备（北京）有限公司	会员
105	深圳市惠乐光电有限公司（原惠乐科技）	会员
106	上海住友商事有限公司	会员
107	石家庄科润显示材料有限公司	会员

续表

序号	单位名称	职位
108	鹿泉市新型电子材料有限公司	会员
109	天通控股股份有限公司	会员
110	三和国际集团	会员
111	天津大东电子有限公司	会员
112	旭璟光电科技（惠州）有限公司	会员
113	东莞艾斯光电科技有限公司	会员
114	华南理工大学	会员
115	LG 化学中国投资有限公司	会员
116	泉州市佑达化工材料有限公司	会员
117	复旦大学	会员
118	福州大学（光电显示技术研究所）	会员
119	中山大学物理科学与工程技术学院	会员
120	福建莆田新威电子工业有限公司	会员
121	北京理工大学信息学院光电工程系	会员
122	湖北省化学研究所	会员
123	中山市东升镇升宝液晶显示器厂	会员
124	联建（苏州）科技有限公司	会员
125	昆山铨铼科技有限公司	会员
126	温州市侨业经济开发有限公司	会员
127	大立高分子工业股份有限公司（上海荣立贸易有限公司）	会员
128	和科达集团 LCD 事业部	会员
129	和美光电科技（苏州）有限公司	会员
130	中国电子器材总公司	会员
131	深圳市联得自动化机电设备有限公司	会员
132	深圳市晶讯电子有限公司	会员
133	北京世元达电子技术有限公司	会员
134	深圳溢洋科技开发有限公司	会员
135	中国兵器工业第二〇四研究所	会员
136	深圳日东电子设备有限公司	会员
137	厦门精显电子有限公司	会员
138	亚通光电科技（深圳）有限公司	会员
139	江苏晶源电子科技有限公司	会员
140	深圳市宝森净化科技有限公司	会员
141	3M 中国有限公司	会员
142	深圳市力合薄膜科技有限公司	会员
143	石家庄国大工业有限公司	会员
144	苏州市联创新材料有限公司	会员

续表

序号	单位名称	职位
145	爱立发自动化设备（上海）有限公司	会员
146	日立（中国）有限公司	会员
147	深圳市纳微科技有限公司	会员
148	厦门映日液晶材料有限公司	会员
149	江苏宜兴经济开发区	会员
150	智索国际贸易（上海）有限公司	会员
151	厦门市康保无纺布制品有限公司	会员
152	杭州瑞辉光电科技有限公司	会员
153	深圳市福和达电子设备有限公司	会员
154	宁波高新区七鑫旗科技有限公司	会员
155	河北迈尔斯通电子材料有限公司	会员
156	广州市回天精细化工有限公司	会员
157	佛山市俊一明镜业玻璃有限公司	会员
158	厦门赛特勒电子有限公司	会员
159	松下电器研究开发（苏州）有限公司	会员
160	深圳市鹏基光电有限公司	会员
161	苏州锦富新材料股份有限公司	会员
162	东莞市东元新能源科技有限公司	会员
163	上海中科联和显示技术有限公司	会员
164	成都中光电科技有限公司	会员
165	深圳市大族激光科技股份有限公司	会员
166	四川英杰电气股份有限公司	会员
167	苏州天准精密技术有限公司	会员
168	常州丰盛光电科技股份有限公司	会员
169	合肥茂丰电子科技有限公司	会员
170	烟台显华化工科技有限公司	会员
171	郑州旭飞光电科技有限公司	会员
172	杭州格林达化学有限公司	会员
173	常州吉恩化工有限公司	会员
174	亚德科超精密有限公司	会员
175	广东星河一网通通信有限公司	会员
176	合肥会通中科材料有限公司	会员
177	安徽国风塑业股份有限公司	会员
178	江苏和成显示科技股份有限公司	会员
179	东莞市飞新达精密机械科技有限公司	会员
180	厦门易显电子有限公司	会员
181	武汉良师通明科技发展有限公司	会员

续表

序号	单位名称	职位
182	卫利国际科贸（上海）有限公司	会员
183	陶氏化学（中国）有限公司	会员
184	相干（北京）商业有限公司	会员
185	烟台德邦科技有限公司	会员
186	无锡中微爱芯电子有限公司	会员
187	南京冠佳科技有限公司	会员
188	旭硝子（中国）投资有限公司	会员
189	东莞市标奇广告有限公司	会员
190	四川博源科技有限责任公司	会员
191	广州市欣瑞电子有限公司	会员
192	北京堀场汇博隆精密仪器有限公司	会员
193	联建（中国）科技有限公司	会员
194	深超光电（深圳）有限公司	会员
195	日新意旺高科技（扬州）有限公司	会员
196	成都工投电子新材料有限公司	会员
197	科美仪器（昆山）研发有限公司	会员
198	上海通彩自动化设备有限公司	会员
199	浙江金指科技有限公司	会员
200	苏州金禾新材料股份有限公司	会员
201	深圳市飞鑫光电有限公司	会员
202	深圳市颖网科技有限公司	会员
203	昆山开发区光电产业园管理委员会	会员
204	汉高乐泰（中国）有限公司	会员
205	武汉华工激光工程有限责任公司	会员
206	彩优微电子（昆山）有限公司	会员
207	太湖金张科技有限公司	会员
208	成都菲斯特科技有限公司	会员
209	大连东方科脉电子有限公司	会员
210	北京众维创通科技有限公司	会员
211	上海仪电显示材料有限公司（新变更）	会员
212	江苏奥瑟亚新材料科技有限公司	会员
213	成都工投电子设备有限公司	会员
214	昆山龙腾光电有限公司	会员
215	中导光电设备有限公司	会员
216	山西宇皓新型光学材料有限公司	会员
217	江西合力泰微电子有限公司	会员
218	液化空气上海有限公司	会员

续表

序号	单位名称	职位
219	北京沃尔德金刚石工具股份有限公司	会员
220	株洲科能新材料有限责任公司	会员
221	深圳市康乐德实业有限公司	会员
222	南京兰埔成新材料有限公司	会员
223	深圳市深超科技投资有限公司	会员
224	迪恩士电子（上海）有限公司	会员
225	上海龙云精密机械有限公司	会员
226	晶美晟光电材料（南京）有限公司	会员
227	北京海斯迪克新材料有限公司	会员
228	包头市金蒙稀土有限责任公司	会员
229	江苏汇成光电有限公司	会员
230	苏州三星电子液晶显示科技有限公司	会员
231	深圳市晶惠迪电子有限公司	会员
232	昆山钜东光电设备有限公司	会员
233	旭东机械（昆山）有限公司	会员
234	中国船舶重工集团公司第七一八研究所	会员
235	上海黑田贸易有限公司	会员
236	北京华大九天软件有限公司	会员
237	上海微电子装备有限公司	会员
238	潍坊弘林电子科技有限公司	会员
239	苏州达方电子有限公司	会员
240	上海安平静电科技有限公司	会员
241	电计贸易（上海）有限公司	会员
242	宁波东旭成新材料科技有限公司	会员
243	北京兆维科技开发有限公司	会员
244	北京康得新复合材料股份有限公司	会员
245	莎益博工程系统开发（上海）有限公司	会员
246	深圳集电工业材料有限公司	会员
247	默克化工技术（上海）有限公司	会员
248	苏州净雅无尘科技有限公司	会员
249	宁波激智科技股份有限公司	会员
250	宁波长阳科技有限公司	会员
251	宇瑞（上海）化学有限公司	会员
252	福州阿石创光电子材料有限公司	会员
253	翰博高新材料（合肥）股份有限公司	会员
254	苍南县三维电子塑胶有限公司	会员
255	美冠（北京）科技有限公司	会员

续表

序号	单位名称	职位
256	杭州科百特过滤器材有限公司	会员
257	苏州博英电子科技有限公司	会员
258	广州市科唯仪器有限公司	会员
259	绿菱电子材料（天津）有限公司	会员
260	深圳市劲拓自动化设备股份有限公司	会员

中国真空学会显示技术专业委员会章程

第一章　总　则

第一条　中国真空学会显示技术专业委员会是中国真空学会下属分会，中文名称“中国真空学会显示技术专业委员会”，简称“显示专业委员会”；英文名称“Beijing Chapter of the Society for Information Display”，简称“SID Beijing Chapter”。

第二条　中国真空学会显示技术专业委员会（以下简称“显示专业委员会”）是由中国显示科学技术工作者和从事显示技术科研、生产、教学、应用和经营的科技工作者和有关单位自愿组成，经民政部依法登记，具有社会团体法人资格的全国性、学术性和非营利性的科技社会团体，是中国科学技术协会（以下简称“中国科协”）的组成部分，是中国真空学会的一个专业委员会，是发展我国显示科技事业的重要社会力量。

第三条　显示专业委员会的宗旨是：团结和动员全国显示科学技术工作者和从事显示技术科研、生产、教学、应用和经营等的单位以经济建设为中心，坚持科学技术是第一生产力的思想，实施科教兴国和可持续发展战略，大力开展多种形式的科技服务，促进显示科学技术的繁荣和发展，促进显示科技成果的推广应用，积极开展学术交流，促进显示科技创新和促进显示科技人才的成长与提高，促进显示科学技术与经济的结合；广泛开展科普活动，促进全民族科学文化素质的提高，为社会主义物质文明和精神文明建设服务，为加速我国社会主义现代化做出贡献。

第四条　显示专业委员会贯彻国家发展科学技术工作基本方针，遵守宪法、法律、法规和国家政策，遵守社会道德，弘扬“尊重知识，尊重人才”的风尚，倡导“献身、创新、求实、协作”的精神。坚持独立自主、民主办会的原则和“百花齐放、百家争鸣”的方针，反映显示科技工作者的意见，维护显示科技工作者的合法权益，为显示科技工作者服务，充分发挥桥梁和纽带作用，努力办成显示科技工作者之家。

第五条　本显示专业委员会接受业务主管单位中国真空学会及中国科协和社团登记管理机关中华人民共和国民政部的业务指导和监督管理。

第六条　显示专业委员会住所设在北京市海淀区上地信息路 11 号彩虹大厦 1 层，邮政编码：100085。

第二章　业务范围

第七条　显示专业委员会的主要业务范围：

1．在显示科学技术与应用科学领域，开展国内外学术交流活动，活跃学术思想，促进显示科学技术的发展。

2．积极组织编辑出版显示技术领域科学论著和相关资料。

3．组织显示科技工作者发挥咨询和顾问作用，对我国显示科学技术的发展战略和政策、措施提出建议，促进显示科学技术与国民经济相结合；接受委托进行显示科技方面的项目评估、科技成果鉴定、技术职务资格评审，科技文献和标准的编审。

4．普及显示科学技术基础知识，开展显示科技的继续教育和培训工作，捍卫科学尊严、传播科学思想和方法、推广先进生产技术，开展青少年显示科技教育活动。

5．举荐人才、表彰奖励在显示科学技术活动中取得优异成绩的会员和科技工作者。

6．积极开展民间国际显示科学技术交流活动，促进民间国际科技合作。

7．组织举办显示科技和新工艺、新技术、新产品交流展览会，发布显示科技发展和产品生产、市场信息，举办为会员服务的事业和活动。

8．反映会员和显示科技工作者的意见和呼声，维护会员的合法权益。

9．充分利用、发挥现代信息化手段，向国内外宣传本显示专业委员会工作、展示我国显示技术及产品水平、联络广大会员。

第三章　会　员

第八条　本会会员包括个人会员、外籍会员、团体会员、荣誉会员。个人会员又分为高级会员、普通会员、学生会员。凡拥护显示专业委员会章程，符合会员条件，有加入本会意愿者，可申请为本会会员。

第九条　会员条件：

1．个人会员：

（1）具有讲师、助研、工程师以上技术职务或取得技术职务资格的显示科技人员，具有高级职称的可申请高级会员；

（2）显示科学技术相关专业高年级本科生、攻读硕士或博士学位的在校研究生可申请学生会员；

（3）高等学校本科以上毕业，在科研、教育、生产单位从事显示科学技术工作，并具有一定学术水平者，或虽非高等学校本科毕业但已具有实际工作经验相当于上述学术水平者；

（4）对显示技术革新和科学实验活动有一定的成就和贡献者；

（5）热心和积极支持本会工作并具有相应专业知识的管理工作者。

2．外籍会员：

在学术上有较高成就，对我国友好，热心支持本会工作并愿同本会进行学术交流和合作的外籍显示科学技术专家、科学家。

3．团体会员：

凡具有一定数量的科技人员从事显示科学技术及产品的教学、科研、生产和使用维护、经营工作，愿意参加显示专业委员会有关活动，积极支持显示专业委员会工作的企、事业单位或社团（含大专院校的系）。

第十条　入会程序：

1．个人会员：由本人申请，本会会员介绍或经由单位申报，报显示专业委员会审查批准，可成为显示专业委员会个人会员。

2．外籍会员：本人提出申请，两名会员介绍，报显示专业委员会，经常务委员会讨论批准，并报业务主管单位中国科协备案，可成为显示专业委员会外籍会员。

3．团体会员：由单位提出书面申请，报经常务委员会讨论批准，可成为显示专业委员会团体会员。

4．会员证统一由中国真空学会办公室颁发。

第十一条　会员的权利和义务

1．会员的权利：

（1）个人会员：

① 有本显示专业委员会的选举权、被选举权和表决权；

② 对显示专业委员会工作有批评建议权、监督权；

③ 参加显示专业委员会的活动；

④ 取得显示专业委员会及 SID 的刊物和学术资料；

⑤ 有取得显示专业委员会服务的优先权；

⑥ 入会自愿，退会自由。

（2）外籍会员：

① 取得显示专业委员会及 SID 的刊物和学术资料；

② 可应邀参加显示专业委员会在国内主办的学术会议；

③ 可应邀参加显示专业委员会举办的国际性学术会议。

（3）团体会员

① 有本显示专业委员会的选举权、被选举权和表决权；

② 优先选派会员和科技人员参加显示专业委员会的有关活动；

③ 对显示专业委员会工作有批评建议权、监督权；

④ 取得显示专业委员会的刊物和学术资料；

⑤ 可优先要求显示专业委员会给予技术咨询及有关信息服务；

⑥ 可委托显示专业委员会举办技术培训和技术交流等活动。

2．会员的义务：

（1）遵守会章，按规定交纳会费；

（2）执行显示专业委员会的决议，维护显示专业委员会的合法权益，完成显示专业委员会所委托的工作；

（3）积极参加显示专业委员会举办的学术活动，撰写学术论文和科普文章；

（4）弘扬科学精神，遵守科学道德，不断更新知识；

（5）向显示专业委员会反映情况，提供有关资料；

（6）协助显示专业委员会发展会员。

第十二条　荣誉会员

荣誉会员是显示专业委员会授予会员的终身荣誉称号，年龄在 60 岁以上（对外籍荣誉会员不受会员与否和年龄限制）并具备下列条件之一者，经推荐由常务委员会或委员会讨论通过授予荣誉会员称号。

荣誉会员条件：

1．学术上有突出成就，在显示界有一定影响；

2．在显示科学技术或生产建设上有突出贡献；

3．在显示专业委员会工作上有特殊贡献。

第十三条　会员有退会的自由。会员退会应书面通知显示专业委员会并交回会员证。

会员如果一年未缴纳会费或不参加显示专业委员会活动的，在显示专业委员会向其提示后，在一年内仍不缴纳会费或不参加显示专业委员会活动的，视为自动退会。

第十四条　会员如有严重违反本会章程的行为，经委员会或常务委员会表决通过，将予以除名。

第四章　组织机构和负责人产生、罢免

第十五条　显示专业委员会的最高权力机构是全国会员代表大会，全国会员代表大会的职权是：

1．制定或修改显示专业委员会章程；

2．制定显示专业委员会的工作方针和任务；

3．选举和罢免委员；

4．审议委员会的工作报告和财务报告；

5．决定终止事宜；

6．决定其他重大事宜。

第十六条　会员代表大会原则上须有 2/3 以上的会员代表出席或者委托出席方能召开，其决议须经到会会员半数以上表决通过方能生效。

第十七条　委员会是全国会员代表大会的执行机构，在全国会员代表大会闭幕期间，领导开展日常工作，对全国会员代表大会负责。

第十八条　委员人选应是学术上有成就、学风正派、热心显示专业委员会工作的科学家、专家和科技工作者，以及热心和支持显示专业委员会工作并从事有关显示科技管理的管理工作者。

第十九条　委员会组成要老、中、青相结合。委员会委员应在充分酝酿、民主协商基础上按章程规定的民主程序选举产生。

第二十条　委员会的职权为：

1．执行全国会员代表大会的决议；

2．选举和罢免主任、副主任、秘书长；

3．筹备召开全国会员代表大会；

4．向全国会员代表大会报告工作和财务状况；

5．决定会员的吸收或除名；

6．决定设立办事机构、分支机构、代表机构和实体机构；

7．决定副秘书长、各机构的主要负责人的聘任；

8．领导显示专业委员会和工作机构开展工作；

9．制定内部管理制度；

10．聘请名誉主任和顾问；

11．决定其他重大事项。

第二十一条　委员会每届任期 5 年。因特殊情况需提前或延期换届的，须由委员会表决通过，报中国真空学会审查批准。但延期换届最长不超过 1 年。

第二十二条　委员会须有 2/3 以上的委员出席方能召开，其决议须经到会委员 2/3 以上通过方能生效。

第二十三条　委员会每年至少召开一次会议；情况特殊的，也可以通信形式召开。

第二十四条　本显示专业委员会设立常务委员会。常务委员会由委员会选举产生，在委员会闭幕期间行使第二十条中第 1、3、5、6、7、8、9、10 款的职权，对委员会负责。

第二十五条　常务委员会须有 2/3 以上的常务委员出席方能召开，其决议须经到会常务委员 2/3 以上表决方能生效。

第二十六条　常务委员会至少半年召开一次会议；情况特殊的，也可以通信形式召开。

第二十七条　显示专业委员会的主任、副主任和秘书长必须具备下列条件：

1．热爱祖国，坚持四项基本原则，具有良好的学风和道德品质，工作作风民主；

2．在本专业学科和业务领域内有一定影响的著名专家、学科带头人或有较大影响的人士；

3．主任、副主任任职最高年龄（届满时）不超过 70 周岁，秘书长任职最高年龄（届满时）不超过 65 周岁，主任不得兼任其他学会、协会的主任（会长）和法定代表人；

4．热心显示专业委员会工作，身体健康，能坚持正常工作；

5．未受过剥夺政治权利刑事处罚；

6．具有全民事行为权利。

第二十八条　显示专业委员会的主任、副主任和秘书长候选人超过最高任职年龄的，由委员会表决通过，报中国真空学会审查并经民政部批准同意后方可任职。

第二十九条　显示专业委员会的主任、副主任和秘书长最长任期不得超过两届。担任社团主任（会长）、副主任（副会长）、秘书长以上领导职务不得超过 2 个。因特殊情况需延长任期的，须经全国会员代表大会 2/3 以上会员代表表决通过，报中国真空学会审查并经民政部批准同意后方可任职。

第三十条　显示专业委员会的主任为显示专业委员会法定代表人，如因特殊情况需由副主任或秘书长担任法定代表人，需经常务委员会讨论通过，报中国真空学会审查批准后，方可任职。

第三十一条　显示专业委员会的主任行使下列职权：

1．召集和主持委员会及常务委员会；

2．检查全国会员代表大会、委员会及常务委员会决议的落实情况；

3．代表显示专业委员会签署有关重要文件。

第三十二条　显示专业委员会根据工作需要下设：

1．专业会刊；

2．网站；

3．培训中心；

4．显示专业委员会办公室。

第三十三条　显示专业委员会秘书长行使下列职权：

1．主持办事机构开展日常工作，组织实施年度工作计划：

2．提名副秘书长以及各办事机构、代表机构和实体机构主要负责人，交办委员会或常务委员会决定；

3．决定各办事机构、代表机构和实体机构专职工作人员的聘用；

4．处理其他日常事务。

第五章　领导关系

第三十四条　显示专业委员会经费来源：

1．会员缴纳的会费；

2．国内外单位、团体和个人的资助和捐赠，挂靠单位的资助；

3．政府资助；

4．在核准的业务范围内，显示专业委员会举办各种活动或服务的收入；

5．利息；

6．其他合法收入。

第三十五条　显示专业委员会按照国家有关规定收取会员会费。

第三十六条　显示专业委员会经费必须用于本章程规定的业务范围和事业的发展，不得在会员中分配。

第三十七条　显示专业委员会建立严格的财务管理制度，保证会计资料合法、真实、准确、完整。

第三十八条　显示专业委员会配备具有专业资格的会计人员。会计不得兼任出纳。会计人员必须进行会计核算，实行会计监督。会计人员调动工作或离职时，必须与接管人员办清交接手续。

第三十九条　显示专业委员会的资产管理必须执行国家规定的财务管理制度，接受全国会员代表大会和财政部门的监督。资产来源属于国家拨款或者社会捐赠、资助的，必须接受审计机关的监督，并将有关情况以适当方式向社会公布。

第四十条　显示专业委员会换届或更换法定代表人前必须接受社团登记管理机关和业务主管单位组织的财务审计。

第四十一条　显示专业委员会的资产，任何单位、个人不得侵占、私分和挪用。

第四十二条　显示专业委员会的专职工作人员的工资和保险、福利待遇，参照国家对事业单位的有关规定执行。

第六章　章程的修改程序

第四十三条　对显示专业委员会章程的修改，须经委员会表决后报全国会员代表大会审议。

第四十四条　显示专业委员会修改的章程，须在全国会员代表大会通过后 15 日内，报请中国真空学会审查同意后生效。

第七章　终止程序及终止后的财产处理

第四十五条　显示专业委员会完成宗旨或自行解散或由于分立、合并等原因需要注销的，由委员会或常务委员会提出终止动议。

第四十六条　显示专业委员会终止动议须经全国会员代表大会表决通过，并报请中国真空学会审查批准。

第四十七条　显示专业委员会终止前，须在中国真空学会及有关机关指导下成立清算组织，清理债权债务，处理善后事宜。清算期间，不开展清算以外的活动。

第四十八条　显示专业委员会经民政部办理注销登记手续后即为终止。

第四十九条　显示专业委员会终止后的剩余财产，在中国真空学会和民政部的监督下，按照国家有关规定，用于发展与显示专业委员会宗旨相关的事业。

第八章　附　则

第五十条　显示专业委员会章程经 2008 年 1 月第一届全国会员代表大会表决通过。

第五十一条　本章程的解释权属显示专业委员会。

第五十二条　本章程自社团登记管理机关核准之日起生效。

中国 OLED 产业联盟

中国 OLED 产业联盟成立于 2011 年 6 月 2 日，英文名称为 China OLED Industry Alliance（简称 OLED 联盟或 COIA），总部（联盟秘书处所在地）设在中国北京。OLED 联盟是在工业和信息化部、国家发展和改革委员会的指导下，由积极投身于 OLED 产业，从事 OLED 产品及应用的研究、开发、制造、服务的企/事业单位及有关机构自愿组成的非营利性的社会组织。OLED 联盟的 19 家发起单位由中国 OLED 产业的精英组成，涵盖研发设计、生产制造、测试验证及产业配套等各关键环节，同时还包括产业研究机构和行业协会，具备广泛的行业代表性，代表着中国 OLED 产业界的骨干力量。联盟现有成员单位 25 家。

联盟致力于贯彻执行中国关于 OLED 产业发展的方针、政策、规划，协助政府提升产业整体的技术研发水平及制造水平，促进在中国建设完善的 OLED 产业链和成熟健康的市场，维护产业和成员单位的合法权益。

中国 OLED 产业联盟的业务范围包括：

（1）促进 OLED 产业内部及与其他产业在技术、经济、管理、知识产权等方面的合作，协调联盟成员之间的关系，建立并完善 OLED 产业链；

（2）推动制定 OLED 产业的行业、国家或国际标准，使其在本行业和其他相关行业中得到广泛的认可和推广，推动产品认证、质量检测等体系的建立和完善；

（3）开展对产业基础资料的调查、收集、统计、研究，向相关政府部门报告本产业发展情况及存在问题，反映成员的愿望和诉求，提出产业发展建议，为政府制定相关产业政策提供依据；

（4）组织联盟成员推动 OLED 市场发展，营造良好的产业环境和舆论氛围；

（5）搭建 OLED 产业共享信息、培训交流的平台，促进产业资源有效整合与利用，对外开展咨询服务和人才培训等活动；

（6）扩大与国内外相关组织、企业的联系和交流，开展多种形式的国际交流与合作，维护中国 OLED 产业的利益和形象；

（7）组织联盟成员防止产业不正当竞争行为，积极应对国际纠纷；

（8）开展有益于 OLED 产业发展的公益事业。

中国 OLED 产业联盟热忱欢迎全社会积极投身于 OLED 产业的业界同仁加入联盟。凡具有独立法人资格，从事或准备从事 OLED 产业的研发、制造、服务的企、事业单位及相关机构，承认 OLED 联盟章程，均可向联盟提出申请，经批准后成为联盟正式成员。联盟成员能够享受参加联盟组织的交流、培训、国际合作等活动，参加联盟各工作组的活动，获得联盟提供的有关技术等相关资料的服务。

联盟根据发展需要成立了 5 个工作组，分别为核心技术研发工作组、关键材料及设备研发工作组、知识产权和标准工作组、照明工作组以及应用市场开拓工作组。各工作组在联盟理事会及秘书长的统一协调下开展工作。

联盟成员

主席单位：彩虹集团
主席单位：京东方科技集团股份有限公司
主席单位：南京第壹有机光电有限公司
主席单位：四川虹视显示技术有限公司
主席单位：北京维信诺科技有限公司
主席单位：天马微电子有限公司
理事单位：北京阿格蕾雅科技发展有限公司
理事单位：河北东旭集团有限公司
理事单位：深圳清溢光电股份有限公司
理事单位：西安瑞联近代电子材料有限公司
理事单位：吉林奥来德光电材料股份有限公司
理事单位：深圳路维电子有限公司
理事单位：广东中显科技有限公司
理事单位：TCL 集团
理事单位：云南北方奥雷德光电科技股份有限公司
理事单位：东莞宏威数码机械有限公司
理事单位：上海微电子装备有限公司
理事单位：中国电子信息产业发展研究院
理事单位：昆山允升吉光电科技有限公司

中国 OLED 产业联盟
地址：中国北京市海淀区万寿路 27 号院电子大厦
邮编：100846
联系电话：010-68200509/83
邮箱：oledcn@163.com

2013年度国家立项项目清单

2013年度国家火炬计划立项项目清单			
序号	项目编号	项目名称	承担单位
363	2013GH030344	高光学扩散大尺寸平板显示扩散膜	常州山由帝杉防护材料制造有限公司
364	2013GH030345	新型平板显示用高感度光引发剂	常州强力电子新材料有限公司
372	2013GH030353	平板显示器用高分子保护膜新材料	昆山博益鑫成高分子材料有限公司
379	2013GH030360	激光数码屏幕	江苏红叶视听器材股份有限公司
389	2013GH030370	高清液晶显示屏表面精密加工用纳米抛光材料	江苏中晶科技有限公司
638	2013GH010617	裸视3D显示关键技术攻关及产业化示范应用	浙江天禄光电有限公司
639	2013GH010618	智能3D平板电视	新世纪光电股份有限公司
695	2013GH030674	电子级四甲基氢氧化铵（TMAH）显影液	杭州格林达化学有限公司
716	2013GH030695	高透光率ITO触摸屏PET基片	杭州韩世通信电子有限公司
731	2013GH030710	新型防偏光商务手机视窗防护屏	浙江星星瑞金科技股份有限公司
924	2013GH040903	75千克级LED蓝宝石晶体生长炉产业化	浙江昀丰新能源科技有限公司
1024	2013GH011000	年产150万张单片单面电容式触摸屏	晟光科技股份有限公司
1025	2013GH011001	LED芯片封装与产业化示范项目	蚌埠德豪光电科技有限公司
1046	2013GH031022	平板显示第六代液晶玻璃基板	芜湖东旭光电科技有限公司
1075	2013GH051051	高效中功率贴片发光二极管	安徽格锐特光电科技有限公司
1115	2013GH031085	触摸屏用防爆膜的应用研究和产业化	厦门恒坤精密工业有限公司
1268	2013GH710901	大功率一体化LED路灯研发及产业化	歌尔声学股份有限公司
1269	2013GH710902	LED三维数字信息发布系统研发及产业化	潍坊绿能彩屏科技有限公司
1270	2013GH710903	室内P1.7高清LED显示屏研发及产业化	山东欣立得光电科技有限公司
1331	2013GH011291	新型贴片LED封装及其产业化项目	湖北匡通电子有限公司
1377	2013GH011334	大功率LED封装研发及应用	武汉长江半导体照明科技股份有限公司
1381	2013GH051338	超高亮度LED外延片和芯片产业化	华灿光电股份有限公司
1382	2013GH051339	不同材质LED芯片制造产业化	元茂光电科技（武汉）有限公司
1502	2013GH041447	新型表面贴装LED测试分选和编带成套设备	深圳市华腾半导体设备有限公司
1609	2013GH011548	新一代白光LED封装产业化项目	陕西光电科技有限公司

2013 年度国家重点新产品计划立项项目清单			
序号	项目编号	项目名称	承担单位
20	2013GRA00020	高清 LED 创意应用视频显示系统	利亚德光电股份有限公司
37	2013GRA00037	面内转换模式薄膜晶体管用液晶材料	北京八亿时空液晶科技股份有限公司
56	2013GRA00056	红外多点触摸屏（T46）	北京汇冠新技术股份有限公司
114	2013GRA20004	智能电网电表用 HTN 液晶材料	河北迈尔斯通电子材料有限公司
146	2013GRA30012	多工位液晶模组 FOG 邦定工艺设备	太原风华信息装备股份有限公司
466	2013GRC10144	棱镜片光学保护膜	江阴通利光电科技有限公司
467	2013GRC10145	超高亮度球型 LED 用稀土黄色荧光粉	苏州英特华照明有限公司
488	2013GRC20001	电子级硅烷气体	浙江中宁硅业有限公司
502	2013GRC20015	电容多点触控控制面板	浙江龙威电子科技有限公司
582	2013GRC22005	HT 聚酰亚胺电热膜	宁波今山电子材料有限公司
606	2013GRC30008	PG 型预涂底层光学聚酯薄膜	合肥乐凯科技产业有限公司
909	2013GRD11006	71 英寸 LCOS 全高清激光显示器（电视）、HD71LE-20	武汉全真光电科技有限公司
956	2013GRE00003	分布式全数字超高分辨率图像处理及显示系统（DigicomXLAN 服务器）	广东威创视讯科技股份有限公司
962	2013GRE00009	新型柔性平面显示用高强度低轮廓铜箔	广东嘉元科技股份有限公司
1007	2013GRE02004	LCD 用偏光片（SWK-1049　SNK-2049）	深圳市盛波光电科技有限公司
1011	2013GRE02008	4.5 代 AM OLED 用掩膜版	深圳清溢光电股份有限公司
1020	2013GRE02017	埋入式电容电阻基板	深圳丹邦科技股份有限公司
1025	2013GRE02022	3014 高显高亮发光二极管	深圳市聚飞光电股份有限公司
1109	2013GRG00001	稀土发光材料关键配体	西安彩晶光电科技股份有限公司
1213	2013GR339003	高硬度高导电率电极材料用铜-铬-锆合金无缝管	江苏金圣铜业科技有限公司
1229	2013GR364001	0.55mm 液晶显示器用超薄电子玻璃	中国洛阳浮法玻璃集团有限责任公司
1246	2013GR364018	IPS-TFT 液晶材料	烟台万润精细化工股份有限公司

2013 年度国家重点新产品计划战略性创新产品立项项目清单				
序号	项目编号	项目名称	承担单位	申报渠道
11	2013GZA20011	TFT-LCD 玻璃基板成套设备生产线	东旭集团有限公司	河北省科技厅

平板显示相关网站

政府部门及协会

国家工业和信息化部网站：http://www.miit.gov.cn
中国光学光电子行业协会：http://www.coema.org.cn
中国光学光电子行业协会液晶分会：http://www.coda.org.cn
中国物理学会：http://www.cps-net.org.cn
中国电子行业信息网：http://www.ceic.gov.cn
中国电子视像行业协会：http://www.cvianet.org.cn
中国 OLED 产业联盟：http://chinaoled.org.cn

媒体、研究机构

中国电子信息产业网：http://cena.com.cn
赛迪网：http://ccidnet.com
中华液晶网：http://cn.fpdisplay.com
平显资讯：http://www.fpdnews.com.cn
液晶与显示：http://www.yejingyuxianshi.org
现代显示：http://www.xdxs.net
中国电子资讯网：http://www.ithowwhy.com.cn
国际光电子产业资讯：http://www.optoelectro.com
中华显示网：http://www.chinafpd.net
国际液晶显示器组织网：http://www.lcdmonitor.org
中国触摸屏网：http://www.51touch.com
中国平板显示器网：http://www.lcdchina.net
中电网：http://www.chinaecnet.com
飞达光学网：http://www.33tt.com
液晶时代：http://www.lcdera.com
慧聪网：http://hc360.com
中国半导体照明网：http://www.china-led.net
国际 LED 网：http://www.ledchina.com.cn
中国产业经济信息网：http://www.cinic.org.cn
上海情报服务平台：http://www.istis.sh.cn
半导体国际：http://www.sichinamag.com
中国电子信息行业网：http://www.cnii.com.cn
亚洲门户：http://www.asiaoutdoor.net
中华报告网：http://www.ccmnet.com
中国报告网：http://www.chinabgao.com

国家光电信息服务中心：http://www.oeinfo.cn
DisplaySearch：http://www.displaysearch.com.cn
Displaybank：http://www.displaybank.com
DigiTimes：http://www.digitimes.com.tw
WitsView：http://www.witsview.com
国家光电信息服务中心平台：http://www.oeinfo.cn
中国材料与投资网：http://www.matinvest.com.cn
灵通产业研究：http://www.ltmic.com
光机电一体化技术：http://omet.stlib.gd.cn
戴客网：http://www.imdaike.com
台湾工业技术研究院：http://newwww.itri.org.tw/chi
台湾科技政策研究与资讯中心：http://cdnet.stpi.org.tw
台湾科技产业资讯室：http://cdnet.stpi.org.tw/techroom.htm
UBIRESEARCH：http://www.ubiresearch.co.kr
KDIA：http://www.kdia.com

平板显示产品主要产商

京东方：http://www.boe.com.cn
天马：http://www.tianma.com.cn
龙腾光电：http://www.ivo.com.cn
诚志永华：http://www.slichem.com
长虹：http://cn.changhong.com
海信：http://www.hisense.com
彩虹：http://www.irico.com.cn
厦华：http://www.xoceco.com.cn
创维：http://www.skyworth.com
TCL：http://www.tcl.com
海尔：http://www.haier.com
虹欧：http://www.cocpdp.com
康佳：http://www.konka.com
冠捷：http://www.tpv.com.cn
优派：http://www.viewsonic.com.cn
德浩：http://www.det.com.cn

世界液晶研究小组、研究中心

（亚洲）
日本亚洲技术信息委员会：http: //www.atip.or.jp
日本秋田大学 Sato 实验室：http: //www.ee.akita-u.ac.jp/~sato-www/elab
日本北海道大学结构化学实验室：http: //barato.sci.hokudai.ac.jp/stchem/eng

日本 Kitasato 大学分子结构实验室：http: //jet.sci.kitasato-u.ac.jp/lms/index
日本九州大学 Kajiyama 实验室：http://www.cstf.kyushu-u.ac.jp/kajiyamalab/index.html
日本日本东京大学 Kato 实验室：http: //www.chembio.t.u-tokyo.ac.jp/chembio/lab
日本日本理科大学 Kondo 实验室：http: //kndo-www.ch.kagu.sut.ac.jp
韩国 Kyunghee 大学 TFT-LCD 研究中心：http: //www.tftlcd.kyunghee.ac.kr
香港科技大学显示研究中心：http: //www.ee.ust.hk/~cdr
印度 Raman 研究所：http: //www.202.54.37.67/lc/,http: //rri.ernet.in

（欧洲）
英国 Exeter 大学 Bruce 研究小组：
http: //www.ex.ac.uk/chemweb/Staff_research/dwb
http: //newton.ex.ac.uk/research/thinfilms/tfi.html
英国 Hull 研究小组：
http: //www.hull.ac.uk/prospectus/chem_ liquidcr
http: //www.hull.ac.uk/Hull/Chem_Web/computational_chemistry/ccc.html
英国 Manchester 研究小组：http: //esl.ph.man.ac.uk/lxtals/index.htm
英国伦敦 Imperial 学院 Seddon/Templer 研究小组：http: //www.ch.ic.ac.uk/liquid_crystal
英国 Oxford 研究小组：http: //prague.eng.ox.ac.uk/~flcse/lc_tech.htm
德国 Hamburg 大学 Volkmar Vill 液晶小组：http: /liqcryst.chemie.uni-hamburg.de
德国 Ch.Bahr 研究小组：http: //www.staff_ www.uni-marburg.de/~schlaufd/welc
德国 Halle 研究小组：http: //lcsl.mpglcs.uni-halle.de
德国柏林 Heppke 研究小组：http: //www.tu-berlin.de/~insi/agheppke.html
德国 Halle 大学 Tschierske 研究小组：http: //www.chemie.uni-halle.de/org/ak/tschiers
匈牙利 Budapest 研究小组：http: //www.kfki.hu/~szfkihp/fkrist.hmtl

（美国和加拿大）
美国 KENT 大学 ALCOM 液晶态光学材料科研中心：http: //alcom.kent.edu/ALCOM/ALCOM.html
美国美国肯特大学液晶研究所：http: //www.lci.kent.edu
美国 Colorado 大学 Clark 研究小组：http: //bly.colorado.edu/
美国 Brandeis 大学复杂流体研究小组：http: www.elsie.brandeis.edu/
美国 Cornell 大学蓝相研究小组：http: www.Lassp.cornell.edu/sethna/LiquidCrys
美国 Florida 州立大学液晶研究小组：http: //lcopt.physics.fsu.edu
美国 MIT 大学 Swager 研究小组：http: //web.mit.edu/tswager/www/home.html
加拿大 Queens 大学 Lemieux 研究小组：http: //www.chem.queensu.ca/faculty/lemieux/lem
加拿大 Simon Fraser 大学 John Bechhoefer 研究小组：http: //www.eeap.ogi.edu/~barbero/Flat/FPD.html
加拿大 Calgary 大学 James Gleeson 研究小组：http: //www.ucalgary.ca/~gleeson

世界液晶组织

国际信息显示协会：
http://www.sid.org/pub.html （文献索引）

http://www.sid.org/dic/patents/patents.html　（专利）
国际液晶学会：http://www.ilcsoc.org/ILCS/
英国液晶学会：http: //friedel.dur.ac.uk/~dch0mrw/blcs/blcs.ht
日本液晶学会（JLCS）：http: //www.soc.nacsis.ac.jp/jlcs/index-e.html
日本液晶科学家联合会（JALCS）：http: //jalcs.c.u-tokyo.ac.jp/JALCS/JALCShome-e
意大利液晶学会：http: //bohp03.bo.infn.it/sicl/

与液晶显示有关的科学机构

ACS（Ameican Chemical Society 美国化学学会）：http: //www.acs.org
APS（Ameican Physical Society 美国物理学会）：http: //www.aps.org
IUPAC（International Union of Pure and Applied Chemistry 国际纯粹和应用化学联合会）：http: //www.chemistry.rec.org/rsc/iupac.htm
MRS（Materials Research Society 材料研究会）：http: //www.mrs.org
RSC（Royal Society of Chemistry 皇家化学学会）：http: //www.rsc.org
SID（Society for Information Display 信息显示学会）：http: //www.sid.org
SPIE（The International Society for Optical Engineering 国际光学工程学会）：http: //www.spie.org

世界著名平板显示行业公司

测试和模拟液晶显示器：http: //www.autronic-melchers.de
光阀和显示器的 Displaytech 公司：http: //www.displaytech.com
生产 LCD 检测设备：http: //www.instec.com
德国 Merck 液晶公司：http: //www.merck.de/
英国 Merck 液晶公司：http: //www.merck-ltd.co.uk/
3M：http: //www.3m.com
Sharp 公司：http://www.sharp.com
三星：http://www.samsung.com
三星 SDI：http://www.sdichina.com
LG Display：http://www.lgphilips-lcd.com
LG Electronic Worldwild：http://www.lge.com
松下：http://panasonic.cn
日立：http://www.hitachi.com.cn
东芝：http://www.toshiba.com
NEC：http://www.nec.com
富士通：http://cn.fujistsu.com
飞利浦：http://www.philips.com
三洋：http://www.sanyochina.com
友达光电：http://www.auo.com
奇美电子：http:// www.chimei-innolux.com
瀚宇彩晶：http://www.hannstar.com

中华映管：http://www.cptt.com.tw
和鑫光电：http://www.sintek.com.tw
胜华科技：http://www.wintek.com.tw
志圣工业：http://www.csun.com.tw
凸版印刷：http://www.toppan.co.jp
大日本印刷：http://www.dnp.co.jp
大日本网屏：http://www.screen.co.jp
Speedfam ：http://www.speedfam.com
东电电子：http://www.tel.com
爱发科：http://www.ulvac.co.jp
德国伊斯拉 ISRA VISION：http://www.israglassvision.com
TOKKI：http://www.tokki.co.jp
日本株式会社：http://www.evatech.co.jp
日本写真印刷：http://www.nissha.co.jp
英国剑桥显示器技术公司：http://www.cdtltd.co.uk
可乐丽：http://www.kuraray.com.cn

液晶研究现状

WTEC（World Technology Evaluation Center 世界技术评估中心）：

http: //itri.loyola.edu/displays/toc.htm（包括液晶显示、真空荧光显示、电致发光、场致发光等平板显示的有关材料和器件的详细介绍及俄罗斯的研究情况介绍）

JTEC（Japanese Technology Evaluation Center 日本技术评估中心）：

http: //itri.loyala.edu/dsply_ip/toc.htm（包括平板显示的材料和器件的详细介绍及日本的研究情况介绍）

免费专利及文献检索

SID 提供的专利检索：http: //www.sid.org/dic/patents/patents.html
SID 提供的文献检索：http: //www.sid.org/pub.html